Baumann · Kosmos der Anden

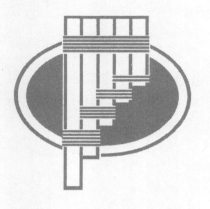

Kosmos der Anden

Weltbild und Symbolik indianischer
Tradition in Südamerika

Herausgegeben von Max Peter Baumann
Internationales Institut für Traditionelle Musik

Diederichs

Mit Unterstützung der Senatsverwaltung für
Kulturelle Angelegenheiten, Berlin

Die Deutsche Bibliothek – CIP-Einheitsaufnahme
Andiner Kosmos: Weltbild und Symbolik indianischer
Tradition in Südamerika / hrsg. von Max Peter Baumann. –
München: Diederichs, 1994
ISBN 3-424-01202-5
NE: Baumann, Max Peter [Hrsg.]

© Eugen Diederichs Verlag, München 1994
Alle Rechte vorbehalten

Lektorat: Matthias Wolf
Umschlaggestaltung: Ute Dissmann, München
Produktion: Tillmann Roeder, München
Satz: Uhl + Massopust, Aalen
Druck und Bindung: Kösel, Kempten
Printed in Germany
ISBN 3-424-01202-5

Inhalt

Vorwort 9

Traditionelle Symbole und pragmatisches Denken im Weltbild andiner Bevölkerung

Ingrid Bettin
Weltbild und Denken in den Zentral-Anden 14

Andine Religiosität in kolonialer Geschichte und nachkolonialer Gegenwart

Ana María Mariscotti de Görlitz
Götter- und Heiligenkult in den Zentral-Anden 42

Ina Rösing
Opferschuld. Ein zentraler Begriff der andinen Religion 79

Bruno Schlegelberger
Brauchtum und religiöse Praxis einer quechuasprachigen Gemeinde in den südlichen Hochanden Perus 110

Symbolische und thematische Bezüge altandiner Überlieferungen aus frühkolonialer Zeit

Roswith Hartmann
Vom Leben und Tod. Mündliche Überlieferungen aus dem frühkolonialzeitlichen Peru 132

Sabine Dedenbach-Salazar Sáenz
Menschen, übernatürliche Wesen und Tiere in den Überlieferungen von Huarochirí (Peru, 17. Jahrhundert) 156

Edita V. Vokral
Die Frau, die Kröte und soziale Strukturen im Andenraum. Die Tamtañamca-Mythe als Traumerzählung 173

Geschichte und Weltbild in mündlich überlieferten und literarischen Texten des Andenraums

Martin Lienhard
Das »geschichtliche« Denken in einigen Quechuagesängen
und -erzählungen 190

Peter Masson
Zeit, Raum und Person in einigen Erzählungen mündlicher
Tradition des mittleren Andenraums 202

Mariano Delgado
José María Arguedas oder »die halbierte Moderne«.
Die Welt der Quechua zwischen Romantik und Realismus . . . 224

Musik, Tanz, Gesang, Riten und Krankenheilung in den mittleren Anden

Max Peter Baumann
Das *ira-arka*-Prinzip im symbolischen Dualismus
andinen Denkens 274

Ellen Hickmann
Altamerikanische Klangmittel im Dienst religiöser
Vorstellungen? 317

Claudius Giese
Gesang zwischen den Welten 335

Walter Andritzky
Musik, Gesang und Tanz in der traditionellen
andinen Medizin 359

Barbara Mainzer-Heyers
Gesundheit und Krankheit im Verständnis einer bäuerlichen
Dorfgemeinschaft im Hochland Perus 401

Kulturelle Identität, politische Perspektiven und sozialer Wandel im Andenraum

Carola Lentz
Die Konstruktion kultureller Andersartigkeit als indianische
Antwort auf Herrschaft und ethnische Diskriminierung –
eine Fallstudie aus Ecuador 412

Albert Meyers
Klasse, Ethnizität und das sogenannte Indianerproblem
in der andinen Gesellschaft 447

Juliana Ströbele-Gregor
Politische Kultur der Aymara und Quechua in Bolivien –
Formen des eigenständigen Umgangs mit der Moderne 458

Jürgen Golte
Die Weiterentwicklung der andinen Kultur in der
modernen Urbanisierung 489

Anhang

Bibliographie 502
Glossar 548
Personen- und Sachregister 566
Autoren 584

Vorwort

> Der Blick auf eine veränderte Welt führt
> zu einem veränderten Blick auf die Welt.
> (Sens).

Eine der fundamentalen Fragen, die alle Zeiten und Kulturen immerfort von neuem beschäftigt, ist die Frage nach Ursprung, Entwicklung und Aufbau des Universums. Wie ist der Kosmos, in dem wir leben, entstanden, welche Ordnung liegt ihm zugrunde, welche Stellung nimmt der Mensch in ihm ein? Überall, auch in den traditionellen Kulturen der Andenhochländer gibt es Vorstellungen, die hinter der beobachtbaren Welt eine verborgene Schicht des Göttlichen und Numinosen vermuten und erfahren. Jedes Bewußtsein erzeugt auf diese Weise eine Realität der Anschauung. Es ordnet das Sichtbare mit dem Psychisch-Erfahrbaren, das Reale mit dem Imaginierten zu Weltbildern. Weltbilder verdichten und verändern sich in sozialen Gruppen durch die Tradition und Geschichte hindurch, sie brechen auseinander, lösen sich ab und begründen sich immer wieder aufs neue in zeitgenössischen Formen. Seit der Mensch sich dem Makrokosmos gegenübersieht, weist er sich auf unterschiedlichste Weise seinen Platz im Universum zu. Er selber erfährt sich als Mikrokosmos im Gefüge von Raum und Zeit, zwischen Ursprungsmythen und Apokalypsen, zwischen Ordnung und Chaos, zwischen Freiheit und Zwang.

»Andiner Kosmos« bezieht sich im weitesten Sinn auf solche kreativen Weltbilder der zentralen Hochländer von Peru, Bolivien und Ecuador. Geographisch handelt es sich um die Kernregion des einstigen Inka-Reiches. Die Zentral-Anden sind über Jahrhunderte durch die alten Bauern-Kulturen der Aymara bzw. Quechua sprechenden Indios geprägt worden. Neunzehn Beiträge konzentrieren sich in Einzelfragen auf diese zentralandinen Lebenswelten, um sich variativ dem Thema aus verschiedenen Gesichtspunkten zu nähern. Im Vordergrund bleibt die Frage nach dem kosmologisch bestimmten Denken und Handeln, wie es sich als Geschichte und Gegenwart in der indianischen Tradition der Andenländer offenbart. Mythische Erzählungen, Metaphern und Symbole, Sprache, Musik, Tanz und Ritual bilden die Mosaiksteine, die im großen wie im kleinen

Sichtbares und Unsichtbares zu einem »fließenden« Weltbild zusammenfügen. Die Mythen über Entstehung, Aufbau und Fortbestand des Universums bestimmen Leben, Arbeit und Glaube. Vorstellungen von universalen Zusammenhängen verdichten sich in zyklisch geordneten Strukturen der Landwirtschaft. In der andinen Geschichte der Überlieferung werden Prinzipien erkennbar, die die Welt nach wiederkehrenden Mustern zu ordnen scheinen. So ist es in erster Linie das übergreifende Prinzip *pacha*, das nicht nur in der Quechua- sondern auch in der Aymara-Sprache »Welt« bedeutet und im umfassendsten Sinn auf unsere Kategorien von Zeit und Raum, auf den Kosmos, »das geordnete Ganze« schlechthin, verweist. *Pacha* bezieht sich auf die räumlichen und zeitlichen Aspekte des Werdens und Vergehens. Im zyklischen Kommen und Gehen der für die Land- und Viehwirtschaft so wichtigen Trocken- und Regenzeit, in der Bewegung von Sonne und Mond, im Rhythmus von Tag und Nacht, in der Ordnung der »Welt hier«, zwischen der »Welt oben« und der »Welt unten«, ergänzen sich beobachtbare Gegensätze in ihrer dualen Form des aufeinander abgestimmten Zusammenwirkens.

Gefragt wird nach den grundlegenden Prinzipien des andinen Denkens und Handelns. Ist das alte inkaische Weltbild im Tempel von Cuzco aus heutiger Sicht noch interpretierbar? Haben sich indianische Systeme unter der Einwirkung der Conquista und des Christentums inzwischen grundlegend verändert oder verhalten sich mythisch-magische und westlich-technologische Welt in einem möglichen Synkretismus komplementär zueinander? Ist die Balance zwischen indigener und christlicher Wirklichkeit vielleicht doch für immer gestört? Welche Bedeutung hat die Opferschuld im andinen Konzept der Reziprozität von Mensch und Numina? Was spiegelt sich in der altperuanischen Erzählkunst von Huarochirí wider? Wie äußert sich das geschichtliche Denken in den Quechua-Liedern von heute? Welcher Zauber umgibt den Schamanen mit seinem Gesang »zwischen den Welten«? Können Musik und Tanz eine soziale und therapeutische Rolle innerhalb einer gestörten Beziehung zur Umwelt übernehmen? Wie lautet die indianische Antwort auf Herrschaft und Diskriminierung? Welche politische Kultur wäre eigenständig im Blick auf die Moderne zwischen Romantik und Realismus? Wie artikuliert sich das sogenannte Indianerproblem im Widerstreit von Indigenismus, Mestizisierung und religiösem Synkretismus?

Neunzehn Lateinamerikaforscher des deutschen Sprachraums, die sich von verschiedenen Fachgebieten her mit den Andenländern befaßt haben, setzen sich auf interdisziplinäre Weise mit dem Thema auseinander. Ausgangspunkt ist der ethnographische Ansatz, von dem aus versucht wird, in die Vergangenheit hineinzukommen, um sich mit dem andinen Weltbild rekonstruktiv auseinanderzusetzen. Fächerübergreifend werden andere Repräsentationssysteme einbezogen, zum Beispiel archäologische, ikonographische und schriftliche Quellen. Der Blick in die Vergangenheit erhellt die ethnographische Präsenz und erweitert auf komplementäre Weise differenzierte Interpretationsmodelle. Querverbindungen werden geschaffen. Das Spektrum der Analysen und Methoden ist weit gefächert: altamerikanistische, kulturanthropologische und linguistische Ansätze stehen neben soziologisch und medizinisch orientierten Fragestellungen. Geschichtliche Aspekte werden erweitert durch Betrachtungsweisen der Psychologie, Literatur-, Musik- und Religionswissenschaft. Der »Andine Kosmos« als konstruierte Welt beobachteter oder beschriebener Rituale, Handlungen und Erfahrungen ist im einzelnen wie im ganzen mit der Vielfalt seiner Interpretationen verschränkt. Er offenbart gerade in den zutage tretenden Widersprüchen das integrative Grundmuster eines dynamischen Miteinanders in der möglichen Versöhnung der Gegensätze. Es wird vermutet, daß ein genaueres Hinhören auf die Erfahrungen einer alten Agrargesellschaft helfen könnte, die Einseitigkeiten der modernen »Weltkultur« etwas zu korrigieren.

Berlin, Oktober 1993 *Max Peter Baumann*

Traditionelle Symbole und pragmatisches Denken im Weltbild andiner Bevölkerung

Weltbild und Denken in den Zentral-Anden

Ingrid Bettin

Fast fünfhundert Jahre nach der blutigen Eroberung durch die Spanier lebt die indianische Kultur fort. Trotz Dezimierung der Bevölkerung von etwa zehn Millionen auf 600 000 Indios im ersten Jahrhundert nach der Conquista, trotz der gewaltsamen Unterdrückung durch das Christentum haben die Hochlandindios ihre Kultur bis auf den heutigen Tag erhalten können. Wie war das möglich? Welche Kraft ist es, die die indianische Kultur so widerstandsfähig macht?

Seit vierhundertsechzig Jahren begegnen sich in Peru zwei unterschiedliche Kulturen, vermischen, bekriegen sich und verachten sich gegenseitig. Dem Europäer, auch wenn er Jahre seines Lebens in diesem Land verbracht hat, gibt die peruanische Gesellschaft eine Unzahl von Rätseln auf. Viele Aspekte des peruanischen Alltags bleiben ihm unverständlich. Die widersprüchlichen Elemente der beiden sich überlagernden Kulturen und Religionen auf ihren jeweiligen Ursprung zurückzuführen, gelingt nur wenigen Wissenschaftlern. Die sich dem Beobachter in diesem Land unablässig aufdrängende Frage nach dem Warum wird von den meisten Peruanern, seien sie europäischer oder indianischer Abstammung oder gehören sie zu der großen Mehrheit von Mestizen, mit erstauntem Achselzucken registriert, wahrscheinlich mit »*así es, es costumbre*« – so ist es, es ist Gewohnheit – beantwortet.

In den Jahrhunderten nach der Eroberung des Inkareichs wurden indianische Sitten und Gebräuche von den Spaniern als barbarisch bezeichnet, ihre Glaubenspraktiken als Götzenanbetung aufs schärfste verfolgt. Noch im 19. Jahrhundert lieferte sich der Klerus heftige Diskussionen um die Frage, ob die Indios Menschen oder Tiere seien. Die Überlegenheit der weißen Eroberer wurde niemals in Frage gestellt. Sowohl Unterdrücker als Unterdrückte empfanden die Unterdrückung als gerechtfertigt.

Seit vierhundert Jahren vertritt Lima an der Küste das offizielle Peru, das Peru der Kultur, der Bildung. Spanisch ist die Sprache der

Finanzen, der Wirtschaft, der Politik, der Macht. Das andine Hinterland galt bis zum Anfang dieses Jahrhunderts als unzivilisiert, kulturlos und gefährlich, als die Schande Perus. Seine Menschen wurden rücksichtslos und mit dem reinsten christlichen Gewissen ausgebeutet. Bodenschätze und Produkte aus landwirtschaftlicher Arbeit flossen nach Lima, ohne daß man nach dem Wie und Woher fragte, nicht nach den Menschen, die diese Produkte förderten oder herstellten, noch nach deren Lebensbedingungen. Die über Jahrhunderte von den weißen Eroberern des Landes verachteten Indios werden bis zum heutigen Tag zusätzlich von den Mestizen diskriminiert.

Und trotz allem! Trotz jahrhundertelanger Verachtung, Unterdrückung, Ausbeutung und Dezimierung der indianischen Urbevölkerung hat sich ihre Kultur in den wesentlichen Elementen bis auf den heutigen Tag erhalten können, was ihre außergewöhnliche Widerstandskraft gegenüber fremden Einflüssen beweist.

Auf die Frage, warum und wie die wenigen Spanier das inkaische Reich hatten erobern können, gibt es nicht nur eine, sondern eine Fülle von Antworten, die jedoch hier nicht erörtert werden sollen.

Die Indios haben sich gegen die spanische Eroberung gewehrt, haben sich keineswegs widerstandslos in ihr Schicksal gefügt, wie vielfach zu lesen ist. Sie leisteten jedoch auf andere Weise Widerstand, als wir Europäer uns dies vorstellen. Wir verstehen unter Widerstand mehr oder minder offene Konfrontation. Nicht so die andinen Menschen. Die indianische Kultur hat nicht nur andere Lebens-, Arbeits-, Glaubensformen hervorgebracht, sondern auch eine andere Art, fremden Einflüssen zu begegnen.

Daß die Indios sich erfolgreich gegen die spanische Unterdrückung gewehrt haben, zeigt sich schon in der Tatsache, daß ihre Kultur überlebt hat, und zwar am reinsten in den Gegenden Perus, in die der spanische Einfluß erst spät gelangte und dementsprechend wenig Durchsetzungskraft entfaltete. Es gab im Laufe der vergangenen vierhundertfünfzig Jahre offene Rebellionen gegen die fremde Vorherrschaft, wie die des Manco Inka, der politisch-religiösen Bewegung des Taqui Onkoy, des Santos Atahualpa, des Tupac Amaru. Es gab aber vor allem den schweigenden, passiven Widerstand. Während die offenen Rebellionen an der Überlegenheit der Spanier scheiterten, konnte das stille Festhalten an den Traditionen bei vorgetäuschter Anpassung, die wesentlichen Elemente indianischer Kultur bewahren. Das demütige »*Sí, sí!*«, die zur Schau getragene Sanftmut und die vielzitierte angebliche Willensschwäche der Indios, waren der Ausweg aus dem Dilemma, zwischen zwei Kulturen zu stehen, ermöglichten das Überleben.

Erst mit Beginn des 20. Jahrhunderts besinnen sich intellektuelle Mestizen auf ihr indianisches Erbteil, erhebt sich die Frage nach Identität, nationaler Einheit, nach der Möglichkeit friedlichen Miteinanders der beiden unterschiedlichen Menschengruppen auf so engem Raum. Stimmen zum Schutz der indianischen Kultur werden laut. Sie könnte unwiderruflich verlorengehen, bevor man sie annähernd erfaßt habe.

Ein Fülle von Literatur entsteht, die den Indio, seine Lebens- und Arbeitsbedingungen, seine Sitten, Gebräuche und Feste zum zentralen Thema erhebt; eine Literatur mit dem Tenor »der Indio als Mitmensch«, in der der Indio als exotisches Wesen und Kind gleichermaßen erscheint, das es zu schützen gilt. Indianisches Leben wird vielfach beschrieben, verherrlicht und gedeutet.

José María Arguedas war einer der ersten Männer, die indianische Kultur gewissermaßen von innen erlebten und erforschten. Aus der tiefen Sorge, daß diese Kultur im Kontakt mit der technisierten, an der Wissenschaft orientierten europäischen Welt untergehen würde, hat Arguedas sein gesamtes Lebenswerk der Aufzeichnung indianischen Lebens, des Alltags und der Feste, der Riten, Mythen und der Liedtexte gewidmet. Er versuchte, eine Brücke über die tiefe Kluft zu schlagen, die die beiden Kulturen voneinander trennt, geographisch, sprachlich, rassisch und kulturell (Arguedas 1980a).

Erst seit seinem literarischen und ethnologischen Werk wird von »Indianischer Kultur« gesprochen. Davor verwandte man Begriffe wie indianische Gebräuche, Brauchtum oder Sitten. Die peruanische Oberschicht mit ihrem nach Amerika und Europa gerichteten Interesse ignorierte Arguedas' Botschaft. Als im Zuge der Landflucht seit den vierziger Jahren immer mehr Indios die schwer zugänglichen Täler der Anden verließen und in die Stadt kamen, wurden sie jedoch sichtbare Gegenwart; an ihrer Existenz, an ihrer Andersartigkeit kam der Städter nicht mehr vorbei. Die Kulturen rückten zumindest räumlich enger zusammen.

Die weltweite Entwicklung von Ethnologie und Anthropologie hatte spürbaren Einfluß auf die Erforschung des andinen Hochlands. Seit den sechziger Jahren verändert sich die Literatur über Indios.

Wissenschaftler aller Richtungen verlassen zunehmend die Ebene der Beschreibung von Kultur, begnügen sich nicht mehr mit der Beobachtung und Aufzeichnung von Festen und Riten, sondern forschen nach Motiven, Ideen, Gedanken und Gefühlen.

Dabei stellt sich die direkte Befragung der Hochlandbewohner als wenig fruchtbar heraus. Mehr verraten die mythischen Erzählungen, die die Indios wie alle Kulturen ohne Schrift von Generation zu Generation weitergeben und die die wesentlichen Bestandteile ihrer Kultur enthalten und erhalten. Die Forscher, denen wir seit den sechziger Jahren wichtige Erkenntnisse über die indianische Kultur verdanken, sprechen Quechua und stammen zum großen Teil selbst aus dem Hochland (Montoya 1987).

Die mythischen Erzählungen enthalten die Weltkonzeption des andinen Menschen. Sie berichten über den Kosmos und die Geschichte, über Leben und Tod und über die Normen sozialen Verhaltens. Sie spiegeln auch die Anpassung der Indios an die Veränderungen ihrer Welt wider. Sie sind ihre kulturelle Antwort auf die religiöse und politische Unterdrückung. Erst mit diesem in vergangenen Zeiten nicht beachteten Hintergrundwissen wird beispielsweise das früher als barbarisch bezeichnete Verhalten der Hochlandbewohner verständlich, erhalten blutige Opfer und Feste als Teil einer religiösen Weltsicht eine neue Bedeutung (Mariscotti de Görlitz 1978a).

Der vorliegende Aufsatz versucht dieses Hintergrundwissen zu vermitteln. Er versucht Antworten auf die Frage nach den wichtigsten Prinzipien des Denkens und Handelns der indianischen Menschen zu geben.

Der Lebensraum

Eine Kultur entwickelt sich nicht in einem luftleeren Raum, sondern in einer bestimmten Zeit, auf einem bestimmten Boden, in einer bestimmten Umgebung, einer bestimmten Natur. Deshalb ist auf den Lebensraum jeder Kultur besondere Aufmerksamkeit zu richten. Seit Tausenden von Jahren lebt der Indio in einer äußerst menschenfeindlichen geizigen Natur, der er die lebensnotwendige Nahrung unter unvorstellbaren Opfern und Mühen abgewinnen muß. Seit jeher besiedelt er die Hochtäler der Anden, die zwischen 3500 und 4500 Metern über dem Meer liegen.

Lange vor der Ausbreitung und Vereinheitlichung durch die inkaische Organisation fanden die in den Anden lebenden Völker heraus, jedes für sich, daß nur die optimale Ausnutzung aller verfügbaren Böden in unterschiedlichen Höhen, also Klimazonen, und die volle Ausnutzung der menschlichen Arbeitskraft und -zeit im Verlauf des gesamten Jahres das Leben der Menschen gewährleisten konnte (Golte 1980).

Die Beziehung der Indios zur Natur, ihrer Lebensgrundlage, ist einerseits durch harte Arbeit, andererseits durch eine unterwürfig demütige Haltung gekennzeichnet. Sie entstammt der Erfahrung der Willkür, mit der die Erde aus unersichtlichen Gründen trotz harter Arbeit keinen oder ungenügenden Ertrag hervorbringt, daß Erdbeben und Erdrutsche das Leben beständig bedrohen. Nicht nur die Erde ist unberechenbar und gefährdet die menschliche Existenz, sondern die gesamte wilde Natur der Anden, die tiefen Schluchten, die eisigen Winde, die Nachtfröste sind eine ständige Bedrohung. Das Leben ist darüber hinaus von zwei sich abwechselnden Jahreszeiten abhängig, einer Regen- und einer Trockenzeit, die beide todbringend sein können, wenn sie nicht im rechten Moment einsetzen oder nicht im rechten Moment aufhören. Angesichts der beständigen Bedrohung seines Lebens hat der Indio nach dem Warum aller Dinge gefragt und Antworten gefunden, die sein Verhalten bestimmen und verständlich machen.

Die wohl wichtigste Erfahrung des andinen Menschen ist die der Begrenztheit des Lebens und aller Dinge seiner menschenfeindlichen Umgebung. Begrenzt ist die Menge des Wassers, das die Götter schenken, begrenzt ist die Nahrung, die dem Boden unter unvorstellbaren Mühen abgewonnen wird. Begrenzt sind Gesundheit und Leben. Die hohe Säuglingssterblichkeit, die kurze Lebenserwartung, die unabwendbaren Katastrophen beweisen dem Menschen zur Genüge seine Ohnmacht angesichts der durch nichts, keine Mühe und keine Opfergaben zu bändigenden Naturgewalten. Er erfährt die Begrenztheit seiner Anstrengungen, die Natur zu beherrschen. Es gilt, das pure Leben zu erhalten, nicht etwa es zu verbessern oder zu vereinfachen. Ganz im Gegenteil, jeder Überfluß, der über das nackte Existieren hinausgeht, wird als bedrohlich empfunden, weil er Neid provozieren könnte, dessen zerstörerische Kraft die Solidarität der Gemeinschaft gefährden und ihre Mitglieder somit unweigerlich ins Verderben stürzen würde.

Dualität

Die Abhängigkeit von seiner Umgebung hat den Hochlandbewohner zum genauen Beobachter der Natur und der Himmelsbewegungen gemacht. Seit Hunderten von Jahren verfolgt er den Wechsel der Gestirne, von Tag und Nacht, von Regen- und Trockenzeit, von Leben und Sterben, vom Kommen und Gehen aller Dinge. Immer wieder hat er erfahren, daß das gesamte Leben ein beständiges Erscheinen und Verschwinden von zwei gegensätzlichen Zuständen ist.

Die Erde erscheint ihm ein aus zwei Hälften bestehendes Ganzes. Auf der sichtbaren, begehbaren Hälfte vollzieht sich das Leben, aus der unsichtbaren entspringt es. Wasser kommt aus der Erde und versickert. Leben entsteht aus der Erde und geht wieder in sie ein. Nichts erscheint, was nicht bereits vorhanden ist, nichts, was verschwindet, geht gänzlich verloren; jedes Leben, jede Materie, jede Kraft, jede Eigenschaft ist dem unablässigen Kreislauf von Erscheinen und Verschwinden unterworfen. Dieser Zyklus wird als Aufeinanderfolgen zweier sich widersprechender und ergänzender Zustände verstanden. Nicht nur dieser Zyklus, sondern jedes Ganze besteht aus zwei Hälften. Eine ist ohne die andere nicht denkbar (Ossio 1973).

In diesem dualen Denken unterscheiden die Menschen des Hochlands zwischen Paaren von gleichen Dingen, wie Augen, Ohren, Armen, Beinen und Paaren von sich widersprechenden Gegensätzen, wie oben und unten, Mann und Frau, Tag und Nacht, Feuer und Wasser. Sowohl die Elemente der ersten Art von Paaren, als auch die der zweiten Art gehören unauflösbar zusammen. Die Trennungslinie des Paares von Gleichen kann man sich bildlich als Symmetrieachse vorstellen, an der sich die beiden Elemente spiegeln. Wie aber verläuft die Trennungslinie innerhalb eines Paares von Gegensätzen? Wie, wo oder wann geht eine Eigenschaft in ihr Gegenteil über? Tag und Nacht, Puna und Selva, Feuer und Wasser, oben und unten, heiß und kalt sind derartig zusammengehörende Gegensätze. Sie können nie endgültig überwunden werden und müssen bestehen bleiben, weil nur durch sie Neues entsteht. Die Andenbewohner stellen sich den Übergang von einem in einen gegensätzlichen Zustand als äußerst gefährlichen, aber auch schöpferischen Zeitpunkt oder Ort vor, welcher durch diffuses Licht und unklare Konturen gekennzeichnet ist.

So ist die Dämmerung als Übergang zwischen Tag und Nacht zu meiden ebenso wie die Bergspitzen als Übergang zwischen der Hier-Welt und der Oben-Welt und die Orte der Bestattung als Übergang der Hier-Welt und der Unter-Welt der Verstorbenen. Wo Gegensätze sich berühren oder aufeinandertreffen, erfolgt Veränderung. Vereinigung ist eine Möglichkeit der Veränderung, Kampf die andere. Entweder die Gegensätze verschwinden für kurze Zeit im Kampf oder der Vereinigung, um danach erneut zutage zu treten, oder aber sie verkehren sich in ihr Gegenteil. Im Fall von Mann und Frau führt die Vereinigung für kurze Zeit zum Schweigen der unüberbrückbaren Gegensätze. Im Fall von Tag und Nacht, Wasser und Feuer, Schwarz und Weiß gibt es keine Vereinigung, sondern nur eine Umkehrung der Eigenschaften (Bouysse-Cassagne et al. 1987:34).

Diese Denkweise bestimmt das gesamte Leben der Menschen im Andenhochland. Jede Erscheinung der Welt wird in eine duale Ordnung gefügt, in männlich und weiblich, in oben und unten oder heiß und kalt. So ist auch jede Region, jedes Dorf, jede Volksgruppe in zwei Hälften eingeteilt, einer als »Oben«, einer als »Unten« bezeichneten, deren Gegensätzlichkeit nicht aufgehoben wird und werden darf. In vielen Gegenden treffen sich die beiden jeweiligen Oben- und Unten-Gruppen alljährlich zu einem ausschweifenden Fest. Nach Tagen des gemeinsamen Feierns vereinigen sie sich zu einem rituellen Kampf. Es kämpfen einzelne oder Teile der Gruppen gegeneinander und immer fließt Blut. Die Gegensätze verschwinden im Fest, werden jedoch durch den Kampf jäh wieder hervorgebracht. Die Identität jeder der Gruppen wird somit bis zum Zusammenkommen im folgenden Jahr erneut bestätigt. Das Fest demonstriert das duale Denken der Hochlandbewohner, nach welchem die Gegensätze sich treffen, auch vereinigen können, aber letztlich bestehenbleiben müssen. Verständlich, daß die derart rivalisierenden Gruppen sich nicht vermischen, ihren Zusammenhalt und ihren Kampfeswillen nicht durch verwandtschaftliche Bande schwächen.

Wie Mann und Frau, rechts und links, oben und unten zusammengehören, sich für kurze Momente vereinigen oder auch kämpfen können, so brauchen und ergänzen sich alle Gegensätze. Nicht nur Tag, Ruhe, Gesundheit und Leben, auch Nacht, Arbeit, Krankheit und Tod gehören zum Leben. Für den Indio ist keine Sache, keine Eigenschaft, keine Kraft, kein Mensch nur gut oder nur schlecht. Alles hat eine Eigenschaft, aber auch die gegenteilige. Keine Eigenschaft an sich ist gut oder besser als ihr Gegenteil; gut ist nur das Ganze, das Gleichgewicht, die Ausgewogenheit oder das Zusammenspiel gegensätzlicher, aber kooperierender Hälften oder Kräfte.

Diese duale Weltsicht läßt sich in allen Bereichen der indianischen Kultur ausmachen, so in der Webkunst, der Ernährung, der traditionellen Heilkunde, der Arbeit und den Festen, in Musik, Tanz und Gesang. Die Indios wissen um die Ambivalenz aller Eigenschaften und bejahen sie als Grundprinzip des Lebens. Ihr gesamtes Leben ist ein unermüdliches Ringen um das Gleichgewicht der Gegensätze. Ihre Arbeit, ihre Gebete, Riten, Feste bezwecken nichts anderes, als die Harmonie der sich widersprechenden und ergänzenden Kräfte zu erhalten, beziehungsweise, sie immer wieder herzustellen.

So wie die Natur aus widersprüchlichen Aspekten besteht, so haben auch die Götter eine und viele persönliche Erscheinungen und besitzen nicht nur eine Eigenschaft, sondern immer auch das Gegenteil davon. Sie schenken Leben, sie nehmen Leben, sie belohnen, aber strafen auch. Man verehrt und fürchtet sie gleichermaßen (Mariscotti de Görlitz 1978a).

Zyklische Zeit

Aus dem oben Beschriebenen geht hervor, daß die Zeit nicht linear, nicht als permanente Weiter- und Höherentwicklung verstanden wird, sondern zyklisch. Der Zyklus der Vorgänge in der Natur und der des menschlichen Lebens scheinen dies zu beweisen. Alles erscheint und vergeht. Es ist ein Zyklus, bei dem alles, was vergeht, eines Tages wiederkommen wird. So wie die Sonne verschwindet und wieder aufgeht, so verschwinden Materie, Leben, Kulturen, um nach Ablauf einer gewissen Zeit wieder zu erscheinen.

Gegensätzliche Zustände wechseln sich ab. Sie sind gegensätzlich, aber sie ergänzen sich. Die Intervalle, in denen die Wechsel erfolgen, sind unterschiedlich. So wechseln Tag und Nacht nach zwölf Stunden, Regen- und Trockenzeit nach einem halben Jahr, wiederholt sich der Agrarzyklus nach einem Jahr und kehrt sich unsere Welt nach etwa fünfhundert Jahren um, wobei die vergangenen Generationen und Kulturen wieder auferstehen werden und was oben war, dann unten sein wird.

Die Indios warten still auf *pachacuti*, was auf Quechua »Umkehr der Welt« bedeutet. Sie leben in der Überzeugung, daß das vor fünfhundert Jahren verlorengegangene Gleichgewicht nun bald wiederhergestellt werden und damit die Zeit des Unrechts aufhören wird. Dies ist übrigens einer der Gründe, warum sie nicht beständig gegen die Unterdrückung rebellieren. Die Fähigkeit, sich in Unveränderliches zu schicken, macht sie in fataler Weise ausbeutbar und kommt dem expansiven Individualismus der europäisch beeinflußten Oberschicht außerordentlich gelegen, ist aber auch die Kraft, die ihre Kultur erhalten hat.

Die indianische Vorstellung vom zyklischen Wechsel gegensätzlicher Zustände, Hälften und Zeiten machte den christlichen Missionaren erheblich zu schaffen. Die Gestalt des Teufels zu erklären war schon ungemein schwierig, weil in der andinen Welt nichts und niemand allein schlecht ist; schlecht ist nur das Ungleichgewicht von Gegensätzen.

Aber wie war den Indios, die die Welt in durch Gegensatz und Ergänzung definierter Dualität denken und Zeit und Raum, kurz, ihr gesamtes Leben dementsprechend organisieren, die christliche Dreieinigkeit verständlich zu machen?

Jüngste Forschungen über die heutige Vorstellung der Indios von der Dreieinigkeit zeigen eine wundersame Verschmelzung von indianischen und christlichen Elementen. So wurde das zyklische Denken von Zeit zwar zugunsten des linear fortschreitenden Denkens aufgegeben, nicht aber die Vorstellung von der Dualität der Welt und aller Dinge. Gott Vater, Sohn und Heiligem Geist werden aufeinanderfolgende, aber jeweils gegensätzliche Epochen der Menschheitsgeschichte zugeordnet. Gott Vater regierte demnach in Zeiten der Finsternis und des unrechten Glaubens über die Welt, also bis zur Ankunft des christlichen Glaubens in den Anden. Gott Sohn dagegen ist der Gott des wahren Glaubens, der Sonne, der Gegenwart, während der Heilige Geist für eine Zukunft etwa ab dem Jahre 2000 steht, die wir Menschen sündenlos, als beflügelte Seelen bevölkern werden (Urbano 1980).

Zwischen diesen gegensätzlichen Zeiten fand, bzw. findet gemäß dem andinen Denken jeweils ein *pachacuti* statt, eine Art Katastrophe, die das Aufhören einer Zeit und den Beginn einer neuen, gegensätzlichen markiert. So wird im nachhinein die Eroberung des inkaischen Reiches durch die spanischen Eroberer zum *pachacuti*, zu einem »natürlichen« Vorgang des »natürlichen« Weltgeschehens.

Ebenso wird ein *pachacuti* die Gegenwart, die Zeit des Sohnes beenden, um die Zeit des Heiligen Geistes einzuleiten. Diesen Glauben an eine bevorstehende Umkehr der Welt, auch die Angst vor dieser unabwendbaren Katastrophe mit allem Schrecken und Blutvergießen macht sich die Ideologie des *sendero luminoso* zu eigen.

Die Indios verstanden unter der Ewigkeit, von der die spanischen Priester sprachen, <u>eine</u> Ewigkeit, also eine Zeit, die lange währt, bevor sie sich in ihr Gegenteil verkehren wird.

Die Vorstellung von der Zyklizität der Zeit verschmolz im Laufe der Jahre mit der christlichen Verheißung von der Auferstehung der Toten zu dem noch heute im gesamten Andenraum verbreiteten Mythos von Inkarrí, einem Mythos, der von der baldigen Rekonstruktion und Wiederkehr einer indianischen Herrschergestalt erzählt, die einst von den Spaniern geviertelt wurde. Gemäß dem dualen Denken wird dieser *inka* und König (*rey*) in einer Person höchste Autorität für Indios und Weiße sein, die Widersprüche des Landes vereinen ohne sie aufzuheben (Flores Galindo 1987).

Für den Indio bedeutet das stille Warten auf Umkehr der Welt nicht, daß er zum passivem Verharren verdammt ist. Ganz im Gegenteil. Er muß sich unablässig um das Erreichen und Erhalten des Gleichgewichts widerstreitender Kräfte bemühen. Er kämpft gegen Hunger, Krankheit und Tod. Er muß dazu beitragen, daß eine Phase aufhören und eine neue beginnen kann, so zum Beispiel beim zyklischen Ablauf des menschlichen Lebens und des landwirtschaftlichen Jahres. Beide vollziehen sich nicht ohne sein Zutun. Was tut er dazu? Er erfüllt umfangreiche rituelle Vorschriften, in Form von Festen und Opfern.

Übergangsriten

Ich sagte eingangs, daß die Indios wahrscheinlich aus der Beobachtung des Kreislaufs der Gestirne, aus dem Kommen und Gehen der Jahreszeiten die Vorstellung von der Zyklizität der Zeit entwickelten. Auch das menschliche Leben erleben sie als Kreislauf: Geburt, Jugend, Erwachsenenalter und die Rückentwicklung des Erwachsenen über den Greis zum unselbständigen Wesen ohne Zähne in den Tod und schließlich sein Verschwinden in der Erde. Der Übergang von einer in die nächste Lebensphase vollzieht sich nach indianischem Denken nicht allmählich und nicht ohne menschliches Zutun. Jede neue Lebensphase eines Menschen muß durch ein Fest eingeleitet werden. Ein ritueller Akt beendet einen Zustand und versetzt den Menschen in einen neuen, gegensätzlichen Zustand. Der Lebenszyklus des Menschen vollzieht sich, so gesehen, in Sprüngen, in abrupten rituell eingeleiteten Wechseln von einem Zustand in einen anderen. Jedes Erreichen einer neuen Lebensphase fügt den Menschen in eine jeweils größere Gemeinschaft ein. Das Kind wird aus einem Zustand ohne Namen durch die Haarschneidezeremonie in einen mit Namen versetzt (Valiente Catter 1979). Heirat macht aus einem jungen Mann ohne Mitspracherecht im Dorfrat ein stimmberechtigtes Mitglied. Jede neue Lebensphase bindet den Menschen fester in das Geflecht gegenseitiger Rechte und Pflichten. Der Übergangsritus leitet eine neue Epoche im individuellen Leben ein, *pachacuti* eine neue Zeitepoche.

Bien limitado

Die Annahme der Dualität verbindet sich für den andinen Menschen mit der Vorstellung vom begrenzten Gut, dem *bien limitado*, was bedeutet, daß alle Güter der Welt in begrenzter Menge und Anzahl vorhanden sind. Das betrifft materielle Dinge, aber auch geistige und emotionale Kräfte. Es spiegelt die Überzeugung wider, daß alles, was entsteht, bereits vorhanden ist und nichts, was vergeht, für immer vergeht. So geht keine Kultur, keine Kraft oder Eigenschaft jemals endgültig verloren. Zwar entsteht alles aus der Erde, doch kann sie nichts hervorbringen, was nicht bereits in ihr vorhanden ist. Das Wenige, was die Erde dem Menschen beschert, ist nicht nur dem immerwährenden Zyklus von Erscheinen und Verschwinden unterworfen, es ist darüber hinaus begrenzt. Daher darf kein Mensch die Gaben der Erde für sich allein beanspruchen. Die von der Natur geschenkten Güter müssen allen Mitgliedern der Gemeinschaft zur Verfügung stehen. Niemand darf Reichtum festhalten, alle erhaltenen Gaben müssen weiter- bzw. zurückgegeben werden. So muß man der Natur und den Göttern in Form von liebevollen Worten und Opfern zurückgeben, was man erhalten hat. Nicht nur Mais, Kartoffeln, sondern auch Gesundheit, Glück, Wissen sind in begrenzter Menge in der Welt, müssen daher allen Menschen gleichermaßen zugänglich sein; sie gehen niemals endgültig verloren, kehren höchstens in die Erde zurück, aus der alles hervorkommt.

Auch Unglück und Krankheit existieren, so wie Materie existiert, wandern gleichsam wie ein Ball von Mensch zu Mensch. Der andine Mensch fügt sich nicht etwa ergeben in Krankheit oder Mißgeschick, er wird alles Erdenkbare tun, um sie abzuwehren oder sie loszuwerden. Er wird alle Vorschriften für ein angenehmes Leben in Gesundheit und Wohlergehen beachten, wird auch die Hilfe eines Zauberheilers aufsuchen, um ein Übel abzuwenden oder sich von ihm zu befreien, sich aber in ein unabwendbares Schicksal fügen, wenn alle Vorkehrungen nicht helfen. Er wird nicht dagegen rebellieren und verzweifeln wie wir.

Verhalten

Auf den dargestellten Grundannahmen, der Dualität, der Zyklizität der Zeit und des *bien limitado*, basiert das soziale Leben der Indios seit Jahrhunderten. Sie bestimmen ihr Verhältnis zueinander, zur Natur und zu den Göttern. Seit jeher wissen die Indios, daß unter den extremen Lebensbedingungen der Anden ein einzelner Mensch oder eine einzelne Familie nicht ohne die Hilfe der Gemeinschaft überleben kann. Jede Gefährdung der Gruppe bedroht somit auch die Existenz des einzelnen.

Heute hat sich die Lebenssituation der Andenbewohner tiefgreifend verändert; früher jedoch waren die indianischen Dorfgemeinschaften von der Außenwelt abgeschnitten und auf den absoluten Zusammenhalt und die Zusammenarbeit aller ihrer Mitglieder angewiesen. Die Harmonie der Gruppe zu erhalten bedeutete, das Leben selbst zu erhalten. So wie die Welt und alle Dinge aus unüberwindbaren Gegensätzen bestehen, die sich brauchen und ergänzen, so mußte die indianische Gemeinschaft Gegensätze ertragen und überwinden.

Eine Fülle von Verhaltensregeln dient dem Erhalt der lebenswichtigen Harmonie zwischen den Menschen untereinander, zwischen den Menschen und der Natur, zwischen den Menschen und den Göttern (Ansión 1987).

Wie der Andenbewohner sich »richtig« verhält, schildern die mythischen Erzählungen plastisch und ausführlich. Sie geben Kunde von den wichtigsten Prinzipien des Handelns: der Gegenseitigkeit und der Wiederverteilung.

Reziprozität, das Gegenseitigkeitsprinzip

Die Dualität der Natur, der Welt, findet ihre Entsprechung im menschlichen Handeln. So wie das Gleichgewicht der Gegensätze Grundprinzip allen Lebens ist, so ist das Gleichgewicht zwischen Geben und Nehmen oberstes Prinzip einer jeden Beziehung. Das Prinzip der Reziprozität, der Gegenseitigkeit aller Beziehungen, besagt, daß jede materielle und nichtmaterielle Gabe dem Geber zurückgegeben werden muß. Die Rückgabe aller von den Mitmenschen, der Natur oder den Göttern erhaltenen Gaben ist absolut verpflichtend. Verstößt der Indio gegen das Gebot der Reziprozität, muß er mit schweren Strafen rechnen. Die andine Gemeinschaft ist in höchstem Maße auf die Solidarität aller ihrer Mitglieder angewiesen. Sie allein ermöglicht das Leben und Überleben jedes einzelnen.

Das Prinzip der Solidarität, wagt man eine Kausalerklärung, resultiert aus der jahrhundertelangen Erfahrung, daß dem Boden die lebensnotwendige Nahrung nur durch Zusammenarbeit und bedingungslosen Zusammenhalt aller Mitglieder einer Gruppe abgerungen werden kann. Diese Zusammenarbeit darf auf keinen Fall zerbrechen, muß mit allen erdenklichen Mitteln, durch religiösen und sozialen Druck in Form von Strafen, bis hin zur Todesstrafe, erhalten werden.

Lange bevor die Spanier den Kontinent betraten, auch lange bevor die Inkas ihren Herrschaftsbereich ausdehnten, hatten alle andinen Völker etwa gleiche Grundprinzipien ihres Lebens entwickelt. Offenbar haben die extremen Lebensbedingungen in der rauhen Höhe kulturell vereinheitlichend gewirkt. So fußten die sozialen und wirtschaftlichen Beziehungen aller andinen Volksgruppen, obwohl sie sich ethnisch, sprachlich und kulturell voneinander unterschieden, auf dem Prinzip der Reziprozität. Diese gemeinsame Eigenschaft war es übrigens, die die schnelle Ausbreitung des inkaischen Einflusses etwa seit dem 14. Jahrhundert ermöglichte. Es war aber auch diese nämliche Eigenschaft, welche in der Folgezeit seine weitere Ausdehnung erheblich erschwerte, weil sie in den Grenzgebieten des inkaischen Reiches fehlte. Die Menschen des Tieflands waren auf eine derartige Kooperation nicht angewiesen (Rostworowski de Diez Canseco 1988a).

Die Nichtachtung des für die Menschen des Andenraumes unumstößlichen Prinzips der Reziprozität durch die Spanier war es unter anderem, die den schnellen Sturz des inkaischen Reiches herbeiführte. Auf das unerwartete und vollkommen unverständliche, nämlich nicht reziproke Verhalten der Spanier hatten die Indios keine adäquate Antwort. Daß diese Fremden die ihnen angebotenen Waren und Dienste ohne jegliche Gegenleistung oder moralische Verpflichtung zur Gegenleistung annehmen würden, daß sie das Angebot zur Kooperation ungestraft zurückweisen, ja mit Füßen treten konnten, ohne von ihren Göttern gestraft zu werden, war die fatale traumatische Erfahrung, die in der Erinnerung der Indios bis auf den heutigen Tag fortlebt.

Die Hochlandbewohner waren von alters her auf Austausch von Nahrungsmitteln angewiesen, die auf Feldern in höheren oder tieferen Zonen und unterschiedlichen Klimata gediehen. Je weiter sie den Tauschhandel mit entfernt lebenden Siedlern ausdehnen konnten, desto reicher war das Nahrungsangebot, desto sicherer war ihre Existenz.

Dem Boden war ein Mehr nicht, wie in Europa, durch bessere Techniken oder größeren Fleiß abzugewinnen, sondern nur durch optimale Ausnutzung der menschlichen Arbeitskraft und -zeit im Verlauf des gesamten Jahres und durch gegenseitig verpflichtenden Austausch von Waren und Hilfe mit möglichst vielen Menschen oder Gruppen (Golte 1980).

Dieser Austausch war lebensnotwendig, auf ihn mußte unbedingt Verlaß sein. Insofern war das oberste Gebot der Hochlandindianer seit jeher, erhaltene Gaben oder Dienstleistungen zurückzugeben, zwar nicht in gleicher Form, aber in etwa dem gleichen Wert. Gegenseitige Hilfe wird bei der Vorbereitung der steinigen Böden für die Aussaat geleistet, der Aussaat selbst, der Ernte, der Reinigung und Instandhaltung der Bewässerungssysteme, beim Dachdecken und Hausbau, beim Ausrichten ritueller Feste. Das Annehmen von oder das Bitten um Hilfe geschieht im festen Bewußtsein der unumgänglichen Rückgabe der erhaltenen Leistung. Jeder Bauer kennt seine ausstehenden Verpflichtungen, jede Frau weiß, welcher anderen sie Hilfe schuldig ist. Aber jedes Mitglied der Gemeinschaft kennt auch alle diejenigen, deren Hilfe sie jederzeit in Anspruch nehmen kann.

Auch der Natur muß der andine Mensch zurückgeben, was ihm durch sie zuteil wurde. Durch Opfern und Verehrung in Form von Festen gibt er dem Boden symbolisch zurück, was er von ihm erhalten oder was er ihm entnommen hat, die lebensnotwendige Nahrung, das Wasser, das Leben selbst.

So wie der Lebenszyklus des andinen Menschen sich nicht allmählich fortschreitend, sondern in Sprüngen vollzieht, die rituell eingeleitet oder begleitet werden, so vollzieht sich der Agrarzyklus nicht ohne Mithilfe des Menschen. Feste begünstigen das Erscheinen oder Verschwinden der einzelnen Epochen des Agrarzyklus. So ist die Fülle der Zeremonien zu verstehen, die die Indios im Verlauf eines Jahres zu Ehren der Natur begehen. Die Natur braucht die Unterstützung des Menschen. Er muß dazu beitragen, daß die Saat angeht, die Ernte reich ausfällt, der Regen im rechten Moment kommt, aber auch zur rechten Zeit aufhört.

Die Pachamama

Die Erde ist der Wohnort der Pachamama, der Erdmutter. Die Pachamama lebt, leidet, freut sich und ist traurig wie ein menschliches Wesen. Bevor man die Felder für die Aussaat vorbereitet, die Erde öffnet und sie damit verletzt, muß man sie um Erlaubnis und um Entschuldigung für die Schmerzen bitten, die man ihr zufügen wird. Man muß ihr Gebete und Gaben darbringen.

Die Ernte soll möglichst schnell entnommen werden, um die unvermeidbaren Schmerzen gering zu halten. Die besten Früchte gibt man der Erde zurück. Aus Dank, aber auch als Vorbild für kommende Saaten.

Die Pachamama ist eine Frau, hat ihre Launen, hat ihre Tage. Dann darf sie nicht berührt werden, sondern muß besonders liebevoll behandelt und mit vielerlei Geschenken bedacht werden. Wenn alle Vorschriften beachtet werden, ist die Erde freigebig, gibt reiche Ernte. Verweigert sich die Erde, wird schuldhaftes Verhalten der Menschen vermutet, hat einer sie unnötig oder zum falschen Zeitpunkt verletzt, nicht oder geizig geopfert. Die Erde bestraft Verstöße gegen das Gebot der Reziprozität.

Sie kennt die Menschen, die auf ihr wohnen, ständig mit ihr sprechen, ihr opfern, die mit ihr vertraut sind. An jedem Ort hat die Pachamama eine andere Persönlichkeit. Sie ist eine, gleichzeitig aber auch viele. Ein Wanderer muß sich zunächst vorstellen und um Erlaubnis bitten, bevor er auf fremder Erde ruhen darf; auf heimatlicher Erde ist das nicht vonnöten. Er wird freundlich liebevoll mit ihr sprechen, ihr eine Zigarette, einige Blätter *coca* oder einen Schluck Alkohol opfern. Die Pachamama könnte ihm ohne diese Vorkehrungen übelwollen, ihn bestrafen, ihn kastrieren oder sogar töten. Sie wird in der andinen Mythologie als lebenspendend und als lebennehmend beschrieben (Mariscotti de Görlitz).

So sind die Blutopfer an die Pachamama zu erklären, Menschenopfer zu allen Zeiten der Geschichte. Bis auf den heutigen Tag gibt es Tote bei den Stierkämpfen, dem Abschluß und Höhepunkt tagelanger Feste. Tod bei einem Fest wird stillschweigend als Opfer für die Pachamama verstanden und als solches akzeptiert. Das heißt selbstverständlich nicht, daß der Tod ungerührt hingenommen wird oder von den Angehörigen nicht etwa mit tiefer Trauer beantwortet wird.

Die Pachamama schenkt Leben, folglich schuldet man ihr Leben. So wurde einer peruanischen Freundin geantwortet, als sie den Bewohner eines Dörfchens im Hochland fragte, wie das diesjährige Fest verlaufen sei: »*Regularcito. Dos muertitos no más!*« (So wie immer. Nur zwei Tote!) Die Indios hoffen, die Erde möge das Blutopfer annehmen und die Gemeinschaft vor Katastrophen im kommenden Jahr verschonen. Offiziell, wie früher, oder inoffiziell, wie heute: die Erde braucht und bekommt ihr Blutopfer.

Die Erde ist auch der Wohnort der Verstorbenen, der Mittler zwischen den Lebenden und den Göttern. Ihrer muß mit besonderer

Hingabe gedacht werden, da von ihrer Fürsprache und Fürsorge das Wohlergehen der Lebenden abhängt. In der Erde harren aber auch die vergangenen Kulturen, die sich für ihr Verschwinden an den Lebenden rächen wollen, vor denen sich die Menschen in acht nehmen müssen und die auf Rückkehr durch ein *pachacuti* sinnen.

Daß die höchste Gottheit der Indios in der Erde wohnte, zudem eine Frau war, verstanden die spanischen Eroberer nicht. Für sie lebte in der Erde der Teufel, und er war männlich. Sie zogen folglich den Schluß, die Indios beteten den Teufel persönlich an und sahen allein in dieser Tatsache einen Grund, deren angeblichen Götzenglauben aufs heftigste zu bekämpfen.

Heute verbirgt sich die Verehrung der Pachamama im Marien-Kult der Indios, sie hat die Gestalt der Jungfrau Maria angenommen. Mit der gleichen Inbrunst wie früher die Pachamama wird heute die christliche Gottesmutter als die über Leben und Tod bestimmende Göttin angebetet.

Um zu überleben, um ihre eigenen Götter schützen zu können, plazierten die Indios diese hinter den überlegenen christlichen Göttern an die zweite Stelle. Daß die christlichen den eigenen Göttern überlegen waren, bewies allein die Leichtigkeit, mit der die Spanier in deren Namen das Inkareich hatten unterwerfen können. Die mythischen Erzählungen zeigen, daß für die Hochlandindios der christliche Gott und das Staatsoberhaupt die unangezweifelten Autoritäten sind, deren Sprache und Rituale man sich bedienen muß, wenn man in den Genuß ihres Segens kommen will. Aber in der Sierra wachen die zweitrangigen, die indianischen Götter über die Einhaltung der Gebote und walten die kollektiv gewählten Ortsautoritäten. Die Götter der Weißen scheinen weit weg an der Küste zu residieren und sich offensichtlich wenig um indianische Belange zu kümmern. Auch sprechen die weißen Götter nicht mit den Indios, wie deren Götter, die auf unmittelbare Fragen unmittelbare Antworten geben.

Redistribution, das Wiederverteilungsprinzip

Das Prinzip der Redistribution oder Wiederverteilung ist neben dem Gegenseitigkeitsprinzip ein weiteres Handlungsprinzip, auf welchem die Solidarität andiner Dorfgemeinschaften fußt. Redistribution besagt, daß jede Art von privatem Überschuß der Gemeinschaft wieder zugeführt werden muß. Kein Mensch darf privaten Reichtum für sich anhäufen oder behalten, auch wenn er durch eigene Arbeit, eine reiche Ernte oder Zufall erworben wurde. Wenn alle Dinge dieser Welt, alle Reichtümer, alle Tiere, alle Ackerfrüchte nur in begrenzter Menge und Anzahl vorhanden sind, darf ein einzelner Mensch sie nicht für sich behalten und sie damit der Gemeinschaft vorenthalten. Auch geistige Überschüsse wie langjährige Lebenserfahrung und Wissen müssen weitergegeben werden. Der Rat älterer Menschen darf bei keiner wichtigen Entscheidung fehlen, er wird gesucht und hoch geschätzt.

Eine Form von Wiederverteilung sind die ländlichen Feste, bei denen eine für uns unvorstellbare Verschwendung praktiziert wird, deren Fragwürdigkeit sich dem Europäer angesichts der großen Armut des Landes aufdrängt. Alle Feste waren ursprünglich heilige Riten. Nach der Conquista wurden sie als solche verboten und leben heute in ihrer sozialen Funktion geringfügig verändert als Folklore fort. Während die ursprünglichen rituellen Feste dem Zyklus der Gestirne entsprechend gefeiert wurden und die einzelnen Phasen der landwirtschaftlichen Arbeit einleiteten, werden sie heute dem christlichen und staatlichen Festkalender entsprechend begangen.

Auf andine Organisation gehen die sogenannten *cargos* zurück. *Cargo* heißt soviel wie Pflicht oder Last und bedeutet, daß jeder männliche Dorfbewohner im Laufe seines Lebens bestimmte soziale und religiöse Aufgaben für die Gemeinschaft zu übernehmen hat. So wie die Gemeinschaft das Leben des einzelnen erhält, so muß dieser der Gemeinschaft seine Arbeit und Fürsorge zur Verfügung stellen. Alle *cargos* entstammen und dienen dem Prinzip der Gegenseitigkeit und Wiederverteilung.

Eines dieser Ämter besteht aus dem Ausrichten des jährlichen Festes zu Ehren des dörflichen Schutzpatrons. Niemand vermag diesen Dienst ohne umfangreiche Mithilfe zu erfüllen. Die Veranstalter des Festes, es sind immer mehrere, verausgaben und verschulden sich über Jahre hinaus, indem sie die gesamte Dorfbevölkerung über mehrere Tage mit Essen und Trinken versorgen, eine Musikkapelle stellen und den Stierkampf organisieren. Der Veranstalter, der ein rituelles Amt erfüllt, gibt symbolisch den Mitmenschen Überschüsse zurück, die er ansammeln konnte. Er geht eine Fülle verbindlicher

Verpflichtungen all den Menschen gegenüber ein, die bei der Arbeit und den Unkosten helfen und trägt damit zur weiteren Verflechtung der Bande bei, die die Solidarität der Dorfgemeinschaft verstärken.

Dies ist natürlich das abstrakte Bild einer Gesellschaft, die in dieser reinen Form heute nicht mehr existiert. Doch alle Veränderungen der letzten fünfhundert Jahre haben letztlich die Grundprinzipien der ethischen Verhaltensnormen, die Reziprozität und die Redistribution, nicht wesentlich verändern können. Die Veränderungen sind verständlicherweise dort stärker, wo durch die Einbindung in den nationalen Markt die Selbstversorgung der ländlichen Bevölkerung allmählich endet.

Sanktionen

Untersucht man die mythischen Erzählungen von heute auf ihre Botschaft, so kann man feststellen, daß jede Erzählung neben der Darstellung des indianischen Weltbildes auch über ethische Normen und über Sanktionen für Fehlverhalten Auskunft gibt. Die Mythen übermitteln, wie in jeder schriftlosen Kultur, die moralischen Imperative der andinen Gesellschaft. Sie berichten von drastischen Strafen für unsoziales Verhalten und demonstrieren, wie es demjenigen ergehen wird, der gegen die Regeln verstößt (Ansión 1987).

Vergehen gegen die Prinzipien der Reziprozität und Redistribution in der menschlichen Gemeinschaft werden von den Menschen selbst geahndet. Über Art und Höhe der Strafe entscheidet die Gemeinschaft. Eine der schlimmsten Strafen ist der Ausschluß aus dieser Gemeinschaft, der soziale Tod, der bedeutet, daß der Betroffene allein nicht überleben können wird und deshalb zum Verlassen der Heimat gezwungen ist. Auch die Natur und die Götter strafen bei Vergehen gegen die Regeln der Reziprozität und Redistribution und zwar sowohl den einzelnen als auch die Gemeinschaft. Der andine Mensch ist niemals und nirgends allein. Kein Vergehen bleibt unentdeckt oder ungeahndet.

Die vier wichtigsten Grundregeln für menschliches Verhalten gelten dem Unterdrücken jeder Art von Individualismus und Egoismus. Wir kennen sie schon seit der Inkazeit: nicht rauben, nicht lügen, nicht faul sein, und keinen Inzest betreiben. Das Nichtbefolgen dieser Gebote wurde mit dem Tode bestraft.

Nicht rauben erfordert keine weiteren Erklärungen. Anders ist es schon mit dem Gebot, nicht zu lügen. In einer so engen Gemeinschaft, in der jeder vom anderen abhängt, bedeutet falsche Weitergabe oder das Verschweigen von Information eine erhebliche Gefährdung der Sicherheit und des Gleichgewichtes. Wie bereits erwähnt, dürfen Wissen, Weisheit und Erfahrung nicht der Gemeinschaft vorenthalten werden, müssen allen Mitgliedern gemäß dem Grundsatz der Reziprozität und der Redistribution unverfälscht weitergegeben werden.

Wer faul ist, enthält der Gemeinschaft seine dringend benötigte Arbeitskraft vor. Er profitiert von der Arbeit der Gruppe, ohne die eigene Kraft einzubringen. Seit den Zeiten der Inka müssen alle Menschen, Kinder und Alte, gemäß ihrer Fähigkeiten für das Wohl der Gemeinschaft arbeiten, die sie trägt. So hüten die alten Menschen die Kleinkinder, sortieren Saatgut aus, füttern das Vieh, verhalten sich im andinen Sinne reziprok.

Das Gebot gegen Inzest erfordert einige erklärende Bemerkungen. Es besagt einerseits, daß sich jeder Mensch vermehren, Kinder haben soll, und andererseits, daß diese Kinder von ihrer Familie der Gemeinschaft zur Verfügung gestellt werden müssen um zu heiraten. Es ist verboten, daß Eltern ihre Kinder oder andere Verwandte für sich behalten, aus welchen Gründen immer. Jedes Mitglied der Gemeinschaft hat die Aufgabe, sich zu verheiraten, um dadurch zwei bisher nicht miteinander verwandte Familiengruppen in der Verpflichtung zur gegenseitigen Hilfe unauflösbar aneinander zu binden.

In der autarken andinen Gesellschaft, in ihrer totalen Isolierung mußte die unbedingte Solidarität aller Menschen garantiert sein. Die Todesstrafe für Vergehen gegen die Gemeinschaft war somit lebenserhaltend und unerläßlich.

Interessant ist, wie die andinen Menschen ihre Vergangenheit und die Ursachen des Untergangs früherer Kulturen deuten. So spricht aus etlichen mythischen Erzählungen die Überzeugung, daß die großen Kulturen, Wari und Inka, durch das Nichtbeachten der andinen Normen vergingen. Das Aufblühen der Kulturen habe zwar auf der guten sozialen Organisation, der Solidarität, Klugheit und dem Fleiß der Menschen beruht, wodurch auch das Anwachsen der Bevölkerung begünstigt worden sei. In der Folge hätten jedoch Reichtum, Neid und Geiz, Individualität, kurz, die Mißachtung der

Reziprozität und Redistribution zunächst zum Fehlen von Nahrung, dann zu Kriegen und Kannibalismus und schließlich zum kulturellen Untergang geführt.

Die andinen Gebote und Strafen sind noch heute wirksam. Sie sind in die Städte gekommen und leben unsichtbar weiter in den indianischen Menschen, die sich in Jeans und Turnschuhen recht modern geben. Wie sehr, mag folgende Tat illustrieren, die sich im Jahre 1982 in einem der ärmsten Vororte Limas ereignete und über die die Zeitungen ausführlich berichteten.

Ein junger Mann, auf frischer Tat beim Entwenden eines Transistorradios ertappt, war bei lebendigem Leib von den Bewohnern des Elendsviertels im Sand vergraben worden und bereits erstickt, als die Polizei eintraf. Das Verbrechen hatte sich unmittelbar vor den Augen der verzweifelten Mutter vollzogen, deren Weinen und Flehen die Tat nicht hatte verhindern können.

Wie kam es zu einer derart grausamen Handlung als Folge eines für uns relativ geringen Deliktes? Um die indianische Mentalität besser verstehen zu können, muß man wissen, daß bereits seit Wochen immer wieder Gegenstände von gewissem Wert verschwunden waren und daß der Gefaßte als Mitbewohner identifiziert wurde, er nicht etwa aus einem anderen Stadtteil stammte. Er hatte offensichtlich zum wiederholten Male in seinem eigenen Viertel, seiner eigenen Wohn- und Lebensgemeinschaft gestohlen. Dieses Delikt ist seit Jahrhunderten in den andinen Kulturen als Kapitalverbrechen mit dem Tode zu bestrafen, auszuführen von allen geschädigten oder potentiell gefährdeten Mitgliedern der Gemeinschaft.

Der curandero

Ein religiöser Spezialist wacht über das Wohlergehen der Gemeinschaft. Er erteilt Ratschläge und Weisungen für richtiges Verhalten, für richtiges Opfern, sei es zum Vorbeugen gegen Unglück, sei es für das Verhüten oder Heilen von Krankheiten. Er sagt die nahe und ferne Zukunft voraus, bestimmt günstige und ungünstige Momente für Vorhaben oder rät gänzlich davon ab. Er verhütet aber nicht nur Krankheiten und heilt sie, er deutet sie auch als Folge eines Vergehens. Er wird den Erkrankten befragen, ob er möglicherweise neidisch, geizig gewesen sei, gegen die Regeln der Reziprozität den

Mitmenschen, der Natur oder den Göttern gegenüber verstoßen habe. Der curandero oder Zauberheiler hat für die Gemeinschaft eine zentrale Position. Er wacht über das soziale und religiöse Leben, bestimmt Zeitpunkt und Umfang von rituellen Opferungen, fehlt bei keiner Zeremonie privater oder öffentlicher Natur. Er sorgt für die Einhaltung der ethischen Normen, die das Gleichgewicht zwischen den Menschen, zwischen Mensch und Natur und zwischen Mensch und Göttern erhalten sollen.

Meist jedoch suchen die Menschen den *curandero* wegen Krankheit auf. Krankheit existiert für die Indios als solche, ist wie alle Dinge, Zustände und Gefühle in begrenzter Anzahl und Menge in der Welt vorhanden. Sie heftet sich mal an den einen, mal an den anderen Menschen, der mit allen Mitteln versucht, sich davon zu befreien. Er wird auch den Zauberheiler dazu aufsuchen.

Dieser vermag dem Kranken das Übel abzunehmen und es auf ein lebendes Wesen zu übertragen, auf ein Meerschweinchen, im Falle von Kindern auf ein rohes Ei, das »weniger stark« ist. Er kann die Krankheit oder das Übel aber auch dem vermeintlichen Verursacher zurückschicken.

Die Deutungen des *curanderos* von Krankheiten betreffen fast immer eigenes oder fremdes Verschulden, also Vergehen gegen die sozialen Regeln. Häufig wird Neid auf andere Menschen als Ursache festgestellt. Sowohl Neid empfinden als auch Neid auslösen macht krank. In jedem Fall setzt Neid ein Ungleichgewicht, eine ungleiche Verteilung von Gütern voraus, ein Mehr an Nahrung, an Geld, an Glück, an Gesundheit, an Liebe. Der Zauberheiler wird ein Reinigungsritual vollziehen, den Erkrankten zu aktiver Mithilfe aufrufen und Sühneopfer anraten.

Ebenso wie man sich gegen Übel und gegen Krankheit aktiv schützen, wehren und sie mit Hilfe eines Zauberers bekämpfen muß, so muß man sich auch gegen die Vielzahl böser Geister zur Wehr setzen, die die andine Nacht bevölkern. Meist fallen diese Wesen einsame Wanderer in der Dunkelheit an und versuchen sich durch Erobern einer reinen Seele zu erlösen. Ihre Gestalt wird häufig als die eines *llamas* mit zwei Köpfen oder eines vom menschlichen Körper getrennten, fliegenden Menschenkopfes mit langen Haaren beschrieben. Diese bösen Geister sind die unsozialen Wesen, die gegen die ethischen Normen der Gemeinschaft verstoßen haben und deren

Strafe sich in der nächtlichen Verwandlung manifestiert. Ruhelos irren sie auf der Puna umher, stoßen schreckliche Laute aus, bis ihr tatsächlicher Tod oder ihre Erlösung sie von dem schrecklichen Schicksal befreit.

Die Warnung, die hinter den Mythen von den *condenados*, den Verdammten, steht, ist zweifach. Einerseits warnt sie vor unsozialem Verhalten, andererseits davor, sich in die andine Nacht zu begeben (Ansión 1987).

Verwandtschaftssystem

Die andinen Menschen verbindet ein kompliziertes Verwandtschaftssystem mit exakt festgelegten gegenseitigen Pflichten. Der Europäer muß sich die wilde Natur vergegenwärtigen, in der die Menschen leben, und sich vor Augen führen, daß die Menschen in den Höhen auf keinerlei Hilfe von außen rechnen können, weder von seiten des Staates, noch von seiten der Kirche. Die Gemeinschaft braucht die verläßliche Solidarität aller ihrer Mitglieder. Um so katastrophaler wirken sich heute natürlich die massive Abwanderung in die Städte, die Markteinbindung und die daraus resultierende Erschütterung der dörflichen Autarkie aus. Das gesamte soziale System gerät ins Wanken.

Kinder zu haben und diese zu verheiraten bedeutet, die verwandtschaftlichen Beziehungen auszudehnen und damit die garantierte gegenseitige Hilfe. Das Verhalten der Verwandten untereinander gestattet keinerlei Willkür, ist bis ins Detail reglementiert. So ist beispielsweise der Schwiegermutter zu helfen, keine Frage von Lust oder Unlust, eines guten oder schlechten Verhältnisses, sondern es ist Pflicht. Normale, das heißt »menschliche« Launen oder Neigungen, die den Zusammenhalt auseinanderbrechen lassen könnten, werden somit weitgehend ausgeschaltet.

Jeder Mensch ist sich bewußt, was er jedem Verwandten schuldet, und weiß ebenso genau, von wem er welchen Dienst erwarten kann. Diese Pflichten und Schulden müssen über jegliche persönliche Neigung hinweg erfüllt werden, sonst droht Strafe. Nicht Spannungen werden unterdrückt, sondern die Auswirkungen von Spannungen, die im Aufkündigen der gegenseitigen lebenswichtigen Hilfe bestehen könnten.

Möchte ein Bauer beispielsweise sein Dach neu decken, wird er alle männlichen Verwandten einladen, dazu alle, denen er bereits bei einer ähnlichen Arbeit geholfen hat, und alle diejenigen, die in absehbarer Zeit möglicherweise seine Hilfe in Anspruch nehmen werden. Als Gegenleistung bietet er reichliche Verpflegung, außerdem *coca*, Alkohol, Zigaretten und die stillschweigende Übereinkunft tatkräftige Hilfe zurückzugeben, falls das nicht bereits geschehen ist. Der Arbeitstag wird zum rituellen Fest, die Gemeinschaft aufs neue bestärkt, unausgesprochene Verpflichtungen werden eingelöst und neue eingegangen.

Dreimal am Tag werden die Männer aufs beste beköstigt. Das besorgt die Ehefrau des Einladenden, aber nicht allein, sondern wiederum mit der Hilfe aller ihrer weiblichen Verwandten und derer, die ihr durch Vorleistung verpflichtet sind oder die in nächster Zeit Hilfe von ihr zu beanspruchen gedenken. Je mehr Verwandte oder Freunde jemand hat, um so mehr Hilfe wird er erhalten. Insofern sind diejenigen arm, die auf wenig Verwandtschaft zurückgreifen können. Sie werden als *huacha* bezeichnet, was soviel wie Waise bedeutet.

Die indianischen Verwandtschaftsbezeichnungen verraten, wer mit wem in welchem Grad verwandt ist, ob die Verwandtschaft über Vater oder Mutter besteht und geben jedermann Kunde über die Art der Pflichten, die einer dem anderen schuldet. Es gibt symmetrische Beziehungen, bei denen man sich gegenseitig die gleichen Dienste schuldet, und asymmetrische, bei denen nur einer dem anderen schuldet. So hat der Schwiegersohn für den Schwiegervater lebenslang jede erbetene Hilfe ohne jegliche Gegenleistung zu erbringen.

Die Wichtigkeit der Verwandtschaftsbeziehungen läßt sich an dem Brauch erkennen, bei der Anrede statt der Vornamen wie Juan, Pedro oder Manuel häufig die verwandtschaftliche Bezeichnung zu verwenden wie *hermano* (Bruder), *primo* (Vetter), *tio* (Onkel), was selbst in Lima weit verbreitet ist. An die Besonderheit der verwandtschaftlichen Beziehungen und damit die verbundenen gegenseitigen Verpflichtungen wird somit ständig erinnert.

Der Mensch durchläuft innerhalb seines Lebenszyklus verschiedene Stationen. Sein Leben verändert sich, wie oben erwähnt, nicht allmählich, fortlaufend, linear, im Sinne von stetiger Weiterentwicklung, sondern stufenweise. Ein ritueller Akt leitet den Übergang von einer in die nächste Lebensphase ein. Bei jedem dieser rituellen Übergänge von einem Zustand in einen anderen erhält der Mensch Paten, denen er lebenslang zum Gehorsam und zur asymmetrischen Hilfe verpflichtet ist.

Im Alter von etwa zwei bis fünf Jahren erhält das kleine Kind anläßlich des Haarschneidefestes seinen endgültigen Namen. Bei diesem Ritual werden ihm die bislang nicht geschnittenen (meist nicht gekämmten Haare) zu kleinen Zöpfchen geflochten. Verwandte, Freunde und die ernannten Paten schneiden im Verlauf der Feierlichkeiten ein Zöpfchen vom Kopf des Kindes und überreichen ihm dafür ein Geschenk. Mit diesem Fest wird das Kind offiziell in die Gesellschaft aufgenommen und tritt in das Geflecht gegenseitiger Verpflichtungen ein. Das Kind muß in Zukunft den Paten dienen, wann immer diese Hilfe von ihm erbitten. Andernfalls können mit Hilfe der Haare oder Fingernägel böse Zauber ausgeübt werden, denn diese verleihen lebenslang Macht über den Menschen, von dem sie stammen.

Paten erhält auch ein Paar bei der Hochzeit. Diese Paten haben über das korrekte Verhalten der Ehepartner zu wachen, Streitigkeiten zu schlichten und auch harte Strafen bei Vergehen gegen die Ehe zu erteilen. Vernachlässigt beispielsweise einer der Ehepartner seine Pflichten, kocht die Frau schnell und lieblos oder verwaltet sie die Vorräte schlecht, treten die Paten tadelnd oder strafend auf den Plan. Prügelt der Ehemann seine Frau über Gebühr, werden die Paten ihn zur Rede stellen. Eine verzweifelte junge Frau wird sich übrigens nicht in ihr Elternhaus flüchten, um einem gewalttätigen Ehemann zu entkommen. Ihre Eltern würden sie nicht aufnehmen, denn dies bedeutete, daß sie Partei ergriffen, was die Beziehung zum Schwiegersohn in höchstem Maße belastete. Eltern dürfen sich niemals in die Ehe ihrer Kinder mischen, weil die Stabilität der gemeinsamen Arbeit zwischen Eltern, Kindern und deren Familien keinesfalls durch Parteilichkeit gefährdet werden darf. Dafür sind die Paten da. Sie strafen, züchtigen die jungen Eheleute auch körperlich, wenn grobes Fehlverhalten vorliegt. Die engen Familien- und Arbeitsbeziehungen werden somit von der Gefahr des Zerwürfnisses befreit.

Diese Regelung verdeutlicht, daß die andinen Menschen sehr wohl um die zwischen sehr eng verbundenen Menschen unweigerlich auftretenden Spannungen wissen, und sie zeigt, wie sie diese durch eine schlichtende Instanz außerhalb der Familie zu entlasten suchen. Denn Paten sind immer Personen, die vor der Annahme der Patenschaft in keiner Weise mit dem oder den Patenkindern verwandt sind. Sie sind sogenannte spirituelle Verwandte.

Die mythischen Erzählungen sagen Wahrheiten, nicht Wahrheiten in unserem Sinne der Nachprüfbarkeit, der Beweise, der Wiederholbarkeit. Aber sie sagen soziale Wahrheiten. Wahrheiten, die für die andine Bevölkerung unbedingt gelten. So sind Wahrheiten, daß die andine Nacht gefährlich ist, daß die Gemeinschaft stark macht, daß die Indios Naturkatastrophen und den Versuchen der Europäer, sie zu beherrschen, trotzen können, wenn sie sich solidarisch verhalten.

Wie wird der Zusammenprall dieser beiden so unterschiedlichen Kulturen ausgehen, der europäischen Kultur, die den Individualismus hervorgebracht hat und ihn seit Jahrtausenden erfolgreich lebt, und der indianischen, die seit ebenfalls Tausenden von Jahren erfolgreich kollektives Leben praktiziert? Wird sie nach der *conquista* durch die Spanier nun der Konquista durch die moderne technisierte Welt widerstehen können?

Andine Religiosität in kolonialer Geschichte und Gegenwart

Götter- und Heiligenkult in den Zentral-Anden

Ana María Mariscotti de Görlitz

Die Religiosität der Quechua und Aymara im weiträumigen Gebiet der Zentral-Anden bildet bei regionalen und individuellen Unterschieden bis heute ein einheitliches Ganzes. Das ursprüngliche, autochthone System hat sich unter der Einwirkung des Christentums in vielem verändert; aber es bleibt verschieden vom christlich-okzidentalen System. Auf einer Tradition ruhend, die in vorinkaische Zeit zurückgeht, wählte die andine Religiosität aus der Christianisierung mit Bedacht aus, mehr auf kultischem, weniger auf inhaltlichem Gebiet, und hat ihre eigenen, alten Strukturen bewahrt. Sie ist inmitten einer drückenden sozio-ökonomischen Abhängigkeit ein wichtiges gemeinschaftsstiftendes und regulierendes Kulturelement geblieben und hilft den Bewohnern der Zentral-Anden wirksam in der Auseinandersetzung mit der äußerst kargen Natur (Albó 1972; Mariscotti de Görlitz 1978a:229). Zwei Aspekte dieser Religiosität mögen das verdeutlichen.

Pachamama und ihre »Schwestern«. Zentralandine Vegetationsgöttinnen. Ein Überblick

Die archäologischen Zeugnisse

Die Verehrung weiblicher Gottheiten, die die Vegetation und Fruchtbarkeit fördern, dürfte im Gebiet der Zentral-Anden in älteste Zeiten zurückgehen. Schon aus der Formativen Epoche (auch Früher Horizont genannt, etwa 2000/1500–400 v. Chr.) gibt es menschengestaltige Darstellungen, die als übernatürliche weibliche Wesen zu deuten sind. Patricia Lyon erkennt in der Ikonographie des im nördlichen Hochland Perus liegenden Chavin, des bestimmenden Zentrums der kulturellen und religiösen Ausbreitung der Formativen Epoche, mehrere Göttinnen. Einen gehobenen Rang scheint die weibliche Version zum »Gott mit den Stäben« eingenommen zu haben. Man sieht sie auf bemalten Stoffen, die im späten Chavin-Stil gearbeitet sind und in der südlichen Küstenregion Perus gefunden wurden. Dargestellt ist sie mit dem vagina-dentata-Motiv und umgeben von pflanzlichen Ornamenten (1978:99, 112, 115, Taf. XXIX, 4-5 und XXX, 6-8). Einer anderen kulturellen Tradition, dem sog. Yaya-Mama-Stil (Vater-Mutter-Stil), gehört jene Göttin an, die auf einer in Taraco im Titicaca-Becken gefundenen Stele abgebildet ist. Die Göttin trägt eine doppelköpfige Schlange als Kopfschmuck und hat pflanzenähnliche Elemente unter den Füßen. Die andere Seite der Stele zeigt eine männliche Gestalt (Lyon 1978:102f. und 114f.).

Aus dem Titicaca-Gebiet stammen auch zwei in die Frühe Zwischenzeit (ca. 400 v. Chr. – 700 n. Chr.) zu datierende Darstellungen weiblicher Numina, zwei Steinfiguren der Pukara-Kultur. Eine davon gibt, wie man aus den sicher symbolträchtigen Attributen schließen kann, eine bedeutsame Gottheit wieder, eine sitzende Frau, deren Leib und Arme Schlangen, die Ohren haben, und Kröten oder Frösche reich dekorieren (Lyon 1978:104 und 114f.). Gerade das letztgenannte Detail ist bemerkenswert, weil es zwischen der Kröte und dem Kult der Erdgöttin Pachamama vermutlich eine symbolische Beziehung gab. Das Kröten-Motiv in Verbindung mit Schlangen und anderen Symbolen ist im Zeremonialzentrum Pukara und an benachbarten Stätten jener frühen Zeit häufig auf Stelen und Steinplatten anzutreffen.[1] Es gibt sie freilich auch, vom Ende der Formativen Epoche an, in Kulturen der peruanischen Küste, Nordchiles und Nordwest-Argentiniens, oft bereichert um Kulturpflanzen und Fruchtbarkeitszeichen (Mariscotti de Görlitz 1978a:231-46 und Taf. II-IX).

Weibliche Gottheiten gehörten in der Frühen Zwischenzeit auch zu den Kulturen von Nazca an der Südküste Perus und von Recuay im nördlichen Hochland. Auffallend sind die Darstellungen auf zwei Decken der frühen Nazca-Kultur, weil sie für uns die ersten sind, die die Göttin in Frauenkleidern zeigen. Attribute sind eine Knolle in ihrer Hand und – wie beim männlichen Partner neben ihr – schlangenförmige Anhängsel, die für mythologische Wesen typisch sind (Lyon 1978:104-7 und Taf. XXXI, 11).

Während der Mittleren Epoche (Mittlerer Horizont, ca. 600–1000 n. Chr.) bestimmten Kultur und Religion die zwei Zentren Huari und Tiahuanaco. Auch in deren Götterwelten waren weibliche Gottheiten vertreten. Verschiedene Kultgegenstände im Huari-Stil (bzw. unter seinem Einfluß gefertigt), z. B. große Urnen einer Opferstätte, ein reichverzierter Stab aus dem Pachacamac-Heiligtum und modellierte Töpfe, beweisen, daß im Pantheon von Huari eine Göttin eine besondere Rolle gespielt hat. Vögel und Maiskolben sind ihr beigegeben; neben ihr, Rücken an Rücken, auch in Kopulation mit ihr erscheint eine männliche Gottheit (Lyon 1978:109-12, 116, Taf. XXXII, 14-15 a, b und Taf. XXXIII). Zwei in der Tempelanlage von Tiahuanaco entdeckte und sehr ähnlich gestaltete Monolithe (sog. Ponceund sog. Bennett-Monolith) stellen Gottheiten »von offensichtlich weiblichem Geschlecht« dar. Der Bennett-Monolith ist wohl das Kultbild des kleineren Tempels und verkörpert nach dem im Rücken eingravierten Dekor vermutlich eine Erdgöttin (Willey 1974:338-40, Abb. 405 und 406b und Fig. 63).

Da in den Kulturen der Jüngeren Zwischenzeit (ca. 1000–1450 n. Chr.) und des Späten Horizonts (Inka-Zeit) geometrisch-dekorative Stile vorherrschten und zudem die spanischen Missionare in ihrem Kampf gegen die »Abgötterei« die Idole, die sie antrafen, systematisch zerstörten, sind aus diesen Zeitabschnitten keine archäologischen Belege für weibliche Gottheiten mehr vorhanden (Lyon 1978:113f.). Daß es sie in der Zeit der Conquista gegeben hat und daß sie manchenorts noch bis weit ins 17. Jahrhundert hinein verehrt wurden, bezeugen mehrfach die Schriftquellen der Kolonialzeit.

Zum Beispiel berichten Augustiner-Missionare der nordperuanischen Provinz Huamachuco in der Mitte des 16. Jahrhunderts von der Vernichtung eines Idols namens Guagualmojón, das »Frau war«, reiche, silbergeschmückte Kleider trug und »seine weibliche Scham« zeigte, durch die es die Indianer, wie diese glaubten, gebar und vermehrte (*Religión* 1952:78f.). Zu Beginn des 17. Jahrhunderts zerstörte in Ilave nahe dem Titicacasee ein Visitator eine Monumental-Stele des Typs Yaya-Mama, die auf einem am Berghang angelegten Kultplatz stand. An der männlichen, nach Osten gerichteten Gestalt und an der weiblichen auf der Gegenseite krochen von den Füßen zum Kopf Kröten und Schlangen empor (Arriaga 1968:227f.).

Deutlich wird, daß trotz verschiedener Stile und Lokaltraditionen die Bildnisse der Göttinnen symbolische Bezüge haben, nämlich einen Gott als männliche Ergänzung und Pflanzen, Vögel und anderes Getier als Attribute, die auf ihr Wirken hinweisen. Sie finden sich ebenso in den historischen und ethnographischen Zeugnissen.

Vegetationsgöttinnen zur Zeit der Conquista

Die kluge Religionspolitik der Inka-Herrscher ermöglichte, daß neben den offiziellen Staatsgöttern die regionalen Gottheiten weiterlebten und folglich im 16./17. Jahrhundert in die Berichte der spanischen und einheimischen Chronisten und in die Dokumente der »Ausrotter der Abgötterei« Eingang fanden, allerdings in begrenztem Umfang. Immerhin kann man von Pachamama, der Erdgöttin im inkaischen Pantheon, von einigen Regionalgöttinnen und einer Reihe untergeordneter weiblicher Numina ein Bild gewinnen.

Erwähnenswert ist hier eine an der Nordküste Perus an erster Stelle verehrte Mondgöttin, die zugleich Schöpferin der Nahrungsmittel, Regentin über die Wettererscheinungen und Richterin über das Tun der Menschen war. Sie wurde als Orakel befragt und erhielt Speisen und Tiere als Opfergaben. Ihr Tempel Sian war ein weit bekanntes Pilgerziel (Calancha 1974-81-IV:1239-41, 1245f. und 1260f.).

Regionale Bedeutung besaßen auch die beiden chthonischen Göttinnen Raiguana und Chaupiñamca, die Pachamama entsprachen, auch wenn sie anderen kulturellen Traditionen entstammten. Raiguana, auch Mama und Mutter Raiguana genannt, war Göttin im weiträumigen Mittleren Hochland Perus, hatte ein Heiligtum im Bergdorf Caina und galt als Spenderin der Kulturpflanzen und Mutter der *conopa*, kleiner Idole, die für das Gedeihen jeder einzelnen Spezies sorgen sollen. Eine wichtige Rolle spielte in ihrem Kult der Vogel *yucyuc*, eine Amselart. Denn dem Mythos zufolge war er es, der die Göttin veranlaßte, die Kulturpflanzen unter den Indianern zu verteilen (Cardich 1981:13-22; Duviols 1986:162f. u. a.). Der Mythos macht damit deutlich, daß die schöpferische Kraft der Göttin nur mit Hilfe eines »himmlischen« männlichen Partners wirksam sein kann (Silverblatt 1987:28f.).

Drastischer wird dies in den Mythen von Huarochirí, einer Provinz im Hinterland von Lima, ausgedrückt. Sie schildern Chaupiñamca als gütige menschenschaffende Mutter und als lüsterne Fruchtbarkeitsspenderin, die mit allen männlichen Gottheiten »sündigt« und schließlich von Rucanacoto, dem mit übergroßem Phallus ausgestatteten Berggott der Gegend von Mama, befriedigt wird. Chaupiñamca, auch mit der Erde identifiziert, läßt sich deshalb im Dorf

Mama nieder und erkaltet hier zu Stein (Trimborn und Kelm 1967:72-4).

Weil die Mythen von Huarochirí weniger als andere Quellen mit inkaischen Einflüssen vermischt sind, haben sie in hohem Maße die ursprünglichen Auffassungen über diesen Göttinnentyp und seine Stellung innerhalb der präinkaischen Regionalpantheen bewahrt. Demnach war Chaupiñamca eine vielgestaltige, in fünf »Schwestern«, mit dem Gattungsnamen *ñamca* bezeichnete Erscheinungsformen, aufgefaltete Gottheit. Jede einzelne »Schwester« war auch das Ganze, das in der andinen Kosmologie mit der Zahl fünf symbolisiert wird, d. i. die Ganzheit des Raumes, bestehend aus den vier Himmelsrichtungen und einem *chaupi* genannten Zentrum. Männlicher Gegenpart Chaupiñamcas war Pariacaca, der Blitzgott, Regenspender und von außen kommende »Eroberer« dieser Region. Eine Version der Mythen bezeichnet ihn als Erzeuger der Männer und als Bruder Chaupiñamcas, die die Schöpferin der Frauen sei. Diese und andere Aussagen der Mythen zeigen, daß für die Bewohner von Huarochirí die Beziehungen unter den Garanten ihres Wohlergehens übereinstimmten mit ihrer menschlichen Verwandtschafts- und Sozialordnung, die auf der bilinealen Deszendenz und der Teilung in endogame Hälften beruhte, die wiederum symbolisch nach den Prinzipien und Gegensatzpaaren oben/unten, männlich/weiblich, Eroberer/Eroberte ausgerichtet waren – ein Dualsystem, das im alten Peru weit verbreitet war, auch die Grundstruktur des Inkareiches bildete und sich bis heute in vielen Dörfern Perus und Boliviens erhalten hat.[2]

Die bedeutendste, zugleich überregional verbreitete andine Muttergottheit ist Pachamama. Zur Zeit der Conquista war sie, wie erwähnt, Teil des offiziellen inkaischen Pantheons und genoß damals von der nordperuanischen Provinz Huamachuco bis nach Copacabana am Titicacasee Ansehen. Manches deutet darauf hin, daß ihr Kult hier in vorinkaischer Zeit entstanden ist und von den Inka-Herrschern im Zuge ihrer Eroberung bis in den Norden Perus verbreitet wurde.

Ob ihr Name aus dem Quechua oder dem Aymara stammt, läßt sich schwer entscheiden. Er wird erstmals 1559 in einem Bericht Polo de Ondegardos (1916a:3) zitiert, dann 1612 im Aymara-Lexikon des Bertonio (1984-II:242) aufgeführt. Damals gehörten die Namensteile *pacha* und *mama* beiden Sprachen an, wie die lexikalischen Quellen zeigen. Nach Bertonio bezeichnet der Name Pachamama die fruchtbare Erde und ist für die Indianer, weil sie sie ernährt, verehrungswürdig. Die Chronisten übersetzen ihn mehrheitlich mit Mutter Erde. Doch bedeutet er mehr. Denn *pacha* ist ein vielschichtiger Schlüsselbegriff der andinen Gedankenwelt und steht sowohl für Raum, d. i. Welt, Erde, Boden, Ort, wie für Zeit, Zeitabschnitt, und *mama* meint außer Mutter auch Herrin. Als Personifizierung der fruchtbaren Erde heißt Pachamama auch Camac Pacha, reiche, schöpferische Erde (Kill 1969:58-62; Mariscotti de Görlitz 1978a:25-35).

Die kolonialzeitlichen Quellen enthalten keine Mythen über Pachamama. Verschiedentlich (z. B. Kill 1969:86-91) hat man in ihr die namenlose Urmutter gesehen, die ein alter, noch im 17. Jahrhundert im Gebiet der Mittleren Küste Perus lebendiger Schöpfungsmythos als weibliche Hauptgestalt nennt. Denn jene erste Frau auf Erden, die wegen der noch fehlenden Nahrung bittere Not leidet, bekommt nach der Heiligen Hochzeit mit dem Sonnengott einen Sohn, der dann zwar ermordet und zerstückelt wird, aus dessen Körperteilen aber die Kulturpflanzen entstehen (Calancha 1974-81-III:930-5). Dasselbe Motiv erscheint in einem Mythos, den man vor wenigen Jahren in Canta, einer Provinz im Hinterland von Lima, aufgenommen hat. Die hungergequälte namenlose Frau ist da Mutter von Zwillingskindern, deren Glieder sich ebenfalls, nachdem gefräßige Vögel die Leiber zerrissen haben, in Kulturpflanzen verwandeln (Arteaga León, cit. in Cardich 1981:18). Solcherart Entstehen der Kulturpflanzen bzw. ihr Verteilen auf Veranlassung *yucyucs* scheinen einem mit dem Kult chthonischer Fruchtbarkeitsgöttinnen verbundenen mythischen Grundbestand anzugehören, der bruchstückhaft im Hinterland von Lima bis in unsere Zeit lebendig geblieben ist. Dazu paßt, daß in einer anderen, akkulturierten Fassung des Canta-Mythos die leidende Mutter Pachamama heißt (Villar Córdoba, cit. in Kill 1969:62-6; Mariscotti de Görlitz 1978a:38f. und 196f.).

Der mütterliche Charakter Pachamamas ist in den Chroniken gut belegt. Wir erfahren, daß alle Menschen und Tiere an den *pacarina*, bestimmten geheiligten Stätten, z. B. Quellen und Höhlen, von Pachamama hervorgebracht wurden, daß die Pflege der »Mütter«

oder *mama* der verschiedenen Kulturpflanzen ein besonderes Anliegen war, daß es üblich war, auch die »Mütter« anderer Erdprodukte, etwa der Edelmetalle und des Töpfertons, zu ehren, daß all diese *mama* für Töchter der Erdmutter und Manifestationen ihrer nährenden Kräfte gehalten wurden.[3] Ihre Mütterlichkeit den Menschen gegenüber vergalten diese mit der innigen Zuwendung der Schwangeren, mit dem Brauch, die Neugeborenen auf der Erde niederzulegen, und mit Anrufungen, wie sie Bertonio (1984-II:242) zu Beginn des 17. Jahrhunderts am Ufer des Titicacasees hörte: »*Pachamama huahuamaha!*« (Mutter Erde, ich werde Dein Kind sein! oder auch: Nimm mich als Dein Kind!).

Die Inkaherrscher leiteten sich nach zwei Fassungen ihres Ursprungsmythos von einer Urmutter ab, die nach der einen Fassung mit Pachamamaachi, der Weissagerin Pachamama, nach der anderen mit Mama Huaco, einer inkaischen Erscheinungsform der Erdgöttin, identisch war (Pachacuti Yamqui 1950:247; Guaman Poma 1980-I:63f.).

Bei den großen Festen im August riefen die Opferpriester Pachamama an: »*Oh Tierra madre, a tu hijo el Inca, ténlo encima de ti quieto y pacífico!*« (O Mutter Erde, Deinen Sohn, den Inka, bewahre auf Deinem Schoß in Ruhe und Frieden!) (Molina 1959:58).

Trotzdem nahm Pachamama keine überragende Stellung im offiziellen inkaischen Pantheon ein. Denn die Inkaherrscher hatten, um ihr Reich zu festigen, den Sonnen- und den Mond-Kult eingeführt und sich bemüht, sie auch den Götterwelten der von ihnen unterworfenen Volksgruppen einzufügen. Inti, der Sonnengott, und Mamaquilla, die Mondgöttin, wurden, identifiziert mit den mythischen Vorfahren der inkaischen Eroberer bzw. ihrer Frauen, zu Kindern des obersten Gottes Virakocha erhoben und erhielten den zweithöchsten Rang im offiziellen Pantheon. Mamaquilla wurde Herrin über alle weiblichen Gottheiten und sterblichen Frauen. Ihr untergeordnet waren Pachamama und Mamacocha, Mutter Meer (Silverblatt 1987:47-52; Zuidema 1977:86f.). So sieht man sie in dem vieldiskutierten Diagramm, das sich nach der Überlieferung des indianischen Chronisten Pachacuti Yamqui (1950:226) im Coricancha befand, dem Sonnen- und Haupttempel von Cuzco, der als Mittelpunkt der Stadt und des Inka-Reiches galt. Das Diagramm gibt das kosmische Modell der Inka wieder.

Ob Pachamama in anderen Heiligtümern Cuzcos vertreten war oder hier eigene Kultstätten besaß, wissen wir nicht. Bezeugt ist sie dagegen in den *ceques*, dem Radialsystem von Heiligtümern *(waqa)*, die Cuzco umgaben. Es heißt vom Ayllipampa (*aylli* = Jubelgesang, *pampa* = Feld), dem ersten Heiligtum eines dieser *ceques*, ausdrücklich, es sei die Erdgöttin Pachamama (Cobo 1964-II:177f.); zwei weiteren *ceques* war sie verbunden. Alle drei dienten astronomischen Beobachtungen, um die wichtigsten Daten des Agrarkalenders, Frühaussaat und Ernte, zu bestimmen (Zuidema 1986:95-7, Fig. 16 und 17).

Wie andere Gottheiten des offiziellen Pantheons hatte auch Pachamama eigenes Kultpersonal. Priester und auserwählte Jungfrauen *(aqlla)* dienten ihr. In einer besonderen Beziehung standen offenbar die *yacarca*, gefürchtete Divinatoren, die vor allem in Fragen der Staatssicherheit vom Inka zu Rate gezogen wurden und bei ihrer von Tier- und Menschenopfern begleiteten Zukunftsverkündung Pachamama anriefen.[4]

Über den Pachamamakult in Cuzco weiß man wenig. Die Erdmutter spielte im religiösen Leben der Hauptstadt ja nicht die erste Rolle. Doch zählte sie zu den Gottheiten, für die man besonders feine Gewänder verbrannte, wenn im Januar das Fest Camay gefeiert wurde, um das Reifen der Maispflanzen zu begünstigen (Cobo 1964-II:213). Im April erntete man zunächst Mais auf den den Göttern geweihten Feldern und verehrte vor allem die schon oben genannte Mama Huaco, der man die erste Maisernte zuschrieb (Duviols 1986:466; Molina 1959:88f.). Mit einem Anfangsritual begannen auch die Feldarbeiten im August (und September): der Inka selbst bestellte den Sonnenacker (s. Abb. 1), und zu Ehren der Götter (Sonne, Blitzgott, Mutter Erde), von denen das Gedeihen der Feldfrüchte abhing, wurden die von allen Provinzen gelieferten Meerschweinchen geopfert. Solange Pachamama schwanger war, d. h. bis die Pflanzen fingerbreit über die Erde ragten, lebten bestimmte Opferpriester enthaltsam.[5] Wahrscheinlich zur Zeit der Aussaat, bei der man den *aylli* sang, erhielt Pachamama auf dem erwähnten Ayllipampa winzige Frauenkleidung (Cobo 1964-II:177f.). Um das Wachsen zu fördern, fand auch das große Reinigungsfest Citua Capac statt. Ein umfangreiches Ritual suchte Mißgeschick und Krankheiten aus Cuzco zu vertreiben und alle Bewohner, Häuser und Speicher zu

Abb. 1 Der Inka tanzt den aylli (haylli). *Die Feldbestellung beginnt*
(Guaman Poma 1980-I:224).

läutern. Am vierten Tag brachte man der Mond- und der Erdgöttin Gaben und betete zu ihnen.[6]

Außerhalb Cuzcos, bei der ländlichen Bevölkerung, nahm der Kult der Mutter Erde eine zentrale Stellung ein. Die »*Instrucción*« des 3. Provinzialkonzils zu Lima vom Jahre 1583 berichtet (1916:192f.), es sei ständiger Brauch, Pachamama, »damit sie sie gut behandle«, Trankopfer *(ch'alla)* von Maisbier, Kokablätter und anderes zu überreichen. Die »*Instrucción*« fügt hinzu:

> Y para el mismo efecto en tiempo de arar la tierra, barbechar y sembrar, y coger mayz, ó papas, ó quinua ... ó otras legumbres y frutos

Abb. 2 Männer und Frauen beim Bestellen des Feldes
(Guaman Poma 1980-III:1050).

de la tierra suelen ofrecerle sebo quemado, coca, cuy, corderos y otras cosas: y todo ésto bebiendo y baylando.

(Mit derselben Absicht pflegen sie in der Zeit des Pflügens der Erde, des Zubereitens und Säens und [zur Zeit] der Ernte von Mais oder Kartoffeln oder Quinoa ... oder anderen Hülsenfrüchten und Produkten der Erde ihr [Pachamama] verbrannten Talg, Koka, Meerschweinchen, Lamas und andere Dinge darzubringen, und all dies [tun sie] trinkend und tanzend.)

Zu diesen Anlässen fastete man auch. Ähnlich waren die Rituale der Indianer, wenn sie die Häuser neu deckten oder ganz neue errichte-

Abb. 3 Maisernte (Guaman Poma 1980-III:1041).

ten und wenn sie bei der Verteilung der Lama- und Alpakaherden die Vermehrung der Tiere fördern wollten.

Bei der Aussaat waren alle festlich gekleidet. Die Männer hatten Blumen und Federn im Haar, schritten in breiter Reihe nebeneinander voran und öffneten mit dem Grabstock die Erde, in die ihre Begleiterinnen sogleich den Samen legten (s. Abb. 2). Dabei wurden *aylli (haylli)* gesungen, die Frauen besprengten die Erde mit Maisbier und Maismehl und flehten um gute Ernte. Manchenorts opferte man sogar Kinder, um Pachamamas Gunst zu erhalten. Ein länglicher Stein mitten auf dem Feld diente meist als Opferstätte.[7]

Bei der Ernte, *aymoray* (s. Abb. 3), stand die Verehrung der »Mütter« der Kulturpflanzen und der sie repräsentierenden Amulette und kleinen Idole, *conopa*, im Mittelpunkt. Der Kult wies regionale Varianten auf, wie das Ritual für die *mamasara*, die Mütter des Maises, zeigt. In einigen Gegenden, auch in der Umgebung von Cuzco, lagerte dazu jede Familie eine kleine Menge von ausgesuchtem Mais in einem Vorratshäuschen (*pirua*), hüllte dieses in schöne Decken, verehrte es als Maismutter dieser Familie und hielt zur Bewahrung seiner Wachstumskraft drei Nächte lang ehrfürchtig Wache (Cobo 1964-II:215). Die *mamasara* konnten auch Maispflanzen mit doppelten, besonders vielen oder auffälligen Kolben, auch aus Maisstroh gefertigte Puppen sein (Arriaga 1968:204f.). Die *mamasara* hatten ihren festen Platz unter den Gottheiten der dörflichen Siedlungen. Zur Ausübung ihres Kults gab es eigenes Ackerland; Kultdienerinnen waren damit betraut, die prächtigen, mit Silbernadeln geschmückten Frauengewänder der *mamasara* zu pflegen (Duviols 1986:8f., 13, 27, 86 u. 114; Silverblatt 1987:31-9).

Der Pachamamakult heute

Ebenso beharrlich, wie er den religiösen Reformen der Inka standhielt, hat der Pachamamakult auch die Conquista und Christianisierung überdauert. Aus dem reichhaltigen Material, das ethnographische und volkskundliche Forschungen zusammengetragen haben, ersieht man, daß er in einem weiten Gebiet, das die südliche Sierra Perus, das Hochland Boliviens, den Nordwesten Argentiniens und Norden Chiles umfaßt, bis heute in voller Kraft geblieben ist. Sein Fortbestehen haben verschiedene Faktoren ermöglicht: einerseits war er eng verwoben mit der sakralisierten Weltsicht, die der andinen Kultur eigentümlich ist, und mit der altüberkommenen bäuerlichen Arbeit, andererseits fehlten wohl eine überzeugende christliche Alternative, die die landwirtschaftlichen Tätigkeiten rituell hätte stützen können, und häufig das aufrichtige Bemühen der Kirche, in die Mentalität der Indianer einzudringen, und damit ein Verständnis für die Tiefe und Gültigkeit ihrer Religiosität. Um so mehr trug die ursprüngliche Verbindung des Kults mit den andinen Systemen der Gegenseitigkeit, die alle Sozialbezüge und auch die Beziehungen der Menschen zu den Göttern prägen, zu seiner Erhaltung bei.[8]

Pachamamas heutiges Erscheinungsbild ist regional und je nach dem Akkulturationsgrad der Indianer verschieden. In einigen Gegenden hat man keine personale Vorstellung (mehr) von ihr, in anderen noch die (wahrscheinlich ursprüngliche), daß sie als kleine alte Frau, die feine Kleider aus Vicuña-Wolle trägt, allein oder mit einem Ehemann Pachatata oder Pacha Apu = Herr der Erde, Herr des Raumes – wahrscheinlich einem alten Hochgott, der hinter dem Kult der Partnerin zurückstehen mußte und inzwischen halb vergessen ist – in der Erde lebt. Manche fügen hinzu, sie habe eine Spindel und Wolle bei sich und werde von einem schwarzen Hund und einer Schlange begleitet. Pachamama hält sich auch an markanten Punkten wie den Salinas Grandes und dem Berg Postosí auf; sie offenbart sich vor allem an den Steinhaufen und Einzelsteinen, die ihre geheiligten Opferstätten sind. Als Verkörperung der fruchtbaren Erde ist sie überall gegenwärtig. Folglich spaltet sich ihr Bild in eine Vielzahl mythologisch nicht individualisierter örtlicher Numina auf, die man anruft mit Formeln wie »*Pachamama llaqtayuq*« (= Mutter Erde dieses Dorfes oder Umlandes) und »*Kachia Pachamama*« (= Mutter Erde von hier).[9]

Ihre Position im andinen Kosmos entspricht heute noch den vorinkaischen Vorstellungen. Pachamama ist »Erde. Weder ist sie weiblich, noch ist sie männlich. Sie ist ausgeglichen, die Mitte«. So sagt der Quechua-Indianer Juan Quispe aus Q'ero (Müller und Müller-Herbon 1986:100) und drückt damit das aus, was auch die Chapiñamca-Mythen deutlich machen. Die Mutter Erde steht im Mittelpunkt der Welt, die gedanklich vom Mikrokosmos her, der die Häuser und Siedlungen der Bauern umgibt, geordnet ist. Die Mutter Erde ist die zentrale Kraft, die radial in alle Himmelsrichtungen wirkt und die zugleich die ambivalente Macht des »oben«, identifiziert mit den heiligen Bergen (*apu*) und den hier wohnenden Gottheiten, und des »unten«, identifiziert mit den Quellen und der mythischen Schlange *amaru* (der Begleiterin Pachamamas?), aufnimmt und neutralisiert. Diese Mitte ist zeitlich das »jetzt« mit den Dimensionen Vergangenheit und Zukunft. Zwar hat die Christianisierung katholische Vorstellungen und Namen in den aus den drei Bereichen *hananpacha* oder *alaxpacha* = »Welt oben«, *kaypacha* oder *akapacha* = »Welt hier«, »Erd-Welt« und *ukhupacha* (*urinpacha*) oder *manqhapacha* = »Welt unten«, »Welt innen« bestehenden Kosmos eingebracht, die zentrale Stellung Pachamamas hat sich jedoch ungemindert behauptet.[10] In Pachamama verehren die Quechua- und Aymara-Indianer die Mutter aller Menschen und Pflanzen, auch die Mutter und Herrin, sei es aller Tiere, sei es nur der weiblichen oder der weidenden Tiere, die sich von Pachamamas »Haaren«, dem Gras, ernähren. Sie ist Hüterin der Toten in der Unterwelt, ihr schwarzer Hund gilt als Seelengeleiter. Sie ist ferner Wohltäterin der Frauen und hat ihnen Spinnen, Weben, Töpfern und das Brauen von *chicha* beigebracht. Deshalb rufen die Frauen von Qotobamba sie an: »*Pachamama: Awaq-masiy, pushkaq-masiy, wayk'oq-masiy*« (Mutter Erde, meine Teilhaberin [Gefährtin] beim Weben, beim Spinnen, beim Kochen) (Nuñez del Prado 1970:73).

Die kultivierte und bewohnte Erde ist Pachamamas gütige Seite. Ihr steht – den Polaritätsvorstellungen entsprechend – ihre ungebändigte und schädliche Seite gegenüber. Die Ambivalenz, welche die der Erde widerspiegelt, zeigt sich heutzutage mit größerer Deutlichkeit als in alter Zeit. Pachamama wird mit Klippen, Abgründen, Schluchten, Höhlen, d. h. mit der wilden, unbewohnbaren Erde verknüpft. Die böse Pachamama findet örtlich ihren Ausdruck in chthonischen Dämonen, denen man Unheil wie Erdbeben und Erdrutsche, Vulkanausbrüche und bestimmte Krankheiten zuschreibt (Nuñez del Prado 1970:75f.; van den Berg 1989b:121 u. 148).

Wenn Anfang August die kalte Jahreszeit und Trockenperiode endet und ein neuer Agrarzyklus beginnt, ist nach weitverbreiteter Ansicht Pachamama »gereizt« und der Boden »hungrig«, »offen«, »lebendig«. In dieser Zeit kriecht eine in den Zentral-Anden sehr häufig vorkommende Krötenart (*Bufo spinulosus*), nachdem sie unter der Erde überwintert hat, aus den Erdrissen hervor (deshalb nennt man diese Kröte auch *pachawawa* = Kind der Erde). Man beobachtet und deutet ihr Verhalten: wenn ihre Anzahl groß ist, erwartet man eine reiche Ernte; wenn die Kröten im September und Oktober Tag und Nacht laut quaken, erwartet man genügend Regen. Wie neuere ethno-astronomische Forschungen zeigen, werden diese Kröten dem Sternbild *hanp'átu* = Kröte zugeordnet, das Anfang Oktober, während der Paarungszeit der irdischen Kröten, kurz vor Sonnenaufgang am Himmel erscheint (Urton 1981:180f. u. Abb. 66). Diese und viele andere Hinweise machen deutlich, daß die Kröte mit der landwirtschaftlichen Tätigkeit und befruchtenden Nässe, auch mit dem weiblichen Prinzip symbolisch verbunden wird, und machen wahrscheinlich, daß sie auch mit Pachamama, über die keine alten Mythen überliefert sind, ursprünglich identifiziert wurde (Mariscotti de Görlitz 1978a:43-53 u. 1978b:84 u. 92f.).

Es liegt nahe, daß Anfang August – vielfach am Ersten des Monats – das wichtigste Fest für Pachamama gefeiert wird. Es ist ein Neujahrsfest, das darin gipfelt, der erschöpften Mutter Erde »zu essen zu geben«, damit sie fähig und bereit ist, die *campesinos* im neuen Arbeitsjahr zu unterstützen. Jede Familie opfert an einem Stein, der im Haus oder Hof liegt, oder an anderen, auch durch einen Stein oder Steinhaufen markierten Stellen, wo die Göttin ihre Kraft zeigte und nun verehrt wird, Maisbier und Kokablätter, Lamatalg, Süßigkeiten und die ersten Bissen des Festmahls. Andere Riten, z. B. Räucherungen und Besprengungen, sollen verhindern, daß in diesem kritischen Jahresabschnitt »Unheil der Erde entsteigt«. Vermutlich haben diese Zeremonien einst die Grundlage des inkaischen Citua-Festes gebildet.[11]

Aus denselben Anlässen, die schon Ende des 16. Jahrhunderts die »*Instrucción*« nannte, wenden sich die *campesinos* im Jahresablauf bei den feierlichen Handlungen, die die Landarbeit und das Bauen und Decken der Häuser begleiten, an Pachamama. Zwar wurden manche Zeremonien im Zuge der Christianisierung mit katholischen Festen, die kalendarisch mit ihnen zusammenfallen, verbunden. Doch sind sie nicht mit diesen verschmolzen; sie haben ihren agrarischen Sinn und ihre alte Substanz bewahrt. Der nicht-liturgische Karneval etwa, in der Zeit größter Üppigkeit der Vegetation und der Brunst bei Lamas und Alpakas, ist mit reichhaltigen, mehrtägigen Zeremonien verbunden, die dem Erntebeginn und der Tiervermehrung gewidmet sind, und die großen Erntefeste im Mai sind äußerlich mit den christlichen Festen Kreuzauffindung (3. Mai), Pfingsten und Fronleichnam verknüpft. Dieses fällt annähernd mit dem Frühaufgang der Plejaden zusammen, der ehemals die Erntezeit anzeigte (van den Berg 1989b:172-6; Urton 1981:113-21).

Die kultischen Bräuche sind mannigfaltig und regional variabel und können hier nur exemplarisch gestreift werden. Beim Pflügen und Säen werden alte Lieder gesungen, sexuelle Fruchtbarkeitsriten, symbolisch Ackerboden und Frau, Landarbeit und geschlechtliche Vereinigung identifizierend, abgehalten, Pachamama vor allem Gaben gebracht; manchenorts »brütet« eine alte Frau als Pachamama für das Verteilen und Keimen der Saat auf der Erde. Karneval und die Erntefeste im Mai kennzeichnen neben Dankopfern an Pachamama, an die heiligen Berge und andere Numina die Riten für die Ersten Früchte – früher deutlicher als »Mütter« der jeweiligen Pflanzenart personifiziert –, damit sie »hundertfachen« Ertrag gewähren. Zur Zeremonie gehören hie und da noch Lama- oder Schafopfer; mit deren Blut besprengt man die Ersten Früchte, mit deren Fleisch und einem Teil der Primitien bereitet man ein rituelles Mahl.[12]

Bei den agrarischen Kultfesten finden auch althergebrachte rituelle Kämpfe statt. Im blutigen *tinku* opfern die beiden Parteien zuerst Pachamama und den heiligen Bergen, dann gehen oder reiten sie mit den traditionellen Waffen Schleuder und Bola aufeinander los. Das Blut, das dabei vergossen wird, tränkt und stärkt die Erde und verspricht eine gute Ernte.

Gebräuchlicher sind heute jedoch unblutige Kampfspiele mit Peitschen und grünen Früchten als Wurfgeschossen, ferner Wettkämpfe zwischen Männern und Frauen.[13]

Wer Lamas, Alpakas und anderes Vieh züchtet, nimmt in der Karnevalszeit oder Anfang August oder an den Festtagen von Heiligen, die Patrone bestimmter Tierarten sind, die Vermehrungs-Zeremonien vor. Auf den Umgang ums Gehege, das Besprengen des Viehs und die Räucherung mit aromatischen Pflanzen folgt eine rituelle Paarung der besten Jungtiere, heute meist nur symbolisch und angelehnt an den katholischen Hochzeitsritus vorgenommen. Höhepunkt der Feier ist das Schlachten eines Lamas oder Alpakas zu Ehren Pachamamas und der heiligen Berge, die beide die Beschützer und wahren Eigentümer der domestizierten Cameliden sind. Pachamama erhält, weil sie für den Bestand der Tiere sorgt, besondere Gaben: für sie wird das erste Blut des Opfertieres auf dem Boden versprengt oder mit dem noch schlagenden Herzen in ein Loch im Boden geschüttet. Sie bekommt an einigen Orten auch das vollständige Skelett und die den anderen Tieren bei der Markierung abgeschnittenen Ohrenspitzen. Sie werden neben dem Pachamama-Stein im Korral oder neben dem Steinhaufen, der als ihr »kleines Haus« gilt, feierlich begraben.[14]

Pachamama spielt auch bei den Heilungen, die die Callawaya-Medizinmänner in Bolivien vornehmen, eine Rolle. Während die Allgemeine Weiße Heilung ein umfassendes Ziel hat: »alle Dinge zum Guten zu wenden«, will die aus akutem Anlaß von einem Patienten erbetene Spezielle Weiße Heilung ein »bestimmtes Gutes« bewirken, will heilen, was Quelle von Unheil ist: Erschrecken, Seelenverlust, Opferschuld, Mangel, Konflikte unter den Menschen. Eine sehr günstige Zeit dafür ist der August. Neben anderen Gottheiten wird auch Pachamama angerufen und mit Opfergaben bedacht, weil sie zu den »eigenständig heilenden Instanzen« gehört. Sie ist Verbündete des Medizinmannes auch in der Schwarzen Heilung, die bezweckt, den Feind des Patienten abzuwehren, seine Seele gefangenzunehmen, seinen Tod zu beschwören oder sogar vorzunehmen. Dabei ist Pachamama eine der guten Kräfte, die helfen, den Patienten von allem Leid zu erretten (Rösing 1988/1990-I:142, 286 u. II:570f., 641-5 u. 1990/1993:66-76 u. 286-9).

Die in die städtischen Bezirke abgewanderte Landbevölkerung hat die Pachamama-Verehrung auf die neuen Gegebenheiten übertragen. Die Indianer und Mestizen, die hauptsächlich von Dienstleistungen, Kleinhandel und Kleingewerbe leben, nehmen die *ch'alla*, das traditionelle Trankopfer bzw. Besprengen mit *chicha* oder jetzt auch Alkohol, vor, damit Pachamama ihnen hilft, Geld zu verdienen und es zu mehren. Es sind nun die städtischen Arbeitsmittel (Taxi, Lastwagen, das neueröffnete Geschäft), die eine *ch'alla* erhalten. Diese bekommt zugleich einen weiteren Sinn: nämlich die Eigenständigkeit gegenüber der eindringenden westlichen Zivilisation zu wahren und zu betonen. Die Treue zu Pachamama wird zu einem kulturerhaltenden und abgrenzenden Element (Irarrázaval 1988:15-20 u. 41-4).

Pachamamakult und Marienverehrung

Das lange Miteinander von Katholizismus und autochthoner Religion hat in den Zentral-Anden eine andin-christliche Religiosität entstehen lassen. In ihr hat die autochthone Komponente vor allem durch Bewahren der alten Strukturen das Übergewicht. Die andinen Glaubensvorstellungen näherten sich freilich in manchem christlichen Vorstellungen an, haben christliche Einflüsse integriert, am ehesten da, wo Gemeinsamkeiten bestanden. Die allmähliche Vermischung des Kults der Pachamama mit der Marienverehrung ist ein Beispiel dafür.

Starke und für uns faßbare Anstöße zu diesem sicher komplexen Prozeß gingen von der angesehenen Pilgerstätte in Copacabana am Titicacasee aus. Sie liegt auf einer Halbinsel, die religiös schon bedeutsam war, bevor Topa Inka die inkaische Eroberung dieser Region mit dem Bau eines Sonnen- und eines Mondtempels auf zwei nahen Inseln im See untermauerte. Nach der Erorberung durch die Spanier entwickelte sich Copacabana zu einem Zentrum der Marienverehrung. Ausgangspunkt soll eine Dürre und Hungersnot gewesen sein, die die Indianer bewog, eine *cofradía* (Laienbruderschaft) zu gründen und diese einem oder einer Heiligen zu weihen, die wirksamer als ihre bisherige Patronin Santa Ana wäre. Die Wahl fiel, nach Rivalitäten zwischen den beiden Bevölkerungshälften des Ortes, auf die Jungfrau Maria, womit sich die obere Hälfte durchsetzte, die auf den Besitz eines von einem indianischen Künstler gearbeiteten Bildnisses der Maria Candelaria verweisen konnte. Dieses Bildnis, zu Mariä Lichtmeß (2. Februar) 1583 feierlich eingebracht, gewann sehr schnell den Ruf eines Gnadenbildes und übertrug seine Kraft auf ein weit ausgedehntes System von Maria-Candelaria-Heiligtümern, die in der Folgezeit gestiftet wurden.[15]

Die Verehrung Pachamamas muß im vorspanischen Copacabana keine geringe Rolle gespielt haben, denn bei der Ankunft der Konquistadoren hatte Pachamama hier einen Kultplatz (Ramos Gavilán 1976:94). Ob die Augustiner, die 1589 das Marienheiligtum übernahmen, gezielt, wie man behauptet hat, die Identifikation Marias mit der Mutter Erde eingeleitet haben, um den alten Kult durch den neuen zu ersetzen, ist quellenmäßig nicht belegt. Gesichert ist, daß sie versuchten, die alten Regenrituale durch Marien-Prozessionen zu ersetzen und die überkommenen Erntefeste durch Segnungen der Früchte zu »christianisieren« (Gisbert 1980:17-22; van den Berg 1989b:165-7 u. 184-8). Andererseits haben die Indianer vermutlich selbst den mütterlichen Charakter beider Gestalten erkannt, ihre Vermischung hingenommen oder sogar gefördert, zumal die Eingliederung mächtiger fremder Numina in die lokalen und regionalen Pantheen in den Zentral-Anden eine lange Tradition hatte und keineswegs die fortgesetzte Treue zu den alten Gottheiten ausschloß, vielleicht sogar unter dem Deckmantel des Christentums anfangs eher ermöglichte.

Außer Mariä Lichtmeß feiert man in Copacabana Maria Schnee (5. August). Da es in die Zeit fällt, in der Pachamamas großes Fest stattfindet, überrascht es nicht, daß die Landbevölkerung im August in großen Scharen dorthin pilgert und sich nicht damit begnügt, Maria Candelaria in inniger Frömmigkeit anzubeten und ihr Kerzen darzubringen, sondern außerdem traditionelle Riten für Pachamama und die heiligen Berge der Umgebung vollzieht, u. a. auf einem Felsvorsprung Trankopfer und Gebete unter Leitung eines Medizinmannes. Ähnliches geschieht bei anderen Marienheiligtümern. In Lampa im Departement Puno läßt der Festausrichter zunächst einen Medizinmann eine heidnische »Messe« für Pachamama zelebrieren, um sie »um Erlaubnis« und »gutes Gelingen« des Marienfestes zu bitten, dann erst feiert man Mariä Empfängnis (Irarrázaval 1988:51-5; van den Berg 1989b:169). In Santa Catalina, einem Dorf Nordwest-Argentiniens, endet das Fest Nuestra Señora de Canchillas am Tag Mariä Himmelfahrt (15. August) mit einer »Zahlung an die Erde«, einem Dankopfer an Pachamama, das außerhalb des Dorfes beim ihr geweihten Steinhaufen erfolgt (Mariscotti de Görlitz 1978a:190f.).

Wie weit die Vermischung beider Gestalten in der andinen Kultur geht, zeigt sich auch unabhängig von Kirchenfesten in vielem, z. B. in den Epitheta, die Pachamama erhält: *Maria llumpaqa* = reine Maria, *wirjina* = Jungfrau, *santa tira wirjina* = heilige Erde Jungfrau, und in den Anrufungen, die Maria und Mutter Erde ununterscheidbar verbinden, etwa bei den Callawaya Boliviens: *uywiri* Pachamama, *tierra* Maria = die du uns nährst, Mutter Erde, Erde Maria (Rösing 1991:281f.)

Wie die Beziehungen zwischen Pachamama und Maria, die im quechua-sprachigen Raum Mamacha = Mütterchen oder Mamanchis = unsere Mutter heißt, wie ihre »Verwandtschaft« in der Vorstellungswelt der Einheimischen verstanden werden kann, machen die Worte des 85jährigen Juan Quispe aus Q'ero deutlich:

> Diese Pachamama, diese Erdmutter, wurde von der Jungfrau Mütterchen Maria zurückgelassen ...»Schau her, diese meine Kinder wirst du aufziehen, bis meine Zeit endet. Ja, diese Kinder wirst du ernähren und umsorgen«. Das sagte die allerheiligste Maria, unsere Mutter,

nicht wahr... Deshalb läßt diese Erdmutter unsere Nahrung gedeihen. Die Kartoffeln, alle Arten von Ocas, Weizen, Gerste, Bohnen, Erbsen, Quinoa, alles ... So kommt es, daß die allerheiligste Maria, unsere Mutter, ihre jüngere Schwester hinterlassen hat. Damit sie uns umsorge, damit sie uns stille. Damit wir unseren Weg gehen, damit wir leben (Müller und Müller-Herbon 1986:100).

Der Pachamamakult spiegelt die tiefe Verwurzelung der Quechua- und Aymara-Indianer mit dem ländlichen Leben, ihre Abhängigkeit von den Kräften der Natur, ihre Geistigkeit wider. In Pachamama vor allem findet die Ehrfurcht vor der Schöpfung ihren konzentrierten Ausdruck. Mit der Mutter Erde vereint (nicht: gegen sie) sind sie zu leben gewohnt, mit ihr pflegen sie zu sprechen, mit ihr teilen sie ihre Gaben, für sie fühlen sie sich verantwortlich. Nicht als Besitzer der Erde und Landschaft, sondern als deren Teil betrachten sie sich; beide sind ihnen heilig. Ihre Religiosität offenbart ein Denken, das westlicher Rationalität fremd und in vielem unterlegen ist, doch hoffentlich der Gefährdung widersteht. Ansätze dazu gibt es. Im Zuge der Selbstbesinnung auch der Quechua- und Aymara-Indianer trifft man auf ein Wiedererstarken ihrer Institutionen und Religiosität. Ihre enge Beziehung zu Leben und Schöpfung verdient unsere höchste Achtung, gemahnt uns vielleicht auch umzudenken. »Für uns Aymaras ist das Maß der Liebe die Erde«, urteilt der katholische Priester Domingo Llanque. Und ein anderer Aymara sagt: »Die Erde ist das Nest des Lebens. Deshalb pflegen wir sie auch« (van den Berg 1989b:124, 211-8, 234-9).

Conquista und Santiagokult in den Zentral-Anden

Die Eroberung von Cuzco

Als Francisco Pizarro auf seinem Eroberungszug im Mai 1532 nach Peru gelangte, traf er auf ein Inkareich, das im Innern erschüttert war durch die blutigen Nachfolge-Kämpfe zwischen Huascar, dem legitimen Sohn Huayna Capacs, und seinem Halbbruder Atahuallpa. Dieser befand sich mit seinen Truppen in der nordandinen Stadt Cajamarca, als Pizarro auf ihn stieß. Es kam sogleich, im November

1532, zur schicksalhaften Auseinandersetzung zwischen Spaniern und Indianern. Der Untergang des Inkareiches nahm von hier aus seinen Lauf. Atahuallpa, der seinen Rivalen Huascar hatte gefangennehmen und ermorden lassen, wurde selbst Gefangener der Spanier. Eine indianische Offensive fürchtend, haben sie ihn in derselben Stadt Cajamarca am 29. August 1533 erdrosselt.

Wenige Tage später zog Pizarro mit seinen etwa 175 Mann, die zum Teil beritten waren, weiter in Richtung Cuzco, besiegte Quizquiz, einen General Atahuallpas, und marschierte am 15. November desselben Jahres in die Hauptstadt des Inkareiches ein – wohlwollend empfangen vom Inka-Adel, der Parteigänger Huascars war. Pizarro war sich seiner militärischen Schwäche und andererseits der Vorteile bewußt, die die Unterstützung durch ein indianisches Oberhaupt, das ihm natürlich untertan sein sollte, für ihn haben würde. So ließ er Manco Capac, den ältesten der verbliebenen legitimen Erben Huayna Capacs, als Inka inthronisieren. Trotz dieser Pseudo-Nachfolgeregelung setzte er einen nur von Spaniern gebildeten Stadtrat ein, verwandelte Cuzco also in eine nach spanischem Muster verwaltete Stadt.

Während Pizarro zur Küste aufbrach, um dort eine Stadt anzulegen – das heutige Lima –, gingen seine Männer in ihrer Goldgier dazu über, die unterworfene Bevölkerung zu drangsalieren und vor allem dem Marionetten-Inka widerliche Demütigungen zuzufügen. Ihre Untaten waren so groß, daß ein Verwandter und Anhänger Manco Capacs einen Aufstand plante. Mit Hilfe einer List gelang es Manco Capac, die Hauptstadt zu verlassen, sich in der Festung Ollantaytambo zu verschanzen und von da aus die berühmte, vom Frühjahr 1536 bis zum Sommer 1537 dauernde Belagerung von Cuzco zu leiten, die fast zum Erfolg geführt hätte. Die Spanier waren nahe daran, von den Bränden, die die Indianer in der Stadt entfacht hatten, vernichtet zu werden. Da gelang es ihnen, die oberhalb Cuzcos liegende Festung Sacsahuaman in einer wagemutigen Aktion zu erobern und damit die Belagerer zu entmutigen. Sie traten den Rückzug an.[16]

Die Santiago-Legende

Um diese Ereignisse haben sich Legenden gebildet, die die Rettung der Spanier nicht der eigenen Tapferkeit und nicht günstigen, rational erklärbaren Umständen zuschreiben, sondern dem wundertätigen Eingreifen der Jungfrau Maria und des Apostels Santiago[17].

Überliefert werden diese Legenden von verschiedenen Chronisten, sie fehlen jedoch in den Berichten von Augenzeugen, die sich auf eine nüchterne Beschreibung der Geschehnisse beschränken und hie und da bemerken, die spanischen Krieger hätten sich mit dem Ruf: »Sant Iago!« in die Schlacht gegen die indianischen Truppen geworfen.

Die umfangreichste Version der Legenden liefert der Chronist Garcilaso de la Vega (1944-I:174-83), ein gebildeter Mestize, der mütterlicherseits von der Inka-Dynastie abstammte. Garcilaso berichtet ausführlich über die Feuersbrunst, die 17 Tage lang wütete und die Spanier zwang, auf dem Hauptplatz von Cuzco und im angrenzenden alten Palast des Inka Virakocha Zuflucht zu suchen. In ihm hatten die Spanier eine Kapelle errichtet, und diese Kapelle blieb mitten im Flammenmeer und im Hagel brennender Indianer-Pfeile dank der wundersamen Intervention der Göttlichen Vorsehung von den Flammen verschont. Pizarros Soldaten fürchteten, in der unerträglich werdenden Einkreisung umzukommen, und versuchten am elften Tag einen Ausbruch, nachdem sie gebeichtet und den göttlichen Beistand erfleht hatten. Der Chronist fährt fort (S. 177):

> A esta hora y en tal necesidad, fué Nuestro Señor servido favorescer a sus fieles con la presencia del bienaventurado Apóstol Sanctiago, patrón de España, que apareció visiblemente delante los españoles, que lo vieron ellos y los indios encima de un hermoso cavallo blanco, embraçada una adarga, y en ella su divisa de la orden militar, y en la mano derecha una espada que parescía relámpago, según el resplandor que echava de sí. Los indios se espantaron de ver el nuevo cavallero, y unos a otros dezían: »¿Quién es aquel Viracocha que tiene la *illapa* en la mano?« (que significa relámpago, trueno y rayo). Dondequiera que el sancto acometía, huían los infieles como perdidos, y desatinados ahogávanse unos a otros, huyendo de aquella maravilla.

> (Zu dieser Stunde und in solcher Not war Unser Herr bereit, seinen Getreuen zu helfen mit der Gegenwart des seligen Apostels Santiago, Patrons von Spanien, welcher sichtbar vor den Spaniern erschien, so

daß sie und die Indianer ihn erblickten auf einem schönen Schimmel, am Arm einen Lederschild – und auf diesem die Devise seines Ritterordens – und in der Rechten ein Schwert, das einem Wetterleuchten glich, dem Glanz entsprechend, den es ausstrahlte. Die Indianer erschraken beim Anblick des neuen Reiters und sagten zueinander: »Wer ist jener Viracocha, der die *illapa* in der Hand hält?« [welche Wetterleuchten, Donner und Blitz bedeutet]. Überall, wo der Heilige zuschlug, ergriffen die Ungläubigen wie Verlorene die Flucht und rannten kopflos durcheinander, vor jenem Wunder fliehend).

Der Chronist fügt hinzu, der Apostel sei den Spaniern bei jeder weiteren Schlacht zu Hilfe gekommen.

Dieser Bericht basiert, wie Garcilaso versichert, auf den Wundergeschichten, die er in seiner Kindheit von Indianern und Spaniern gehört habe. Verfaßt hat er ihn erst Jahrzehnte nach der Belagerung von Cuzco; seine »*Historia General del Perú*« ist 1617 erschienen. Um den Wahrheitsgehalt seines Berichts zu bezeugen, erinnert er den Leser daran, daß die Spanier nach dem Ende der Belagerung das Gebäude, in das sie sich geflüchtet hatten, der Heiligen Maria und die Stadt Cuzco dem Apostel Santiago »in Erinnerung an ihre Wohltaten« weihten[18].

Pierre Duviols unterzog 1962 diese und die anderen Versionen der Cuzco-Legenden einer kritischen literarischen Analyse und wies nach, daß Garcilaso zwei ältere Fassungen der Santiago-Legende vorgelegen haben, nämlich die um 1550 von dem Chronisten Cieza de León (1984:398) und die etwa vier Jahrzehnte später von dem Jesuiten José de Acosta (1954:244) erwähnte Version. Aus deren knappen Angaben habe Garcilaso dann sehr frei eine hübsche Geschichte gesponnen. Diese Wunder-Version wurde, so Duviols (1962:399f.), im 17. Jahrhundert als die endgültige, klassische von den verschiedenen *cronistas de convento*, z. B. Fray Antonio de la Calancha (1974-I:254f.), Fray Diego de Córdova Salinas (1957:39f.) und Pater Anello Oliva (1857:108-14), akzeptiert, übernommen und verbreitet.

Ungefähr gleichzeitig mit Garcilasos »*Historia General*«, wahrscheinlich sogar etwas früher als sie, jedenfalls literarisch unabhängig von ihr entstand das Werk des Guaman Poma de Ayala[19], der unter den Chronisten einer der besten Kenner der indianischen Kultur, sicher der originellste ist, wie Garcilaso übrigens Mestize und Inka-

Abkömmling. Auch bei ihm spielen die Wunder von Cuzco eine wichtige Rolle. Bei ihm heißt es (1980-II:377)[20]:

> Dizen que lo uieron a uista de ojos, que auajó el señor Sanctiago con un trueno muy grande. Como rrayo cayó del cielo a la fortalesa del *Ynga* llamado Sacsa Guaman ... Y como cayó en tierra se espantaron los yndios y digeron que abía caýdo *yllapa*, trueno y rrayo del cielo ...
>
> (Man sagt, mit eigenen Augen gesehen zu haben, daß der Herr Santiago mit sehr großem Donner herabstieg. Wie ein Blitz fiel er vom Himmel auf die Inka-Festung Sacsahuaman ... Und als er auf die Erde fiel, erschraken die Indianer und sagten, daß *yllapa*, Donner und Blitz des Himmels, herabgefallen sei ...)

Nach Guaman Poma nannten die Indianer, die im Gefecht gehört hatten, wie ihre Gegner »Santiago« riefen, Yllapa, Blitz und Donner, fortan Santiago. Sie identifizierten also die ganze Gestalt des Heiligen mit dem Blitz.

Es lag nahe, daß der spanische Klerus die Wunder-Legenden und ihre Verbreitung im Volk gefördert hat, weil sie seinen und den gleichgerichteten Interessen der Krone, nämlich vor allem Christianisierung der Indianer, aber dann auch Einschränkung der ruhmredigen Konquistadoren-Ansprüche, entsprachen (Choy 1958:253-6, 260-4). Bestimmt nutzten die Missionare die Wunder – bezeugt ist es aus dem Jahr 1649[21] –, um den Indianern beispielhaft zu zeigen, daß Gott auf seiten der Eroberer stehe und die Conquista für das Seelenheil der Indianer gut sei. Die Überlieferung der Wunder diente dem einflußreichen Juristen Solórzano y Pereyra, Mitglied der Audiencia de Lima, in seiner Erörterung »*De Indiarum Iure*«, erschienen 1629-39, dazu, den Souveränitätsanspruch des spanischen Königs über die Indias Occidentales zu untermauern.[22]

Das Thema »Wundertätiges Erscheinen Santiagos« hat sich bis in die Gegenwart in der mündlichen Überlieferung Perus erhalten (Yaranga Valderrama 1979:710). Dabei schildern nicht alle Erzählungen Santiago als Feind der einheimischen Bevölkerung. So gibt es z. B. in Santiago de Chuco (Dep. La Libertad), einem der vielen Orte Perus, die den Namen des Heiligen tragen, eine Legende, die den glücklichen Ausgang einer Strafaktion, die im Jahre 1883 im Zusammenhang mit dem Salpeterkrieg erfolgen sollte, dem Erscheinen und energischen Eintreten des Stadtpatrons zugunsten der Bevölkerung zuschreibt (Angeles Caballero 1955:18). Hier hat sich also der mächtige Helfer der Konquistadoren in den wirksamen Fürsprecher der Einheimischen verwandelt.

Santiago Matamoros und Santiago Mataindios

Santiagos Hilfe bei der Eroberung des neuentdeckten Erdteils hat in einigen lateinamerikanischen Ländern, vor allem in Peru und Mexiko, das Bild des Heiligen bald in naheliegender Weise erweitert. Das Vorbild dazu brachten die Eroberer aus Spanien mit. Dort hatte im Zuge der Reconquista der Santiagokult im 11. Jahrhundert eine kriegerische Ausrichtung erhalten, die im 12. Jahrhundert stärkere Bedeutung erlangte – die erste literarische Erwähnung Santiagos als *apóstol caballero*, als *miles Christi* findet sich in der »Historia Silense« vom Jahre 1115. Der Schlachtenhelfer der Christen, Santiago Matamoros, der Maurentöter – eine rein spanische Schöpfung –, wurde in der Folgezeit ein unlöslicher Bestandteil des Santiagokultes. Die Überlieferung bezog sich auf die legendäre Schlacht von Clavijo 844 n. Chr., wo die Spanier dank seinem wunderbaren Eingreifen die Mauren besiegten. Santiago wurde zum Patron Spaniens und zum Inbegriff spanischer Unbesiegbarkeit (Plötz 1984:39f.).

In der spanischen und europäischen religiösen Kunst sind die Motive des Matamoros und der Schlacht von Clavijo erst in der zweiten Hälfte des 15. Jahrhunderts bedeutsam geworden. Sie gewannen dann an Beliebtheit bis in die Barockzeit. Die Darstellungen zeigen den Maurentöter im allgemeinen so, wie ihn der eingangs zitierte Bericht Garcilasos schildert. Doch gibt es Variationen des Typs: der Heilige in der Rüstung des Ritterordens del Señor Santiago del Espada oder im langen Gewand, mit oder ohne Pilgermuscheln und Pilgerhut, neben dem Schwert noch Schild oder Standarte oder beides. Immer aber – das ist charakteristisch – liegt ein geschlagener Maure unter dem Pferd (Steppe 1985:143-5).

Die besondere Verehrung, die der tüchtige, sieghafte Krieger Santiago genoß, erklärt, warum um die Mitte des 16. Jahrhunderts in Peru dem ikonographischen Motiv des Matamoros das neue Motiv des Mataindios zur Seite gestellt wurde. Die älteste uns bekannte, nicht erhaltene Darstellung beschreibt Garcilaso (1944-I:182), der

Abb. 4 Santiago Mataindios. Federzeichnung, Anfang 17. Jahrhundert (Guaman Poma 1980-II:176).

vor dem Jahre 1560 am Giebel einer Kirche, wahrscheinlich der ersten Kathedrale von Cuzco, ein Bildnis gesehen hat, das den *apóstol caballero* mit vielen toten und verwundeten Indianern am Boden zeigte. Auch Guaman Pomas illustrierte Chronik, 1615/16 abgeschlossen, enthält die Darstellung eines Mataindios (s. Abb. 4). Unter den weiteren Abbildungen des 17. Jahrhunderts ragen zwei durch ihre Qualität heraus: eine polychromierte Holzplastik in der Kirche El Triunfo in Cuzco – sie schmückte ursprünglich die Fassade, an der heute eine Tafel an die Wunder während der Belagerung der Stadt erinnert – und ein Gemälde in der Kirche von Pujiura bei Cuzco, das in Anlehnung an die spanischen Darstellungen der Schlacht von

Clavijo den Kampf um die Festung Sacsahuaman wiedergibt (Gisbert 1980:196-8).

Die ungefähr ab 1680 sich verselbständigende *pintura cuzqueña* hat dann im 18. Jahrhundert neben vielen anderen volkstümlichen Darstellungen für katholische Kultzwecke bevorzugt solche des Mataindios produziert (Mesa und Gisbert 1982-I:272f.; Silva Santisteban 1984:43). Sie fanden auch zunehmend in die traditionellen religiösen Praktiken der Quechua- und Aymara-Indianer Eingang, wobei der Typ *Santiago caballero* erhalten blieb, der Sinngehalt aber Veränderungen erfuhr, die sich heute auch darin zeigen, daß ein Teufel oder eine Schlange den besiegten Indianer ersetzen. Vor allem in Form von Kleinplastiken aus Holz, Gips, Kalkalabaster, Papiermaché und anderem Material spielen sie als Kultobjekte der ländlichen Bevölkerung bis heute eine wichtige Rolle (Girault 1984:552f. und 1988:59-63).

Der Blitzgott Yllapa

Die oben zitierten Passagen der Santiago-Legende wiesen schon auf eine Identifikation Santiagos mit dem Blitz hin. Sie ist ein zentralandines Phänomen, dessen Bedeutung zu erfassen erforderlich macht, auf den Blitz und Blitzgott Yllapa näher einzugehen.

Yllapa (Illapa) oder Chuquiylla (Chuquilla) – beides die allgemeine Quechua-Bezeichnung –, auch mit verschiedenen regional begrenzten Namen, z.B. Libiac (Liviac)[23], ist eine äußerst wichtige andine Gottheit. Der Kult hat seinen Ursprung vermutlich in Tiahuanaco, einem der beiden großen Zentren kultureller Expansion des Mittleren Horizonts, etwa 540 – 900 n. Chr. (Demarest 1981:56-62; Rowe, J. H. 1976:9). Yllapa sorgt als gütiger Regenspender für Fruchtbarkeit und Gedeihen; er ist zugleich eine bedrohliche Gestalt, die in enger Verbindung mit den elektrischen Gewittern (*salla*) steht, die sehr oft und mit fürchterlicher Gewalt die andinen Hochebenen heimsuchen.[24] Er verkörpert eine Dreiheit[25], gebildet von Vater, älterem und jüngerem Sohn bzw. von Vater und »Zwillingssöhnen«. Die Dreiheit stellt, wie aus Chroniken und Lexika des 16. und 17. Jahrhunderts hervorgeht, Blitz – Donner – Wetterleuchten dar, nach Garcilaso auch die sinnlich wahrnehmbaren den Blitz begleitenden Naturerscheinungen Elektrizität, Lärm und Glanz.[26] Die Dreiheit beruht auch auf der Vorstellung, der Blitzschlag könne Wesen und Dinge in zwei Teile spalten, die dann mit ihm eine Dreiheit sind. Sie hat, wie man erkennt, mit der christlichen Trinität nichts zu tun.

Die ikonographische Aussage vieler archäologischer Gegenstände und eine Reihe von Angaben kolonialzeitlicher Quellen und der ethnographischen Literatur belegen, daß die Blitz-Gottheit in den Gestalten der mythischen beidendköpfigen Schlange *amaru*, die auch mit dem Regenbogen identifiziert wird, und einer mythischen Katze, die durch die Lüfte fliegt, auf dem Rücken des Regenbogens läuft, Blitze aus den Augen schleudert und Hagel aus Mund oder Nasenlöchern sprüht, symbolhaften Ausdruck fand.[27]

Der Blitzgott wurde in der gesamten Sierra Perus und im Altiplano Boliviens verehrt und hatte zahlreiche heilige Stätten: natürliche Objekte wie scheinbar vom Blitzschlag gespaltene Felsen oder künstlich errichtete Monolithe (*illapa usnu*) und kreisförmige Steinsetzungen (*illahuasi*) mit Altären und Nischen zur Aufbewahrung von Amuletten (*illa*), kleinen Idolen (*conopa*) und dem Gott dargebrachten Mumien von Kindern.[28]

Chronistenangaben, belegt aus einem Gebiet, das von Cajamarca im Norden bis zum Hinterland von Lima im Süden reicht, zeigen, daß Yllapa bzw. Libiac der höchste Gott bestimmter Bevölkerungsgruppen war, die sich Llacuaz nannten. Diese Gruppen, symbolisch identifiziert mit der Puna, den Hochsteppen, und der Lama- und Alpaka-Zucht, verehrten Kulturheroen, die sie für Söhne des Blitzes und für Vorfahren ihrer Kaziken (*kuraka*) hielten. Die Llacuaz betrachteten sich und wurden betrachtet als die von auswärts – in manchen Berichten heißt es: aus der Gegend des Titicacasees – gekommenen Eroberer und Sieger über andere Gruppen, die mit dem Tiefland und dem Ackerbau symbolisch gleichgesetzt wurden. Diese Gruppen nannten sich Llacta bzw. Huari, führten ihren Ursprung auf chthonische Gottheiten zurück und glaubten, die ersten seßhaften Siedler ihres Landes zu sein. Beide Bevölkerungsschichten bildeten die endogamen Hälften eines präinkaischen Dualsystems, das auf dem Prinzip des komplementären Gegensatzes und seiner Synthese beruht und auch die Opposition männlich/weiblich wiedergibt. Das Dualsystem blieb auch die Grundstruktur des Inkareiches und hat sich bis heute in vielen Dörfern Perus und Boliviens erhalten. Diese Hälften waren zugleich Klassen eines hierarchischen Systems, das sich aus dem Prinzip Eroberung ableitete und den von außen Gekommenen, den Llacuaz, einen privilegierten Status zuwies. Kultisch äußerte sich das in Yllapas Supremat auch über die Gottheiten der unterlegenen Seßhaften.[29] Alljährlich veranstalteten die Llacta und Llacuaz, wenn die Plejaden am Himmel erschienen, etwa zur Zeit des Corpus Christi-Festes, große gemeinsame Rituale, um der alten Kriege – der realen oder der symbolischen – zu gedenken und den Vertrag, der ihr Zusammenleben regelte, neu zu befestigen (Duviols 1986:LXf.).

Yllapa wurde als männlichem Gott der Eroberer die Macht zugeschrieben, mit sterblichen Frauen Kinder zu zeugen. Diese »Kinder des Blitzes« bildeten eine Zwischenklasse im hierarchischen System und waren dazu ausersehen, Mittler zwischen Menschen und übernatürlichen Mächten zu sein (Silverblatt 1987:75-80). Diese »Kinder des Blitzes« erblickte man nur in bestimmten Kindern, vor allem in gleichgeschlechtlichen Zwillingen (*chuchu, curi*), Fußgeburten (*chacpa*), Kindern mit Hasenscharte (*cacya cinca*), im Freien während eines Gewitters Geborenen oder von Frauen, die vermeintlich vom Blitz geschwängert waren. Eltern und Kinder vollzogen mit komplizierten Ritualen den Statuswechsel.[30] Die Tradition schrieb vor, daß die Kinder den Zweitnamen Yllapa, Libiac oder eine andere Bezeichnung des Blitzes bekamen. Starben sie noch als Kleinkinder, wurden sie in den Heiligtümern des Blitzgottes mumifiziert in Keramikurnen beigesetzt; sie erhielten Opfergaben und wurden als Orakel befragt. Wurden sie erwachsen, waren sie die berufenen Medizinmänner bzw. Medizinfrauen, also Heiler, Priester, Weissager – eine Auserwähltheit, die sie mit denen teilten, die unmittelbar durch einen Blitzschlag berufen wurden.[31]

Von den Inka in das offizielle Pantheon aufgenommen und den höchsten Göttern Virakocha und Inti zugeordnet, besaß Yllapa im Tempel Coricancha, dem wichtigsten Cuzcos, eine »Kapelle« und an verschiedenen anderen Kult-Plätzen Cuzcos und seiner Umgebung weitere Heiligtümer.[32] Zweimal im Jahr, bei den Zeremonien des Juli-Festes, das das landwirtschaftliche Jahr einleitete, und denen des höchsten inkaischen Festes, des Capac Raymi, das im Dezember die südliche Sommersonnenwende feierte, erhielt Yllapa in Cuzco Lamaopfer, damit er Regen bringe und Hagel fernhalte (Acosta 1954:174; Molina 1959:43f. und 65-81).[33] Duviols hat jüngst

(1988:281-4) dargelegt, daß man Capac Raymi wie das erwähnte jährliche Gemeinschaftsfest der Llacuaz und Llacta als Erinnerung an die früheren Auseinandersetzungen und als Reaktualisierung des Gesellschaftsvertrages zweier Bevölkerungsschichten, identifiziert mit den Begriffspaaren Von-außen-Kommender/Eroberer und Ansässiger/Unterworfener, in diesem Falle: Inka und Ureinwohner der Cuzco-Region, deuten kann.

Santiago – Yllapa

Die früheste uns faßbare Erwähnung einer Identifikation Yllapas mit dem Apostel Santiago seitens der einheimischen Bevölkerung findet sich in der »*Instrucción contra las ceremonias y ritos que usan los indios*« des 3. Provinzial-Konzils zu Lima vom Jahre 1583[34]. Zu Beginn des 17. Jahrhunderts war sie schon so geläufig, daß Bertonio (1984-II:278) in seinem 1612 erschienenen Aymara-Lexikon Santiago als Synonym für *pusicakha* und *illapu*, zwei Aymara-Bezeichnungen für Blitz und Donner, vermerkt. Etwa gleichzeitig stellen die *extirpadores de idolatría*, die sogenannten Ausrotter der Abgötterei, fest, Zwillinge und andere als Kinder Yllapas geltende Sondergeburten erhielten den Namen Santiago (Arriaga 1968:215 und 275; Villagomes 1919:169); und der Chronist Guaman Poma (1980-II:831) bezeichnet bei der Beschreibung der Zeremonien, die die Geburt eines Jungen mit Hasenscharte begleiteten, diesen wie selbstverständlich als »Sohn des Santiago yllapa«.

Einige Beispiele aus der ethnographischen Literatur mögen zeigen, wie lebendig diese Identifikation oder Synthese noch heute in den religiösen Vorstellungen und Praktiken der Quechua- und Aymara-Indianer ist.

Ein Gebetstext, vor wenigen Jahren im Departement Ayacucho aufgenommen, beginnt mit der Anrufung »*Tayta Illapa, siño Santiago*« = Herr Illapa, Herr Santiago. Er beschreibt Illapa-Santiago, ganz den alten vorspanischen Vorstellungen entsprechend, als die Dreiheit Vater, Sohn der Mitte, jüngster Sohn und stellt diese in Beziehung zur Dreiteilung des andinen Kosmos in die Bereiche *hananpacha* = »Welt oben«, *kaypacha* = »Welt hier« bzw. »Erd-Welt« und *urinpacha* = »Welt unten« (Yaranga Valderrama 1979:711f.). In dieser Bezugnahme drückt sich offensichtlich die autochthone Vorstellung aus, das Lichtband des Blitzes verbinde die drei kosmischen Bereiche (Urton 1981:87 und 93). Auch in den rituellen Texten, die Rösing kürzlich bei den Callawaya in Bolivien gesammelt hat, gehört der Blitz zu allen drei kosmischen Bereichen, zu *hananpacha (janajpacha)* jener Blitz, der noch nicht niederfuhr, die »abstrakte« Macht des Blitzes. Und mit diesem Blitz wird Santiago gleichgesetzt. Die »Welt oben« ist, auch wenn sie in den Anrufungen »von katholischen Begriffen und Namen durchsetzt« ist, dem christlichen Himmel nur äußerlich, oberflächlich angepaßt. Santiago ist hier »der oberste Herr und Inhaber des Blitzes«; er wird »Väterchen« und »*Tata Santiago España*« (= Herr Santiago von Spanien) genannt. Er ist in diesem kosmischen Bereich die mächtigste Instanz, die angerufen und der geopfert wird. Der christliche Gott, der mit ihm in *hananpacha* weilt, spielt kultisch gar keine Rolle (Rösing 1988/1990-II:401f. und 1990a:65-9, 128 und 148).

Santiago ist heutzutage Schutzheiliger der Medizinmänner. Sie führen nach wie vor ihre Auserwähltheit auf eine übernatürliche Verbindung zum Blitz zurück, vor allem auf Zwillingsgeburt und Blitzschlag. Zu den visionären Erfahrungen bei der Berufung durch Blitzschlag gehört die Begegnung mit einem Reiter, in dem man Santiago erkennen kann (Giese 1983:34-6; Rösing 1990a:145-8). In der Callawaya-Region (Prov. Bautista Saavedra, Dep. La Paz) zählen kleine Retabel und Amulette mit Santiago-Darstellungen zu den unentbehrlichen Requisiten der Medizinmänner.[35]

Santiago ist auch spezifischer Patron der Lamas und Alpakas und ihrer Züchter (Gade 1983:784; Silva Santisteban 1984:51), was vermutlich aus der symbolischen Beziehung des Blitzgottes zur Viehzucht auf den Hochsteppen abzuleiten ist. Vielerorts finden deshalb althergebrachte Rituale, die die Fruchtbarkeit des Viehs begünstigen sollen, am 25. Juli, dem Tag Santiagos im katholischen Festkalender, statt.

Am Vorabend bereitet man in manchen Gegenden Perus Hausaltäre mit einer kleinen Santiago-Plastik in der Mitte, mit Figürchen von Haustieren und mit Blumen und Heilkräutern, die an den Quellen der hochgelegenen Weideplätze sorgfältig ausgewählt wurden (Fuenzalida Vollmar 1980:164-6; Quijada Jara 1946:122). In Zusammenhang damit stehen Santiago-Darstellungen, die den Typ Mataindios in volkstümlicher Weise abwandeln. Santiagos Pferd

Abb. 5 Der berittene Santiago als Beschützer des Viehs. Polychrome Kleinplastik aus Holz, Papiermaché und Gewebe; Silber ziseliert. Bolivien, 18./19. Jahrhundert (Privatbesitz).

bäumt sich nicht über besiegten Indianern, sondern schützend über Haustieren auf (s. Abb. 5).

Santiago verbindet man bezeichnenderweise mit den durch Blitzeinschlag geheiligten Plätzen, die früher *illapa* wie der Gott selbst hießen. Statt des alten Brauchs, hier Monolithe aufzustellen *(illapa usnu)*, ist man verschiedentlich dazu übergegangen, winzige Lehm- oder Steinkapellen mit kleinen Santiago-Bildnissen zu errichten (Gade 1983:780; Mesa und Gisbert 1982-I:307). Man bringt hier auch Lamaopfer dar (Silva Santisteban 1984:43).

Diese Gleichsetzung oder Synthese Santiago – Yllapa hat man in den letzten Jahren damit zu erklären gesucht, daß beide Gestalten, wenn auch in unterschiedlicher Intensität, mit Blitz und Donner zu tun haben (vgl. z. B. Gade 1983:777-9). Bei Santiago leite sich das vom Bericht des Evangelisten Markus (3,17) her, wonach Jesus dem Apostel Jacobus und dessen Bruder Johannes die Beinamen Boanerges (= Donnersöhne) gegeben hat. Die Indianer hätten die Legende vom wundertätigen Erscheinen Santiagos beim Kampf um Cuzco kennengelernt, hätten von den Missionaren gehört, Santiago werde in den Evangelien »Sohn des Donners« genannt, und hätten sofort eine enge Verbindung zwischen den Gestalten des christlichen Heiligen und ihres andinen Donnergottes hergestellt, hätten Santiago mit Yllapa identifiziert (Mesa und Gisbert 1982-I:307).

An diese Ableitung vom Beinamen Boanerges hat schon zu Beginn des 17. Jahrhunderts der Jesuit Arriaga (1968:215) nicht geglaubt. Vielmehr erklärt er die Gleichsetzung entweder mit der Übertragung einer folkloristischen Vorstellung der Spanier nach Amerika – man sage in Spanien, wenn es donnert, das Pferd Santiagos galoppiert – oder mit einer Assoziation der Indianer: sie sahen, daß die Spanier, wenn sie die Arkebusen abfeuern wollten, die die Indianer *illapa* oder *rayo* (= Blitz) nannten, zuerst »Santiago, Santiago« riefen.

Diese Ansicht hat Gewicht. Schließlich hatte Arriaga in den Jahren 1619-21 an den Kampagnen zur Ausrottung des alten Glaubens als begleitender Missionar teilgenommen und war seinerzeit einer der besten Kenner der andinen Religion. Es leuchtet ein, daß die Indianer das Mündungsfeuer und Krachen der spanischen Gewehre, begleitet vom Schlachtruf »Santiago«, mit dem hellen Schein und Zucken des Blitzes, dem Grollen und Krach des Donners verknüpften und in »Santiago« ihren Gott Yllapa erblickten. Schon die Quechua-Lexika der zweiten Hälfte des 16. und vom Anfang des 17. Jahrhunderts[36] zeigen übereinstimmend, daß das Wort *yllapa (yll-*

appa) inzwischen auch Bezeichnung für die Arkebuse und die Artillerie der Spanier geworden war, was sich beim Chronisten Garcilaso (1944-I:107) ebenfalls bestätigt findet. Arriagas Erklärung steht in Einklang mit andinen Vorstellungen, mit dem damals geläufigen Bild von Yllapa und den mit ihm verknüpften Metaphern.[37] Wie der Chronist Cobo (1964-II:160) berichtet, sahen die Indianer im Blitzgott »einen Mann im Himmel, geformt von einem Sternbild, mit einer Keule in der Linken und einer Schleuder in der Rechten, gekleidet in glänzende Gewänder«, die das Wetterleuchten waren, wenn er sich umdrehte, um seine Schleuder zu spannen; das Krachen der Schleuder war der Donner; das Geschoß der Schleuder war der Blitzschlag.[38]

Die als »Waffen« Yllapas interpretierten Wetter-Phänomene erscheinen in den andinen Mythen häufig in Verbindung mit Naturkatastrophen und politischen Umbrüchen, mit dem, wofür die Quechua den Begriff *pachakuti* hatten. *Pachakuti* enthält eine zyklische Vorstellung der Zeit; diese ist kein Kontinuum, sondern eine Abfolge von Epochen, die mit einer grundlegenden Umwälzung enden. Blitze, Donner, strömender Regen, Hagelschlag, das Erscheinen der Schlange *amaru* markieren den Bruch der bestehenden Ordnung, den Beginn eines neuen Zeitabschnitts.[39] Sie begleiten auch die Ankunft von Gottheiten, die Yllapa gleichgeartet sind.[40] So ist es verständlich, daß die indianische Bevölkerung im Erscheinen mehrerer Kometen – wie man heute weiß: in den Jahren 1529-32, darunter der Halley-Komet (Ziólkowski 1985:161-71) – die Ankündigung von Tod und Untergang, von einem *pachakuti* sah, der sich dann mit den Waffen der Konquistadoren verwirklichte.

Auch wenn für Guaman Poma (1980-III:852) schon der Bruderkrieg der beiden Inka-Erben und nicht erst Atahuallpas Ermordung durch die Konquistadoren der *pachakuti*, die Umkehrung des Bestehenden ist (Adorno 1982:111f.) – Guaman Poma beschreibt Santiagos Erscheinung bei der Belagerung von Cuzco genauso, wie einige Mythen das Herabstürzen des Blitzgottes oder seiner mythischen Söhne auf die Erde, um ein Gebiet zu erobern, schildern.[41] So sind meines Erachtens der kriegerische Aspekt Santiagos und die den Indianern aus vorinkaischer Zeit vertraute symbolische Gleichsetzung: Von-außen-Kommender = siegreicher Eroberer die zutreffende Erklärung für Santiagos Synthese mit Yllapa.[42]

Anmerkungen

1. Kidder 1943:31-5 und Taf. IV, 2, VI, 1-2 und VII, 10-11; Willey 1974:324 und Abb. 363.
2. Sallnow 1987:25-30; Silverblatt 1987:20-39 und 67-80; Trimborn und Kelm 1967:71-6, 83-90, 243-6 und 297f.
3. Kill 1969:168-173; Mariscotti de Görlitz 1978a:39f. und 1978b:83f.; Silverblatt 1987:24f.
4. Cobo 1964-II:230f.; Gareis 1987:47-55, 74f. und 78-81; Molina 1959:29f.; Polo de Ondegardo 1916b:92 und 112f.
5. Cobo 1964-II:216f.; Molina 1959:42-4; Zuidema 1986:96f.
6. Cobo 1964-II:217-9; Kill 1969:112-5; Molina 1959:44-62.
7. Arriaga 1968:201 und 204; Guaman Poma 1980-I:225 und III:1049; Kill 1969:140-52.
8. Marzal 1983:210-2; Rösing 1991:449f.; van den Berg 1989b:124-36, 217 und 236.
9. Mariscotti de Görlitz 1978a:32-4 und 1978b:83; Rösing 1988/1990-I:248 und 257; van den Berg 1985:141f.
10. Earls und Silverblatt 1978:300-2; Marzal 1983:196f.; van den Berg 1989b: 191-7.
11. Mariscotti de Görlitz 1978a:117-9 und 188-191 und 1978b:93; van den Berg 1985:13 und 1989:50-3.
12. Gareis 1982:151-4; Mariscotti de Görlitz 1978a:152-8 und 1978b:90f.; van den Berg 1989b:53-5 und 81-95.
13. Mariscotti de Görlitz 1978a:159-63 und 1978b:91f.; Sallnow 1987:136-44; van den Berg 1989b:64f.
14. Gareis 1982; Mariscotti de Görtlitz 1978a:168-74 und 1978b:92; Sallnow 1987:131-6.
15. Marzal 1983:280-2; Ramos Gavilán 1976:112-6; Sallnow 1987:64-73.
16. Diese Ausführungen stützen sich hauptsächlich auf Brundage (1985) und García (1975).
17. Santiago ist der Apostel Jakobus der Ältere, dessen Grab in der Kathedrale von Santiago de Compostela zu den meistbesuchten Wallfahrtsstätten gehört, Endpunkt des zum Patron der Pilger führenden Jakobswegs.
18. Die feierliche Proklamation Santiagos zum Patron von Cuzco geschah erst am 7.12.1651 (Matto de Turner, *Tradiciones cuzqueñas y leyendas*, Cuzco 1917-II:31, zitiert nach Valle 1946:30).
19. Nach Adorno (1980:XXXII) zwischen 1612 und 1615/16 (also kurz vor Garcilasos Chronik). Das Manuskript wurde erst 1908 entdeckt und 1936 veröffentlicht.
20. Hier und im folgenden zitiert nach Band und Seitenzahl der Edition von Murra und Adorno, nicht nach der Paginierung des Originals.
21. Predigt I (fol.9) in: Fernando de Avendaño, *Sermones de los Misterios de Nuestra Santa Fe Católica*. Lima 1649 (zitiert nach Duviols 1962:400, Anm. 23).

22 Buch 2, Kap. 4, Nr. 49 und 53 (zitiert nach Calancha 1974-I:255 und Anm. 114a; vollständige bibliographische Angabe dort S. XXXI).
23 Zur Vereinfachung werden im folgenden Name und Schreibweise Yllapa verwendet; in Zitaten wird die Schreibweise der Vorlage übernommen. Weitere Regionalnamen und Schreibvarianten vgl. Claros-Arispe (1991:42-6 und 52-61).
24 Hierzu ausführliche ethno-meteorologische Informationen bei Gade (1983:770-5).
25 Zur Dreiheitsvorstellung vgl. jüngst Claros-Arispe (1991:51-61 und 77-84), auf den wir uns hier stützen. Ihr Bezug zur Dreiteilung der Gesellschaft vgl. Zuidema (1973:16-20).
26 Garcilaso (1976-I:165): »Estas tres cosas nombraban y comprendían debajo de este nombre *Illapa*, y con el verbo que le juntaban distinguían las significaciones del nombre, que diciendo ¿viste la *Illapa*? entendían por el relámpago; si decían ¿oiste la *Illapa*?, entendían por el trueno; y cuando decían la *illapa* cayó en tal parte, o hizo tal daño, entendían por el rayo.« Vgl. dazu Claros-Arispe (1991:56f. und 80) und Gade (1983:772).
27 Claros-Arispe 1991:75f. und 87; Demarest 1981:57-9; Earls und Silverblatt 1978:314-22; Mariscotti de Görlitz 1978c:372; Urton 1981:87-92.
28 Arriaga 1968:231; Cobo 1964-II:161; Hernández Príncipe 1986:479, 487 und 490; Yaranga Valderrama 1979:706-8.
29 Duviols 1973 und 1986:LVI-LXV; Mariscotti 1970:429-34; Silverblatt 1987:68-80.
30 Guaman Poma 1980-II:831; Trimborn und Kelm 1967:183-92; Urioste 1983-II:246-57.
31 Claros-Arispe 1991:62-7; Gareis 1987:278-81; Giese 1983:25-30; Mariscotti de Görlitz 1978a:127-34 und 1978c; Rösing 1990a:145-63.
32 Die diesbezüglichen Angaben der Chronisten sind ungenau und lückenhaft, vgl. Brundage (1985:75-8, 83 und 90f.) und Claros-Arispe (1991:87-100).
33 Zu anderen Anlässen wurden dem Blitzgott auch Kinderopfer dargebracht, vgl. z. B. Acosta (1954:142f.) und Molina (1959:91-4).
34 In Kap. I, Artikel 4 heißt es: »Los Serranos particularmente adoran el relámpago, el Trueno, el Rayo llamándolo Sanctiago.« (*Instrucción* 1916:189).
35 Girault 1984:552f. und 1988:63, Abb. 3 und 4; Rösing 1988/1990-II:Abb. S.508f. und 629; Rösing 1990a:148.
36 González Holguín 1952-I:367; Ricardo 1951:91; Santo Tomás 1951:300.
37 Eine abweichende Arriaga-Interpretation lieferte Choy (1958:269-72). Millones (1964:31 und Anm. am Textende) hat sie als zu rational und konstruiert verworfen. Sie kann m. E. heute als überholt gelten.
38 Folgerichtig war noch in der ersten Hälfte unseres Jahrhunderts bei den Aymara des Titicaca-Beckens lebendige Vorstellung, daß die Blitze von der »Schleuder des Herrn Santiago« kämen (La Barre 1948:201).
39 Brundage 1985:57; Duviols 1988:278-84; Earls und Silverblatt 1978:314-8; MacCormack 1988.

40 Die Mythen von Huarochirí berichten von Pariacacas (Pariya Qaqas) Erscheinen und Sieg über den bis dahin verehrten Gott Wallallo Carhuincho (Wallallu Qarwinchu) mit Hilfe von Blitzen, Wolkenbrüchen etc., womit in dieser Region ein neues mythisches Zeitalter anbrach (Trimborn und Kelm 1967:43-6, 53-8, 96-8, 100; Urioste 1983-I:37-9, 51-9, 107-9 und II:145).

41 Bernardo de Noboa z. B. nahm im Jahre 1656 in der Region Cajatambo folgende Überlieferung auf: Libiac Cancharco (eine regionale Hypostase des Blitzgottes) fiel wie ein Blitz vom Himmel und bekam viele Söhne ... alle Llacuaz-Eroberer (Duviols 1986:52). Vgl. dazu auch Cardich (1981:1-10).

42 Den Ausführungen zu Conquista und Santiagokult liegt mein im WS 1991/2 in der Philipps-Universität Marburg gehaltener Vortrag zugrunde.

Opferschuld – Ein zentraler Begriff der andinen Religion

Kallawayas, Anden, Bolivien[1]

Ina Rösing

Einleitung

Fragestellung und Übersicht

Jede Religion beinhaltet Vorstellungen über einen besseren als den alltäglichen und/oder irdischen Zustand des Menschen, Vorstellungen von »Heil«.

Die Suche nach den Heilskonzepten der Andenreligion, der autochthonen Religion der Quechua- und Aymara-Indianer, führt paradoxer- und unausweichlicherweise zu einem zentralen **Unheilskonzept**, welches das andine religiöse Denken und religiöse Handeln nachhaltig prägt.

Auf der Suche nach den autochthonen Heilskonzepten in den Anden entfaltet sich vor unseren Augen eine Religion, welche von zwei zunächst widersprüchlich erscheinenden Merkmalen gekennzeichnet ist.

Erstens, der Bereich des Profanen ist kaum benennbar, so umfassend, ja alltäglich ist das Sakrale. Zweitens, in diesem allumfassend Sakralen ist die andine Religion ungemein pragmatisch, handlungsorientiert – man möchte sagen »unkognitiv«; sie ist un-feierlich, doch emotional: Es sind nicht an erster Stelle die Gedankengebäude, welche die Andenreligion ausmachen, sondern ihr Handlungsgefüge, nicht jedoch die Gestik von Inbrunst und zeremonieller Abgehobenheit, sondern die »Fülle des Herzens«[2] (eine emotionale Haltung) sowie die **Korrektheit** der handelnden Hand[3].

Daß nun in dieser so umfassend sakralisierenden und gleichzeitig pragmatischen Religion nicht **Heilskonzepte**, sondern **Unheilskonzepte** als Angelpunkt des Verstehens anzusehen sind, möchte ich in fünf Abschnitten Schritt um Schritt entfalten:

(1) Grundzüge der andinen Religion;
(2) Grundzüge des andinen religiösen Handelns: das Opferritual;

(3) Bisherige Interpretationskonzepte der andinen Religion und ihre Defizite;
(4) Das Konzept der Opferschuld und seine Evidenz;
(5) Alternative Kandidaten zentraler Heils- oder Unheilskonzepte der andinen Religion.

Abschließend fasse ich das Ergebnis in einer Synthese zu Heil, Heil-Sein und Heilung in der andinen Religion zusammen.

Datenbasis

Bevor ich diese fünf Punkte behandle, sei noch kurz auf die Datenbasis meiner folgenden Ausführungen eingegangen.

Die Andenreligion ohne Andenerfahrung zu verstehen – ohne selbst viele Male drei Tage und drei Nächte dauernde kollektive andine religiöse Rituale durchwacht zu haben –, ist, glaube ich, nicht gut möglich. Mein – freilich auch immer noch begrenztes – Verstehen der Andenreligion basiert auf **Erfahrung**:

Im Rahmen meines vor zehn Jahren begonnenen und noch laufenden ethnomedizinischen und kulturanthropologischen Forschungsprojektes habe ich in den letzten Jahren insgesamt vier Jahre unter den Quechua-Indianern der Kallawaya-Region in den Anden Boliviens verbracht,

– ich habe die Sprache der Indianer, Quechua, gelernt, ich habe mir eine Hütte aus Erdbacksteinen, Wellblech und Stroh gebaut (in die ich jedes Jahr ein- oder zweimal für einige Wochen zurückkehre), ich bin in ein dichtes Netz ritueller Verwandtschaftsbeziehungen dort eingebunden;
– ich habe an 73 kollektiven Ritualen teilgenommen und diese dokumentiert, Rituale, die sich meist über mehrere Tage und Nächte hinziehen, eine Vielzahl von Akteuren einschließen und eine höchst komplexe Dramaturgie entfalten;
– ich habe an 185 nächtlichen Heilungsritualen und Heilungsritualen auf heiligen Berggipfeln teilgenommen und diese dokumentiert;
– ich habe sieben aufwendige, über viele Jahre sich spannende Lehren bei Medizinmännern – den »Priestern« der andinen Religion – absolviert;
– und ich habe 444 ausführliche Gespräche mit Medizinmännern,

Medizinfrauen, Haupt- und Nebenritualisten, *yachaj* und *coca qhawaj* (Weisen und Weissagern aus Koka) geführt, Zeugnisse, welche von Göttern und Geistern, von Berufung und Ritual, von Tradition und Traditionsverlust handeln.

Was immer ich dort im Kontext meiner Forschung unternahm, ist mit Tonband dokumentiert – was in einer Religion, in welcher die betende Zwiesprache mit den Numina eine so zentrale Rolle spielt, von großer Bedeutung ist; eine »stumme« Anthropologie, in welcher der Forscher beobachtend teilnimmt und dann viele schöne Worte über das Geschehene und (nur) Gesehene macht, während die Akteure und Träger dieser Religion selbst nicht zu Wort kommen (sie bleiben stumm, es redet nur der Anthropologe: Das nenne ich stumme Forschung) – kann gerade der andinen Religion (jedenfalls der Kallawaya-Region) sicher nicht gerecht werden.

Die Transkription all dieser quechuasprachigen Tonbandaufnahmen umfaßt bisher über 50 000 Seiten Text: Ritualinteraktion, Gebet, Lehren. Diese Quechuatexte, zusammen mit meinen detaillierten Ablaufprotokollen der Heilungen und Rituale, stellen die empirische Grundlage meiner folgenden Ausführungen dar.[4]

Ich werde der Kürze wegen im folgenden Text meist von »der« andinen Religion oder »den« Anden sprechen, gemeint aber sind immer die Anden der Kallawaya-Region, Provinz Bautista Saavedra, Bolivien, auf die sich meine Daten beziehen.

Hauptteil

Grundzüge der andinen Religion

Ich kann in diesem Kontext die andine Religion nur skizzieren, doch glaube ich, daß auch eine solche Skizze sie für die folgenden Ausführungen hinreichend zu kennzeichnen vermag. Ich möchte acht wesentliche Merkmale hervorheben.

(1) **Vielfalt der andinen Numina.**[5] Die andine Religion kennt eine große Anzahl von Numina, von gott-ähnlichen Wesen, welche nur mäßig hierarchisch geordnet sind. Die bedeutendsten Numina, die in keinem religiösen Ritual fehlen, sind Pachamama (Mutter Erde) und die *machulakuna* (Quechua), *achachilanaka* (Aymara) oder *lugar-*

niyoqkuna (wie sie meist in quechua-isiertem Spanisch in der Kallawaya-Region genannt werden).

Mit der Mutter Erde, der Erde unter unseren Füßen, ist der Anden-Indianer immer und überall in Kontakt. Sie nährt, beschützt – und straft.

Lugarniyoqkuna bedeutet wörtlich: die Inhaber von *lugares* (*lugar*, spanisch = Ort); *lugares* sind heilige Orte, vor allem Berggipfel, aber auch Seen, Quellen, Pässe, Orte des Blitzeinschlags. Die »Inhaber« dieser heiligen Orte (oder »Orte der Kraft«, wie man sie auch nennen könnte) sind die »Geistwesen« oder »Seelen« von (namenlosen) Ahnen[6], weshalb sie auch in Quechua *machula* (Großvater oder Vorfahre) und in Aymara *achachila* (was auch Großvater oder Vorfahre heißt) genannt werden.

Die *lugarniyoqkuna*, »Gottheiten« der heiligen Gipfel und anderer Orte der Kraft, sind in den Anden der Kallawaya-Region bild-los, sie werden weder bildlich dargestellt noch in der Vorstellung visualisiert.[7] In 444 Zeugnissen habe ich nie von einem *machula/achachila* mit Kopf und Füßen, Haut und Haaren gehört. Doch können sie sprechen, der Medizinmann kann sie hören, oder konnte es zumindest früher (vgl. z. B. I-31, I-325).

Die unsichtbaren und nicht visualisierten, einst hörbaren *lugarniyoqkuna* sehen alles, wissen alles, beschützen den Menschen, haben Macht über lebenswichtige Güter (z. B. Regen), zürnen auch und können strafen.

(2) **Ambivalenz aller andinen Numina**. Es gibt kein Gottwesen in der Kallawaya-Region, welches einfach nur »gut« oder nur »böse« wäre. Zwar überwiegt bei vielen Numina die eine oder andere Seite, aber es gibt keinen – eher guten – Andengott, der nicht auch (aus gutem Grunde) zürnt und straft. Es gibt kein Wesen der Dunkel-Welt[8], keinen bösen Geist, der einfach nur bösartig ist. Handelnde Ehrerbietung (vgl. u.) verhindert die Strafe der eher guten Wesenheiten und bannt Unheil der eher dunklen Wesenheiten.

Der christliche Gott ist auch nicht nur gütig – schließlich schickt er ebenfalls Unheil über die Welt –, allerdings auf einer Basis, welche »unermeßlich« ist; Gottes Gnade ist unermeßlich. Das kann kein Indianer verstehen. Die guten Numina der Anden sind er-meßlich (vgl. u.).

Der Teufel der christlichen Religion ist nur böse. Das kann nun ein Anden-Indianer noch weniger verstehen. Es gibt ein Wesen, welches die Indianer *supay* oder auch – dem Spanischen entnommen – *diablo* oder *satanás* nennen. Man betet zu diesem so umschriebenen »Teufels-Wesen«, man opfert ihm – denn er hat auch gute Seiten, schließlich ist er der Herr der Unterwelt, der Eingeweide der Erde, und in diesen ruhen Silber und Gold, das heißt Reichtum.

(3) **Ortsgebundenheit der Numina.** Die meisten andinen Numina sind ortsgebunden. Sie wohnen an bestimmten Stellen, sie sind »Inhaber« bestimmter Stellen oder Orte, und zwar ganz konkret. Die Orte, an denen sie wohnen, haben Namen, die Wichi Wichi-Quelle zum Beispiel oder der Gipfel Qowila oder der See Yawar Qocha; wir können hingehen zu den Orten, an denen die Götter hausen.

(4) **Reziprozität der Beziehung Götter/Menschen.** Die Beziehung der Numina zu den Menschen basiert auf dem Wert und der Austauschform der Reziprozität, der stets zu beachtenden Gegenseitigkeit, welche auch – zumindest traditionellerweise – die gesamten ökonomischen Beziehungen der andinen Menschen untereinander regelt. Reziprozität heißt: ich gebe dir, und du gibst mir. Ist beides vollzogen, so stimmt die Beziehung, so herrscht Ausgleich, Gleichgewicht, Versöhntsein.

(5) **Opferung und Gebet.** Handelnd und betend setzen die Menschen sich mit den Göttern in Beziehung. Da die Menschen etwas von den Numina **wollen** (diese haben Macht über alles, was den Menschen wichtig ist, Nahrung, Regen, Gesundheit, Wohlstand, Schutz vor dem Blitz, den Geistwesen des Halbdunkels – *paye* –, dem Fuchs), müssen die Menschen gemäß dem Wert der Reziprozität den Göttern auch etwas **geben**. Sie opfern ihnen. Das ist der Kern des andinen religiösen Handelns (vgl. u.). Aber nicht nur im Handeln, sondern auch im Wort setzen die Menschen sich in Beziehung mit den Gottheiten: im Gebet, das oft einer (imaginären) Zwiesprache gleicht (vgl. Rösing 1986a, 1986b, 1988/1990).

(6) **Ermeßlichkeit.** Die Vorsehungen der Götter, ihre Ansprüche und Wünsche an die Menschen, auch ihre wechselnden Zuständigkeiten (d. h. was sie jeweils in der Lage sind, für den Menschen in einer bestimmten Lage zu tun) – das ist erfahrbar, erfragbar: durch Koka-

Lesung oder Lesung der *naipes*, der Karten, u. a. Ein Beispiel: Es regnet nicht, und das ist eine existentielle Bedrohung für die Indianer; die Felder verdorren, die Nahrung gedeiht nicht, das Vieh findet kein Futter. Es gibt aufwendige »Rituale zur Rufung des Regens« für einen solchen Notfall.[9] Aber an welche Gottheiten wenden wir uns? Gewiß, es sind vor allem die ganz hoch und einsam gelegenen Bergseen, welche Inhaber des Regens sind, Macht über den Regen haben – aber welcher von ihnen **dieses** Jahr Regen schicken kann, das muß erst erfragt werden. Dem »Ritual zur Rufung des Regens« gehen deshalb traditionellerweise Stunden, ja Tage dauernde Lesungen aus Kokablättern voraus.

Auch welche *lugarniyoqkuna* für ein Dorf in diesem Jahr besonders zuständig sind – *watayoq*, d. h. Inhaber, Verfüger, Machthaber über dieses Jahr sind –, das muß aus dem Koka bestimmt werden. Auch wer mein *machu* ist, mein heiliger Berg, der in besonderer Weise für mich in meinem ganzen Leben zuständig ist – muß erfragt werden und ist erfragbar.

(7) **Allgegenwärtige Sakralität**. Unzählige Orte sind bewohnt von Numina. Es ist unvorstellbar, die Menschen könnten alle kennen. Die Mutter Erde ist ohnehin überall. Darüber hinaus hat jedes Dorf seine bestimmten *lugarniyoqkuna*, seine heiligen Berge, man kann sie **sehen**. In jedem Augenblick ist man in Bezug zum Sakralen. Der Raum des Profanen ist klein.

(8) **Regionale Varianz**. Die Andenreligion hat eine Vielzahl von Gesichtern, eine eindrucksvolle Fülle an regionaler Varianz. Wenn ich einen fremden Medizinmann frage: Sag, wer ist eigentlich dieses Gottwesen Ankari, dann werde ich an seiner Antwort erkennen können, ob der Medizinmann auf den windigen Höhen der Puna wohnt oder unten »im Tal« – in den Dörfern auf 3 200 m bis 3 800 m Höhe, wo Kartoffeln wachsen und Mais. Ankari ist ein Numen, das in der gesamten von mir untersuchten Kallawaya-Region in jedem religiösen Handeln eine ganz hervorragende Rolle spielt. Aber wer oder was ist das? Ist das eine Figur oder gibt es viele Ankaris? Ist es eine eher gute oder eine eher schadende Instanz der Anrufung? Was tut Ankari? Was kann er? Mischt er sich ein oder nicht? Ist er der Gegner des Regens oder der Holer des Regens? – All dies variiert von Dorf zu Dorf, ja sogar von Ritual zu Ritual innerhalb eines Dorfes

(vgl. Rösing 1990b, 1992a). Auch wenn es eine Fülle gemeinsamer Züge gibt, wie die Literatur zur Andenreligion belegt[10], muß man behutsam sein, wenn man von »der« Andenreligion spricht.

Grundzüge des andinen religiösen Handelns

(1) **Opferritual und Anrufung.** Der unverzichtbare Kern allen religiösen Handelns in den Anden sind das Opferritual und die Anrufung. Dies ergibt sich aus dem Wert der Reziprozität, welche die Beziehung zwischen Menschen und Göttern regelt. Der Mensch wünscht von den Göttern

– Fruchtbarkeit für Mensch, Feld und Vieh,
– Regen zur rechten Zeit,
– Schutz vor dem Blitz,
– Schutz vor dem Frost, der Krätze der Tiere, dem Ungeziefer der Kartoffel, den Erdrutschen, der Wildkatze, dem Fuchs,
– Schutz vor Krankheit und vorzeitigem Tod,
– und Schutz vor allen anderen der vielfältigen Gefahren und der vielfältigen Unbill unter den harten Lebensbedingungen der Anden.

Und für alles, was er von den Göttern will, muß er auch den Göttern geben. Seine Gabe an die Gottheiten ist das Opfer, er bereitet ihnen Speise und Trank (das ist das Bild, in welchem in den Gebeten immer wieder die Opfergaben gefaßt werden)[11] – und er ruft sie an, ehrt sie, spricht mit ihnen.

(2) **Hierarchie und Items der Opferung.** Die Opfergaben bestehen meist in einzeln bereiteten *platos* (Tellern) oder Opfernestern, in welche eine Vielzahl symbolträchtiger Ingredienzen eingelegt wird und deren Bestimmung für dieses oder jenes Numen im Gebet vorgenommen wird. Die Opferbereitung für eine Vielzahl von Gottwesen setzt ein sehr detailliertes Wissen voraus und stellt einen viele Stunden dauernden Prozeß dar. Neben den Opfernestern werden den Gottwesen auch Opfertiere geboten, »im Tal« (Dörfer auf 3200 m – 3500 m Höhe) meist Meerschweinchen (*qowi*) und – in Vertretung eines lebenden Lamas – Lamaföten; auf den Höhen ein junges Lama- oder Alpakatier. In jedem Fall ist das Opfer eine

Analogie zu Speise und Trank, und es wird **sichtbar** gemacht, was den Gottwesen dargeboten wird.

(3) **Anrufung als Zwiesprache.** Das zweite zentrale Moment religiösen Handelns ist das Gebet, die Anrufung – bei den Kallawayas sind dies lange Strophen schönster poetischer Zwiesprachen mit den Göttern. Die Anrufung besteht aus Ehrungen[12], Legitimierung und Selbstaufwertungen des Medizinmannes[13], Hinweisen auf mein Geben, Bitten um die Gegengabe der Götter[14] und vielen magischen Formeln der Kraft, wovon die längste und machtvollste das *Yayayku janaq pachakunapi kaq* – das Vaterunser – ist, sicher weitgehend unverstanden, aber so mächtig als Formel der Macht, daß es ebenso im Opferritual für die Götter vorkommt wie in der Schwarzen Heilung und Hexerei zur Beseitigung des Feindes (Rösing 1990/1993).

(4) **Rituelles Handeln für Wesen der Dunkel-Welt.** Diese Merkmale des religiösen Handelns – Opferung und Anrufung – gelten gleichermaßen für die eher guten Wesen, die Bewohner der heiligen Gipfel, wie für die Wesen der Dunkel-Welt: Auch diese bekommen Opfernester und Blut von Opfertieren, auch mit diesen setzt sich der Medizinmann in Gebeten, die wie Zwiesprachen sind, in Beziehung, verweist sie auf die eigenen Gaben und trägt seine Bitten vor (vgl. dazu vor allem meine folgenden Studien zum Kollektivritual).

(5) **Spezialisten des religiösen Handelns.** Für das religiöse Handeln gibt es Spezialisten. Hier sind zumindest analytisch und in einigen Dörfern der Kallawaya-Region auch explizit zwei Gruppen zu unterscheiden. Der Medizinmann, er ist zuständig für Ritualheilungen im Kontext der Familie (Heilung ist immer und unweigerlich auch religiöse Opferhandlung), und der *watapuricheq, thaana, mitu, apu, achachila* – oder wie sie von Dorf zu Dorf unterschiedlich heißen –, der Ritualist des Kollektivrituals.

(6) **Partizipation.** Jedes Ritual – mit seiner Opfergabenbereitung und Anrufung – ist partizipativ, ist ein Gruppengeschehen. Es gibt keine passiven Teilnehmer, keine Zuschauer, auch ein Forscher kann nicht einfach zuschauen, er wird einbezogen, er handelt mit. Ein Heilungsritual findet immer statt in der Gruppe, und jeder beteiligt sich am rituellen Vollzug. Im Kollektivritual muß jeder in die Opfernester betend Ingredienzen einlegen, ein jeder muß zentrale rituelle Gesten

wie *ch'alla* (Libation), Weihrauchweihung u.a. vollziehen. Die Kenntnis des rituellen Handelns wird bei allen und jedem Erwachsenen vorausgesetzt.

(7) **Alltäglichkeit des Ritualvollzugs.** Die Vielfalt der rituellen Gesten wird nicht nur im Kontext des Heilungsrituals, wofür der Medizinmann zuständig ist, oder im Kontext des dorfweiten Kollektivrituals, wofür der *watapuricheq*, der Ritualist des Jahreszyklus zuständig ist, vollzogen, sondern auch allein, privat, ungesehen, von jedem einzelnen in unzähligen Alltagssituationen: vor dem Aufbruch am frühen Morgen, vor dem Schlachten eines Schafs, beim Überschreiten eines Passes, beim Umgraben der Scholle ... Religiöses rituelles Handeln ist alltäglich und ubiquitär.

Religiöses rituelles Handeln ist noch in einem zweiten Sinne alltäglich. Es gibt kein Kallawaya-Ritual von zeremonieller Steifheit und Feierlichkeit, von Schweigen und Starre – nein, Lachen, Schwätzen, Essen, Trinken – das gehört immer dazu. Das Ritual reicht tief in den Alltag, und der Alltag reicht tief hinein ins Ritual.

(8) **Ortsgebundenheit des rituellen Handelns.** Kleine private alltägliche Ritualgesten finden immer und überall statt, wenn auch bevorzugt an bestimmten Orten (Pässen, Quellen usw.). Das Heilungs- und das Kollektivritual sind jedoch definitiv ortsgebunden. Sie sind nicht überall durchführbar. Jede Hütte der Kallawaya-Region hat ihr *cabildo*, ihre Opferstätte. Dort muß jedes Heilungsritual der Familie vollzogen werden, dort müssen die Opfergaben verbrannt, die Blut- und Alkohol-Libationen ausgeführt und mit dem Lamafötus gebetet werden. Jedes Kollektivritual hat ebenfalls seine festgelegten Orte, die kollektiven Opferstätten des Dorfes – verschieden je nach Anlaß des Kollektivrituals.

Wie die Gottheiten ortsgebunden sind – so sind auch die religiösen Handlungen, die sich an diese richten, gebunden an bestimmte Orte. Es gibt keine raumlosen Götter und kein raumloses religiöses Ritual.

Bisherige Interpretationskonzepte der andinen Religion
Behinderungen

So umfangreich auch die Literatur über andine Religion inzwischen geworden ist – so weit sind wir noch allenthalben von einer »Theorie«

der Andenreligion entfernt. Schon im Bereich der Vorarbeit zu einer Theorie der Andenreligion, bei der Entwicklung von Interpretationskonzepten, welche in der Lage wären, die Vielfalt andiner religiöser und ritueller Ausdrucksweisen und ihre historische Stärke sinnvoll zu bündeln, gibt es nur wenige Angebote. Es sind drei Bedingungen, wie mir scheint, welche diese konzeptionelle Entwicklung behindert haben.

(1) **Negative Wertung.** Wie die Ethnologie insgesamt ist auch die Andenethnologie lange geprägt gewesen von ethnozentrischer negativer Wertung. Ein prägnantes Beispiel ist Tschopik (1951). Seine Ethnographie der Aymara-Indianer ist bis heute für alle Andenethnologen eine wesentliche Materialsammlung – aber die Wertungen, welche Tschopik seinen Daten auferlegt, behindern ihn an ihrer Durchdringung. Für ihn ist die Religion der Aymaras ein untrennbares Gemisch von »Religion, Magie und Hexerei«, und das Aymara-Ritual ist für ihn »extrem festgelegt und stereotyp«. Weder sieht er die tiefe religiöse Verwurzelung aller Andenritualistik noch ihr komplexes Filigran der Symbolik. Bei einem solchen Verständnis von Andenreligion und Ritual (magische Manipulation von Gottwesen durch stereotype Rituale) kommt ein Theorie-Defizit gar nicht erst in den Blick.

Es ist Tschopik nicht verborgen geblieben, in welchem hohen Maße der Aymara-Indianer mit **Unheil** beschäftigt ist. Daß dies eine zutiefst religiöse Dimension hat, entgeht ihm. Der Aymara-Indianer sei von seiner Persönlichkeitsstruktur her – so Tschopik, getreu seiner negativen Wertung – ein angstbesessener Mensch. Und weil er Angst habe, sei er ständig damit zugange, das ängstigende Unheil zu vermeiden. Deshalb sei er auch in hohem Maße befaßt mit Divination und Voraussage: um das Unheil zu vermeiden. Daß der Aymara-Indianer auch mit Divination und Voraussage beschäftigt ist, um die religiösen Ursachen von Unheil aufzuklären (vgl. u.), entgeht Tschopik gänzlich. Daß das Ritual nicht nur dazu da ist, magisch manipulativ künftiges Unheil zu vermeiden (so Tschopik) – sondern auf eine profund religiöse Weise bestehendes Unheil zu heilen (vgl. u.) –, auch das kann im Denken von Tschopik keinen Platz finden.

(2) **Elementarische Ethnographie.** Neben dieser wertenden Ethnographie steht die bis heute offenbar geschätzte elementarische

Ethnographie der Anden (z. B. Oblitas Poblete 1971; Lira 1985; Girault 1966, 1984, 1988): Es werden Ritualhandlungen aufgezählt, es werden Ritualingredienzen und Opfer-*mesas* aufgezählt, ebenso wie zu heilende Zustände und Gottheiten und Geistwesen mit Namen und Eigenschaften usw. – doch dies alles herausgenommen aus dem realen komplexen ganzheitlichen Kontext eines religiösen Ritualvollzuges. Eine ganzheitliche **Gestalt**, welche bekanntlich mehr ist als die Summe ihrer Teile, ergibt sich aus solchen, und seien es enzyklopädische Inventarisierungen von Elementen, nicht.

Ein weiteres Merkmal der meisten Andenethnologie ist, wie oben erwähnt, ihre Stummheit. Der Forscher sieht zu, aber er dokumentiert nicht das **Wort** der Akteure. Wer redet, ist der Forscher (in seinen Büchern). Die Beforschten kommen kaum zu Wort. Und für das religiöse Ritual bedeutet dies, daß auch das **Gebet** ausgeblendet bleibt, welches für das Verständnis des rituellen Handelns und seiner religiösen Bedeutung unentbehrlich ist. Einer stummen Ethnologie verstellen sich damit konzeptionelle Fragen.

(3) **Bias des praktischen Interesses.** Es sind nicht Ethnologen, sondern es sind Theologen, Priester der katholischen Kirche, welche am meisten Material zu unserer Kenntnis der Andenreligion beigetragen haben (vgl. z. B. Marzal, Aguiló, Monast u. a.).

Ihre Beiträge sind unentbehrlich. Doch ihre Erforschung der Andenreligion gilt nicht immer und an erster Stelle dieser autochthonen Religion sui generis, sondern oft vor allem der Frage, wie man den Anden-Indianern mit ihren autochthonen religiösen Konzepten den katholischen Glauben näher bringen kann. Von dieser Interessenlage her gewinnt die Entwicklung praktischer pädagogischer Konzepte der Vermittlung katholischer Inhalte Priorität gegenüber der Entwicklung von Interpretationskonzepten der Andenreligion. Es dürfte kein Zufall sein, daß gerade die Priester-Ethnologen, denen es in ihrer Erforschung der Andenreligion erkennbar nicht an erster Stelle um Missionierung geht, auch diejenigen sind, welche konzeptionelle Beiträge geliefert haben zum tieferen Verständnis der Andenreligion (z. B. Albó, van den Berg, vgl. u.).

Trotz dieser dreifachen Begrenzung lassen sich in der wissenschaftlichen Literatur zur Andenreligion einige theoretische Ansätze ausmachen, einige Versuche der Entwicklung von Interpretationskonzepten der Andenreligion. Drei Konzepte sind zu nennen und sie hängen auf das engste miteinander zusammen: Reziprozität, Gleichgewicht und »binäre Logik«.

Ansätze

(1) **Reziprozität.** Das Konzept der Reziprozität, der andine Wert der Ausgewogenheit des Gebens und Nehmens, spielt in der Andenethnologie eine große Rolle, an erster Stelle zur Erklärung der andinen sozialen und ökonomischen Strukturen.[15] Daß auch die Beziehung der Anden-Menschen zu ihren Göttern von dem Wert der Reziprozität geprägt ist, wird immer wieder erwähnt (zum ersten Mal etwas ausführlicher von Nuñez del Prado Béjar 1972; vgl. auch Montes Ruiz o. J.), ohne daß dies jedoch ausgearbeitet würde (vgl. jedoch Albó 1974).

(2) **Gleichgewicht.** Dies ist ein Konzept, welches mit dem der Reziprozität eng verbunden ist, jedoch mehr umfaßt. Eine reziproke Beziehung verlangt Gleichgewicht, Ausgewogenheit im Geben und Nehmen.[16] Was bei der Verwendung des Konzepts von Gleichgewicht und Ausgewogenheit als zentrales Interpretationskonzept für die Andenreligion jedoch meist ausgeblendet bleibt, ist die Tatsache, daß die Beziehung der Anden-Menschen zu ihren Göttern so oft **nicht** ausgewogen ist – die Götter schicken Unheil über die Menschen.

Die Menschen streben auf der Basis der Reziprozität diese Ausgewogenheit ständig an – und sie verfehlen sie ständig. Van den Berg (1989b) ist derjenige Andenforscher, welcher dieses Paradox bisher am prägnantesten formuliert hat. Er behandelt die Vielfalt an Ritualen, welche die Anden-Indianer immer und immer wieder anwenden, damit die Nahrung auf den Feldern gedeiht. Und trotzdem gedeiht sie manchmal nicht. Warum? In seiner Antwort verfehlt van den Berg nur knapp den religiösen Gehalt dieser Frage (vgl. Anmerkung 23).

(3) **Die binäre Logik.** Was ich unter diesem Stichwort zusammenfassen möchte, ist eine Erweiterung und Vertiefung der Konzepte von Reziprozität und Gleichgewicht bis hinein in die symbolische Struktur des andinen Denkens. Es sind diejenigen Aymara-Forscher,

welche sich mit der Frage des Selbstverständnisses und der Identität des Aymara-Indianers befassen, welche einer »Theorie der Andenreligion« am nächsten kommen.[17] Im Kognitiven (z. B. Verständnis von Raum und Zeit), im Sozialen (z. B. Arbeitsteilung und Arbeitsorganisation, Familienstruktur) und im Religiösen (Ritual und Anrufung) werde allenthalben von einer »binären Logik«, einer »Dialektik der komplementären Gegensätze« (Montes Ruiz o. J.) regiert, von Gegensätzen, die es ständig und immer wieder auszugleichen gilt. Doch bleibt die faszinierende binäre Logik in der Darstellung vieler dieser Autoren vor allem für den religiösen Bereich abstrakt und formal. Zwischen der Strukturierung der Aymara-Welt nach unten/oben, Mann/Frau, rechts/links usw. auf der einen Seite und der Beziehung der Anden-Indianer zu ihren Göttern auf der anderen Seite fehlt hier ein inhaltliches Konzept, das über den Wert von »Ausgleich der Gegensätze« hinausgeht. Gewiß, im Ritual sind oben/unten, rechts/links usw. vielfältig repräsentiert, doch ist es nicht der Ausgleich zwischen »oben und unten«, »rechts und links« usw., was das andine Ritual motiviert, sondern der Ausgleich von Geben und Nehmen. Es bleibt dieser Forschungsbereich bei einer inhaltsleeren *gramática ritual simbólica* (Bouysse-Cassagne 1987) stehen.

Im folgenden möchte ich ein Interpretationskonzept für das Verständnis der Andenreligion darlegen, welches den Konzepten von Reziprozität, Gleichgewicht, binärer Logik nicht widerspricht, sondern diese um eine religiöse Dimension erweitert.

Das Konzept der Opferschuld und seine Evidenz

Opferschuld ist ein Begriff, der zu dem Konzept der Reziprozität zwischen Göttern und Menschen auf das engste dazugehört. Opferschuld ist Inbegriff der Nicht-Reziprozität auf der Seite der Menschen. Denn alles, was die andinen Götter von den Menschen fordern, ist Achtsamkeit, Aufmerksamkeit, Ehrerbietung und – **Gaben**, welche ihnen im Opferritual dargeboten werden. Wurden diese nicht gegeben oder reichen sie nicht aus, so besteht Opferschuld. Ich möchte zunächst einige Hauptmerkmale der Opferschuld betrachten.

Hauptmerkmale

(1) **Opferschuld als Handlungsschuld, als Schulden-Haben, nicht Schuldig-Sein.** Opferschuld hat nichts zu tun mit dem christlichen Schuldigsein, es ist keine moralische Kategorie, es bedeutet vielmehr, Schulden **haben**, es verweist auf ein Handlungsdefizit. Diese Schulden sind konkrete Handlungen und konkrete Gaben: der Vollzug des Opferrituals mit der Darbietung aller Opfernester und Ingredienzen, der Lamaföten und/oder lebenden Opfertiere.

(2) **Die Unvermeidbarkeit von Opferschuld.** Es ist für den Menschen vollkommen unmöglich, Opferschuld prinzipiell zu vermeiden. Denn Opferschuld ist keine individuelle Kategorie, nicht etwas, was ich – ich persönlich – mir möglicherweise aufgeladen habe. Opferschuld ist vielmehr »erblich«, und Opferschuld wirkt innerhalb der Großfamilie »kollateral«.

Neben der Hütte meines *compadre*[18] Apolinar gibt es einen mächtigen, in der Mitte bis zur Hälfte gespaltenen Stein. Nach der Überlieferung der Familie hat hier der Blitz eingeschlagen. Dies geschah zu Zeiten des Vaters des Großvaters. Einem Ort des Blitzeinschlages muß auf alle Zeiten geopfert werden, sonst straft der Herr des Blitzes. Der *compadre* Apolinar ist selbst *yachaq*, Wissender, er hat umfassendes religiöses und rituelles Wissen (L-III), und niemals hat er vernachlässigt, dem Blitzesstein zu opfern oder im Kontext anderer Opferrituale – für den Acker, für die Tiere, für die Gesundheit der Familie usw. – auch ein Paar von Opfernestern zu bereiten für den gespaltenen Blitzesstein.

Und doch kam so viel Unheil über diese Familie.[19] Apolinar ging zu den erfahrensten Medizinmännern der Region und ließ sich das Koka lesen. Das Koka »weiß« – im Medium des Koka vermittelt sich der Wille und der Zorn der Götter. Und das Koka sprach: »Dein Vater opferte nicht dem Stein des Blitzes.« Der Vater Apolinars hatte also Opferschuld auf sich geladen. Diese ging über auf den Sohn und brachte ihm Unheil. Diese Opferschuld war nur durch ein dreifaches außerordentliches Opferritual für den Stein des Blitzes zu bannen. Hier war es die Opferschuld aus vorangegangener Generation, welche die Reziprozität zum Numen des Blitzes störte.

Es hätte auch Apolinars Bruder sein können, der diese Opferschuld bedingte, die sich dann nicht bei ihm selbst, sondern bei

Apolinar auswirken kann. Ebenso wie Apolinar wurde der Bruder Antonio an der Seite des Blitzessteines geboren. So ist auch ihm die Pflicht der Opferung auferlegt. Vernachlässigt er diese, so kann das Unheil wirken in alle Zweige des Clans.

Nicht nur die »Erblichkeit«, nicht nur die »kollaterale« Wirkung innerhalb des Clans (und das manchmal bei langer »Latenz«) machen es schwierig, Opferschuld prinzipiell zu vermeiden, sondern auch die schiere Vielfalt der »Orte der Kraft«. Wenn ich die 16 Stunden Fußmarsch von meinem Dorf nach Tikinhuaya und dann nach Qelhuaqoto marschiere – wieviele Orte des Blitzeinschlages mag ich wohl passieren? Ich weiß es nicht. Niemand kann alle kennen. Nur das Koka kann sie aufdecken.

Oder ich gehe in das Nachbardorf; am Eingang sind ein paar verfallene Hütten, der Weg (mit Spuren von Mensch und Tier) führt schon lange durch deren einstige Innenhöfe und in einem der Höfe geradewegs hinweg über die Stelle der einstigen Opferstätte (*cabildo*) – heute in nichts mehr erkennbar. Achtlos über ein *cabildo* zu schreiten, konstituiert immer Opferschuld. Doch kann man nicht alle *cabildo*-Orte kennen.

Opferschuld kann auch entstehen durch Vergessen. Angenommen, man bereitet ein Opferritual, man bereitet Opfernester für eine Reihe der für mich, meine Familie und mein Dorf wichtigsten heiligen Orte, und in den Gebeten ruft man auch viele weitere der unzähligen heiligen Berge, Seen und Quellen an. Da es so sehr viele sind – geschieht es durchaus, daß der Medizinmann in der Anrufung einmal einen vergißt. Das erzürnt die heiligen Orte: »Ich bin nicht erwähnt, du hast mich vergessen – das dulde ich nicht«, sagt der heilige Ort (genauso stellen es Medizinmänner in Gebeten dar, vgl. Rösing 1988/1990, 1990a): Opferschuld entsteht und damit Unheil.

(3) **Opferschuld-»Prophylaxe«.** Die prinzipielle Unvermeidbarkeit von Opferschuld ist jedoch eingrenzbar – wie unsicher wäre auch sonst diese Welt. Das Gebet kennt bestimmte **Sprachformeln** und das Ritualhandeln bestimmte **Handlungsformeln**, die als vorwegnehmende Abwehr und Vermeidung von Opferschuld gelten, gewissermaßen als »Prophylaxe« für Opferschuld dienen. Immer wieder kann man in den Kallawaya-Gebeten, den Zwiesprachen zwischen Medizinmann und den Orten der Kraft, Passagen dieser Art hören:

Sillaka machula [Inhaber des heiligen Berges Sillaka], bitte höre mir zu, hier stehe ich, dein Diener, ich opfere dir auf das beste, schau her, hier ist deine Opfergabe, du könntest sonst sagen, was ist denn jetzt los, der opfert mir ja nicht – aber sag das nicht, denn sieh her, hier ist deine Gabe, ich biete sie dir dar von ganzem Herzen... (Beispiele solcher Passagen vgl. Rösing 1988/1990, 1990a).

Gut, damit ist der Sillaka versorgt in Gebet und Handlung. Und Esqani? Pumasani? Qowila? Tiliscon? Joq'osiri? Liwisita? Pachaqota? T'ilikán? Titiakán? Qota Qota? – und Hunderte von heiligen Orten mehr?

Gewiß müssen und können nicht alle heiligen Orte angerufen werden. Es müssen diejenigen heiligen Orte im Gebet angerufen werden, welche zu dem Opfernden eine Beziehung haben, sei es eine geographische Beziehung (sie liegen im Umfeld seines Dorfes), eine zeitliche Beziehung (sie sind *watayoq*, Inhaber des Jahres, für dieses Dorf) oder eine biographische Beziehung (sie sind ein *machu*, ein der Person oder Familie zugeordneter heiliger Berg oder ein Berg der Begegnung mit dem Blitz – meiner oder der meines Vaters oder Großvaters...). Aber auch das ist immer noch ein so großer Kreis von heiligen Orten, daß leicht einer in Vergessenheit geraten kann. Mit Vergessen würde Opferschuld konstituiert. Um diese zu vermeiden, gibt es eine Formel, die man in den meisten Kallawaya-Gebeten findet:

yuyasqa, mana yuyasqa lugarniyoqkuna,
aysasqa, mana aysasqa lugarniyoqkuna,

das heißt: erinnerte und nicht erinnerte – bzw. angerufene und nicht angerufene Inhaber heiliger Orte.[20] Das namenlose Kollektiv aller nicht namentlich genannten heiligen Orte wird auf diese Weise doch angerufen – das namenlose Kollektiv wird im Gebet, ebenso wie die namentlichen Orte, ersucht, die Opfergaben anzunehmen und die Bitten des Opfernden zu erfüllen. Mit *yuyasqa/mana yuyasqa* ist Opferschuld durch Nicht-Anrufung formelhaft gebannt.

Und auch die Ritualhandlung kennt eine solche »Formel«. Ich habe diese durchaus nicht überall in der Kallawaya-Region gefunden – sondern vornehmlich in den traditionsgebundenen Dörfern: bei den Bewohnern des traditionsreichsten Dorfes Amarete z. B., und auch bei den Aymara-Indianern des umgebenden Altiplano. Hier werden oft ungemein aufwendig Opfergaben-*mesas* bereitet (*mesa* ist das Gesamt der *plato*-Opfergabenbereitungen) – bestehend aus 40, 60 oder 100 einzelnen Opfergaben – jedes einzelne Opfernest mit seinen Ingredienzen und mit seiner im Gebet vermittelten Bestimmung (vgl. z. B. R-61, H-137, H-163, H-176). Und unter all diesen vielen Opfergabennestern findet sich auch eines, das *faltanraq* oder *faltanman* heißt. Das bedeutet (in quechuaisiertem Spanisch) »das, was noch fehlt« oder »das, was noch fehlen könnte«. Mit *faltanraq/ faltanman* wird also ein Opfernest bereitet für alle diejenigen Bestimmungen, welche man in den anderen einzeln identifizierten Opfernestern vielleicht noch nicht vorgesehen hat und hätte vorsehen müssen. Da gerade in diesen noch traditionsbestimmteren Regionen nicht nur geographische Orte – heilige Berge, Seen, Quellen, Blitzesorte usw. – Opfer wünschen, sondern oft auch »Gegenstände« und Requisiten (die *vara*, das *oscollo*, die Muschel, die Kugel des Blitzes usw.[21]), und Opferschuld bewirken können, wenn man sie nicht mit Opfergaben ehrt – ist das Umfeld dessen, was über die Möglichkeit von Opferschuld potentiell gefahrvoll werden kann, noch unvergleichlich größer. Ohne die Handlungsformel bei der Opfernestbereitung für *faltanman* oder *faltanraq* wäre auch mit einer Opfer-*mesa* von hundert Opfernestern Opferschuld nicht vermeidbar.

Der Lamafötus im Opferritual ist ein weiteres Element ganz prinzipieller »Prophylaxe« gegen Opferschuld. Der Medizinmann betet mit dem Lamafötus über dem Kopf der knienden Ritualteilnehmer – und bei diesem Fötusgebet wird immer und unweigerlich das *perdonariway imamantapas* vorkommen – die »Bitte um Vergebung von allem Erdenklichen«. Das »alles Erdenkliche«, von dem der Lamafötus kraft seiner eigenen Unschuld (L-IV) Vergebung bei den Numina erwirken soll, ist Opferschuld.

Der Lamafötus steht für ein lebendes Opfertier (L-I, L-II, L-III, L-IV). Wenn – dies geschieht nur in kollektiven Ritualen – ein lebendes Lama geopfert wird, seine Kehle durchgeschnitten, das Blut in einer Schale aufgefangen, das noch warme Blut oft mit bloßer Hand in alle Richtungen betend versprüht wird, das Herz herausgeschnitten und mit diesem gebetet wird, dann bittet jeder einzelne Ritualteilnehmer vorher – neben dem Lama niederkniend und es umarmend und küssend – um Vergebung (z. B. R-2, R-37, R-61). Es hat mehrere Jahre gedauert, bis ich diese Geste verstanden habe. Ich dachte erst, es sei eine Bitte um Vergebung an das Opfertier für seinen bevorstehenden Tod – so wie ein Schaf oder ein Ochse vor der Schlachtung in ebendiesem Sinn um Vergebung gebeten wird (L-III). Aber es ist nicht eine Bitte um Vergebung für das Töten (schließlich ist das Opfer für höhere Mächte, für Götter und Gottwesen) – sondern es ist die gleiche Bitte um Vergebung wie bei den Gebeten mit dem Lamafötus: die Bitte um Vergebung für alle erdenkliche Opferschuld (L-I, L-II, L-III, L-IV).

(4) **Das unformulierte positive Korrelat.** Opferschuld ist ein Begriff, den wir als Phänomen allenthalben (vgl. u.), nicht aber als Begriff vorfinden können. Es gibt kein Wort im Quechua, das »Opferschuld« bedeutet. Aber man kann es eindeutig und mit Leichtigkeit aus einer Vielzahl von Umschreibungen und Handlungen extrahieren (vgl. u.). Was jedoch schwerer extrahierbar ist – das ist sein positives Korrelat, der Zustand der Nicht-Opferschuld. Dafür gibt es weder Handlungsformeln noch gibt es dafür Umschreibungen. Wenn ein Medizinmann das Koka liest und Opferschuld findet, dann wird er dies z. B. folgendermaßen umschreiben:

> Ich sehe, daß deine Opferstätte Hunger hat...
> Dein *cabildo* sagt, du hast mich vergessen...
> Es fehlt an *pago* (Opfergabe)...

Wenn keine Opferschuld vorliegt, sagt er bestenfalls *allillan* – es ist alles gut –, er formuliert nichts aus. Das Fehlen von Opferschuld kann man nur erschließen aus dem Fehlen von Unheil. Doch wenn Unheil besteht, bedeutet das natürlich nicht nur Opferschuld – Unheil hat auch andere Quellen.

So deutlich man also einen Zustand des Unheils bestimmen kann, so schwierig ist es, einen Zustand von »Heil« zu finden. Heil scheint einfach das Nichtsein von Unheil zu sein. Ich komme in Abschnitt III noch einmal darauf zurück.

Evidenz

Mit dem Aufweis einiger der Hauptmerkmale des Opferschuldkonzeptes, mit den Beispielen, die ich dafür jeweils gegeben habe, ist auch schon umrissen, wie umfassend uns der Opferschuldbegriff in allem religiösen, rituellen Tun begegnet; es seien noch einmal die wichtigsten Kontexte genannt.

(1) **Anamnese und Kokalesung.** Es liegt Unheil vor und es wird durch Anamnese und/oder Kokalesung durch den Medizinmann eruiert, wo die Quelle des Unheils liegt. Im Heilungsritual, bei der »Anamnese« des Patientenproblems werden wir dem Phänomen der Opferschuld sehr oft begegnen.[22]

Oder nehmen wir den Fall eines jungen Katecheten der katholischen Kirche (I-221). Er begann zu zweifeln an dem Sinn und der Richtigkeit der Opferung an sein *cabildo*. Gott sei doch der Herr. Doch ihm sind vier seiner sechs Kinder gestorben. Warum? Er konsultierte die bekanntesten Medizinmänner der Region – und alle lasen aus dem Koka: dein *cabildo* zürnt. Und so kehrte er zurück zur Opferung – Gott hin, Gott her –, das *cabildo* braucht Opfer.

(2) **Kausalattribution.** Wir begegnen dem Begriff der Opferschuld auch bei der Frage nach dem Warum **kollektiven** Unheils. Fehlender Regen zur rechten Zeit – das ist ungemein bedrohend für alle Betroffenen. »Und warum regnet es nicht?« habe ich viele dutzend Male Medizinmänner, Ritualisten und andere Menschen gefragt. Und die häufigste Antwort ist »Opferschuld«. »Früher«, sagt ein Medizinmann, »haben wir in jedem unserer kollektiven Rituale sechs Orte der Kraft mit Opfergaben versorgt – jetzt nur noch einen. Die anderen sind hungrig, sie strafen, sie verweigern uns den Regen.« Oder: »Die jungen Leute hier im Dorf glauben nicht mehr an das Ritual, Hexen-Krempel ist das, sagen sie – kein Wunder also, daß der Regen nicht kommt usw.« (vgl. die vielen Beispiele in Rösing 1993)[23].

(3) **Gebet und Ritual.** Aber nicht nur in diesen Attributionsmustern für die Erklärung von Unheil begegnet uns der Begriff der Opferschuld, sondern auch, wie ich gezeigt habe, in vielen Formeln des Gebetes und in zentralen Handlungen des Opferrituals – der Bitte um Vergebung mit Lamafötus, der Bitte um Vergebung beim lebenden Opfertier usw. Opferschuld ist kein griffiger Begriff – aber

es ist eine Entität, die uns eindeutig allenthalben begegnet in der andinen Religion und im andinen religiösen Ritual.

Weitere Heils- oder Unheilskonzepte der andinen Religion

Bevor ich frage, was dieses zentrale Unheilskonzept für die Interpretation und das Verständnis der andinen Religion leistet – und es leistet etwas Entscheidendes, meine ich, es beantwortet eine Frage, welche von großer Aktualität ist –, muß ich noch kurz behandeln, welche alternativen Heils- bzw. Unheilskonzepte eine zentrale Bedeutung in Religion und Ritual der Anden beanspruchen können.

Es gibt deren zumindest zwei – sie erschließen sich auf dem gleichen Weg, auf welchem man auch dem Unheilskonzept Opferschuld unweigerlich begegnet: bei der **Erklärung** von Unheil:

Warum ist meine Frau mit 30 Jahren gestorben und hat mich mit fünf Kindern alleine gelassen (vgl. Rösing 1987/1992, Kapitel 2)? Warum ist mein erstes Kind gestorben, so elendiglich gestorben, bevor es auch nur ein Jahr war (vgl. Rösing 1987/1992, Kapitel 3)? Warum starb mein Mann völlig unerwartet binnen drei Tagen und läßt mich mit sechs Kindern zurück (vgl. Rösing 1987/1992, Kapitel 4)? Warum träume ich so schlecht, fühle mich schwach, lustlos und müde, habe die Haut voller Ausschläge (vgl. die Patientenberichte in Rösing 1988/1990, Buch I)? Warum stirbt mir mein Vieh weg und komme ich nicht auf einen grünen Zweig (in Rösing 1990a, Teil I)?

All diese Fragen sind Fragen angesichts von Unheil (Tod, Krankheit, Verlust) und Fragen nach dem Warum des Unheils. Für das andine Denken gibt es niemals nur **eine** Ursache – es gibt immer viele, manchmal auch solche, die sich für unser Denken zu widersprechen scheinen[24], – doch drei Unheilskonzepte kommen besonders häufig vor. Einmal die bereits behandelte **Opferschuld**. Zum zweiten **Seelenverlust** und drittens **schwarzes Tun**.

(1) **Seelenverlust.** Seelenverlust geschieht durch Erschrecken[25]: Schreie in der Nacht, ein Schatten, ein böser Traum, ein Unfall, ein Sturz, ein Blitzeinschlag – all dies kann erschrecken und Seelenverlust bewirken. Die Erfahrung von Tod gehört nicht zu den Quellen des Erschreckens – ich habe das bisher in der Kallawaya-Region noch nie gehört –, wohl aber der Kontext, z. B. ein Unfall, bei welchem der Tod des anderen sich ereignete.

Ebenso vielfältig wie die Auslöser von Erschrecken und Seelenverlust sind auch die Folgen. Kaum ein Krankheitsbild, welches nicht auch Folge von Seelenverlust sein kann. Meist aber wird Seelenverlust diagnostiziert bei einem Zustand großer diffuser Erschöpfung. Der **Inhalt** des Erschreckens (Traum oder Schatten oder Unfall usw.) ist für die Heilung von Seelenverlust kaum bedeutsam – wohl aber der **Ort** des Erschreckens. Ohne den Ort des Erschreckens zu kennen, ist Seelenverlust nur schwer zu heilen. Koka und *naipes* (Karten) werden nach dem Ort des Erschreckens befragt. An ebendiesem Ort (oder in Richtung auf diesen Ort hin) muß die Seele zurückgerufen werden. Doch auch das geschieht niemals ohne religiöses Opferritual. Die Inhaber jenes Ortes halten die Seele fest. Es muß ihnen an erster Stelle einmal geopfert werden; wie sollten sie sonst – Reziprozität – die festgehaltene Seele freigeben? Erst wenn wir den Wesenheiten, den Inhabern des Ortes des Erschreckens, geopfert haben – können wir die speziellen Ritualschritte der Rufung und Wiedereinverleibung der Seele vollziehen.[26]

Seelenverlust ist eine sehr häufig verwendete diagnostische Kategorie; es gibt kaum einen Anlaß für eine Ritualheilung, bei der – das Koka prüfend – der Medizinmann nicht auch – auf der langen Linie der Biographie – Momente des Seelenverlustes als Ursache für das aktuelle Unheil aufdeckt. Und dieses Unheil kann auch nur im Kontext religiösen Handelns geheilt werden.

Dennoch ist das Unheilskonzept von Seelenverlust nicht in dem gleichen Sinne ein zentrales Konzept der andinen Religion wie das Konzept der Opferschuld. Dies wird deutlich, wenn ich nur einige der wesentlichsten Unterschiede zwischen diesen beiden Unheilskonzepten aufweise:

a) Wenn das Unheil »Opferschuld« vorliegt, so kann dies Folgen haben im gesamten körperlichen, materiellen und immateriellen Umfeld des Betroffenen: Er kann krank werden (körperliche Folge), er kann bei seiner Herde Verluste erleiden, seine Hütte kann zusammenbrechen (materielle Folgen) oder er kann sich endlos mit Weib und Kindern streiten oder ständig Handlungsfehler begehen (immaterielle Folgen) – und all dieses Unheil betrifft sein gesamtes Lebensumfeld: Familie, Haus, Hof, Feld, Vieh.

Die Folge von Seelenverlust dagegen bleibt mehr auf den Körper des Betroffenen beschränkt. Von »meinem« Seelenverlust wird nicht etwa auch mein Bruder krank. Von »meiner« Opferschuld aber kann auch er erkranken. Von »meinem« Seelenverlust bekommt das Vieh keine Krätze. Von Opferschuld aber kann meine ganze Herde von Krätze betroffen sein. Seelenverlust ist also ein durchaus enger umschriebenes Unheilskonzept. Es bezieht sich gewissermaßen auf das Eins-Sein mit sich selbst. Opferschuld bezieht sich auf das Eins-Sein, Ausgewogensein, mit dem gesamten andinen Kosmos.

b) In einigen Hinsichten gleichen sich diese beiden Unheilskonzepte jedoch. Beide – Opferschuld und Seelenverlust durch Erschrecken – können uns immer und überall begegnen, sie sind zunächst prinzipiell unvermeidbar. Ich kann nicht vermeiden, daß ich aufgrund des Nicht-Handelns meines Großvaters Opferschuld habe; ich kann nicht vermeiden auf meinen langen Wegen über die Berge zu stürzen oder zu erschrecken.

c) Sind beide Unheils-Zustände auch prinzipiell nicht zu vermeiden, so gibt es in dem einen Fall – Opferschuld – doch vielfältigere Möglichkeiten ritueller und betender Prophylaxe, wie ich oben mit den Formeln von *yuyasqa/mana yuyasqa*, mit Lamafötus-Gebet und dem Opfernest *faltanraq/faltanman* gezeigt habe. Zur Prophylaxe von Seelenverlust gibt es nur das Schutzamulett.

d) Seelenverlust geschieht definitiv örtlich, ereignet sich an einem ganz bestimmten Ort, den man zur Heilung auch kennen muß. Opferschuld ist – räumlich und örtlich – im Entstehen viel weiter – doch die Örtlichkeit der **Heilung** ist Merkmal beider. In beiden Fällen muß zur Heilung, zur Aufhebung des Unheils, ein Opferritual bereitet werden – in dem einen Fall (Opferschuld) ist das Opferritual selbst die Heilung, in dem anderen Fall kommen neben der Opferbereitung weitere rituelle Heilungsschritte dazu (Geste der Rufung und Einverleibung der Seele).

e) Für beide Konzepte ist das korrelierende positive Heilskonzept nahezu unformuliert. Der Zustand des »Im-Besitz-seiner-Seele-Seins« ist einfach das normale Herumlaufen auf dieser Erde, das leibliche und seelische Gesundsein – durchaus in unserem Sinn. Ist dies gegeben, liegt Seelenverlust mit Sicherheit nicht vor.

Und wie kann man den Zustand des Freiseins von dem Unheil der Opferschuld diagnostizieren, wie würde man diesen Zustand von »Heil« fassen können? Ich möchte wagen zu sagen, es gibt diesen Heils-Zustand nicht: Es kann fast niemals die gesamte körperliche, soziale, materielle und immaterielle Welt gleichzeitig an allen Orten in Ordnung sein. Es gibt kein Heil. Es fehlt höchstens die **Diagnose** für die Schmerz- und Kummer-Punkte im gesamten Umfeld meines Lebens. Es gibt nur undiagnostiziertes Unheil.

f) In gewisser Weise sind Opferschuld und Seelenverlust beides »Krankheiten«, die in der Transzendenz liegen: Numina sind impliziert. Doch welche Numina dies sind, das liegt doch bei Seelenverlust und Opferschuld auf einer deutlich anderen Ebene. Bei Opferschuld haben wir Schulden bei den allseits sichtbaren, allenthalben namentlich beopferten Numina – meinem *machu*, einem heiligen Berg, dem *cabildo* am See, dem Ort des Blitzeinschlages usw.

Doch hausen nicht nur an diesen umschriebenen und benennbaren Orten transzendente Wesen – sondern überall. Überall kann man sich erschrecken, und dann werden den Wesenheiten jenes Ortes des Erschreckens Opfergaben bereitet.

Zusammenfassend kann man sagen, daß Seelenverlust als Unheilskonzept doch auf einer qualitativ niedrigen numinosen Stufe angesiedelt ist und in seiner Auswirkung deutlich begrenzter ist als die Opferschuld. Seelenverlust als andines Unheilskonzept steht nicht auf der gleichen Ebene wie das Konzept der Opferschuld.

(2) **Schwarzes Tun.** Abschließend muß ich noch ein letztes Unheilskonzept behandeln – das eigentlich in jeder Anamnese, in der Erklärung jeden individuellen oder familiären Unheils und bei jedem Todesfall eine Rolle spielt: das Unheil, welches Menschen anrichten – das Unheil des schwarzen Tuns, der Schwarzen Heilung, der Hexerei.

Die Folgen dieses von Menschen gewollten und hergestellten Unheils sind ebenso umfassend wie die der Opferschuld – überall vermag es anzusetzen: Die Schwarze Heilung kann das Opfer krank machen oder aber irgendwo irgendwelches Unheil – materielles oder immaterielles – bewirken. Es kann auch alle Menschen betreffen, welche dem Opfer nahe sind, die ganze Familie. Es ist nicht wie im Fall von Seelenverlust begrenzt auf den Leib des einzelnen.

Und doch sind in **einer** Hinsicht die potentiellen Auswirkungen von schwarzen Ritualen enger als die der Opferschuld. Durch schwarzes Tun können keine kollektiven Unheilszustände im Bereich der Naturkräfte geschehen. Ich habe unter fünfzig oder mehr Erklärungen von Dürre niemals gehört, sie könne Folge von Hexerei sein (vgl. Rösing 1993). Kollektive Krankheit allerdings kann schon als Hexerei gedeutet werden, doch mit Sicherheit erst dann, wenn erst einmal die kollektive Opferschuld betrachtet und behoben wurde...

Da es immer Neid und böse Gedanken gibt – so meinen die Menschen der Anden –, ist Hexerei auch ubiquitär; wir können nicht prinzipiell vermeiden, das Unheil der Hexerei zu erleiden. Doch Hexen-Unheil ist heilbar; die entsprechenden Heilungsrituale sind ganz wesentlich **Reinigungsrituale.** Bei ihnen wird auch eine *mesa* aus einzelnen Nestern bereitet, in welche Ingredienzen eingelegt werden; doch sind dies **keine** Opfernester (vgl. Rösing 1990/1993). Im Zentrum der Heilung von diesem Unheil stehen die Rituale der Waschung, der Reinigung, des Rückverweises (vgl. Rösing 1991) – und auch hier ist Prophylaxe möglich. Und dies auf zwei Ebenen. Erstens durch das Amulett und zweitens durch regelmäßige Opferung an die hohen Numina, die Mutter Erde und die heiligen Berge: Sie schützen vor allem, vor Seelenverlust und vor der Hexerei.

Obwohl schwarzes Tun eine ganz häufige Erklärung für Unheil ist und insofern ein zentrales Unheilskonzept darstellt, hat dieses Unheilskonzept kaum ein religiöses Substrat. Gewiß, es werden auch bei den schwarzen Ritualen Numina der Anden angerufen, und es werden bei den Heilungsritualen für die Folgen schwarzen Tuns auch gute *lugarniyoqkuna* bemüht – aber im Kern ist Hexerei Sache des Menschen (vgl. Rösing 1990/1993, 1991).

Ich denke, damit ist in aller Kürze hinreichend deutlich geworden, daß die beiden nach Opferschuld in den Anden wohl häufigst verwendeten Unheilskonzepte nicht den gleichen Status in bezug auf die andine Religion und das andine Ritual haben, wie das Unheilskonzept der Opferschuld. Dies wird noch deutlicher, wenn ich nun im folgenden Abschnitt aufweise, was das Konzept der Opferschuld in der Interpretation und im Verständnis von andiner Religion und andinem Ritual zu leisten vermag. Weder das Unheilskonzept von Seelenverlust noch das des schwarzen Tuns reicht an die Interpretationsleistung des Konzeptes Opferschuld heran.

Schluß

Interpretationsleistung des Opferschuldkonzeptes

Fragen wir uns, was der Begriff der Opferschuld als Interpretationskonzept für das Verständnis von andiner Religion und andinem Ritual leistet.

(1) **Opferschuld und Unheil.** Opferschuld ist eine der zentralen Kategorien zur Erklärung von Unheil. Es ist eine Erklärung von Unheil, die handlungsfähig macht. Es eröffnet in jeder beliebigen Unheils-Lage die Möglichkeit zur Handlung – und damit zur Hoffnung (als Gegenteil der Resignation). Dieser allseits belebten, von Numina ubiquitär bewohnten, allenthalben sakralen Welt (die aber auch so viele Bedrohungen birgt: Hungersnot, Krankheit, Verlust), dieser Welt ist der Mensch nicht einfach ausgeliefert. Das Ritual ermöglicht zu **handeln**, wenn Unheil eingetreten ist, und der Begriff der Opferschuld ermöglicht weiter zu **glauben**, auch wenn die Götter strafen. Immerzu und überall wird geopfert – auf der Basis des Wertes der Reziprozität –, und doch ist immerzu und überall Unheil, Nicht-Reziprozität: Man hat den Göttern geopfert, aber sie geben **nicht**, was sie geben könnten. Opferschuld ist der Inbegriff, mit welchem (auf der Basis des Wertes und der Handlungsregel von Reziprozität) das Unheil als Ausdruck der Nicht-Reziprozität des Gebens der Götter zu erklären ist.

(2) **Überlebenskraft.** Und daraus ergibt sich ein weiterer – der eigentlich zentrale Punkt. Wir schrieben das Jahr 1992. Es ist fünfhundert Jahre her, daß Kolumbus Südamerika entdeckte, und es sind nun schon 500 Jahre der mit verschiedensten Mitteln – Gewalt, Missionierung, Modernisierung usw. – versuchten Vernichtung der andinen Kultur – vor allem ihrer Religion, ihres Rituals. Wie kann das spurlos an der andinen Kultur vorbeigehen? Das ist undenkbar. Und schließlich sind doch heute auch alle Indianer Katholiken – oder etwa nicht (soweit sie nicht in jüngerer Zeit Anhänger US-amerikanischer radikaler protestantischer Sekten werden)?

Liest man die Beschreibung der frühen Chronisten zu Religion und Ritual der Anden-Indianer und vergleicht dies mit der heutigen religiösen und rituellen Praxis (wie ich sie zum Beispiel in meiner

Forschung dokumentiere), so zeigt sich jedoch nicht nur kultureller Verlust. Es gibt keinen Tag in den Anden, an dem nicht ein Opferritual stattfände mit Beopferung und Anrufung der andinen, der autochthonen, also der sogenannten **heidnischen** Gottheiten. Es drängt sich also auch – und zwar geradezu übermächtig, wenn man die Methoden des Versuchs gewaltsamer Ausrottung in den ersten Jahrhunderten nach der Eroberung studiert – die Frage auf, woher diese Religion ihre unbeschreibliche Kraft des Fortbestehens nimmt.

Ich habe an anderer Stelle (Rösing 1992b) die leibliche kollektive Erinnerung im Ritual als eine der Überlebenskräfte diskutiert, doch die Kraft der leiblichen Erinnerung im handelnden Ritual wird ganz wesentlich ergänzt durch eine andere Kraft der Perpetuierung, des Selbsterhaltes der andinen Religion: das Konzept der Opferschuld.

Nicht nur auf einer Ebene haben die Eroberer versucht, andine Religion und andines Ritual »abzuschaffen«. Es gibt Beispiele bis in die jüngste Zeit. Die sogenannte Agrarrevolution 1952 in Bolivien – mit durchaus vielen progressiven Konzepten (Abschaffung des Großgrundbesitzes, der Leibeigenschaft usw.) – ist doch ein Konzept der Eroberer, der Weißen und der Mestizen (Mischlinge). Denn unter »Fortschritt« verstanden die Väter der bolivianischen Agrarrevolution auch die Abschaffung des Rituals, welches ihnen als Ausdruck magischen Denkens erschien, und darüber hinaus auch als sozialer Exzeß (mündet doch jedes kollektive Ritual in ein Fest). Und so wurden unter der Fahne des Fortschritts die alten indianischen Autoritätsstrukturen abgeschafft und durch neue ersetzt (das Syndikat, die Bauernvertretung des Dorfes); und den neuen Autoritäten oblag unter anderem die Abschaffung des gesamten rituellen Zyklus des Jahres. Und dies geschah in der Tat in vielen Dörfern – es liegen mir hier viele eindrückliche Zeugnisse vor von alten Männern, die diese Zeit bewußt miterlebt haben.

Die üblichen mehrtägigen Rituale zur Ehrung der Mutter Erde vor der Einsaat, vor dem ersten Umgraben des Bodens, das traditionelle Ritual zur Rufung des Regens und der Vermeidung von Frost und Blitz – sie wurden also vielerorts abgeschafft. Was geschah? Es gab Dürre, es gab Not, es gab Elend, es gab Unheil. (Gewiß, würden wir sagen, in einer gefahrvollen Region, wie den Hochanden, kommt nach einem bestimmten Zeitpunkt X immer wieder einmal Dürre, Hunger, Elend, Not.) Ich habe unter fast fünfzig Zeugnissen keines gefunden, welches nicht diese Zustände von Unheil mit dem Begriff der Opferschuld erklärt hätte, welche man in einer besonders drastischen Weise – durch Abschaffung allen Rituals – auf sich geladen hatte. Und es gibt kein Dorf, welches die Rituale nicht wieder aufgenommen hat – manche unverändert, manche reduziert. Rituale konnte man vielleicht vorübergehend aussetzen, tief verwurzelte unbenannte ubiquitäre uralte Glaubenskonzepte – wie das der Opferschuld – jedoch nicht. Und mit Opferschuld als Erklärung für das Unheil war das Ritual wieder auferstanden.

Vielleicht können wir das Konzept der Opferschuld als einen Angelpunkt der Selbstperpetuierung aus eigener Kraft, ein Modell der Lebenskraft, ein Modell der Überlebenskraft der andinen Religion sehen.

Dies ist wohl das wichtigste, was das Konzept der Opferschuld als zentrales Moment der andinen Religion leistet. Und jedes Interpretationskonzept der andinen Religion muß in der Tat, meine ich, nicht nur zentrale Strukturen von andiner Anrufung und von andinem Ritual erklären, sondern vor allem auch deren große Überlebenskraft.

Keine Gewalt, keine alternativen Lehren (z. B. die katholische), keine Verbote vermochten die andine Religion wirklich zu zerstören. Die eigentliche Erschütterung resultiert wohl in Zukunft aus einem neuen, ganz anderen, schleichenden Prozeß, genannt Modernisierung, Kapitalisierung, Individualisierung: Die damit umschriebenen Änderungen gehen an die Wurzeln von Erfahrungen, Werten, Haltungen (Kollektivität, Reziprozität, belebte sakrale Welt), ohne welche ein Begriff wie Opferschuld nicht mehr gedacht werden kann.

Synthese: Heil, Heil-Sein und Heilung in der andinen Religion

Zusammenfassend läßt sich zu Heil, Unheil, Heil-Sein, Heilung in den Anden folgendes sagen.

Heil – als »geistige« Kategorie – ist der andinen Religion einigermaßen unbekannt. Es gibt keine »moralische« Kategorie des Heil-Seins, wie Sündenfreiheit, Erlöstsein oder dergleichen. Es gibt, so meine ich, überhaupt kein explizites Heilskonzept der andinen Religion. Einen Zustand von »Heil« können wir nur interpretierend und spekulierend erschließen, während das zentrale **Unheilskonzept** der andinen Religion uns sich offen präsentiert, in jeder Anrufung und in jedem Ritual.

Aber ich will dennoch abschließend versuchen, den impliziten Begriff von andinem Heil behutsam zu erfassen. Es ist, wie gesagt, keine geistige, keine moralische Kategorie; es ist in jedem Fall ein relationaler Zustand, ein Zustand, den man nur definieren kann, wenn man die **Beziehung** der Menschen zu den Göttern betrachtet. Hier gibt es – vom Standpunkt der Götter betrachtet – entweder Ausgeglichenheit oder Unausgeglichenheit, das heißt Opferschuld. Frei von Opferschuld – also irgendwie »heil« – ist man im Zustand des Erfüllthabens berechtigter Ansprüche der Götter. Die berechtigten Ansprüche der Götter erfüllt man durch Handlung: durch das Opferritual. Damit entbietet man den Göttern »Achtsamkeit« und »Ehrerbietung« – oder dies Hehre andin konkretisiert: schlicht und einfach Speise und Trank.

Heil-Suchen oder Religiös-Sein heißt, in ständiger, handelnder Achtsamkeit allen den unzähligen großen und kleinen Numina gegenüber zu leben und in gewisser Weise in ständigem Kontakt mit ihnen zu sein, in ständigem **handelnden** Kontakt. Religiös-Sein und Gläubig-Sein hat in den Anden ganz enorm viel wirklich mit den **Händen** zu tun – mit den Opfergaben bereitenden Händen.[27] Religiös-Sein heißt, bestimmte Orte der Kraft mit den Händen, mit handelnd bereiteten Opfergaben zu versorgen. Kraft meiner opfernden Hände in Eintracht und Gleichgewicht (Reziprozität, Ausgewogenheit des Nehmens und Gebens) leben mit den Orten der Kraft, das ist – so könnte man sagen – »Heil«[28].

Anmerkungen

1 Dank sei an dieser Stelle der Robert Bosch Stiftung gesagt sowie der Volkswagen-Stiftung und auch der Deutschen Forschungsgemeinschaft, welche meine noch laufende Kallawaya-Forschung finanziell unterstützen.
2 Dieser Wert des rituellen Vollzugs läßt sich in vielfältiger Weise aus der gesprochenen Interaktion eines Rituals erschließen. »*Tukuy sonqo*« (aus ganzem Herzen), »*sonqo tiasqa*« (ein gesetztes ruhiges Herz), »*sonqoyta t'ikarichiwan*« (es läßt mein Herz erblühen) sind einige der verwendeten Umschreibungen.
3 Ein Kallawaya-Medizinmann oder -Ritualist definiert und legitimiert sich von den **Händen** her. Die Hände sind es, welche die Ritualhandlungen vollziehen. Seine Initiation heißt *makita qona*, Übergabe der Hand (nicht der Macht, der Weisheit, des Wissens etc., sondern der **Hand**). Wenn ein Kallawaya-Medizinmann, wie es in den Gebeten nahezu immer geschieht, sich in den Kontext anderer großer Medizinmänner stellt, dann handelt er »*paypaq makinmanta*«, im Sinne seiner **Hand** (nicht etwa »in seinem Geist«). Diese Selbsteinordnung des *makinmanta* ist eine der wichtigsten Formeln des Kallawaya-Gebets.
4 Mit H-1 bis H-185 sind die wichtigsten dokumentierten Heilungen gekennzeichnet, mit R-1 bis R-73 die Kollektivrituale, mit L-I bis L-VI oder oL-1 bis oL-3 die Lehren bei Medizinmännern und Medizinfrauen, mit I-1 bis I-444 die Informationsgespräche. Mit E-1 bis E-54 sind Erfahrungskonstellationen gekennzeichnet, für die nur Protokolle (PR) oder eine Ablaufbeschreibung (CH-Chronik) vorliegen.
5 Carter und Mamani (1982:287) in ihrer Untersuchung des Dorfes Irpa Chica drücken die Ubiquität der Numina so aus:»*Para el irpichiqueño, el mundo de los espíritus es tan real y úbico como el mundo de los hombres. Su comunidad no está solamente rodeada de espíritus; es totalmente invadida par ellos.*« Oder Tschopik (1951:189):»*The district of Chucuito is so densely populated with supernatural beings that it is literally impossible to enumerate them all.*«
6 Namentlich nennbare Ahnen spielen rituell eine ganz andere Rolle.
7 Visualisierungen kommen gewiß gelegentlich vor, so auch in meinen Studien zum Numen Ankari (Wind) (vgl. Rösing 1990b) – aber doch unter 30-40 Aussagen nur einmal. Casaverde Rojas (1970) fand den Wind beschrieben als ein altes Weib mit großem Kopf und wirrem Haar, aber solche Aussagen von einem Informanten können nicht auf »das andine Konzept« des numinosen Wesens Wind verallgemeinert werden.
8 Zu diesem Begriff vgl. Rösing 1988/1990, Buch I.
9 Vgl.»Rituale zur Rufung des Regens«, Rösing 1993.
10 Die Literatur zu Andenreligion und Ritual ist sehr umfangreich. Ich nenne nur einige der wichtigsten Arbeiten. Die Zeitschriften »*Boletín del Instituto de Estudios Aymaras*« mit den Artikeln von V. Ochoa Villanueva und D. Irarrazaval sowie »*Allpanchis*« und »*Revista Andina*« sind für diese Thematik unentbehrlich. Vgl. auch: Aguiló 1981, 1989; Albó 1975, 1976, 1987a, 1988; Albó und Quispe 1987a, 1987b; Albó *et al.* 1989; Allpanchis 1970; van den Berg

1989b; Bouysse-Cassagne 1987; Bouysse-Cassagne *et al.* 1987; Carter und Mamani 1982; Dalle 1988; Delgado de Thays 1968; Garr 1972; Grillo 1990; Harris und Bouysse-Cassagne 1988; Irarrazaval 1988; Jordá 1981, 1988; van Kessel 1982b, 1985, 1990; Kusch 1971, 1977; Llanque Chana 1969; Mariscotti de Görlitz 1978a; Marzal 1971a, 1971b, 1977, 1983, 1989; Monast 1965, 1972; Montes Ruiz o. J.; Ochoa Villanueva 1978a, b, und c; Pease García 1968; Sanchez 1973; Tamayo Herrera 1970; Tschopik 1951 und *»Religión aymara«* 1986.
11 Vgl. Rösing 1988/1990, Buch II, Kapitel 11.
12 Zum Beispiel: *Qan, Pumasani machula, munayniyoj kanki, qan tukuy imatapas yachanki*... – Du, Herr, (Inhaber) des (heiligen) Pumasani (-Gipfels), hast Macht, du weißt über alles Bescheid...
13 Zum Beispiel die Aufzählung einer langen Liste von Namen bekannter Medizinmänner, »mit deren Hand« *(makinmanta)* der hier sprechende Medizinmann handelt.
14 Vgl. viele Beispiele in den Gebeten Rösing 1988/1990, Rösing 1990a u. a.
15 Vgl. u. a. Alberti und Mayer 1974; Allen 1988; Barlett 1988; Fioravanti-Molinié 1973; Fonseca-Martel 1973; Guillet 1980; Harman 1987; Isbell 1977, 1978; Mayer 1974; Murra 1980; Orlove 1977, 1980; Temple 1989; Wachtel 1973.
16 Vgl. dazu vor allem Albó 1975, 1988; van den Berg 1989b; van Kessel 1985.
17 Z. B. Albó 1975, 1979; Bouysse-Cassagne 1987; Harris und Bouysse-Cassagne 1988; Montes Ruiz o. J.; Jordá 1988.
18 *Compadre,* wörtlich Mit-Vater: der Vater meiner Patenkinder.
19 Vgl. Kapitel 2 in Rösing 1987/1992.
20 Die gleiche Formel findet man auch im Aymara-Ritual, wie ich aus eigener Forschung belegen kann (R-61); vgl. auch Martinez (1989:37), der auch diese Formal erwähnt: *amtata/jan amtata.*
21 Die *vara,* das »Zepter«, vgl. z. B. R-61. Das *oscollo,* die Wildkatze, vgl. L-IV und auch Rösing 1988/1990. Die Muschel, die Kugel des Blitzes vgl. H-132 u.a.
22 Vgl. z. B. die Gespräche zwischen Medizinmann und Patient in Rösing 1988/1990, Buch I und Buch II.
23 In seinem Werk *»La Tierra No Da Así No Mas«* (1989b) kommt Hans van den Berg bei der Frage »Warum ist die Ernte (trotz der durchgeführten Rituale) trotzdem schlecht?« zu dem gleichen Ergebnis. Die Antworten seiner Informanten seien am besten zusammenzufassen unter »*errores de nuestra conducta*«, einmal moralische Verfehlungen, zum anderen Fehler im Kontakt zu den Göttern: Es wurde nicht richtig, nicht genug geopfert. Van den Berg kommt hier ganz nah an den Begriff der Opferschuld, ohne ihn explizit zu machen und seine Bedeutung auszuloten. Daß van den Berg diesen Begriff so knapp verfehlt, mag u. a. daran liegen, daß er die ursächlichen »*errores*« in **drei** Bereichen sucht. Er unterscheidet den Bereich des Menschlichen, der Natur, der Beziehung zu den Göttern. Ich meine, daß Natur und Götter in der Andenreligion **nicht** getrennt werden können: Die

gesamte Natur ist numinos, Berge, Seen, Pässe, Steine, Wind, Blitz, Regen... Welche Natur bleibt übrig, die nicht der Bereich des Göttlichen wäre?
24 Vgl. Rösing 1987/1992 und eine noch nicht abgeschlossene Spezialarbeit »Die zwölf Tode des Ignacio Quispe«.
25 In der Kallawaya-Region habe ich die Vorstellung von Seelenverlust durch Raub oder schwarzes Handeln nicht gefunden.
26 Vgl. die ausführliche Darstellung zu Seelenverlust und dem Ritual der Rufung der Seele in Rösing 1988/1990, Buch II, Kapitel 10.
27 *Makita qona*, die Übergabe der Hand, so heißt das Ritual der Initiierung eines jungen Medizinmannes, vgl. Rösing 1990a, Teil III; *una makinmanta*, von seiner Hand her (nicht in seinem Geist usw.), handelt ein Medizinmann, sich auf große andere Medizinmänner beziehend (vgl. Rösing 1988/1990).
28 Heil hat für uns leicht den Klang von etwas Abgehobenem, Geistigem, Moralischem. Das jedoch paßt nicht in die Anden. Vielleicht kann man mehr von Heilsein sprechen im Sinne von Ganzsein – so wie ein Gegenstand »kaputt« sein kann oder »heil«. Es ist definitiv etwas »kaputt«, wenn Opferschuld vorliegt. Mit den Händen, die opfern, machen wir es wieder heil. Es wundert nicht, daß es im Quechua das gleiche Wort ist – egal, ob es sich um das Heilmachen meines klapprigen Jeeps handelt oder um das Heilmachen der Beziehung zu den Orten der Kraft: *jallch'arikuy*.

Brauchtum und religiöse Praxis einer quechuasprachigen Gemeinde in den südlichen Hochanden Perus

Bruno Schlegelberger

Heute, 500 Jahre nach Beginn der Conquista, beträgt der indianische Anteil der Bevölkerung Lateinamerikas an der Gesamtbevölkerung noch zehn Prozent. Etwa 90 Prozent dieser Nachfahren der ursprünglichen Bewohner des von den Europäern eroberten Kontinents leben in Mexiko, Guatemala, Ecuador, Peru und Bolivien. Besonders hoch ist der Anteil der indianischen Bevölkerung in Peru und Bolivien, wo er 49 bzw. 42 Prozent beträgt.

Nach Einstellung der Kampagnen zur Ausrottung des Götzendienstes ging man seit Ende des 17. Jahrhunderts in den südlichen Zentralanden davon aus, die Indios seien im wesentlichen zum christlichen Glauben bekehrt worden. Dementsprechend wurden auch die religiösen Bräuche der autochthonen Bevölkerung nicht mehr als Götzendienst, sondern als Aberglaube bezeichnet, gegen den man sich nachsichtig verhalten durfte. Überhaupt entzog sich die religiöse Praxis der Landbevölkerung in dem Maße, wie die Zahl des Klerus abnahm, zunehmend der Beobachtung und Kontrolle kirchlicher Autoritäten. Erst gegen Ende der 60er Jahre unseres Jahrhunderts wurde die Frage nach der Bedeutung des Glaubens der getauften indianischen Bevölkerung von der Katholischen Kirche neu entdeckt. Zeichen dieses neu erwachten Interesses sind die Beschlüsse der Zweiten Generalversammlung des Lateinamerikanischen Episkopats in Medellin/Kolumbien 1968 zur Volksreligiosität und die Errichtung des *Instituto de Pastoral Andina* 1969 in Cuzco. Das seitdem anhaltende positive kirchliche Interesse an den noch überlebenden alten Kulturen wurde vorbereitet durch das Zweite Vatikanische Konzil, das in seinem Bemühen um Öffnung zur Welt unter anderem auch zu einer respektvolleren Einstellung gegenüber fremden Kulturen fand. So sollte sich die Kirche, ohne den Zusammenhang mit ihrer eigenen geschichtlichen Herkunft abreißen zu lassen, der Universalität ihrer Sendung bewußt werden, um »so mit den verschiedenen

Kulturformen eine Einheit einzugehen, zur Bereicherung sowohl der Kirche wie der verschiedenen Kulturen« (Gaudium et spes 58). Trotz des in jüngster Zeit allgemein bekundeten Respekts nimmt der Druck auf die noch überlebenden alten Kulturen in den betroffenen Ländern ständig zu. Auch die Kirchen verfügen bei weitem nicht in ausreichendem Maße über Personal, das nicht nur stärkeren körperlichen Belastungen gewachsen ist, sondern auch über die Begabung verfügt, mit fremden Kulturen differenziert umzugehen. Die Last der Geschichte wiegt schwer. Auf einem ökumenischen Treffen, das vom 13. Oktober bis 2. November 1986 in Cayambe/ Ecuador stattfand, brachten Indios, die im Auftrag ihrer Kirchen tätig sind, ihre innere Zerrissenheit eindrucksvoll zum Ausdruck:

> Zwei Identitäten streiten miteinander in uns: die indianische und jene, die uns durch die religiöse Erziehung aufgenötigt wurde. Wir sind schizophrene Wesen. Manchmal wissen wir nicht einmal, ob wir überhaupt glauben. Den Glauben unseres Volkes haben wir verloren, aber auch zum Glauben, der durch die Kirche vermittelt wurde, haben wir keinen vollen Zugang. So können wir nicht leben, noch können wir darüber reden, ohne daß es uns innerlich vor Schmerz zerreißt. Wir fragen uns: Warum mußte das so kommen? Warum mußten wir das aufgeben, was wir waren, um Christen, um Ordensleute zu sein oder um unseren christlichen Glauben zu leben? Warum dürfen wir Gott nicht auf die gleiche Weise loben, wie es unser Volk tut, sogar mit dem gleichen Namen? (Orientierung 51 1987:123).

Die in der Pastoraltheologie ihrer Kirchen tätigen Indios bringen die Folgen religiöser und kultureller Repression deutlich zur Sprache, aber in Besinnung auf ihre eigene Identität bekunden sie gleichzeitig ihre Bereitschaft zum Gespräch. Ähnlich äußerten sich die Teilnehmer einer Tagung über Kultur und Religion der Aymaras, die ebenfalls 1986 in La Paz/Bolivien vom Herausgeber der Zeitschrift »Fe y Pueblo« veranstaltet wurde. Auch ihre Äußerungen zeugen von Widerstand und Bereitschaft zum Dialog:

> Was sie [die Priester und Pastoren] auch immer sagen und tun mögen, wir werden fortfahren, unsere Riten zu vollziehen, da sie Teil unserer Kultur und unserer Identität sind... Ihr könnt in den Städten die eigenen Christen evangelisieren, vor allem die Regierenden, die Katholiken sind. Uns laßt in Ruhe, wir haben schon unsere Religion,

und für uns ist sie eine gute Religion. Kümmert ihr euch darum, gute
Christen zu sein, und wir werden uns darum kümmern, gute Aymaras
zu sein. Aber da ihr schon in unserem Land lebt, im Qullasuyo, was
soviel wie heilsame Erde bedeutet, ist es notwendig, daß wir miteinander sprechen, aber als Gleichgestellte... (*Fe y Pueblo* August
1986:12ff.).

Nicht nur die zitierten Aussagen der Betroffenen verraten Spannungen und Widersprüche, sondern auch die Urteile der Anthropologen,
sofern diese sich auf die Frage nach dem Ergebnis des Prozesses
religiöser Akkulturation einlassen, erscheinen widersprüchlich. Einige behaupten, das Christentum sei akzeptiert worden, wobei es
Elemente der alten Religion assimiliert habe. Andere kommen
dagegen zu dem Schluß, die alte Agrarreligion habe das Christentum
assimiliert. Entschieden vertritt z. B. Manuel Marzal in »*La transformación religiosa peruana*« die These, das Christentum sei weitgehend akzeptiert worden und habe das Andine bis auf wenige
Restbestände assimiliert. Im Ergebnis erscheint eine hierarchische
Ordnung, in der Gott, der Schöpfer und Richter, den ersten Platz
einnimmt. An zweiter Stelle erscheinen die Heiligen bzw. deren
Bilder, wozu auch Christus und Maria gehören. Erst an dritter Stelle
erscheinen die andinen Mittlerwesen, die *apus* und die Pachamama,
die den Prozeß der Evangelisierung überlebt haben. Die Gegenthese, derzufolge das Christentum von der autochthonen Religion
assimiliert wurde, wird von Jacques Monast in »*On les croyait
chrétiens: Les Aymaras*« vertreten. Nach seinem Urteil ist der
Katholizismus der Indios »keine christliche Religion« (Monast
1969:386). Ähnlich urteilt später Joseph W. Bastien:

> Obwohl die Heiligenverehrung die Bedeutung des Katholizismus in
> der zeitgenössischen Andenkultur widerspiegelt, sind die Andenbewohner nur dem Namen nach Katholiken... (Bastien 1968:140; Übers.
> d. Verfassers).

Auch Federico Aguiló (1982) und Hans van den Berg (1989b) kommen in ihren Studien zu dem Schluß, das Christliche sei von der alten
Religion assimiliert worden.

Die einander widersprechenden Urteile der Anthropologen lassen
sich sowohl aus Beobachtungen regional unterschiedlich verlaufener
Entwicklungen als auch aus unterschiedlicher Interpretation ähnli-

cher Beobachtungen erklären. So sicher schon allein aufgrund der geographischen Gegebenheiten regional unterschiedliche Verläufe im Akkulturationsprozeß anzunehmen sind, so spricht doch auch vieles dafür, daß die Entwicklung der Glaubensvorstellungen, wenn auch in Abwandlungen, im Grunde einheitlich verlaufen ist. Sofern aber die letztere Annahme zutrifft, zeigen die einander widersprechenden Interpretationen ähnlicher Beobachtungen, daß Beobachtungen allein nicht ausreichen, wenn man sich ein verläßliches Bild davon machen will, wie die indianische Bevölkerung die in ihrer religiösen Praxis zu beobachtenden altandinen und christlichen Elemente einander zuordnet. Will man sich nicht mit einem reinen Nebeneinander altandiner und christlicher religiöser Bräuche abfinden, so muß man die Einheit der verschiedenen zu beobachtenden religiösen Übungen in den handelnden Personen suchen. Aus diesem Grunde haben wir trotz aller Schwierigkeiten, die uns vor Augen standen, den Versuch unternommen, mit Indios einer kleinen Gemeinde im Wege offener Interviews zum Agrar- und Lebenszyklus ins Gespräch zu kommen.

Durch Vermittlung und mit Hilfe von P. Peter Hansen SJ konnten wir unser Vorhaben in der Zeit vom 25. Januar bis 4. April 1988 in Quico, Verwaltungsbezirk Cuzco/Provinz Paucartambo verwirklichen. Ungefähr fünf Jahre zuvor war P. Hansen von den Indios eingeladen worden, bei ihnen in ihrem entlegenen Weiler Wohnung zu nehmen. Um das Vertrauen der Leute zu gewinnen und ihre Lebensart kennenzulernen, hatte P. Hansen sich die ersten Jahre hindurch darauf beschränkt, sie einfach in all ihren Arbeiten im Alltag zu begleiten, ohne Fragen zu stellen. Nach so langer Zeit des gemeinsamen Lebens hielt er es nun für möglich, auf mein Ansinnen einzugehen und den Indios Fragen zu stellen. Er bestand jedoch darauf, die Gespräche selbst zu führen, wobei er mich als seinen Freund vorstellte, der als Lehrer in Europa interessiert sei zu verstehen, wie sie ihren Glauben lebten.

Die christliche Tradition der Gemeinde von Quico wurde in der nachkolonialen Epoche durch die Hacienda geprägt. Durch das unter Juan Velazco Alvarado erlassene Gesetz der Agrarreform vom Juni 1969 erlangten die Bauern von Quico ihre Unabhängigkeit. Der letzte Pächter der Hacienda will 1964 oder 1965 einen Pfarrer zu Taufen und Eheschließungen nach Quico und in das benachbarte Japo gebracht haben. An den Festen, erklärte der ehemalige Pächter, habe er ebensowenig wie der Pfarrer teilgenommen, da dabei viel getrunken wurde. Inzwischen hätten sich die Indios wohl etwas zivilisiert, damals seien sie noch ziemlich wild gewesen und beim Anblick von Mestizen geflohen. Heute fliehen sie nicht mehr, aber sie erfahren Verachtung und Ausbeutung. Mestizen sprechen von Indios als »animales« d. h. Tieren, und sie versuchen Indios, die zu ihnen in die Dörfer kommen, zu unentgeltlicher Arbeit heranzuziehen. Nur wenige Monate vor meinem Aufenthalt nahm ein Polizist die Anzeige gegen sich selbst zu Protokoll, ohne das geringste Unrechtsbewußtsein dafür zu zeigen, daß er einen Indio zum Verhör an den Füßen aufgehängt und geschlagen hatte. Möglicherweise wird der Polizist versetzt, im übrigen aber bleibt ein solcher Vorfall ohne Folgen.

Zur Gemeinde von Quico gehören 45 Familien mit etwa 150-200 Personen. Ihr Grundbesitz umfaßt 13 600 ha Land. Er erstreckt sich vom oberen Ende eines Hochtales, wo in 4 100 m Höhe der Hauptwohnsitz Hatun Quico liegt, über Huch'uy Quico (3 500 m) und Tambo (3 000 m) bis hinab in den Urwald. Von der Straße aus, die von Urcos über Ocongate in Richtung Quince Mil führt, ist die *comunidad* zu Fuß oder auf dem Maultier auf einem Pfad zu erreichen, der über einen Paß von 4 800 m Höhe führt. Zur Zeit sind die Bauern jedoch dabei, einen Weg anzulegen. Ihre etwa 20 m^2 großen Hütten errichten sie aus Natursteinen, die sie mit Lehm verfugen. Die Dächer werden mit Hartgras gedeckt. Durch eine einzige Öffnung, einen niedrigen Eingang, gelangt man gebückt in das Innere der Hütte, die nachts oder bei Abwesenheit durch eine Holztür verschlossen wird. Zur Einrichtung gehören ein kleiner Herd aus Lehm, darüber ein Gestell mit Brennholz, ein flacher Mahlstein sowie eine mit Decken und Fellen zum Schlafen hergerichtete Ecke. Man sitzt auf dem Boden, der mit trockenem Hartgras bedeckt ist. Wasser zum Kochen holt man aus den reichlich fließenden Bächen. Zur Beleuchtung dient eine Petroleumlampe ohne Spiegel. Jedoch noch während unserer Anwesenheit wurden unter Anleitung von P. Hansen Erdarbeiten zur Errichtung einer kleinen hydroelektrischen Anlage begonnen. Das niedrige Niveau der Wohnkultur, das in auffallendem Kontrast steht zu dem hochentwickelten Sinn für Kunst, von dem die Webarbeiten der Indios zeugen, erklärt sich möglicherweise aus der Lebensweise, die durch die Ausnutzung der verschiedenen Klimazonen bestimmt wird. Die Bewohner von Quico sind zwar keine Nomaden, aber sie befinden sich ständig zwischen dem oberen Tal und dem Urwald auf Wanderschaft. Im oberen Tal, bis in eine Höhe von 4 200 m, werden verschiedene Sorten von Kartoffeln und unten im Urwald in 2 000 m Höhe wird Mais angebaut. Kartoffeln und Mais bilden die Hauptnahrung. Selten nimmt man ein klein wenig *ch'arki*, an der Sonne getrocknetes Alpaka-, Schaf- oder Rindfleisch, um damit der Suppe etwas Geschmack zu geben. Nur an Festtagen bereitet man gelegentlich frisches Fleisch zu. Gemüse gibt es nicht. Nur der eine oder andere hat sich anregen lassen, Zwiebeln zu ziehen. Die wenigen Hühnereier werden meist verkauft, um z. B. Alkohol für die Festtage zu besorgen.

Die Kindersterblichkeit ist hoch. Nach P. Hansens Schätzung stirbt etwa die Hälfte der Kinder während des ersten oder zweiten Lebensjahres. Im schulpflichtigen Alter hingegen ist die Sterblichkeit gering. Läßt man die ersten drei Lebensjahre statistisch außer acht, beträgt das durchschnittliche Lebensalter etwa 50 Jahre. Häufige Todesursache sind u. a. Magenerkrankungen und Darmverschlüsse, die insbesondere an Festtagen nach einer längeren Zeit des Hungerns auftreten, denn vor der Ernte bleibt oft kaum noch etwas zu essen, und oft ißt man zu hastig.

Antonio Gerillo, einer unserer Gesprächspartner, dessen Interview wir im folgenden auszugsweise vorstellen, war im Alter von 40 Jahren ein von schwerer Tuberkulose gezeichneter Mann. In der *comunidad* hatte er alle wichtigen Ämter innegehabt. Da er gern ein *pampamisayoq*, ein Heilkundiger, der den göttlichen Mächten Gaben darzubringen versteht, geworden wäre, hatte er sich des öfteren an der Bibel und an Gebetbüchern interessiert gezeigt. Mit seiner Familie lebte er etwas abseits, etwa eine Dreiviertelstunde Wegs von Huchuy Quico, und allgemein pflegte er in Gesprächen Zurückhaltung zu üben. Obwohl er sich gern zum Interview bereit erklärte, ist etwas von dieser Zurückhaltung zu spüren, insbesondere bei Fragen, die den Bereich der Heilkunde berühren. Wegen seines schlechten Gesundheitszustandes bedeutete das Interview, das für ihn – wie für alle anderen auch – eine neue Situation war, eine große Anstrengung.

Um etwas über Geschichte oder Mythen zu erfahren, wurde das Gespräch mit einer offenen Frage nach vergangenen Zeiten eingeleitet und bewegte sich daraufhin im Bereich der Erinnerungen an den

Großvater und die Feldarbeiten zur Zeit der Hacienda. Auch direkte Fragen nach Vorstellungen über den Ursprung der Welt führten zu keinem Ergebnis. P. Hansen hatte Antonio Gerillo beobachtet, wie er in Begleitung mit einem Kreuz über das Feld zog und betete. Eine Frage, die an diese Beobachtung anknüpft, läßt Antonio Gerillo auf die *apus*, die Urahnen in Gestalt der Berge, zu sprechen kommen. Die Ernte hängt von guter Arbeit und der Gunst der *apus* ab.

> Einmal, als ich auf dem Feld war, habe ich dich bei der Aussaat gesehen...
> *Ja, bei der Aussaat.*
> Was tust du, damit die Saat gut gedeiht?
> *Gut aussäen, damit der Mais gut wächst. Außerdem würden wir auch den* apus *eine Gabe darbringen, gewiß.*
> Was?
> *Den* apus *(wird) immer so (eine Gabe dargebracht), gewiß.*
> Was tut man mit den *apus*?
> *Man setzt sich mit den* apus *in Verbindung, gewiß.*
> Kann der *apu* helfen?
> *Gewiß kann er helfen.*
> Ja.
> *Er hilft immer.*
> Womit kann er helfen?
> *Was auch immer, wenn (der Mais) gut gedeiht (und es eine) volle (Ernte gibt), damit wir zu essen haben, so hilft er, gewiß.*
> Was muß man tun, damit er gut hilft?
> *Irgend etwas der Art (wie) Wein oder ein Getränk bringt man dar, so etwas, gewiß. Einen Schluck Alkohol, damit hilft er gewiß.*
> Man begegnet ihm mit liebevoller Aufmerksamkeit?
> *Man begegnet ihm mit liebevoller Aufmerksamkeit.*

Dem *apu* werden auf dem Feld *despachos*, Opfergaben mit denen Geister zufriedengestellt werden sollen, dargebracht. Hingegen wird die Frage, ob auch Gebete verrichtet werden, ausdrücklich verneint.

> Was für ein Opfer (wird) dem *apu* (dargebracht)?
> *Für den* apu?
> *Weißt du es nicht?*
> *Für die* apus, *ja, was bringt man ihnen wohl dar, nicht wahr.*
> Was kannst du dem *apu* geben?

Irgend etwas würde ich ihm geben, gewiß.
Ein despacho?
Despacho.
Ein despacho, ja. Gut, ich kenne schon das despacho, mit euch habe ich es schon einmal auf dem Acker dargebracht.
Auf dem Acker.
Du bringst (doch) ein despacho auf dem Acker, auf dem Feld dar?
Auf dem Feld.
Auf dem Acker selbst?
Genauso.
Aber du, gemeinsam mit deinen Dorfgenossen, verrichtet ihr Gebete, damit die Saat gut gelingt?
Nein, nein.
So, so. Allein vom *apu* (erwartet ihr Hilfe)?
Nur vom apu.

Nachdem eine Ergänzung der Verehrung der *apus* im Zusammenhang mit der Aussaat durch ein Ritual christlichen Ursprungs ausgeschlossen wurde, wird nun im selben Kontext die Verehrung der Pachamama bestätigt.

Und von der Pachamama erbittet ihr euch etwas?
Wir erbitten etwas von der Pachamama.
Worum könnt ihr die Pachamama bitten?
Um irgend etwas, damit sie hilft.
Womit?
Mit irgend etwas, damit es gut gedeiht, damit die Tiere gut aufgezogen werden, gewiß. Damit nicht irgend etwas passiert.
Die Pachamama ist gut?
Oh, sie ist gut, gewiß. Läßt sie die Nahrung gedeihen, so haben wir zu essen, gewiß.
Wenn es in einem Jahr einmal keine gute Ernte gibt?
Wenn wir (sie) nicht gut eingeladen haben, gewiß, (dann) gibt es nichts.
Warum? Womit kann sie dem Acker Schaden zufügen?
So etwas (geschieht) dem Acker, wenn es (ihr gegenüber) an liebevoller Aufmerksamkeit fehlt, gewiß. (Wird ihr) diese liebevolle Aufmerksamkeit gehörig (entgegengebracht), dann gibt es eine gute Ernte [wörtlich: dann ist es gut].
Aha, (wird der Pachamama) gehörige (Aufmerksamkeit entgegengebracht), dann wird die Ernte gut.

Nach Fragen über das mögliche Wirken von schadenstiftenden Geistern, nach Gut und Böse und nach der Bibel, die der Gesprächspartner sich hatte geben lassen, werden unser Verhältnis zu Gott, die Pflichten eines Christen und die Beziehungen zwischen *apus* und Kreuz, *apus* und Gott angesprochen. Die Frage nach den Pflichten eines Christen wird mit einem Hinweis auf kultische Vorschriften beantwortet. Sofern die *apus* gut sind, stehen sie mit Kreuz und Gott in Einklang, aber sie gehören einer anderen Sphäre an.

Kannst du von Gott sprechen?
Von Gott, unserem Taytacha.
Können wir mit Gott sprechen?
Ja.
Wie sprechen wir mit Gott? Man kann sprechen, nicht wahr?
Man kann, man kann gewiß, man kann immer mit unserem Schöpfer (sprechen), gewiß.
Kann man mit Gott sprechen?
Man kann immer.
Können alle Menschen mit Gott sprechen?
So sind wir immer mit unserem Gott (verbunden), die Christen, nicht wahr.
Was müssen wir als Christen tun?
Immer werden wir unseren Gott anrufen, gewiß, in der Heiligen Messe, an den gebotenen Feiertagen.
Ist die Messe gut?
Die Messe ist gut.
Wozu ist sie gut?
Immer für unsere Gesundheit [salud, auch: Heil], nicht wahr, für unsere Gesundheit, für unsere Wege, damit es uns gutgeht, so etwa, nicht wahr, mein Vater.
Wünscht Gott die Messe?
Gott wünscht die Messe mit unseren Anrufungen, mit unseren Gebeten, nicht wahr.
Gefällt Gott die Messe?
Immer.
Noch eine andere Frage: Kann der *apu* mit Gott sprechen?
Ein apu *mit Gott, ein guter* apu *kann sprechen, gewiß, nur wenn er nicht gut ist, kann er nicht sprechen.*
Kann der *apu* mit dem Kreuz (*Santa Cruz*) sprechen, oder nicht?

Ein guter (apu) *kann gewiß sprechen, aber wenn er nicht gut ist, kann er nicht so (sprechen), nicht wahr.*
Auf der einen Seite steht das Kreuz *(Santa Cruz)?*
Der Herr, unser Taytacha Santa Cruz.
Es gibt das Fest für *Santa Cruz,* andererseits gibt es den *apu?*
Es gibt den apu.
Und der *apu* kann mit ihm, mit Gott, reden, oder nicht?
Mit Gott, gewiß. Aber die apus *sind von Gott getrennt, getrennt, so ist es, nicht wahr.*

Die folgende Frage nach christlichen Festen führt zu einem Gespräch über den am Ostersonntag gepflegten Brauch, das in einen roten Poncho gehüllte Kreuz in einer Prozession vom *calvario* durch einen geschmückten Bogen hindurch in die Kapelle zu tragen, wo das Kreuz enthüllt und die Mamacha Carmen gekrönt wird. Der Brauch des *Arco tanqay* (s. unten) gilt der Mamacha Carmen. Zusammen mit dem Herrn Auferstehung *(Señor Resurrección)* – Ostern wird als Eigenname verstanden – wird auch seine Partnerin, die Mamacha Carmen, verehrt.

Welche Feste gibt es hier für den Herrn?
Für den Herrn? Hier gibt es Santa Cruz, dann Fronleichnam, dies ist alles für den Herrn, nicht wahr. Dies sind alle Feste, nicht wahr. Auch Mamacha Carmen.
Ist das Osterfest für den Herrn?
Ja, für den Señor Resurrección, ist es nicht so?
So, so.
Im vergangenen Jahr habe ich *Arco tanqay* kennengelernt; was bedeutet dies, *Arco tanqay?*
Arco tanqay, *das ist für Carmen, Mamacha Carmen.*
Gut, gut.
Das ist Arco tanqay.
Dieser Bogen *(arco),* was ist das?
Der Bogen (arco), *das ist doch immer unser Brauch, das ist nichts anderes, Brauch für die Mamacha, ja, Brauch seit langer Zeit, von alters her.*
Als du jung warst, gab es da (schon) *Arco tanqay?*
Immer gibt es (Arco tanqay), *schon immer gibt es* (Arco tanqay), *nicht erst jetzt gibt es* (diesen Brauch), *ja, für die Mamacha Carmen.*
Deshalb beginnt *(Arco tanqay)* in der Kapelle?

In der Kapelle, an der Tür der Kapelle, nicht wahr.
Ja, an der Tür. Dort legt ihr Gewänder nieder; was legen die Frauen dort nieder?
Sie legen llijllas *(Umschlagtücher) nieder.*
Aha, und dann?
Das ist alles, nicht wahr, was die Frauen dazu beitragen.
Und ihr Männer?
Die Männer, was in unseren Händen ist, so ist es.
Schönen Schmuck?
Schönen Schmuck.
In diesem Bogen (wird) liebevolle Aufmerksamkeit oder Respekt oder was (zum Ausdruck gebracht)?
Liebevolle Aufmerksamkeit bedeutet das immer für unseren Gott, nicht wahr.
So, so. Danach trägt man das Kreuz *(Santa Cruz)* zum *calvario*, nicht wahr?
Zum calvario.
Am Morgen?
Am Morgen zieht es aus, nicht wahr.
Wann kehrt es zurück?
Am Abend kehrt es zurück, unter dem Bogen hindurch zieht es ein, nicht wahr.
Unter dem Bogen?
Unter dem Bogen hindurch zieht es ein, kehrt es zurück.
Danach, wo endet (die Prozession)?
Immer so, so endet (sie).
Außerhalb der Kirche?
Ja, außerhalb; in die Kirche kommt (das Kreuz), draußen werden die Stricke des Bogens gelöst. Er kann nicht hineinkommen, (das) kann er nicht, nicht wahr, draußen wird er auseinandergebunden. Nur Taytacha kommt hinein, Santa Cruz, nicht wahr.

Auf seine Krankheit angesprochen, will der Gesprächspartner die in den Anden gefürchteten Ursachen wie Wind *(wayra)*, Stein und Erde nicht ausschließen. Er bleibt dabei, er wisse nicht, woher seine Krankheit kommt: »Ob sie von weither gekommen ist, ich weiß es nicht«.

Du bist jetzt schon seit geraumer Zeit krank, nicht wahr?
Schon seit langer Zeit.

Woran bist du erkrankt?
Woran ich erkrankt bin, ich weiß nicht, woran ich erkrankt bin.
Weißt du es nicht?
Ich weiß nicht, woher diese Krankheit in mich gekommen ist.
Woher kam die Krankheit zu dir?
Woher soll sie wohl kommen.
Früher sagte man, die Krankheit kommt z. B. vom Wind *(wayra)*?
Möglicherweise auch vom Wind, gewiß, nicht wahr. Im Wind mag sie daherziehen, nicht wahr.
Kann sie von der Erde kommen?
Möglicherweise von der Erde, nicht wahr, von irgend etwas Verbranntem möglicherweise, nicht wahr. Ja. So von etwas im Feuer Verbrannten, nicht wahr. Wo auch immer Feuer Tiere verbrennt, von daher geht sie aus (erhebt sie sich), nicht wahr.
Von Zeit zu Zeit erbittet man von mir einen Segen für die Erde. Man sagt, sie ist nicht recht, zuviel Krankheit kommt von diesem Ort. So kommt die Krankheit von der Erde, ist es so?
Aha, ja.
Oder auch vom Stein?
Vielleicht auch vom Stein, nicht wahr.
Ich gebe einen Segen, aber ich weiß nicht gut, woher das Übel kommt.
Woher es kam? Aber die Krankheit, eine häßliche Krankheit, kann von der Erde, vom Stein kommen, sicherlich, nicht wahr.
Vom Wind?
Sicher, von irgendeinem Wind kommt sie, nicht wahr.
Aber du weißt es nicht?
Ich weiß nicht, woher sie gekommen ist.
Von der Erde, oder?
Von woher sie gekommen ist, ob sie von weither gekommen ist, weiß ich nicht.

Auf die Frage, was man tun kann, wenn jemand krank wird, erklärt der Befragte zunächst ausweichend, sie könnten nichts tun. Seine Einschätzung des *curandero* erscheint zurückhaltend, da dieser Begriff in der indianischen Bevölkerung ungebräuchlich ist. Jedoch auch auf eine weitere Nachfrage nach Heilkundigen wie *altomisayoq* oder *pampamisayoq*, geht er nicht ein. Andererseits scheint ihm wohl auch das Krankenhaus – für Tuberkulose ist die Behandlung gratis – nicht nur räumlich, sondern auch kulturell zu weit entfernt.

Wenn jemand erkrankt ist, was kannst du dann tun?
Gar nichts können wir tun, gewiß nichts.
Gibt es keinen *curandero*?
Es gibt keinen.
Aber anderswo gibt es einen?
Ja, es wird wohl einen geben, nicht wahr.
Gibt es einen in Japo?
Sicher wohl, nicht wahr, ja.
Gibt es einen in Q'eros?
Q'eros, Japo, in Japo gibt es einen.
Hast du nicht jemand herkommen lassen?
Nein, ich habe niemand hergebracht.
Dieser Mensch kann doch Kraft verleihen?
Doch, es kommt darauf an, doch ist es nicht allzu sicher, daß er uns Kraft verleiht, nicht wahr. Es ist nicht sicher, daß er uns Kraft verleiht. Es ist nicht sicher.
Einmal kam ein *altomisayoq* oder *pampamisayoq* in das Haus von Pedro Quispe, um zu heilen, das war vor zwei oder vier Jahren.
Aha.
Gibt es andere Leute, die heilen können?
Sicher nur so. Andere nicht, nicht wahr.
Hast du (ihn) nicht aufgesucht?
Ich habe ihn nicht aufgesucht.
Und du bist auch nicht ins Hospital gegangen?
Ich bin nicht ins Hospital gegangen.
Warum?
Ich bin immer nur hier, wenn ich krank bin.
Wenige Leute gehen ins Hospital?
Wenige, wenige.
Warum wollen sie nicht (dorthin gehen)?
Warum werden sie nicht wollen? Warum wohl gehen sie nicht? Wenn es uns so ergeht, trinken wir aus wilden Kräutern (bereitete) Medizin. In den wilden Kräutern ist etwas, womit alles mögliche geheilt werden kann.
Versteht ihr zu heilen?
Wir nicht, ah, einige verstehen es, andere verstehen es nicht, so ist es eben.
Es gibt doch eine Pflanze für das Auge?
Für das Auge, für jede Wunde, gegen Prellung gibt es (Pflanzenmittel), mit ihnen pflegen wir uns zu heilen, gewiß.

Hier gibt es ein Zentrum für andine Medizin, dort wissen sie von anderen Pflanzen.
Zur Heilung?
Ja, aber du bist nicht ins Hospital gegangen?
Ich bin nicht gegangen.
Warum?
Da ich, um so zu gehen, nicht die Kraft habe, bin ich nicht gegangen, ich kann nicht gehen. Zu sehr befällt mich der Husten, dann kann ich nicht bergauf steigen. Ja, wenn ich so nicht gut gehe, sage ich mir, wie soll ich denn gehen.
Aber man muß doch die Gesundheit suchen?
Ja, das wäre schon gut, nicht wahr.
Sicher, das ist wichtig.
Ja.
Ist die Gesundheit nicht wichtig?
(Das ist) gewiß gut, nicht wahr, damit würde ich möglicherweise die Gesundheit wiedergewinnen, nicht wahr, vielleicht würde ich meine Gesundheit wiedersehen, nicht wahr.

Wie einst kann man die *apus* für Menschen und Tiere um Gesundheit bitten. Soweit die spontane Erklärung; auf eine Nachfrage hin wird auch der Brauch der *Misa de salud* (Messe zur Erlangung der Gesundheit) bestätigt. Das Wohlergehen gründet eher in der Harmonie mit den alten Mächten.

Was machten hier die Alten in früheren Zeiten, als es noch kein Hospital gab?
Wenn es nichts dergleichen gibt, bringen wir despachos dar, nicht wahr. Auf diese Weise suchte man Heilung, nicht wahr.
Kann man um Kraft oder gute Gesundheit bitten?
Das kann man wohl immer, nicht wahr, so lebt man immer, nicht wahr.
Von wem?
So etwas erbittet man von den apus, nicht wahr, man bringt Gaben dar, man bereitet despachos mit dem, was immer zur Verfügung steht, nicht wahr.
Auch für die Tiere?
Auch für die Tiere bittet man genauso, nicht wahr.
Z. B. auch ... Was ist das: Von mir erbittet man eine Messe um Gesundheit (*Misa de salud*), was ist das?
Messe für die Gesundheit?

Z. B. erbitten sie eine Messe für eine Frau?
Für eine Frau, für einen Mann?
Was können sie mit der Messe bewirken lassen?
Mit der Messe für Gesundheit?
Ja.
Damit sie wohl gut leben, nicht wahr, damit sie gut leben.

Mit der letzten Frage nach dem Feldhüter wird noch einmal ein Versuch gemacht, herauszufinden, was es bedeutet, wenn der Befragte mit dem Kreuz über das bestellte Feld zieht. Die indirekte Frage bleibt unbeantwortet. Statt dessen gibt der Befragte Auskunft über die rituellen Aufgaben eines Feldhüters. – Im letzten Satz wendet er sich Gott zu. In seiner Schwäche vermag er nur noch Gott anzurufen.

Gut, und nun noch eine Frage: Wenn der Mais auf dem Feld schon drei Monate steht, schon drei Monate, gibt es (dann) einen Feldhüter *(arariwa)*?
Einen Feldhüter.
Was bedeutet diese Verpflichtung, was tut er?
Er behütet, er behütet nur (das Feld), nicht wahr.
Wie?
Er beobachtet.
Was hat er zu tun?
Er hat (das Feld) zu schützen, nicht wahr, vor denen, die fressen, nicht wahr. Damit (der Mais) nicht gefressen wird, damit ihm nichts passiert, nicht wahr. Außerdem, wenn eine Krankheit oder irgend etwas (Gefährliches) auftritt, bringt er irgend etwas vom Berg und besprengt so (den Mais) und heilt diese Krankheiten.
Z. B. wenn es starken Hagel, wenn es zuviel Regen gibt, was machst du?
Was könnte es dagegen geben?
Ich als Feldhüter, was werde ich tun?
Was wir tun könnten, das würden wir immer tun, nicht wahr. Allein unser Gott könnte uns (zu Hilfe) kommen, nicht wahr. So bleibe ich, so krank, wie ich bin, dabei, unseren Gott nur anzurufen, was sollte ich auch tun, und wo sollte ich eine Behandlung finden.

Trotz des fragmentarischen Charakters, der wohl immer einem offenen Interview anhaftet, und trotz der nicht zu überhörenden Zurückhaltung des Gesprächspartners lassen die Aussagen ein geschlossenes religiöses Weltbild erkennen. So selbstverständlich, wie Antonio Gerillo den *apus* und der Pachamama Gaben darbringt, so sicher bekundet er seine Verbundenheit mit Gott, dem Schöpfer, den er in seiner schweren Krankheit voller Resignation, und doch voller Vertrauen anruft. Sein Denken und Tun wird sowohl von der altandinen als auch von der christlichen Tradition bestimmt. Wenn er von der Bibel spricht, die Gottes Wort enthält, oder von der Heiligen Messe an »gebotenen Feiertagen«, ist die christliche Katechese nicht zu überhören. Spricht er aber vom bäuerlichen Alltag, von der Bestellung der Felder, der Ernte und der Viehzucht, dann liegt der Akzent ganz und gar auf der Verehrung der altandinen Mächte. Die Frömmigkeit zeichnet sich durch große Nüchternheit aus. Man muß sich bemühen, gute Arbeit zu leisten und im übrigen auf die Unterstützung der *apus* und der Pachamama vertrauen. Für den Bereich der Landwirtschaft scheinen diese allein zuständig zu sein. Denn damit die Saat gut aufgeht, werden den *apus* und der Pachamama Gaben dargebracht. Hingegen wird eine Frage nach Gebeten negativ beantwortet. Zum Verständnis dieser Aussage ist zu berücksichtigen, daß der Begriff »Gebet« im Quechua als spanisches Lehnwort *(oración)* erscheint und von daher als dem christlichen Bereich zugeordnet verstanden wird. Für das persönliche Wohlergehen der Menschen teilen sich die altandinen Mächte ihre Zuständigkeit mit dem christlichen Gott, denn für die Gesundheit werden sowohl *despachos* dargebracht als auch Gebete verrichtet, oder es wird die Heilige Messe besucht.

Brauchtum und religiöse Praxis werden in Quico wesentlich vom Lebensraum bestimmt. So steht im Mittelpunkt der Frömmigkeit der Umgang mit der Erde, die Verehrung der Pachamama und der *apus*.

Ein Überblick über die in Quico gefeierten Feste läßt einen vom Monatsrhythmus bestimmten Kalender erscheinen, in den sich christlich koloniale und altandine Bräuche einfügen. Nur im Monat Dezember wird kein Fest gefeiert, da die Feste in Hatun Quico begangen werden und die Bauern sich um diese Zeit zur Aussaat des Maises im Urwald und zur Ernte der Frühkartoffeln im Tal unterhalb von Hatun Quico aufhalten. Im Januar wird die Einführung der neu gewählten Autoritäten in ihr Amt gefeiert. Dieses Fest des *Chayampuy* (Ankunft) geht auf den spanischen Brauch der Ernennung lokaler Autoritäten zurück. Heute wird der Weg zur Provinzhauptstadt nur noch symbolisch durchgeführt, wobei der ursprünglichen Ruhepausen auf dem Weg im Umtrunk und im Genuß von Koka gedacht wird. Die *chicha*, ein Getränk aus gegorenem Mais, die den neuen Autoritäten beim Empfang gereicht wird, symbolisiert den Durst von der langen Reise, und Koka und Alkohol, die an die *comunidad* ausgeteilt werden, stellen symbolisch die von der Reise mitgebrachten Geschenke dar. Was den religiösen Kontext angeht, so wird dem christlichen Bereich dadurch Rechnung getragen, daß die Autoritäten vor ihrem Auszug und nach ihrer Rückkehr einen Besuch in der Kapelle machen. Sie erneuern auch wie während der Karnevalstage und zu Ostern den Blumenschmuck an den Kreuzen in den Häusern der Amtsträger und auf dem *calvario*. Sie sind aber ebenso verantwortlich für die Darbringung bestimmter *despachos* zum Wohl der *comunidad*. Im Februar entspricht dem ursprünglich europäischen Karneval das Fest *Llama walqay*, an dem, wie der Name andeutet, die jungen Lamas mit Halsbändern geschmückt werden. Außerdem findet in dieser Zeit ein *tinkuy*, eine rituelle Begegnung, mit den Bewohnern des benachbarten Q'eros statt.

Die Karwoche und Ostern werden im März oder April gefeiert. Zu Beginn der Karwoche kehren die Leute von der Arbeit auf den Kartoffelfeldern nach Hatun Quico zurück. Während der Karwoche versammelt der *fiscal*, der für die Kapelle verantwortlich ist, Tag für Tag die Kinder am Eingang der Kapelle, um sie Gebete zu lehren. In der Nacht vom Karfreitag zum Karsamstag wird in der Kapelle eine Nachtwache gehalten, die gegen 3 Uhr morgens mit einem Gebet, dem Ostergruß, Flötenspiel und Trommelschlag beschlossen wird. Am Morgen des Karsamstags findet dann ein *tinkuy* mit den Bewohnern von Japo, der anderen Nachbargemeinde, statt. Am Ostersonntag morgen wird im Anschluß an die Heilige Messe das Kreuz aus der Kapelle zum *calvario* getragen. Fast alle Gemeinden in den Anden haben einen *calvario*. Gewöhnlich ist dies eine kleine Anhöhe in unmittelbarer Nähe der Siedlung. Zu bestimmten Zeiten werden dort den Ahnen Opfer dargebracht (vgl. van den Berg 1985:90-1). In Quico liegt der *calvario* nur etwa 500 m von der Kapelle des Ortes entfernt. Das in einen roten Poncho gehüllte Kreuz wird in einer Prozession von der Kapelle zum *calvario* getragen. Zwei Gruppen von je sechs Männern begleiten die Prozession, indem sie in entgegengesetzten Kreisbewegungen um sie herum tanzen. Am Nachmittag wird das

Kreuz von der unscheinbaren Kapelle des *calvario* zurück in die Kapelle des Dorfes gebracht. Dies geschieht wiederum in einer feierlichen Prozession, für die zuvor aus Balken ein großes Tor errichtet wird, das man mit einem groben Tuch umwickelt und mit kostbaren Tüchern und Ponchos sowie allerlei Zierat belädt und mittels langer, am Ende mit Gabeln versehener Stangen anhebt, um das Kreuz darunter hindurch in die Kapelle ziehen zu lassen (vgl. dazu Antonio Gerillos Aussagen im Interview). In der Kapelle wird anschließend das Kreuz enthüllt und die Mamacha Carmen, die Jungfrau vom Karmel, gekrönt. Das Bild der Jungfrau vom Karmel, der Patronin der Provinzhauptstadt Paucartambo, befindet sich seit der Zeit der Hacienda in der Kapelle von Quico. Der Brauch, das Kreuz durch einen geschmückten Bogen, der auf Stangen angehoben wird, hindurchziehen zu lassen, geht möglicherweise auf eine alte christliche Paraliturgie zurück. Zumindest ist eine solche Deutung nicht auszuschließen, da auch die Vigilfeier in der Nacht vom Karfreitag zum Karsamstag in manchen Elementen an die Liturgie der Karwoche vor deren Neugestaltung zu Beginn der 50er Jahre erinnert. Die Prozession würde dann symbolisch an den Einzug des auferstandenen Christus in den Himmel erinnern. Mag auch eine Paraliturgie in dem angedeuteten Sinne am Ursprung des Rituals des *Arco tanqay* gestanden haben, so scheint doch heute der Ritus im Verständnis der Bewohner von Quico zu Ehren zweier Heiliger, nämlich des Taytacha Pascua und der Mamacha Carmen, vollzogen zu werden. Sollte diese Deutung zutreffen, würde es sich beim Schmuck des Bogens um symbolische Gaben für die beiden als Paar angesehenen Heiligen der Kapelle handeln, die man einander in einer Art *tinkuy* begegnen ließe.

Im Monat Mai wird das Fest Santa Cruz (Heiligkreuz) begangen. Im Juni ziehen die Bewohner von Quico nach Sinakara zum Fest des Herrn von *Qoyllu(r) Rit'i*. Am Ursprung dieser Wallfahrt zum Herrn vom »glänzenden Schnee« steht eine Legende, in der Jesus einem indianischen Hirtenjungen erscheint. Michael J. Sallnow (1987:213) macht darauf aufmerksam, daß im Jahr 1783, da sich die legendären Erscheinungen ereigneten, die letzten Anführer des von Tupac Amaru initiierten Aufstands in Cuzco hingerichtet wurden und daß der Aufstand einen Anlaß geboten haben könnte, in dem wenig zugänglichen Gebirge dem Ausangate ein christliches Heiligtum entgegenzusetzen. In jedem Falle wird die Verbindung zum Ausangate durch eine Reihe mündlicher Überlieferungen belegt, die von der offiziellen Version der Legende abweichen (Sallnow 1987:210f.) Auch das Verhalten der Bewohner von Quico und ihrer Nachbarn läßt deutlich die Verehrung des *apu* Ausangate erkennen. Sie führen ihre Wallfahrt in eigener Regie durch und lassen sich nicht in das in Sinakara kirchlich organisierte Geschehen einbeziehen. Im Juli wird das Fest Mamacha Carmen gefeiert. Im August werden die männlichen Lamas *(llama pilluchiy)*, im September die Kühe *(señalay)* und im Oktober die männlichen und weiblichen Lamas *(llama mayt'uy)* gefeiert. Am 1. und 2. November, d. h. an Allerheiligen und Allerseelen, werden in Quico die Verstorbenen erwartet. Jene, die schon vor langer Zeit gestorben sind, gelten als Gottes jüngere Brüder *(Diospa sullk'a)*. Mit ihnen, sagen die Bewohner von Quico, trinken wir *chicha* und essen wir. Deshalb werden am 1. November vor dem Mittag Gaben bereitet und zum Friedhof gebracht, wo der *fiscal* – und auch andere – Responsorien beten. Die Kinder suchen schöne Steine am Fluß und schmücken damit die Gräber. Am darauffolgenden Mittag des 2. November werden die Verstorbenen mit einem Essen verabschiedet.

P. Hansen kommentiert die stereotype Antwort »es ist Brauch«, die man erhält, wenn man nach der Bedeutung dieses oder jenes Details eines Ritus fragt:

> Anfangs ruft dies ein gewisses Gefühl der Frustation hervor, bis man versteht, daß die Antwort genau das ausdrückt, was der Ritus mit all seinen Einzelheiten darstellt: die geordnete und vollkommene Summe der Erfahrungen unserer Vorfahren, die uns gestattet, unsere Gemeinde und unser Leben in Harmonie mit der Natur und den uns umgebenden Mächten und unsichtbaren Kräften zu gestalten.

Die religiösen Erfahrungen der Bewohner von Quico werden primär nicht von den Mächten geprägt, die von außen her den christlichen Rahmen bilden, sondern von jenen, die ihren eigenen Lebensraum bestimmen. Der Bezug zur Außenwelt, die vom Christentum geprägt ist, wird in Quico vermittelt durch die Gegenwart der Mamacha Carmen und des Taytacha Pascua, die in der noch aus der Zeit der Hacienda stammenden Kapelle verehrt werden. Man pflegt mit ihnen vertrauten Umgang, aber man weiß auch zugleich, daß sie nicht in derselben Weise angesprochen sein wollen wie die Mächte der eigenen Welt, Pachamama und die *apus*. Während man die einen mit Kerzen und Schmuck ehrt, erweist man den anderen mit *despachos* liebevolle Aufmerksamkeit. Während alle Befragten darin übereinstimmen, daß zwischen Gott und Pachamama harmonische Beziehungen bestehen, sehen einige die *apus* und Gott als Rivalen. Pachamama und *apus* werden überwiegend als positiv erfahren. Die Sphäre der eher als bedrohlich empfundenen Mächte, der *saqrakuna*, erscheint offensichtlich von geringerer Bedeutung. Aussagen über diese Mächte lassen mit ihrer Gefährlichkeit gleichzeitig auch eine gewisse Ferne anklingen. In den Quellen, im Wasser hausen die *anchanchus*. Sie sollen Menschen und Tiere umbringen. Auch der Regenbogen erhebt sich aus feuchtem Grund, man darf ihn nicht zu lange anschauen, ohne Schaden zu nehmen. Häufig wird unter den Gefahren *wayra*, der Wind, genannt. Besonders vor dem *wayra*, der von Kadavern ausgeht, sucht man sich durch Gebrauch von Weihrauch zu schützen. Insgesamt aber spielen die gefährlichen Mächte nur eine Rolle in besonderen Fällen, in denen man nach außergewöhnlichen Ursachen sucht. Sie sind dann gegebenenfalls mit Gaben zu beschwichtigen. Viele sehen es wohl so wie Antonio Gerillo, der zwar das Wirken böser Mächte nicht ausschließen will, aber letztlich erklärt, er wisse nicht, woher seine Krankheit kommt: »Ob sie von weither gekommen ist, ich weiß es nicht.«

Beobachtungen und Gespräche lassen erkennen, wie das religiöse Selbstverständnis der Indios in Quico vom Bezug zum Christlichen geprägt wird und wie dennoch die alte Agrarreligion das eigentlich Tragende ihrer Religion geblieben ist. Komplementäres Denken, das wohl dem asiatischen Sowohl-als-Auch vergleichbar ist, ermöglicht es den Indios in Quico, christliche und altandine Elemente zwar nicht im Gleichgewicht, aber in Harmonie miteinander zu vereinigen. Das indianische Christentum ist nicht einfach eine Maske, aber *apus* und Pachamama sind auch mehr als nur Aspekte der andinen Religion, die sich nicht christianisieren ließen.

Symbolische und thematische Bezüge altandiner Überlieferungen aus frühkolonialer Zeit

Von Leben und Tod.
Mündliche Überlieferungen aus dem frühkolonialzeitlichen Peru

Roswith Hartmann

> Hätten die Vorfahren des Menschen, der Indio genannt wird, in alten Zeiten die Schrift gekannt, so würde nicht alles, was sie erlebt haben, heute wie im Entschwinden begriffen sein. (Vielmehr) wäre es (damit) ebenso, wie auch des weißen Mannes große Vergangenheit bis heute zu Tage liegt. Obwohl dem so ist, und bis heute nichts aufgeschrieben wurde, lege ich hier nieder, wie die Vorfahren der sogenannten Huarochirí... gelebt haben, welchen Glauben sie wohl gehabt haben und wie sie bis heute leben; und so wird in jedem ihrer Dörfer aufgeschrieben werden, wie sie von ihrem Ursprung an gelebt haben.

Mit diesen Worten des Bedauerns über das Fehlen einer Schrifttradition im Andengebiet vor der Eroberung durch die Spanier beginnt, entsprechend der deutschen Übersetzung von Hermann Trimborn (Trimborn und Kelm 1967:19), das in den ersten Jahren des 17. Jahrhunderts in Quechua aufgezeichnete »Huarochirí-Manuskript«.

Doch auch nachdem die lateinischen Schriftzeichen eingeführt waren, wurde es hier keineswegs üblich, historische Überlieferungen oder Erzählgut in der ursprünglichen sprachlichen Fassung niederzuschreiben.

Bei dem Dokument über Huarochirí handelt es sich um die einzige längere Aufzeichnung in Quechua autochthoner Art aus der frühen Kolonialzeit, im Gegensatz zu dem in Quechua verfaßten christlich-religiösen Schrifttum. Dazu kommen ergänzend Quechua-Grammatiken und Wörterbücher als Hilfsmittel zur Christianisierung der indianischen Bevölkerung in deren Muttersprache wie auch einige umfangreiche Predigtsammlungen.

Quechua – das sei erläuternd angeführt – ist das im Andenraum vom südlichen Kolumbien über Ecuador, Peru, Bolivien bis in den Norden Chiles und den Nordwesten Argentiniens geographisch am weitesten verbreitete und mit einer Sprecherzahl von neun bis zehn Millionen zahlenmäßig am stärksten vertretene indianische Idiom.

Zutreffender ist es, Quechua als Sprachfamilie bzw. Mehrsprachenkomplex zu bezeichnen. Der Begriff Quechua/Kechwa, wie er heutigentages üblich ist, darf nur als Sammelbezeichnung für eine Reihe von Varietäten bzw. Dialekten oder Dialektgruppen verstanden werden. Eine einheitlich oder insgesamt verbindliche Hochsprache gibt es nicht, noch hat es sie je gegeben.

Quechua bzw. Quichua, oder der umschreibenden kolonialzeitlichen Terminologie zufolge die »*lengua general del Inga*«, auch »*lengua del Cuzco*« genannt, wurde von den Inka im Zuge ihrer Eroberungen während des 15. und frühen 16. Jahrhunderts zur besseren Verständigung als offizielle Sprache in den dem Imperium neu eingegliederten Gebieten eingeführt. Das Ziel inkaischer Politik gegenüber der ethnischen Vielfalt innerhalb der Reichsgrenzen war die sprachliche Vereinheitlichung neben der Einsetzung des Sonnenkultes und der auf Cuzco als dem Mittelpunkt des Staatswesens ausgerichteten zentralen Organisation der Verwaltung als weiteren Integrationsmechanismen.

Als »*lengua general del Inga*« ist Quechua vorrangig in Form der südlichen Varietäten zu verstehen, wie sie heutzutage als *Quechua Cuzqueño* und *Quechua Ayacuchano* im Süden Perus in den Departamentos Apurímac, Arequipa, Ayacucho, Cuzco, Huancavelica und Puno gesprochen werden. Unter spanischer Herrschaft wurde Quechua als »*lengua general*« dann neben anderen, vor allem Aymara, als Missionssprache anerkannt und letztendlich als solche, allgemein verbindlich, weiter verbreitet.

Die Quechuisierung durch die Inka wie auch anschließend während der frühen Kolonialzeit war jedoch streckenweise nur sehr oberflächlich.

Aus Berichten von Jesuitenmissionaren aus den 70er Jahren des 16. Jahrhunderts geht hervor, daß in der Provinz Huarochirí, einer Gegend im gebirgigen Teil des heutigen Departamento Lima in Peru, in einer Entfernung von ca. 80 km Luftlinie östlich der Hauptstadt gelegen, Quechua bzw. die »*lengua general*« zu jener Zeit keineswegs allgemein verstanden wurde, sondern eine wie auch immer geartete »*lengua particular*« verbreitet war, also eine Sprache von regionaler Begrenztheit. Man geht davon aus, daß es sich hierbei um einen dem Aymara verwandten Dialekt gehandelt haben könnte.

Noch 1609, etwa zu der Zeit, zu der das »Huarochirí-Manuskript« abgefaßt wurde, gab es einer »*Carta Annua*« zufolge Frauen, die nicht der »*lengua general*« kundig waren, und daher das Ablegen der Beichte sich für sie als sehr problematisch gestaltete, verfügten die zu der Zeit dort tätigen Jesuitenmissionare doch lediglich über Quechua-Kenntnisse. Spanisch scheint sich aber sehr schnell durchgesetzt zu haben, denn in einem Dokument aus dem Jahre 1611 wird berichtet, daß alle es sprechen, allerdings überaus fehlerhaft (Duviols 1966:244, 245, 255; Taylor 1987b:95).

Die Sprache, in der das »Huarochirí-Manuskript« abgefaßt ist, entspricht im großen und ganzen der »*lengua general*«, wie sie aus den Materialien zur christlichen Unterweisung der indianischen Bevölkerung aus dem 16. und den ersten Jahrzehnten des 17. Jahrhunderts bekannt ist.

Aufzeichnungen autochthoner Art in Quechua aus der Kolonialzeit, seien sie nun der Gattung Literatur oder der Alltagsprosa zuzuordnen, stellen eine große Ausnahme dar.

Der Inkaabkömmling Garcilaso de la Vega bringt in seinen »*Comentarios Reales*«, 1609 erstmals publiziert, zwei frühe Beispiele für Quechua-Lyrik im Originaltext. Quechua-Passagen, kurze Texteintragungen oder auch nur einzelne Ausdrücke bzw. Bezeichnungen finden sich verstreut in den spanischen Chroniken und Berichten, vornehmlich indianischer Autoren, wie z. B. bei Felipe Guaman Poma de Ayala oder Joan de Santa Cruz Pacacuti Yamqui Salcamaygua.[1]

Zu erwähnen sind ferner die von Cristóbal de Molina, »*el cuzqueño*«, 1575, mithin relativ früh, aufgezeichneten sog. »*himnos quechuas*«, Quechua-Gebete, die er in seiner »*Relación de Fábulas y Ritos de los Incas*« mit Übersetzung wiedergibt.

Kurze Quechua-Texte in Gebetsform aus Dokumenten der »*Juicios Criminales de Idolatría*«, der Prozesse gegen Irrglauben und Götzenkult, die in der Erzdiözese Lima um die Mitte des 17. Jahrhunderts durchgeführt wurden, sind seit 1986, publiziert von dem französischen Ethnohistoriker Pierre Duviols, bekannt.

Ein zusammenhängender Quechua-Text, ca. drei Seiten im Folio-Format umfassend, aus dem Jahre 1608, wurde in neuerer Zeit entdeckt (Acosta Rodríguez 1979, Taylor 1985). Er entstammt einem

Rechtsstreit der Bewohner der Pfarrei von San Damián in der Provinz Huarochirí gegen ihren Geistlichen Francisco de Avila, jenen Mann, mit dessen Namen das sog. »Huarochirí-Manuskript« auf das engste verbunden ist. Dieses Quechua-Dokument juristischen Genres stellt – zumindest bislang – für diese Textgattung gleichfalls eine Ausnahme dar.

Ein Gleiches trifft auf fünf in der »*lengua general*« verfaßte Briefe zu, in denen Cristóbal Castello, *cacique principal* der Ortschaft Cotahuasi, im heutigen Departamento Arequipa/Peru gelegen, 1616 als oberste indianische Autorität Mitglieder eines *ayllu* – d. h. einer sich von einem gemeinsamen Ursprung herleitenden Verwandtschafts- und Siedlungsgruppe – innerhalb seines Herrschaftsbereichs aufruft, den Anweisungen der spanischen Kolonialverwaltung wie auch den Geboten der Kirche Folge zu leisten (Itier 1991).

Das eine oder andere in Quechua aufgezeichnete Manuskript dürfte im Zuge verstärkter Archivstudien vielleicht noch zum Vorschein kommen. Allzu groß wird die Zahl aber gewiß nicht sein.[2]

Als verschollen gelten beispielsweise die Quechua-Berichte von Informanten, anhand derer der Chronist Juan de Betanzos sein Geschichtswerk die »*Suma y Narración de los Incas*« 1551 als Übersetzung ins Spanische erstellte, wie er selbst in der dazugehörigen Widmung ausführt; d. h. daß Quechua-Texte bzw. -Berichte gewissermaßen als Rohmaterial für eine spanische Fassung von ihm benutzt wurden. Dieses Material wäre insofern von unschätzbarem Wert gewesen, als Juan de Betanzos mit zu den ersten gehörte, welche die »*lengua india*« erlernten – er diente Francisco Pizarro, dem Eroberer Perus, und anderen als Dolmetscher. Außerdem hatte er durch seine Ehe mit D^{ña} Angelina Yupangue, einer inkaischen Prinzessin – sie war eine Kusine des Inka Atahualpa und dessen Hauptfrau – direkten Zugang zu den Überlieferungen innerhalb der höfischen inkaischen Kreise von Cuzco.

Das erwähnte »Huarochirí-Manuskript« ausgenommen, fehlen für den Raum von Alt-Peru Quechua-Aufzeichnungen bzw. -Texte von indianischen Autoren oder solche, die nach Diktat indianischer Gewährsleute niedergeschrieben wurden. Es ist dies ein Sachverhalt, der offenkundig auf der Tatsache beruht, daß die Bewohner des andinen Raumes keine Schrifttradition entwickelt hatten. Auch das Andengebiet war gleich dem übrigen Südamerika, »anders als

Mexiko/Mittelamerika..., in vorkolonialer Zeit eine der schriftfernsten Gegenden der Welt« (Scharlau und Münzel 1986:157).

Hier liegt ein grundlegender Unterschied zu der Situation vor, wie sie für den Raum des alten Mexiko mit einer Fülle von Textmaterial, Briefen, Gerichtsdokumenten etc. in Nahuatl und Maya bzw. sogar mehreren Maya-Dialekten aus den Jahrhunderten der Kolonialzeit gegeben ist. Aus dem andinen Sprachenbereich läßt sich so gut wie nichts Vergleichbares anführen. Auf die Frage, ob es hier in vorspanischer Zeit eine Schrift bzw. Schriftsysteme oder nur Ansätze dazu gab, ob es sich beispielsweise bei den in der Inka-Periode in Stoffe eingewebten oder auf hölzernen Bechern eingeritzten Mustern um Grapheme handelte, den sog. *»quilca«* Schriftzeichenfunktion zukam, ferner ob Knoten und Farben der *quipu*-Schnüre, außer als mnemotechnisches Hilfsmittel für administrative Zwecke, auch – und wenn ja, in welchem Umfang – zum Memorieren oraler Traditionen dienten, kann hier nicht eingegangen werden (s. dazu Barthel 1971, Radicati di Primeglio 1984). In beiden Fällen dürfte ihre Funktion nicht über die einer Merkstruktur bzw. Gedächtnisstütze für die mündliche Wiedergabe hinausgereicht haben.

Veröffentlichungen von autochthonen Texten in andinen Sprachen, d. h. solchen nach Informanten-Schilderungen oder Aufzeichnungen als linguistisch wie auch inhaltlich auswertbares Material, und zudem im Falle des Quechua-Sprachbereichs aus verschiedenen Gegenden, lassen sich von zaghaften Anfängen zu Beginn dieses Jahrhunderts an kontinuierlich erst seit den 40er, vor allem aber von den 60er Jahren ab verfolgen.[3]

Aus den davor liegenden Jahrhunderten, also der Kolonialzeit insgesamt und dem Beginn der republikanischen Epoche, ist nur ein einziger längerer Quechua-Text autochthoner Art – glücklicherweise als frühkolonialzeitliches Dokument aus den ersten Jahren des 17. Jahrhunderts – erhalten, und zwar jenes Manuskript, das über das Leben, die religiösen Anschauungen und Kultpraktiken der Leute von Huarochirí berichtet. Es ist auch insofern, nämlich vom Inhalt her, ungeachtet der sprachlichen Form, in der es auf uns überkommen ist, eine in seiner Art einzigartige Quelle.

In die Sammlung der von Fernando de Avendaño, einem Zeitgenossen Avilas, in Quechua verfaßten christlichen Predigten aus dem Jahre 1648 sind zwar einige orale Traditionen mit einbezogen, in den

Augen des Geistlichen jedoch nichts anderes als »*fábulas*«, mit denen er die Glaubensauffasssungen der Vorfahren seiner Pfarrkinder ins Lächerliche zieht und als völlig absurd darzustellen versucht. Bei den hier wiedergegebenen Überlieferungen vom Ursprung der *curaca*, der Häuptlinge bzw. Herrschenden, der *ñusta*, der Prinzessinnen und Damen königlichen Geblüts, sowie der übrigen indianischen Bevölkerung aus drei Eiern, einem goldenen, einem silbernen und einem kupfernen, oder der Entstehung einer ethnischen Gruppe, der Llacuaces, aus dem Urin des Blitzes, jeweils nach der Sintflut, handelt es sich zweifelsohne um Zusammenfassungen, nicht aber um Originalversionen (1648:110-1).

Was das »Huarochirí-Manuskript« anbelangt, so stellt es demgegenüber ein umfangreiches Text-Korpus in ursprünglicher Form, wenn auch mit Anzeichen von Überarbeitung dar. Es trägt keinen Titel. Den Anfang bilden die eingangs zitierten Sätze als eine Art von Präambel, und daran schließen sich 31 Kapitel unterschiedlicher Länge und zwei nicht numerierte Abschnitte an. Es weist hinsichtlich der Niederschrift kein Datum auf noch einen insgesamt als verantwortlich zeichnenden Namen, d. h. es ist weder datiert noch als Ganzes signiert.

Die Tatsache, daß in Kapitel 23 auf Folio 91r sich als Marginalie »*De la mano y pluma de Thomas*«, d. h. »Aus der Hand und Feder von Thomas« findet, gibt Anlaß zu mancherlei Spekulationen.[4]

Wie dem auch immer sei, das Manuskript über Huarochirí ist – wie bereits angedeutet – mit der Person des Geistlichen Francisco de Avila verbunden. Die Niederschrift der Mythen und Überlieferungen der Leute von Huarochirí in der Quechua-Fassung ist in jedem Fall im Zusammenhang mit bestimmten Initiativen seinerseits zu sehen.

Parallel zu dem Quechua-Manuskript existiert nämlich eine spanische Version, die in etwa den Inhalt der ersten sechs Kapitel wiedergibt, dann aber unvermittelt mit der Überschrift zu Kapitel 8, die im Grunde Kapitel 7 der Quechua-Fassung entspricht, abbricht. Diese – von Trimborn als »Paraphrase« bzw. »Teilparaphrase« bezeichnet, wohingegen Duviols sie als »*manuscrito B*« von der Quechua-Aufzeichnung, ihm zufolge »*manuscrito A*«, absetzt – entstammt ohne jeden Zweifel der Feder von Francisco de Avila. In dem überaus pompösen und weitschweifigen Titel, dem »*Tratado y relación...«* aus dem Jahre 1608, dem »Traktat und Bericht über die Irrtümer, falschen Götter sowie sonstigen Aberglauben und teuflische Riten, in denen verhaftet von altersher und auch noch gegenwärtig die Bewohner der Provinz Huarochirí... zum Schaden ihrer Seelen leben«, weist er sich selbst als derjenige aus, der all dies von vertrauenswürdigen Personen aufgenommen habe als ergötzliche und wissenswerte Lektüre bezüglich der großen Verblendung dieser Menschen.

Das Manuskript der sogenannten »Teilparaphrase« befindet sich – ebenso wie die Quechua-Aufzeichnung über Huarochirí – in Band 3169 der *Biblioteca Nacional* in Madrid. Doch im Gegensatz zur letzteren war sie bereits längere Zeit vor deren Erstpublikation 1939/1944 durch Hermann Trimborn bekannt. Erstmals hatte Clements R. Markham sie, ins Englische übersetzt, 1873 in London veröffentlicht; 1918 dann Carlos A. Romero in der spanischen Version in Lima, wobei jedoch keiner von beiden die in Madrid aufbewahrte Urfassung benutzte, sondern Abschriften. Alle Auswertungen, die zeitlich vor der Erstpublikation des Quechua-Manuskriptes über Huarochirí liegen, basieren auf diesen beiden keineswegs getreuen Wiedergaben.

Es scheint angezeigt, hier einige Daten und Angaben über Francisco de Avila einzufügen. 1573 in Cuzco geboren, wuchs er, weil als Findelkind vor dem Haus von Cristobál Rodríguez und dessen Frau Beatriz Avila ausgesetzt, in dieser spanischen Familie auf und erhielt den Nachnamen Avila. Er absolvierte theologische Studien zunächst im Jesuitenkolleg in Cuzco, später dann an der Universität von San Marcos in Lima. Nachdem zum Priester geweiht, übertrug man ihm 1597 die Seelsorge mehrerer Ortschaften in der Provinz Huarochirí in der Erzdiözese Lima, in wirtschaftlicher Hinsicht eine recht einträgliche Pfarrei. Weil in seinem Pfarrbezirk mehrfach Anschuldigungen gegen ihn erhoben worden waren – und aus einem solchen Rechtsstreit ist das zuvor erwähnte unlängst publizierte Quechua-Dokument von 1608 erhalten –, wurde er 1610 nach Huánuco versetzt, zugleich aber auch zum ersten »*visitador de idolatría*«, also zum Ermittlungsbeauftragten von Irrglauben und Götzendienst, ernannt. In dieser Funktion blieb er weiterhin in Verbindung mit seinem bisherigen Wirkungskreis in der Provinz Huarochirí. Ab 1618 war Avila dann an der Kirche in Chuquisaca, Sucre im heutigen Bolivien, tätig, ab 1632 als Kanonikus an der Kathedrale in Lima. Hier hatte er auch den Lehrstuhl für Quechua inne. In den letzten Jahren seines Lebens bis zu seinem Tod 1647 hat er ein umfangreiches Werk an Quechua-Predigten abgefaßt, das, in zwei Bänden veröffentlicht, vorliegt (Avila 1646/1648).

Avila gehörte zu den bedeutendsten Quechua-Predigern, aber gleich einem Fernando de Avendaño oder einem Rodrigo Hernández Príncipe auch zu den berühmt-berüchtigten »*extirpadores de idolatría*«, den Ausrottern heidnischen Unwesens, seiner Zeit.

In der neuesten biographischen Studie versucht der spanische Lateinamerika-Historiker Antonio Acosta Rodríguez (1987:563, 585, 614) nachzuweisen, daß nichts darauf hindeutet, Avila habe sich vor 1607 sonderlich die Bekämpfung der Idolatrie angelegen sein lassen. Dies sei vielmehr, auch wenn er selbst den Sachverhalt anders dargestellt habe, erst die Folge der im September 1607 gegen ihn erhobenen massiven Anklagen seitens mehrerer führender indianischer Mitglieder seines Seelsorgebereichs gewesen. Aus der umfangreichen Beschwerdeliste scheint das Bild eines Mannes auf, der wie ein Unternehmer großen Stils agierte und die wirtschaftlichen Kapazitäten innerhalb seines Pfarrbezirks in jedweder Weise auszunutzen wußte, der sich aber auch unerlaubte Beziehungen zu Indianerinnen, sowohl ledigen als auch verheirateten, wie auch anderes mehr zuschulden kommen ließ.

Ein Teil der Beschuldigungen wurde zwar zurückgenommen oder zumindest abgeschwächt, wie aus dem bereits angeführten Quechua-Dokument aus dem Jahre 1608 hervorgeht. Avila scheint es aber für opportun erachtet zu haben, sein doch recht angeschlagenes Prestige vor den kirchlichen Autoritäten in Lima wiederherzustellen, indem er den Irrglauben und Götzendienst nun offenkundig machte, den er zuvor geduldet, wo nicht sogar als Profitquelle vielfach genutzt zu haben scheint. In diesem Zusammenhang ist sein Interesse an den Überlieferungen und Kultpraktiken der Menschen in seinem Pfarrbezirk Huarochirí zu sehen. Mit dem »*Tratado y relación de los errores, falsos dioses...*«, der sog. »Paraphrase« oder Manuskript B, sollten die zuständigen Institutionen und geistlichen Würdenträger in Lima entsprechend aufmerksam gemacht, darüber hinaus auch weitere des Lesens kundige Kreise im Mutterland Spanien angesprochen werden (Duviols 1966:236f.).

1609 bereits hatte sich die Situation mit der Ankunft von Bartolomé Lobo Guerrero als neuem Erzbischof in Lima zugunsten von Avila geändert. Dessen Unterstützung bei seinen Unternehmungen gegen die Idolatrie gewiß, brauchte Avila seine Zeit nicht länger auf seinen geplanten Traktat zu verschwenden. Es handelt sich dabei nicht um eine wortgetreue Übertragung, das heißt eine Übersetzung der Quechua-Aufzeichnung, finden sich darin doch ausführlicher gefaßte Passagen oder Erläuterungen, um die Lektüre zu erleichtern, aber auch zusätzliche Betrachtungen, die Avila auf Grund des Geschilderten anstellte.

In Kapitel 3 des Quechua-Textes wird ausführlich berichtet, was einstmals geschah, als das Meer alles überschwemmte. Es heißt dort:

Und diese Erzählung ist so: In alter Zeit soll diese Welt im Begriff gewesen sein unterzugehen. Da es das Heranfluten des Meeres wußte, soll da ein männliches Lama, obwohl sein Herr (es) auf einer (Weide) mit sehr guten Kräutern ruhen ließ, nicht gegessen, (sondern) sehr betrübt getan haben, indem es »in, in« sagte und weinte. Darauf aber warf der Besitzer dieses Lamas, voller Zorn, nachdem er die Körner (selber) gegessen hatte, mit einem Maisstrunk (nach ihm) und rief: »friß, Hund, (wo) ich Dich auf so vielen Gräsern ruhen lasse!« Da aber soll das Lama wie ein Mensch zu reden begonnen und gesagt haben: »Woran könntest Du Tor schon denken? Heute wird für fünf Tage das Meer heranfluten, (und) all dieses Land wird untergehen« – (so) sprach es und tat (ihm) kund. Als dieser Mensch dann aber es mit der Angst bekam und gesagt haben soll: »Wie wird es uns ergehen, wohin wollen wir gehen und uns retten?«, antwortete es: »vorwärts auf den Villcacoto, dort wollen wir uns in Sicherheit bringen. Nimm Dein Essen für fünf Tage mit!« Darauf soll er nun eilends gegangen sein, wobei er das Lamamännchen (führte) sowie seine Last selber trug. Als er dann aber auf dem Villcacoto-Berg ankam, (waren) alle Tiere schon vollzählig, Puma, Fuchs, Guanako, Kondor und alle anderen Tiere. Als dann (auch) der Mensch angelangt war, kam auch sogleich die See angeflutet. Da sollen sie dort in großem Gedränge gesessen haben; (denn) während es sämtliche (übrigen) Berge ganz begrub, wurde nur dieser Villcacoto-Berg (aber auch) nur etwas von seinem Gipfel, nicht vom Wasser erreicht. Dabei aber soll das Wasser den Schwanz des Fuchses benetzt haben, und da(von) ist dieser schwarz geworden.

Dann aber sank das Wasser nach fünf Tagen wieder und trocknete. Da es (nun) vertrocknet sein soll, ließ es auch das Meer nach unten zurücktreten, vernichtete aber die Menschen, alle Menschen zumal. Darauf fing jener Mensch wieder an, sich zu vermehren, und als diese (seine Nachkommen) gibt es bis heute Menschen. Diese Erzählung beziehen wir Christen heute auf die Sintflut jener Zeit, sie aber glauben, daß der Villcacoto so ihre Rettung gewesen sei (Trimborn und Kelm 1967:29-31).

Die entsprechende spanische Fassung stimmt weitgehend mit »*chay simire caimi*«, der Quechua-Erzählung, überein mit Ausnahme einiger Details; so wird hier die Lage des Villcacoto präzisiert, andererseits aber nur ganz allgemein von »verschiedenen Tieren und Vögeln« ohne Angabe der Art gesprochen, wohl aber die bedrängte Situation und bangen Momente bis zur Rettung in gewisser Weise dramatisiert.

Die Tatsache jedoch, daß nur ein einziger Mann überlebt haben soll, auf den alle Generationen bis auf den heutigen Tag zurückgehen, veranlaßte Avila, dies als völlig unsinnig zu bezeichnen. Sein anschließender Kommentar handelt von der Unvereinbarkeit derartiger Überlieferungen mit dem durch die Bibel als wahr verbürgten Sachverhalt von der Sintflut und der Abstammung eines neuen, von da an erst die ganze Welt bevölkernden Menschengeschlechts von Noah, nachdem dieser sich und die Seinen mitsamt seiner Habe in der Arche vor dem Untergang habe retten können. Avilas Folgerung lautet denn auch, zwangsläufig, derartige Glaubensanschauungen seien nichts anderes als Machwerk des Teufels, denn hierzulande könne es weder vor der Sintflut noch lange Zeit danach überhaupt menschliche Wesen gegeben haben (Arguedas 1966b:206-8).

Auf die Anfänge der Menschheit nehmen einige Kapitel des »Huarochirí-Manuskripts« in unterschiedlicher Weise Bezug. So ist beispielsweise im fünften zu lesen:

> Welchen Ursprungs aber die Menschen damals [in Quechua »*ñaupa pacha*«, »alter Zeit«] gewesen sind, wissen wir nicht, (noch) woher sie zum Vorschein gekommen waren. Seitdem jedoch lebten die Menschen von damals, indem sie gegeneinander Krieg führten und sich gegenseitig besiegten. Und als ihre Kuraka [d. h. Häuptlinge] erkannten sie nur die Starken und Reichen an (Trimborn und Kelm 1967:32).

Von der grauen Vorzeit, »*ancha ñaupa pacha*«, berichtet Kapitel 1. Nachdem die Gottheit, der *Huaca Huallallo Caruincho*, einen anderen, damals Machtvollen besiegt hatte,

> soll er dann den Menschen erschaffen haben, auf daß er stets zwei Kinder gebäre. Eines (davon) verzehrte (Huallallo) selber, das andere, (und zwar) jenes, welches sie (mehr) liebten, zogen sein Vater und seine Mutter groß. Wenn sie ferner in jener Zeit auch starben, wurden sie schon nach fünf Tagen wieder lebendig. Dementsprechend war auch ihre Nahrung von ihrer Aussaat an in nur fünf Tagen reif. Und all diese Dörfer sollen (von) *Yunka* [Bewohnern warmer Täler im Gegensatz zu denen der Hochlandsregionen] (bewohnt) gesessen sein. Die vielen Menschen, die (sie) füllten, sollen sehr elend gelebt haben, indem sie für ihre Felder Felsen und Terrassen mit geringem Ertrage aufkratzten und ausgruben (Trimborn und Kelm 1967:19-20).

Den Inhalt der einunddreißig unterschiedlich langen Kapitel und der zwei sog. »*suplementos*« zu resümieren, ist kaum möglich. Das Textkorpus, oft pauschalierend als »*mitos*«, Mythen von Huarochirí zusammenfassend bezeichnet, enthält einige mythenähnliche Erzählungen mit Bezug auf Vorzeitereignisse, darüber hinaus aber auch reale Schilderungen der Glaubensvorstellungen und kultischen Handlungen, wie sie unter den Leuten von Huarochirí zu Zeiten Avilas traditionsgemäß noch üblich waren.

Es lassen sich allenfalls Zyklen in Verbindung mit bestimmten Gottheiten oder »*huacas*«, wie altindianische Numina im andinen Bereich bezeichnet werden, herausstellen (Marzal 1981:373-5).

Die zentrale Gestalt unter diesen Wesenheiten mit übermenschlichen Fähigkeiten, aber vielfach auch durchaus menschlichen Attributen und Verhaltensweisen, ist Pariacaca. Ihn glaubte man wohnhaft auf dem gleichnamigen zweigipfligen, schneebedeckten Gebirgsmassiv mit einer Höhe von 5 724 bzw. 5 771 m ü. M.

Die weibliche Entsprechung zu Pariacaca, von dem es heißt, daß er aus fünf Eiern als Falken geboren wurde und sich später in Personen verwandelte, ist Chaupiñamca, seine Schwester. Gleich ihm tritt sie in fünffacher Erscheinungsform auf und soll, so wie Pariacaca »für die Männer, sehr menschenschöpfend gewesen sein für die Frauen« und dementsprechend Verehrung genossen haben (Trimborn und Kelm 1967:32, 44, 72, 84f., 95).

Innerhalb der abgeschlossenen Welt von Huarochirí gebietet
Pariacaca, der diese Region eroberte und den bislang hier herrschenden
Huaca Huallallo Caruincho, der Menschenopfer forderte, besiegte
und vertrieb.

In Kapitel 8, das wiedergibt, wie Pariacaca auszog, um mit Hilfe
seiner Brüder diesen seinen Widersacher niederzuringen, heißt es:

... Da soll um die Zeit ein Mann angekommen sein, der sich auf einem
Opfergange befand und einen seiner Söhne mitbrachte, ferner Muscheln,
Koka und Erdnuß-*Chicha*[5] (mit sich) trug, in der Absicht, den
Huallallo trinken zu lassen. Da soll (ihn) einer von diesen *Pariacacas*
gefragt haben:»Mein Sohn, wohin gehst Du und opferst so?« Als der
aber sagte:»Vater, dies mein geliebtes Söhnchen bringe ich jetzt, um
(ihn) dem *Huallallo* zu essen zu geben«, (antwortete er):»Mein Sohn,
bringe (ihn) nicht, (sondern) laß (ihn) zu Deinem Dorfe zurückkehren!
Und gib Deine Muscheln, Deine Koka (und) Deine Erdnuß-*Chicha*
mir – dann aber laß Deinen Sohn zurückkehren«, antwortete
er. Als er aber ferner (gesagt haben soll):»In fünf Tagen kehre hierher
zurück, um mich beim Kampf zu sehen. Falls ich (dann) mit vielem
Wasser den Sieg davontrage, sprich zu mir: ›unser Vater siegt‹; und
ebenso, wenn er mich dagegen mit vielem Feuer besiegen sollte,
sprich zu mir: ›der Kampf ist zu Ende‹« (gesagt haben soll), bekam
jener Mann aber Furcht und (sprach):»Vater, wird *Huallallo Caruincho*
mir darob nicht zürnen?« (so) sprach er. Als er (so) sprach,
(*Pariacaca* aber antwortete):»Mag er zürnen – er wird Dir nichts tun
können«... Darauf soll der Mann umgekehrt sein und seinen Sohn
mitgenommen haben. Ebenso kehrte er nach fünf Tagen, nach
Pariacacas Geheiß, wieder zurück, um zuzusehen. Darauf begann
Pariacaca nach den von ihm verkündeten fünf Tagen schon, *Huallallo
Caruincho* zu bezwingen.

Und diese Erzählung ist so: *Pariacaca*, der (ja) fünf Männer war, fing
von fünf Stellen aus zu regnen an; dieser Regen soll nun gelber (und)
roter Regen gewesen sein. Ferner leuchtete er dabei blitzend auch von
fünf Stellen aus auf. *Huallallo Caruincho* aber brannte schon vom
frühen Morgen an bis zum Unterland hin als großes Feuer, das wohl
schon bis zur Himmelsregion reichte, und ließ sich nicht auslöschen.
Da aber sollen die Wasser, die von *Pariacaca* regneten, alle Wasser
zumal, zu einem See unten hin gelaufen sein... Als das Wasser sich
derart in diesem See gestaut hatte, begrub es auch schon das lodernde
Feuer. Da aber blitzte *Pariacaca* darauf immer wieder, ohne (ihm)

Ruhe zu gönnen, und nur so soll *Huallallo Caruincho* nach den Anden geflohen sein...[6]

Von Pariacaca wird in mehreren Versionen berichtet, daß er als »*huaccha*«, als armseliger Bettler verkleidet, auf den Festen in den Dörfern zu erscheinen pflegte. Und wenn dann die Menschen, von einer Ausnahme abgesehen – es kann dies ein Mann oder eine Frau sein –, ihm keine Beachtung schenkten, d. h. ihm nicht zutranken und somit einluden teilzunehmen, sie ob ihrer Gefühlskälte und mangelnden Gastfreundlichkeit grausam bestrafte und vernichtete, und nur den einen oder die eine, die sich mildtätig und freundlich erwiesen hatte, verschonte.

Zu diesem Thema wie auch einigen anderen gibt es lokale Varianten, unterschiedliche, gelegentlich auch widersprüchliche Darstellungen je nach Ortschaft oder Siedlungsgemeinschaft.[7]

Die Bedeutung, die der Fruchtbarkeit der Felder, wie überhaupt ausreichenden Bedingungen für die Ernährung, und damit verbunden der Anlage von Bewässerungskanälen und deren Wartung zukommt, wird in mehreren Kapiteln zum Ausdruck gebracht.

Eine Episode aus dem Pariacaca-Zyklus verdeutlicht das in besonderer Weise. In einem Dorf, dessen Bewohner

... in arger Bedrängnis wegen ihres Wassers, das sie aus einer nur kleinen Quelle auf ihre Felder leiteten, lebten, ... wohnte eine Frau namens *Chuquisuso*, eine sehr schöne Frau. Diese Frau bewässerte nun ihre Mais(felder), da sie trocken wurden, und weinte (dabei) vor sich hin, da ihr Wasser sehr spärlich war. Da soll *Pariacaca* nun, als er sie sah, ihren nur kleinen See, (d. h.) den Ausfluß dieses Sees mit seiner Schulterdecke verstopft haben. Darauf soll aber die Frau von neuem schmerzlich für sich geweint haben. Als er sie so sah, fragte *Pariacaca* dann: »Schwester, was weinst Du so?« Da aber sagte sie: »Mein armer Mais wird mir wegen des Wassers trocken, Vater!« Dann aber (antwortete) *Pariacaca*: »Sei nicht traurig! Ich werde das Wasser aus Deinem See da, (und zwar) sehr viel Wasser, hierher fließen machen – aber erst laß uns noch mit Dir schlafen!« sprach er. Als er (so) sprach, antwortete sie nun aber: »Laß erst noch das Wasser hierherfließen; wenn mein Acker bewässert ist, gut, (dann) werden wir schlafen«, sagte sie. Da ließ er mit dem Worte »trefflich« Wasser (und zwar) sehr vieles, dorthin fließen. Und dann bewässerte die Frau, voller Freude, all ihre Felder. Nachdem sie diese Bewässerung

beendet hatte, sagte er:»Laß uns schlafen!« Als sie dann antwortete:
»Doch nicht jetzt!« An einem dieser Tage noch wollen wir schlafen«,
soll *Pariacaca*, da er diese Frau sehr begehrte, in dem Gedanken:
»Könnte ich doch erst (mit ihr) schlafen!«, dieser Frau alles mögliche
versprochen (und) gesagt haben:»Ich will machen, daß Dein Acker
Wasser (unmittelbar) aus dem Flusse bekommt.« Da aber sagte die
Frau:»Tu das noch zuerst – dann wollen wir (auch) gleich schlafen.«
Darauf sprach Pariacaca:»Gut.« Aus der Schlucht, die *Cocochalla*
heißt, kam bis zu dem ganz kleinen Berg über San Lorenzo seit alters
her eine Wasserleitung, freilich nur eine ganz kleine Wasserleitung
der *Yunka*. Diese Wasserleitung ließ *Pariacaca* nun aber, wobei er sie
noch vergrößerte, bis zu den unteren Gefilden von *Cupara* reichen.
(Und zwar) sollen Pumas, Füchse, Schlangen und Vögel aller Art diese
Wasserleitung gereinigt und hergerichtet haben ... Als er das alles
erledigt hatte, sprach *Pariacaca* erneut:»Laß uns schlafen!« Das sagte
sie wieder:»Los, auf den Felsen oben – dort erst wollen wir schlafen!«
Dieser Felsen heißt heute *Yanacaca*. Dort sollen sie zusammen
geschlafen haben. Als nun aber die Frau, nachdem sie geschlafen
hatten, fragte:»Wohlan, wohin sollen wir beide gehen?« führte er (sie)
mit dem Worte »los!« zum Ausfluß jener *Cocochalla* genannten
Wasserleitung. Als sie dann aber dort ankamen, soll die Frau, welche
Chuquisuso hieß, mit den Worten:»Bei dieser meiner Wasserleitung
will ich bleiben«, dort Stein geworden und erkaltet sein. Dann aber
verließ *Pariacaca* (sie) und stieg von dort nach oben ... Am Ausfluß der
Cocochalla-Wasserleitung sitzt nun, zu Stein erkaltet, die *Chuquisuso*
genannte Frau (Trimborn und Kelm 1967:47-51).

Das Manuskript B, die sog.»Paraphrase«, bricht hier mit der Überschrift zu einem neuen Kapitel ab. Es hätte von der Verehrung der Chuquisuso und dem Ritual zur Reinigung ihrer Wasserleitung, mit der die Bewohner des Dorfes Cupara nun hinreichend versorgt wurden, berichten sollen (Arguedas 1966b:217). Der Quechua-Erzählung zufolge,

...gingen dann, wenn nun in alter Zeit schon, und heute noch, im
Monat Mai die Wasserleitung zu reinigen war, alle diese Leute zumal
zu dem Sitz dieser Frau namens *Chuquisuso*, mitsamt ihrer *Chicha*,
ihrem ›*tejti*‹[8], um dort das teuflische Weib zu verehren ... Nachdem sie
dies dann erledigt (und) auch die Reinigung der Wasserleitung völlig
beendet hatten, kamen darauf die Leute unter Gesang (und) geleite-

ten in ihrer Mitte eine Frau, die sie mit den Worten: »Das ist *Chuquisuso*«, hoch respektierten. Und wenn diese Frau dann in ihrem Dorf angekommen war, warteten die übrigen mit den Worten: »Das ist *Chuquisuso*«, mit *Chicha* (und) etwas (anderem), das sie (ihr) hinsetzten. Dort veranstalteten die Leute, die ganze Nacht tanzend und zechend, ein großes Fest (ein Ritual, das auch weiterhin befolgt wurde). [Denn, so heißt es anschließend,]... an Fronleichnam und (anderen) hohen Feiertagen pflegte eine Frau mit den Worten: »Ich bin *Chuquisuso*«... reihum *Chicha* auszuschenken... und auch gerösteten Mais auszugeben. Und wenn sie die Reinigung der Wasserleitung beendet hatten, lud sie die Leute groß ein und verteilte Mais, Bohnen und sonstiges... Wenn sie die Wasserleitung gereinigt haben, tun sie das (und) beten sie mit Vorbedacht heute noch so... Den Pater aber betrügen sie mit den Worten: »Ich habe die Wasserleitung gereinigt, Pater, ich will tanzen und trinken.« Und was sie (dabei) zu tun haben, betreiben alle Leute zumal (Trimborn und Kelm 1967:51-3).

Auch die beiden letzten Kapitel des »Huarochirí-Manuskripts« zeugen von der Bedeutung des Wassers für die Fruchtbarkeit der Felder und damit Leben und Überleben der Menschen, seiner gerechten Verteilung an alle wie auch der kultischen Verehrung der Wasser- bzw. See-*huacas* mit Opfergaben der verschiedensten Art und Gebeten wie dem folgenden: »Vater *Collquiri* [für den Yansa-See zuständige Gottheit], Dein ist der See, und Dein ist das Wasser. Gib uns in diesem Jahre gut Wasser!« (Trimborn und Kelm 1967:159-82).

Das Thema Tod wird aufgegriffen in Kapitel 27 mit dem Titel »Wie die Menschen in alter Zeit, wenn sie starben, in fünf Tagen zurückzukehren glaubten – das wollen wir beschreiben«. Und so heißt es hier:

Wenn in alter Zeit ein Mensch starb, ließ man seinen Leichnam bis zum Ablauf von fünf Tagen einfach liegen. Seine Seele aber entflog dann, nur so groß wie eine Fliege, mit pfeifendem Geräusch. Wenn sie entflogen war, sprach man: »Schon ist sie gegangen, um *Pariacaca*, unseren Beseeler und Erschaffer aufzusuchen.« Andere (aber sagen) nun: In jener Zeit war *Pariacaca* (noch) nicht, (und) so flog sie nur in obere Regionen nach Yaurillancha hin. – Bevor *Pariacaca* wie *Caruinchu* in Erscheinung getreten waren, waren die Menschen in Yaurillancha, und (zwar) in dem sogenannten Vichicancha geboren worden[9]. – Von dort kehrte (die Seele) nun nach fünf Tagen wieder zurück. Wenn ihre Rückkehr bevorstand, pflegte man (sie) zu erwarten und hielt Speisen und Trank bereit. Nachdem sie dann angelangt war, sagte sie nur: »Schon bin ich zurückgekehrt«, und freute sich mit ihren Eltern und Geschwistern sehr in dem Glauben: »Nun werde ich für immer nicht mehr sterben.« Damals vermehrten sich nun die Menschen stark, und da sie kaum Nahrung fanden, lebten sie sehr mühsam, indem sie Felsterrassen für ihre Felder herrichteten (Trimborn und Kelm 1967:151-2).

An dieser Stelle schließt das Geschilderte an das an, wovon im ersten Kapitel berichtet wird, nämlich von den fernen Zeiten des Huaca Huallallo Caruincho, der jedem Elternpaar nur zwei Kinder zubilligte und davon eines abverlangte, um es zu verspeisen. Doch trotz dieser den Bevölkerungszuwachs regulierenden Maßnahme und obwohl die Feldfrüchte nach fünf Tagen zur Ernte reif waren, mußte irgendwann der Zeitpunkt kommen, zu dem diese Situation nicht länger haltbar war, kehrten doch die Verstorbenen nach fünf Tagen wieder, um für immer zu bleiben. Von der Lösung dieses Problems berichtet der zweite Teil von Kapitel 27:

Als dem so war, starb damals ein Mann. Nachdem er gestorben war, warteten des Mannes Eltern, seine Geschwister und seine Frau (auf ihn). Als er schon hätte eintreffen müssen, nach fünf[10] Tagen, da war aber dieser Mann keineswegs angelangt. Erst am folgenden Tag, in insgesamt sechs Tagen, traf er ein. Da warteten seine Eltern, seine Geschwister und seine Frau voller Zorn. Als er angekommen war, (schalt) seine Frau im Zorn: »Wie bist Du so träge? Finden die übrigen Menschen sich doch ohne Ermattung ein! Und Du hast mich gestern umsonst warten lassen!« – so grollte sie in einem fort. Also zürnend soll seine Frau mit einem Maisstrunk nach der anlangenden Seele geworfen haben. Als sie so warf, machte er flugs mit pfeifendem Geräusche kehrt. Seitdem ist kein Mensch, wer auch sterben mochte, mehr zurückgekehrt (Trimborn und Kelm 1967:152-3).

Das Sterben, ursprünglich nur als kurze Trennung von den Lebenden gedacht, verkehrte sich irgendwann einmal in ein Nicht-mehr-Wiederkommen. Für die Existenz des definitiven Todes hatten die Menschen von Huarochirí ihre eigene Erklärung.

Der peruanische Schriftsteller Manuel Scorza hat diese Überlieferung aus dem Quechua-Manuskript in sein fünfbändiges Werk über die von ihm so genannte »*Guerra Callada*«, jenes verzweifelte

Aufbegehren der bäuerlichen Bevölkerung der Cerro de Pasco-Region im Jahre 1962 gegen die wachsende Bedrohung ihres Lebensraumes, aufgenommen. In der »*Balada 2*« mit dem Titel »*Garabombo, el Invisible*«, »Garabombo der Unsichtbare«, findet sich vor der Schilderung des Kampfes vom 3. März 1962 ziemlich unvermittelt als Einschub der erste Teil aus Kapitel 27 bis zu den triumphierenden Worten der zurückgekehrten Seele »jetzt sterbe ich nimmermehr« (Scorza 1977:257; 1978:262). Anstelle der unten beschriebenen Ursache für das endgültige Totsein, nämlich letztlich bedingt durch eine nichtige, alberne Handlungsweise, tritt bei Scorza die historische Realität, das blutige Massaker mit seiner Absurdität des Sterbens.[11]
Zwar kehrten die Verstorbenen von nun an nicht mehr zurück, um niemals mehr zu sterben, doch blieben sie weiterhin der Welt der Lebenden verbunden, und »wie man nach dem einstigen Glauben zu Pariacacas Zeit und dann auch zu Allerheiligen die Seelen zu speisen pflegte«, schildert daran anschließend Kapitel 28 folgendermaßen:

> Schon in einem anderen Kapitel[12] haben wir (erzählt), wie die Leute, wenn sie zu *Pariacaca* zu beten gingen, ihre Toten beklagten und speisten, erzählt. In Erinnerung an diese Opfer sagten die Leute nun, als sie noch nicht zu guten Christen geworden waren: »Zu Allerheiligen geben also auch die Weißen ihren Verstorbenen (und) ihren Gebeinen zu essen und zu speisen – auf zur Kirche, laßt uns unsere Toten speisen!« (Denn) in alter Zeit pflegten sie alle Art von Speisen, sämtlich gut zubereitet, zu bringen. Wenn nachdem nun ein Mensch starb, (so pflegte man) in Erinnerung daran, wie es vordem war, in dem Glauben: »Unser Toter wird nach fünf Tagen zurückkehren, laßt uns warten«, (auf ihn) zu warten. Bis (zum Ablauf) der von uns erwähnten fünf Tage von seinem Tode an wachten sie alle Nächte. Nach insgesamt fünf Tagen ging (dann) eine Frau, wobei sie ihr gutes Kleid anlegte, nach *Yarutini*. In der Absicht, (ihn) von dort herzugeleiten oder (ihn) zu erwarten, ging dann die Genannte und nahm nebst ihrer *Chicha* auch Speisen mit. Wenn dann in *Yarutini* bereits die Sonne zu steigen begann, kam die Seele an; dann pflegten in alter Zeit zwei (bis) drei große Fliegen... sich auf dem von ihr mitgebrachten Kleide niederzulassen und saßen dann lange Zeit da. Wenn die erwähnten Insekten fortgeflogen waren, pflegte sie mit den Worten: »Auf, laßt uns zum Dorfe gehen«, ein ganz kleines Steinchen mitzunehmen – als ob sie sagen wollte: »Dies ist er« – und (damit) (zurück)

zu kommen. Nachdem dann diese Frau angelangt und flugs auch sein Haus gut gefegt war, begann man bereits (ihn) zu speisen. Nachdem man (ihn) zu speisen aufgehört hatte, gab man (ihm) auch noch zu trinken. Und auch sie speisten, während ihr Toter aß, und wenn es schon auf den Abend zuging, tanzten alle seine *Aillu*-Genossen klagend fünfmal. Wenn sie nun fünfmal zu tanzen und klagen aufgehört hatten, dann warf man den von ihr mitgebrachten Stein auf die Straße und sprach: »Jetzt aber kehre zurück – wir anderen aber wollen nur ja nicht schon sterben.« An diesem Tage pflegten sie auch durch Maskentanz zu erfragen: »Weshalb ist dieser Mensch uns gestorben?« Wenn es dann hieß: »weil der zürnt« oder »weil jener zürnt« – mochte dies in bezug auf *Pariacaca* oder auf wen auch heißen –, demgemäß pflegten sie (dem Betreffenden) mit ihren Meerschweinchen und mit was auch immer Genüge zu tun. Alles dies wissen wir hinsichtlich der verstorbenen Menschen. Ferner (sagt) man nun in Huarochirí oder auch in Quinti an dem von uns Allerheiligen genannten (Tag): »Laßt uns in der Kirche Meerschweinchen für sie hinsetzen«, sagt man, kocht Kartoffeln und stellt ferner auch gut gepfefferte Trockenfleischstücke wie als menschliche Nahrung für sie hin, gerösteten Mais und geschmortes Fleisch und dann bei jedem ihrer Leute auch ein Krüglein *Chicha*. (Denn) wie sie – wenn sie die genannten (Dinge) hinstellen – glauben, essen (es) ihre Toten; in diesem Glauben stellen sie all die Meerschweinchen und was sonst auch immer für sie hin (Trimborn und Kelm 1967:153-6).

Es ist bekannt, daß in inkaischer Zeit ein Abschnitt des Kalenders, dem Monat Oktober bzw. November entsprechend, dem Gedenken der Verstorbenen, »*ayamarcai*« vorbehalten war. Was den Zeitpunkt und die Darbringung von Opfergaben an die Dahingeschiedenen anbelangt, so liegt hier – und vielleicht in diesem Falle am deutlichsten erkennbar – eine wirkliche Koinzidenz von christlichen Elementen mit altindianischem Totenglauben und Totenverehrung vor. In den Bestimmungen der ersten Synode von Quito 1570 werden die für Indianerpfarreien zuständigen Geistlichen angewiesen, nach christlichem Brauch an Opfergaben für Tote nur Brot, Wein und Kerzen zuzulassen, keinesfalls aber solche, die dem Aberglauben verhaftet sind (Hartmann 1973:194).

Bei der Übernahme des ersten Teils von Kapitel 27 des Huarochirí-Manuskripts konnte Manuel Scorza sich auf die, 1966 in Lima unter dem Titel »*Dioses y hombres de Huarochirí*« [›Götter und Menschen von Huarochirí‹] erschienene Publikation desselben in paläographischer Wiedergabe nebst einer Übertragung ins Spanische durch José María Arguedas stützen. Mit dieser durch das *Museo Nacional de Historia* gemeinsam mit dem *Instituto de Estudios Peruanos* in Lima besorgten Textausgabe wurde erstmalig eine direkte Übertragung ins Spanische publiziert. Zu ihr sei hier lediglich angemerkt, daß sie stark von der Feder des Romanciers geprägt ist, d. h. daß vielfach frei und paraphrasierend verfahren wurde. Überhaupt ist es offenkundig, daß diese Edition, mit einer Auflage von nur tausend Exemplaren, seinerzeit etwas überstürzt erfolgte.[13]

Es muß jedoch als Verdienst von Arguedas anerkannt werden, daß er sich überzeugen ließ, wie wichtig es wäre, daß gerade er sich der Übersetzung des »Huarochirí-Manuskripts« annehme. Bedingt durch die Tatsache, daß er Quechua wie seine Muttersprache beherrschte – bis zu seinem achten Lebensjahr hatte er nur Quechua gesprochen –, daß er sich außerdem viel mit Fragen und Themen im Zusammenhang mit dem Quechua und den Quechua-Sprachigen befaßt hatte, überhaupt fachlich vorgebildet war, nämlich als »*antropólogo*«, wie man in Lateinamerika sagt, also als Völkerkundler, war er aufgrund dieser Voraussetzungen derjenige schlechthin, der für eine solche Aufgabe in Frage kam.

Der Titel von Arguedas letztem, posthum veröffentlichten Werk »*El zorro de arriba y el zorro de abajo*« [›Der Fuchs von oben und der Fuchs von unten‹] evoziert die berühmte Szene vom Treffen zweier Füchse aus Kapitel 5 des »Huarochirí-Manuskripts«. Aus dem, was der von einer höher gelegenen Region Gekommene seinem Artgenossen zu berichten weiß, erhält der in armseligen Verhältnissen lebende Huatyacuri, der, sich schlafend stellend, Zeuge der Unterhaltung wird, entscheidende Informationen, um anschließend sein Glück zu machen.

Er erfährt, daß ein reicher Mann, der sich gottgleich dünkt, an einer schlimmen Krankheit leidet, die kein Konsilium von Ärzten und Weisen diagnostizieren kann. Die Erzählung des Fuchses von oben enthüllt den Grund des Siechtums. Huatyacuri verhilft Tamtañamca wieder gesund zu werden, nachdem dieser ihm seine jüngste Tochter zur Frau versprochen hat. Der Bericht des Fuchses aus tiefer gelegenen Gegenden wird an dieser Stelle nur hinsichtlich des Themas erwähnt, aber, weil zu lang, ausgespart und für später angekündigt[14]. Dabei ist es geblieben. In dem überkommenen Quechua-Text sucht man ihn vergebens.

Mit der Lima-Edition von 1966 (Arguedas 1966c) war das Huarochirí-Manuskript der spanischsprachigen Welt, vor allem in Peru, zugänglich geworden und mit dieser durch die Arguedassche Übertragung erschlossenen Quelle gewissermaßen eine »Marktlücke« gefüllt.[15]

Einer Übersetzung ins Spanische, auf der Grundlage der Übertragung der Quechua-Aufzeichnungen ins Lateinische durch den italienischen Altphilologen Hippolytus Galante und nebst einer Transkription des Urtextes unter dem Titel »*Francisci de Avila De Priscorum Huaruchiriensium Origine et Institutis*« 1942 in Madrid veröffentlicht, war offenbar keinerlei Beachtung zuteil geworden. Diese Edition ist zudem unvollständig, da sie die beiden nicht numerierten Schlußkapitel ausläßt.[16]

Ein Vierteljahrhundert lang bildeten, wie Duviols (1966:232) betont, die beiden Veröffentlichungen von Hermann Trimborn »Dämonen und Zauber im Inkareich«, 1939 zunächst unvollständig erschienen, aber nach Beendigung des spanischen Bürgerkriegs, als der Zugang zur Nationalbibliothek in Madrid und damit zu dem dort befindlichen Manuskript wieder möglich war, durch die »Nachträge zum Ketschuawerk des Francisco de Avila« 1941 (1944) ergänzt, zusammengenommen, die einzige vollständige Edition der Quechua-Aufzeichnungen über Huarochirí.[17]

Dieser für die amerikanistische Forschung bedeutsamen Leistung, nämlich erstmalig, wenn auch in zwei Etappen, dieses Manuskript in seiner Gesamtheit bekannt gemacht und somit einen Einblick in das Denken und Handeln der Bewohner einer obzwar begrenzten andinen Region um die Wende des 16./17. Jahrhunderts ermöglicht zu haben, ist der Erfolg, bedingt durch das Zusammentreffen verschiedener unglückseliger Umstände, letztendlich versagt geblieben. Aufgrund der politischen Ereignisse in Spanien mußte die Erstausgabe unvollständig bleiben, konnten die Nachträge erst gegen Ende des Zweiten Weltkriegs erscheinen. Ein Brand im Koehler-Verlag in Leipzig zu Beginn des Krieges hatte zudem den größten Teil der Auflage vernichtet, noch bevor er zur Auslieferung gelangte. Schließlich bleibt anzuführen, daß die Publikation in Deutsch erfolgt war, auch wenn der deutschen Sprache zur damaligen Zeit in der wissenschaftlichen Welt ein anderer Stellenwert zukam als heutzutage.[18] Doch auch die zweite, überarbeitete Edition 1967, nunmehr erweitert um einen ethnographischen und religionswissenschaftlichen Kommentar von Antje Kelm, als Band 8 der vom Ibero-Amerikanischen Institut in Berlin herausgegebenen Reihe »Quellenwerke zur alten Geschichte Amerikas, aufgezeichnet in den Sprachen der Eingeborenen«, schloß sich dieser Sprachregelung an und blieb damit für die nicht-deutschsprachige Welt weitgehend unbekannt[19], zumindest aber unverwendbar.

Und wiederum gingen Jahre ins Land seit der Trimbornschen Zweitveröffentlichung 1967 und der mit ihr etwa zeitlich zusammenfallenden, trotz mancher ihr anhaftenden Mängel und Flüchtigkeiten so berühmt gewordenen Publikation *»Dioses y hombres de Huarochirí«* in Lima 1966 (Arguedas 1966c).

Inzwischen liegen weitere Editionen vor: die eine unter dem Titel *»Rites et traditions de Huarochirí: manuscrit quechua du début du 17ème siècle«* und zwar, wie der Untertitel erläutert, als *»texte établi, traduit et commenté par Gerald Taylor«*, als Übertragung ins Französische 1980 in Paris erschienen; eine zweite, in spanischer Version durch George L. Urioste, wurde als zweibändige Ausgabe mit dem Titel *»Hijos de Pariya Qaqa: La Tradición Oral de Waru Chiri (Mitología, Ritual y Costumbres)«* 1983 in Syracuse/New York veröffentlicht[20].

Der Taylorschen Edition von 1980, die, weil in französischer Sprache verfaßt, nur einen begrenzten Leserkreis anspricht, ist 1987 eine überarbeitete Fassung in Spanisch gefolgt, als gemeinsame Publikation des *Instituto de Estudios Peruanos* und des *Instituto Francés de Estudios Andinos* in Lima, erweitert um die bereits erwähnte biographische Studie über Francisco de Avila von Antonio Acosta.

Mit der Veröffentlichung des »Huarochirí-Manuskripts« durch Urioste 1983 und Taylor 1987, die, was die paläographische Wiedergabe und Strukturierung des Quechua-Texts anbelangt, überaus gewissenhaft vorgenommen wurde, sind schließlich sorgfältig aufbereitete Fassungen in spanischer Sprache verfügbar geworden.

Die unlängst, 1991, von Frank Salomon in Zusammenarbeit mit George L. Urioste vorgelegte englische Bearbeitung *»The Huaro-*

chirí-Manuscript – A Testament of Ancient and Colonial Andean Religion« will sich demgegenüber – vor allem der Taylorschen Edition zum Zwecke wissenschaftlicher Studien mit einer Fülle von Anmerkungen und Verweisen – eher als »a reader's edition«, d. h. als auf einen breiteren Leserkreis ausgerichtete Lektüre verstanden wissen (Salomon »Introductory Essay« in: Salomon und Urioste 1991:29-30).

Das trifft in erster Linie auf einige taschenbuchartige Veröffentlichungen der Huarochirí-Überlieferungen in verschiedenen Sprachen ohne Wiedergabe des Quechua-Textes zu, die neben den oben erwähnten Editionen mit Übertragung ins Französische bzw. Spanische für die 80er Jahre zu verzeichnen sind.

Zehn Jahre nach der 1975 publizierten Zweitauflage von ausschließlich José María Arguedas' spanischer Version »Dioses y Hombres de Huarochirí« (Arguedas 1975c) erschien davon eine Übersetzung ins Polnische durch Jan Szemiński 1985 in Krakau und 1988 in Amsterdam eine Ausgabe in Niederländisch durch den holländischen Linguisten und Quechuisten Willem Adelaar an der Universität Leiden auf der Grundlage der vorliegenden Transkriptionen des Quechua-Manuskripts, vorrangig der von Taylor erstellten.

Ein ähnliches Vorhaben, wie es Liliana Rosati in italienischer Sprache plante, blieb bislang beschränkt auf die Wiedergabe von Kapitel 27 nebst einem kurzen Kommentar über »Miti e riti de Huarochirí« in dem kleinen, von der Associacione Culturale 1987 in Padua veröffentlichten Bändchen »In Forma Di Parole«.

Hierzulande liegt Vergleichbares bis jetzt nicht vor. Die deutsche Zweitauflage der Trimbornschen Erstedition von Ende der 30er/ Anfang der 40er Jahre ist seit längerem vergriffen und allenfalls antiquarisch erhältlich, auch bedürfte sie der erneuten Überarbeitung entsprechend dem Stand der in ihrer Folge seit 1966/67 erschienenen Veröffentlichungen des »Huarochirí-Manuskripts«.

In Anbetracht dieses Sachverhalts erschien es angezeigt, mit dem hier vorgelegten Beitrag, anknüpfend an Hermann Trimborn, der vor rund einem halben Jahrhundert zum ersten Mal die in Quechua überlieferten Mythen und Riten der Menschen von Huarochirí insgesamt einem des Deutschen kundigen Publikum vorgestellt hat, wenigstens ausschnittweise einen Einblick in das Weltbild, den Mikrokosmos, der Bewohner dieser Andenregion zu vermitteln.

Anmerkungen

1 Zu den von Garcilaso de la Vega überlieferten Gedichten, s. Thiemer-Sachse 1980. Bezüglich weiterer Beiträge zu früher Quechua-Dichtung sei auf Beyersdorff 1986, ebenso Husson 1984 und 1985 wie auch Itier 1987 und 1988 verwiesen.

2 Ergänzend erwähnt seien die kürzlich von Cerrón-Palomino (1991) unter dem Titel »*Un texto desconocido del quechua costeño*« (s. XVI) veröffentlichten Quechua-Passagen aus den etwa 1562 von dem Geistlichen Pedro de Quiroga verfaßten »*Coloquios de la Verdad*«, kurze Äußerungen, die hier als stilistisches Mittel eingesetzt wurden, um derart eine der beteiligten Personen als von indianisch-inkaischer Herkunft zu charakterisieren. Mannheim (1991:143-4) kündigt die baldige Veröffentlichung von Textfragmenten aus Notariatsurkunden in Quechua aus der Calca-Urubamba-Region im heutigen Departamento Cuzco unter dem Titel »*Anonymous notary, Cay q[ui]quin llactapi cabildo tantanacucuna ... (1605-1608)*« an.

3 Zu den relativ frühen Aufzeichnungen zählt die Kollektion von acht Märchen und einigen Gedichten, die Max Uhle, gemeinhin bekannt als »Vater der südamerikanischen Archäologie«, 1905 von einem Gewährsmann in der Region von Cuzco/Peru niederschreiben ließ, die aber erst 1968, von Antje Kelm ins Deutsche übertragen, unter dem Titel »Vom Kondor und vom Fuchs« herausgegeben wurden.

4 Auf das Problem »Autor« im Zusammenhang mit diesen Quechua-Aufzeichnungen sowie weitere Fragen, die durch die gesteigerte Beschäftigung mit dem Manuskript neuerdings Gegenstand der Diskussion sind, kann hier nicht eingegangen werden; s. dazu Hartmann 1990:555-7, wie auch die einleitenden Kommentare zu Salomon und Urioste 1991, Taylor 1980, 1987a, Urioste 1983.

5 Trimborn übersetzt »*ticti*« hier und an anderer Stelle mit »Erdnuß-*Chicha*«; es handelt sich jedoch um eine besondere, dickflüssige Mais-*chicha* für rituelle Zwecke.

6 Trimborn und Kelm 1967:55-8; vgl. dazu auch Kap. 16:96-8 wie auch Trimborn 1962.

7 Vgl. dazu Trimborn und Kelm 1967, Kap. 6:45-7, Kap. 25:145-7, Kap. 26:147-9.

8 Laut Fußnote »Maisbier mit Zusatz von Erdnuß« (Trimborn und Kelm 1967:51); s. oben.

9 Kapitel 7 (Trimborn und Kelm 1967:132-6) berichtet als »Entstehungs- und Erscheinungssage« zum einen von dem Ursprung der Menschen in der oberen Pariacaca-Region als Früchte einer Pflanze namens *quinoa* (*Chenopodium quinoa*) – einer Getreideart, die neuerdings hierzulande, vielfach als »Korn der Inka« etikettiert, auf den Markt gebracht wird –; zum anderen wird auf ein Vichicancha genanntes Land in der gleichen Gegend verwiesen, wo »vom Himmel Blut herabgeflossen ... angekommen sein soll ... und sie nun siedelten«. – Von der Pariacaca-Region als Totenreich und den Kulthandlungen gegenüber den Verstorbenen handeln auch die Kapitel 9 und 28 (Trimborn und Kelm 1967:66-7, 153-6).

10 Zur Bedeutung der Zahl fünf in unterschiedlichem Kontext innerhalb des »Huarochirí-Manuskripts« s. Silva Santisteban 1978 sowie Trimborn 1960.
11 S. dazu Crumley 1984; Urioste (1981:17) hingegen interpretiert den Tod als zwangsläufige Folge eines Ritualverstoßes, nämlich die vorgegebene Frist von fünf Tagen zur Rückkehr nicht eingehalten zu haben.
12 Es handelt sich um Kapitel 9; s. dazu Trimborn und Kelm 1967:66-7.
13 Arguedas selbst hat im Vorwort (1966c:13) mit aller Offenheit zugegeben, daß er sich überfordert und zeitlich zu sehr unter Druck gesetzt gefühlt habe.
14 Trimborn und Kelm 1967:31-44; zu Krankheit und Tod s. Urioste 1981.
15 S. dazu beispielsweise die im Anschluß veröffentlichten Beiträge von Espinoza Soriano 1972, Ortiz Rescaniere 1980, Pease García 1970, Rostworowski de Diez Canseco 1977, 1978, Silva Santisteban 1978; auch die Zweitedition der spanischen Version von Arguedas (1975c) ohne Wiederabdruck des Quechua-Textes ist in diesem Zusammenhang zu erwähnen.
16 Die Übersetzung ins Spanische war von Ricardo Espinosa von der Zentraluniversität in Madrid angefertigt worden. Wegen weiterer Einzelheiten hinsichtlich dieser Edition des »Huarochirí-Manuskripts« sei auf Trimborn (1967:2, 14-5), ebenso Hartmann (1990:550-1) verwiesen.
17 Trimborn, 1933 nach Madrid auf einen neu eingerichteten Lehrstuhl, die »Cátedra de Arqueología y Etnografía Precolombina de América« berufen, war dort von seinem Schüler Wilhelm Petersen auf das in der Nationalbibliothek aufbewahrte Quechua-Manuskript aufmerksam gemacht worden. Zusammen mit seinen Studenten arbeitete er sich »lehrend-lernend« in diese so völlig fremde Sprache ein, so daß er binnen kurzem in der Lage war, den Quechua-Text zu bearbeiten. Wie er selbst in der Einleitung zur ersten Edition (1939:4f.) schreibt, »wurde die Übersetzung alsbald in Angriff genommen. In vierjähriger Arbeit ist es möglich gewesen, den Urtext in originalgetreuer Wiedergabe und eine sinngetreue Nacherzählung zur Veröffentlichung zu bringen ...«
18 In dem Nachlaß des 1983 verstorbenen peruanischen Wissenschaftlers Toribio Mejía Xesspe fand sich eine 1941-43 von diesem anhand der Trimbornschen Publikation von 1939 erstellte spanische Übersetzung als Manuskript nebst einer neuen paläographischen Version des Quechua-Textes.
19 Selbst im Nachbarland Frankreich mußte Gerald Taylor (1982:255) zugeben, daß er die Arbeit von Trimborn – gemeint ist damit dessen Zweitedition von 1967 – erst 1974, d. h. sieben Jahre nach ihrem Erscheinen und sechs Jahre nach seinen ersten Bemühungen, das »Huarochirí-Manuskript« zu bearbeiten, entdeckt hatte.
20 In den einzelnen Editionen wird bei Personen- und Ortsnamen wie auch sonstigen autochthonen Termini eine unterschiedliche Schreibweise zugrunde gelegt, z.B. »huaca«/»waq'a«.

Menschen, übernatürliche Wesen und Tiere in den Überlieferungen von Huarochirí

Peru, 17. Jahrhundert

Sabine Dedenbach-Salazar Sáenz

Vorbemerkung

Bei den Überlieferungen von Huarochirí handelt es sich um eine Sammlung von Erzählungen und ethnographischen Texten, die Anfang des 17. Jahrhunderts in der Provinz Huarochirí, im Hinterland von Lima, Peru, von Indianern oder in deren Auftrag in Quechua aufgezeichnet wurden. Sie wurden bei den Unterlagen des Pfarrers Francisco de Avila gefunden, dem sie höchstwahrscheinlich bei seinem Bemühen um die Ausrottung der andinen Religion dienlich waren. Ursprünglich als Dokumentation indianischer Glaubensinhalte zusammengestellt, dann im Kampf gegen den von christlicher Warte aus zu verurteilenden indianischen »Götzenglauben« verwendet, ist diese Textsammlung für uns heute eine einzigartige Quelle altperuanischer Erzählkunst. Diese Texte dienen mir nun im wesentlichen als Grundlage für die vorliegende Arbeit.

Die andine Welt, wie sie sich uns in den Überlieferungen von Huarochirí darstellt, ist voller Menschen und Gottheiten und vor allem voller Tiere, die in jedem Augenblick des Lebens in jener Zeit gegenwärtig waren. Dabei handelt es sich neben den Kameliden, das sind die domestizierten Lamas und Alpakas und die wildlebenden Guanakos und Vikuñas, um in den Anden heimische Wildtiere wie Puma, Kondor, Fuchs und andere mehr. Die Handlungsträger der Erzählungen verfügen zumeist über übermenschliche Charakteristika, oder es sind sogar Gottheiten (wie z. B. Cuniraya, Pariacaca, Huatyacuri, Tamtañamca, Pachacamac, Collquiri sowie die Frauen Urpayhuachac, Cauellaca und Chuquisuso).

In diesem Beitrag geht es mir darum, zu versuchen, etwas Klarheit in das Zusammenspiel und die Interaktion dieser Gruppen von Lebewesen zu bringen, die die vorspanische andine Welt bevölkerten. Dabei handelte es sich ganz offensichtlich nicht um zufällige

Verbindungen zwischen diesen, sondern ihr Platz im Weltbild und Leben der Menschen war auf eine bestimmte Weise strukturiert. Der Mensch ging im täglichen Leben mit Tieren um, als Nahrungsmittel, als mächtige Kraft seines Lebensraumes, aber auch als Teil seiner geistigen Welt; hier waren die Tiere Helfer der Gottheiten, aber auch Mittel zur Kommunikation des Menschen mit übernatürlichen Kräften.

Der Tierwortschatz in den Überlieferungen von Huarochirí

Die vorliegende Textsammlung enthält Beispiele für die Verwendung von Tierbezeichnungen im Kontext und bietet einige Klassifikationen in Tiergruppen, welche nicht unbedingt der modernen biologischen Einteilung entsprechen, sondern vielmehr eine kulturell bedingte Gruppierung bilden, d. h. die hier verwendete Klassifikation spiegelt wider, wie die Tiere sich zueinander und in Beziehung zum Menschen verhalten. So treten bestimmte Tiere in sprachlichem und inhaltlichem Zusammenhang miteinander auf, was die Annahme zuläßt, daß sie für den Menschen jener Kultur eine Gruppe bildeten:

– Guanako und Vikuña finden sich sowohl in biologischem als auch mythischem Kontext zusammen: Als Cuniraya während der Verfolgung der von ihm begehrten Frau Cauellaca den Kondor trifft und dieser ihm eine gute Nachricht gibt, sagt Cuniraya zu ihm: *wañuptinqa wanakuktapas wikuñaktapas ima hayka kaqtapas qamllam mikunki*,»und wenn es stirbt, sollst Du allein das Guanako und das Vikuña und alle sonstigen Wesen verzehren« (*Huarochirí* cap. 2, fol. 65r-v)[1]. Doch nicht nur in dieser explikatorischen Mythe einer biologischen Gegebenheit erscheinen die beiden Tiere zusammen; auch in der Überlieferung über einen Kampf zwischen Tamtañamca und Huatyacuri helfen Guanako und Vikuña letzterem, wobei sie durch ihre Schnelligkeit charakterisiert werden: *uqsantapas tukuy wanakukuna wikuñakunas astamurqan*,»und (zwar) holten sein Stroh alle Guanakos und Vikuñas herbei« (cap. 5, fol. 69r).
– Eine weitere Gruppe besteht aus zwei Vögeln, dem Kondor und dem Falken, die die Begleiter des Inka Huayna Capac schufen:

chaysi wakinnin runakuna ›ñuqam **kunturpaq** *kamasqa kani‹ ñispa ñirqanku; wakinsi ›ñuqam* ***wamanpa*** *kamasqa kani‹ ñirqan,* »da sagten einige seiner Leute: ›Ich bin vom Kondor erschaffen‹; andere sagten: ›Ich bin vom Falken erschaffen‹«, und auch der *wayanay*-Vogel scheint zu dieser Gruppe zu gehören: *wakinmi kanan ›ñuqam* ***wayanay*** *pisqu pawaq kani‹ ñispa ñirqan,* »andere sagten nun: ›Ich fliege als Vogel Schwalbe‹« (cap. 14, fol. 79v-80r). Zusammen mit dem Aasgeier treten der Kondor und der Falke auch in einer astronomischen Konstellation auf: *chaymantam kimsa quyllur chiqalla rin, chaytam* ›**kunturmi**‹ *ñinku, hinataqmi* ***suyuntuy****tapas* ***wamantapas***, »ferner geht ein Dreigestirn, immer so viele, das man Kondor nennt, aber auch Aasgeier oder Falke« (cap. 29, fol. 99r-v).
- Andere Tiere, die jeweils verschiedenen biologischen Kategorien angehören, bilden in den Überlieferungen eine Gruppe; es handelt sich um Tiere anderer ökologischer Regionen, die gleichzeitg mit einer weit zurückliegenden Epoche in Verbindung gebracht werden. So werden Papageien und andere Urwaldvögel zusammen erwähnt: *hinaspari chay pacha* **pisqu** *kunaqa ancha sumaqkamas karqan* ***uritu****pas* ***qaqi****pas tukuy qillusapa pukasapa,* »auch hat es damals lauter schöne Vögel gegeben, Papageien und Tukane, alle ganz gelb und rot« (cap. 1, fol. 64r), Urwaldvögel und Schlangen: *chay pachas kanan tukuy hinantin pacha yunkasapa karqan, hatun* **machachway***pas* **qaqi***pas ima hayka animalkunapas huntaptinsi,* »damals soll nun das ganze Land voll von Yunka gewesen sein, dieweil große Schlangen, Tukane und alle möglichen Tiere [es] füllten« (cap. 8, fol. 72r), sowie Affen und Urwaldvögel: *chay sawas [sachapi]* **kusillu***pas* **qaqi***pas ima hayka rikchaqkuna* **pisquku***napas tiyakuq karqan,* »[ein Baum], auf dem Affen, Tukane, und Vögel jeglichen Aussehens saßen« (cap. 5, fol. 69v).
- Schließlich sind noch Meerschwein und Lama zu nennen, die bei Opferungen zusammen erwähnt werden, z. B.: *runakuna chay Chuquisuso ñisqa warmip tiyasqanman rirqanku aswanwan tiqtinwan* **quwin***wan* **llaman***wan chaypi chay supay warmikta muchaypaq,* »[die] Leute gingen zu dem Sitz dieser Frau namens Chuquisuso, mitsamt ihrer Chicha, ihrem *tiqti* [Maisbier mit Zusatz von Erdnuß], ihren Meerschweinchen und Lamas, um dort das teuflische Weib zu verehren« (cap. 7, fol. 71v).

Übernatürliche Wesen und Tiere

In Huarochirí, so wie es in den Überlieferungen beschrieben ist, wurden die wilden Tiere immer in Verbindung mit den übernatürlichen Wesen gesehen. Daher ist es von Interesse zu sehen, wie diese Tiere von den übernatürlichen Wesen ge- und benutzt wurden und inwieweit die Tiere und die Gottheiten miteinander in Interaktion standen.

Wildtiere als Helfer der übernatürlichen Wesen

Einerseits gibt es Tiere, die von den übernatürlichen Wesen genutzt werden und ihnen auf diese Weise helfen. So verwendet Huatyacuri im Wettkampf mit Tamtañamca, dessen Tochter er zur Frau nehmen will (cap. 5), die Trommel der Stinkfüchsin (*añaspa wankarninta*, fol. 68v), die so stark erschallt, daß die Erde erbebt, und er tanzt mit dem Fell eines roten Pumas (fol. 69r).

In den Wettkämpfen, die nun folgen, treten die Tiere jedoch als aktive und direkte Helfer auf:

– Vögel (*pisqukuna*) und Schlangen (*machachwaykuna*) bauen ihm ein Haus,
– Guanakos und Vikuñas (*wanakukuna wikuñakunas*) decken sein Dach,
– und eine Wildkatze hilft ihm, die Lasten der Lamas seines Gegners zu zerstören (*usqullukta minkaspa... mancharichispa tukuyta destruyrqa*) (fol. 69r).

Die Wildtiere helfen auch Pariacaca und damit auf indirekte Weise den Bewohnern des Ortes Cupara (cap. 6, fol. 71r):

– Pumas, Füchse, Schlangen und alle möglichen Vogelarten reinigen und richten die Bewässerungsanlage her: *pumakuna atuqkuna machachwaykuna ima hayka pisqukuna*. Pumas und Leoparden beraten darüber, wer den Lauf des Grabens bestimmen soll. Hierbei wird eine Verbform verwendet, die sich normalerweise nur auf menschliche Handlungsträger bezieht und eine Gegenseitigkeit zum Ausdruck bringt.

Auf seiner Suche nach Cauellaca trifft Cuniraya verschiedene Tiere, die ihm entweder hilfreich sind oder nicht (cap. 2, fol. 65r-v):

- der Kondor *(kuntur)* gibt ihm gute Auskunft und erhält daher das Privileg, sich von Guanakos und Vikuñas zu ernähren,
- ebenso der Puma *(puma)*, der das Recht erhält, Lamas zu fressen und selbst nur vom Menschen verzehrt werden darf,
- auch der Falke *(waman)* gibt ihm eine positive Auskunft und erhält damit das Vorrecht, Kolibris *(qinti)* und andere Vögel zu verspeisen.

Dagegen bestraft er die Tiere, die ihm nicht helfen:

- die Stinkfüchsin (Mephitis) *(añas)*, die stinkend weiterleben muß,
- den Fuchs *(atuq)*, der von den Menschen verachtet wird,
- und die Papageien *(uritu)*, die von den Menschen gejagt werden, weil sie deren Felder zerstören.

Diese explanatorische Mythe vermittelt uns nicht nur Erklärungen des Aussehens und Verhaltens bestimmter Tiere, sondern legt auch, durch den Einfluß eines übernatürlichen Wesens, eine hierarchische Ordnung unter den Tieren fest, eine »Freßordnung« und damit eine Machthierarchie: der Kondor frißt wilde Kameliden, der Falke Kolibris und der Puma Lamas. Es ist interessant, daß noch heute in einer Hirten-Gemeinde in Chile der Kondor und die Wildkatze, neben anderen Tieren, als heilig verehrt werden (Grebe Vicuña 1986:9).

Betrachtet man die figurative Interpretation dieser Tierbezeichnungen, wie sie in einem Quechua-Lexikon des 17. Jahrhunderts beschrieben werden, so spiegelt sie die »Klassifikation«, die in den Überlieferungen von Huarochirí zum Ausdruck kommt, wider, wenn hier auch nur auf metaphorischer Ebene, nicht auf mythischer:

- der Kondor *(kuntur)* wird mit Schnelligkeit in Verbindung gebracht: »Kuntur hina puriq. Er ist leichtfüßig, ein großer Läufer« (González Holguín 1952 [1608]:55/2),
- ebenso der Falke *(waman)*: »Waman rikrakuna. Leichtfüßiger Mensch, großer Läufer« (ebd.:175/1),
- der Puma *(puma)* steht für Kraft und Mut (ebd.:611/1, 661/2).

Wildtiere sind handelnde Tiere und als solche den Gottheiten zugeordnet. Dies findet sich auch noch im zeitgenössischen Erzählgut: Laut Gow und Condori (1976:45) sind die Haustiere, *uywa*, des

Abb. 1 Die Tiere des Berges Ausangate (Gow und Condori 1976).

Berggottes Ausangate das Vikuña, der Kondor und das Viscacha (Art Hasenmaus).

Auch die archäologischen Funde eines mumifizierten Pumas (Baessler 1903-IV: Tabla 165, Fig. 474) und eines ebensolchen Papageis (Mitt. von H. Prümers) mögen diese Beziehung der Wildtiere zu den Gottheiten bestätigen.

Ebenso scheint sich das Verhältnis Gottheit – Wildtier auf der Ebene der Personennamen widerzuspiegeln. Betrachtet man den Inkaherrscher als mit der Sonne, *inti*, dem als Gottheit verehrten Gestirn verbunden, so erscheint es konsequent, daß die höheren Adligen des Inkareiches oft Namen wilder Tiere trugen, also quasi die Beziehung Gottheit – Wildtier als deren Haustier auch auf dieser Ebene reflektiert wird. So finden sich in verschiedenen Dokumenten der Kolonialzeit Wildtiere als oder in Personennamen, z. B. hieß ein Häuptlingssohn in Huancayo **Poma**chunbi (Visita de Guancayo 1963 [1571]:60), und der Kazike von Parinacocha hieß Alonso Caquia **Guanaco** (Toledo 1940 [1570-72]:48); in Chinchaypuquio gab es einen Diego Cusi **Condor** (ebd.:160). Nicht zuletzt mag auch der

Name des berühmten Chronisten indianischer Herkunft **Guaman Poma** auf ein solches (erstrebtes) Verhältnis des Chronisten zu Inka-Inti hindeuten. Valiente Catter (1984) hat die Aufzeichnungen einer Inspektionsreise, der »Visita von Huánuco«, auf Personennamen hin untersucht und festgestellt, daß auch dort viele Menschen nach Wildtieren benannt waren. Es bleibt noch herauszufinden, ob die Unterscheidung in Wild- und Haustiere bei der Namensgebung tatsächlich auch eine soziale Differenzierung widerspiegelte.

Während der Kondor, der Falke und der Puma bezüglich ihrer Verbindung mit den übernatürlichen Wesen immer positiv beurteilt werden, ist diese Klassifikation im Falle des Fuchses und der Schlange nicht so klar.

Es wurde bereits erwähnt, daß dem Fuchs und der Stinkfüchsin (die im Text von Huarochirí eine Unterart des Fuchses ist) negative Eigenschaften zugeschrieben werden. Auch im Quechua-Lexikon von González Holguín werden sie mit eher ungünstigen menschlichen Eigenschaften in Beziehung gebracht, nämlich der des müden Schläfers bzw. der raffinierten Diebin. Aber in den Texten von Huarochirí findet sich auch ein anderer Zug des Fuchses, und zwar die Weisheit. Zwei Füchse treffen sich und unterhalten sich über die Gründe für die Krankheit Tamtañamcas, womit sie wiederum Huatyacuri helfen, dem diese Informationen dienlich sind (cap. 5). Es wäre sicherlich interessant, diese zweideutige Rolle des Fuchses in vorspanischen Traditionen zu vergleichen mit zeitgenössischen andinen Erzählungen, in denen der Fuchs besonders schlau sein will, ihm dies aber nicht gelingt. Hierzu wäre allerdings eine Einbeziehung spanischer Folkore erforderlich, um die europäischen von den andinen Erzählelementen zu trennen, sofern dies heute überhaupt noch möglich ist. Lausent (1984) hat die Fuchs-Erzählungen in Pampas-La Florida, also nicht weit von Huarochirí, analysiert, und auch ihre Betrachtung läßt die zwiespältige Rolle des Fuchses offenbar werden.

Auch die Schlange *(machachway)*, die einerseits als Gehilfin einer Gottheit fungiert, indem sie das Haus der Töchter Pachacamacs hütet (cap. 2) und Huatyacuri hilft (cap. 2, s. o.), verkörpert andererseits das Negative: als Symbol für eine unerlaubte Beziehung sitzt sie auf dem Hause einer Frau (cap. 5), und als *amaru* mit zwei Köpfen wird sie von einer Gottheit verwendet, um eine andere Gottheit zu erschrekken (cap. 16). In beiden Fällen wird sie von Huatyacuri bzw. Pariacaca vernichtet. Hierbei handelt es sich also um zweideutige Tiere, die man nicht als »gut« oder »böse« einstufen kann.

Diesen Ausführungen läßt sich entnehmen, daß es Wildtiere sind, die in Interaktion mit den übernatürlichen Wesen stehen. Die Haustiere, d. h. das Lama und Alpaka unterscheiden sich von den wilden Tieren dadurch, daß sie nicht sprechen können und nicht durch Handlungen mit den Gottheiten verbunden sind. Diese Behauptung findet ihre Bestärkung darin, daß ein Lama in einer extremen Ausnahmesituation, in diesem Falle bei der Bedrohung durch eine große Flut, zu sprechen anfängt (cap. 3) und in einem anderen Fall, als die Sonne stirbt, hinter den Menschen herläuft und diese antreibt (cap. 4). Hier wird im Text das Wort *qati-* verwendet, das normalerweise das Antreiben der Tiere durch ihren Hirten bezeichnet, womit die Ausnahmesituation klar zum Ausdruck kommt.

Verwandlungen

Wenn man berücksichtigt, daß Wildtiere im Huarochirí der vorspanischen Zeit aktive Helfer der Gottheiten waren und so in enger Beziehung zu ihnen standen, fällt es weniger schwer, das häufig auftretende Motiv einer Verwandlung übernatürlicher Wesen in Wildtiere zu verstehen.

Collquiri verwandelt sich in einen Vogel namens *callcallo*, um die Liebe einer Frau zu gewinnen (cap. 31), und Huatyacuri verwandelt sich in ein totes Guanako, um den Fuchs und die Stinkfüchsin mit ihren Instrumenten anzulocken, derer er sich später im Wettkampf mit seinem Gegner bedient (cap. 5).

Ein weiterer Grund für eine Verwandlung in ein Tier ist es, sich verstecken oder fliehen zu wollen. So verwandelt sich die Tochter von Urpayhuachac in eine Taube, um Cuniraya zu entkommen: *huk urpay tukuspa pawarirqa*, »verwandelte diese sich in eine Taube und flog davon« (cap. 2, fol. 65v). Aus Angst verwandelt sich der Gegner Huatyacuris in ein Reh: *chay runaqa mancharispa huk lluychu tukuspa* (cap. 5, fol. 69r). Im allgemeinen ist die Verwandlung umkehrbar. Das Quechua-Wort, das dafür verwendet wird, ist *tuku-*, »sich verwandeln, etwas anderes werden«.

Eine andere Art der Verwandlung ist der Ursprung oder die »Geburt« einer Gottheit. Hier ist der Vorgang umgekehrt: Pariacaca entfliegt als fünf Falken aus fünf Falkeneiern: *Pariacaca... pichqa runtumanta pichqa waman pahyamurqan* und verwandelt sich in einen Menschen: *chay pichqa wamansi ñataq runaman tukuspa puririrqan*, »nachdem sie sich in Menschen verwandelt hatten, machten sich diese fünf Falken auf den Weg« (cap. 5, fol. 69v). Auch die Begleiter Cuniraya Viracochas stehen nach eigenen Angaben mit Vögeln in Beziehung (cap. 14, fol. 79v-80r): *ñuqam kunturpaq kamasqa kani*, »ich bin vom Kondor erschaffen«, *ñuqam wamanpa kamasqa kani*, »ich bin vom Falken erschaffen«, *ñuqam wayanay pisqu pawaq kani*, »ich fliege als Vogel Schwalbe«. Es sei angemerkt, daß alle diese Vögel im andinen Hochland heimisch sind.

Das Weltbild der Bevölkerung von Huarochirí trennte nicht strikt zwischen Tieren und übernatürlichen Wesen; beide zusammen waren Teil der andinen Welt, weshalb es eigentlich nicht gerechtfertigt ist, diese in eine natürliche und übernatürliche aufzuteilen. Gerade die Verwandlungen von Gottheiten in Tiere und umgekehrt zeigen, daß die Welt als Ganzes aufgefaßt wurde und nicht in verschiedene »Reiche« unterteilt werden konnte. Der Mensch mußte seinen Platz in dieser natürlich-übernatürlichen Welt finden und konnte sich mit seinem Tod stärker in sie einbinden, da man – wie bei Albornoz zu lesen ist (1971 [1570]:2/109) – glaubte, daß man, wenn man starb, sich in Guanakos, Rehe, Vikuñas und andere Tiere verwandelte. Diese Glaubensvorstellung könnte die Nähe der Toten zu den übernatürlichen Wesen andeuten, wenn sie den letzten Übergangsritus des Lebenszyklus vollzogen hatten.

Interaktionen zwischen übernatürlichen Wesen und Tieren als Grundlage für mit dem menschlichen Leben verbundene Phänomene

Auch einige Gegebenheiten des menschlichen Lebens beruhen darauf, daß in alten Zeiten Tiere mit übernatürlichen Wesen interagierten.

So findet sich im Text von Huarochirí eine Erklärung, warum die Menschen Reh *(lluychu)* (cap. 5, fol. 69r-v) essen: das erste Reh war ein in ein solches Tier verwandelter Gegner von Huatyacuri. Die

Nachfahren dieses Rehs unterhielten sich: ›*ima hinam runakta mikusunchik*‹ *ñispa*, »Wie sollen wir Menschen essen?« Daraufhin sagte einer von ihnen: ›*ima hinam runa mikuwasun*‹ *ñispa*, »Wie werden uns die Menschen essen!«, und seit jener Zeit ißt der Mensch Rehfleisch.

Als Tiere Pariacaca beim Bau eines Bewässerungsgrabens halfen, störten sich diese Tiere gegenseitig; auf diese Weise läßt sich der unregelmäßige Verlauf des Grabens erklären (cap. 6, fol. 71r).

Abschließend sei noch angemerkt, daß sich zwar Gottheiten und Tiere oft sehr menschlich verhalten, letztlich aber ohne den Menschen handeln und wirken, während der Mensch seine gesamte Welt, sowohl materiell als auch ideologisch gesehen, durch diese Gottheiten und die Tiere interpretiert und erlebt. In anderen Worten: der andine Mensch der vorspanischen Zeit schien sich bewußt zu sein, daß die Welt auch ohne ihn existierte und existieren konnte, er aber nicht ohne die Natur bzw. übernatürlichen Kräfte.

Tiere als Kommunikationsmittel zwischen den Menschen und den übernatürlichen Wesen

Opfer

Der wohl bekannteste Terminus für das Opfern, der in vorspanischer und in der Kolonialzeit in Quechua verwendet wurde, ist *qapaq hucha* (Molina 1943 [ca. 1575]: 69; *Huarochirí* cap. 22, fol. 89v), was von González Holguín (1952 [1608]:200) mit »große Schuld/Sünde« übersetzt wird. Über die tatsächliche Bedeutung des Ausdrucks gibt es verschiedene Ansichten, auf die ich hier nicht näher eingehen kann. Jedenfalls dürfte diese Art des Opfers wohl als Bezeugung der Reue zu verstehen sein, wobei ein wertvoller Gegenstand zerstört wird, der symbolisch auch die Schuld des Besitzers dieses Objektes vernichtet (van Baal 1976:173). Der Chronist und katholische Priester Molina (1943 [ca. 1575]:69) gibt an, daß dieses Opfer gebracht wurde, wenn der Inka die Regierung antrat; es richtete sich dabei an die Huaca genannten Heiligtümer bzw. übernatürlichen Wesen, damit diese dem Inka nicht zürnten. In Huarochirí wurde das *qapaq hucha* der Gottheit Pachacamac dargebracht und bestand im Vergraben von Menschen, Gold, Silber und Lamas als Nahrung für die Gottheit.

Laut González Holguín (1952 [1608]:199/1) beinhaltet *hucha-* als Verb auch die Bedeutung »beantragen, bitten« und deutet damit neben dem Konzept der Schuld auch auf das Opfer als kommunikative Handlung zwischen den Menschen und der Gottheit hin. Es ist daher nicht verwunderlich, wenn man im Text von Huarochirí weitere Ausdrücke findet, die eine Kommunikation ausdrücken. So beteten die Allauca zum Lliuya- und Tuta-See, in alter Zeit mit ihren Lamas: *chay kikin Lliuya qucha Tuta qucha ñisqanchiktapas muchaqku, ñawpa pachaqa llamanwan* (*Huarochirí* cap. 30, fol. 100v). Auch die Vorstellung, daß man der Gottheit Gaben zur Verfügung stellte, drückt sich in den Texten aus, z. B.: *Pachacamacman tukuy yuyaq runakuna llamantapas quwintapas ima hayka vestidontapas kamaripuspa rirqanku,* »alle älteren Leute zogen zu Pachacamac und stellten Lamas, Meerschweinchen und Gewänder aller Art für ihn bereit« (cap. 20, fol. 85v).

Dieses Zur-Verfügung-Stellen implizierte, daß sich die Gottheit von diesen Gaben ernährte. So vergrub man Gold, Silber und Lamas für Pachacamac, damit er davon äße und tränke: *hinataq quriktapas qullqiktapas llamakunaktari ... upyachirqan mikuchirqan* (cap. 22, fol. 89v). Ähnliches berichten die Augustiner (Agustinos 1865 [ca. 1560]:30) von einem Heiligtum mit einer »*garganta desgarrada*« (zerrissenem Hals): »sie warfen ihm ein Schaf jener Erde [d. i. ein Lama] in den Rachen, und er verzehrte es«.

Auch folgende Formulierung beinhaltet den Aspekt der Kommunikation: *yancaman llamanta kaywan kay Homa Pacha ñisqakta ›willapuway‹ ñispa quq karqan,* »dann pflegten [sie] dem Yanca [einheimischer Priester] ihr Lama mit den Worten zu geben, er möge damit für sie zu dem erwähnten Homa-Pacha beten« (*Huarochirí* cap. 24, fol. 95r).

An anderer Stelle heißt es, man habe in früherer Zeit mit Pariacaca durch Lamas gesprochen: *ñawpa pacha Pariacacaman llamanwan ... willaq karqanku* (cap. 24, fol. 92v). Die Gegenseitigkeit dieser Verständigung mit der Gottheit zeigt sich darin, daß diese durch das Herz des Opfers spricht: *kay sunqunpiqa ancha alliktam Pariacaca yayanchik riman,* »mit diesem Herz von ihm (dem Lama) sagt unser Vater Pariacaca Gutes (voraus)« (cap. 18, fol. 83r). Auch die Chronisten erwähnen die von den Gottheiten erhofften Antworten: »sie veranlaßten sie zu sprechen«[2].

Abb. 2 Der dritte Monat: März. Reifezeit. Er opfert mit diesem schwarzen Lamahammel (Guaman Poma 1936 [ca. 1610]:240).

Neben dem kommunikativen Aspekt, den das Opfern beinhaltet, wird auch klar das Töten der Tiere selbst beschrieben, um damit der Gottheit zu dienen, so z. B. als Pariacaca anordnet, zugunsten seines Sohnes ein Lama zu schlachten: *llamaktari ... nakapusunki* (*Huarochirí* cap. 8, fol. 73r).

Ein wichtiger Aspekt des Opferns war die Wahrschau und Weissagung anhand der Innereien der Opfertiere.

So wurde in einem Todesfall das Herz eines Lamas untersucht:

kay llamaktam kanan sunqunmanta allichu rikurqan; alli kaptinpas ›allim‹ ñispa, mana alli kaptinri ›manam allichu, huchayuqmi kanki,

Pariacacaktam wañuqniykipas piñachirqan; kay huchakta, perdonta mañaytaq, paqta qamman chay hucha anchurimunman‹ ñispa chay yamcca ñisqa ñirqanku

»Aus dem Herzen dieses Lamas (wahr-)schaute man nun. War es gut, sagten (die Yanca) ›gut‹, war es aber nicht gut: ›es ist nicht gut, Du bist schuldvoll, und Dein Toter hat Pariacaca erzürnt. Bitte um Verzeihung für diese Sünde, (sonst) könnte diese Schuld vielleicht auf Dich übergehen‹, sprachen die, die sie Yanca nannten« (*Huarochirí* cap. 9, fol. 75r.).

Ein anderes Mal stellt der damit Beauftragte fest, daß das Aussehen des Herzens des Opfertieres schlechte Nachrichten für Pariacaca bedeutete (cap. 18, fol. 83r):

chaysi huk punchawqa huk llamanwan Yaurihuanaca sutiyuq llamawan mucharqanku; chaysi chay kimsa chunkamanta huqin Llacuas Quita Pariasca sutiyuq runaqa may pacham chay kimsa chunka runakuna ñatinta sunqunta llamapmanta rikurqan, chay pacha ñispa ñirqan ›a atac, manam allichu pacha wawqi, qipanpiqa kay Pariacaca yayanchik purumanqataqmi‹ ñispas rimarqan

»Da beteten (= opferten) sie eines Tages mit einem ihrer Lamas, einem Lama, das Yaurihuanaca hieß. Einer von diesen Dreißig, ein Mann namens Llacuas Quita Pariasca, soll dann, als die dreißig Männer Herz und Eingeweide des Lamas beschauten, damals gesagt haben: ›Weh, es ist keine gute Zeit, Brüder, danach wird unser Vater Pariacaca untergehen‹, so redete er.«

Weissagungen wurden anhand der Innereien der Opfertiere gemacht. Durch das Herz des Tieres, so glaubte man, wollte Pariacaca selbst etwas mitteilen:

chaysi hukninqa chay Quita Pariasca ›imamantam qam unanchanki; kay sunqunpiqa ancha alliktam Pariacaca yayanchik riman‹ ñispa ñiptinsi, payqa manas sunqunta rikuypaqpas qayllaykurqanchu, karullamanta qawaspataqsi hina hamutarqan

»Als aber darauf einer von ihnen, Sayquita Pariasca, (sprach): ›Woher bildest Du Dir ein Urteil? Mit diesem Herz von ihm (dem Lama) sagt unser Vater Pariacaca Gutes (voraus)‹, sprach, näherte er (Llacuas) sich aber nicht, um auch sein Herz zu besehen, (sondern) schaute nur von ferne und dachte so nach« (ebd.).

Abb. 3 Indianer. Daß die Schlächter den Hammel töten; wie in der Zeit der Götzenverehrung steckt er die Hand rechts vom Herzen hinein; daß er nicht so tötet wie in der Zeit der Christen, daß man den Hals durchschneidet, [zeigt] daß er ein Zauberer und Götzenanbeter ist, der nach altem Brauch tötet und bestraft werden muß, der Indianer in diesem Königreich (Guaman Poma 1936 [ca. 1610]:880).

Feste der Hirten

Aus den kolonialzeitlichen Quellen geht hervor, daß ethnische sowie soziale Gruppen als auch bestimmte *ayllu* (Verwandtschaftsgruppen) jeweils ihre eigenen Feste feierten. Auch hierbei handelte es sich um eine Verständigung mit den übernatürlichen Wesen, die, wie im Falle der Hirten gezeigt werden soll, für die Tierhaltung »zuständig«

Abb. 4 Fest der Inka: Varicza Aravi des Inka. Er singt mit seinem roten Lama (Guaman Poma 1936 [ca. 1610]:318).

waren. Im Monat, in dem sich die Tierzüchter am intensivsten mit dem Vieh beschäftigten, im Dezember, fand in Chinchaycocha (in Zentralperu) ein Fest statt, währenddessen sich die Hirten an bestimmte Seen wandten, da diese als Ursprungsorte oder Schöpferkraft der Kameliden angesehen wurden. Die in Huarochirí einmal im Jahr durchgeführten Bräuche richteten sich an die *caullama* (Idolfiguren), die für die Vermehrung des Viehs zuständig waren, und an die regionalen Gottheiten (*Huarochirí* cap. 24, fol. 94r-95r). In beiden Fällen wurden die jeweiligen übernatürlichen Kräfte um Kameliden gebeten.

In Huarochirí (cap. 24) wurden zugunsten der Lamas zwei Strohfiguren gemacht, die einen Mann und eine Frau darstellten und auf die mit Schleudern gezielt wurde: *kay llamapaqmi urqupaq chinapaq hinataq sitarqanku,* »für diese Lamas, die Männchen und die Weibchen, schleuderten sie dann ebenso« (fol. 95v). Dabei wurde folgende Bitte ausgesprochen: *wakcha churiykikta chaskipuy,* »nimm Dein armes Kind auf« (fol. 94v) mit der Hoffnung: *kuyaykuwanqa,* »er wird mich liebhaben« (fol. 95r), *churita ima hayka mikunallaytapas quwanqa,* »Kinder und Nahrung aller Art wird er uns geben« (fol. 95r). Ein anderer Autor (Ayala 1976 [1614]:283) beschreibt auch die Tänze, die ein solches Ritual begleiteten:

> Die Indianer trugen jene [Schleudern] in der Hand, und die Indianerinnen hinter ihnen sangen zu einigen kleinen Trommeln die **llamaya** und riefen dabei drei Seen an, denen sie die Erschaffung jener Tiere zuschrieben.

Der erwähnte Chronist Guaman Poma (1980 [ca. 1610]:321 [323]) vermittelt uns in seiner Beschreibung der Feste der Region Chinchaysuyu einen Eindruck, wie die Gesänge der Hirten, der *llama michiq,* geklungen haben mögen: *llamayay llama ynya aylla llama.*

Die Gottheiten werden also als die Besitzer der Kameliden gesehen, die die Tiere verteilen, weil die Menschen sie darum bitten: *chaypi llamayta mañamusaq,* »dort werde ich Lamas erbitten« (*Huarochirí* cap. 24, fol. 95r). Hieraus ergibt sich, daß es sich, ebenso wie beim Opfern, auch bei den Ritualen der Hirten um eine kommunikative Interaktion mit den übernatürlichen Wesen handelte.

Zusammenfassung

Wie aus der Beschreibung der verschiedenen mit Tieren in Zusammenhang stehenden Erzählungen und Gebräuchen hervorgeht, war der Mensch in den Anden ständig mit den Tieren seines Lebensraumes in Kontakt, und die Tiere wiederum standen in enger Verbindung zu den übernatürlichen Wesen. Einerseits standen Wildtiere den Gottheiten als Helfer zur Seite, waren also quasi deren Haustiere. Zum anderen verwandelten sich Gottheiten in Tiere und umgekehrt. Diese enge Beziehung zwischen Gottheiten und Tieren nahmen die Menschen dahingehend auf, daß sie bestimmte Tiere, zumeist ihre Haustiere, in Opferungen als Kommunikationsmittel mit den Göttern verwendeten und die Tiere selbst folgerichtig als ihnen von den Göttern geschenkt betrachteten. Diese Gegenseitigkeit ist eine typische Verhaltensweise im Leben der andinen Völker und zeigt sich also nicht nur als zwischenmenschliche Reziprozität, sondern auch als Grundlage der Verständigung des Menschen mit seiner natürlich-übernatürlichen Umwelt.

Anmerkungen

1 Die Quechua-Texte wurden von mir in eine moderne, dem *Quechua Ayacuchano* angeglichene Orthographie gesetzt und mit einer vorsichtigen Interpunktion versehen. Die Übersetzungen sind die von Hermann Trimborn in seiner Ausgabe von 1967 (Trimborn und Kelm 1967).
2 Guaman Poma 1980 [ca. 1610]:278 [280]; Pachacuti 1950 [ca. 1613]:11° Inca/271; Cieza 1985 [1550]:cap. XXIX: 88.

Die Frau, die Kröte und soziale Strukturen im Andenraum. Die Tamtañamca-Mythe als Traumerzählung

Edita V. Vokral

Im vorliegenden Beitrag möchte ich mich mit der Beziehung von in mündlicher Tradition verwandten Bildern, ihrem Hinweiswert auf das Handlungsgeschehen und ihrem Bezug zur ethnographischen Realität auseinandersetzen. Die hier dargelegten Gedanken sollen als Assoziationen zu einem Themenkomplex betrachtet werden und keinesfalls als ein fest geschlossenes analytisches Gebäude.

Um diesen Gedankenverbindungen nachzugehen, wählte ich die Tamtañamca-Mythe aus dem Komplex der Huarochirí-Mythen (Taylor 1987a), da sie einen offensichtlichen Bezug zum Umfeld der Träume und den dort verwandten Bildern aufweist.

Die Daten, die ich zur Erklärung dieser Mythe verwenden werde, sind größtenteils aus der Region des Chimborazo, Ecuador und entstammen einesteils Erhebungen zu Traumbildern in *indígena* (Einheimischen-)Siedlungen und anderseits der Diskussion mit drei *indígena*-Informantinnen, die mir ihr Verständnis der Mythe darlegten. Mit einer von ihnen arbeitete ich regelmäßig über die Thematik der Traumerzählungen und Traumbilder. Bei den beiden anderen Informantinnen ergab sich eine spontane Diskussion, nachdem ich ihnen die Geschichte nacherzählt hatte. Alle drei Frauen interpretierten die Geschichte als zeitgenössisch und in den Parametern ihrer kulturellen Werte. Obwohl ich sie darauf hinwies, daß es sich um eine Geschichte aus früheren Zeiten handelte, betrachteten sie den Übergang von Realität und Fiktion als fließend. Ich erzählte dieselbe Geschichte einem *indígena*-Bauern aus dem Chimborazo, und auch er begann anhand dieser Erzählung über die angenommenermaßen »wahren« Begebenheiten nachzudenken und sie mit seiner gelebten Realität in Verbindung zu bringen[1]. Zusätzlich zu diesen

Daten werden auch meine Erfahrungen in Süd-Peru einfließen (Vokral 1989, 1990, 1991).

Diesem Vorgehen könnte vorgeworfen werden, es sei ahistorisch, da sich die Region der Mythen von Huarochirí – dem Hinterland von Lima – sowohl vom höchsten Vulkan Ecuadors, dem Chimborazo, als auch von den Küsten des Titicaca Tausende von Kilometern entfernt befindet. Geht man jedoch davon aus, daß die Erfahrung und Interpretation der Umwelt auf Beobachtung von dieser beruht, so sind die natürlichen Bedingungen der Anden entlang ihrer Ketten von Süden bis Norden ähnlich und werden so zu ähnlichen Analogieschlüssen geführt haben.

Die Tamtañamca-Mythe ist so vielschichtig, daß wir den Tatbestand zunächst einmal unter den uns interessierenden Aspekten zusammenfassen wollen (vgl. die spanische Gesamtversion im Anhang).

Die Geschichte wird von einem Fuchs erzählt und von Huatiacuri im Traum erfahren. In der *huillca* von oben gibt sich Tamtañamca den Status einer sehenden Gottheit. Eines Tages erkrankt er schwer und keiner der Weisen, die er zu sich beruft, kann den Grund der Krankheit erkennen: Die Frau Tamtañamcas hat einen vielfarbigen Mais geröstet, dieser sprang aus der Röstpfanne und berührte ihre Scham. Sie las das Korn auf und gab es einem anderen Mann zu essen. Durch diesen Akt wurde eine schuldige Beziehung zwischen ihr und dem fremden Mann hergestellt, und sie wird von nun an als Ehebrecherin betrachtet. Aufgrund dieser Schuld lebt eine Schlange über dem Haus (unter dem Dach) und frißt die Hausbewohner langsam auf. Unter dem Mahlstein aber haust eine Kröte mit zwei Köpfen. Und nun »fressen« diese beiden Tiere sie (das Ehepaar) auf.

Es ist interessant, wie Huatiacuri die Geschichte nacherzählt. Huatiacuri sagt zu Tamtañamca, seine Frau sei eine Ehebrecherin, ihre Schuld hätte seine Krankheit verursacht, über seinem Haus gebe es zwei Schlangen, die ihn (den Mann) auffressen und unter dem Mahlstein eine Kröte mit zwei Köpfen. Man müsse alle töten, damit er geheilt werde. Nach seiner Heilung müsse aber Tamtañamca den göttlichen Vater Huatiacuris anbeten.

Die Frau weigert sich zuzugeben, daß sie eine Ehebrecherin sei. Nachdem aber die zwei Schlangen aus dem Dach herausgezogen und getötet worden sind, gibt sie zu, schuldig zu sein. Hierauf wird der

Mahlstein hochgehoben, die Kröte mit zwei Köpfen kommt darunter hervor und fliegt in eine Quelle in der Schlucht von Anchicocha, von wo aus sie die Reisenden, die an diesem Ort vorbeikommen, manchmal verschwinden läßt und andere Male um den Verstand bringt.

Als erstes fragt sich der Leser, warum der Mann aufgrund einer Schuld der Frau erkrankt. Nun, die Antwort darauf ist relativ naheliegend und wird auch von Huatiacuri ausgesprochen: Durch seine Krankheit werden (ihm) seine Unwissenheit und seine Blindheit (Borniertheit) enthüllt, denn wäre er sehend, so hätte er den Tatbestand erkannt und geheilt werden können. Der Betrug an Tamtañamca war ein Vergehen gegen die göttlichen Gesetze; durch die Krankheit, die über ihn kam, wurde er nicht nur bestraft sondern auch erhellt (sehend).

Ein Aspekt, auf den eine Informantin hinwies, war der Gegensatz zwischen den heutigen westlich ausgebildeten Ärzten und den Weisen, die der traditionellen Medizin verhaftet sind. Eine Krankheit, die aufgrund der Verletzung von sozialen Normen entstanden ist, kann nicht durch westlich orientierte Ärzte geheilt werden. Der Erzähler der Mythe weist bereits auf die Sitte der Spanier hin, ein Ärzte-Konsilium einzuberufen und vergleicht mit diesem die Situation Tamtañamcas, der alle Weisen zusammenrufen läßt. Doch offenbar verfügt keiner dieser Heiler über die Nähe zu den traditionellen Gottheiten, welche durch Visionen oder Träume Erkenntnis senden. Huatiacuri verfügt als »Sohn« einer traditionellen Gottheit über diese Nähe. Er anerkennt das traditionelle System und ist dadurch ein wahrer Seher, der die Bilder deuten kann, die den Ursprung von Tamtañamcas Krankheit enthüllen. Huatiacuri urteilt nicht nach sichtbaren Symptomen, so wie es die Heiler taten, sondern interpretiert gottgesandte Zeichen.

Eine Frage von weiterreichendem Interesse ist, worin die Schuld der Frau besteht und in welchen Aspekten sich die Version, die vom Fuchs erzählt wird, von derjenigen Huatiacuris unterscheidet. Bei oberflächlicher Lektüre könnte man meinen, die Schuld der Frau sei ein Ehebruch als geschlechtlicher Akt. Bei genauerem Lesen wird offensichtlich, daß dies in der Version des Fuchses nicht der Fall ist. Der Fuchs sagt, sie werde als Ehebrecherin betrachtet (*»se la considera adúltera«*), Huatiacuri sagt, sie sei eine Ehebrecherin (*»es *adúltera«)*. Wie es sich mit diesem Tatbestand verhält, können wir durch eine Entzifferung der Traumbilder erfahren.

Drei Elemente können als bedeutsam betrachtet werden:
- das vielfarbene geröstete Maiskorn, welches die Scham der Frau berührte und einem fremden Mann gereicht wird,
- die Kröte mit zwei Köpfen unter dem Mahlstein,
- die Schlange, respektive zwei Schlangen unter dem Dach.

Wenn wir in der andinen Kultur nach den Assoziationen mit diesen drei Elementen fragen, dürfen wir nicht außer acht lassen, daß Huatiacuri sein Mehrwissen (Erkenntnis) im Traum erfahren hat und deshalb die von ihm vorgebrachte Geschichte innerhalb dieser Parameter der Traumwelt gedeutet werden muß. Im einer Tabelle sollen die erhobenen Daten dargestellt werden[2].

Zeichen/ Traumbild	»Realität«	»Fiktion«
Mais, vielfarbig	– Verwendung als: *tostado, chicha* – vereinigt alle Farben und Qualitäten	Mais: bringt Glück und Geld *tostado:* Untreue, Tratsch, Krankheit (»*granos en el cuerpo«*)
Kröte	– Heilung von *mal aire, irsipela* (Krankheit mit Ausschlag und Aufdunsung) – Schadenszauber – Bitte um Regen – **kalt**, männlich	Hexerei, Armut, Bosheit, Streit zwischen Nachbarn, Probleme, Unglück, Kälte
Schlange	– verfolgt menstruierende Frauen und versucht in sie hineinzukriechen – **heiß**, weiblich	– verfolgt: Glück, Geld, Arbeit – beißt: Hexerei – umwickelt: Betrug – tot: Krankheit für Familienangehörige – Tratsch, Hexerei, Unglück

Tab.: *Bedeutung von Traumbildern aufgrund von Erhebungen zur Traumsymbolik in der Provinz Chimborazo (Ecuador).*

Im Text wird nicht erwähnt, ob aller Mais, den die Frau röstete, vielfarbig war oder nicht, aber es wird betont, daß das Maiskorn, das heraussprang, vielfarbig war. Ein Maiskorn also, das nach Meinung meiner Informantinnen, alle Qualitäten des Lebens vereinigt und als Traumsymbol »Glück« und »Geld« verheißt. Allerdings ist dieses Korn geröstet, was auf Tratsch hinweist. Von gekochten Gerichten zu träumen, verheißt im allgemeinen nur Ungutes[3]. In der Realität ist die Darreichung von Speisen der Ausdruck von *cariño* (Zärtlichkeit, Besorgnis) und dem Eingehen von gegenseitigen Beziehungen. Im realen Leben hätte die Frau Tamtañamcas ihm als liebende Ehefrau den Mais anbieten müssen, um dadurch ihre Zärtlichkeit und Besorgnis für ihn auszudrücken. Doch sie empfand diese Gefühle für einen anderen Mann und so reichte sie jenem das Maiskorn. Andererseits hatte dieses Korn ihre Scham berührt. Meinen Informantinnen nach war es hierdurch »verschmutzt«. Eine der Frauen sagte, die Frau Tamtañamcas sei eine »*engañadora de los hombres*« (Betrügerin der Männer), da sie einem unwissenden Mann ein verunreinigtes Korn gab, das ihr Verlangen trug. Hiermit drückte sie die Absicht eines Ehebruchs aus, doch sie beging ihn nicht. Genauso wie das Maiskorn ihre Scham nur berührte, so war ihr Wunsch nur an die Schwelle der Erfüllung gelangt.

Wir dürfen jedoch ebensowenig vergessen, daß ein derartiges Verhalten auch als Liebeszauber gedeutet werden kann, durch welchen die Frau einen Mann, der ihr nicht zugeneigt ist, an sich zu fesseln versucht.

Welches war ihr Verschulden? Weshalb wurde sie als Ehebrecherin betrachtet? Es war die Vernachlässigung ihrer ehelichen Pflichten und sei es nur als Absicht. Doch gilt dies im Andenraum bereits als Tat. Eine der Informantinnen sagte: »*Cuando ya está pensando, ya se hace la cosa mala (...), las ideas que son para cumplir, ya son el daño*« (wenn es gerade gedacht wird, geschieht das Übel schon (...), die Ideen, die sich erfüllen sollen, sind schon der angetane Schaden). Aus diesem Umstand ergibt sich die unterschiedliche Darstellung des Fuchses und Huatiacuris. Der Fuchs erzählt wie die Frau von ihrer Kultur her gesehen wird, Huatiacuri drückt diese Auffassung aus. Der Fuchs ist ein außenstehender Beobachter, Huatiacuri ist ein Akteur in seiner Kultur. Im andinen realen Alltag *ist* die Frau Tamtañamcas eine Ehebrecherin!

Die ehelichen Pflichten einer andinen Frau sind fest umrissen: sie muß die geschlechtsspezifisch festgelegten Arbeiten erfüllen, wie beispielsweise die Essenszubereitung, und sie ist ihrem Mann zum Gehorsam und Treue verpflichtet. Dies beweist sie u. a. indem sie auch mitten in der Nacht aufsteht, wenn ihr Mann nach Hause kommt und ihm – selbst wenn er betrunken ist – Essen zubereitet und serviert, oder dadurch, daß sie sich auf einem Fest, bei dem ihr Mann volltrunken darniederliegt, an seine Seite setzt und auf ihn aufpaßt, bis er wieder zu sich kommt. Die Rolle der Frau ist also hauptsächlich eine für den Mann fürsorgende. Es wird gesellschaftlich akzeptiert wenn der Mann sich über seine Frau beschwert, daß

- sie ihm das Essen lieblos serviert oder überhaupt sich nicht darum kümmert, ob er ißt oder nicht,
- sie nicht genug arbeitet,
- sie mit ihrer eigenen Familie oder Freundinnen zu viel zusammen ist und deshalb ihre häuslichen Pflichten vernachlässigt.

Das Anbieten von Essen und Trinken ist im Andenraum die wichtigste Art, soziale Kontakte zu knüpfen. In einer Ehegemeinschaft wird ein Paar dem/der Fremden Speisen und Getränke gemeinsam anbieten und diese Gelegenheit meist dazu benutzen, beispielsweise das »*compadrazgo*«-Verhältnis (Patenschafts-, Gevatternschaftsbeziehung) einzuleiten, oder dies zum Anlaß nehmen, eine Bitte vorzutragen. Bietet jedoch nur der Mann oder die Frau einem Vertreter des anderen Geschlechts etwas an, so wird das als Aufforderung für eine sexuelle Annäherung verstanden. Durch die Annahme des Essens bekundet der Bewirtete sein Interesse (Vokral 1989, 1991).

So hat sich die Frau Tamtañamcas von ihren ehelichen Pflichten auf allen Ebenen entfernt: Sie träumte von einem anderen Mann und unternahm aktiv Schritte, um ihr Verlangen zu stillen. Damit verschwendete sie ihre Zeit auf »nicht produktive« Tätigkeiten und kümmerte sich zu wenig um ihren Mann.

Beziehen wir uns auf die Traumsymbolik, so ist es von Interesse, (so sollte man wissen,) daß in der Provinz Imbabura (Ecuador) von geröstetem Mais zu träumen, auf den Tod eines Verwandten hindeutet (Moya 1988:70). Es wäre also sogar möglich, daß die Frau Tamtañamcas den Tod ihres Gatten herbeiwünscht, da er nicht nur ihr Ehemann ist, sondern auch der zukünftige Schwiegervater Huatiacuris, der das Symbol ja träumt. In den meisten Fällen verweist gerösteter Mais jedoch auf Untreue, zumindest jedoch auf Tratsch[4].

Durch diese Schuld der Frau – ihren Gatten lieblos zu behandeln und vielleicht sogar seinen Tod herbeizuwünschen, um sich mit dem anderen Mann vereinigen zu können – lassen sich die Kröte mit den zwei Köpfen unter dem Mahlstein und die zwei Schlangen unter dem strahlenden Dach in dem prächtigen Haus Tamtañamcas nieder. Die Zahl zwei verweist bereits auf das Über- oder Unnatürliche. Wie es eine der Informantinnen ausdrückte, hat in der Natur eine Kröte nie zwei Köpfe und genauso wie man den Kindern mit dem *cuco* (einem Dämon) drohe, soll diese Kröte mit den zwei Köpfen die Menschen erschrecken. Die beiden Symbole, Kröte und Schlange, weisen unterschiedlich stark auf Hexerei und Unfrieden hin. Sie drücken also nur den Zustand in Tamtañamcas Haus aus. Die Hexerei kann u. U. von Tamtañamcas Frau oder einem Rivalen ausgeführt worden sein, damit der Mann durch Krankheit dahingerafft werde. Im Andenraum wird allgemein angenommen, daß Schadenzauber entweder von Verwandten oder Nachbarn ausgeführt wird. Als Grund werden meist Neid oder ein außereheliches Verhältnis angeführt, also gestörte Beziehungen (Muñoz-Bernard 1986:79, 117ff.). Der Schadenzauber soll zu verstärktem Unfrieden im Haus, ökonomischen Rückschlägen und Krankheit von Mensch und Tier aufgrund der »Kälte« führen, die der Zauber ausströmt. In der westlichen Medizin ist dies mit der Depression vergleichbar. Geheilt werden können durch Hexerei entstandene Krankheiten, z.B. *mal aire,* nur durch einen *curandero* (Heiler), der im Chimborazo für die *limpia* (Reinigung) eine schwarze Kröte verwendet, die sich angeblich von der ganzen Schlechtigkeit aufbläht und stirbt.

Von den beiden Traumbildern wird das der Schlange als das stärkere betrachtet. Das Auftauchen einer Schlange im Traum weist auf stärkere Verhexung hin als das der Kröte. Alle drei erwähnten Traumbilder weisen also bereits auf den Tatbestand des »Ehebruchs« hin. Dessen Vollziehung ist nicht von Gewicht, da in der andinen Welt der bloße Gedanke daran bereits als Tat genommen wird.

Interessant sind auch die Orte, an denen sich die Tiere einnisten. Durch die gemeinsamen Anstrengungen der zwei Großfamilien, deren Mitglieder durch die Ehe vereinigt sind, wird ein Haus gebaut. Deshalb ist ein eigenes Haus und eine eigene Kochstelle das Zeichen für einen unabhängigen Haushalt, in dem Rechte und Pflichten der Ehepartner genauso definiert sind wie die ihnen zugehörigen Haussphären. So sind die Kochstelle und der Mahlstein eindeutig weiblich definiert, das Dach allerdings männlich. Diese Artefakte oder Hausteile wurden jeweils von dem ihm zugeordneten Geschlecht gebaut oder sind seine spezifische Arbeitsstelle.

Alle meine Informanten waren sich einig, daß die Schlange ein weibliches Symbol sei, da es »*enreda*« (Verknäuelung) habe bzw. sei. Die Schlange sei außerdem als heiß einzustufen, da bei einer schwierigen Geburt der Bauch der Frau mit Schlangenfett eingerieben werde, wodurch dann die Geburt leicht vonstatten ginge. Die Kröte wird jedoch als männliches Symbol und kalt definiert.[5] In der andinen Ordnung wird bekanntlich oben mit männlich gleichgesetzt und unten mit weiblich (Hocquenghem 1987; Vokral 1989, 1991).[6] Es würde diesem Ordnungsschema der Komplementarität entsprechen, daß ein männliches Symbol unter einem weiblich definierten Artefakt – dem Mahlstein – läge und ein weiblich definiertes unter einem männlichen – dem Dach. Daß die Kröte unter dem Mahlstein liegt und nicht unter der Kochstelle, die ja bereits innerhalb des Hauses ist, kann dahingehend interpretiert werden, daß die Frau bis an die Schwelle des Ehebruchs gegangen ist, sie jedoch nicht überschritten hat, genauso wie der Mahlstein sich vor dem Eingang des Hauses befindet. Das Haus symbolisiert die Ehe. Dies war zumindest die Überlegung einer meiner Informantinnen. Die Kröte flieht schließlich und versteckt sich wiederum in einem weiblich definierten Element – dem Wasser, von wo aus sie die Menschen verwirrt. Durch die geschlechtlich definierte Komplementarität der Traumsymbole und der Hausteile ist jedoch das ganze Gebäude – sowohl das Haus als auch die Ehe – von der Verwünschung betroffen.

Wer diese Verwünschung ausgesprochen hat? Hierüber läßt uns zumindest die Erzählung des Fuchses im unklaren. Huatiacuri nach war es die Schuld der Frau, die Tamtañamca erkranken ließ. Waren es die traditionellen Gottheiten, die das Verlangen in der Frau entfachten und durch ihr Vergehen gegen die sozialen Normen die Krankheit auf Tamtañamca heraufbeschworen mit der Absicht, seinen Betrug aufzudecken? Geht man davon aus, daß die Betonung eines freien Willens zur Entscheidung eine Errungenschaft des Okzidents ist[7], so ist Fremdbestimmtheit wohl der Weg zur Beantwortung dieser Frage. Durch die Mythe würde dann nur die Allmacht der traditionellen Gottheiten bestätigt. Sowohl der Mann als auch die Frau haben gegen Normen verstoßen, der Mann stärker als die Frau. So erscheinen auch zwei Symbole für Hexerei in der Traumerzählung: die weibliche Schlange und die männliche Kröte. Die Schlange, die als Symbol auf eine stärkere Verhexung hinweist, ist die Bestrafung für das Vergehen des Mannes. Die Kröte, ein schwächeres Symbol, kann dem weiblichen Vergehen zugeordnet werden. Man könnte meinen, daß die Schlangen – im Gegensatz zu der Kröte – deshalb getötet werden, weil das Vergehen des Mannes gegen eine göttliche Ordnung als ein größeres zu werten ist, als dasjenige der Frau, mit dem sie »nur« gegen eine menschliche Ordnung verstößt. Die Kröte treibt weiterhin ihr Unwesen und verzaubert die Menschen, so wie es immer Ehebruch und Vergehen gegen soziale Normen geben wird. Die Schlangen wurden jedoch getötet und somit wurde die Oberhoheit der traditionellen Gottheiten (wieder, erneut) eingesetzt. Doch erst wenn sie ausgesprochen werden, können Hexerei und Vergehen gegen soziale Normen als solche erkannt und Maßnahmen gegen sie ergriffen werden. Huatiacuri tut dies: er erhält sein Mehrwissen in einem Traum und spricht dieses dann aus. Damit kann die Ursache von Tamtañamcas Krankheit öffentlich akzeptiert werden. Daß die Frau Tamtañamcas sich anfänglich weigert, diese (ihre Schuld) zu akzeptieren, liegt daran, daß sie das (sexuelle) Verlangen, das nur als Gedanke vorhanden war und nie von ihr gelebt wurde, nicht eingestehen will. Als sie ihr Vergehen zugibt und beide Tiere an das Licht des Tages geholt werden, gesteht schließlich auch Tamtañamca seine Hoffart ein.

Huatiacuri verfährt bei seiner Diagnose und Anleitung zur Heilung nicht anders als seine heutigen Kollegen der traditionellen Medizin. Die Mythe ist nicht so präzise aufgenommen – oder erzählt – worden, daß wir eine in sich gerundete und stimmige Analyse liefern könnten, so fehlt z. B. die farbliche Beschreibung der Kröte und der Schlange oder ihr Verhalten. Indikatoren, die in heutigen Trauminterpretationen und im Ritual von Bedeutung sind. Doch kann auch aus den Aussagen meiner Informantinnen erkannt werden, daß es auch 500 Jahre nach der Entdeckung Amerikas eine Kontinuität kultureller Werte und Praktiken gibt. Die autochthone Kultur wurde durch die hispane Eroberung nicht zerstört, sondern nur überlagert.

Anmerkungen

1 Eine Informantin war aus der Region von Licto, die beiden anderen kamen aus der Region Punín; alle drei waren um die 30 Jahre alt. Der Mann war 35 und ebenfalls aus der Region Punin.
2 Die Erhebungen wurden durchgeführt in der Provinz Chimborazo in den Regionen von Chambo, Cacha, Cajabamba und Punín. Die Anzahl der Informanten in den einzelnen Gebieten variierte zwischen fünf und 13. Es wurden sowohl Frauen wie Männer befragt. Ihr Alter lag zwischen zwischen 25 und 70 Jahren. Zum Teil waren die Übereinstimmungen überraschend. Doch möchte ich eine detaillierte Analyse der Resultate auf einen späteren Zeitpunkt verschieben und hier die Antworten nur als Ausgangspunkte und Ideen für eine Interpretation verwenden.
3 Im allgemeinen wird argumentiert, daß Speisen in den Mund geführt werden und deshalb im Traum auf Gerede hinweisen. Im Fall des gerösteten Mais ist es gleichzeitig ein anderer Analogieschluß: der Mais springt beim Rösten und macht dadurch Geräusche, genauso wie dies Tratsch macht. Auf übrige Modalitäten der Traumdeutung wie die der »Verkehrten Welt« soll an anderer Stelle eingegangen werden.
4 Zumindest in der andinen Sierra dreht sich ein Großteil des Tratsches um »angebliche« oder »wirkliche« Untreue, oder im allgemeinen um Beziehungen zwischen Mann und Frau. Dieses intensive Interesse an diesem Themenkomplex kann mit den die Sexualität und Gefühle unterdrückenden Aspekten der andinen Kultur zu tun haben.
5 Die geschlechtsspezifische Einordnung der Kröte war ambivalenter als diejenige der Schlange. Es wurde unterschieden zwischen der »grünen« Kröte, der Respekt gezollt werden müsse und die eine Frau sei und der »schwarzen« Kröte, die in den Heilungsritualen verwendet wird und ein Mann sei. Diese Unterscheidung könnte auch hinweisen auf den Frosch (grün) und die Kröte (schwarz). Andererseits werden Männer, die betrügerisch, schlau und hinterlistig sind, als sapos *(Kröte)* bezeichnet. Diese Männer gelten als eine Gefahr für eine Frau, da sie sie durch Betrug dazu bringen können, einen »Fehltritt« zu begehen.
Die Definition von heiß und kalt bezieht sich nicht auf die reale Temperatur der Tiere, sondern auf einen imaginären, zugeschriebenen Wert (vgl. Vokral 1989, 1991).
6 Dies ist ein vereinfachter Hinweis, denn die Ordnungsmodelle, die zu der andinen Weltsicht erarbeitet wurden, sind komplexer. Vgl. auch die Überlagerung mit dem Heiß-Kalt-System (Vokral 1989, 1991). So müßte auch die räumliche »Einnistung« der Tiere im Haus detaillierter behandelt werden, als ich es an dieser Stelle nachvollziehe (tue).
7 Bereits bei den altgriechischen Sophisten war der Mensch das Maß aller Dinge, so ist der »freie Wille« nicht eine Errungenschaft der Moderne, sondern er bezeichnet eine rationale, nicht-magische Weltanschauung. Aus diesem Grund verwende ich den generellen Begriff des Okzidents, der bestimmend durch die altgriechische Kultur geprägt wurde.

Anhang: Die Mythe von Tamtañamca aus den Traditionen von Huarochirí (5. Kapitel, 7.-56.)

7. In dieser Zeit wurde der Pariacaca Genannte [(Gottheit)] in der Gestalt von fünf Eiern auf dem Condorcoto [(-Berg)] geboren.

8. Dessen Geburt sah und erfuhr als erster ein Mann, der sehr arm (und ohne Angehörige) war, Huatiacuri mit Namen, von dem man sagte, daß er Pariacacas Sohn sei.

9. Von dem, was dieser wußte, und von seinen vielen wunderbaren Taten werden wir berichten.

10. Es heißt, daß man ihm in jener Zeit deshalb diesen Namen ›Huatiacuri‹ gegeben hatte, weil er eben arm war und von in Erdgruben gebackenen Kartoffeln *(watya)* lebte.

11. In jener Zeit gab es, wie es heißt, einen Mann namens Tamtañamca ‹[spanische Randglosse:] Wichtig! Tamtañamca›, einen sehr mächtigen hohen Herrn.

12. Dessen (eigenes) Haus und (seiner Familie) Häuser waren alle mit den Flügeln von Vögeln gedeckt, die ein Aussehen wie ›casa‹ und ›cancho‹ [(Federschmuck besonderer Art)] ergaben.

13. Er war auch ein Besitzer von Lamas – gelben, roten und blauen, und aller erdenklicher Sorten von Lamas.

14. Als die Leute sahen, wie großartig dieser Mann lebte, kamen sie aus allen Siedlungen herbei, ehrten und verehrten ihn.

15. Dieser, so heißt es, gab vor, ein großer Wissender zu sein, obwohl er, mit nur geringem Wissen, als einer lebte, der unsagbar viele Menschen belog.

16. In jener Zeit bekam dieser Mann namens Tamtañamca ‹[Randglosse:] Tamtañamca›, der sich selbst als weisen Lehrer und als einen Gott ausgab, eine sehr schlimme Krankheit.

17. Als er bereits viele Jahre krank war, redeten zu jener Zeit die Leute: »Wie kann ein derart fähiger Wissender und beseelender Ordnungskraft mächtiger Gebieter krank sein?«

18. Da ließ dieser Mann, der (wieder) gesund werden wollte, genauso wie auch die ›Viracochas‹ [(= Weißen)] nach ihren Gelehrten und Doktoren schicken, alle Wissenden und Weisen rufen.

19. Doch niemand von allen diesen, so heißt es, erkannte, woran er litt.

20. Da kam, wie erzählt wird, Huatiacuri von der Gegend des Meeres dort unten her und stieg dort, wo wir nach Cieneguilla [(Ort südöstlich von Lima)] hinuntergehen, auf jenen Berg dort, um sich schlafen zu legen.

21. Dieser Berg hat heute den Namen Latausaco.

22. Während er schlief, traf ein Fuchs, der von unten heraufkam, einen anderen Fuchs, der von oben herunterkam, von Angesicht zu Angesicht, und fragte (diesen): »Bruder, wie geht es denn in der ›huillca‹ [(= im sakralen Herrschaftsbereich)] (da) oben?«

23. Dieser (antwortete): »Gut (geht's), so weit, so gut. Allerdings ist da ein mächtiger Herr in Anchicocha, der sich für einen großen Wissenden und Gott ausgibt, sehr krank. Alle Weisen untersuchen auf das Gründlichste, woher er so schlimm krank ist, doch von all denen erkennt niemand, welcher Art sein Leiden ist. Krank geworden ist er aber daran: Als seine Frau (einmal) Mais röstete, gelangte ein Maiskorn, das von der Röstpfanne (springend) geflogen kam, in die Scham seiner Frau; dieses (Korn) las sie dann auf und gab es einem (anderen) Mann zu essen; dieser Weitergabe zum Essen wegen ist sie mit dem Mann, der (es) aß, zur Sünderin geworden, und muß diesen (Mann) jetzt als ihren Liebhaber gelten lassen. Dieser Sünde wegen lebt nun seither eine Schlange oben auf ihrem so wunderschönen Haus und frißt (ihren Mann und) sie auf. Und dann sitzt eine Kröte mit zwei Köpfen unter ihrem Mahlstein. Daß diese Tiere den Mann (allmählich) auffressen, ahnt niemand.« So berichtete er dem Fuchs, der von unten gekommen war.

24. Der wiederum fragte ihn: »Bruder, wie geht es denn den Menschen in der ›huillca‹ dort unten?«

25. Da berichtete ihm dieser, wie es heißt, so: »Eine Frau, Tochter eines mächtigen Herrn, stirbt fast durch einen Penis.«

26. ‹[in Klammern im Original:] Diese Geschichte ist im jetzigen Zusammenhang (zu) umfangreich; von dieser Frau, bis zu ihrer Gesundung, werden wir später schreiben, jetzt aber werden wir zu dem Vorhergehenden zurückkommen.›

27. Während (die Füchse) sich (gegenseitig) erzählten, hörte jener Huatiacuri (zu).

28. Jener so große Herr, der vorgab, ein Gott zu sein, und (doch) erkrankt war, hatte zwei Kinder.

29. Die ältere (Tochter) hatte er mit einem sehr reichen Mann aus seiner Verwandtschaftsgruppe verheiratet.

30. Da kam, zu der Zeit, als dieser krank war, bei dem Herrn der Huatiacuri genannte Arme an.

31. Als er angekommen war, fragte er, wie um sich zu erkundigen, überall: »Ist in dieser Siedlung nicht vielleicht irgend jemand krank?«

32. Darauf sagte ihm die jüngere Tochter, wie erzählt wird: »Mein Vater ist krank.«

33. Da sagte er: »Laß uns bei mir sein. Um deinetwillen werde ich deinen Vater gesund machen.«

34. ‹[Durchgestrichen:] Wir kennen den Namen dieser Frau nicht.› ‹[Randglosse, Quechua:] Später allerdings nannte man sie Chaupiñamca.›

35. Die Frau stimmte, wie es heißt, nicht sogleich zu.

36. Sie berichtete ihrem Vater: »Vater, da hat ein Armer zu mir gesagt: Ich werde deinen Vater heilen!«

37. Als die Weisen, die sich dort aufhielten, (sie) dies sagen hörten, lachten sie und sagten: »Wenn wir (ihn) nicht gesund machen (können), wie will dieser Arme (ihn) dann heilen?«

38. Da ließ jener Herr, der so dringend wieder gesund werden wollte, ihn rufen, indem er sagte: »Was für ein Mensch er auch immer sein mag, er soll kommen!«

39. Als man so nach ihm geschickt hatte, trat Huatiacuri ein und sagte: »Vater, wenn du gesund sein willst, werde ich dich heilen. Aber du sollst mir deine Tochter geben.« Als er dies sagte, wurde jener sehr froh und sagte: »Es ist gut!«

40. Als der Ehemann der älteren Tochter diese Rede hörte, wurde er sehr zornig und sagte: »Wie kann ich zulassen, daß meine, eines so reichen und mächtigen Mannes Schwägerin, mit einem derartigen Bettelarmen verheiratet wird?«

41. Von dem Kampf dieses erzürnten Mannes mit Huatiacuri werden wir später berichten.

42. Jetzt aber wollen wir darauf zurückkommen, wie der Huatiacuri genannte Arme die Heilung (des Tamtañamca) vollbrachte.

43. Und so begann Huatiacuri die Heilung: er sagte: »Vater, deine Frau ist eine Ehebrecherin.

44. Da sie sich ehebrecherisch verhält und sündig ist, hat sie dich krank gemacht; zwei Schlangen, die oben auf deinem so noblen Hause sitzen, fressen dich (allmählich) auf; und dann gibt es eine Kröte mit zwei Köpfen unter deinem Mahlstein; und diese alle werden wir jetzt töten, dann wirst du gesund sein. Wenn du geheilt sein wirst, sollst du über allem meinen Vater anbeten, der übermorgen erscheinen wird. Du bist aber kein beseelender Ordnungskraft mächtiger Mensch. Wärest du ein solcher, würdest du nicht krank sein.« Als er so sprach, erschrak (Tamtañamca) sehr.

45. Als jener dann sogleich sein so wunderschönes Haus zerstören wollte, wurde er sehr traurig.

46. Seine Frau schrie, wie erzählt wird: »Ohne Grund spricht dieser miserable Bettler so übel von mir! Ich bin keine Ehebrecherin!«

47. Da ließ aber jener kranke Mann, der ja unbedingt gesund sein wollte, sein Haus abbauen.

48. Da holte (Huatiacuri) die zwei Schlangen heraus,

49. und tötete sie sogleich;

50. und er eröffnete dann auch der Frau (des Tamtañamca), wie jenes Maiskorn, (aus der Röstpfanne) springend, in ihre Scham gelangte, wie sie es auflas und dem anderen Mann zu essen gab.

51. Dies alles bestätigte danach auch die Frau und sagte: »Dies ist wirklich so gewesen!«

52. Darauf ließ (Huatiacuri) sogleich ihren Mahlstein hochheben.

53. Da kam eine Kröte mit zwei Köpfen heraus und floh zur Schlucht von Anchicocha hin.

54. Wie man sagt, befindet sie sich bis jetzt dort in einer Quelle.

55. Diese Quelle läßt, wie es heißt, Menschen, die dorthin gelangen, manchmal verschwinden, manchmal verrückt werden.

56. Nachdem (Huatiacuri) alles, von dem wir berichtet haben, beendet hatte, wurde, wie erzählt wird, jener kranke Mann (wieder) gesund.

(*Übersetzung aus dem Quechua: Peter Masson (unter Berücksichtigung der Übersetzungen und Ausgaben von Trimborn und Kelm 1967, Taylor 1987a und Salomon und Urioste 1991).*

Geschichte und Weltbild in mündlich überlieferten und literarischen Texten des Andenraums

Das »geschichtliche« Denken in einigen Quechuagesängen und -erzählungen

Martin Lienhard

Es ist durchaus wahrscheinlich, daß zum heutigen Zeitpunkt eher die Heterogenität als der ausschließliche Bezug auf die vorspanische andine Kultur die globale kulturelle Situation des zentralen Andenraumes (Ecuador, Peru, Bolivien) prägt. Eine Heterogenität, die sich in einem stetigen Veränderungsprozeß befindet und nicht nur auf die Gegensätzlichkeit zwischen der dominanten Kultur europäischer Abstammung und den marginalen Kulturen vorspanischen, spanisch-andinen, chinesischen oder – weit zurückliegenden – afrikanischen Ursprungs verweist. Selbst diese marginalen Kulturen zeigen sowohl in ihrer Gesamtheit als auch jede einzelne für sich eine oft weitgehende »innere« Differenzierung auf. So entspricht z. B. die sogenannte »Quechuakultur« genaugenommen einem vielfältigen Konglomerat, dessen Träger soziokulturelle Sektoren und regionale Bevölkerungen mit ganz unterschiedlichen Charakteristiken sind. Ich will hier nicht die Hauptrichtungen einer hypothetischen Geschichtsauffassung der andinen oder quechuasprachigen Bevölkerungen entwerfen. Ich werde nur einige Kernstücke halb-traditionellen geschichtlichen Denkens kommentieren, die in zwei konventionellen »Diskursen« – Gesang und mythische (oder halbmythische) Erzählung – bei einigen quechuasprechenden Landgemeinden der zentralen oder südlichen Sierra Perus auftauchen. Doch auch so darf man nicht vergessen, daß diese Kerngedanken inmitten der komplexen und widersprüchlichen kulturellen Prozesse, die diese Sektoren erleben, gleichzeitig mit anderen, »moderneren« existieren.

Das geschichtliche Denken der Quechua zur Zeit der Eroberung und in den ersten Jahrzehnten des Kolonialregimes

Bevor dem geschichtlichen Denken in einigen Gesängen und Erzählungen der heutigen ländlichen Quechuagemeinden (südliches Andengebiet in Peru) nachgespürt werden kann, empfiehlt es sich, kurz die besonderen historischen Vorstellungen der »inkaischen« Quechuabevölkerung in Erinnerung zu rufen. Die sprachlichen Quellen, die für diese Art von Forschung benützt werden können, sind offenkundigerweise indirekt. Es handelt sich einerseits um Fragmente indianischer Rede, die sich mehr oder weniger gut erkennbar in einigen spanischen Chroniken aus der frühen Kolonialzeit finden. Andererseits stehen Schriften, die indianische Gelehrte mehr als ein halbes Jahrhundert nach der Eroberung verfaßten, zur Verfügung.

Die Zeit und ihre Auswirkungen auf die Gesellschaft werden mit *pacha*, einem grundlegenden Begriff der Quechua, evoziert. *Pacha* läßt sich mit Welt übersetzen und verweist in unseren Kategorien sowohl auf die Zeit als auch auf den Raum. Alle Veränderungen, die die menschliche Gesellschaft und ihre Beziehung zum natürlichen Kosmos radikal beeinflussen, erscheinen in den andinen Systematisierungen der sozialen Vergangenheit als ein Wechsel von *pacha*. Diese »Umstürze« erhalten die Bezeichnung *pachakuti*, »Umkehrung der Welt«, Begriff für eine kosmisch-soziale »Revolution«.

Der Unterschied zwischen einer Welt und der folgenden oder der vorangegangenen beruht auf der Vorherrschaft eines von zwei Prinzipien, *hanan* und *urin*, »oben« und »unten«. Ohne daß der Ursprung dieser Prinzipien mit Sicherheit bestimmt werden kann, scheint es, daß sie der Unterteilung einer hypothetischen, minimalen Gesellschaftseinheit in exogame Klans entspringen. Die andinen Agglomerationen weisen in der Tat eine offizielle Unterteilung in zwei Hälften oder *sayas* auf, »die obere«, bzw. »die untere«. Läßt sich *hanan* mit der Sonne, dem Tag, dem männlichen Geschlecht, der politischen Macht, etc. in Verbindung bringen, so verweist *urin* auf den Mond, die Nacht, das weibliche Geschlecht, die religiöse Macht, usw. Die Beziehungen von *hanan* und *urin* beruhen auf Gegenseitigkeit, gegenseitiger Ergänzung und Wettstreit. Alle Ebenen der

Kosmologie der Quechua sind in obere und untere Hälften unterteilt. Die inkaische Darstellung des Andenraumes zeigt, daß sich jede Hälfte wiederum in eine obere und eine untere Hälfte teilen läßt. Dies bedeutet, daß die Hälfte *hanan* nicht ausschließlich als *hanan* betrachtet werden kann, weil sie auch eine Hälfte *urin* enthält. Und die von *urin* dominierte Hälfte wird durch den Druck, den *hanan* auf sie ausübt, in Frage gestellt. Projizieren wir nun diese Beziehung auf eine »zeitliche« Ebene, so zeigt sich, daß sich jede *pacha*, ob nun unter der Vorherrschaft von *hanan* oder *urin*, in stetigem Kampf mit dem entgegengesetzten Prinzip befindet. Der Umsturz vollzieht sich schließlich dann, wenn sich dieses dem andern aufzwingt. Das bedeutet aber auch, daß die Vergangenheit in der Gegenwart weiterwirkt, da sie wiederum »Keim« einer Zukunft ist, die die Vergangenheit, wenn auch nicht auf genau gleiche Art, erneut aktualisieren wird. Die Geschichte zeigt sich demnach als stetiger Wechsel von Welten, die entweder von *hanan* oder *urin* beherrscht werden.

Auf der anderen Seite hob die eigentliche inkaische Geschichte die Unterteilung der »Gegenwart« in Abschnitte hervor, die den aufeinanderfolgenden Regierungszeiten der zwölf Inkas entspricht, und bot somit das Bild einer linearen Entwicklung. Es ist jedoch sehr wahrscheinlich, daß diese inkaische Sicht der Geschichte eine Neuheit für die nur seit kurzem eroberten Gebiete war, und sie sich außerhalb des Zentrums und der »Satellitengebiete« Cuzcos nicht durchsetzen konnte. Auf jeden Fall finden sich nach dem Untergang des Systems der Inka, außer in spanischen oder indianischen Schriften, die versuchen, die inkaische Vergangenheit wieder aufleben zu lassen, keine Spuren einer linearen Geschichtsauffassung. Was die auf einer Zeitrechnung in Jahren basierende Geschichtsauffassung angeht, wie sie in einigen späten Chroniken anzutreffen ist, so gibt es genügend Motive, um darin Spekulationen europäischen Ursprungs zu vermuten.

In der gegen 1565 von den Spaniern »entdeckten« Bewegung des *taki onqoy* (Millones 1990) findet sich die erste explizite Formulierung einer nicht mehr inkaischen, sondern eigenen Geschichtsauffassung der marginalisierten, quechuasprechenden Bevölkerung. Nach den Tänzern/Predigern dieser Bewegung geht die *mita* oder »Schicht« (Periode) der Herrschaft des christlichen Gottes zu Ende, und die *wakas*, traditionelle Schutzgottheiten der Quechua, werden »eine neue Welt und andere Leute« schaffen. Die Verwendung des Begriffs der *mita*, »Schicht«, verweist auf die Gültigkeit der Vorstellung der Welt als Wechsel zweier entgegengesetzter Prinzipien, während die Anspielung auf die Menschheit und eine neue Welt uns direkt zum alten Konzept des *pachakuti* zurückführt. Die Prediger beharren darauf, daß die Veränderung, die sie als unmittelbar bevorstehend ankündigen, sich dank dem Kampf, den die *wakas* auslösten, ereignen werde. Auch wenn die Herrschaft der Spanier nur als »Schicht« gesehen wird, so scheint die Rückkehr zur alten Lebensweise nicht unbedingt eine Rückkehr zum System der Inka zu bedeuten. Im Gegensatz zu den Inkas, deren Herrschaft je nach Region ja nur wenige Jahrzehnte bis zu etwas mehr als einem Jahrhundert dauerte, repräsentieren die *wakas* ein charakteristisches und aus dem Leben der Quechua nicht wegzudenkendes Element. Die Auswirkungen der Eroberung auf die Geschichtsauffassung der Autochthonen bedeuten, mindestens in diesem Fall, die Aufgabe der Neuerungen (hier der linearen Abfolge) der Inkas und die Konsolidierung traditionellerer Vorstellungen, die vermutlich der Zersplitterung der Quechuagemeinschaften unter der Kolonialherrschaft viel eher entsprachen. Die vorliegenden Belege – Zeugenaussagen von Indios und Mestizen – über eine messianische Bewegung, die ungefähr 250 Jahre später in Lircay (Provinz Huancavelica) stattfand, bestätigen die vorangehenden Überlegungen Punkt für Punkt (Pease García 1974).

Die Geschichtsauffassung der Quechua in einigen zeitgenössischen Texten

Mythische Erzählungen

Besonders geeignet zur Erforschung der Geschichtsauffassung der Quechua erwiesen sich in unserem Jahrhundert mythische Erzählungen sowie Rezitationen oder Gesänge, die Teile von rituellen Praktiken oder *performances* bilden.

Unter den quechuasprachigen Erzählungen, die einzelne Aspekte oder die ganze Geschichte des Andenraumes thematisieren, verleihen die bekanntesten – wenn auch nicht unbedingt die verbreitetsten noch die repräsentativsten – Inkarí oder Qollarí eine Heldenrolle. Sie erscheinen beide zusammen in den Erzählungen aus dem Gebiet Cuzcos, während in denjenigen des Chanka-Gebietes, welches den heutigen Departementen von Huancavelica, Ayacucho und dem westlichen Teil von Apurímac entspricht, Inkarí alleine auftritt (Ossio 1973, Müller 1984). Da viele wissenschaftliche Arbeiten diesen Typ von Erzählungen untersuchen, werde ich mich hier auf das beschränken, was in diesem Zusammenhang von größtem Interesse ist.

Mit Qollarí wetteifernd (Cuzco) oder alleine (Chanka-Gebiet), gründet Inkarí eine Hauptstadt, Cuzco, und eine Zivilisation, die dank ziemlich raffinierter Ackerbaumethoden gut gedeiht. Ein Gegner, dessen Herkunftsort nicht genau bekannt ist und der manchmal Españarí heißt, verjagt Inkarí oder enthauptet ihn. In den Versionen aus dem Chanka-Gebiet wächst der Körper Inkarís vom Kopf her nach unten wieder nach. Man hofft, wenn auch mit gewissen Zweifeln, daß Inkarí zurückkehrt oder aufersteht, um die nun auf den Kopf gestellte Welt wieder in Ordnung zu bringen.

Geht man von der Geschichtsauffassung aus, die diese Erzählungen vermitteln, so findet man klare Parallelen zu den Diskursen der Tänzer/Prediger des *taki onqoy*: Die Welt, auf den Kopf gestellt durch den Einfall der Spanier, muß eine halbe Drehung vollführen, um wieder auf die Füße zu stehen zu kommen. Der größte Unterschied liegt darin, daß die *wakas* durch Inkarí ersetzt werden: eine Figur, die aufgrund ihres Namens die Inkas zu repräsentieren scheint. Seine Taten aber erinnern eher an die mythischen Helden – die *wiraqochas*, Thonapa etc. –, die in den nach der Eroberung aufgezeichneten Ursprungsmythen der Quechua vorkommen. Dieser beachtliche Unterschied betrifft in erster Linie die Funktion des Textes für die Gemeinschaft: Der Bezug auf die mächtige Wirklichkeit der *wakas* 1565 bezeugt eine militante Haltung zugunsten der Veränderung der Welt, während die Anspielung auf den Inkakönig 1950 oder 1990 zweifelsohne einen anderen Sinn aufweist: Aufgrund einer selbst erarbeiteten Interpretation der Welt bejaht sie eine eigenständige Identität.

Während sich die Erzählungen aus dem Chanka-Gebiet auf die langsame »Wiederverkörperung« Inkarís konzentrieren, bevorzugen die aus Cuzco stammenden Erzählungen die Gründung der Hauptstadt, die im Wettstreit mit Qollarí vor sich geht. Das zeitliche System ist hier wesentlich komplexer, zweideutiger und variabler als das der Erzählungen aus dem Chanka-Gebiet. Es hebt aber ebenfalls drei aufeinanderfolgende Welten hervor, die teilweise mit denjenigen der Chanka-Erzählungen zusammenfallen: die Welt der *ñaupa* oder *gentiles* (»Heiden«), die der Inkas und der Spanier und die der Zukunft, öfter charakterisiert als die der Rückkehr des Inka. Am meisten fällt bei den Erzählungen aus Cuzco jedoch die Überlagerung oder Vermischung von Zeitaltern autochthoner und christlich-mittelalterlicher Tradition (Gioachino da Fiore) auf. So erscheint das erste Zeitalter auch als die Epoche des Gottvaters, das zweite als die des Sohns Gottes und das dritte als die des Heiligen Geistes. Auf diese Art fällt die hypothetische Rückkehr des Inka mit dem Tag des jüngsten Gerichts zusammen, welches der Herrschaft der geflügelten Wesen vorhergeht. Die parallele Verwendung von autochthonen und christlichen Kategorien mündet jedoch nicht in eine wirklich synkretistische Vision, sondern sie bringt viel eher einen fehlenden Glauben an die erklärenden Fähigkeiten beider zur Verfügung stehenden Modelle an den Tag. Diese Tatsache wird noch durch die zweifelnde oder fragende Form vieler Satzkonstruktionen unterstrichen.

Viele zeitgenössische Erzählungen der quechuasprachigen Andenbevölkerung stellen, ohne sich explizit auf die Eroberung und den von ihr entfesselten historischen Prozeß zu beziehen, eine kosmisch-soziale Veränderung in den Mittelpunkt. Diese wird je nachdem als notwendig, nahe bevorstehend oder – in der Utopie – verwirklicht präsentiert. Bei dieser Art von Geschichten (cf. »*Kutimanco*« oder »*Amigo ratita*« in Orégon Morales 1984, oder »*El telar de los antiguos*« in Szeminski und Ansión 1982), interessieren sich die Erzähler für die Gründe, die eine solche Veränderung hervorrufen: der Zusammenbruch der Gegenseitigkeit, die nach traditioneller Vorstellung die Beziehungen zwischen den Menschen oder zwischen der menschlichen Gesellschaft und dem natürlichen Kosmos kennzeichnen soll.

Tänze

Die mythischen Erzählungen der Quechua scheinen trotz ihrer »messianischen« oder »millenaristischen« Thematik ziemlich unabhängig oder losgelöst von der tatsächlichen politischen Praxis der Gemeinschaft. Im Gegensatz dazu lösen andere »historische« Diskurse, wie früher jener der Tänzer/Prediger des *taki onqoy,* einen Prozeß der Bewußtwerdung oder der Mobilisierung aus.

Die Spottverse der Bauern von Rumitaqe

Im Zusammenhang mit der kriegerischen Begegnung, die 1921 die Bauern von Rumitaqe (Canas, Cuzco) mit einer Gruppe von Großgrundbesitzern zusammenprallen ließ, verspotteten erstere die anderen mit folgenden Versen (Valencia Espinosa o. D.:112-3; übersetzt vom Verfasser):

Yau ladrun suwa	Hör mich an, du Räuber, du Dieb
sipisqaykin kunan karaqo	Heut werd' ich dich töten, carajo!
Imamanmi hamuranki	Warum bist du in unsere Häuser eingebrochen,
wasiykuta llaqtaykuta [...]	in unser Dorf [...]
Qankuna nirankichisraqchu karaqo	Sagtet ihr nicht carajo,
kunantawanmi ñaupaq hina qonqorachaspa sirviwanki nispa	»Auch heute sollst du, wie früher, vor mir niederknien und mir dienen«?
Kunan punchaymanta chayqa karaqo tukukapun [...]	Vom heutigen Tag an, carajo, nimmt dies ein Ende [...]
kunan makiykipi wañunkichis	Heute werdet ihr durch unsere Hände sterben.
Kunan manañan ñaupaq hinañachu kayku manañan muspaykuchu ni puñuykuchu	Heut sind wir nicht mehr wie früher, wir träumen nicht mehr, wir schlafen auch nicht mehr.
Kunanqa allintañan rikchariyku karaqo	Heut sind wir erst richtig aufgewacht carajo!

Mit ihrem triumphalistischen Sarkasmus (der durch die rhythmische Wiederholung eines den *misti*[1] entliehenen Schimpfwortes, *carajo*, noch unterstrichen wird) erinnern diese Verse an die Schimpfgespräche, die die zeitgenössischen rituellen Kämpfe begleiten. Ihre Funktion war sicherlich gleich zweifach »aufreizend« oder, um den vom Linguisten Jakobson geprägten Begriff zu gebrauchen, »konativ«: es ging darum, den Bauern Mut zu machen und gleichzeitig den Zorn der Großgrundbesitzer zu provozieren. Was für eine Geschichtsauffassung liegt dem Text von Rumitaqe zugrunde? Mindestens implizit legt er drei Zeitebenen fest: eine dem Eindringen der *misti* vorangehende Vergangenheit; eine Gegenwart-Vergangenheit, die durch die grausame Unterdrückung durch die *misti* gekennzeichnet ist; schließlich eine Gegenwart-Zukunft, eine werdende Zeit, deren Ende nichts anderes als die Wiederherstellung der fernen Vergangenheit sein kann. In der durch die drei Zeitebenen zum Ausdruck gebrachten Wiederherstellung der Vergangenheit in der Zukunft, erkennen wir sofort das Prinzip des Wechsels zweier einander entgegengesetzter Welten. Aber jetzt scheint nicht mehr die Vorherrschaft der kosmischen Prinzipien *hanan* oder *urin* ausschlaggebend zu sein, sondern die politisch-soziale Vorherrschaft der *misti* bzw. ihr Nichtvorhandensein. Während im traditionellen System der kosmisch-soziale Umsturz das Werk der *wakas*, Inkarís oder eines anderen mythischen Helden war oder sein würde, beharrt man nun auf der Vorreiterrolle der Gemeinschaft, der Menschen, der Bauernschaft. Die »Revolution« wird das Resultat ihrer Bewußtwerdung sein *(manañan muspaykuchu,* »wir phantasieren nicht mehr«).

Der Kriegstanz von Toqroyoq

In der Bauerndorfgemeinschaft von Toqroyoq (Provinz Espinar, Cuzco), wurde in den letzten Jahren ein Kriegstanz, der Domingo Huarca Cruz gewidmet ist, zu einem zentralen »Stück« des festlichen Zyklus (29. Juni). Domingo Huarca, Anführer in einem der – messianischen – Aufstände, die die peruanische Sierra (Provinzen Espinar und Canas) in den 20er Jahren erschütterten, wurde von den gegnerischen Truppen brutal hingerichtet. Man beschuldigte ihn damals des Todes des Großgrundbesitzers Alencastre, eines der »Angesprochenen« in den eben vorgestellten Schmähversen.

Obgleich die Musik, die Choreographie und der Rhythmus des Tanzes traditionellen Richtlinien folgen, bringt der historische Text, Produkt einer »mündlichen« Nachforschung, die Bestrebungen einer neuen Bauerngeneration zum Ausdruck. Verwurzelt in der gemeinsamen Tradition, ist sie aber auch vertraut mit der modernen gewerkschaftlichen und politischen Kultur. Wie in den vorangegangenen Versen scheint der Text eher »Anstachelung« als Rührung zu bezwecken[2]:

Domingo Huarcata presuta hapispa (bis)	Als sie Domingo Huarca gefangennahmen
Hasta Yaurikama chayarachisqaku [...]	brachten sie ihn bis nach Yauri [.....]
Domingo Huarcaqa suyay nirapuni	»Wartet«, sagte Domingo Huarca
Domingo Huarcaqa rimariranpuni	Domingo Huarca begann zu sprechen
Qepa wiñaqkuna sayariychis nispa (bis)	»Erhebt euch, ihr, die ihr wachsen werdet«, sagte er (bis)
Domingo Huarcata sipirapusqaku (bis)	Sie töteten Domingo Huarca (bis)
sonqonta aysaspa	sie rissen ihm das Herz heraus
qallunta aysanku	sie rissen ihm die Zunge heraus
pampa pampaman chakatayarunku [..]	auf der Erde, auf der Erde kreuzigten sie ihn [...]
Domingo Huarcaqa supay qaripunin	Domingo Huarca war ein besessener Mann
Llaqtanta munaspan wañuntapas tarin [...]	weil er sein Volk liebte, fand er den Tod [...]

Die Worte des bäuerlichen Märtyrers richten sich an die *qepa wiñaq*, die »Später-wachsen-Werdenden«, an die Nachwelt: In der Tat richtet er sich an die Anwesenden, die wie immer in der mündlichen Kunst gleichzeitig Zuschauer und »Akteure« sind – möglicherweise nicht nur des Tanzes, sondern auch der Geschichte. Domingo Huarca ist zwar ein Bauer, aber auch ein außergewöhnlicher Mensch; sein Beiname *supay* (der Name, den die Missionare dem christlichen Teufel beilegten), erlangt seine alte Bedeutung des »visionären Geistes« wieder. Der Tod Domingos ist weit davon entfernt, als

Schlußpunkt zu erscheinen. Wie derjenige Inkarís oder Tupac Amarus (anderer zerstückelter, mythischer Helden, die auf ihre »Wiederverkörperung« warten), wie auch der des gekreuzigten Christus, kündigt er das Kommen anderer Zeiten an. Seine Stimme vibriert, trotz der zerschnittenen Zunge, in derjenigen seiner Nachkommen.

Der Todestanz von Arriaga, Qotaña

Ein letztes Beispiel soll uns die Existenz einer Geschichtsauffassung bestätigen, die sich nicht darauf beschränkt, die Welt zu erklären, sondern direkt am Veränderungsprozeß beteiligt ist. Ein von den *comuneros* (Gemeindemitgliedern) in Qotaña (Tungasuca, Canas) geschaffener Tanz ruft die Hinrichtung des *corregidor* oder Landvogtes Arriaga durch die Anhänger Tupac Amarus in Erinnerung (1780). Es handelt sich hier also um die Inszenierung eines 200 Jahre alten, historischen Ereignisses. Wie der folgende Ausschnitt zeigt, steht diese Inszenierung aber nicht im Dienste einer Gedächtnisfeier:

Huk nisqalla puririsun, huk sonqolla qaparisun
Wañuywanña tupaspapas, aman imata manchankichu
Kay llaqta runa sayariyña, hoq sonqolla kapunapaq
ñoqanchispas puririsun Sangararaq llaqtaman
Chaypiñataq tupamusun, llaqtanchista defendespa
Hukallaña kunanpacha, Sangarará llaqtaman

Wir werden gehen wie einer allein, wir werden schreien wie aus einem einzigen Herz
Auch wenn wir dem Tod begegnen, so werden wir nichts fürchten
Leute dieses Dorfes, wacht auf, um wieder ein einziges Herz zu werden
Auch wir werden zum Dorf Sangarará gehen
und dort werden wir kämpfen, um unser Dorf zu verteidigen
Gehen wir schon, jetzt gleich, zum Dorf Sangarará[3].

Der Gesang nimmt eine Perspektive in Anspruch, die jene der aufständischen Gemeinschaft von 1780 zu sein scheint. Die erzählende Instanz schaltet keine Distanz zwischen den Zeitpunkt ihrer Äußerung und der Zeit der erinnerten Ereignisse ein. Die historische

Vergangenheit bietet sich den Zuhörern so an, als handle es sich um die Gegenwart, während der eigentliche Aufstand in die Zukunft verlegt wird. Der Gesang treibt die Zuhörer dazu an, am Krieg teilzunehmen, mit nach Sangarará zu marschieren: ein Dorf, in dem die Verbände Tupac Amarus am 18. November 1780 einen schlagenden Sieg gegen die von den gegnerischen *corregidores* (Landvögten) kommandierten Truppen errangen. Dadurch, daß der Höhepunkt und nicht das Ende des tupamaristischen Aufstandes im Mittelpunkt steht, wird die Geschichte sozusagen korrigiert, oder anders ausgedrückt, die Zuhörer werden eingeladen, die Initiative wieder aufzunehmen, die das »Volk der Quechua« mit dem Untergang der tupamaristischen Bewegung aus der Hand gab.

Aufgrund dieser kurzen Analyse einiger mythischer Erzählungen und Gesänge der zeitgenössischen quechuasprachigen Landbevölkerung kann die Hypothese formuliert werden, daß das geschichtliche Denken, je nach der diskursiven Gattung, durch zwei verschiedene Auffassungen geprägt wird. In den mythischen Erzählungen geht es darum, die Entwicklung der Welt aufzuzeigen. Dies geschieht hauptsächlich mit Hilfe vorspanischer Kategorien, auch wenn die christliche Kultur die eine oder andere Spur hinterlassen hat. Die Texte sind nicht nur diesen Kategorien sehr verpflichtet, sondern sie bewahren und erneuern auch eine eigene Identität, die im Gegensatz zur kreolischen Welt steht. Trotzdem werden die Mittel, die eingesetzt werden könnten, um die mehr oder weniger klar entworfene Utopie der Quechua zu verwirklichen, nicht thematisiert. In der Tat scheinen diese Erzählungen keine politische Praxis der Gesellschaftsveränderung zu verfechten.

Im Gegensatz dazu verschiebt die in den Rezitationen und Gesängen angenommene Sichtweise den Akzent auf die Zukunft, ohne damit der vorher erläuterten zu widersprechen. Gleichzeitig werden Schritte vorgeschlagen, die die Bevölkerung unternehmen soll, um die entworfene Vision zu verwirklichen. Es ist offensichtlich, daß der Tanz, gemeinschaftliche und öffentliche Kunstform par excellence, zur Mobilisierung der Bevölkerung ein geeigneteres Mittel darstellt als die Erzählung. Es erstaunt daher nicht, daß die solchen Riten eingegliederten Gesänge zu einer dynamischeren und aktiveren Handhabung der Geschichte neigen.

Aber es gibt heute sicher auch andere Umstände, die zur Erklärung der Verschiedenheit der Haltungen gegenüber der Geschichte in den mythischen Erzählungen und in den Gesängen beitragen können. Die mythischen Erzählungen, vor allem die traditionellsten (wie z. B. diejenigen, die von der Person Inkarís handeln), werden heute vorwiegend von Mitgliedern der älteren Generation überliefert; sie stellen vielleicht eine im Aussterben begriffene Ausdrucksform dar. Im Gegensatz dazu sind die geschichtsbezogenen Tänze neuere Kreationen, die von einer jüngeren Generation hervorgebracht wurden. Sie repräsentieren zweifellos eine neue Haltung gegenüber der Geschichte und der Kultur, die unter anderem von modernen gewerkschaftlichen und politischen Keimen genährt wird.

Anmerkungen

1 Abgeleitet von span. *mestizo*, Mestize: Nicht-Indio, Mitglied der herrschenden Klassen.
2 Die Aufnahmen dieses Tanzes wurden mir netterweise von Claudio Orós (Cuzco) zur Verfügung gestellt. Nilo Tomaylla (Genf) und der Verfasser dieser Zeilen besorgten die Transkription und die Übersetzung ins Spanische.
3 William Rowe (London, King's College) hatte die Freundlichkeit, mir den Text und die Aufnahme auf Band zuzuschicken. Die Transkription und die (spanische) Übersetzung besorgte Janett Vengoa de Orós (Cuzco).

Zeit, Raum und Person in einigen Erzählungen mündlicher Tradition des mittleren Andenraums

Peter Masson

Mythen des Andenraums sind auf uns gekommen als Fragmente oder als ein spärliches Echo aus der distanzierten Feder frühkolonialhispanischer Verfasser, von der interessengeleiteten Hand indianischer Autoren (Felipe Guaman Poma de Ayala, Joan de Santa Cruz Pachacuti Yamqui) oder in detaillierter Zusammenfassung etwa in den Traditionen von Huarochirí. Sie handeln von Gottheiten und Heroen der Vorzeit, von den früheren Menschen verschiedener Weltzeitalter und vom Ursprung mancher heutiger bzw. späterer Verhältnisse und Gegebenheiten. Sie handeln von den Entstehungszusammenhängen sakraler Naturphänomene und sozialer Einrichtungen, historisch begründeter Machtverhältnisse und von Eigenschaften, die typischen Wesen zugeschrieben sind. Auch viele in unserem Jahrhundert gesammelte Erzählungen aus mündlicher Tradition haben derartige »Ursprungsbezüge«. Sie wurden im Rahmen kulturwissenschaftlicher Forschung oder in einem pädagogischen Praxisbezug aufgenommen und zeigen eine quasi »utopische« Auseinandersetzung mit der Lage des Unterworfenseins und der kolonial-nachkolonialen Machtstruktur[1]. Oder sie verorten Menschen, Tiere und übermenschliche Wesen in verschiedenen »Schichten« oder sphärenhaften Bereichen des gemeinschaftlich erlebten und zuweilen unterschiedlich vorgestellten Weltzusammenhangs.

Derartige Aspekte von Erzählungen, die Elemente einer sakralen »Kosmovision« beinhalten, sollen indessen hier nicht alleiniger Gegenstand unserer Betrachtung sein. Uns interessieren hier auch andere Anteile oder Episoden mündlich tradierter Geschichten: erzählende Darstellungen von elementaren menschlichen Beziehungen, von typischen Antrieben, Motiven und Idealen, von angemessenen Handlungsweisen, emotionsgeprägten Reaktionen sowie von Normverletzungen, die als kulturspezifische symbolische Ausdrucksformen Strafe und Leid nach sich ziehen – Darstellungen zudem, deren Inhalt in einer Beziehung zu andinen Konzeptionen von Zeit, Raum und Person steht. Aus Platzgründen wie auch im Hinblick auf Leserschaft ist hier nicht der Ort, von den originalsprachlichen Texten (in Quechua-Sprachen, im Aymara oder im Spanischen) auszugehen. Vielmehr stützen wir uns auf jeweils eine teilweise ausführlich zusammenfassende, teilweise kurz paraphrasierende Darstellung der jeweiligen Erzählung. Im Einzelfall mag dies auch eine Synthese sein, die verschiedene Varianten der jeweiligen Geschichte umfaßt. Ebenso verzichten wir auf formale semiotische Analysen. Statt dessen wird versucht, auf hermeneutischer Grundlage (und unter gelegentlicher Einbeziehung einiger strukturalanalytischer Gesichtspunkte) zu plausiblen Interpretationen zu gelangen.[2]

Vom »Chaos« und vom reichlichen Essen

Merkmale andiner »Kosmovision« sind von nicht wenigen Autoren untersucht worden. Zu nennen wären Aspekte, die in Bezug stehen zu den Zyklen des Feldbaus (vor allem von Knollen- und Körnerfrüchten) und der Reproduktion domestizierter Tiere (vor allem Lamas, Alpakas, Schafe, Rinder), zu den Zyklen der Gestirne und klimatischer Phänomene, und – mit all dem verbunden und all dies markierend und feiernd – zum Zyklus der Feste im Jahreskreislauf. In solchen Festen existieren andine und iberisch-christliche Konzepte nebeneinander, oder sie wurden in diesem Rahmen miteinander verschmolzen.[3]

Für die Hirtenkomponente traditioneller andiner Weltauffassung sind sicherlich die Reproduktionszyklen der beiden domestizierten Arten der einheimischen neuweltlichen »Schafkamele«, Lamas und Alpakas, von besonderer Bedeutung. Seit frühkolonialer Zeit besitzen Haltung und Vermehrung von Rindern und Schafen jedoch ein fast ebenso großes Gewicht, vor allem in den Regionen, in denen keine Kameliden vorkommen oder nicht mehr gehalten werden. Rinder sind – neben Schafen, Schweinen, Hühnern, Meerschweinchen, Lamas und Alpakas – zwar auch Fleischlieferanten, und dies insbesondere bei Festen. Rinder sind aber vor allem für das Pflügen der Felder von großer Bedeutung, soweit nicht aus Armutsgründen oder an steileren Hängen der Boden noch mit dem traditionellen andinen Trittgrabscheit (*chakitaqlla*) aufgebrochen werden muß.[4] Die Bedeutung der Anbaufrüchte, die zur Hauptnahrungsgrundlage rechnen, variiert. Sie variiert je nach Klimazone und Höhenstufe sowie zwischen und innerhalb der kultivierten Körner- und Knollenfrucht-Kategorien. In mittleren Höhenlagen, vor allem in geschützten Tälern, gedeiht eine große Zahl an Mais-Sorten (meist unterschiedlicher Verwendungszwecke wegen gepflanzt). Es wachsen dort auch verschiedene Arten einheimischer Bohnen, Lupinen sowie verschiedene Gemüsepflanzen altweltlicher Herkunft. Sehr alte einheimische »Pseudogetreide« sind die Gänsefuß-»Reismelden«-Arten *quinoa (kinwa, kiwna)*[5] und *cañihua (kañiwa, kañawa)*[6] und ein Amaranth *(kiwicha)*. Wo in höheren Lagen kein Maisanbau mehr möglich ist, beginnt die eigentliche Zone der Knollenfrüchte. Der Ursprung der Kultivierung von Knollenfrüchten in den Anden reicht bis in die früheste pflanzerische Vorgeschichte zurück. Neben einer Unzahl von Kartoffel-Sorten werden teilweise im Fruchtwechsel andere Knollen wie *oka (uka), ulluco (ulluku, milluku), mashua (maswa, mashwa, isañu)* und Bitterkartoffel gezogen. Die noch höher gelegenen trockeneren oder feuchteren Hochgebirgssteppen (»Puna« bzw. »Páramo«) können dann nur noch für die Weidewirtschaft genutzt werden.

Seit Jahrtausenden ist es den autochthonen Bevölkerungen des Andenraums immer wieder gelungen, mit einer schwierigen und in manchen Regionen sogar teilweise lebensfeindlichen Umwelt zurechtzukommen. Sie erreichten dies durch raffinierte Agrartechnologien, durch eine ökologische Differenzierung nach klimatisch-höhenstufenmäßigen Gesichtspunkten und in vorspanischer Zeit partiell auch durch eine organisierte Vorratswirtschaft. Dennoch gibt es permanente Bedrohungen der bäuerlichen Wirtschaft durch Dürren, Hagelschlag, Knollenfäule, Schädlingsbefall, Tierfraß oder sonstige Ursachen von Mißernten. Zu diesen Bedrohungen sind in manchen Gebieten und Höhenlagen auch Nachtfröste zu zählen. Ebenso müssen die Bauern und Hirten befürchten, einzelne Tiere zu verlieren, junge Lämmer etwa oder Hühner, wenn sie eine Beute des andinen »Fuchses« werden, eines dem eurasiatischen Fuchs gleichenden hundeartigen Raubtiers *(Dusicyon culpaeus)*. Dessen symbolische Bedeutung als eines symptomatischen, häufiger begegnenden

Wesens der ungebändigten Natur geht allerdings über die Auffassung von einem Tier hinaus, das Menschen potentiell schädigt.

Eine Vielzahl von traditionellen Erzählungen des Andenraums handelt von diesem »Fuchs« der südamerikanischen Kordilleren und Hochflächen (im Quechua *atoq*, *atuj*, im Aymara *qamaqi* oder *tiwula*).[7] Im Gegensatz zum (etwas größeren, aber in seinem Beuteverhalten vielleicht etwas weniger »agressiven«) altweltlichen Fuchs ist dieser tierische Protagonist mündlichen Erzählguts hier meistens nicht der »Schlaue«, der seine Widersacher überlistet, sondern eher der »Dumme«, der von Kaninchen, Gürteltier, Maus und anderen Tieren ausgetrickst und hereingelegt wird oder sich durch seine eigene Gier, Unvorsichtigkeit oder Sorglosigkeit in schwierigste Situationen bringt. Viele Geschichten, etwa die aus den umfangreichen Zyklen von »Fuchs« und Kaninchen, haben schwankhafte Züge; andere hingegen zeigen durchaus mythische Aspekte. Interessanterweise werden gerade die menschliche und die außermenschliche Welt oft durch den »Fuchs« in eine Beziehung zueinander gesetzt, die aber in der Regel konfliktiv ist und meistens in einer kleinen bis mittleren Katastrophe für einen oder alle Beteiligten endet. Als eine solche Katastrophe ist etwa die geplatzte Hochzeit eines Fuchses in Menschengestalt mit einer jungen Menschenfrau zu betrachten oder, wenn ein junges Mädchen mit dem von ihr erwählten Fuchsmann auf Nimmerwiedersehen verschwindet. Als eine Katastrophe gilt auch die unverdiente, schwere Züchtigung des »Fuchses« durch einen menschlichen Gärtner oder Bauern: Dessen Feldfrüchte waren immer wieder von Maus oder Kaninchen gefressen worden. Er hat zunächst den wirklichen Übeltäter mit Falle oder Leimpuppe gefangen, wonach Kaninchen oder Maus-Männchen sich aber dadurch zu befreien wissen, daß sie dem »Fuchs« schmackhaft machen, sie zu befreien und sich statt ihrer in die Falle zu begeben. Der Gärtner halte, so behaupten die eigentlichen Räuber, nur einen möglichen Kandidaten für die Hochzeit mit seiner hübschen Tochter fest. Und am Ende ist es dann der Fuchs, der die übelste Prügelstrafe erdulden muß.

Die Abenteuer und Schicksale des »Fuchses« sind indessen nicht auf **diese** unsere Welt begrenzt, die sichtbare Welt der Menschen, Pflanzen, Tiere und Berge, der Oberfläche von Seen und der Quellen (*kay pacha* im Quechua, *aka pacha* im Aymara). Chaos richtet der

»Fuchs« an, als er in einen ihm nicht zustehenden Raum eindringt, in den »Himmel«, die »obere Welt« (*hanan pacha* im Quechua, *alax pacha* im Aymara). Diese Erzählung ist in unterschiedlichen Varianten auf dem Altiplano Süd-Perus und in Bolivien verbreitet und wurde mehrfach unter Aymarasprachigen wie Quechuasprachigen aufgenommen.[8]

Der Fuchs in der »oberen Welt«

Der Fuchs sieht am Ufer eines Flusses, reflektiert vom Wasser, tanzende, trinkende und lachende Leute bei einem Fest im »Himmel«, in der »oberen Welt«. Einen Kondor, der vorbeikommt, um zu trinken, fragt er, ob er ihn, den Fuchs, nicht mit nach oben nehmen könne. Der Kondor stimmt zu, läßt den Fuchs auf seinem Rücken Platz nehmen und fliegt mit ihm zu dem Fest in der »oberen Welt«, wo beide sich hinzugesellen und ausgiebig essen, trinken und sich vergnügen. Nach einiger Zeit sucht der Kondor den Fuchs, um ihn daran zu erinnern, daß es Zeit sei, zur Erde zurückzukehren. Der Fuchs, der auch Gefallen an den Sternenmädchen (in der »oberen Welt«) findet und diesen nachstellt, will noch nicht mit dem Kondor zurückfliegen und entscheidet sich, noch weiter in der Oberwelt zu bleiben. Des Wartens müde, fliegt der Kondor allein zurück.

Nach dem Ende des Fests besucht der Fuchs, der alleine dort geblieben war, das Haus eines der Sterne. Da er immer noch Hunger hat, reicht ihm die Sternenfrau ein Tongefäß mit einem Cañihua-Korn, damit er sich einen Brei davon mache. Der Fuchs schaut verwirrt auf dieses eine Korn und in der Meinung, daß dies ja nicht genüge, fragt er die Sternenfrau, wie denn dieses eine Korn für beide reichen könne, wo es doch nicht einmal für ihn ausreiche. Doch ohne daß die Sternenfrau es merkt, vermehrt sich das Korn im Tongefäß um das Zehnfache. So beginnt der Fuchs, seinen Cañihua-Brei anzurühren, wobei ihm das Wasser im Maul zusammenläuft. Froh rührt und rührt er weiter den Brei um, der schon fast gar und fertig ist. Doch dann beginnt der Tontopf überzulaufen und Brei ergießt sich auf den Boden. Getrieben von seinem enormen Appetit leckt der Fuchs auf, was aus dem Topf läuft und versucht ohne Unterbrechung alles zu verzehren. Aber die Lust am Essen verkehrt sich bald in einen Angst auslösenden Alptraum, denn das Gefäß läuft und läuft weiter über, und der Raum füllt sich immer mehr mit Cañihua-Brei, ohne daß der Fuchs das ständige Nachquellen aufhalten kann. Als die Sternenfrau ihr Haus immer mehr mit Brei vollaufen sieht, schreit sie den Fuchs wütend an: »Ein Dummkopf bist du, Fuchs! Warum hast du immer mehr Cañihua nachquellen lassen? Hatte ich dir vielleicht nicht genug gegeben. Jetzt wirst **du** alles aufessen müssen!«

Der Fuchs, reuig und betrübt durch dieses sein Mißgeschick, ängstigt sich noch mehr, kann aber nichts tun und denkt, daß das einzige, was ihm übrigbleibt, ist, zur Erde zurückzukehren. So bindet er sich eine Schnur am Leib fest, geht zu der Sternenfrau und bittet diese, ihm beim Abstieg zu helfen. Die Sternenfrau ist dazu bereit und befestigt die Schnur so, daß der Fuchs an ihr heruntergelangen kann.

Nachdem er sich dem Erdboden bereits bis auf ein kurzes Stück genähert hat, sieht der Fuchs einen Papagei, der vor ihm fliegt, und, boshaft wie er ist, schmäht er diesen: »Kartoffelzüngiger Papagei! Chuño-züngiger Papagei![9] Ich kann dich töten!« *Aus Wut über die Beschimpfungen seitens des Fuchses beginnt der Papagei, die Schnur, an der der Fuchs sich herunterläßt, anzupicken. Als er sieht, daß die Schnur zu reißen beginnt, ruft der Fuchs laut nach einer weichen, rosafarbenen Decke [auf die er zu fallen hofft; (lautmalendes Wortspiel)], und:* »Seht doch, ich komme vom Himmel!« *Aber vergeblich sind seine verzweifelten Schreie, die niemand hört. Mit großer Wucht prallt er auf harte Felsen auf, und sein mit Brei übervoller Bauch platzt, wodurch die* Cañihua *sich überallhin verteilt. Wie die Alten erzählen, liegt hierin der Ursprung dieses Grundnahrungsmittels auf dem Altiplano begründet.*

Der »Fuchs« wird hier unfreiwillig zum Überbringer einer Nahrung »himmlischer«, besser »ober-weltlicher« Herkunft. Die Körnerfrucht ist von besonderer Feinheit und besonderer Qualität und Nährkraft. Sie wird als ein Brei aus unzähligen, sehr kleinen Körnchen (den Sternen, von denen sie in der Erzählung stammen, analog) genossen. Die Sterne, denen der Fuchs sie verdankt, sind gastfreundlich, teilen ihr Essen, ihre Getränke, ihre Lebens- und Festfreude mit den ungebetenen Gästen Kondor und Fuchs. Der Kondor, der einen leichten Zugang zu dieser oberen Welt hat, weiß, daß er sich maßvoll verhalten muß, die Gastfreundschaft nicht überstrapazieren darf und sich respektvoll nach einiger Zeit zurückziehen muß. Auch er ist Teil der außermenschlichen Sphäre; seine eigene Stärke macht ihn zu einem kraftvollen, mächtigen Wesen, das in der Wildnis zu verorten, in vielfältiger Weise aber auch am Rande der menschlichen Sphäre präsent ist. In diesem Sinne setzt der Kondor diese und die obere Welt zueinander in Bezug. Der Fuchs hingegen respektiert seine Gastgeber nicht. Er will nur teilhaben an Fest und reichlichem Essen, getrieben von unersättlicher Gier. Er nutzt die Freundlichkeit, zuletzt auch die Hilfsbereitschaft der Gastgeber aus, schlägt sich den Bauch voll mit einer Speise, die nicht die seine ist, denn er, der wendige Räuber, frißt vor allem rohes Fleisch anderer Wesen, die ihm nicht entkommen können und die er tötet. Strafe für seine Gier ist, daß die Nahrung, deren unkontrollierte Vermehrung er provoziert hat, sich für ihn als unbekömmlich erweist. Obwohl sie zunächst köstlich erscheint, ist seine Verdauung, die an Rohes gewöhnt ist, dieser feinen, kultivierten Nahrung nicht gewachsen. Er transformiert diese bei seinem späteren Fall zurück auf den Erdboden vielleicht sogar wieder in rohe Körner, was seinem eigenen Wesen entsprechen würde.

Die ständige Vermehrung mag auch anzeigen, daß es sich um eine Nahrung handelt, die sich selbst fortzeugt, die durch Saat, Wachsen, Reifen und Ernte immer neu vermehrt wird. Dieses geschieht allerdings nur mit Hilfe von Wesen, die sie kultivieren und sich um sie sorgen. Schließlich ist in dieser Erzählung die verarbeitende Nahrungszubereitung angesprochen: Durch ein traditionelles Küchengerät, das Tongefäß, angedeutet, wenngleich nicht ausdrücklich erwähnt ist der Vorgang des Erhitzens und Aufkochens, der auch von einer geschickten, schonend bearbeitenden Tätigkeit, dem Umrühren, begleitet sein muß, welche der Fuchs natürlich nicht in angemessener Weise beherrscht. Seine Gier läßt ihn auch diese ihm ungewohnten Tätigkeiten in maßlos-rabiater Weise ausführen, so daß zum einen die Reproduktion der pflanzlichen Nahrung, zum anderen aber auch die Menge des produzierten Gerichts außer Kontrolle geraten. Das Sternenhaus wird beschmutzt; es läuft voll mit Nahrung, die niemand mehr verwerten, d.h. zur eigenen Stärkung nutzen kann. Aus dem einen Korn der alten Kulturpflanze, des Gänsefußgewächses *Cañihua*, ist eine Breiflut geworden, die auch die Gier und den maßlosen Appetit des sonst unersättlichen kleinen Räubers übersteigt.

Der Fuchs, der beim Kondor wie bei den (sich wie Menschen verhaltenden) Sternen bisher nur als Bittsteller und ungebetener Nutznießer in Erscheinung getreten ist, muß nun wiederum die anderen um Hilfe bitten, um sich aus dieser mißlichen Lage zu befreien. Es sind nicht nur Regeln des maßvollen und respektvollen Sichbenehmens, gegen die er durch sein grobes Verhalten und das aus diesem resultierende Mißgeschick verstoßen hat. In einer Welt, die nicht die seine ist, kann er nicht als Gebender auftreten, nur als Nehmender. Auf diese Weise verletzt er die andine Tradition der Reziprozität von Geben und Nehmen. Er kann die Freundlichkeit der gastgebenden Sterne nur schlecht entlohnen. Die nur anfänglich harmonisch scheinenden sozialen Beziehungen zwischen Personen, die verantwortlich handeln sollten, sind bald deutlich gestört, denn ein Wesen der Wildnis erweist sich als unfähig, sich in einem kultivierten Milieu dessen Normen einzupassen. Als alles in einem Chaos endet, kann sich der ungebetene Gast diesem nur durch die Flucht entziehen. Aber auch diese Flucht muß geordnet, organisiert erfolgen, was wiederum nur durch eine – erneut nicht entlohnte – Leistung anderer möglich ist: die Sternenfrau muß die Schnur, das dünne Seil, sicher befestigen und den Fuchs hinablassen.

Boshaftigkeit und die wieder aufkommende alte Jagd- und Freßlust bringen den Fuchs dazu, den Papagei, der ihm als fliegendes Wesen normalerweise unerreichbar ist, zu beschimpfen. Der Papagei, ein Wesen der Wildnis, das pflanzliche Nahrung verzehrt, das sich aber auch immer wieder (wie zahlreiche Erzählungen berichten) an Garten- und Feldfrüchten der Menschen gütlich tut, ist nun plötzlich in der Lage, dem in der Luft hilflosen Fuchs überlegen zu sein. Er rächt sich für Schmähung und Drohung, indem er den künstlichen Lebensnerv des Fuchses, die Schnur, mit seinem Schnabel zerstört. Nichts kann den Fall des Fuchses mehr aufhalten. Kein Dritter kann jetzt dem Fuchs mit einer neuerlichen unentlohnten Leistung eine (»kultiviertere«) Abfederung seines Sturzes mittels eines Artefakts, einer weichen Decke, ermöglichen und somit für ein glimpflicheres Ende seines Abenteuers in der oberen Welt sorgen.

Das Bersten des vollen Fuchsbauches bringt der Welt, die der Räuber mit den Menschen teilt, ein Geschenk aus der oberen Welt: eine der wichtigen Nahrungspflanzen, die von den Menschen nun mit Sorgfalt gehandhabt werden muß, mit einer Sorgfalt, die der

»himmlischen« Herkunft der Pflanze entspricht. Der Fuchs ist hierbei nur der unfreiwillig Transportierende, nicht der Gebende. Wohl aber ist er die chaotische, zu harmonischen Beziehungen unfähige Person, ein Vermittler zwischen Räumen und Zeiten.

Zunächst hat das für den Kondor durchaus normale, für den Fuchs aber ungewöhnliche Erlebnis **diese** und die **obere** Welt zueinander in Bezug gesetzt. Zugleich tritt der Raum der Wildnis, der unbebauten Erde (die der eigentliche Lebensraum des Fuchses ist) in Beziehung zum umbauten, gepflegten Raum (hier des Sternenhauses). Der Raum des Jagens, Tötens und Rohfleischverzehrens schließlich tritt dem Raum des Kochens, Zubereitens und geordneten Verzehrs pflanzlicher Nahrung gegenüber.

Zeit manifestiert sich in den Abständen zwischen wiederkehrenden Ereignissen, in kosmisch-astralen Zyklen und in Reproduktionszyklen von Pflanzen, Tieren und Menschen. An diesen Zyklen orientieren sich Markierungspunkte, die Brennpunkte sozialen Lebens sind, im Jahreszyklus ebenso wie im menschlichen Lebenszyklus. Solche Brennpunkte werden festlich begangen. Zeit wird damit auch erfahrbar durch die Feste, die sie strukturieren. Der Fuchs setzt hier einen unharmonischen Bezug zwischen Alltag und Festtag. Er kann nur am Fest anderer teilhaben und nutzt dies in egoistischer Weise für seine eigenen Interessen und Gelüste. So ist auch ihm das Fest als Unterbrechung seines Alltags hochwillkommen. Doch geht es hier nicht einfach um den Wechsel von Alltag und Festtag, sondern auch um eine Verbindung zeitlicher Abläufe zwischen **dieser** und der **oberen** Welt. Auf die Zubereitung produzierter Nahrung folgt das Essen, auf die Aussaat die Reproduktion. Was in der oberen Welt begann, setzt sich in der darunter befindlichen fort. Der soziale Aspekt der Zeit wird jedoch vom Fuchs nicht wahrgenommen (oder zumindest verdrängt). Anders als der Kondor, der nach einiger **Zeit** spürt, daß es **Zeit** ist, sich zurückzuziehen, setzt der Fuchs zunächst auf die für ihn unbegrenzt erscheinende **Dauer** seines Vergnügens, dessen Begrenzung jedoch außerhalb seiner Einschätzung liegt. Das zeitlich von ihm nicht begrenzte Anfüllen seines Bauches stößt auf dessen räumliche Begrenzung; ebenso verursacht das vom Fuchs zeitlich nicht begrenzte Nachquellenlassen des Breis ein Vollaufen des Sternenhauses, eines begrenzten Raumes. Die fehlende Koordination von Zeit und Raum erregt den Zorn der (ordnungsliebenden)

Sternenfrau, irritiert also die Person, die in harmonischen Sozialbeziehungen lebt. Sie führt dann aber auch den Fuchs, die chaotische Person, in ein Durcheinander, dessen er nicht mehr Herr wird. Dieses Durcheinander wird dann durch ungerechtfertigte Agressivität des sich Abseilenden zum Absturz ins völlige Chaos. Das Zerreißen der Schnur, der Verbindung mit der oberen Welt, die Zerstörung der Möglichkeit des Übergangs von der oberen zur unteren Welt, mag auch das Zerbrechen der Koordination von Zeit, Räumen und individuellem Handeln andeuten.

In einer weitergehenden Interpretation (in Anlehnung an Schramm)[10] ließe sich das »himmlische« Fest als im Jahreszyklus verortbar verstehen, etwa als *Carnaval* zu Ende der Regenzeit, mit einem deutlichen Fruchtbarkeitsbezug, ein Fest, das der Ernte verschiedener Feldfrüchte vorausgeht. An der Schnur kommt der Fuchs zurück zum Erdboden, in der gleichen Richtung, in der auch der Regen fällt. Das, was aus dem aufgeplatzten Bauch des Fuchses quillt, wäre demnach einer Ernte vergleichbar. Möglich wird dies alles erst durch die Reise in die obere Welt, die der Fuchs durch die Kraft des ihn tragenden, nach oben fliegenden Kondors erreicht. Auf derselben vertikalen Achse, die beide Welten hier spontan verbindet, erfolgt dann auch die Rückkehr, die allerdings durch ein Chaos motiviert ist und in einem Chaos endet. Aus diesem Chaos entsteht jedoch Konstruktives: die Ordnung der Nahrung spendenden Pflanzen wird für die menschliche Sphäre etabliert (oder zumindest doch um ein wichtiges Element bereichert).

Von fremden Knollenfrüchten und eigener Verantwortung

Ein analoges Verhältnis von chaoserzeugendem, soziale Normen brechendem Handeln und der Produktivität erneuerter Ordnung findet sich in einer Erzählung, die ebenfalls auf dem südperuanischen Altiplano aufgenommen wurde (Lopez *et al.*, Hrsg. 1989:23-6). Diese Geschichte, die wir hier in gleicher Weise wie die vom Fuchs in der Oberwelt teils zusammenfassend, teils paraphrasierend referieren, hat Wesen und innere Sorten-Vielfalt der Kartoffel zum Thema, die in weiten Regionen des zentralandinen Raumes, besonders in höhergelegenen Zonen, die wichtigste Nahrungsgrundlage der bäuerlichen Bevölkerung darstellt.

Der Dieb und die sprechenden Kartoffeln

In früherer Zeit, als, wie die Alten erzählen, es auf dem ganzen Altiplano überall nur Kartoffelpflanzungen gab, existierte, wie es heißt, eine noch größere Sorten-Vielfalt dieses für die Einheimischen geheiligten Grundnahrungsmittels als zur Jetztzeit.

Als ein Dieb sich einmal etwa um Mitternacht anschickt, auf einem Kartoffelfeld fremde Kartoffeln auszugraben, während die Feldwächter in ihren Behausungen ein Nachtmahl zu sich nehmen, prüft er zunächst, welche unterschiedlichen Kartoffelsorten dort gepflanzt sind, um anschließend imilla negra *und* imilla blanca *[zwei häufig kultivierte Sorten]*[11] *auszugraben. Als er dies erledigt hat, zieht er auch Knollen anderer Sorten aus dem Boden, die er nicht kennt. Als er auch weißlich und blau gefleckte Kartoffeln aus dem Boden geholt hat, fragt er sich erstaunt: »Was für eine Art von Kartoffeln ist das? Wie werden diese bloß heißen?« In diesem Augenblick antworten die Kartoffeln: »Ich bin eine* allqa papa.*«*[12]

Der Dieb schaut sich überrascht um, erblickt aber niemanden, der zu ihm gesprochen haben könnte. Ohne dem weitere Beachtung zu schenken, fährt er damit fort, Knollen auszugraben. Es kommen immer größere und schönere Kartoffeln zum Vorschein, worauf er sich wiederum fragt, was dies für eine Art sei. Da antworten die Kartoffeln wieder: »Ich bin eine roma papa.*«*[13]

Als der Dieb dies hört, beschließt er, keine weiteren Kartoffeln zu stehlen und verläßt, mit seinem Sack über der Schulter, die Kartoffelpflanzung. Als er aber an einem anderen Feld vorbeikommt, scheinen ihm die Kartoffelpflanzen dort prächtiger zu sein als vorhin, und er beginnt, noch mehr Kartoffeln zu stehlen. Als sein Sack schon fast voll ist, begibt er sich auf den Heimweg.

*In diesem Augenblick beginnen die Kartoffeln »*poqo, poqo ...*«*[14] *zu sagen. Er erschrickt und sagt sich: »Diese Kartoffeln scheinen zu reden. Möglicherweise sind sie verhext.« Doch sein Erschrecken dauert nicht lange, und als er ein weiteres Feld mit wieder anderen Sorten entdeckt, glaubt er zu sehen, daß diese Kartoffeln noch viel besser und schöner seien als alle, die er zuvor gestohlen hatte. Als er* *eine davon aus dem Boden zieht, sagt er sich, daß er niemals größere und herrlichere gesehen habe, und er fragt sich, was dies wohl für eine Sorte sei. Darauf antwortet ihm die wunderschöne Kartoffel:* »Poqoy María«.[15] *Als der Dieb dies hört, packt ihn großer Schrecken, denn er hört den Kosenamen seiner Mutter. Starr und stumm bleibt er, dann schläft er zwischen den Furchen des Kartoffelfeldes ein. Die Feldwächter kehren im Morgengrauen zurück und entdecken den schlafenden Dieb neben seinem Sack mit gestohlenen Kartoffeln. Sie verprügeln ihn sehr hart, entkleiden ihn und lassen ihn dann so laufen.*

Wie es heißt, soll der Mann von diesem Tage an niemals mehr auf Diebestour zu fremden Feldern gegangen sein, sich im Gegenteil zu einem der verantwortungsvollsten Männer seiner Kommunität gewandelt haben und der tüchtigste Kartoffelpflanzer geworden sein.

Der moralisierende Charakter dieser Erzählung ist nicht ungewöhnlich. Unter quichua-sprachigen[16] Bauern im südlichen Andenhochland von Ecuador beispielsweise kennt man ein kulturtypisches, mündlich tradiertes Genre von moralistisch geprägten Erzählungen als *ijimplu* (spanisch *ejemplo* = »Beipiel«). In weiten Teilen des zentralen und äquatorialen Andenraums macht die indigene Landbevölkerung einen Unterschied zwischen ernsthaften Erzählungen (*kwintu*, spanisch *cuento*) und schwankhaften, witzigen Erzählungen (*kachu*, spanisch *cacho*). Nicht selten verbinden sich Elemente derart unterschiedener kulturtypischer Formen. In der Regel herrscht jedoch ein Element vor, und die Textsorte wird nach einheimischem Verständnis bestimmt.

Die moralisierende Komponente ist in unserem Fall entscheidend. In ihr läßt sich die Bestätigung eines rechtlichen Verhältnisses sehen. Dieses Verhältnis besteht zum einen zwischen Personen, Familien, Siedlungsgruppen und regelt den Zugang zu natürlichen Ressourcen; zum anderen bestimmt es die Beziehung zwischen Menschen einerseits und Anbaupflanzen andererseits, die als lebendige, auch spirituell mächtige Wesen begriffen werden, und hebt diese Beziehung auf eine sakrale und in symbolischer Hinsicht interpersonale Ebene.

Unregelmäßige Formen geernteter Kartoffeln haben einen teilweise spielerischen, teilweise sakralen Umgang mit diesen Knollenfrüchten zur Folge. Interessant ist die symbolische Analogie, die zwischen menschlicher Verwandtschaft und den Knollen, die eine Kartoffelpflanze ausbildet, besteht. Zumindest auf dem Altiplano und im darüber hinausreichenden aymarasprachigen Raum geht diese Verbindung zwischen dem Menschen und einem seiner wichtigsten Grundnahrungsmittel nach einheimischem Verständnis sogar weiter: Man nimmt eine engere, fast emotionale Beziehung zwischen beiden als grundlegend gegeben an (vgl. z. B. Arnold 1990). Die Kartoffeln ermöglichen über die Ernährung das Leben von Menschen. Die Menschen ihrerseits müssen die Kartoffeln hüten und pflegen: Nur so gedeihen diese in einer Vielfalt unterschiedlicher Sorten, also im Reichtum innerer Differenzierung, nach Größe, Zahl, Gesundheit und Qualität optimal und lohnen den Menschen deren pflanzerische Sorgfalt. Pflanzenpersonalität und menschliche Personalität sind also nicht nur als analog aufzufassen, sondern stehen auch in asymmetrisch reziproker Beziehung zueinander.

Der Dieb tut nicht nur Verbotenes; er verletzt auch die innere Beziehung zwischen den Kartoffeln und der menschlichen Person: der Mensch hat die Kartoffel gepflanzt, gehäufelt, von Unkraut befreit und sich damit das Recht erworben, sie schließlich zu ernten, wobei er freilich die besten Exemplare in neuer Aussaat der Erde zurückgeben muß. Die Beziehungen zur Erdgottheit Pachamama (der »Mutter Erde«) und zu den menschlichen Toten, die zum Gedeihen der Feldfrüchte besonders beitragen, müssen wir im Rahmen dieses Beitrags außer acht lassen. Beide sind Wesen von höchster Relevanz für die Reproduktion des Lebendigen in **dieser** Welt, die sie zugleich in eine Beziehung zur »unteren Welt« (*ukhu pacha* im Quechua, *manqha pacha* im Aymara) setzen.

Der Dieb befindet sich bei seiner Aktion in einem Raum, wo ihm das Ernten nicht zusteht, und dies zu einer Zeit, der Nacht, in der man nicht erntet, sondern schläft. Er handelt also zur Un-Zeit und am falschen Ort. Er ist gewissermaßen ein Element einer verkehrten Welt, deren Einbruch in die alltägliche Welt sich als schädigend erweist. Zugleich ist sein Tun aber auch moralisch verwerflich; er eignet sich an, was Ergebnis der Arbeit und Sorgfalt anderer ist. Die antwortende Rede der Kartoffeln auf seine Selbstgespräche oder seinen inneren Frage-Monolog hin verunsichern ihn zunächst nur: Er gibt weiter seiner Gier nach den schönsten Knollen nach und setzt sein Stehlen fort. Erst die Identität des Namens der letzten ihm unbekannten Sorte mit dem Kosenamen seiner Mutter bringt ihn vollends aus dem psychischen Gleichgewicht, raubt ihm zeitweilig den Verstand und läßt ihn erschöpft einschlafen. Die Namensidentität legt die enge innere Verbindung auch seiner Familie mit den Kartoffeln, im Prinzip aller Menschen mit allen Kartoffeln, offen. Der Dieb verstößt also nicht zuletzt gegen seine innere Beziehung zu den auch ihn am Leben haltenden Knollenfrüchten.

Schlaf und Bestrafung durch die Feldwächter stellen einen Wendepunkt dar. Zur Besinnung gekommen, erkennt der frühere Kartoffeldieb seine eigene Verantwortlichkeit, die er nun in seiner bäuerlichen Kommunität, in deren Dienst er sich stellt, aktiv ausfüllt.

Die Störung der Harmonie interpersonaler Beziehungen, die sich zwischen Menschen und Nahrungspflanzen, Menschen und domestizierten Tieren sowie zwischen Menschen und numinosen Wesen ergeben kann, ist zwischen menschlichen Personen direkt erfahrbar. Im Geschlechterverhältnis zwischen Mann und Frau kann sie sich als besonders gefährlich erweisen.

Von der Sorglosigkeit des Mannes und der Verletzbarkeit der Frau

Das Verhältnis zwischen Mann und Frau wird bei den kulturell (und im allgemeinen auch sprachlich) indigenen bäuerlichen Bevölkerungen des Andenraums zumeist als ein reziprokes verstanden (vgl. Harris 1985). Die Geschicklichkeit und die hauswirtschaftlichen wie alltagshandwerklichen Fähigkeiten einer Frau (z. B. bei der Käseherstellung, beim Kochen oder beim ambulanten Fadenspinnen aus der Wolle eigener Schafe) sind ganz entscheidend dafür, wie sehr sie als Ehefrau begehrt ist. Umgekehrt wird der Mann von Frauen geschätzt, der nicht nur viel Kraft hat, sondern auch arbeitsam ist und die schweren Arbeiten auf dem Feld und eventuell mit Rindern, Lamas und Alpakas gründlich und effektiv erledigen kann. Patriarchalische Züge sind dort, wo sie anzutreffen sind, häufig von der ibero-kreolischen bzw. mestizischen Bevölkerung beeinflußt, treten jedoch fast nirgendwo so markant in Erscheinung, daß sie das Alltagsleben entscheidend prägen. Durch ihre arbeitsteiligen Aktivitäten hat die Frau im allgemeinen eine relativ starke ökonomische Position, die sich auch darin niederschlägt, daß es überwiegend sie ist, die die finanzielle Komponente der Wirtschaftsgrundlagen des gemeinsamen Haushalts verwaltet. Dennoch gibt es ausgeprägte Ideale der Männlichkeit, die sich im Auftreten maskierter Tänzer bei bestimmten Festen ebenso wie in vielen Erzählungen niederschlagen. Männlichkeit erscheint verdichtet beispielsweise im Bild vom Bärenmenschen, den man sich als Ergebnis der gewaltsamen Vereinigung zwischen einem Bären und einer einheimischen jungen Bäuerin oder Hirtin vorstellt.[17] (Hier spielen konkrete Begegnungen mit der einzigen Großbärenart Südamerikas, dem andinen Brillenbären *[Tremarctos ornatus]*, mit hinein.)

Verbotene (beispielsweise inzestuöse) Beziehungen, die als äußerst schädlich für eine menschliche Kommunität und die Fruchtbarkeit von deren Feldern und Tieren gelten, finden ihren Ausdruck in andinen Vorstellungswelten darin, daß sich die Seelen des (lebenden) betreffenden Paares nachts als Geistertiere verselbständigen. Solchen Geistertieren zu begegnen, gilt als nicht ungefährlich, wobei deren menschliche Körper (die der Übeltäter) aber manchmal mit Hilfe magischer Mittel identifiziert werden können. Es handelt sich hierbei immer um domestizierte Tiere (Hunde, Pferde, Esel, Lamas, Katzen und andere), die sozusagen noch zur menschlichen Sphäre rechnen, sich nach andinem Verständnis durch ihr Verhalten aber auf eine »sub-humane«, »tierhafte« Stufe stellen (vgl. Masson *et al.* 1988). Nach ihrem Tode werden derartige Menschen zu »Verdammten« (*condenados* im Spanischen, *kukuchi* in einigen Quechua-Sprachen), Untoten, die als werwolfähnliche Monster umherstreifen und Menschen wie Tiere reißen müssen, bis sie einer der ganz wenigen, die stärker als sie sind (etwa der Bärensohn), tötet und damit erlöst (vgl. Arguedas 1960/61, Allen 1988).

Weiblichkeitsideale finden ihren Ausdruck zunächst in betont menschlicher, zugleich meist jugendlicher Gestalt: in der schönen und erotisch anziehenden, geschickten und zugleich zurückhaltenden jungen Frau. Daneben aber sind es positiv besetzte Bilder verschiedener Tiere, die sich zur Repräsentation idealer, aber auch als gegeben gedeuteter weiblicher Eigenschaften und Persönlichkeitsmerkmale anbieten. Es überrascht nicht, hier auf das Bild der Taube, der Wildente oder des Rebhuhns zu treffen. Die Spannung, die sich in diesen Bildern ausdrückt – einerseits die Freiheit, gewissermaßen fortfliegen zu können, und andererseits eine gewisse Zartheit und physische Verletzbarkeit der einmal gefangenen Vögel –, mag bereits die Widersprüche repräsentieren, die manche Frau in ihrer Ehe oder Lebensgemeinschaft auszuhalten hat. Letztere sollten ja Familien-, Arbeits-, Wirtschafts-, aber im Idealfall auch Liebesgemeinschaft sein und sind oft mit der Anpassung an den Willen älterer weiblicher Angehöriger des Mannes verbunden.

Die folgende Erzählung ist auf dem südperuanischen Altiplano bei aymarasprachigen Bauern aufgenommen worden.[18]

Der junge Mann, der ein Rebhuhn liebte

Ein junger Mann, Waise, der bei seiner Großmutter lebt, treibt jeden Tag seine Lamas auf hochgelegene Bergweiden. Eines Tages, als er mitten bei der Hirtenarbeit ist, nähert sich ihm eine schöne junge Frau, um mit ihm ein Gespräch zu beginnen. Sie ist ein wenig gedrungen, von fülligem Körperbau, aber kleiner Statur, mit runden Augen und von sympathischer Ausstrahlung. Ihr Frauenrock und ihr Schultertuch sind grau. In Wirklichkeit ist sie nicht eine Menschenfrau, sondern ein Rebhuhn[19], das sich in ein schönes Mädchen verwandelt hat, um den jungen Mann zum Ehegatten zu gewinnen.

Die jungen Leute treffen einander nun täglich, spielen, reden und scherzen miteinander, und nach und nach verlieben sie sich ineinander. Als der junge Mann ihr vorschlägt, miteinander zu leben, willigt sie ein. Als sie zum Haus der Großmutter kommen, führt der junge Mann, ohne daß jene etwas merkt, das Mädchen in den Raum, den er bewohnt, und von da an leben beide miteinander und versprechen sich, nach einiger Zeit einander zu heiraten.

Als eines Tages die Großmutter das Zimmer ihres Enkels putzt, während dieser auf der Weide bei den Tieren ist, findet sie zu ihrer Überraschung ein Rebhuhn. Sie denkt, daß es der Enkel für sie beide mitgebracht habe, freut sich schon auf das unerwartete, wohlschmeckende Mahl, schlachtet das Rebhuhn, rupft es und bereitet es zu.

Als ihr Enkel heimkommt, sucht er sofort nach seiner Geliebten, um sie zu umarmen, findet sie aber nirgends und verfällt in große Traurigkeit.

Die Großmutter serviert ihm abends das Essen, und als er von dem Geflügel kostet, fragt er ganz unerwartet, was dies für ein Fleisch sei. Seine Großmuter antwortet ihm: »*Lieber Enkel, das ist doch das Rebhuhn, das du für uns mitgebracht hast. Es ist wirklich köstlich, nicht wahr?*« *Als der junge Mann Schreckliches ahnt und an sein Mädchen denkt, beginnen die Knöchelchen des Rebhuhns plötzlich aufzuschreien:* »*Ach, du hast mich von deiner Großmutter schlachten lassen! Ein verfluchter Teufel bist du, kein menschliches Wesen!*«

Als er die Stimme seiner Geliebten hört, bricht der junge Mann in Tränen aus. Er weint untröstlich, während er die Knöchelchen aufsammelt und vorsichtig in seine Tasche legt. Noch mehrfach klagen die Knöchelchen: »*Du hast meinen Tod verursacht. Du sollst dich jetzt nicht mehr an mich erinnern, verfluchter Mensch. Du hegst keinerlei Gefühl der Liebe für mich.*«

Der junge Mann will seine Liebste nicht vergessen, kommt daher auf die Idee, aus ihren Knochen eine Flöte zu machen. Als er diese spielt, kommen so wunderschöne Töne daraus hervor, wie man sie selten gehört hat.

Es heißt, daß seit dem Tod der jungen Rebhuhnfrau die Vögel weinen und die verfluchen, die ihrer Brut nachstellen, weiterhin, daß man den Vögeln nichts zuleide tun dürfe, weil man sonst ins Unglück stürzen könne.

In zwei im Quechua von Cuzco aufgenommenen Varianten ist es nicht die Großmutter, die das Rebhuhn tötet (vgl. Masson *et al.* 1988). In einer von diesen ist es der junge Mann selbst, in der anderen die Schwiegermutter. In der von M. Gutmann aufgenommenen und überzeugend analysierten erstgenannten dieser beiden Quechua-Versionen ist es der junge Mann, der die Initiative ergreift und sich dem Mädchen nähert; als dieses zum Haus der Mutter des jungen Mannes mitkommt, wird es jener vorgestellt, die dann die junge Frau freundlich, aber sehr autoritätsbewußt empfängt. Durch die Anordnungen der künftigen Schwiegermutter verschreckt, fühlt sich das Mädchen auf dem Boden des Hauses, von dem sie Kartoffeln und *chuño* (nach C. Allen als »tote« Kartoffeln geltend!; siehe Allen 1982) holen soll, wie eingeengt und gefangen, verwandelt sich dann wieder in ein Rebhuhn, das dort hilflos herumflattert und von dem jungen Mann, der nach seiner Verlobten schauen soll, diese aber nicht mehr findet, getötet wird. Nachdem Mutter und Sohn das Rebhuhn gebraten und verzehrt haben, macht sich der junge Mann eine Flöte aus einem Knöchelchen, welche, als er darauf spielt, nach Zweck und Intensität seiner Liebe fragend singt.

In allen drei hier erwähnten Versionen ist die Erzählung eine Geschichte von Liebe und Tod. In der zuvor kurz referierten Quechua-Version wird das Mädchen in die feste trianguläre Beziehung zum Verlobten und zur Schwiegermutter eingebunden, in der es sich von beiden, vor allem aber von der Mutter des jungen Mannes dominiert fühlen muß. Im eigenen, angestammten Lebensbereich hatte es sich noch frei fühlen können, während der umbaute Raum des Hauses, besonders der fensterlose Boden, ihm Gefangenschaft bedeutet. Die Rückverwandlung in ein Rebhuhn könnte möglicherweise als der angstgetriebene Versuch verstanden werden, wieder in die Freiheit zurückzufliegen (sei es in die relativ größere soziale Freiheit einer noch unverheirateten jungen menschlichen Frau, sei es in die größere Ungebundenheit der außermenschlichen Sphäre). Doch es gibt kein Zurück und kein Entrinnen. Die Option für die Nicht-Unterwerfung unter das neue familiäre Reglement im Haus der Mutter des jungen Mannes ist gleichbedeutend mit dem Zugrundegehen. Die persönlichen Identitäten des jungen Mannes und des Mädchens sind nicht nur der unterschiedlichen Herkunft wegen kaum zu koordinieren. Die des jungen Mannes ist nämlich besonders stark von der Autorität seiner Mutter geprägt; diese überdeckt schließlich auch weitgehend sein Einstehen für die von ihm erwählte Braut gegenüber der Mutter, wenn sie nicht sogar seine Zuneigung zu dem Mädchen schwinden läßt. Diese ganz für sich zu gewinnen, hat das junge Mädchen keine Chance. Seine Sensibilität wird von Mutter und Sohn überrollt.

Während für den jungen Mann die kurze Zeit mit seiner Braut nur eine Episode innerhalb eines zeitlichen Kontinuums bleibt (mit vielleicht einer schwachen, nostalgischen, in der kleinen Knochenflöte manifestierten Erinnerung), teilt sich die Zeit des Mädchens auf in eine Zeit der Freiheit an ihrem angestammten Ort (ihrem freien Leben als Rebhuhn) und in eine Zeit der Anordnungen, der Gefangenschaft und des Getötetwerdens in der Einflußsphäre der Schwiegermutter. Im Tode wird von der jungen Frau die Frage nach dem

Ob und dem Warum der interpersonalen Zweierrelation als Liebesbeziehung gestellt: aus ihrer Sicht die Infragestellung des Sinns des Sicheinlassens auf eine schwierige, hier absolut asymmetrische und unausgewogene Partnerschaft, wenn nicht sogar die Infragestellung ihres Lebenssinnes.

In der Aymara-Version hatte die junge Frau die Initiative ergriffen, von sich aus akzeptierend, daß sie ihren gewohnten Lebensraum, die Hochweiden zwischen Wildnis und Menschenwelt, aufgeben muß, um den jungen Mann, den sie sich zum Ehegatten erwählt hat, auch zu bekommen. Die Hochweiden erweisen sich für beide als ein Raum der Begegnung und der Freiheit, sich füreinander zu entscheiden. Die Liebesbeziehung entwickelt sich hier als eine beiderseitig gleich intensive, symmetrische (übrigens einem typischen Muster einer andinen Jugendliebe im Umfeld der Hirtentätigkeit entsprechend). Folgerichtig entschließt man sich zum »Einander-Dienen« (*sirvinakuy* im Quechua), einer informellen Eheform, die der offiziellen Verheiratung vorangeht. Was hierzu nicht paßt, und was eine Sorglosigkeit, wenn nicht Verantwortungslosigkeit des jungen Mannes darstellt, ist, daß dieses Miteinanderleben im Haus der Großmutter ohne deren Wissen stattfindet. Bereits hier nimmt der junge Mann auf die Verletzlichkeit des Mädchens nicht ausreichend Rücksicht; er will die Vorteile des Zusammenlebens, nicht aber die damit verbundenen Pflichten. Der Tod der jungen Frau durch die Hand der Großmutter hängt direkt damit zusammen, auch wenn er auf einem tragischen Mißverständnis beruht. So beschuldigen die Knöchelchen der verzehrten jungen Rebhuhnfrau den jungen Mann zu Recht, der eigentliche Verursacher ihres Todes zu sein, und die Bitterkeit des sinnlosen Sterbenmüssens entlädt sich in Fluch und Klage post mortem.

Auch hier ist der umbaute Raum des Hauses ein Ort, von dem es lebendig kein Entrinnen gibt. Dennoch begibt die Rebhuhnfrau sich freiwillig in diesen und richtet sich im Zimmer des jungen Mannes ein, so gut es wohl geht. Erst die Reinigungsbemühungen der Großmutter führen dann zu dem tragischen Ende, das in der Spanne ihrer Lebenszeit für die Rebhuhnfrau unvorhersehbar ist. Den jungen Mann trifft ihr Tod tief. Seine Lebenszeit gliedert sich in einen Abschnitt vor und einen nach dem Tode der Geliebten. Er, der Waise, trauert ihr intensiv nach (was im sorgfältigen Sammeln ihrer

Knöchelchen deutlich wird), und die Tiefe und das Andauern seiner Trauer manifestieren sich in den Tönen des besonders berührenden Flötenspiels. Die Musik auf der Knochenflöte vergegenwärtigt den Tod, doch sie gibt gleichzeitig dem Leben bewußte, erinnernde Dauer.

Am Beispiel der unterschiedlichen Versionen der dritten Erzählung läßt sich ersehen, daß der Reichtum mündlicher Erzähltraditionen sich gerade in der Vielzahl der Varianten und des einem Auditorium immer neu Erzählten zeigt, und daß orale Narrationen nicht in »reineren« oder kanonisierten Formen, sondern gerade in ihren Varianten existieren. Darüber darf auch nicht hinwegtäuschen, daß ein größerer Teil publizierter Erzählungen bereits als eine neue Spielart von (verschrifteter) oraler Literatur angesehen werden muß. Zum einen verraten die vorgenommenen Redaktionen eine halbliterarische Bearbeitung, zum anderen beschränkt man sich auf eine Variante (allenfalls einige wenige unterschiedliche Versionen). Die verschriftende Fixierung, die die der Mündlichkeit eigenen verbalen, nonverbal-gestischen und dramatisierenden Merkmale tilgt, führt zu einer Textform, die dokumentarische und halbliterarische Züge zugleich aufweist. Dennoch muß, wenn es um detaillierte Analysen und Interpretationen von mündlichen Erzähltexten geht, möglichst von der originalen, dokumentierten oder veröffentlichten Sprachlichkeit der konkreten Texte ausgegangen werden. Gerade vor dem Hintergrund des Verblassens und des zunehmenden Verlustes oraler Traditionen in nicht wenigen Regionen des Andenraumes muß den noch dokumentierbaren Texten mündlicher Erzähltradition besondere Aufmerksamkeit geschenkt werden. Eine Zeit des Wandels führt zur literarischen Aneignung einzelner Versionen einer ausgewählten Zahl von Geschichten wie auch zu einer durch moderne Medien sich herausbildenden »neuen Mündlichkeit«. Was dabei verlorengeht, sind nicht nur viele inhaltliche Schwerpunkte und Problem-Thematisierungen, sondern auch die grammatisch-syntaktischen und rhetorisch-poetischen Elemente. Auch sie kennzeichnen so manchen konkreten, vorgetragenen Text, auch sie können zum Ausdruck der uns hier interessierenden Bezogenheit auf kulturspezifische Konzeptionen von Raum, Zeit und Person beitragen.[20]

Anmerkungen

1 Zum Problem der ethnischen bzw. soziokulturellen Identität heutiger »indigener« Bevölkerungen des Andenraumes siehe die kompakte Diskussion bei Frank 1990. Hinsichtlich der kosmologischen und religiösen Dimension der kulturspezifischen Verarbeitung sozialhistorischer Prozesse siehe zur Einführung Albó 1987b, Irarrázaval 1987 sowie die hierzu einschlägigen Beiträge des vorliegenden Bandes. Zur wechselseitigen Erhellung zwischen heutigen und vorspanischen Befunden vor allem im Andenraum siehe Masson 1990.

2 Wichtige Sammlungen mündlich überlieferter Erzählungen im zentralen und äquatorialen Andenraum (großenteils auch, nur selten ausschließlich, in indigenen Sprachen) sind, u. a.: Aguiló 1985, Aníbarro de Halushka 1980, Arguedas 1960/61, Arguedas (Comp.) 1953, Carvajal (Hrsg.) 1980, Carvalho-Neto 1966, Chuquimamani Valer *et al.* (Hrsg.) 1983, 1984, Flores Pinaya 1991, Gow und Condori 1982, Hartmann 1988a, Howard-Malverde 1981, Jara und Moya (Hrsg.) 1987, Karlinger und Zacherl (Hrsg.) 1987, Lira 1990, López und Sayritupac Asqui (Hrsg.) 1985, López *et al.* (Hrsg.) 1989, Müller (Hrsg.) 1984, Ortiz Rescaniere 1973, 1980, Ossio (Hrsg.) 1973, Pantoja Ramos *et al.* 1974, Paredes 1977, Paredes-Candia 1973, Payne 1984, Porterie-Gutiérrez 1981, Randall 1987, Sayritupac Asqui *et al.* (Hrsg.) 1990, Uhle und Kelm 1968, Weber (Hrsg.) 1987, Zaruma Quishpilema 1989.

Wichtige und interessante Studien zu verschiedenen Aspekten und Motivgruppen in Erzählungen oraler Tradition im Andenraum sind, u. a.: Aguilar 1993, Allen 1983, Burgos Guevara 1992, Cipolletti 1983, Gutmann 1989, Hartmann 1984, Hornberger 1992, Howard-Malverde 1984, 1989, Morote Best 1957/58, 1987, Ortiz Rescaniere 1973, 1980, 1982, Ramírez Salcedo 1979, Schramm 1988, Urton (Hrsg.) 1985, Vokral und Masson 1993.

3 Vgl. z. B. Albó (Comp.) 1988, Allen 1982, 1984, 1988, *Allpanchis* 1970, Almeida und Haidar 1979, Ansión 1987, Arguedas 1956, Aveni und Urton (Hrsg.) 1982, Bastien 1978, van den Berg 1985, 1989b, Bouysse-Cassagne *et al.* 1987, Carter und Mamani 1982, Delgado de Thays 1968, Earls und Silverblatt 1978, Girault 1988, Grillo 1990, Hocquenghem 1983, 1987, Irarrázaval 1992, Isbell, B. J. 1978, Izko 1985, van Kessel 1992, Mariño Ferro 1989, Martínez, G. 1989, Molinié Fioravanti 1985, Müller und Müller 1984, Ochoa Villanueva 1978a/b/c, Ossio 1978, Platt 1976, 1986, Randall 1982, de la Torre 1986, Urton 1981, Vokral 1989, 1991, Zecenarro Villalobos 1988, Ziolkowski 1985.

4 Zur Hirtenkomponente andiner Kulturtraditionen siehe Flores Ochoa (Hrsg.) 1977, Nachtigall 1966; zu Zyklen und Technologie des Feldbaus, der Nahrungsgewinnung und Zubereitung siehe Lechtman und Soldi (Hrsg.) 1981, Ravines (Hrsg.) 1978, Vokral 1989, 1991.

5 *Chenopodium quinoa*.

6 *Chenopodium pallidicaule*.

7 In Peru und Bolivien wird dieses Tier meistens als *zorro* (»Fuchs«) bezeichnet, in Ecuador häufiger auch als *lobo* (»Wolf«).

8 Carvajal 1980, López *et al.* (Hrsg.) 1989, López und Sayritupac Asqui (Hrsg.)

1985, Paredes-Candia 1973; Hinweise auf weitere Versionen und Varianten in Schramm 1988.
9 *Chuño* ist eine schwärzliche, durch Wässerung, Ausdrücken, Sonnendörrung und Nachtfrost-Trocknung hergestellte traditionelle Konserve aus bestimmten Kartoffelarten.
10 Schramm 1988. Man vergleiche auch die anderen interessanten Interpretationen dieses Autors zu den uns hier interessierenden und weiteren Erzählmotiven.
11 »Schwarze« und »weiße« *imilla*. *Imilla* (im südlichen Quechua): »junge Frau«. Die Sortenbezeichnungen bedeuten also etwa: »Schwarzes/weißes Mädchen«.
12 *Allqa* (im südlichen Quechua): »zwei- bzw. mehrfarbig«, »farbig gefleckt«. *Papa* (in der Mehrzahl der Quechua-Sprachen): »Kartoffel«.
13 *Roma papa:* (etwa:) »römische Kartoffel«.
14 *Poqo* (im südlichen Quechua): »reif«, »auf dem Höhepunkt der eigenen Entwicklung« (gilt für Pflanzen wie für Menschen).
15 *Poqoy María* (südliches Quechua): (etwa:) »Reife María«, »María der Reifezeit« (gemeint ist eine Kartoffel der tagsüber warmen [nachts in höheren Lagen oft sehr kalten] trockenen Jahreszeit).
16 In Peru und Bolivien bezeichnet man die Sprachen und Varietäten der an Sprechern zahlenstärksten Familie indigener Sprachen Lateinamerikas als »Quechua«, »Qheshwa« oder »Kechwa« (soweit man nicht Eigenbezeichnungen wie *runa simi*, »Sprache der einheimischen Menschen«, verwendet), während man in Ecuador und Nordwest-Argentinien von »Quichua« spricht.
17 Siehe hierzu: Allen 1983, Arguedas 1960/61, Carvalho-Neto 1966, Cipolletti 1983a, Howard-Malverde 1981, Morote Best 1957/58, 1987, Paproth 1977, Payne 1984, Ramírez Salcedo 1979, Uhle und Kelm 1968, Vokral und Masson 1993, Ward 1977, Weber (Hrsg.) 1987, Zaruma Quishpilema 1989.
18 Saritupac Asqui *et al.* 1990: 52-55 und 46-48. Eine interessante, längere Version im südlichen Quechua wurde im Großraum Cuzco, im südlichen peruanischen Andenhochland, aufgenommen: Chuquimamani Valer *et al.* 1984:101-107; eine weitere ebenfalls sehr interessante Version in derselben Region und mit einer sensiblen, gelungenen Analyse und Interpretation veröffentlicht: Gutmann 1989.
19 *khullu* im Aymara, *lluthu* im südlichen Quechua.
20 Zum Problem der Poetik, Rhetorik und Dramatik oraler Narrationen sowie des Verhältnisses von Mündlichkeit und Verschriftlichung siehe: Bauman 1986, Ben-Amos und Goldstein (Hrsg.) 1975, Münzel 1978, Röhrich 1989, Scharlau und Münzel 1986, Tedlock 1983, sowie die auf den Andenraum bezogenen Fallstudien Howard-Malverde 1989, Vokral und Masson 1993.

José María Arguedas oder »Die halbierte Moderne«

Die Welt der Quechua zwischen Romantik und Realismus[1]

Mariano Delgado

Abgesehen von der bemerkenswerten und tragischen Ausnahme des schmerzlich vermißten peruanischen Schriftstellers José María Arguedas: wer hat die Kultur und die Mentalität des heutigen amerikanischen Indio auszudrücken vermocht? (Lafaye 1984:23).

1. Jacques Lafaye, ein guter Kenner und kritischer Beobachter der Gesellschaften Lateinamerikas, bestätigt die unbestrittene Einmaligkeit Arguedas' in der lateinamerikanischen Kulturlandschaft dieses Jahrhunderts: Arguedas hat uns in der Tat gelehrt, Peru – und pars pro toto auch ganz Lateinamerika – zu sehen, wie niemand vorher in diesem Jahrhundert, nämlich mit den Augen eines Quechuasprachigen.[2] Diese Leistung sagt aber noch nichts über die wahre Relevanz der Arguedasschen Wirklichkeitsinterpretation aus, die der sorgfältigen Überprüfung durch die Forschung bedarf. Dabei ist es ratsam zu bedenken, daß wir es bei Arguedas mit einer schillernden und äußerst widersprüchlichen Persönlichkeit zu tun haben: sein Weg – beginnend mit der Geburt am 18. Januar 1911 in Andahuaylas, dann mit seiner wohl literarisch verklärten Kindheit bei Puquio im südperuanischen Andenhochland bis zu seinem Ableben am 2. Dezember 1969 in Lima infolge eines am 28. November desselben Jahres stattgefundenen Freitodversuchs – widerspiegelt auch die Höhen und Tiefen der peruanischen Gesellschaft in diesem Jahrhundert.[3] Arguedas und Peru, der Dichter und seine Heimat, das ist eine Symbiose, wie sie nicht selten in der Geisteswelt vorkommt. Es gibt Intellektuelle, man denke etwa an Heinrich Böll und das Nachkriegsdeutschland bzw. an Thomas Bernhard und Österreich, die – ähnlich dem alttestamentlichen Gottesknecht – die kranke Seele ihres Volkes so stark verinnerlicht haben, daß sie schließlich stellver-

tretend für alle daran leiden und sterben. Keine Frage, Arguedas ist auch an Peru gestorben.[4]

2. Eine so komplizierte Persönlichkeit erlaubt natürlich verschiedene Interpretationszugänge. Dazu kommt bei Arguedas die großartige Vielfalt seiner intellektuellen Produktion. Es gibt kaum eine literarische Gattung, die er in seiner doppelten Eigenschaft als folkloresammelnder Ethnologe und Romancier nicht berührt hätte: die Feinheiten des Mythos, des Märchens, der Legende, des Essays, des Romans, ja des Epos und der Lyrik waren ihm gleichermaßen vertraut. Die Sekundärliteratur über ihn ist schon längst unübersichtlich geworden und wird es immer mehr. Die Aufmerksamkeit der Kritiker gilt vor allem seinem narrativen Werk.[5] Nur wenige beschäftigen sich mit dem Ethnologen[6], und kaum einer hat die notwendig gewordene Gesamtinterpretation des Arguedasschen Weltbildes zu entfalten versucht (vgl. Rama 1989). Der »Hauptschlüssel« zum Arguedasschen Geisteshaus, nämlich der Inkarrí-Mythos, ist – mit wenigen Ausnahmen[7] – nicht gesehen worden. Mein Zugang zu Arguedas wird sich jedoch von den bisher versuchten Annäherungen durch zweierlei Merkmale unterscheiden: Zum einen werde ich die Gesamtheit seines ethnologisch-folkloristischen und kreativ-narrativen Opus berücksichtigen und auf den Inkarrí-Mythos als den Interpretationsschlüssel setzen; zum anderen werde ich mich dabei weder von dem Geist der *laudatio* (so z. B. Gustavo Gutiérrez[8]) noch von dem der *contradictio* (so z. B. Mario Vargas Llosa[9]) allein leiten lassen, sondern eine »Hermeneutik des dialektischen Zu- und Widerspruchs« praktizieren[10], die einzige, die uns nämlich zu neuen Interpretationsufern führen kann. An Arguedas scheiden sich zwar weiterhin die – nicht nur lateinamerikanischen – Geister. Wir haben auch mit Sicherheit – wenn auch oft nur im Widerspruch zu ihm – vieles von ihm zu lernen. Im Folgenden wende ich mich zunächst (I) der Dialektik von Liebe und Haß als dem Hauptmerkmal der Arguedas'schen Seele zu. Dann aber werde ich die zentrale Rolle (II) des Inkarrí-Mythos in seinem Werk hervorheben, um von dort ausgehend (III) die Kluft zwischen dem ethnologischen und (IV) narrativen Teil desselben aufzuzeigen, die Arguedas schließlich zu einer indigen-romantischen Halbierung der abendländischen Moderne führt.

Zwischen Liebe und Haß

...zwei Dinge prägten sich fest in meiner Seele ein, seit ich sprechen lernte: die Zärtlichkeit und die grenzenlose Liebe der Indios, die Liebe, die sie untereinander und zur Natur, zu den Bergen, den Flüssen, den Vögeln hatten; und der Haß, den sie auf all diejenigen hatten, welche ihnen – fast unbewußt und wie einer Art göttlichem Gebot folgend – Leiden zufügten. Meine Kindheit verbrannte zwischen dem Feuer und der Liebe (Arguedas 1986:37).

1. In zahlreichen autobiographischen Bekenntnissen hat Arguedas sein Leben und sein Werk selbst interpretiert (1983b, 1971, 1975b, 1976a, 1976d, 1986). Er versteht sich als einer, der, obwohl weißer Abstammung und Sohn eines Rechtsanwaltes, bei den Indios aufgewachsen ist, deren Weltanschauung angenommen und im Verlauf seines Lebens fast alle sozialen Stufen der peruanischen Gesellschaft durchlaufen hat, womit er schließlich sein Land mittels direkter Lebenserfahrung bestens kennen würde (1986:42). Mit dieser Selbstinterpretation hat er den Grundstein für seinen eigenen »Mythos« gelegt: Seine Kenntnis der Indiowelt von innen her verleihe ihm die Aura eines Augenzeugen und eines Anklägers der andinen Ausbeutung. Wäre er noch dazu gläubiger Christ gewesen, könnte man ihn den Felipe Guamán Poma de Ayala des 20. Jahrhunderts nennen[11]. Daran zu rütteln ist gefährlich, weil man sich dem Verdacht aussetzt, zu den Unterdrückern der armen Indios zu gehören; es nicht zu tun, wäre aber ein Zeichen mangelnder intellektueller Redlichkeit. Auch für das narrative Werk Arguedas' gilt nämlich die bekannte Unterscheidung Mariáteguis'[12] zwischen »indigenistisch« und »indigen« als Adjektive des andinen Denkens: Das Werk Arguedas' ist demnach zwar »indigenistisch«, weil es hauptsächlich den Indio und seine Kultur zum Gegenstand hat, aber nicht »indigen«, weil Arguedas zwar ein indianisch Akkulturierter war, aber kein Indio. Seine vermeintliche Sicht der Indiowelt von innen her neigt des öfteren zu jener romantisierenden Mystifikation[13], der abendländische Betrachter der indianischen Seele von außen immer wieder erlegen sind. Man könnte dies das »Papalagisyndrom«[14] nennen.

2. »Zwischen Liebe und Haß«, der gemeinsame Nenner, auf den Arguedas seine Kindheitserlebnisse bei den Quechua bringt

(1971:286, 297; 1976a:21; 1976d:415, 1984b:59, 1986:37f.), ist auch für mich der Zugang zu seiner Seele und seinem Weltbild. Geleitet von diesem bereits sehr früh gewonnenen Erkenntnisprinzip wird unser Autor an der großen Aufgabe, die er sich selber gestellt hatte, zugrunde gehen. Er, der in den Sprachkategorien der Quechua dachte[15] und von deren Liedern und Mythen »für immer angesteckt wurde«, wollte als Schriftsteller nur das sein, was er bereits als Individuum war, nämlich »ein starkes, lebendiges Bindeglied« (1971:297) zwischen jenen zwei unversöhnlichen und völlig voneinander verschiedenen Welten, »die Welt der Indios und die der Kreolen« (1976d:407), welche seit der Eroberung zum teilenden Merkmal der peruanischen Gesellschaft geworden sind, und zwischen denen er geistig wanderte.[16] Er wußte, daß der Integrationsprozeß beider Kulturen – bisher durch die Herrschaft der kreolischen über die indianische einseitig geprägt – nun im 20. Jahrhundert zwar unaufhaltsam und unvermeidlich geworden war, aber anders verlaufen mußte. Er wehrte sich daher vehement dagegen, diese Integration als Akkulturation zu verstehen (1984a:61; 1971:296ff.), d. h. als Auflösung der indianischen in die abendländisch-kreolische Kultur. Er träumte vielmehr von einem Integrationsprozeß, in welchem die für ihn immer noch existierende Quechua-spanische Agrargesellschaft der frühen Kolonialzeit, in deren Schoß viele Traditionen der vorchristlichen Zeit überlebten, an das industriell-urbane Maschinenzeitalter angeschlossen werden könnte, aber ohne Preisgabe der eigenen Identität: die Natur und uns selbst, soweit es möglich ist, verändern, »aber ohne unsere Wurzeln aufzugeben« (1986:139) – so lautet der Arguedassche Tagtraum. Diesen Traum, der von vielen Menschen in allen Umbruchsperioden der Weltgeschichte gehegt wurde, gilt es weltweit weiterhin zu träumen.

3. Seine Kritik an der abendländischen Modernität enthält allerdings ideologische Züge, wenn er – getrieben von dem bereits erwähnten, dualistischen Erkenntnisprinzip »Zwischen Liebe und Haß« – der »perversen« abendländischen Kultur eine magisch-mythische Hirten- und Bauerngesellschaft der andinen *ayllus*[17] entgegensetzt. Während er nämlich in der kreolischen Gesellschaft nur jene Menschen zu sehen vermag, die durch einen agressiven Individualismus (1984a:64; 1986:240, 244) geprägt sind und in den Hochebenen

Spaniens den »Teufel« (1971:95) trafen, ist die Quechuagesellschaft für ihn der Raum, in dem wahre menschliche Brüderlichkeit (1984a:64; 1986:240, 244) gelebt wird und die Natur, wie ein lebendiger Mantel, den von Zweifel, Bitterkeit und Skeptizismus noch nicht verdorbenen Menschen umgibt (1971:95; 1976b:185). Der von Arguedas zum Erkenntnisprinzip erhobene Haß trägt auch zuweilen die Züge der *ira sacra*, des heiligen Zornes[18] gegen Unterdrückung und Knechtung des Menschen – zumeist Indios – durch den Menschen – zumeist Weiße. Schließlich wird der Haß bei ihm jedoch zu einer Leidenschaft, die verblendet und irreführt. So ist die Arguedas'sche Wirklichkeitsinterpretation nicht frei von jener simplifizierenden Schwarz/Weiß-Malerei, die jeder Ideologie zugrundeliegt. In Anbetracht dieses Befundes sollten wir nicht so sehr die von Arguedas gestellte spekulative Frage aufgreifen, wie lange noch nämlich die tragische Dualität des Indianischen und des Abendländischen in den Ländern dauern wird, die aus dem alten *tawuantinsuyu* und dem spanischen Kolonialreich hervorgegangen sind (1983b:194). Vielmehr haben wir danach zu fragen, welchen Beitrag er nun geleistet hat, um diese »tragische Dualität« mit einem Gesellschaftsentwurf zu überwinden, der beiden Weltanschauungen Rechnung trägt, ohne daß die eine jedoch gänzlich romantisiert und die andere radikal verteufelt wird. Der Arguedassche manichäische Dualismus ist nämlich nicht die Reproduktion des ursprünglichen andinen Dualismus – für den nach dem Prinzip des »sowohl als auch« oder »Yanantin«-Prinzip nichts absolut Gutes und auch nichts absolut Böses existiert –, sondern eine schlechte chiliastische Rezeption des messianischen Sendungsbewußtseins eines Abendlandes, das im Zuge der kolonialen Expansion mit der instrumentellen Vernunft seiner wissenschaftlichen-technischen »Zivilisation« die magisch-mythischen Kulturen der unterworfenen Völker allmählich verrandet hat.

Inkarrí kehrt zurück...

Inkarrí kehrt zurück, und wir können nicht umhin, Angst zu haben, angesichts seiner möglichen Machtlosigkeit, um all jene Individualismen zusammenzufügen, die sich – vielleicht unwiderruflich – losgerissen haben. Es sei denn, daß er die Sonne aufhält, sie wieder mit Eisengürtel an den Gipfel des Osqonta bindet und die Menschen ändert. Denn alles ist möglich, wenn es sich um ein so weises und widerstandsfähiges Geschöpf handelt (Arguedas 1956:232).

1. Arguedas hat sich vor allem mit den Versionen des Inkarrí-Mythos von Puquio (Arguedas 1956, 1965, 1987b) und Quinua beschäftigt (Arguedas 1965, 1966a; siehe Anhang). Diese bringen für ihn etwas sehr Wichtiges deutlich zur Sprache, nämlich den sozialen und kulturellen Dualismus, ja Antagonismus, zwischen dem Indio und dem Spanier bzw. zwischen dem Indio und dem *misti*, womit nicht nur die weiße Rasse, sondern überhaupt die herrschende Klasse, zu der auch Mestizen gehören können, bezeichnet wird. Beide Versionen stellen die Anpassung eines vorspanischen Mythos an das Schicksal eines besiegten Volkes und an die Vorstellung, welche dieses von seiner Zukunft hat, dar: Während der Mythos in Puquio für ihn messianische Züge enthält, ist die Version von Quinua aber eher skeptisch, indem sie sowohl die Möglichkeit einer endgültigen Niederlage bzw. Auslöschung des Quechuavolkes wie auch eine Wiederaufnahme des Kampfes offen läßt. Diesen Unterschied in der Durchdringung des Mythos durch das »Prinzip Hoffnung« führt er dann auf die Intensität der Beziehung mit der Kultur der Sieger zurück (1966a:16f.). Im Klartext will das heißen: Je mehr der Assimilierungs- bzw. Akkulturationsprozeß vorangeschritten ist, desto geringer die Hoffnung auf die Rückkehr Inkarrís mit der damit verbundenen Renaissance der Quechuakultur. Infolgedessen interessiert Arguedas die sehr stark akkulturierte Quinuagemeinde viel weniger als die vier indianischen *ayllus* von Puquio, wo er manche Anzeichen dafür zu sehen glaubt, daß sich die Quechuakultur unter Führung Inkarrís als resistent gegen den Assimilierungssog des Spanisch-Katholischen erweisen könnte. Die Indios von Puquio sind für ihn daher die Schöpfer des echten, sprich messianischen, Inkarrí-Mythos, der als Symbiose zwischen dem vorspanischen Mythos der Erschaffung der Welt und Gründung des Inkareiches einerseits und

der in den Evangelien erzählten Leidensgeschichte Jesu Christi sowie der katholischen Auffassung vom letzten Gericht andererseits erscheint. Mit Hilfe des Mythos erklären die Indios von Puquio dann den Ursprung der Welt, aber auch den Knechtschaftszustand, dem sie seit der europäisch-christlichen Eroberung unterworfen wurden. Überlagert wird dies alles jedoch von der Verheißung eines Endgerichtes, bei welchem der höchste Richter nicht der katholische Gott, sondern Inkarrí sein würde. Dieser würde dann die Wiedereinführung des alten Gesetzes und die Bestrafung der Unterdrücker verfügen (1987b:182). Arguedas weiß, daß der Mythos aus zwei Quellen gespeist wird, nämlich aus den andinen – vorinkaischen und inkaischen – Traditionen[19] und aus den christlichen-kolonialzeitlichen. Aber statt im einzelnen zu untersuchen, wie sich diese Quellen im Mythos – und wohl auch im heutigen Bewußtsein der Quechua – zueinander verhalten, reduziert er die Aussagekraft des Mythos auf eine dualistische Gegensatzstruktur des Andinen einerseits und des Katholischen andererseits. Dabei bleibt Arguedas stets im Rahmen seiner Grundoption zugunsten einer Hermeneutik des Mythos im Lichte einer – nativistisch-chiliastischen – restaurativen »Ende-gut-alles-gut-Eschatologie«[20]. Damit geschieht allerdings etwas Merkwürdiges: Ein Mythos, der die Resistenz bzw. Überlegenheit der andinen Quechuakultur zur Sprache bringen soll, wird schließlich nach dem klassischen Denkmuster jenes Volkskatholizismus interpretiert, von dem Nietzsche meinte, er sei »Platonismus für das Volk«. Darin liegen die Möglichkeiten und Grenzen seiner Interpretation.

2. Das Gedankengut aus der ersten Quelle wird artikuliert um Begriffe wie Inkarrí und *wamanis*. Alle drei Informanten halten Inkarrí, wenn auch mit verschiedenen Nuancen[21], für einen Schöpfergott mittlerer Größe, ähnlich dem platonischen Demiurgen, der aber enthauptet wurde, derzeit noch leidet und eines Tages, wenn er sich wiedervereinigt hat, in vollem Besitz seiner Herrlichkeit und Macht wiederkommen wird, um das Endgericht einzuleiten. Inzwischen hat er allerdings keine Macht und bekommt auch keinen Kult: er ist also nur ein latenter Gott, ein *deus otiosus* (1956:195f., 197; 1965:229). Während der Latenzzeit werden die Indios von den *wamanis* beschützt. Diese wurden von Inkarrí eingesetzt und sind die wichtig-

sten zweitrangigen Götter[22], die heiligen Hügel oder Berge, die lokalen Ahnengottheiten der vorinkaischen, andinen Agrarreligion.[23] Sie sind Gegenstand täglicher Kulthandlungen (1956:197; 1965:229), sie beschützen und ernähren die Indios: »Er, der *Wamani* ist die Erde, Gott gleich, das Wesen unserer Tiere. Alles kommt von ihm. Von ihm kommt der Segen Gottes, die Ader, das Wasser, Gottes Ader« (1956:198).

3. Von der lokalen Agrarreligion der *wamanis* wird der offizielle katholische Kult deutlich unterschieden. Die Informanten geben zwar zu, daß der katholische Gott der allererste, über allem stehende Gott sei, der die Welt erschaffen habe; sie betonen aber zugleich, er gehöre zu einer anderen Sphäre und mische sich hier nicht ein[24]: »Keine Wohltat und kein Übel werden von ihm empfangen.«[25] Während die lokale Religion eine solide Struktur mit strikt eingehaltenen Kulthandlungen aufweise und die lokalen Gottheiten in allen wichtigen Aspekten und Ereignissen des individuellen und sozialen Lebens präsent seien, scheine der katholische Kult, der nach außen hin demonstrativ praktiziert werde, nicht primär religiösen Bedürfnissen, sondern nur Gründen des sozialen Aufstiegs und der gesellschaftlichen Zerstreuung zu entsprechen (1956:230). Arguedas ahnt zwar, daß beide Religionen Teil eines synkretistischen Ganzen sein könnten (1956:229), in dem die Gegensätze nicht als solche, sondern als *coincidentia oppositorum* empfunden werden. Doch er geht den leichteren Weg und hält am kulturellen und sozialen Dualismus als Interpretationshorizont fest. Dies alles verleitet ihn dann zur Schlußfolgerung, der Indio von Puquio – und der andine Mensch überhaupt – sei niemals katholisch geworden[26], er habe den Glauben bloß äußerlich angenommen und sein Verhalten der katholischen Moral angepaßt; aber was den Glauben als solchen angehe, so glaube der Indio weiterhin an seine lokalen Götter, die mit der Zerstörung des Inkareiches und dessen Sonnenkult gestärkt worden seien, und befolge weiterhin die von altersher überlieferten Riten und Zeremonien: »Diese war und ist weiterhin seine wahre Religion.«[27] Nun gut, wenn die indianische Bevölkerung wirklich eine systematisierte Lokalreligion mit eigenen und im Einklang mit der nativen Kultur stehenden Göttern hat: Welche Rolle spielt da noch Inkarrí? Wozu die messianische Erwartung seiner Rückkehr?

4. Der Indio war für Arguedas zwar jahrhundertelang in seinem nie wirklich verschwundenen Glauben und in der Ausübung seiner beliebten Zeremonien geborgen. Aber von 1940 an beginnt infolge der Annäherung an die abendländische Welt der Städte und infolge der wirtschaftlichen Entwicklung der andinen Welt eine Periode religiöser Krise mit unabsehbaren Folgen. Den Einflüssen dieses rapiden Säkularisierungsprozesses sind sowohl die lokale wie auch die offizielle Religion ausgesetzt. Seitdem stellt Arguedas einen Virus im sozialen Organismus der andinen *ayllus* fest: den »Individualismus« und »Skeptizismus« der Mestizen und der Weißen (1956:231f.; 1975a:161; 1987b:214). Dementsprechend bedauert Arguedas den zunehmenden Einfluß der Mestizen, denn durch den Kontakt mit ihnen werden die Indios von dieser »Krankheit der Moderne« angesteckt.[28] Sie sind dann gegenüber beiden Religionen überaus skeptisch. Sie geben den katholischen Glauben auf, was nicht wundert, da sie ja niemals wirklich katholisch gewesen sein sollen: »aber sie haben auch den Glauben an die lokalen indigenen Götter verloren« (1984a:60; 1956:230; 1987b:310). Sie wissen nun, daß der Großgrundbesitzer nicht der Stellvertreter Gottes ist, aber im selben Atemzug haben sie auch die Natur entgeistert und entdecken plötzlich, daß der *wamani* nur ein Haufen Erde sei, von dem sie nichts zu erwarten haben und der gegenüber ihren Herren ohnmächtig ist (1965:231; 1975b:51; 1984a:60). Die sozial und wirtschaftlich aufsteigenden Indios sind skeptisch geworden und wollen nur aufhören Indios zu sein, die eigene Identität preisgeben, indem sie sich in Herren verwandeln (1984a:60). Angesichts dieses kulturellen Scherbenhaufens samt der weiterhin bestehenden sozial-wirtschaftlichen Unterdrückung der Indios durch die *mistis* ergreift Arguedas die Flucht... »nach rückwärts«. Für ihn gibt es wohl nur noch eine Hoffnung: Inkarrís Rückkehr als Restaurator verlorener Tugenden und als Sozialerlöser. In diesem Sinne erklärt der Inkarríymthos für Arguedas vor allem, wie die bestehende – noch aus der Kolonialzeit stammende – soziale Ordnung entstanden sei und drückt zugleich die Verheißung aus, daß diese Ordnung nicht von Dauer sein wird und die alte Gesellschaftsstruktur wiedereingeführt werden könnte (1956:228f.; 1965:230). Inkarrí würde dann die politische, soziale und religiöskulturelle Unterdrückung durch die *mistis* beenden. Arguedas – letztlich auch ein abendländisch geprägter Intellektueller und als

solcher, wenn auch wider Willen, doch ein Erbe jener Kultur des methodischen Zweifelns, die wir mit den Namen Descartes und Hamlet verbinden – befürchtet, daß diese Aufgabe selbst einen so mächtigen Herrn wie Inkarrí überfordern könnte (1956:232). Er ist auch weit davon entfernt, in Inkarrí einen vom Himmel herabfallenden *deus ex machina* zu sehen. Vielmehr neigt er in seinen ethnologischen Feldforschungen dazu, in dem durch den Indigenismus und den wirtschaftlichen Aufschwung der andinen Gemeinden erwachenden Indianerbewußtsein die Wiederkunft Inkarrís erfüllt zu sehen.[29] Doch während er in seinen ethnologischen Arbeiten – mit mehr Intuition als Fachwissen[30] – in diesem Sinne positive Aspekte mancher seit der europäischen Eroberung stattgefundenen Verschmelzungsprozesse beider Kulturen durchaus dokumentiert und die positive Rolle des Mestizen darin würdigt, ist seine literarische Produktion von einem unüberbrückbaren Gegensatz beider Kulturen geprägt, der kaum gelungene Mischformen kennt und immer wieder in ein utopisches, sozialrevolutionäres Finale – die »Inkarrí-Revolution« – andiner Restauration mündet.

Der Mestize als Chance

Manche Indigenisten hassen den Mestizen, weil sie ihn für ein niederträchtiges Instrument seines Herrn halten. Dem ist aber nicht so: in den Mestizen finden wir eine Chance, einen ersten Verschmelzungsversuch zwischen den Elementen der kreolischen und der indigenen Kultur (Arguedas 1986:237).

1. Wollen wir das Werk Arguedas' in seiner weltanschaulichen Tragweite verstehen, so sind wir zwangsläufig auf den sog. »Indigenismus« verwiesen, eine sehr komplexe und sehr disparate Formen annehmende Geistesströmung, deren Ursprünge bis ins 16. Jahrhundert (maßlose Idealisierung des indianischen Anderen durch Bettelmönche – Franziskaner wie Toribio de Benavente »Motolinía« und Jerónimo de Mendieta, Dominikaner wie Pedro de Córdoba und Bartolomé de Las Casas –, Weltpriester wie Vasco de Quiroga sowie schließlich *mistis* wie Inca Garcilaso de la Vega und Felipe Guamán Poma de Ayala, u. a.) zurückreichen. Für den modernen Indigenismus ist allerdings die geistige Wende am Ende des 19. Jahrhunderts entscheidender. Einen ersten Wandel des Indiobildes bewirkte

schon die Schriftstellerin Clorinda Matto de Turner[31]. Wichtiger war aber der Beitrag von Manuel González Prada (1848-1918)[32], der bereits in seinen ersten Reden deutlich gesagt hatte, daß nicht die kreolischen und ausländischen Gruppen der Küste, sondern die Millionen Indios in den hochgelegenen Andentälern das eigentliche Peru seien. In den zwanziger Jahren dieses Jahrhunderts erhält der Indigenismus durch die revolutionäre Wendung bei Luís E. Valcárcel (1891-1987)[33] und José Carlos Mariátegui (1894-1930)[34] eine eindeutig marxistisch-leninistische Prägung. Beiden ist die Überzeugung gemeinsam, daß nicht das Alphabet des Weißen, also die Kultur, sondern der Mythos, konkret die Idee der sozialistischen Revolution, dem Indio neuen Mut geben: das indianische Proletariat wartet auf seinen Lenin.[35] Infolge dessen erlebt Peru in den dreißiger Jahren einen Klassen- und Kulturkampf, der die Gesellschaft in einen indigenistisch-revolutionären Teil und einen anderen kreolischen, dem Faschismus zuneigenden, spaltet. Der gemeinsame Nenner dieser zum revolutionären Mythos[36] gewordenen Bewegung ist ein dualistisches Bild der peruanischen Wirklichkeit[37]. Die Gegensätze Indio/Kreole, inkaisch/europäisch, andinisch/katholisch, Cuzco/Lima, Sierra/Küste werden mit verschiedenen Nuancen von den wichtigsten Vertretern des Indigenismus betont. Einen extremen Höhepunkt erreicht dieser Dualismus bei Valcárcel (1972:114ff.), der sich der Hermeneutik eines vulgären Freudianismus bedient, um den Gegensatz Cuzco/Lima bzw. Sierra/Küste nach der Dualität der Geschlechter zu interpretieren. Die Küste würde dann das weibliche, die Sierra das männliche Prinzip darstellen. Manichäistisch wird dann das erste mit Schwäche und Dekadenz, das zweite mit Stärke und moralischer Erneuerung identifiziert. Arguedas beruft sich konkret mehrmals auf die geistige Vaterschaft Valcárcels und Mariáteguis. Anders als Mariátegui, der 1930 in voller Blüte und Schaffenskraft verstarb, konnte Valcárcel Arguedas durch das zwischen beiden bestehende Lehrer-Schüler Verhältnis tief beeinflussen. 1961 nannte Arguedas seinen Lehrer Valcárcel »einen Vater und einen Führer« (Valcárcel 1976:383). 1965 erklärt Arguedas (1986:235f.) feierlich, daß er ohne »Amauta« – eine von Mariátegui gegründete Zeitschrift, die sich zum Sprachrohr des revolutionären Indigenismus entwickelte – und ohne die Sozialdoktrinen, die nach dem Ersten Weltkrieg verbreitet wurden, nichts geworden wäre. In »Amauta« sah er die theoretische Möglichkeit ausgedrückt, daß in dieser Welt und kraft der Tat des Menschen selbst jede Form der sozialen Ungerechtigkeit beseitigt werden könnte. Diesem Glauben verdanke er die Kraft, die er zum Schreiben brauche. Später, und bereits gezeichnet von der Todessehnsucht, wird Arguedas (1971:297f.) bekennen, daß er nur dank der Lektüre von – zuerst – Mariátegui und – nachher – Lenin eine beständige Ordnung in den Dingen gefunden habe. Die klassenkämpferische Forderung nach sozialer Gerechtigkeit durchzieht demnach das Arguedassche Œuvre. Anhand der Rolle des Mestizen läßt sich allerdings am deutlichsten aufzeigen, wie das »gespaltene Bewußtsein« unseres Autors bei der Rezeption des indigenistischen Gedankenguts dieser Autoren vorgegangen ist. Ich werde mich nun darauf konzentrieren und auf eine eingehende Analyse der verschiedenen Richtungen im Indigenismus verzichten.

2. Valcárcel (1972:125, 127) verleiht dem Indigenismus bzw. Andinismus, wie er mit Vorliebe sagt, den Charakter eines leidenschaftlichapologetisch verteidigten »Anden-Evangeliums« und vertritt eine – romantisch verklärte – Sicht der andinisch-inkaischen Rasse, Kultur, Gesellschaft und Religion. Der Andinismus ist für ihn (1972:104f.) ein »reines Naturgefühl« – die Liebe zur Erde, zur Sonne, zu den Flüssen und den Bergen –, »Agrarismus« – also die Rückkehr zur ursprünglichen Reinheit, ja Naivität, der bäuerlichen Seelen –, die »heilige Brüderlichkeit« – ohne Ungleichheiten, ohne Ungerechtigkeiten zwischen den Menschen –, und schließlich die »Verheißung« eines personellen und kollektiven Ethos als Reaktion gegen all die Laster der abendländisch geprägten, verdorbenen peruanischen Gesellschaft. Die Vergangenheit, das *tawuantinsuyu*, erscheint ihm durchaus als ein Programm für die Gegenwart. Seine Sicht des Mestizen ist geprägt von ethnischem Vorurteil; dieser sei nichts als ein Absurdum, eine Hybris, ein Wesen, das nicht die altüberlieferten Tugenden, sondern nur die Laster und Hemmungen erbt. Die Vermischung der Kulturen produziere nur Mißgeburten. Daher sollten Indigenisten der Rasse verpflichtet sein (Valcárcel 1972:107f., 33-35). Als alter Mann hat er (1976:386) diese ethnische – der Nazi-Ideologie verwandte – Sicht des Mestizenproblems aus dem Jahre 1927 zwar als »Jugendsünde« bezeichnet, aber sein Pamphlet ist nicht ohne Wirkung geblieben. Man kann in der Tat zu Recht behaupten, daß

niemand das peruanische Identitätsbewußtsein im 20. Jahrhundert mehr beeinflußt hat als eben Valcárcel (Sarkisyanz 1985:29).

3. Mariáteguis Haltung gegenüber dem Mestizen ist nicht so eindeutig negativ. Seine intellektuelle Größe, die ihm – sofern er von feinfühligen Geistern gelesen wird – ständig einen Hauch von gesundem Skeptizismus verleiht, verhindert schließlich die dogmatische, reaktionäre Wendung seines Denkens. Das Mestizentum ist für ihn zuerst einmal ein Phänomen, das in Peru eine komplexe Vielfalt hervorgebracht hat. Dazu gehören für ihn die verschiedenen Formen des Kreolentums und des Indiomestizentums genauso wie das durch den Chinesen und den Neger komplizierte Mestizenproblem des Tieflands.[38] Doch seine Aufmerksamkeit gilt dem aus der Vermischung des Weißen mit dem Indio entstandenen Mestizen. Manche Stellen im Mariáteguis Werk (1986:296, 299) lassen durchaus eine pessimistische Sicht dieses Mestizen zutage treten. Die spanische und indianische Dualität werde nicht aufgelöst, in ihm setze sich weder die Tradition des Weißen noch die des Indios fort, beide sterilisieren sich vielmehr und seien einander entgegengesetzt. Auf der anderen Seite haben wir es aber auch mit Aussagen zu tun, die in eine andere Richtung weisen. Er weiß, daß die Zukunft Lateinamerikas vom Schicksal der Mestizen abhängt. Ohne den messianischen Optimismus eines José Vasconcelos ganz zu teilen, der die Hoffnung des Kontinents auf den Mestizen setzt, neigt er doch dazu – mit José Uriel García – im Hochland-Mestizen den Neu-Indio zu sehen. Der mexikanische Humanist Vasconcelos vertrat in seinem 1927 erschienenen Buch »*La raza cósmica*« (Die kosmische Rasse) die These, nur in Amerika könne im Verlauf eines jahrhundertelang dauernden Verschmelzungs- und Wiederverschmelzungsprozesses die neue, eben kosmische Rasse entstehen, eine universale Synthese aller ethnischen Gruppen der Menschheit, die dann eine messianische »Zivilisation der Liebe« planetarischen Ausmaßes schaffen wird. Für Mariátegui (1986:295f.) ist dies eine Utopie, eine Prophezeiung, eine Spekulation, die die Gegenwart, nämlich den konkret existierenden Mestizen, ignoriert und unterschlägt, da Vasconcelos sich ganz darauf konzentriere, die Zukunft vorherzusagen. Uriel García nennt in seinem 1930 erschienenen Buch »*El nuevo indio*« (Der Neu-Indio) Indianer solche Menschen, deren Herz offen ist, sich dem Ruf der

Erde zu öffnen, bereit, ihre Seele durch Kontakt mit ihr zu erweitern – wobei die Hautfarbe das wenigste sei. Solche habe man Indianer zu nennen, ebenso – oder mehr – wie die Erbauer der inkaischen Wälle.

Er hoffte, in Amerika werde eine Kultur erstehen, so indianisch wie die vergangene, unter Teilnahme aller Menschen, die mit ihrer Seele (und nicht nur mit ihrem Blut) in der Anden-Erde wurzeln und daraus schöpferische Impulse erfühlen (Sarkisyanz 1985:37). Dieser Mestize habe sich zwar im Verlauf mehrerer Generationen dem weißen Eindringling angeglichen, aber er bleibe dem Einfluß der erdhaften und kulturellen Lebenssphäre der Andenumwelt unterworfen. Es geht Mariátegui, der die inkaische Vergangenheit als eine Wurzel jedoch niemals als Programm empfindet, also um einen Mestizierungsprozeß, dem das erdhafte Andine, nicht jedoch das »ethnische Indianische« seinen Stempel aufprägt. Daher plädiert er entschiedenst dafür, das Mestizenproblem als soziologische, nicht als ethnische Frage zu analysieren. Der Mestize soll sich zwar auf den Sozialstatus oder den Zivilisationstypus des Weißen hin entwickeln, aber ohne seine indianischen kulturellen Wurzeln zu verlieren. Mariátegui ist sich dessen bewußt, daß der Mestizierungsprozeß in der Tat zum Dilemma wird: Die in die Stadt ausgewanderten Andenmestizen überwinden zwar in einer industriellen, dynamischen Umgebung sehr schnell die Entfernungen, die sie vom Weißen trennen, und sie können sogar die westliche Kultur mit deren Gebräuchen, Impulsen und Konsequenzen assimilieren; doch sie laufen dabei Gefahr, seelenlos und leer zu werden. Auf dem feudalen Großgrundbesitz der Sierra, in einem rückständigen Marktflecken, haben die Mestizen hingegen keine Aufstiegsmöglichkeiten. Angesichts dieses Dilemmas neigt Mariátegui schließlich dazu, den Mestizen nicht zu beneiden und weiterhin auf den Indio zu setzen. Dieser sei zwar noch nicht in die expansive, dynamische Zivilisation des Weißen integriert, die nach Universalität strebt; aber er hat mit seiner Vergangenheit auch noch nicht gebrochen. Trotz der Eroberung, des Großgrundbesitzes, des *gamonalismo* bewege sich der Indio noch immer in gewissem Maße innerhalb seiner eigenen Tradition. Die indianische Gesellschaft der *ayllus* möge mehr oder weniger primitiv oder rückständig wirken, sie sei jedoch ein organisierter Typus von Gesellschaft und Kultur: »Das Leben des Indios hat Stil« (Mariátegui 1986:300). Die indianische Frage ist für Mariátegui weiterhin weder

in den Mechanismen der Verwaltung, der Gesetzgebung oder der
Kirche noch in der Dualität oder Pluralität der Rassen, noch in den
kulturellen oder moralischen Gegebenheiten, sondern in der Wirtschaft begründet, in der Verteilung des Grundbesitzes (1986:35-47).
Für den Indio, der mit der Erde vermählt ist, sind die feudalen
Großgrundbesitztümer (der sog. *gamonalismo*) das größte Hindernis
auf dem Wege zur sozialen Emanzipation. Wie der russische
muschik, so wartet Mariátegui auf den andinen Lenin, der ähnlich der
Erfahrung der Völker des Orients, Japans, der Türkei und Chinas die
autochthone Gesellschaft in die moderne Zivilisation hineinführt —
damit auch die Indios die wissenschaftlich-technische Zivilisation der
Völker des Westens in ihre eigene Sprache übersetzen können — und
dabei die positiven Eigenschaften andiner Kultur in das Industriezeitalter hinüberrettet.

4. In der Frage des Mestizen distanziert sich der Ethnologe Arguedas
in aller Schärfe von den Thesen seines Lehrers Valcárcel[39], er geht
aber auch weit über die ambivalente Haltung Mariáteguis hinaus.
Der Begriff Mestize wird bei ihm im kulturellen nicht im ethnischen
Sinne verwendet. Folgerichtig meint er, jedermann könne heute in
Peru »weiße Indios« neben Individuen kupferner Hautfarbe sehen,
die sich wie Abendländer verhalten.[40] Zu dieser positiven Sicht haben
Arguedas zwei Gründe bewogen: Zum einen kann er als Ethnologe
am Mestizen nicht vorbeidenken, denn er weiß, daß in den Dörfern
und kleinen Städten der Sierra, ja selbst in den Provinzvereinen der
Hauptstadt Lima, weder der Kreole noch der Indio die Mehrheit — in
manchen Siedlungen des Obermantarotals sogar die Totalität — der
Bevölkerung stellen, sondern die Mestizen (1975a:3ff.; 1985:92); zum
anderen hat er gerade im Mantarotal bei Feldforschungen einen
gelungenen Mestizierungsprozeß beobachtet, im dessen Verlauf aus
dem Indio ein spanischsprechender Mestize geworden ist, der aber
nicht entwurzelt sei und seine indianische Identität nicht aufgegeben
habe. Hier trifft er auf den selbstbewußten Mestizen Mariáteguis und
Uriel Garcías, bei dem das erdhaft Andine gesiegt hat und der es
dennoch versteht, sich der wissenschaftlich-technischen Vorzüge der
Modernität zu bedienen. Auf diesen Mestizen ruht Arguedas' Hoffnung, daß die übrigen Indios die wissenschaftlich-technische abendländische Modernität assimilieren könnten, ohne ihre überlieferten

Traditionen über Bord zu werfen.[41] Diese Mestizen seien nämlich besser als die Indios gegen die Lawine der modernen Industriegesellschaft gewappnet. Freilich sieht Arguedas auch die Gefahren, die ein solcher Mestizierungsprozeß vor allem für das andine Brauchtum in sich birgt. Wir sahen bereits oben, wie sehr die Gleichgültigkeit des Skeptizismus die Mestizen von Puquio erfaßt hat. Viele sind auch zu kulturellen Grenzgängern geworden: nicht mehr Indios, aber noch nicht selbstbewußte Mestizen. In solcher Umbruchszeit entsteht oft ein kulturelles Vakuum mit der entsprechenden Identitätskrise. Alles in allem kann man aber beobachten, daß Arguedas in seinen ethnologischen Studien – mindestens dort, wo er seine Leidenschaft der Evidenz unterordnet – im Mestizen zuerst eine Chance, einen ersten Verschmelzungsversuch zwischen den Elementen der kreolischen und der indigenen Kultur sieht. Ganz anders allerdings in der narrativen Fiktion, für die er ja vehement Wahrheitsgehalt beansprucht.[42] Hier ist der Mestize eine durch und durch ambivalente Gestalt, die des öfteren dem finsteren Charaktergemälde Valvárcels entspricht.

Yawar Mayu, Yawar Inti

Wie weit habe ich den Sozialismus verstanden? Ich weiß es nicht recht. Aber er tötete in mir nicht das Magische (Arguedas 1971:298).

1. Arguedas, Ethnologe und Romancier: Hatte er wirklich zwei Seelen in seiner Brust? Während der Uruguayer Angel Rama (1975:XVII) und der Mexikaner Julio Rodríguez-Luís (1980:147) eine unterschiedliche – ja gegensätzliche – Behandlung des Mestizenproblems in den ethnologischen Studien und in der narrativen Fiktion feststellen, die sie schließlich auf eine progressive Distanzierung zu den Thesen Mariáteguis zurückführen, hält der Peruaner Alberto Escobar (1984:50, 48) für »beweisbar«, daß die Haltung Arguedas' gegenüber dem Mestizen in beiden Fällen dieselbe sei. Nun, den Beweis ist er uns aber bis heute schuldig geblieben. Denn das Problem besteht wohl nicht darin, ob Arguedas in der Essayistik und in der Kreation dem ursprünglichen Einfluß durch den Mariateguischen Indigenismus treu geblieben ist oder nicht. Vielmehr ist der Frage nachzugehen, ob die Übernahme bestimmter Denkschemata

seines wohl schwärmerischen Lehrers Valcárcel und die Entdeckung des Inkarrí-Mythos den nüchternen Einfluß des Sozialismus eines Mariátegui nicht letztlich überschatten. Wir finden überhaupt bei Valcárcel (1972:106, 33–5, 23–5, 36f.) viele Denkmuster, die uns später im narrativen Werk Arguedas' begegnen werden: so die Vorstellung von der bestimmenden Gewalt der Erde, einen tellurischen Vitalismus, eine Sakralisierung der Bergspitzen in magische Horizonte hinein, eine vom Hochland-Naturerlebnis generierte Magik, die romantisch-verklärte Sicht der andinen *ayllus* mit der entsprechenden Ablehnung des Abendländischen und des Mestizentums, ja selbst die schon 1927 ausgedrückte Vision eines Anden-Kataklysmus mit apokalyptischem Wunder, welche die erst 1956 entdeckte apokalyptische Erwartung des Inkarrí-Mythos vorwegzunehmen scheint. So liegt der Verdacht nahe, daß Arguedas die peruanische Gesellschaft nicht, wie behauptet, aus der unmittelbaren Lebenserfahrung beschreibt, sondern eher durch den Filter des Inkarrí-Mythos und des andinen Evangeliums *»Tempestad en los Andes«*. Das Arguedas'sche Selbstbekenntnis, er wisse nicht, wieweit er den Sozialismus verstanden habe, aber dieser habe in ihm das Magische nicht getötet, eröffnet uns somit neue ungeahnte Interpretationsnuancen: Das Magische ist wahrlich in seiner Literatur nicht untergegangen, vielmehr aber ist er selbst in ihr der Verführungskraft des Mythischen und Magischen erlegen. In der Literatur Arguedas' erleben wir nämlich die Apotheose des leidenschaftlichen Zornes, des andinen *Yawar mayu* als Interpretationsprinzip: Der Quechuaausdruck *Yawar mayu* bedeutet wörtlich »Fluß des Blutes« und ist der Schlüsselbegriff in der Arguedasschen Literatur. Im ersten Kapitel von *»Los ríos profundos«* wird der Begriff folgendermaßen definiert:

> Die Steine der Inka-Mauer waren größer und fremdartiger als ich es mir vorgestellt hatte: sie kochten unter der weißgetünchten Wand des ersten Stockwerks, die zu der engen Straße hin blind war, und sie riefen mir die Quechua-Lieder in Erinnerung, die einen einzigen feierlichen Ausruf beständig wiederholen: *yawar mayu* Fluß aus Blut, *yawar unu* blutiges Wasser, *puk'tik' yawar k'ocha* See aus siedendem Blut, *yawar wek'e* blutige Tränen. Könnte man nicht auch *yawar rumi* blutiger Stein oder *puk'tik' yawar rumi* Stein aus siedendem Blut sagen? Die Mauer starr, doch brodelte es in allen Ritzen, und die

Oberfläche schillerte wie die Flüsse im Sommer, wenn sie in der Mitte der Strömung, an der gefährlichsten Stelle, mächtige Strudel bilden. Die Indios nennen diese trüben, schäumenden Flüsse *yawar mayu*, weil sie in der Sonne einen beweglichen Glanz haben, der dem des Blutes ähnlich ist. *Yawar mayu* nennen sie auch den erregten, wilden Teil der Kriegstänze, wenn die Tänzer zu kämpfen beginnen (Arguedas 1980b:11f.).

Arguedas verwendet den Begriff *Yawar mayu* im übertragenen Sinne, um den leidenschaftlichen Zorn bzw. den Haß zu bezeichnen, der manchen Figuren seiner Romane an den Augen abzulesen ist und sie zum gewalttätigen Aufstand gegen die Unterdrückung führt.[43]

2. Antonio Cornejo Polar, ein sehr guter Kenner der Arguedasschen Literatur, hat bereits 1970 auf die grundsätzliche dualistische Struktur seines Werkes aufmerksam gemacht. Demnach geht es in ihm um sukzessive dualistische Oppositionen, die einander nicht ausschließen, sondern vielmehr ineinander dialektisch aufgehoben werden. Arguedas' Werk, so Cornejo, ähnelt daher dem Spiel mit den chinesischen Schachteln.[44] Wir können dies – den Gedanken weiterführend – das »Babuschkaprinzip« nennen: so wie im Bauch der beliebten russischen Großmutter jeweils eine kleinere Puppe zu finden ist, so ist in jedem Roman von Arguedas eine grundsätzliche dualistische Opposition des magisch-mythischen Andinen einerseits und des zwar wissenschaftlich-technischen, aber zugleich seelenlosen Abendländischen[45] andererseits, die dann von weiteren gerade in den Blick des Autors gekommenen Gegensätzen – wie etwa *indio/ misti*, Sierra/Küste, Unterdrückte/Unterdrücker – umgeben ist. Doch nicht das bloße Beibehalten des indigenistischen Dualismus scheint mir das besondere Merkmal der Arguedasschen Literatur zu sein, sondern die Aufnahme desselben in eine tellurisch-millenaristische Revolutionshoffnung: Der *Yawar mayu* führt somit zum *Yawar inti*, zum großen Zahltag der erwarteten andinen Apokalypse. *Yawar Inti*, wörtlich »Blutsonne«, ist ein Zentralbegriff in »*Tempestad en los Andes*« und bedeutet dort soviel wie Jüngstes Gericht oder Tag der großen Abrechnung:

> Eines Tages wird die Blutsonne leuchten, der *Yawar Inti*, und alle Wasser werden sich rot färben. Die Ufer des Titicaca werden sich

purpurn färben, purpurn selbst die kristallenen Bäche. Das Blut wird
bis zu den hohen und verschneiten Gipfeln aufsteigen. Der schreckliche Tag der Blutsonne... Der Schmerz eines Jahrtausends der
Sklaverei bricht seine Dämme. Purpur der Lufträume, Purpur der
Sonne, Purpur der Erde, du bist die Rache. Selbst in der Nacht wird
die Flamme die Welten erleuchten. Er wird der läuternde Brand sein.
Oh! Erwartete Apokalypse, der Tag von *Yawar-Inti*, dessen Dämmern
nicht auf sich warten läßt (Valcárcel 1972:24).

Diese Symbiose zwischen dem andinen *Yawar mayu* und dem
Varcalcelschen *Yawar Inti* ist in »*Todas las sangres*«[46], dem berühm-
testen Roman von Arguedas, am deutlichsten greifbar, hatte sich aber
schon längst in sein gespaltenes Bewußtsein eingenistet. Nehmen wir
die ersten – noch in den dreißiger Jahren geschriebenen – Erzählungen von Arguedas, nämlich die im Buch »*Agua*« gesammelten, aus,
wo der Einfluß Mariáteguis noch unvermischt zu spüren ist[47], so
haben von den ersten Seiten seines Romans »*Yawar fiesta*« an
Valcárcel und der *Yawar mayu* die Tür zum Arguedasschen Geisteshaus weit aufgeschlagen. Eine Tür, durch die dann der – chiliastisch
gedeutete – Inkarrí-Mythos (»*Los ríos profundos*«, »*Todas las sangres*«) und später auch der Mythos eines sozial-revolutionären
befreienden Katholizismus (»*El zorro de arriba y el zorro de abajo*«)
Eingang finden werden. Das Ergebnis davon wird ein literarisch
durchaus wertvolles – wenn auch unvollendetes – Werk sein, das
aber, sofern es gesellschaftliche Relevanz für die Heimat des Autors
beansprucht, vielfach in eine Sackgasse mündet.

3. Ein synoptischer Textvergleich mancher Stellen des ersten Kapitels von »*Yawar fiesta*« (1983b:71–75) mit dem Kapitel über die *ayllus*
in Valcárcels »*Tempestad en los Andes*« (1972:33) läßt eine frappie-
rende Ähnlichkeit zutage treten:

»*Tempestad en los Andes*«	»*Yawar Fiesta*«
Zwischen den Cordilleren auf und unter den Bergen, in den Ausläufern der Anden, im Scho-ße der kleinen Täler, nahe den ehrwürdigen Gipfeln, bei den	Auf dem Berghang, fast ohne Straßen, zwischen Gerstenfel-dern mit großen Bestallungen und Innenhöfen [...] sieht man die *ayllus* von Puquio, die Häu-

Bächen und an den Ufern der Seen, auf immergrünen Wiesen [...] in den Schluchten zwischen den Felsenspitzen [...], dort sind die *ayllus*.

Das indianische Dorf formt sich spontan, wächst und entwickelt sich wie Bäume eines Feldes, ohne Unterordnung unter einen Plan. Die Häuschen gruppieren sich wie Schafe einer Herde. Die Gassen gehen im Zickzack, sie sind nicht entlang einer Kordel gezogen (wie die der *mistis*), meist steigen sie zum Berg auf, mal fallen sie zum Bach ab.

ser der Comuneros, wie ein Indianerdorf auf dem Berghang neben einem Bach.

Nirgendwo gibt es echte Straßenzüge. Die Comuneros haben ihre Häuser je nach Interesse irgendwo auf dem Berghang gebaut, auf einem guten Platz [...]. Manchmal trifft der Reisende auf krumme Straßen, hier weit und dort eng [...]. Die Straßen der *mistis* sind [hingegen] immer gerade.

Die so verherrlichten *ayllus* bilden dann eine Art paradiesischen Uterus, einen geschützten Raum, in dem die Quechua in völliger Harmonie mit der Natur leben. Aus dieser magischen Naturgnosis sind freilich die *mistis* ausgeschlossen:

Von den Gipfeln fließen vier Bäche hinunter in der Nähe des Dorfes; in den Wasserfällen schreit das weiße Wasser, **aber die *mistis* hören es nicht**. In den Berghängen, in den Hochebenen, in den Gipfeln, tanzen die Blumen mit dem leisen Wind, **aber die *mistis* sehen das fast nicht**. Bei der Morgendämmerung erscheint die Sonne über dem kalten Himmel, hinter den Bergrücken; dann singen die *tuyas* und die *torcazas*, indem sie ihre Flügelchen schlagen; die Schafe und die Fohlen laufen durch die Wiesen, **während die *mistis* schlafen oder – es berechnend – das Fleisch der Kälber beschauen**. Der *Tayta Inti* vergoldet bei der Abenddämmerung den Himmel, vergoldet die Erde, **aber sie [die *mistis*] husten, spornen ihre Pferde in den Straßen an, oder trinken Kaffee bzw. warmen *pisco***. Aber im Herzen der *Puquios* weint und lacht die ganze Schlucht, in ihren Augen leben der Himmel und die Sonne; in ihrem Inneren singt die Schlucht mit ihrer Morgens-, Mittags-, Abends- und Nachtsstimme.[48]

Nach einigen Kapiteln, die Mythen und Brauchtum der Quechua von Puquio beschreiben und in denen sich der Autor von den »Mariateguisten« Limas distanziert, weil diese manch barbarisch erscheinendes Brauchtum dem sozialistischen Fortschritt opfern wollen, gipfelt der Roman in dem »*Yawar fiesta*«, dem Fest des Blutes, im dessen Verlauf ein lediglich mit Dynamitpatronen bewaffneter Indio der mythischen Gewalt eines wilden Stieres gegenübertritt. Der Stier blutet aus, der Indio auch; aber die Quechua haben für Arguedas bewiesen, daß sie mit der bloßen Kraft ihrer eigenen Mythen – wohlgemerkt: samt dem Dynamit der Weißen – imstande sind, die Mythen der Weißen (den Stier) zu zerstören[49] – auch wenn beide in diesem Versuch untergehen. Das Magische hat zum ersten Mal in der Literatur Arguedas' gesiegt.

4. »*Los ríos profundos*« ist ein gelungener Roman[50], der aber demselben Spannungsschema folgt. Auch hier wird der Sieg des Magischen postuliert. Im ersten Kapitel ist wiederum der ganze Roman bereits enthalten: Hier lesen wir, wie Ernesto, das erzählende Ich dieses stark autobiographischen Werkes, im Angesicht der imposanten Inkamauer von Cuzco die Macht der alten Traditionen spürt und den *Yawar mayu* ausdrücklich zum Interpretationsprinzip erhebt. Nach einer Erklärung der Bedeutung des *Yawar mayu* in der quechuasprachigen Welt schreit Ernesto nämlich angesichts der Inkamauer von Cuzco:

> »*Puk'tik, Yawar rumi!*, Stein aus siedendem Blut!,« rief ich mit lauter Stimme der Mauer zu. Und da die Straße ruhig blieb, wiederholte ich den Ruf mehrere Male (1980b:12).

Was in den nächsten Kapiteln folgt ist letztlich nur die autobiographische Kulisse zweier Volksaufstände, worin die narrative Spannung des Romans gipfelt: als den Indios das Salz vorenthalten wird, das sie für sich selbst und für das Vieh brauchen, kommt es zur heldenhaften Meuterei der Kneipenfrauen, die unter Führung der sagenumwobenen Doña Felipa das Salz stehlen, um es den Armen zu geben – das ist zwar nur die marginale Revolte einiger mutigen Frauen, aber für Ernesto ist Doña Felipa ein chiliastischer Archetypus. Als sie den Soldaten entkommt und sich in den Wald flüchtet, schreit er ihr voll Begeisterung zu:

> »Du bist wie der Fluß, Señora«, sagte ich leise und betrachtete den breiten Strom, der sich in einer scharfen Biegung zwischen blühenden

Ginsterstäuchern verlor.»Man wird dich nicht fassen. Du wirst zurückkommen. Und ich werde dein Gesicht betrachten, das stark wie die Sonne am Mittag ist. **Wir werden Feuer legen, Brände stiften**... (1980b:181).

Als sich schließlich eine Epidemie durch die Indianerdörfer ausbreitet, kommt es zum großangelegten Aufstand der Quechuabevölkerung gegen die für sie existierende magische Mutter der Krankheit.[51] Um zu erreichen, daß Messen in allen Kirchen der Stadt gelesen werden, marschieren die Indios in die Stadt ein, obwohl man ihnen – womöglich auch wegen der Ansteckungsgefahr – den Weg mit Maschinenpistolen versperrt. Manche werden erschossen, doch die Masse läßt sich nicht aufhalten. Die *mistis* müssen um ihre Sicherheit bangen. Die zwischen den Zeilen zu lesende Botschaft war offenkundig diese: wenn diese Indios sich bereits aus magisch-mythischen Gründen gegen die Mutter der Pestepidemie erheben und eine Stadt erobern: Was würde nun geschehen, wenn sie eines Tages die Angst vor den *gamonales* verlieren und sich gegen diese aus Gründen der sozial-wirtschaftlichen Unterdrückung erheben?[52]

5. In »*Todas las sangres*«, Arguedas' bekanntestem und für ihn auch bestem Roman[53], erreicht dieser Sieg des Magischen seinen Höhepunkt. Das stark an Dostojewski erinnernde erste Kapitel läßt den Topos der feindlichen Brüder als roten Faden der Handlung vermuten. Doch Arguedas kann dieser verheißungsvollen Spur nicht konsequent folgen. Der Stoff entgleitet ihm zunehmend zu einer vom bekannten unversöhnlichen Dualismus des Andinen und des Abendländischen geprägten Tragödie. Der am Ende doch im Geiste des *Yawar mayu* stattfindende Brudermordversuch zwischen den *mistis* Don Bruno – einem paternalistischen und sentimental katholischen Großgrundbesitzer, der eine Indianerin heiratet und die kolonial geprägte Agrargesellschaft der Anden dem modernen Industriezeitalter allemal vorzieht[54] – und Don Fermín – einem unternehmungsfreudigen Ingenieur, der in der Industrialisierung der Anden und im Bergbau mit der entsprechenden Proletarisierung der Indiobevölkerung die Zukunft Perus sieht – wird zur marginalen Begebenheit, die im oben erwähnten Dualismus untergeht. Als Don Bruno seinen Bruder Don Fermín zu töten versucht, entdeckt dieser in seinen Augen etwas Unbarmherziges, einen blutigen Fluß, einen *Yawar*

mayu. Nach dem mißlungenen Brudermordversuch heißt es dann im Roman:

> Und der blutige Fluß, den Don Bruno so viele Stunden in seiner Brust zurückgehalten hatte, trat über die Ufer. Er hatte davongeschwemmt, was davonzuschwemmen war, jetzt mußte er hinaus, oder Don Bruno würde an ihm ersticken (1983c:572).

Manchmal treten hier gewiß *mistis* auf, die den Weg zur magischen Naturgnosis der Quechua finden und sich zu ihr »bekehren«. Don Bruno und Matilde, die von der Küste stammende Frau von Don Fermín, sind im Roman die Paradigmen für diese guten *mistis*, die zur magisch-mythischen Naturgnosis der Quechua einen Zugang finden. Nach dem uns bereits bekannten Erzählmuster von »*Yawar fiesta*« wird zuerst betont, wie beide taub und blind waren für das Magisch-Mythische der andinen Bergwelt:

> Die Grillen zirpten, und die Frösche quakten; ihre Stimmen stiegen wie klingende Wassertropfen in die Höhe, erreichten die Sterne und brachten das Mark der Steine zum Zittern, sie legten einen Mantel aus Stille über Berge und Abgründe, sie vertieften die Kälte, **aber Don Bruno hörte die Stimmen nicht**... Das Zirpen der Grillen schien die Dinge durchsichtig zu machen, **aber Matilde bemerkte es nicht** (1983c:356, 303).

Aber langsam gehen ihnen, weil sie die Indios wirklich lieben, die Augen auf:

> Als er auf der anderen Seite des Flusses den Hang hinaufritt, an dem die verwilderten Felder von Tokoswayk'o lagen, hörte Don Bruno endlich den reinen Gesang der Grillen. **Sie sind wie Sterne. Jedes dieser Tierchen hat ein Sternchen Musik in seinem Kopf.** Er plauderte mit seinen Leuten und merkte nicht, daß er Quechua sprach (1983c:357).

Von Matilde heißt es an einer anderen Stelle:

> Matilde schien es, als nehme die Landschaft in der feierlichen Begleitung der Comuneros ein anderes Aussehen an. **Sie betrachtete sie mit neuen Augen, diese wilde, stumme Welt**, die nackten Hänge des dunklen Pukasira, die verschneiten Gipfel, die schwarzen Felswände, von denen das Echo ihres Herzschlags, der Rhythmus ihres

Blutes widerzuhallen schien. Mein Herz schlägt noch einmal in diesem Berg, Fermín, weil die Comuneros mich begleiten, dachte sie. Dann blieb sie einen Augenblick stehen, Rendón merkte es und stand ebenfalls still. Die drei Burschen warteten in der gleichen Entfernung. Ich komme mir vor wie eine Prinzessin. Kann man einer Prinzessin mehr Achtung erweisen? Kann man sie mit größerer Ritterlichkeit behandeln? Es kommt mir vor als würde ich von einer Eskorte verteidigt. Deshalb wiederholt der Berg, den die Indios für heilig halten, die Schläge meines Herzens (1983c:212f.).

Aber der Held des Romans und Inkarrí-Paradigma ist zweifelsohne Rendon Willka, der Inbegriff des von Arguedas erträumten Mestizen, der zwar weder an den katholischen Gott noch an die andinen Gottheiten glaubt, die Hauptstadt Lima und die dort tätigen politischen Parteien kennt, die Arbeitsmethoden des industriellen Zeitalters beherrscht, und des Spanischen mächtig geworden, dennoch zugleich ein in den Quechuatraditionen verwurzelter Indio geblieben ist, der die Befreiung seines Volkes nur aus der Kraft ebendieser Traditionen und nicht aus der Heilslehre politischer Parteien – und seien es auch durch Mariáteguis Kommunismus geprägte – erwartet. Arguedas (1976:24) bekennt, selbst etwas von Rendon Willka und Don Bruno zu haben. Beide sind die gelungensten Gestalten des Romans. Dem positiven Mestizentum, das Rendon Willka verkörpert, wird allerdings die düstere Figur des Mestizen Cisneros entgegengestellt, der all die negativen Eigenschaften – gesetzlos, geldgierig, sexualbesessen, trinkfreudig – des von Valcárcel apostrophierten Mestizen in sich vereint. Cisneros ist der Judas, der Herodes, der Kain, der mörderische Mestize (1983c:545f.).

Die Mine, in der die Indios arbeiten müssen, wird zum Symbol der ausbeutenden industriellen Gesellschaft des Abendlandes; ihr wird eine andine Agrargesellschaft entgegengestellt, in der die Indios, nachdem sie – manchmal mit Hilfe der zu ihnen bekehrten *mistis* – die *gamonales* oder Latifundisten vertrieben haben, landwirtschaftliche Selbstverwaltung wie zu den Zeiten der Inka praktizieren:

Als Demetrio aufstand, stieß die Menge einen Schrei aus. Rendón Willka sprach Quechua.»Die Señora ist mit unserem Beschluß einverstanden. Wir wollen die ganze Hacienda bearbeiten. Das Land gehört allen zusammen, dem *patrón* und den *colonos*. Neun Zehntel des Ertrages sollen für uns, ein Zehntel für den kleinen *patrón* sein. So wie in Paraybamba. [...] Was sagt ihr dazu?«»*Wifaa!*« schrien die Indios. »Es ist gut so«, sagte K'oyohuasi. »Morgen beginnt die Arbeit auf der ganzen *hacienda*. Jeder weiß bereits, wo er zu arbeiten hat und wer sein Vorgesetzter ist. Jede Zehnergruppe hat einen Führer. Seht ihr das Licht der Sonne, *pukasiras*? Wir sind jetzt *pukasiras*, wir sind nicht mehr *colonos* der Providencia. Seht ihr das Licht der Sonne? Vielleicht kommen die Gendarmen schon morgen, vielleicht erst in drei Tagen, sie wollen die Sonne auslöschen. Aber können sie das? Nein, das können sie nicht, sie können uns auch nicht das Land wegnehmen. Jeder von euch soll, wenn es nötig ist, an seinem Arbeitsplatz auf der *hacienda* sterben. Die *hacienda* gehört dem Vater Pukasira [das ist der *wamani* oder *apu* des Ortes, also der Hausberg]. Er hat das Land geschaffen, bevor die Señores *viracochas* in unsere Dörfer kamen. Wir wissen nicht woher die *viracochas* kamen, als sie unser Land mit Gewalt an sich rissen. Jetzt haben die Indios Don Adalberto verjagt, unser großer *patrón* hat den Menschenfresser Don Lucas getötet, und die *colonos* sind zur *hacienda* heruntergekommen. Jetzt werden sie zum erstenmal nach so langer Zeit wie Kinder Gottes, wie wirkliche Menschen essen können. Sie sind nicht mehr das Eigentum anderer. Sie sind die Herren der *hacienda*, so wie es unsere Götter, die *apus*, gebieten. Wir, die *pukasiras*, haben einen kleinen *patrón* und eine Señora. Was können die Regierung und die Soldaten machen? Wir wollen in der Providencia auf Befehl des *patrón* für neun Zehntel des Ertrages arbeiten. Ich habe die Urkunden, unsere Señora Vicenta ist einverstanden. Was können sie also machen? Meine Brüder, keiner ist der Besitzer des Bodens, den er bestellt, das Land gehört der *hacienda* und der Gemeinde. Von heute an sind wir die Gemeinde von Pukasira de la Providencia. Wir sind frei (1983c:582f.).

Rendón Willka, der Anführer der Indios, wird zwar in einer mit messianischen Farben gemalten Szene, die an die Gefangennahme und den Tod Jesu erinnert, von den zur Wiederherstellung von »Ruhe und Ordnung« herbeigeeilten Soldaten erschossen, aber im selben Augenblick fängt die Erde an zu beben:

»Hauptmann, Herr Hauptmann«, sagte Rendón Willka auf Quechua. »In unseren Dörfern und *haciendas* weinen nur noch die großen Bäume. Aber die Gewehre können die Sonne nicht auslöschen, die Flüsse nicht austrocknen und nicht allen Indios das Leben nehmen.

Schießen Sie weiter. Wir haben keine Waffen, aber unsere Herzen sind voller Feuer. Hier und überall. Wir wissen endlich, was das Vaterland ist. Und sie können das Vaterland nicht töten, Señor. Es ist hier. Es scheint zwar tot zu sein, aber das ist nicht wahr. Der *pisonay* weint. Aber er wächst, und er wird seine Blüten bis in alle Ewigkeit auf diesen Patio fallen lassen. Heute mit Kummer, morgen mit Freude. Das Gewehr ist taub wie ein Eisenstab, es versteht nichts. Wir sind Menschen, die immer leben werden. Wenn du willst, wenn es dich danach gelüstet, dann gib mir jetzt auch den Tod, den kleinen Tod.« Der Offizier ließ ihn erschießen. Aber er fühlte sich einsam. Er und die Guardias hörten ein Rauschen wie von großen Strömen, die die Erde schütteln und die Berge in Bewegung setzen. Zur gleichen Zeit umarmte Adrián K'oto im Gefängnis der Stadt Don Bruno. Die angeblichen Extremisten wurden zwar überall verfolgt, aber sie gaben doch keine Ruhe. Die Indios und Arbeiter des Bergwerks traten in den Streik, sie verlangten Masken gegen Gase und Staub, höhere Löhne und bessere Wohnungen. In Lima sagte der Zar zu Palalo:»Unsere Indios sind feige. Hunger, Alkohol und Coca haben sie demoralisiert. Wir haben hundert gutbewaffnete Soldaten in diese Provinz geschickt. Es wird ein paar Tote geben, allen voran Rendón natürlich, und dann werden sich die anderen ergeben oder fliehen. Sie werden besser arbeiten als je, vielleicht sogar für weniger Geld und weniger Essen. Wer mir viel Sorgen macht, ist Fermín Aragón Peralta. Wie schade, daß sein Bruder nicht getroffen hat. Er macht mir wirklich Sorgen. Der Fischfang und die Konservenfabriken bringen ihm Millionen ein, und diese Millionen wird er dazu verwenden, Aufruhr in der sonst so ruhigen Sierra zu stiften. Die nächste Regierung muß noch stärker sein. Wir müssen verhindern, daß das Land sich wirtschaftlich entwickelt. Wir müssen die wirtschaftliche Entwicklung aufhalten« [...].»Und dieses Rauschen, Herr Präsident?«»Was für ein Rauschen, Palalo?«»Hören Sie es nicht? Warten Sie. Es klingt wie ein unterirdischer Fluß.«»Du hast wohl eine schlechte Nacht gehabt, Palalo. Du fühlst dich geschwächt«, antwortete der Zar.»Ich höre nichts. Ich bin gesund, und ich weiß, was ich wissen will.« Auch die *kurku* hörte das Rauschen, auch Don Bruno. Don Fermín und Matilde lauschten halb angstvoll, halb hoffnungsvoll. Von zwanzig Guardias begleitet weinte Don Adalberto auf der Spitze eines Berges.»Bin ich denn nackt?« fragte er.»Mir ist kalt. Rendóns Indios machen mich frösteln. Ich glaube, mir wird nie mehr warm werden« (1983c:590f.).

Die Botschaft ist unüberhörbar: das Tellurische, das Andine, das Indianische ist in Bewegung gesetzt worden, und es wird nicht aufhören, bis Lima und ganz Peru von dieser Urgewalt überrollt werden.[55]

6. Mit dem posthum erschienenen Werk »*El zorro de arriba y el zorro de abajo*« liefert uns Arguedas ein letztes autobiographisches Dokument seines gespaltenen Bewußtseins. Selbstverständlich kann man bewundern, wie der Autor hier Tagebuch und Roman, reale Zeit und fiktive Erzählzeit zu einem eindrucksvollen Ganzen verbindet, welches allerdings durch den Freitod des Autors abrupt abgebrochen wird und unvollendet bleibt. Doch dann müßte dieses Werk eher als Spielversuch mit literarischen Techniken denn als narrative Gesellschaftsanalyse verstanden werden.[56] Aufrecht bleibt aber die Tatsache, daß der Autor – nachdem er uns von den ersten Seiten an, fast nach Art eines Voyeurs, Einblick in seine seelische Krise gewährt hat – den Leser mit dem immer wieder angekündigten und dann auch vollzogenen Freitod schließlich zu bestechen versucht.[57] Der weltanschauliche Dualismus, dem Arguedas zum Opfer gefallen ist, wird hier bereits im Titel ausgedrückt: »Der Fuchs von oben und der Fuchs von unten« - eine Anspielung auf die Quechuamythen von Huarochirí, die im 17. Jahrhundert durch den Priester Francisco de Ávila gesammelt und von Arguedas selbst ins Spanische übertragen wurden[58] – ist nur eine metaphorische Bezeichnung des Gegensatzes zwischen Andenhochland und Küste, der sich bereits in vorspanischer Zeit herausgebildet hat und bei Arguedas dann zu einem unüberbrückbaren Dualismus der magisch-mythischen Agrargesellschaft der Indios und der wissenschaftlich-technisch-seelenlosen Industriegesellschaft der Weißen hochstilisiert wird[59], an dem Peru zu zerbrechen droht. Chimbote, damals noch der größte Fischerhafen der Welt mit der dazu gehörenden Verarbeitungsindustrie, wird in diesem eigenartigen Werk zum Symbol für jenes Krebsgeschwür, das der brutale Industriekapitalismus in der lateinamerikanischen Gesellschaft darstellt. Alles, aber wirklich alles – Mensch, Tier und Natur – wird von dieser teuflischen Stadt kaputtgemacht. Da erscheint einem Charles Chaplins berühmte Pantomime der Fließbandarbeit in »Moderne Zeiten« wie eine naiv-harmlose Unterhaltung. Aber mitten in diesem Chaos scheint Arguedas manchmal auch

Hoffnungsträger zu sehen: da sind noch Diego, der nach Chimbote zugereiste »Fuchs von oben«, der wie ein andiner Hippie die Mythen und Traditionen der Quechua mit sich herumträgt (1971:140f.), oder Don Hilario, der alte Fischer, der bei der mühsamen und gefährlichen Nachtarbeit auf hoher See die schützende Gegenwart des immer noch lebenden Inkas Atahualpa spürt (1971:221-6); und schließlich Cardozo, der nordamerikanische Priester und gute *gringo*, der mitten in der fassungslosen Ausbeutung an einen sozialrevolutionären Katholizismus glaubt, der die Ohnmacht der Liebe zur Kenntnis nehmen muß und vom heiligen Zorn entflammt Christentum und Kommunismus, Jesus Christus und Che Guevara auf einen Nenner bringen will (1971:274, 280): Für Cardozo hat Johannes XXIII. einen »leuchtenden Pfad« eröffnet, durch den die Kirche sozusagen »Transfusionen« aus dem Blut von Che Guevara erhalten könnte (1971:276). Interessant ist hier die Sprachwahl »leuchtender Pfad«, denn damit bezeichnete einst Mariátegui den Weg zur marxistisch-leninistischen Revolution in den Anden. Die berühmt-berüchtigte Terrorgruppe *Sendero Luminoso* (Leuchtender Pfad), die Peru seit Beginn der achtziger Jahre in Atem hält, beruft sich mit der Namensgebung ebenfalls auf Mariátegui. Arguedas, der marxistische Atheist, glaubt also am Ende seines Weges, daß eine wahre Veränderung der lateinamerikanischen Gesellschaft nur unter Mitwirkung eines sozial-revolutionären Katholizismus zustande kommen kann. Doch am Ende spitzt sich die doppelte Handlung – die autobiographische und die soziographische – des Romans zu. Der Leser wird aufgefordert, die zweite Diskursebene des Werkes zu Ende zu schreiben, während Arguedas selbst durch den Freitod es vorzieht, die erste Ebene für sich zu beenden. Vorher hat er uns freilich in seinem »Testament« ein Abschiedsrätsel hinterlassen, bei dessen Interpretation sich bis heute noch die Geister scheiden:

... Mit mir beginnt vielleicht in Peru ein Zyklus sich zu schließen und ein anderer zu öffnen, mit allem was dazugehört: es schließt sich der der tröstenden Lerche, der Peitsche, der Maultiertreiber, des ohnmächtigen Hasses, der düsteren »Aufstände«, der Furcht vor einem Gott und der Vorherrschaft eben dieses Gottes und seiner Schützlinge, seiner Erzeuger; es öffnet sich der des Lichtes und der befreienden unbesiegbaren Kraft des Menschen von Vietnam, der

Feuerlerche, des befreienden Gottes, »desjenigen, der sich wiedervereinigt« (1971:286f.).

Ist nun »derjenige, der sich wiedervereinigt« – so lautet nämlich die Streitfrage – Jesus Christus oder Inkarrí?[60] Was war also letztlich das, worauf Arguedas hoffte?

7. Die beste Interpretation dieses Orakels bietet uns immer noch Arguedas selbst in seinen aus den sechziger Jahren stammenden Gedichten, die er – anders als die Prosastücke – in Quechuasprache verfaßte. Dort gibt er uns reichlich und unmißverständlich Rechenschaft über seine Hoffnung. Wichtig sind hierzu die Gedichte *»A nuestro padre creador Túpac Amaru«* ([1962] »An unseren Schöpfervater Túpac Amaru, 1988), *»Temblar«* ([1965] »Zittern«, 1988) und *»Oda al Jet«* ([1965] »Ode an den Jet«, 1988). Im ersten Gedicht – einem Briefgebet an den Indianerhelden Túpac Amaru II., den Anführer des großen Aufstandes von 1780/81, begegnet uns Arguedas' Hoffnung in konzentrierter Form. Ein ausdrucksvolles Quechuawort durchkreuzt den ganzen Text: *Kachkaniraqmi,* also wir leben noch, wir sind noch da, mit uns wird noch zu rechnen sein. Doch es bleibt nicht bei diesen reinen Existenzbekundungen. Auch dieses an sich positive Bekenntnis wird von der bei Arguedas offenbar tiefsitzenden chiliastischen Sehnsucht völlig überschattet:

Nur Feuer, nur der Haß der Schlange gegen unsre teuflischen Herren ist in meinem Herzen. [...] Aus deiner gewaltigen Wunde, aus deinem unstillbaren Schmerz steigt zu uns auf der Zorn, der dir in den Adern kochte. Wir werden uns erheben, mein Vater, mein Bruder, mein *Amaru.* [...] Ich bin in Lima, der riesigen Stadt, der Hauptstadt der falschen *viracochas* [...]. Ganz langsam kehren wir die Hauptstadt dieser *viracochas* um, durchdringen sie mit unserem Herzen, erobern sie mit unserer Freude, denn ein Mensch mit leidgeprüftem Herzen hat über alle Himmel Macht. Mit unsern alten Liedern, die wir noch im Gedächtnis haben, und unsern neuen Liedern werden wir diese Stadt vom trüben Bodensatz all ihrer Sünden befreien, mit Tränen, mit Liebe, **mit Feuer. Mit was es auch sei! Bis es keinen Feind mehr gibt.** Zu Tausenden sind wir beisammen, sind hier Dorf um Dorf vereint. Wir haben sie umzingelt, diese Stadt, die die Menschen verachtet, diese Stadt, die uns wie Pferdemist verabscheut hat. Wir werden sie befreien! Dann wird sie eine Stadt sein, in der die

Menschen Hymnen unserer vier Weltgegenden singen, in der sie fröhlich sind, in der sie gute Arbeit tun und keinen Haß empfinden. Rein wird sie sein, wie der Schnee der *apus*, der frei ist vom Gestank der Sünde. So wird es sein, genau so, mein *Amaru*, um deinetwillen, in deinem Namen, der wie ein reinigender, niemals ruhender, funkelnder Wasserfall herabstürzt, wie ein Wasserfall, der den Weg erhellt und das Denken der Menschen auf ewig erleuchtet (1988:126-30).

Die chiliastische »Triebstruktur« dieses Gedichtes ist unübersehbar, wird doch das »befreite Lima« hier beschrieben wie ein Neues Jerusalem, die makellose apokalyptische Stadt auf Erden. Die zum chiliastischen *Yawar Inti* gewordene Haß-Liebe-Dialektik des andinen *Yawar mayu* setzt sich abermals durch. Abschließend gelobt er noch dem in den Rang eines »Schöpfergottes« erhobenen Túpac Amaru:

Ruhig warte. Weiter noch, als du erträumt hast, werden wir gelangen. **wilder noch, als du gehaßt hast, werden wir hassen,** mehr noch als du geliebt hast, der Taube und der Lerche gleich, werden wir lieben. Ruhig warte, mit all dieser Liebe, **mit all diesem Haß** werden wir mehr vermögen als du vermochtest. [...] Die Welt wird sein der Mensch, der Mensch die Welt, nach deinem Maß. Kommt herab zu mir, Amaru, hauch mir deinen Atem ein, leg deine Hände auf das zarte Netzwerk, das mein Herz umspinnt, mach mich stark[61] (1988:130f.).

Im »*Temblar*« wird diese Interpretationslinie fortgesetzt. Hier werden die Quechua aufgefordert aufzustehen, sich zu vereinen und Amarus Blut zu trinken:

Der Schatten meines Volkes zittert, wenn er im Herz der Frauen auf des Schmerzes Schatten trifft. Zittre nicht, o Schmerz, des Kondors Schatten nähert sich bereits! Wozu kommt dieser Schatten? **Kommt er im Namen unsrer Ahnengeister oder schickt ihn etwa Jesu Blut?** Zittre nicht, es ist kein Blut, es ist nicht des *Wamani* Geist, es ist der Sonne Glanz, der auf des Kondors Flügeln kommt. [...] Es ist ja nicht die Sonne, es ist **sein** [des Túpac Amaru] Herz, sein frohes, mächtiges Leuchten, das der Kondor im Schatten seiner Augen bringt. Es ist ja nicht die Sonne, es ist **sein** [des Túpac Amaru] Licht. Steh auf, steh auf! Empfange nur des Kondors unschätzbares Auge! Zittre mit ihm, schüttle dich, wie es im Tropenwald die Bäume tun, laß deinen Schreien freien Lauf. Vereint euch, Menschen meines Volkes, zittert mit dem Licht! **Trinkt Amarus Blut!** Glühend steigt das Blut bis in des Kondors Augen, es füllt den Himmel aus und läßt ihn tanzen, läßt ihn gebären, dieses goldene Blut. Schaff du, **mein Vater** [Túpac Amaru], neues Leben, Mensch, geliebter, vielgeliebter.⁶²

Die »*Oda al Jet*« wirkt nur auf den ersten Blick entmythologisierend. Arguedas scheint hier mit dem christlichen Gott und den andinen Göttern abzurechnen. Fasziniert von der Technik, die ihm ermöglicht, über den Wolken zu fliegen, erklärt er Gott Vater, Gott Sohn, Gott Heiligen Geist, die *wamanis* und Inkarrí für gestorben: sie seien nicht mehr, der Mensch sei nicht Gottes Sohn, sondern sein Vater, der Mensch sei Gott und werde nicht mehr sterben, denn er habe den Gott, der ihn erschaffen und getötet habe, nun selbst getötet:

> Gott Vater, Gott Sohn, Gott Heiliger Geist, ihr seid nicht mehr. In der Welt von oben bin ich, sitze auf des Feuers Rücken, so ruhig wie an keinem andern Ort, in einem weißen Windfisch, feuriges Eisen, vom Menschen geschaffen. Ja. Jet ist sein Name. [...] Der Mensch ist Gott. Ich bin Mensch. Der Mensch hat diesen unsagbaren Schwalbenfisch der Luft geschaffen. Dank, mein Vater, Mensch. Nicht Gottes Sohn, sein Vater bist du. [...] Gott Vater, Gott Sohn, Gott Heiliger Geist, Wamanis, Gott *Inkarrí*: mein Herz brennt. Ihr seid ich und ich bin ihr in der unerschöpflichen Kraft dieses Jets. [...] Glorreicher Gott Mensch, du wirst nicht mehr sterben. Den Gott, der dich erschaffen, der dich getötet hat, hast du nun selbst getötet (1988:134ff.).

Man ist versucht, hier einer falschen Spur zu folgen: Arguedas, der marxistische Atheist, für den nur der Mensch zählt, Inkarrí selbst nichts als ein Märchen war und »den *Inkarrí*-Mythos gegen den Mythos des Fortschritts«⁶³ getauscht hat. Wir haben in der Tat allen Grund dies anzunehmen; aber damit haben wir noch nicht des Rätsels Lösung gefunden. Denn der Mariáteguische Sozialismus tötete in ihm bekanntlich nicht das Magische. Arguedas hat wahrlich stets im Inkarrí-Mythos nur eine Möglichkeit gesehen, durch das magisch-mythische Kleid Zugang zu den Herzen der Quechua zu bekommen, um dort die Gestalt eines zum andinen Lenin, ja zum modernen »Prometheus« gemachten Túpac Amarus II. als Inkarrí-Paradigma fest zu verpflanzen. Nichts anderes wollte auch sein Lehrer Valcárcel mit »*Tempestad en los Andes*«. Die Befreiung der Quechua wird von Arguedas also nicht als Erlösung verstanden, die

»auch« von oben kommen muß, weil sie mit bloßer menschlicher Anstrengung nicht herbeigeführt werden kann; weder Inkarrí noch – trotz der vorhandenen Sympathie für die »Theologie der Befreiung« – Jesus Christus sind »derjenige, der sich wiedervereinigt«, sondern das Volk selbst in Analogie zu den Völkern von Cuba und Vietnam[64] und unter Führung eines neuen Túpac Amaru[65], der aus dem Volke kommend, dieses für den großen Kampf vereinigen wird. Hugo Blanco, der Anführer der Bauernaufstände in den Zentralanden zu Beginn der sechziger Jahre war für Arguedas ein neuer Túpac Amaru, ein entmythologisierter Inkarrí, genauso wie Rendon Willka, der Held seines Romans »*Todas las sangres*«. In seinem kurz vor dem Freitodversuch an den im Gefängnis sitzenden Hugo Blanco geschriebenen Brief wird dieser in höchsten Tönen gelobt: er habe die Kinder und Schützlinge des alten Christus, des Christus aus Blei, das Fürchten gelehrt (Arguedas 1969:13). Arguedas betont in diesem letzten Brief nochmals seine Hoffnung auf den schönen Tag, der kommen wird, an dem die Indianervölker wiedergeboren sein werden. Zugleich aber befürchtet er – und nicht ohne Grund –, daß diese neue Morgendämmerung Blut, viel Blut kosten wird. Der chiliastisch verstandene *Yawar mayu* hat ihn zur Überzeugung geführt, der *Yawar Inti* sei unausweichlich. Mit dieser letzten Hoffnung geht er in den Tod.

8. Zurück bleibt ein eindrucksvolles Werk[66], das sich – in den ethnologischen Arbeiten – um die Überwindung der indigenistischen Indioromantik durch eine Hinwendung zu einer realistischeren Beschreibung der Indiowelt von innen her Verdienste erworben hat, aber schließlich – in seiner literarischen Produktion – Ausdruck für das gespaltene Bewußtsein des Autors ist, einer erneuten Romantisierung Arguedasscher Prägung Vorschub leistet, und somit eine andine Variante dessen darstellt, was vielerorts nach der schmerzvollen kolonialen Begegnung mit dem Abendland und seiner instrumentellen Vernunft auch beobachtet werden kann: Sie wollen die positiven Errungenschaften der wissenschaftlich-technischen – im Abendland entstandenen – Weltzivilisation annehmen, aber von der »sozialdarwinistischen« Säkularreligion des Abendlandes, die ihr zugrunde liegt, nicht angesteckt werden. Diese emotional verständliche Geisteshaltung, die auch einen verzweifelten Protest gegen die

Verrandung der magisch-mythischen Agrargesellschaft durch die im Zuge der kolonialen Expansion ausgelösten Prozesse darstellt, kann man ruhig »die halbierte Moderne« nennen. Ihr wird man Rechnung zu tragen haben, wenn beim gegenwärtigen Prozeß der wissenschaftlich-technischen »Einswerdung« der Welt auftretende Konflikte zwischen den verschiedenen »Teilkulturwelten« nicht bloß »gemanagt«, sondern an der Wurzel gepackt und im partnerschaftlichen Dialog bewältigt werden sollen. Vielleicht könnten wir durch ein aufmerksames Hinhören auf die – chiliastisch und romantisch verfärbten – Restbestände der magisch-mythischen andinen Agrargesellschaft in der Literatur von Arguedas die Einseitigkeiten unserer Moderne korrigieren: Haben wir nicht den amerikanischen Völkern im Zuge der kolonialen Expansion einen wissenschaftlich-technischen Fortschritt und ein Staatschristentum gebracht, die besonders durch die »sozialdarwinistische« Verrandung der Schwächeren sowie das Verdrängen der messianischen Frage nach der Gerechtigkeit – schon in dieser Welt und nicht bloß im Jenseits! – für die Armen und Kleinen, auch für die dahinverstorbenen Opfer, geprägt waren?

Anhang

Versionen des Inkarrí-Mythos in Puquio und Quinua

1. Inkarrí in Puquio (Provinz Lucanas, Departement Ayacucho); drei Versionen gesammelt von José María Arguedas und Josafat Roel Pineda.[67]

1.1. Version von Mateo Garriaso, Häuptling des *ayllu* von Chaupi; gesammelt von José María Arguedas.

Man sagt, Inkarrí sei der Sohn einer in der Wildnis lebenden Frau gewesen. Sein Vater, so sagt man, sei *Inti*, der Vater Sonne gewesen. Jene Frau gebar *Inkarrí*, der vom Vater Sonne gezeugt wurde. Der *Inkarrí* hatte drei Frauen.

Das Werk des Inkas kann man in Aqnu bewundern. In der *pampa* von Qellqata sprudeln heute noch der Wein, die *chicha* und das

Abb. 1 »*Ermordung von Atahualpa*« – *Federzeichnung von Guaman Poma de Ayala (1987:399). Hier, wie im Inkarrí-Mythos als »Enthauptung« dargestellt, obwohl er in Wirklichkeit erdrosselt wurde. Ein Zeichen dafür, daß sich die mythische Bedeutung von Atahualpas Tod in der kollektiven Einbildungskraft der Quechua bereits um 1600 von der historischen Wirklichkeit verselbständigt hatte.*

Feuerwasser. *Inkarrí* peitschte die Steine mit einer Peitsche und befahl ihnen. Er peitschte sie hinauf den Gipfeln, indem er ihnen befahl. Dann gründete er eine Stadt. Man sagt, Qellqata könnte Cuzco gewesen sein. Nun gut. Nachdem er dies alles getan hatte, sperrte *Inkarrí* den Wind im großen Osqonta ein. Im kleinen Osqonta band er Vater Sonne fest, damit er [die Sonne] länger dauerte, damit der Tag dauerte, schließlich damit *Inkarrí* das tun könnte, was er zu tun hatte. Nachdem er den Wind eingesperrt hatte, warf er einen goldenen Stab vom Gipfel des großen Osqonta: »Ob die Stadt Cuzco wohl darin Platz haben wird«, sagte er dabei. In der *pampa* von Qellqata war kein Platz dafür. Der Stab warf sich [in die Erde] nach innen und sagte: »Ich habe hier keinen Platz.« So wanderte der Stab dorthin, wo heute Cuzco liegt. Wie weit wird wohl die Entfernung gewesen sein? Wir von der jetzt lebenden Generation, wir wissen es nicht. Die alte Generation, jene, die vor Atahualpa lebte, sie wußte es. Der Inka der Spanier nahm den ihm ebenbürtigen *Inkarrí* fest. Wir wissen nicht, wo dies geschah. Man sagt, nur der Kopf *Inkarrís* existiere noch. Vom Kopf aus wachse er aber nach unten. Man sagt, er wachse bis zu den Füßen. Eines Tages, wenn sein Körper wieder vollendet sein wird, dann wird *Inkarrí* zurückkommen. Er ist bis jetzt noch nicht zurückgekommen. Er wird zurückkommen. Er wird zu uns zurückkommen, wenn Gott seine Einwilligung gibt. Aber wir wissen nicht, so sagt man, ob Gott erlauben wird, daß er zurückkommt.

1.2. Version von Viviano Wamancha; gesammelt von Josafat Roel Pineda.

Die *Wamanis* existieren wirklich (als Wesen und als uns eigene Wesen). Sie wurde geschaffen vom alten Herrn, von *Inkarrí*. Der *Wamani* ist also unser zweiter Gott. Alle Berge haben ihren *Wamani*. In allen Bergen ist ein *Wamani*. Der *Wamani* der Weiden für unsere Tiere, und für uns der *Wamani* der Ader des Berges, das Wasser. Unser Gott schuf die Wolke, den Regen; wir empfangen sie als seinen Segen. Und von unseren Eltern, den *Wamanis*, empfangen wir den *Aaguay unu*, weil Gott dies so beschlossen und befohlen hat. Aber alles, was existiert, wurde geschaffen von unserem alten *Inkarrí*. Er schuf alles, was existiert. Damals, als er arbeitete, sagte er zu seinem Vater, der Sonne: »Warte auf mich.« Und mit seinen Gurten aus Eisen band er die Sonne in Osqonta fest, an dem Berg neben *Wanakupampa*. Und der Vater *Inkarrís* war *Inti*, die Sonne. *Inkarrí* besitzt viel Gold. Man sagt, er sei jetzt in Cuzco. Wir wissen nicht, wer ihn nach Cuzco gebracht haben soll. Man sagt, sie hätten seinen Kopf dorthin gebracht, nur seinen Kopf. Und so sagt man, seine Haare würden wachsen, sein Körperchen würde nach unten wachsen. Eines

Tages, wenn er wiederhergestellt ist, wird vielleicht das endgültige Gericht stattfinden. Als *Inkarrí* im Sterben lag – »Auweh, Gold und Silber!«, sagte er dabei, und auf der ganzen Erde verschwand das Silber. »Versteckt euch in die sieben Stadien, ihr Gold und Silber« – so sagt man – befahl *Inkarrí*. Wir wissen nicht, wer ihn getötet hat, vielleicht tötete ihn der Spanier. Und seinen Kopf brachte dieser nach Cuzco. Und darum singen die Vögel an der Küste: »In Cuzco ist der König«, »Geht nach Cuzco«, singen sie heute noch.

1.3. **Version von Nieves Quispe**, Häuptling des *ayllu* von Qollana; gesammelt von José María Arguedas.

Inkarrí, er, so sagt man, hatte die Macht des Tuns und des Wünschens. Ich weiß nicht, wessen Sohn er sein könnte. Vielleicht der des Vaters Sonne. Da er der zweite Gott war, so konnte er befehlen. In der *pampa* von Qellqata sprudeln heute noch der Wein, die *chicha* und das Feuerwasser. Alles Werk von *Inkarrí*. Die *pampa* von Qellqata hätte die Stadt Cuzco sein können. Vom Osqonta aus warf *Inkarrí* einen Stab bis Cuzco. Über die *pampa* flog er, indem er sie überschattete. Er hielt sich nicht auf. Er kam bis Cuzco. Wo wird Cuzco sein? Ich weiß es nicht. *Inkarrí* warf auch die Steine. In die Steine konnte er auch seine Füße stecken, wie in Lehm, gewiß. Den Steinen und dem Wind hat er befohlen. Er hatte Macht über alles. Er war ein wunderbarer Mann, ein wunderbarer junger Mann. Ich kenne ihn nicht. Es ist nicht möglich, daß er jetzt noch lebt. Man sagt, sein Kopf sei in Lima. Wieviel, wieviel, wieviel wird er wohl gelitten haben! Ich weiß nichts von seinem Tod. Sein Gesetz wird heute nicht mehr eingehalten. Da er gestorben ist, so wird sein Gesetz heute weder gekannt noch beachtet. Es muß unser [katholisches] Göttchen gewesen sein, welches ihn in Vergessenheit geraten ließ. Wie mag es wohl gewesen sein! Ich weiß es nicht. Aber jetzt, das Wasser, die Einheimischen und alles, alles wird so gemacht, wie es Gott gefällt. Das ist klar in Qellqata. Die sprudelnde *chicha*, der sprudelnde Wein, das sprudelnde Feuerwasser, alles Werk von *Inkarrí*.

2. Inkarrí in Quinua (Provinz von Huamanga, Departement Ayacucho, 27 km von der Stadt Ayacucho entfernt); gesammelt 1965 von Hernando Núñez und Javier Montori.[68]

Man weiß nicht, wessen Sohn er war. Die Sonne ist nichts anderes, als die Quelle des Lichtes, welche *Inkarrí* nach seinem Willen aufhalten kann. Er baute weder Cuzco noch irgendeine andere Stadt. [Der katholische] Gott war derjenige, der den Truppen des [spanischen] Königs befohlen hatte, *Inkarrí* gefangenzunehmen und zu enthaupten. Der spanische König war nicht derjenige, der ihn besiegte und enthauptete. Zwischen den beiden Götter gab es zuerst einen kurzen Austausch von für beide unverständlichen Botschaften. Der Kopf *Inkarrís* befindet sich im Palast von Lima und ist weiterhin lebendig. Aber er hat keinerlei Macht, weil er von seinem Körper getrennt ist. Solange die Möglichkeit einer Wiedervereinigung des Körpers des Gottes besteht, solange wird die von ihm erschaffene Menschheit [die Indios] unterdrückt bleiben. Wenn der Kopf dieses Gottes freigelassen wird und sich mit dem Körper wiedervereinigt, dann wird unser Gott sich erneut mit dem katholischen Gott auseinandersetzen und mit diesem wetteifern können ... Aber wenn es ihm nicht gelingt, sich wiederzuvereinigen und seine übernatürliche Macht wiederzuerlangen, so werden wir alle [die Indios] vielleicht sterben.

Anmerkungen

1 Diesen Beitrag möchte ich Bruno Schlegelberger, dem ich den ersten Anstoß für die Beschäftigung mit dem Andenraum verdanke, zum 60. Geburtstag widmen.
2 Erst mit acht Jahren begann Arguedas (1986:41) Spanisch zu lernen. Anderswo (1976a:28) bezeichnet er sich als reinen Quechuasprachigen bis zur Adoleszenz und bekennt, daß er seine ursprüngliche Wahrnehmung der Welt – geprägt von der bei den Quechua verbrachten Kindheit – vielleicht niemals wird vergessen können. Nur bei Augusto Roa Bastos und Miguel Angel Asturias finden wir in der modernen lateinamerikanischen Literatur eine ähnliche indigene Wurzel.
3 Escobar (Hrsg. 1984:19), ein persönlicher Freund von Arguedas, hält diesen sogar für »ein paradigmatisches Phänomen in der Kultur und in der Interpretation der peruanischen Gesellschaft«.
4 Mitte der vierziger Jahre spitzte sich bei Arguedas eine psychische Krankheit zu, die in der Kindheit – so jedenfalls seine kryptischen Angaben (1971:11) – ihren Ursprung hatte. Infolgedessen konnte er in den kommenden Jahren keine einzige Zeile schreiben. Der Behandlung durch die Psychoanalytikerin C. G. Jungscher Observanz Lola Hoffmann in Santiago (Chile) meint er (1971:291) alles zu verdanken, was er ab 1958 geschrieben hat. Ich glaube aber, daß besonders die Entdeckung des von ihm nach dem chiliastischen »Prinzip Hoffnung« gedeuteten Inkarrí-Mythos im Jahre 1952 den entscheidenden Anstoß gab. Arguedas litt vermutlich an schweren Depressionen, die ihn in ständige Melancholie und schließlich in den Freitod trieben. Ein Freund berichtet, daß Arguedas von der Trauer und der Melancholie der Indios gekennzeichnet war und viele Stunden am Tag traurige Musik zu hören liebte (Haubrich 1985:9). Aber dies erklärt nicht alles. Zum tragischen Tod dieses talentierten Dichters haben auch andere Gründe geführt, wie Lévano (1969:28) anmerkt. Er macht die Regierungen Perus mitverantwortlich für soviel Scheitern, Enttäuschung und Frustration in Menschen wie Arguedas, seien sie nun jung oder alt. Vgl. hierzu auch Igartua (1969:15).
5 Über das narrative Werk Arguedas' ist sehr vieles – leider auch Unwesentliches – geschrieben worden. Empfehlenswert sind besonders Larco (Hrsg.) 1976 – ein Band, in dem die wichtigsten Aufsätze verschiedener Autoren über Arguedas gesammelt sind – sowie auch die Werke von Cornejo Polar 1976a, 1976b, 1980; Cornejo Polar et al. 1984; Dorfman 1969; Escobar 1976, (Hrsg.) 1984; García 1972; Gerhards 1972; Lienhard 1982, 1985; Ostria González 1980, 1981; Rodríguez-Luís 1980; Rama 1989; Rowe, W. 1976, 1979; vgl. auch das monographische Heft von *Anthropos* 1992.
6 Die beste – bisher auch fast die einzige – Einführung in das ethnologische Werk Arguedas bieten die Arbeiten von Rama 1975 und 1976.
7 Lienhard (1985:62) betont, wenn auch erst 1985, daß alle nach der Entdeckung des Inkarrí-Mythos 1952 geschriebenen Romane in eine »utopische Hoffnung« münden, die einen entscheidenden historischen Protagonismus der andinen Bevölkerung erwarten läßt. Rowe (1979:209f.) hatte bereits 1979

Spuren des Inkarrí-Mythos in den zwei letzten Romanen (»*Todas las sangres*«, »*El zorro de arriba y el zorro de abajo*«) entdeckt, die einen millenaristischen Überschuß aufweisen. Rodríguez-Luís (1980:134) hatte ebenfalls auf den tellurischen Hintergrund der Arguedasschen Literatur hingewiesen.

8 Gutiérrez (1987) hat einen Aufsatz über das narrative Werk von Arguedas geschrieben, der sich als verspäteten Nachruf auf den verstorbenen Freund lesen läßt. Gutiérrez übernimmt dabei unkritisch die von Arguedas skizzierte Selbstinterpretation. Dies ist zwar menschlich verständlich, aber wissenschaftlich bedauerlich. Gutiérrez ist einer der wenigen von Arguedas (1971:285f.) in seinem literarischen Testament genannten Freunde. Dem Andenken Arguedas' hatte er bereits 1972 sein Hauptwerk »Theologie der Befreiung« gewidmet. Gutiérrez – aber auch Trigo 1982 – sieht in den Romanen von Arguedas jene Kirchen-, Religions- und Gesellschaftskritik enthalten, die auch der Theologie der Befreiung eigen ist. In diesem Sinne ist Arguedas für ihn ein literarischer »Kirchenvater« dieser Theologiebewegung.

9 Vargas Llosa (1978a), der hierzulande wohl bekannteste peruanische Schriftsteller dieses Jahrhunderts, war einer der ersten Kritiker, der das literarische Talent von Arguedas würdigte. Auch Arguedas hegte am Anfang eine große Sympathie für den jungen und begabten Mann aus Arequipa. Die gegenseitige Wertschätzung ist allerdings – vgl. Arguedas (1971:210) – den weltanschaulichen Differenzen gewichen. Inzwischen nennt Vargas Llosa (1977) das Arguedassche Werk eine »archaische Utopie« (Utopie einer versunkenen »magisch-mythischen« Agrargesellschaft wäre richtiger) und betont (1978b:191), wie gefährlich es sei, die Selbstinterpretation voll und ganz zu übernehmen, die ein Autor von seinem Werk entwirft. Weil er dies früher getan hätte, sei er dazu verleitet worden anzunehmen, das Verdienst Arguedas' bestehe darin, die indianische Wirklichkeit authentischer als andere Schriftsteller gezeigt zu haben.

10 Eine solche Hermeneutik hat vor allem der französische Philosoph Ricœur (1974) begründet.

11 Arguedas (1985:39ff.) selbst hat sich gern mit Felipe Guamán Poma de Ayala verglichen, der auch in der Provinz Lucanas (Departement Ayacucho) aufgewachsen war und durch die Anden wanderte, um die koloniale Gesellschaft um 1600 mittels direkter Lebenserfahrung kennenzulernen. Lienhard (1985) und Gutiérrez (1987) sehen auch sehr viele Parallelen zwischen beiden. Ein grundlegender Unterschied ist aber unerwähnt geblieben: während Poma de Ayala sein aufrichtiges Christsein – ohne deshalb die magisch-mythische andine Weltanschauung aufzugeben – mit Nachdruck betonte, hat Arguedas (1986:108) von seinem Agnostizismus kein Hehl gemacht.

12 »Die indigenistische Literatur kann uns keine strikt veristische *(verista)* Version des Indios geben. Sie muß ihn idealisieren und stilisieren. Sie kann ihm auch nicht seine Seele geben; sie ist noch eine Literatur von Mestizen. Deswegen nennt sie sich ›indigenistisch‹ und nicht ›indigen‹ *(indígena)*. Wenn es eine indigene Literatur geben soll, wird sie zu ihrer Zeit kommen – wenn die Indios selbst soweit sind, sie hervorzubringen« (Mariátegui 1986:292).

13 Zur Mystifikation des Indiobildes in den Romanen von Arguedas vgl. Gerhards 1972:137-56. Schon im 16. Jahrhundert wurde von manchen Glaubensaposteln – so etwa von Toribio de Benavente »Motolinía«, Jerónimo de Mendieta, Vasco de Quiroga und nicht zuletzt von Bartolomé de Las Casas selbst – ein mystifiziertes Indiobild verbreitet, wenn auch als verständliche kompensatorische Reaktion auf das negative Indiourteil der »Hardliner« jener Zeit.

14 Der »Papalagi«, das in den siebziger Jahren neu aufgelegte Kultbuch der Alternativszene mit den kritischen Reden des Südsee-Häuptlings Tinavii aus Tiavea über die technische Zivilisation des Abendlandes, ist im Grunde das Werk des weißen Erich Scheurmann und mystifiziert das Südseeparadies als Alternative zum verdorbenen Europa.

15 Arguedas (1986:172ff.) reduziert das Problem der literarischen Techniken auf ein Sprachproblem, nämlich wie er auf Spanisch ausdrücken könnte, was er auf Quechua fühlte und dachte. In einem Artikel aus dem Jahre 1939 beschreibt er (1985:36) die existentielle Angst des zweisprachigen Mestizen, der zwischen Quechua und Spanisch zu entscheiden hat: »Sprechen wir reines Spanisch, so sagen wir damit kein Wort über die Landschaft noch über unsere innere Welt [...]. Schreiben wir aber auf Quechua, so machen wir eine enge und zur Vergessenheit verurteilte Literatur.«

16 Für Rama (1976:7ff.) ist Arguedas ein *trasculturador*, d. h. ein kultureller Grenzgänger. Arguedas hatte in der Tat viel von der Psyche und der inneren Zerrissenheit eines Migranten, der in der kulturellen Fremde leben muß, aber sich gleichzeitig stets nach der – in der Distanz verklärten – Heimat seiner Kindheit sehnt.

17 Arguedas verwendet immer die vorinkaische Bezeichnung *ayllu*, wenn er die Agrardörfer des 20. Jahrhunderts meint, deren Ursprung eigentlich auf die Hispanisierungsmaßnahmen unter Vizekönig Francisco de Toledo – um 1570 – zurückgeht. Diese Sprachauswahl ist verräterisch genug. Die *ayllus* waren auf Verwandschaftsbasis besiedelte Weiler. Das Ackerland war hauptsächlich Sippenbesitz und jede Familie soll davon »nach ihren Bedürfnissen« ein Stück Land zur Bewirtschaftung bekommen haben.

18 In den letzten Zeilen seines postum erschienenen Romans »*El zorro de ariba y el zorro de abajo*« läßt Arguedas (1971:280) Pater Cardozo – einen amerikanischen Missionar, der in der peruanischen Industriehölle von Chimbote, damals noch dem größten Fischerhafen der Welt arbeitet und Che Guevara mit Jesus Christus gleichzeitig verehrt – fragen, nachdem dieser die berühmte Liebeshymne (»... für jetzt bleiben Glaube, Hoffnung, Liebe, diese drei; doch am größten unter ihnen ist die Liebe«) des 1. Korintherbriefes 13, 1-13 gelesen hat: »Und der Haß?«

19 Arguedas (1966a:14) ahnt zwar, daß Aspekte des Mythos von Manco Capac – so wie ihn der Inca Garcilaso de la Vega erzählt – und des Mythos der Gebrüder Ayar – so wie dieser bei Juan de Batanzos, Pedro Cieza de León und Pedro Samiento de Gamboa überliefert wird – in den Inkarrí-Mythos eingeflossen sein könnten. Er verfolgt allerdings diese Spur, die ihn zu einer anderen Deutung des Inkarrí-Mythos hätte führen können, nicht weiter.

20 Diese restaurative Eschatologie kommt am deutlichsten zur Sprache in »*El sueño del pongo*« – einem von Arguedas 1965 auf Quechua gesammelten Volksmärchen, das in Wirklichkeit aber sehr stark von ihm überarbeitet wurde. Ein *pongo*, der niedrigste Hausknecht einer *hacienda*, erzählt seinem Herrn einen Traum: Er und sein Herr seien tot gewesen und mußten vor dem heiligen Franziskus – der in manchen Andenregionen als Pförtner des Himmels gilt, ein deutliches Zeichen für die franziskanische Prägung des andinen Volkskatholizismus – treten. Dieser befahl einem schönen Engel, der wie die Sonne strahlte, den Leib des Herrn der *hacienda* vom Kopf bis zu den Füssen mit Honig zu bedecken; einem anderen, nichtswürdigen alten Engel mit Schorf an den Beinen, ganz erschöpft, nackt und mit hängenden Flügeln befahl er aber, den ganzen Körper des *pongos* mit menschlichem Kot zu beschmieren. Als der Herr der *hacienda* nun voller Freude fragte, ob dies alles wäre, sagte der *pongo*: »Nein, mein Vater, mein Herr. Als wir nun erneut, aber ganz verändert, zusammen vor unserem großen *taita* San Francisco standen, betrachtete er uns noch einmal, dich und mich, ganz lange. Mit seinen Augen, die den Himmel füllten, drang er unermeßlich tief in uns, verband die Nacht mit dem Tag, das Vergessen mit der Erinnerung. Und dann sagte er: Was die Engel mit euch tun sollten, ist getan. Nun leckt euch gegenseitig ab. Langsam und ausgiebig. So sei es! Der alte Engel wurde in diesem Augenblick wieder jung, seine Flügel gewannen ihre schwarze Farbe und ihre große Kraft zurück. Unser *taita* trug ihm auf, darüber zu wachen, daß sein Wille geschehe« (Arguedas 1988:141-5). Manche Kritiker – so z. B. Rodríguez-Luís (1980:214) – meinen, dieses Märchen gäbe den Sinn des gesamten Arguedasschen Œuvres wieder und fasse die ganze Geschichte der andinen Länder zusammen. Ich vermag darin nur einen klaren Hinweis darauf zu sehen, wie tief der franziskanisch-platonische Volkskatholizismus in das Herz der Quechua und Arguedas' selbst eingedrungen ist.
21 In Puquio 1 wird die schöpferische Potenz Inkarrís durch die Beschreibung seiner Werke indirekt bestätigt. In Puquio 2 wird sie ausdrücklicher betont: »Er schuf alles, was existiert«. Puquio 3 bedient sich schließlich einer Metapher: »*Inkarrí* [...] hatte die Macht des Tuns und des Wünschens.«
22 Vgl. Arguedas 1956:195, 198, 229; 1965:230. Auch die anderen untergeordneten Gottheiten der andinen Welt – außer den *wamanis* nennt Arguedas (1956:228) auch *Mama allpa* bzw. *Allpa terra* (Mutter Erde) und *Aguay unu* (Wasser- oder Flußgottheit) als weitere andine Gottheiten, die in Puquio verehrt werden – wurden von Inkarrí eingesetzt, aber die *wamanis* sind nach diesem die wichtigsten.
23 Arguedas (1956:197f.) macht darauf aufmerksam, daß der *wamani* auch *auki* genannt wird, womit zugleich der andine Priester bezeichnet wird, der beim »Wasserfest« als Vertreter der Gemeinde eine Zeremonie feiert. Diese Götter der Hügel oder Berge werden unter verschiedenen Namen im ganzen Andenraum weiterhin verehrt: *awkillu* (Huánuco), *wamani* (Ayacucho), *apu* (Cuzco) und *machula*, *achachila* oder *mallku* (in Bolivien) sind die verbreitetesten Bezeichnungen. Vgl. hierzu Martínez 1983:86.

24 *Diosninchikqa separawmi* (der katholische Gott ist von uns getrennt) und *Mannan metekuncho* (er mischt sich hier nicht ein), antworten die Informanten auf entsprechende Fragen von Arguedas (1956:189, 195; 1965:228f.).
25 Arguedas 1956:229. Der katholische Gott ist demnach der Gott der *mistis*, der Herren. Allein aus diesem sozialen – nicht religiösen Grund – verdiene er Respekt und komme ihm ein höherer hierarchischer Rang als den lokalen Göttern zu. Aber er scheint ein Gott ohne jede praktische Bedeutung für die Indios zu sein. Die *mistis* halten ihrerseits die lokale Religion für eine reine Angelegenheit der Indios.
26 Diese wissenschaftlich sehr umstrittene These, die zu Beginn des Jahrhunderts unter Indigenisten Mode wurde – vgl. Delgado (1991:321-40) –, wird von Arguedas (1956:229f.; 1975a:166; 1965:230; 1975b:51; 1984a:60; 1987b:214, 308, 311, 313) mit großem Nachdruck verteidigt. Seiner Meinung nach sei der Indio von Puquio von keiner der Vorschriften des Katholizismus wirklich berührt worden. Als Beweis dient ihm meist das Argument, das Quechuavolk habe niemals die Existenz eines Himmels bzw. einer anderen Welt angenommen, die außerhalb der Erde geortet worden und von dieser verschieden sei, wo der Mensch belohnt werde, um die in dieser Welt erlittenen Ungerechtigkeiten zu kompensieren: für die Quechua werden die Schulden in dieser Welt bezahlt (1965:230; 1966a:18). Nur, genau dies ist der Kern der chiliastischen Hoffnung, die im europäischen Christentum des Mittelalters und der Renaissance – aber auch im lateinamerikanischen Katholizismus – tiefe Spuren hinterlassen hat. Wiederum geht Arguedas hier den – religionswissenschaftlich gesehen – leichteren Weg. Statt der Frage nachzugehen, ob die von ihm bevorzugte messianisch-millenaristische Deutung des Mythos – Inkarrís Rückkehr als großer Zahltag – Ausdruck genuiner Quechuaerwartungen oder vielmehr eine andine Reminiszenz des chiliastischen Christentums ist, das feuereifrige Missionare in die Neue Welt brachten, zieht er es vor, kurzschlüssig darin einen Beweis für den geringen Erfolg christlicher Mission zu sehen.
27 Arguedas 1975a:166. Unser Autor hält für hinreichend bewiesen, daß die alte vorchristliche Religion in den stark indianisch geprägten Siedlungen Perus weder zerstört noch ernsthaft in Frage gestellt wurde (1975a:161). Ich verstehe aber nicht, warum dies die Aufnahme der grundlegenden katholischen Glaubenswahrheiten ausschließen soll, so daß vielleicht ein synkretistischer Katholizismus andiner Prägung entstanden sei.
28 Die Indios selber scheinen jedoch im Mestizierungsprozeß eine Möglichkeit zum sozialen Aufstieg der Gemeinde zu sehen. Vgl. Arguedas 1956:197.
29 »Der Indio von Puquio erwartete voll Vertrauen die Auferstehung *Inkarrís*. Eine solche Auferstehung beginnt nun, sich zu erfüllen. Mit dem Straßenbau haben sich die Produkte der indianischen Wirtschaft verdoppelt. Die Gemeinden haben Schulen gebaut, ihre Häuser renoviert« (Arguedas 1965:231).

30 Arguedas, promovierter Ethnologe, wußte selbst, daß seine Intuition ständig besser war als sein akademisches Fachwissen. Seine Dissertation bezeichnet er (1968:27f.) sehr bescheiden als eine gute Chronik, die daher etwas von einem Roman habe. In seine Romane ist auch viel ethnologisches Material eingeflossen. Dies hat zur Folge, daß die Grenze zwischen dem Ethnologen und dem Romancier nicht leicht zu ziehen ist. Die Fachwelt hat allerdings die ethnologischen Leistungen Arguedas' durchaus gewürdigt. Dieser habe mit seiner Intuition schließlich mehr als andere mit ihrem akademischen Wissen erreicht. Vgl. hierzu Contreras 1987:16, 19.
31 Mit ihrem Roman »*Pájaros sin nido*« (1889, Vögel ohne Nest) gilt sie als Begründerin des indigenistischen Romans. Ihr Indigenismus trägt allerdings – wie Sarkisyanz (1985:14) anmerkt – sentimentale Züge, »ohne die gesamten Grundlagen der kolonial geprägten Sozialordnung in Frage zu stellen«.
32 Sarkisyanz (1985:14) meint, erst Manuel González Prada habe mit seinem 1905 erschienenen Werk »*Nuestros Indios*« (Unsere Indianer) das Image von und die Einstellung zum Indianertum seitens der Intellektuellen Limas über die Bereiche der Ästhetik, des Gefühlsüberschwanges und der Caritas hinausgehend zu revolutionär gesellschaftskritischen Thesen entwickelt, deren Impulse bis heute fortwirken sollen. Dies ist allerdings ein wenig übertrieben. Die bis heute fortwirkende revolutionäre Prägung erhielt die indianische Frage erst mit Mariátegui.
33 Vgl. hierzu »*Tempestad en los Andes*« (1927, Sturm in den Anden), hier als Valcárcel 1972 zitiert, das sich durchaus als Evangelium bzw. pamphletarisches Manifest des Indigenismus lesen läßt.
34 Vgl. dazu vor allem sein berühmtes Werk »*Siete ensayos para comprender la realidad peruana*« (1928, Sieben Versuche, die peruanische Wirklichkeit zu verstehen), hier als Mariátegui 1986 zitiert.
35 Vgl. Mariáteguis Vorwort zu Valcárcel 1972:9-15.
36 Für Sotelo (1985:XVIf.) ist der Indigenismus »ein revolutionärer Mythos, der alsbald mit der harten sozialen Realität zusammenstößt«. Für das Aufkommen des neuen Indigenismus Ende des 19. Jahrhunderts benennt er drei unterschiedliche Faktoren: »Moralische und ästhetische Empfindungen für die indianische Bevölkerung, die auf die Erniedrigung reagieren, die ihr das *gamonalistische* [sprich agrarfeudalistische] System zugefügt hatte; das Wiedererwachen archäologischer und historischer Studien über die inkaische Vergangenheit, die zur Idealisierung tendieren; die Konsolidierung der Intellektuellen, die aus der Sierra, besonders aus Cuzco, stammen und sich nach einer eigenen Identität sehnen, die sie nur in der Unterscheidung von den kosmopolitischen und hispanistischen Problem-Einstellungen der hauptstädtischen Elite behaupten können«.
37 So die treffende Diagnose von Cornejo Polar (1980:8), die von der seriösen Indigenismusforschung geteilt wird. Eine gute – wenn auch in der Form ein wenig konfuse – und dem deutschsprachigen Leser zugängliche Einführung in den Indigenismus bietet Sarkisyanz 1985.
38 Mariáteguis Ausführungen über den Chinesen und den Schwarzen sind nicht frei von einem subtilen Rassismus. Er schätzt offenbar beide Bevölkerungs-

gruppen nicht sonderlich. Die chinesische Einwanderung habe Peru keines der wesentlichen Elemente der chinesischen Zivilisation vermittelt. Der Beitrag des als Sklave eingeführten Schwarzen scheint ihm noch geringer, ja sogar völlig negativ zu sein. Dieser habe seine Sinnlichkeit, seinen Aberglauben und seine Primitivität mitgebracht. Er sei aber nicht in der Verfassung gewesen, bei der Schaffung einer Kultur mitzumachen, sondern habe sie vielmehr mit dem unreifen und lebendigen Einfluß seiner Roheit gestört. Vgl. Mariátegui 1986:297f., 299.

39 Vgl. Arguedas 1975a:3, auch 1969a:237. Valcárcel verkörpert für Arguedas die pessimistische Strömung gegenüber dem Mestizen.

40 Arguedas 1975a:2. Unser Autor übernimmt somit die Thesen des Neu-Indio von Uriel García. Er selbst war im Grunde genommen auch einer von diesen »weißen Indios«.

41 Den positiven Mestizierungsprozeß im Mantarotal führt Arguedas auf das Fehlen des *gamonalismo* in dieser Gegend zurück. Das Mantarotal liegt im Andenhochland östlich von Lima und dessen Bewohner, die bei der Eroberung des Inkareiches zu Verbündeten der Spanier wurden, wurden von diesen weithin verschont. Die Spanier ließen sich dort – trotz des günstigen Klimas – kaum nieder und beschränkten sich auf das Tauschgeschäft und den Handel mit der Urbevölkerung. Im südperuanischen Andenhochland, dem politischen Zentrum des Inkareiches, liegen die Verhältnisse anders. Die brutale Ausbeutung durch die Latifundisten und die systematische Einführung der kolonialen Gesellschaftsordnung mit ihrer strukturellen Unterdrückung bewirkten, daß es hier zu keinem positiven Verschmelzungsprozeß kommen konnte. Der Mestize sei in den Zentralanden vor allem ein tragisches, psychologisch gestörtes Wesen, ein Deplazierter, der nicht wisse, wohin er gehöre. Arguedas macht es sich aber leicht, wenn er, seinen Lehrer Valcárcel rechtfertigend, die unterschiedliche Bewertung des Mestizen bei diesem und Uriel García auf die Differenz zwischen Mantarotal und den Zentralanden zurückführt. Arguedas (1975a:12, 80-147) weiß auch, daß der gelungene Prozeß des Mantarotals in Peru noch eher die Ausnahme bildet, betont aber zugleich, daß ohne dieses Beispiel seine Sicht des andinen Peru noch pessimistischer sein würde.

42 Vgl. in Arguedas (1969a:104ff.) die Polemik mit A. Salazar Bondy über den Wahrheitsgehalt seiner Literatur.

43 Lienhard (1982:52ff., 67) hält auch den *Yawar mayu* für ein – wenn auch nicht das – entscheidendes Merkmal der Arguedasschen Literatur. Die Konfliktsituationen, die Gewalt des Kampfes zwischen dem Alten und dem Neuen, dem Ausländischen und dem Autochthonen, die die andine Welt kennzeichnen, aber auch ihre imposante Widerstandsfähigkeit ... all das findet nach Lienhard in *Yawar mayu* sein Symbol, sein Wesen und seine Materie.

44 Vgl. Cornejo Polar 1976a:70, 67. Die These von Cornejo Polar, wonach Arguedas dieser dualistischen Auffassung bis zu seinem Tode treu geblieben ist, wurde inzwischen von fast allen ernstzunehmenden Kritikern übernommen. Mit dem methodologischen Instrumentarium strukturaler Linguistik

hat später Ostria González (1980, 1981) die dualistische These am konsequentesten dokumentiert.
45 Diese allen anderen Dualismen zugrunde liegende Spaltung im Arguedasschen Bewußtsein hat vor allem Vargas Llosa (1980:12) aufgedeckt. Arguedas war seelisch gespalten zwischen seiner ursprünglichen Liebe zur archaischen Bauernwelt der Kindheit – die von traditionellen Riten, Gesängen und Bräuchen durchdrungen war und die trotz der kolonialen Unterdrückung die vorchristliche Kultur z. T. gerettet hatte – und seiner intellektuellen Überzeugung, daß der Kampf um die Gerechtigkeit und Modernität notwendig und nur in der Form marxistischer Revolution möglich war. Irgendwie hat Arguedas aber immer geahnt, daß beide Lieben unverträglich sind.
46 In diesem Roman sieht Arguedas (1971:95) seinen eigenen Sieg, nämlich den Sieg des *Yawar mayu* enthalten.
47 Um das Jahr 1934, als Arguedas zu schreiben beginnt, glauben die Indigenisten, die soziale Gerechtigkeit und somit der Sieg des Guten über das Böse in der peruanischen Gesellschaft sei in greifbarer Nähe. Demgemäß sind die Erzählungen aus dieser Zeit, allen voran »Agua«, vom zugespitzten Drama des Klassenkampfes geprägt. Vgl. Arguedas 1976d:419; 1983b:194.
48 Arguedas 1983b:77. Für Rouillón (1976:159) stellen solche Texte eine »Berggnosis« dar.
49 So die eigene Interpretation von Arguedas 1986:237. Der Literaturkritiker Rodríguez-Luís (1980:134, 151) sieht in diesem letzten Kapitel von »*Yawar fiesta*« den Eingang des Tellurischen in das Werk Arguedas' und die Aufgabe der sozio-ökonomischen Sicht. Dieser Wechsel der Perspektive – das ist meine These – ist aber bereits mit dem ersten Kapitel eingeleitet worden. Ein weiterer Kritiker (Muñoz 1987:167f.) meint, Arguedas habe in den späteren Werken zur ursprünglichen sozio-ökonomischen Sicht des Klassenkampfes zurückgefunden und den kulturell-magischen Ausrutscher von »*Yawar fiesta*« überwunden. Dies ist aber ein zu plumper Versuch, Arguedas nachträglich für die dogmatische Linke ideologisch zu retten. Das Sozioökonomische spielt zwar in allen Romanen von Arguedas eine wichtige Rolle, aber ab »*Yawar fiesta*« wird es dem Magisch-Mythischen untergeordnet.
50 Vargas Llosa (1978b:193) hält diesen Roman – zusammen mit einigen kurzen Erzählungen, wie »*Diamantes y pedernales*«, »*La agonía de Rasu-Ñiti*«, »*El sueño del pongo*«, »*Warma Kuyay*«, »*El forastero*« – für das Beste, das Arguedas geschrieben hat. Folgt man rein literarischen Kriterien, so kann dieses Urteil durchaus unterschrieben werden.
51 Die Quechua glauben, daß die Krankheiten eine Mutter haben, die meistens mit einem Tier oder einem Unglück bringenden Menschen identifiziert wird. Wird diese Mutter nicht beseitigt, so kann die Krankheit nicht überwunden werden. Daß dieser letzte Teil des Romans ausdrücklich den Titel *Yawar mayu* trägt (Arguedas 1980b:125-87), ist bestimmt kein Zufall, sondern eine Prinzipienerklärung.
52 Arguedas (1986:239; 1976d:416; 1969:13) bedauert, daß mit Ausnahme von César Lévano kein Kritiker diese verschlüsselte Botschaft verstanden hat. Als wenige Jahre nach dem Erscheinen des Buches die Knechte im Süden Perus

manche Latifundien besetzen, wird Arguedas dies mit seinem Buch in Zusammenhang bringen, womit er freilich seine intellektuelle Bedeutung als Motor von sozialen Bewegungen überschätzt.
53 Für Arguedas (1976a:24) selbst ist dies sein wichtigster Roman, weil schöner, transzendenter, literarischer und vollständiger als »*Los ríos profundos*«. Für die Kritiker ist »*Todas las sangres*« jedoch der am meisten ideologisierte Roman von Arguedas.
54 Die Figur des Don Bruno ist ein sehr gelungenes Charaktergemälde. Sie wurde, wie auch andere Themen und Figuren der Arguedasschen Romane in kurzen Erzählungen mehrfach skizziert, bevor sie in »*Todas las sangres*« einging. Ich wage hier die These, daß die Gestalt des Don Bruno besonders durch die des Don Rodrigo aus Valcárcels »*Tempestad en los Andes*« – vgl. Valcárcel (1972:75ff.) – inspiriert ist.
55 Dorfman (1969:22f.) meint, der Tod von Rendón Willka antizipiere den Tod des Che Guevara, und das Ende von »*Todas las sangres*« kündige gar die Befreiung aller unterdrückten Völker Lateinamerikas durch die revolutionäre Praxis an.
56 Die kompletteste Analyse von »*El zorro de arriba y el zorro de abajo*« ist nach wie vor die eindrucksvolle Studie von Lienhard 1982. Für ihn ist dieser Roman »ein außerordentliches Werk sprachlicher Kreativität« (1982:191). Dennoch neigt Lienhard dazu, dieses Werk primär als ein fragmentarisches Sozialdokument der peruanischen Gesellschaft der späten sechziger Jahre zu verstehen, das sich durch historische Realitätsnähe von den anderen Werken Arguedas' unterscheide (1982:190).
57 Dieser von Vargas Llosa (1980:7) geäußerte Vorwurf ist ernst zu nehmen. Der zum Inhalt des Romans gemachte Freitod Arguedas' ist auch eine dem Leser gestellte sentimentale Falle.
58 Vgl. Arguedas 1966c:13f. Diese Übersetzung ist zwar weder die erste noch die genaueste, aber wohl die literarisch wertvollste, da es Arguedas gelingt, den lyrischen Geist der Quechuasprache im Spanischen annähernd auszudrükken. Arguedas (1966c:13f.) räumt aber selber ein, er habe sich mit der Übersetzung ein wenig überfordert, weil dieses Quechua von Huarochirí ihm nicht so vertraut gewesen sei. Inzwischen sind weitere – und wissenschaftlichere – Übersetzungen herausgegeben worden. Die beste davon ist die von Taylor (1987a). Eine ebenfalls gute direkte Übersetzung des Quechuatextes ins Deutsche findet sich bei Trimborn und Kelm 1967.
59 Arguedas (1971:283) spricht sogar – klassenkämpferisch – von einem Kampf, der so alt ist wie die menschliche Zivilisation selbst. Dieser Kampf erhält des öfteren manichäische Farben: er ist dann ein Kampf des Guten oder Andinen gegen das Böse oder Abendländische. Zum latenten Manichäismus bei Arguedas vgl. García 1972.
60 Während Rowe (1979:210) darin zumindest eine Anspielung an den Inkarrí-Mythos sieht, meint Guttiérrez (1982:36241), diese Stelle weise, betrachte man den Zusammenhang, in eine andere Richtung hin. Ohne es ausdrücklich zu sagen, meint Gutiérrez doch, Arguedas spiele damit auf das Christusbild der Theologie der Befreiung an.

61 Arguedas 1988:130f. Am Ende seines Las-Casas-Buches zitiert Gutiérrez (1990:217) sehr selektiv die obigen Verse seines guten Freundes Arguedas, da die unterstrichenen Stellen nämlich ohne Vermerk ausgelassen werden: Aus Rücksicht auf den Leser? Um die Arguedas-Ikone nicht zu entweihen? Ohne diese – aus der äußersten Verzweiflung der Unterdrückten entstandene »Haß-Liebe-Dialektik« werden aber das ganze Gedicht, Arguedas selbst und der nativistische Chiliasmus überhaupt nicht verständlich.
62 Arguedas 1988:132f. Ich habe die übernommene deutsche Übersetzung geringfügig geändert. Es sollte nicht »ihr [der Sonne] Herz«, sondern »sein [des Túpac Amaru] Herz« heißen usw. Das Eigenschaftswort »*su*« ist im Spanischen männlich und weiblich zugleich. Die konkrete Bedeutung hängt dann von dem jeweiligen Zusammenhang ab. Es ist klar, daß Arguedas nur Túpac Amaru meinen kann. Man könnte die weibliche Form belassen, wenn der Leser trotzdem deutlich verstehen würde, daß es sich um Herz und Licht der »Sonne« Túpac Amaru handelt.
63 Vgl. Degregori (1986) hat diesen Stimmungswechsel bei vielen Indigenisten in den letzten drei Jahrzehnten beobachtet, ohne jedoch zu merken, daß der Umschwung bereits bei Arguedas ansetzt.
64 Arguedas (1984b:50-6), die Gedichte, die Arguedas kurz vor seinem Tod den revolutionären Völkern von Cuba (1968) und Vietnam (1969) widmete.
65 1962 bekannte Arguedas (1978:420), Jesus Christus, Tolstoi und Túpac Amaru seien die drei Menschen, die er am meisten bewundere. Sein zum prometheusschen Archetypus erhobener Túpac Amaru hat in der Tat etwas von Che Guevara und Jesus Christus. Wenn Gutiérrez das obige Rätsel im Sinne der Theologie der Befreiung entschlüsselt, so könnte dies unter Umständen auch damit zusammenhängen, daß Jesus Christus in dieser Theologiebewegung Che Guevara oder Túpac Amaru manchmal zum Verwechseln ähnlich wird.
66 Betrachtet man das literarische Werk Arguedas' unabhängig von der Ideologie, die ihm zugrundeliegt, so muß man seine Leistung ohne Wenn und Aber würdigen. Er hat eine künstliche literarische Sprache geschaffen, nämlich eine Art Quechuaspanisch, eine Mischung aus spanischen Vokabeln und Quechuasyntax, die sich durchaus als nützlich erweist, um der spanischsprechenden Welt die magisch-mythischen Denkkategorien der andinen Bevölkerung zu vermitteln. Seine Prosa ist zudem reichlich verziert mit besonders lyrischen und ursprünglich klingenden Quechualiedern, die den Leser buchstäblich fesseln, weil sie eine bei uns längst vergangene Agrar- und Naturgesellschaft zur Sprache bringen. In den Sprachschöpfungen Arguedas' sieht z. B. Ostria González (1980:100) gar eine Verschmelzung der Gegensätze bzw. eine Integration der peruanischen Welt als solidarische Pluralität enthalten. Die Arguedas'sche Literatur würde somit jene ideale Einheit antizipieren, die Peru noch nicht erreicht hat. Angesichts des hier aufgedeckten ideologischen Gehalts mag uns dieses Urteil übertrieben erscheinen. Tatsache ist, daß Arguedas geradezu hartnäckig immer wieder Partei für die Kleinen und Unterdrückten ergreift, die in seinen Werken nicht unten im Dunkeln bleiben, sondern mit großer Zärtlichkeit und Einfühlungsvermögen

gezeichnet werden. Dies alles macht es um so schwieriger, den ideologischen Gehalt seiner Literatur zu entlarven.
67 Erstmals veröffentlicht in Arguedas 1956:184-232. Hier in der Übersetzung des Verfassers.
68 Erstmals veröffentlicht in Arguedas 1966a:14-8. Hier in der Übersetzung des Verfassers.

Musik, Tanz, Gesang, Riten und Krankenheilung in den mittleren Anden

Das *ira-arka*-Prinzip im symbolischen Dualismus andinen Denkens

Max Peter Baumann

Äußerlich betrachtet, scheint die kosmologisch-religiöse Weltvorstellung der Indios im Hochland der Anden in vielen Erscheinungen synkretistisch. Dennoch ist das zentralandine System der Weltauffassung in seiner Tiefenstruktur auf traditionelle Weise wirksam geblieben, wenn auch mit christlich geprägten Glaubenspraktiken verflochten und in einem gleichberechtigten Nebeneinander und Ineinander von zwei Lebenswelten durchwirkt. Zum Beispiel bezeichnet der Name der Mutter Gottes die konkrete Gestalt und Form der viel älteren Vorstellung der weiblichen Erdgottheit Pachamama. Andererseits wird Christus oder »Vater (Heiliges) Kreuz« (Tata Krus) oft mit der männlichen Erdgottheit Pachatata identifiziert. Traditionelle Vorstellungen haben in diesem Sinne eine Erweiterung erfahren, sie re-interpretieren das alte Konzept dynamisch mit neuen, von außen herangetragenen Namen und Inhalten, ohne in ihrer Grundsubstanz Wesentliches zu verändern. Die Flexibilität der als »andin« bezeichneten Denk- und Verhaltensstrukturen gründet wohl in erster Linie darin, daß das Andere, das Fremde, das von Außen eindringt, in seinem polaren Gegensatz prinzipiell komplementär zum Eigenen, Bekannten und Innen verstanden wird. Dies unterscheidet sich vom christlich orientierten Denken, das – von der Logik des Wahrheitsanspruchs her gesehen – im wesentlichen der Ausschließlichkeit verpflichtet bleibt. Ist das andine Weltbild von seinem Ansatz her prinzipiell dual und interpretiert polare Gegensätze als sich gegenseitig ergänzende Teile des **einen** umfassenden Ganzen, so erscheint das christlich-cartesianische Denken mit seinem rigiden Ansatz primär ausschließend, monistisch.

Alles ist Mann und Frau

Pachamama und Pachatata versinnbildlichen das Konzept einer Paarbildung, wie es – der Natur abgeguckt – als Grundprinzip überall und allen Erscheinungen zugrunde liegt. Das gegenseitig sich ergänzende Prinzip von Männlich und Weiblich symbolisiert in seinen Grundzügen das andine Denken, denn *tukuy ima qhariwarmi*: »Alles ist Mann und Frau!« (Platt 1976:21). Die lebende Erde *(pacha)* als Ganzheit der Vorstellung ist Mann-Frau. Alles was ist, auch jedes einzelne für sich betrachtet, setzt sich aus den beiden komplementären Polen weiblicher und männlicher Grundeigenschaften zusammen. Das Eine existiert nicht ohne das Andere, das Helle *(sut'i)* nicht ohne das Dunkle *(laqha)*, der Tag nicht ohne die Nacht, die Sonne nicht ohne den Mond, das Trockene nicht ohne das Feuchte, das Oben nicht ohne das Unten, das Bewegende nicht ohne das Bewegte, das Beginnende *(ira)* nicht ohne das Folgende *(arka)*. Auch jeder einzelne Körper, jede Sache, die existiert, setzt sich aus komplementären Gegensätzen zusammen. Des Menschen rechte Seite ist die männliche, die linke seine weibliche. Die der Sonne zugekehrte Vorderseite des Körpers ist männlich, die Rückseite im Schatten weiblich, entsprechendes gilt von Haupt und Füßen. Selbst das oberste Schöpfungsprinzip Wiraqocha, bzw. das oft mit ihm identifizierte unsichtbare Prinzip Pachakamaq oder Pachayachachiq, ist Mann und Frau, ein eher androgyn zu verstehendes Urprinzip, aus dem alle polaren Gegensätze emanieren.[1] Alles, was existiert, am Himmel, auf Erden und alles, was hervorgebracht wird, ist mit allem verbunden und setzt sich im Mikrokosmos wie im Makrokosmos – auf sämtlichen Ebenen der Wirklichkeit – aus seinen gegenseitig jeweils sich ergänzenden, männlichen und weiblichen Eigenschaften zusammen (Kusch 1986:30f.; Andritzky 1988:299-304). Nach einem Aymara-Sprichwort ist alles in dieser Welt eine einzige Realität: *Taquipuniw aka pachanx mayaki*, und alles steht zueinander in einem Geflecht von hierarchisch geordneten Wechselbeziehungen komplementärer Gegensatzpaare (van den Berg 1989a:158).

Eine von Cristóbal de Molina aus Cuzco um 1575 mitgeteilte Gebetshymne *(jailli)* charakterisiert in wenigen Versen wie alles, was ist, in dualer Form erschaffen wird (Lara 1980:37f.):

Tijsi Wiraqucha,	Quelle des Seins, Wiraqocha,
Qaylla Wiraqucha,	immer anwesendes Schöpfungsprinzip,
T'ukapu ajnupúyuj,	elegant und herrlich gekleidet,
Wiraqucha,	Schöpfungsprinzip,
Kámaj, chúraj,	das beseelt und Leben gibt,
Qhari kachun,	und das Werden von Mann
Warmi kachun,	und Frau
Ñispa rúraj.	durch ein Wort erschafft.

Vergleichbares bezeugt das um 1613 von Santacruz Pachacuti Yamqui überlieferte tiefsinnige Gedicht, das nach solchen bipolaren, alldurchdringenden und voneinander abhängigen Ur- oder Energiekräften fragt:»Wo bist Du?« – *maypin kanki?* – »oh Lebenskraft, Wurzel aller Dinge?« (Harrison 1989:92-5).

Ah, Wiraqocha tiksi qhapaq	Oh, Lebenskraft, Wurzel aller Dinge, oberste Macht,
kay qari kachun	du sagst, laß Mann werden,
kay warmi kachun	du sagst, laß Frau werden
...	...
Maypin kanki?	Wo bist du?
manachu rikuykiman	Kann ich dich nicht sehen?
hananpichum	Oben?
urinpichum	Unten?
...	...
intiqa killaqa	Sonne, Mond,
punchawqa tutaqa	Tag, Nacht,
poqoyqa chirawqa	Regenzeit, Trockenzeit
manan yanqachu	nicht ohne Sinn,
kamachisqam purin	auf (höchste) Anordnung hin, folgen sie ihrem Weg.

Alles Geschaffene folgt dem Urprinzip der polaren Gegensätze. Oben ist männlich, unten ist weiblich. Komplementär ist das Gestirnenpaar Vater Sonne *(inti)* und Mutter Mond *(killa).* Es gibt männliche und weibliche Sterne: den männlichen Morgenstern *achachi ururi* und den weiblichen Abendstern *apachi ururi* (Harrison

1989:66). In der vertikalen Ordnung ist der Himmel männlich, die Erde weiblich. In der horizontalen Ordnung gliedert sich die Erde jedoch in die männlichen Bergketten (Wamanis, Apus oder Cerros) und die weiblichen Pampas (Earls und Silverblatt 1978:319). Das Wasser der Meere und Seen ist weiblich, nicht jedoch der Regen von oben, der die Erde befruchtet. Es gibt männliche und weibliche Steine, Pflanzen und Tiere (van den Berg 1989a:161). Alles sind Aspekte zweier sich gegenseitig ergänzender Energiekonzepte: von oben nach unten, von unten nach oben, von links nach rechts, von rechts nach links (Arnold 1986:4), von Hell und Dunkel, Tag und Nacht, Luft und Erde, Feuer und Wasser, heiß und kalt. In allen Formen des fließenden Daseins wirkt das Gesetz der komplementären Gegensätze, die sich im Paar vereinen. Es wirkt auf Erden, über und unter der Erde, im Jahreszyklus, in der der Sonne zugewandten Trockenzeit und der dem Mond zugewandten Regenzeit. Die oben, über der Erde liegende Dimension des lichten Himmels (*hanan pacha* oder *pata parti*) wird repräsentiert durch das Paar Tata Inti und Mama Killa. Es findet seine analoge Entsprechung in »dieser Welt« (*kay pacha*) – zwischen Himmel und Erde – im Menschenpaar von Mann und Frau (*qhari, warmi*). Und im dunkleren Unten (*ukhu pacha*) wirken die chthonischen Kräfte von Pachamama und Pachatata, bzw. im Inneren der Erde, in den Bergminen, jene von Tío und Tía (Arnold 1986:2, 7).

Pachatata und Pachamama beziehen sich auf das Erdreich im allgemeinen, auf das Erdinnere und auf die Berggipfel. Tata Inti wird von den Indios bzw. Bauern (*campesinos*) im christlichen Kontext öfter als Tata Santísimu, und der Mond, bzw. die Mutter Gottes, als Mama Santísima angesprochen. Innerhalb dieser dualistischen und jeweils in Gegensatzpaaren aufgebauten kosmologisch orientierten Vorstellung lebt der Mensch **hier** an der Schnittstelle des Raumes, zwischen Himmel und Erde, und **jetzt** an der Schnittstelle der Zeit, zwischen Vergangenheit und Zukunft (Abb. 1). Vergangenheit, Gegenwart und Zukunft sind zueinander und aufeinander bezogen und formen ein Ganzes, den allumfassenden Kosmos »*pacha*«.[2]

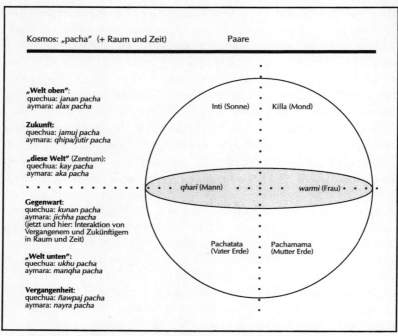

Abb. 1 Pacha-*Konzept als Raum-Zeit-Vorstellung und die der* pacha *zugeordneten zentralen Paare.*[3]

Pacha bedeutet im engeren Sinne Erde, darüber hinaus Raum, Zeit, Geschichte, Welt, – im weitesten Sinne jedoch auch Kosmos. Pacha bringt in seinen räumlichen und zeitlichen Aspekten auf allen Ebenen des Weltgefüges den inneren Zusammenhang des Ganzen zum Ausdruck. Dies leitet sich unter anderem auch aus den Begriffen ab (Firestone 1988:36f.). In den Wort-Zusammensetzungen von *pacha* + Raumkonzept (oben, hier und unten) sowie pacha + Zeitkonzept (vergangen, jetzt und kommen) zentriert sich alles im Hier und Jetzt. Das Vergangene und Noch-nicht-Geschehene ist nichts weiter als wiederum ein Raumaspekt von Oben und Unten, bzw. von vorne und hinten, sowie umgekehrt der Raum als Aspekt der Zeit erscheint. Die *kay pacha* symbolisiert den Übergang von unterer und oberer Welt, d. h. zwischen weiblicher und männlicher Sphäre ist sie die hiesige Welt. In ihr vollzieht sich die Vereinigung der polaren Grundkräfte; diese sind Lebensgrundlage einer jeden fortlaufenden

Reproduktion (Vokral 1991:317). In einer mandala-ähnlichen Darstellung zu einem Jahreskalender *(mara/wata)* wird das *pacha*-Raum-Zeit-Konzept aus heutiger Sicht in Bolivien zeitgenössisch (re)interpretiert (Abb. 2). Jede der vier auf die ebene Erde bezogenen Himmelsrichtungen repräsentiert unter anderem auch einen der vier Teile des Inkareiches *(tawantinsuyu)*. Die Vierteilung *(cuatropartición)* gliedert sich jedoch in der nächst höheren Hierarchie in je eine komplementäre, zusammengesetzte Hälfte von linker und rechter Seite des Emblems, bzw. von oberer und unterer Hälfte, symbolisiert durch die vertikal oder horizontal gedachte Linie zwischen den doppelköpfigen Kondorköpfen. Doppelaspekte *(dualidad)* lassen sich aus der Ansicht herauslesen: das Oben und das Unten *(hanan, ukhu)* ist getrennt durch eine horizontale Grenzlinie. Diese Berührungspunkte der beiden Oppositionen, das *chawpirana*, scheidet die Hälften und läßt sie zugleich aufeinandertreffen. Jede der Hälften, die obere und die untere, bzw. die linke und die rechte Seite, verbinden sich zu einem Ganzen aus zweimal zwei Hälften, bzw. zweimal zwei Paaren. Es sind

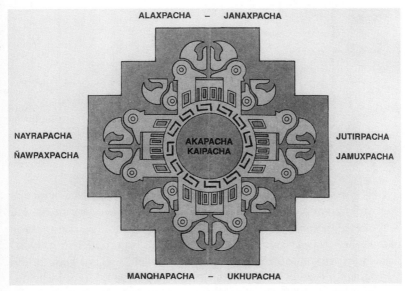

Abb. 2 Pacha-*Konzept als zeitgenössische Rekonstruktion von Tiwanaku Wiñayqala (Thola 1992).* – mara *(Aymara)* / wata *(Quechua): Jahr(eskalender).*

jeweils die männlichen und weiblichen Eigenschaften, die ein Paar bilden. Wie Mann und Frau *(qhariwarmi)* gehören sie gleichberechtigt als Partner in einer übergeordneten Einheit zusammen. Sie sind *yanantin*, »zu wechselseitiger Hilfe verbunden«, den symmetrischen Hälften eines jeden Körpers vergleichbar (Platt 1976:11, 27). Die symbolische Darstellung der ganzen Einheit erschließt sich dem Betrachter des Emblems dreidimensional sowohl als Aufsicht von oben, wie auch als Ansicht von vorne. In der Perspektive von »Himmel oben« und »Erde unten« ist das Licht des Himmels dem männlichen, das Dunkle der Erde dem weiblichen Element zuteilbar. Beide Raumhälften unterteilen sich allerdings in ihre eigenen polaren Eigenschaften wiederum dergestalt, daß die horizontale Beziehung der Paare (Inti-Killa, Pachatata-Pachamama) eine symmetrische, die vertikale Beziehung jedoch eine asymetrische Beziehung ergeben:

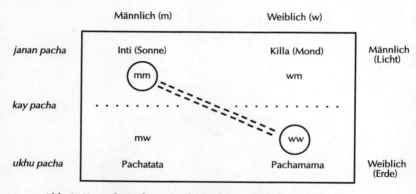

Abb. 3 *Kosmologische Vierteilung als Ergebnis von Paarbildungen –* cuatropartísmo cosmológico[4].

Bezogen auf die »Erde unten« bezeichnet *mama* in Pachamama den weiblichen Aspekt des Seins, das Hervorbringen, Wachsen und Vergehen, Tatapacha (auch Tayta Orqo, Apu oder Wamani) ihren männlichen Aspekt, das Befruchten, Organisieren und Töten. Es ist das zeitlos wirkende Prinzip der Erde, das sich in allem Dasein und Werden zu polaren Gegensätzen formt und sich überall im Individuellen und Kollektiven auf analoge Weise manifestiert. Durch die Jahrhunderte hindurch waltet dieses Prinzip, wenn auch um christliche Bilder in neuer Zeit erweitert. In dem Mutteraspekt manifestiert sich das Zeitlose als konkretisierte Manifestation des geschichtlich Bedingten. Das Prinzip Pachamama wird in der geschichtlichen Überlagerung als Mutter Gottes (Mamita) bzw. als Jungfrau Maria *(wirjin, ñusta)* wiedergeboren. Es wird immer wieder von neuem und während den lokalen und individuellen Festen als Ausdruck eines überzeitlichen Lebens- und Fruchtbarkeitsprinzips gefeiert. Die zahlreichen integrierten Marienkonzepte, wie die der Virgen de Candelaria, der Virgen de Copacabana, der Virgen del Carmen oder der Mamita Asunta (Mariä Himmelfahrt), sind in ihren historisch-konkretisierten Aspekten jenseits von Raum und Zeit auf den allgemeinen Urgrund der Pachamama-Vorstellung zu interpretieren. Das allgemeine Prinzip Pachamama ist gleichsam in der individualisierten christlichen Maria wiedergeboren. Es erschließt sich als konkrete Manifestation in lokaler Form zu einer bestimmten Fiesta-Zeit. Die zahlreichen »Marien« charakterisieren durch ihre individuellen Eigenschaften die herausgehobenen lokalen Zeit- und Raumaspekte eines ihnen zugrunde liegenden, allgemeinen weiblichen Wirkungsprinzips. Neben diesem Wirkunsgprinzip existiert aber auch das männliche Ursacheprinzip. In ihrer Komplementarität ergänzen sich die beiden polaren Grundkräfte, garantieren in ihrem Zusammentreffen auf schöpferische Weise den Fortbestand dessen, was ist. Dies gilt insbesondere für »diese Welt« des Menschen, die aus dem Zusammentreffen der »Welt oben« und der »Welt unten« hervorgegangen ist und immerwährend in deren Einflußbereich bleibt.

»*Pachamama también tiene su esposo*«: Das Prinzip Erdmutter hat auch einen Mann (Firestone 1988:26). Die männliche Entsprechung findet die Erdgottheit im komplementären Prinzip des Pachatata (*tata* = Vater). Pachatata ist der schöpferische Aspekt zur polaren Entsprechung des empfangenden Aspektes der Pachamama. Gleichwertige Namen zu Pachatata sind etwa Tatapacha oder Taytacha. Überlagert durch die christliche Symbolik ist Tata Krus (= Vater Kreuz) eine Manifestation des männlichen Prinzips in der konkretisierten Gestalt Christi. Die großen Feste in der Trockenzeit wie Santa Vera Cruz (am 3. Mai) und Corpus Christi (Ende Mai oder Anfang Juni), wie auch die anderen zahlreichen Feste zu Ehren der (männlichen) Heiligen, etwa von Tata San Juan, Tata Santiago oder Tata Agustín, stehen im besonderen Kontext lokaler Aspekte des Pachatata-Kultes. *Tata, tayta, taytacha, tatala* (= im Quechua synonym auch mit Phallus), *tatitu, tatalitu* verweisen inhaltlich auf die Formenvielfalt des männlichen Gestalt- und Ursache-Prinzips. Andere Verbindungen mit dem Namen Christi oder von Heiligen bezeugen in ähnlicher Weise das übergreifend männliche Prinzip, das in seinen lokalen Ausdrucksformen je spezifische Bezeichnungen erhält (Rocha 1990:78f.). Maria und Christus sind gleichsam zum göttlichen Paar erhoben. Das Mond- und Sonnentor sind schon in vor-inkaischen Tempelanlagen von Tiwanaku als Gegensatzpaar bekannt. Félipe Guaman Poma de Ayala überlieferte um 1530 einen gesungenen Hymnus *(jailli)*, mit dem der Indio der Inkazeit die Mama Killa, die Gattin der göttlichen Sonne, um Regen anflehte (Lara 1980:41; Sichra 1990:6):

Killa Quya Mama,	Königin und Mutter Luna,
Yakuq sallayki,	Gib uns Dein Wasser als Wolkenbruch
Unuq sallayki,	Deine Regenflut in Mengen.
Aya uya waqaylli,	Weine, ach!
Aya uya puypulli.	Laß fließen, ach!

Bei der Feldbestellung, beim Umbrechen der Scholle wurden solche und ähnliche *jailli*-Verse gesungen, die zudem im Wechselgesang von Männern und Frauen *(takipayanaku)* darüber berichten, wie die Sonne Gold und der Mond Silber regnen (*Inti qori paran,/ Killa qolqe paran;* Lara 1980:44).

Tata Inti der Inkazeit wurde von den »christianisierten« Bauern zu Tata Santísimu (heiliger Vater/Geist), und die Mama Killa zu Mama Santísíma (heilige Mutter) uminterpretiert (Platt 1976:22). Beide Prinzipien stehen aber für denselben symbolischen Dualismus, der sich als geschichtlich gewachsene Struktur sowohl durch alle Formen des Daseins als auch des Raumes und der Zeit hindurchzieht. In der Pflanzenwelt ist die Kartoffel als Knollenfrucht der dunklen Erde Ausdruck des dominant-weiblichen, der der Sonne zuwachsende Mais Ausdruck des dominant-männlichen Formprinzipes, wobei sich aber jede Gattung bzw. jede Form wiederum in ihre polaren Unterarten bzw. polaren Paarbildungen gliedert (Andritzky 1988:265). Als Beispiel unterteilen sich die Kartoffeln nach ihren Ritualnamen in männliche und weibliche Form- bzw. Kreativitätsprinzipien *(jach'a mallku* und *imill t'alla;* van den Berg 1989a:129).

Der symbolische Dualismus bezieht sich auf alle Wesenheiten, auf die der Erde als auch auf die des Himmels, sowohl auf den Menschen wie auch auf seine Gesellschaft, auf das Tier- und Pflanzenreich, auf das Reich der Ahnen und Verstorbenen (z. B. heißt die Ahnfrau *awicha* und ihr männlicher Begleiter *achachi*). Innerhalb der sozialen Ordnung pflanzt sich dieses strukturelle Denken fort: es ist der Mann, der das Feld bestellt und mit dem Grabstock oder dem Pflug die Erde aufbricht, damit die Frau den Samen in die Erde bringt. Es sind die Männer, die arbeitsteilig Musikinstrumente spielen, und Frauen die dazu singen.

Die Berge beinhalten das lebensspendende Prinzip und umschließen als *tata, apu, machula, achachila, wamani* oder *mallku* (d. h. Kondor bzw. Herr der Berge) die Kraftzentren geweihter Gipfel im Unterschied zu den dazugehörenden weiblichen Wirkungskräften der Ebenen und Täler *(awicha, awila, mamita, t'alla)*. Den lokalen Kraftzentren sind jeweils die spezifischen Namen und Gottheiten, bzw. Heiligen zugeordnet. Sie werden bei bestimmten Anlässen angerufen, ihnen werden Musik und Tanz als Opfer dargebracht, zum Dank für eine gute Ernte oder mit der Bitte um ein fruchtbares Jahr.

Pachamama und Pachatata verkörpern in einer Vielzahl von symbolischen Formen und Variationen die Grundstruktur des andinen Denkens. Sie verkörpern sich in weiteren Teilaspekten an kleineren Orten *(lugarniyoj)*. Bei den Chipayas spielen die Schutzgeister Mallkus und Samiris eine wichtige Rolle für die Fruchtbarkeit von Land und Vieh. Sajama, der göttlich-männliche Berg wird mit Opfergaben verehrt, damit er das lebensnotwendige Wasser spende und das weibliche Prinzip der Felder, die Mutter Erde befruchte. Die geheiligten Orte *(wakas)* gliedern sich in die männlichen Berggipfel *(jurq'u)* und haben ihre Entsprechungen in den weiblichen Wasserhöhlen *(warmi jurq'u)*, aus denen Quellwasser hervorspringt (Platt 1976:22). Nach einer alten mythologischen Erzählung sollen die Sonnenmenschen aus der Liebe zwischen dem Berg Illampu und dem Titicacasee hervorgegangen sein.

Innerhalb dieser komplementär-dualistisch aufgebauten Kosmologie lebt der Mensch in »dieser Welt« *(kay pacha)*, intermediär zwischen oben und unten *(aransaya/urinsaya)*. Die vertikale Verbindung zwischen dem Menschen, den Lebewesen der Gegenwart, und den ewigen Prinzipien der Gottheiten von oben und der Gottheiten von unten, schafft auf individuelle Weise der Wissende oder Weise mit Gebeten und Gesängen. Es ist der *yachaj* bei den Quechuas und der *yatiri* bei den Aymaras. Sie sind, neben anderen Priestern und Heilern, Persönlichkeiten, die in sympathetischer Beziehung zum Blitz stehen oder schon einmal von ihm getroffen wurden. Mit Hilfe der Wetter- oder Gewittergottheit (Illapa, oder Tunupa) vermitteln sie zwischen oben und unten und gewähren den Menschen hilfreichen Schutz. Sie stiften die Verbindung zwischen den unterschiedlichen Ebenen. Die alte Gewittergottheit erhielt den neuen christlichen Namen Jakobus, bekannt als Santiago. Santiago symbolisiert die drei Kräfte des Blitzes, den Lichtblitz, die elektrische Energie und den Donnerschlag. In der Bilddarstellung nach christlicher Lesart hält Santiago eine Lanze, die von den Indios als Blitz der Gewittergottheit gedeutet wird. Der Blitz ist jene Entladung der polaren Energien, die im Zusammentreffen von oben und unten Neues schafft und neue Formen kreiert.

Auch Musikrituale und Feste vermitteln als gemeinschaftliche Anlässe zwischen den Gegensätzen von Profanem und Sakralem, von Wachsen und Sterben, Leben und Tod, Überfluß und Mangel. Im Ausdruck der Gemeinschaft schlagen Huldigung und Opfergaben die Brücke zur Vergegenwärtigung des Vergangenen. In der ritualisierten Form des Austragens von Gegensätzen, im Aufeinandertreffen von Menschen an einem bestimmten geweihten Ort und zu einer bestimmten Festzeit, bei Fruchtbarkeitsriten und Prozessionen, wird die Vereinigung *(tinku)* der gegensätzlichen Pole gefeiert.

Jahreszyklus und Musik

Im traditionsbezogenen andinen Denken und Handeln sind Musik, Tanz und Gesang aufs innigste mit den jahreszeitlichen Ritualen verknüpft. Musizieren und Singen sind bestimmt durch den großen Kreislauf im Agrarzyklus der Trockenzeit, in der die Erde gereinigt und umgepflügt wird, und im Zyklus der Regenzeit, in der die Saat ausgesät und die Ernte eingebracht wird. Im allgemeinen bestimmen die Trocken- und die Regenzeiten darüber, welche Musikinstrumente gespielt werden, welche Melodien erklingen und welche Tänze zur Ausführung gelangen.

Die Sommersonnenwende (Sonnenhöchststand) fällt in den Zentralanden am 21. Dezember mit dem Höhepunkt der Regenzeit und zugleich mit den Weihnachtsfeierlichkeiten zusammen. Die Regenzeit heißt in quechua *paray mita*, in aymara *jallu pacha*; sie liegt je nach Breitengrad etwas unterschiedlich – in der Zeit von Ende September/Mitte Oktober bis Ende März/Anfang April. Die Trokkenzeit, in quechua *ruphay mita*, in aymara *thaya* oder *awti pacha*, erreicht ihren Höhepunkt am 21. Juni mit der andinen Wintersonnenwende, unmittelbar im Zusammenhang mit dem großen Fest von San Juan, der kältesten Nacht (am 24. Juni). Das Sonnenfest der Wintersonnenwende war das einstige Fest des Inka-Königs (Inti Raymi), das inmitten der Trockenzeit gefeiert wurde. Ihm folgte entsprechend bei Beginn der Regenzeit, am 22. September zur Tag- und Nachtgleiche, das Mondfest der Königin (Qoya Raymi). Die Sonnenwenden am 21. Juni und 21. Dezember sowie die Äquinoktien am 22. September und 21. März, bilden heute noch die wichtigsten Eckpunkte der solaren und lunaren Feierlichkeiten, bzw. der ihnen später überlagerten Christus- und Marienfeste (Abb. 4).

Die heutigen Fiestas müssen in Verbindung mit den historischen Überlagerungen und traditionsbezogenen Reinterpretationen betrachtet werden. Der alte (astronomische) Kalender der Inkas, der christlich-gregorianische Kalender der Liturgie und der traditionelle Agrarkalender haben sich teilweise übereinandergeschichtet und in einzelnen Funktionen und Formen vermengt. Alte indianische Feste wurden den katholisch-liturgischen Feiertagen einverleibt. Dennoch sind viele Grundlagen weiterhin klar erkennbar. Jedes Fest ist weiterhin immer auch komplementär ausgerichtet, indem – neben dem dominanten weiblichen oder männlichen Aspekt – auch sein entsprechender Nebenaspekt von Bedeutung bleibt.

Die aus hartem Bambusholz hergestellten Panflöten *(sikus)* und Kerbflöten *(kenas)* sind mit den Festen der Trockenzeit assoziiert. Sie werden vorwiegend während des »männlichen« trockenen Jahreszyklus gespielt. Dagegen erklingen die aus massivem Holz hergestellten Kernspaltflöten *(pinkillo*-Typen) überwiegend in der Regenzeit. Die Unterscheidung zwischen »weiblichem« und »männlichem« Jahreszyklus, d. h. zwischen Regen- und Trockenzeit und den ihnen zuord-

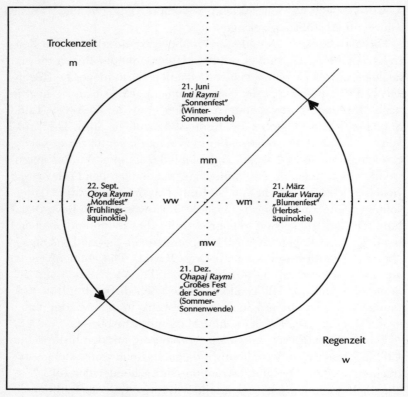

Abb. 4 Sonnenwende, Äquinoktien, Regenzeit und Hauptfeste des alten Inkakalenders. (Das neue Jahr beginnt im Agrarkalender am 21. Juni, das neue Jahr des Ritualkalenders zur Sommer-Sonnenwende, am 21. Dezember.)

nungsbaren Musikinstrumenten, muß im Kontext der gesamten Kosmologie verstanden werden, die als Ganzes von dem grundlegenden Denken in komplementären Oppositionen ausgeht.

Während der Trockenzeit erklingen an den zahlreichen männlichdominanten Festen, wie der Fiesta de Santiago oder der Fiesta de San Agustín, je nach Anlaß und Monat, unterschiedliche Ensembles von Kerbflöten *(kenas, choquelas, kena-kenas, lichiwayus, pusi-p'iyas)* oder Panflöten *(sikus, sikuris, antaras, julajulas, lakitas).*

Demgegenüber werden die hölzernen (weiblichen) Kernspaltflöten der Regenzeit zugeordnet. Sie symbolisieren das weibliche

Prinzip der Fruchtbarkeit. Die Holzflöten werden vor dem Spiel oft mit Wasser gefüllt, damit sie aufquellen und gut dichten, bevor sie erklingen. Infolge der christlichen Überlagerung sind die Kernspaltflöten eng verbunden mit zahlreichen Marienfesten, so mit der Fiesta de la Concepción (8. Dezember) und der Fiesta de la Candelaria (2. Februar). Die Instrumente verkünden Freude zur Weihnachts- und Neujahrszeit, zur Sommer-Sonnenwende im Höhepunkt der Regenzeit. Im bolivianischen Departement von Oruro erklingen zum Beispiel während der Regenzeit *charkas*-Flöten, mit denen der Pachamama ein Dank für die ersten guten Ernteerträge abgestattet wird. *Charkas* sind Kernspaltflöten, ähnlich im Prinzip wie große Blockflöten in verschiedenen Größen, die von Männern zum Tanz und zum Gesang unverheirateter Mädchen gespielt werden: Mit hoher Falsettstimme singen die Mädchen: *Takisun Pachamamaman mañarisun* – Laßt uns singen und die Pachamama anflehen!

Musik und Opferritual

Das quechuasprachliche Wort *taki* bezeichnete in vorspanischer Zeit wie heute noch nicht nur Gesang, sondern schließt gleicherweise das Tanzen und Musizieren im funktionalen Zusammenhang der Rituale ein. Die Quechua-Begriffe *takiy* (singen), *tukay* (spielen) und *tusuy* (tanzen) gewichten jeweils nur einen Gesichtspunkt eines Ganzen. Zusammen ergänzen sie sich gegenseitig zu einer inneren Einheit von strukturiertem Klang, texlicher Symbolik und körperlicher Bewegung.

Zahlreiche Feste werden vor allem zu Ehren von Aspekten der Erdgottheiten und ihrer Fruchtbarkeit gefeiert. Musikrituale begleiten alle Produktionsabläufe der Land- und Viehwirtschaft und sind bei Familien- und Gemeindefesten sowie bei Heilungszeremonien unerläßlich. Im Zusammenhang von Feiern und Zeremonien werden immer Maisbier (*aqha*, span. *chicha*), alkoholische Getränke, Koka-Blätter und Weihrauch (*q'oa*) als Opfer dargebracht. Tanz, Musik und Lieder sind ihrerseits Bestandteil einer ritualisierten Form von Opfergabe im Zusammenhang der *ch'alla* (Getränkeopfer) bzw. der *wilancha* (Tieropfer). Jedem größeren Fest geht die Opferung eines oder mehrerer Schafe oder Lamas voraus. Den Tieren werden die

Halsschlagadern durchschnitten. Das in einem Gefäß aufgefangene Blut wird unter Anrufung der Pachamamas und Apus – bzw. der verschiedenen Mallkus oder Heiligen – in die vier Himmelsrichtungen und in Richtung Himmel und Erde versprengt. Damit das Fest gut abläuft, die bösen Kräfte ferngehalten und die guten herbeigerufen werden, besprengt der Ritualpriester *(mallku, yachaj, yatiri* oder *sukachiri)* unter anderem auch die Musikinstrumente. Sie werden vor dem Spielen mit Blut und alkoholischen Getränken fürs Fest geweiht. Bei der Markierung von Lamas und Schafen *(markara)* wird oft auch dem Santísimo und der Virgen ein Tribut in Form der *t'inka* (Besprengung) gezollt, nicht ohne zuvor die Pachamama und den Apu anzurufen. Dazu erklingen zwei Musikinstrumente, im besonderen Kontext z. B. die (männliche) *pinkillo*-Flöte, gespielt von einem Mann, und die (weibliche) *tinya*-Trommel, geschlagen von einer Frau (Ráez Retamozo 1989:7-10). Zu jedem Fest gehören darüber hinaus unverwechselbare Melodien *(wirsus* oder *tonadas)* und *huayños (wayñus)*, die nur zu diesen besonderen Anlässen erklingen.

Durch die traditionelle Überlieferung sind nicht nur die Art der Musikensembles, sondern auch die Art der Festbekleidung, die Tanzrequisiten und der choreographische Ablauf festgelegt. Musik, Ritual und Tanz sind sowohl Ausdruck der Lebensfreude als auch musikalisches Opfer zu Ehren der beiden göttlichen Prinzipien von Mutter Erde (Pachamama) und Vater Erde (Pachatata), bzw. einer lokalen Jungfrau Maria oder eines lokalen Heiligen. Musik erklingt im Zyklus des solaren und lunaren Kalenders, an den christlich ausgerichteten Hauptfesten und an Festen zu Ehren von (weiblichen und männlichen) Heiligen *(santos)*. Das Geschehen der Rituale ist jeweils zu bestimmten Zeiten auf bestimmte Orte ausgerichtet, von denen man glaubt, daß ihnen eine besondere Kraft und Energie innewohnt. Die Rituale sollen aber auch den Geist und die Kraft der Erde beschwören und ihre Schutzkräfte günstig stimmen und erfreuen. Man sagt,»den Achachilas und Pachamama gefällt es, unsere Musik zu hören« *(Achachilas y la Pachamama les agrada escuchar nuestra música)* (van den Berg 1989a:177). Ihnen wird aus Dankbarkeit geopfert. Man bittet um günstiges Wetter, gutes Wachstum und Gedeihen von Pflanzen und Tieren. Man bittet um das Fernhalten von Unglück und schlechtem Wetter, um Hilfe und Schutz, für eine

gute Aussaat und um eine erfolgreiche Ernte. Ein Gebet beim
Getränkeopfer *(ch'alla)* lautet zum Beispiel, wie folgt:

Pachamama, Santa Tierra, Virgen, recíbelo y bébelo,
y envíanos el sustento para nosotros, tus hijos,
no suframos el hambre.
Achachila de Qhapía, de Illampu, de Anuanuni
recíbanlo y beban,
protéjanos de las sequías, heladas y granizos.

(Llanque Chana 1990:147)

Pachamama, Geheiligte Erde, Jungfrau, empfange und trinke ihn
  (den Trank)
und gib uns den Lebensunterhalt, damit wir, deine Kinder,
nicht Hunger leiden.
Achachila von Qhapía, von Illampu und Anuanuni
empfanget und trinkt ihn (den Trank),
schützt uns vor Dürre, Frost und Hagel.

Die Rituale schaffen die Verbindung zwischen Vergangenheit und Zukunft und garantieren den Fortbestand des Lebens und des Lebensunterhalts in der Wechselbeziehung von Mensch und Kräften der Natur: Man opfert den in Paaren auftretenden göttlichen Wirkkräften, die als lokale Manifestationen *(espíritos)* in Erscheinung treten, man opfert ihnen, damit diese einem wohlgesinnt zurückgeben. Es ist eine Art reziproke Übereinkunft: du gibst, damit dir gegeben wird (»Es una especie de *ayni:* te da, le das«; van den Berg 1989a:173).

Das *ira-arka*-Prinzip der Panflöten-Paare

Das reziproke Verhältnis, bei dem jeder auf den anderen angewiesen ist, findet seinen schönsten Ausdruck in der Musik des andinen Panflötenspiels. Die traditionellen Panflöten-Ensembles werden vorwiegend in der einen Jahreshälfte, während der Trockenzeit, gespielt und unterliegen der Technik des paarweisen Zusammenspiels. Je ein männliches Instrument *(ira)* und ein weibliches Instrument *(arka)* ergänzen sich zu einem Paar *(par)*, das nur im wechselweisen Zusammenspiel seiner komplementären Teile die Melodie als Ganzes hervorbringen kann. Innerhalb eines Panflötenorchesters gibt es in der Regel immer mehrere solcher gleicher Paare, die in verschiedenen Größen und somit in unterschiedlichen Stimmlagen erklingen. In den gleichen Registern können Paare auch doppelt oder mehrfach besetzt sein. Das Spiel in komplementären Paaren findet sich nahezu bei allen traditionellen Panflöten-Ensembles, so bei den einfachsten *maizus*-Flöten der Chipayas, bei den diversen Panflöten-Ensembles der Aymaras und Quechuas, den *julajulas, julu-julus, chiriwanus, lakitas, antaras, sikus* oder *sikuris* sowie bei den *phukunas*-Panflöten der Kallawayas.

Mit wenigen Ausnahmen umfaßt jedes Ensemble *(tropa)* bei den Indios identische Typen von Instrumenten. Alle Panflöten treten in einer Art einheitlicher, »chorischer Besetzung« auf. Im Unterschied zu den städtischen Orchestern *(conjuntos)* mischen die Bauern *(campesinos)* traditionellerweise ihre spezifischen Panflöten z. B. nicht mit Kerbflöten *(kenas)* oder Kernspaltflöten *(pinkillos),* oder gar mit Saiteninstrumenten wie *charangos* oder *guitarras.* Etwas verallgemeinert können die Panflöten-Ensembles in *tropas* mit einreihigen Panflötenpaaren (**ohne** Trommelbegleitung) und in *tropas* mit zweireihigen Panflötenpaaren (**mit** Trommelbegleitung) eingeteilt werden.

In den meisten Fällen setzt sich ein Panflöten-Paar jeweils aus je einem Instrument zusammen, das eine gerade Zahl von Pfeifen aufweist und einem anderen Teil mit einer ungeraden Zahl von Pfeifen. Um den Sachverhalt hier näher zu illustrieren, sollen zwei Haupttypen von Panflöten-Paaren und Ensembles exemplarisch beschrieben werden. Es handelt sich um *julajula*- und *siku*-Panflöten. Beide bilden eigenständige Ensembles, die bei zahlreichen Fiestas in den Zentralanden eine herausragende Rolle spielen.

Gemäß der einheimischen Terminologie und den Erklärungen der Musiker selber hat jedes Teil eines Panflötenpaares eine männliche oder weibliche Konnotation. *Ira* ist das dominante männliche Instrument, das gewöhnlich die Melodie beginnt und das Spiel führt, während *arka* (oder *sanja*) folgt und den anderen Teil ergänzt. *Ira* und *arka* werden alternierend je von einem Spieler geblasen (Abb. 5): Während der erste Spieler einen Ton oder eine Gruppe von zwei bis vier Tönen spielt, pausiert der zweite und setzt dann (wenn im

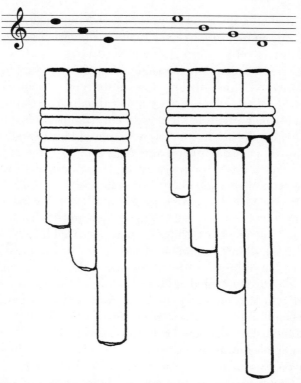

Abb. 5 Paar der julajula-Panflöten (weibliches arka-Instrument mit 3 gedackten Pfeifen; männliches ira-Instrument mit 4 gedackten Pfeifen) im mittleren liku-Register.

Wechsel zu ihm der erste zu pausieren beginnt) die Melodie fort, und so weiter. Auf diese Weise ergänzen sich die nacheinander wechselweise geblasenen Töne der beiden Instrumente und kreieren im hoquetierenden Spiel eine gemeinsame Melodie.

Beide Begriffe, *ira* (span. *macho:* Männchen) und *arka* (span. *hembra:* Weibchen) sind sowohl bei den Aymaras und den Quechuas gebräuchlich.[5] Das wechselweise, hoquetierende Zusammenspiel der paarweise aufeinander abgestimmten Panflöten wird als Wettstreit (spanisch: *contrapunto*) aufgefaßt. Einige quechuasprachige Indios nannten es *purajsikinakuy*, wörtlich »wir holen uns beide gegenseitig ein«. Bei den Aymaras ist die Technik bekannt als *jaktasiña irampi arkampi* (Valencia Chacon 1989:36), was bedeutet

»mit *ira* und *arka* übereinstimmen«. Der Charakter der Begegnung oder des Zusammentreffens eines Paares kommt auch in der Bezeichnung der Spieltechnik als *tinku* zum Ausdruck[6].

Den sieben Tönen der beiden aufeinander abgestimmten *julajula*-Panflöten (e'-d'-h-a-g-e-d) liegt eine absteigende, halbtonlose pentatonische Skala (e'-d'-h-a-g) zugrunde (Abb. 5). Die nur in mündlicher Tradition überlieferte Melodie ist ein »kämpferischer Tanz«, der *chúkaru-baile*, der im folgenden in Notenumschrift wiedergegeben wird (Abb. 6). Die vom *ira*-Instrument gespielten Töne sind mit dem Notenhals nach unten symbolisiert, die Töne des *arka*-Instruments mit dem Notenhals nach oben. Die erste Phrase A und die zweite Phrase B der Melodie werden jeweils als einzelne wiederholt und münden in den kleineren Teil C ein, der sich inhaltlich aus einzelnen Noten der (männlichen) Phrase A und der (weiblichen) Phrase B zusammensetzt. Im Zusammentreffen *(tinku)* von *ira* und *arka* formt sich zuerst die »führende« Melodiephrase A, der (nach ihrer Wiederholung) die zweite Melodiephrase B »folgt«. Nachdem auch diese repetiert wurde, entspringt aus den zwei mal zwei Phrasen der abschließende Teil C. C setzt sich aus Einzeltönen der Phrasen A und B zusammen. Der melodische Formverlauf (AA-BB-C) wird während des Spiels unzählige Male und in ritualisierter Form zum Tanz des ganzen Ensembles »da capo« mehrmals wiederholt.

Ein *julajulas*-Ensemble setzt sich, wie bereits erwähnt, aus mehreren Paaren in verschiedenen Oktavlagen zusammen (s. Abb. 7). Die einzelne Melodie erklingt demgemäß gleichzeitig in parallelen Klängen, verteilt in vier bis fünf Stimmlagen im Abstand je von einer

Abb. 6 Julajula-*Panflöten: Hoquetierendes Zusammenspiel von* ira (*4 Pfeifen*) *und* arka (*3 Pfeifen*). *Notenschriftliche Übertragung des* »chúkaru-baile« *(Stimmlage: mittleres Paar* liku).

Oktave. Die in gleichen Intervallen aufeinander abgestimmten identischen Panflötenpaare sind dem andinen Prinzip entsprechend in ihrer horizontalen Ebene je als gleichwertige Paare *(ira* und *arka)* konzipiert, in ihrer vertikalen Ordnung sind sie jedoch hierarchisch geordnet, wobei das größte Panflötenpaar (das *ira-arka* Paar *machu*) bis zu 1,2 m lang ist und von den beiden ältesten und angesehensten Musikern geblasen wird. Das nächst kleinere, halb so lange Paar *mali* wird von den Zweitältesten gespielt, und so weiter, und das kleinste Paar *(ch'ili)* von den jüngsten und damit auch unerfahrensten Spielern. Die hierarchische Ordnung der Paare gliedert sich demnach in das »alte«, »ehrwürdige« Paar der *machu*, in das »schmächtigere« Paar der *mali* (oder *mallta*), das »dritte« Paar *liku*, der »nächst mittleren Größe« *tijli* und das »kleine« *ch'ili* (Baumann 1981:158ff.; 1990:276f.):

Dasselbe *ira-arka*-Verhältnis liegt auch bei doppelreihigen Panflöten vor. Die allgemeine Bezeichnung für die meist zweireihigen Panflöteninstrumente ist *siku*, *antara* oder *lakita*. Zu ihnen zählen verschiedene Typen, die innerhalb eines bestimmten Ensembles je eine unterschiedliche Anzahl von doppelreihigen Pfeifen aufweisen. Die Einzelinstrumente haben in der Regel eine gedackte Reihe unterschiedlich langer Pfeifen, der vorne eine zweite Reihe gleichlanger Pfeifen aufgebunden ist, die ihrerseits aber offene Pfeifenenden aufweisen. Die gebräuchlichsten *sikus* (oder *lakitas*) setzen sich meist aus einem Paar zusammen, dessen *ira*-Instrument sich aus sieben offenen und sieben geschlossenen Pfeifen zusammensetzt (7+7) und dessen komplementäres *arka*-Teil sechs gedackte und sechs offene Pfeifen (6+6) umfaßt[8]. Die (gedackten) Melodiepfeifen von *ira* und *arka* ergänzen sich in der Abstimmung zu einer »diatonischen Spielskala« mit einem Umfang von dreizehn Tönen (Abb. 8). Sie werden in der Technik des Hoquetierens angeblasen und kommen meist in zwei unterschiedlichen Größen vor, zum Beispiel in einem kleineren Ensemble von zwei größeren *liku*-Paaren zusammen mit einem halb so grossen *ch'ili*-Paar. Die *siku*-Panflöten werden in diesem Falle von einer großen Trommel *(wankara)* und einer kleinen Trommel *(wankarita)* begleitet.

Auch bei den *siku*-Ensembles läßt sich die in allem Denken vorhandene Struktur der komplementären Paarbildung herauslesen (Abb. 9). Jedes der einzelnen doppelreihigen Panflöteninstrumente,

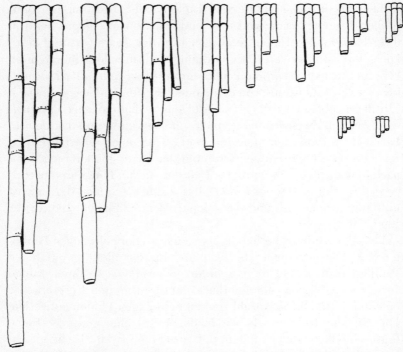

Abb. 7 Ensemble von julajula-Panflöten-Paaren und deren unterschiedliche Stimmlagen (im Abstand von je einer Oktave): vom tiefsten bzw. größten zum höchsten bzw. kleinsten Paar: machu (ira-arka), mali (ira-arka), liku (ira-arka), tijli (ira-arka), ch'ili (ira-arka). *Als Beispiel ist ein Ensemble mit 16 Musikern vertreten (d. h. 8 Instrumentenpaare), wobei das* liku-*Paar doppelt und das* tijli-*Paar dreifach besetzt ist.*[7]

sowohl *ira* als auch *arka*, unterteilt sich wiederum in seine zwei polaren Teile, nämlich in die männlich verstandenen gedackten Rohre *(qharis)* der Melodiereihe *(tukanan)* und in die weiblich geltenden offenen Rohre *(chinas)* der als »Hauchklang« mitklingenden zweiten Reihe *(kacharisqa)*. Jede offene und gedackte Einzelpfeife gleicher Länge bildet ein zusammengebundenes Paar *(qhari-china)*. Darüber hinaus steht aber jedes dieser Paare in einem besonderen Verwandtschaftsverhältnis zum *qhari-china*-Paar der anderen Panflöte.

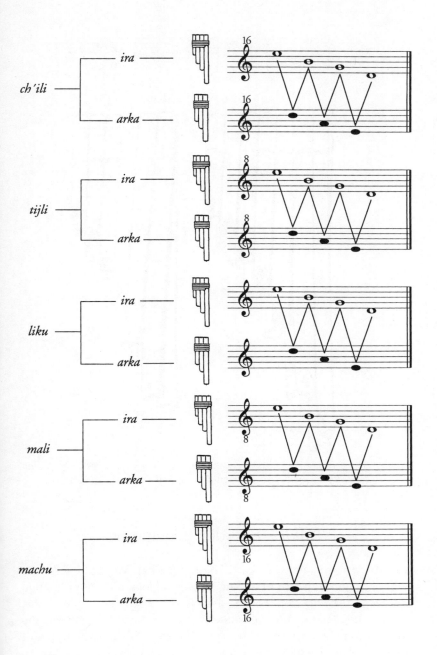

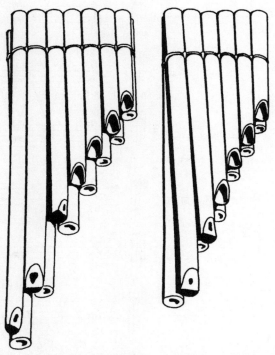

Abb. 8 *Beispiel eines doppelreihigen* siku-*Paares:* ira (7+7) *und* arka (6+6) *mit der entsprechenden komplementären Aufteilung der Einzeltöne.*

Tinku – Fest der Begegnung

Am 15. August und in der darauffolgenden Woche feiern die bolivianischen Indios in Arampampa, einem kleinen Dorf im Norden des Departements von Potosí, jeweils das Fest der Himmelfahrt Mariae, die Fiesta de Mama Asunta (Virgen de Asunción). Christliche Volksfrömmigkeit ist mit dem traditionellen Glaubenssystem der andinen Welt zu einem farbenprächtigen, religiösen Kult synkreti-

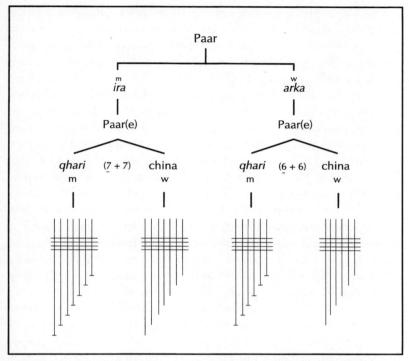

Abb. 9 Doppelreihiges ira-Instrument ($\underline{7}$+7) und arka-Instrument ($\underline{6}$+6) und entsprechende Unterteilung in 7 bzw. 6 Pfeifenpaare von je einem männlichen (gedackten) und weiblichen (offenen) Rohr (qhari-china). Vgl. auch Abb. 8.

siert, der in seinen Grundzügen das andine Konzept des symbolischen Dualismus offen darlegt.

Zu diesem Fest pilgern die Indios aus den umliegenden Bauernsiedlungen und vom Hochland in zwei bis drei Tage dauernden Wanderungen nach Arampampa. Aus allen vier Himmelsrichtungen, von oben, aus der Puna, und von unten, aus den Tälern *(valles)* strömen sie in Gruppen zusammen und versammeln sich in dem kleinen, etwa 500 Seelen zählenden Dorf Arampampa, das als einstige spanische Siedlung, eine Kirche besitzt. Diese ist zwar das ganze Jahr über verwaist, erhält aber zum Tag ihrer Schutzpatronin, der Virgen Asunta, für eine Woche von einem Pfarrer Besuch. Einmal im Jahr liest er die Messen, hält Hochzeiten und Taufen ab.

Die Indios kündigen sich auf der Höhe mit Dynamitknallern an und ziehen musizierend in das Dorf ein. Vorab traben die mit dem Lebensnotwendigsten bepackten Maulesel, angetrieben von dem ältesten Indio, dem *tata mayor*, gefolgt von den tanzenden Paaren und schließlich von den Panflöten spielenden Männern. Von vier Regionen der Pampa *(aransaya)* kommen die Indios mit *julajulas*-Panflöten-Ensembles zu unterschiedlichen Zeiten in Arampampa an. Von vier weiteren Orten aus der näher liegenden und tiefer liegenden Umgebung *(urinsaya)* erreichen weitere vier Gruppen nacheinander das Dorf und führen ein *siku*-Ensemble mit sich[9]. Immer ist es das gleiche Ritual. Die *siku*-Spieler umgehen musizierend den Kirch-Platz. Im Gegenuhrzeigersinn und von einer Ecke zur andern umtanzen die Musiker und die mitziehenden Frauen und Männer den Platz in trippelnden *huayño*-Schritten. Jede der *siku*-Gruppen führt ein großes Kreuz mit, die einen den Tata Markabí, die andern den Tata Sanq'ani bzw. Tata Killaqas, die andern einen großen Stein, auf dem ein Kreuz aufgezeichnet ist. Nach dem Umtanzen des Kirchplatzes begibt sich die einzelne Gruppe jeweils in die Kirche, wo das Kreuz neben die Statue der Virgen de Asunta gestellt wird. Die obere Spitze der großen Holzkreuze ist (als Kopf) mit einem Sombrero oder einem Helm geschmückt. Über dem Querbalken des Kreuzes, den ausgebreiteten Armen, hängt ein Poncho, der bei dem einen Kreuz mit einem Lasso, bei dem anderen mit einer Peitsche zusammengehalten wird. Unverkennbar sind die männlichen Insignien für Pachatata als Vater der Landwirtschaft (mit Sombrero und Lasso) und Pachatata als der Vater der Krieger (mit *tinku*-Lederhelm und Peitsche) angedeutet (Abb. 10). Sowohl im symbolischen wie auch im realen Sinne werden am Fest der Begegnung Tata Krus und Mama Asunta zusammengebracht. Die zugrundeliegenden Prinzipien bleiben Pachamama und Mallku (bzw. Apu), wenn auch zum Teil mit christlichen Elementen durchmischt. Man trifft sich aus allen Himmelsrichtungen kommend an einem zentralen Ort des Geschehens. Hier, im Zentrum von oben und unten, im Austausch zwischen den *ayllus*, zwischen Dorf und Land, zwischen gesellschaftlicher und ritueller Begegnung, schöpft sich die neue Kraft im Dank für das Vergangene und in der Bitte um das Kommende, wobei dies nur gelingen kann, wenn die polaren Kräfte aufeinandertreffen und zum Austausch gelangen. In dieser »Zeit außerhalb der Zeit« wird Aram-

Abb. 10 Tata Markabí (mit Sombrero) und Tata Sanq'ani mit montera (Helm).

pampa symbolisch der Nabel der Welt im kleinen, wie im großen Cuzco einst das Zentrum des *tawantinsuyu* war. Auch hier spiegelt sich das Verbundensein von allem wider: wie im großen so im kleinen und umgekehrt.

Die von *aransaya* kommenden Indios und *julajula*-Spieler begehen bei der Ankunft in Arampampa auf ihre eigene Weise den Kirchplatz. In einer sich vorwärtsschlängelnden Zickzack-Bewegung *(linku linku rayku)* schreiten die Musiker, einer hinter dem andern, auf den Platz *(plasa t'alla)* zu und nehmen diesen tänzerisch in Besitz. Unter den Klängen des »kämpferischen Tanzes« *(chúkaru-baile)* trippeln sie zur »oberen Hälfte« *(aransaya)* des Platzes. Die Serpentine der Tänzer geht dort in einen Kreistanz über, der im Gegenuhrzeigersinn beginnt. Neben den *julajula machus* tanzen Frauen einher, die ihre farbigen Fahnen *(wiphalas)* in Achterbewegung knattern lassen. Wenn sich der Kreis der hintereinander tanzenden Panflötenspieler geschlossen hat und die Runde mehrmals gedreht wurde, unternimmt der älteste *ira*-Panflöten-Spieler (mit der *julajula machu*) eine Kehrtwende und bricht aus, um so die hinter ihm folgenden Spieler in den Uhrzeigersinn überzuleiten. Wiederum bewegt sich der Kreis mehrmals in dieser eingeschlagenen Richtung. Nach einer Weile kommen alle zum Stillstand, richten ihre Blicke auf die Mitte des Kreise hin, wo der *tata mayor* steht, und spielen weiter, bis daß – wiederum von vorne beginnend – sich alle Panflötenspieler hintereinander im Tanz gegen den Uhrzeigersinn finden. Und noch einmal geht es weiter, doch diesmal setzt der älteste *arka*-Spieler *(julajula machu)* zur Kehrtwende an. Er bricht in den Kreis ein, so daß er nun als zweiter Anführer die Schlange wiederum als Kreis in den Uhrzeigersinn überführt. Es folgt wie vorher ein Stillhalten mit Konzentration auf die Mitte hin und die Fortsetzung des Hintereinander-Tanzens im Gegenuhrzeigersinn. Von da aus geht der Kreis erneut in die sich schlängelnde Bewegung über, die sich dann diagonal über den Platz auf die andere Hälfte *(urinsaya)* zubewegt, wo in symmetrischer Weise das Ganze sich wiederholt (Abb. 11). Zum Schluß bewegen sich die Spieler in Schlangenbewegung zum Kirchturm, zum *(torre mallku)* hin. Vor dem Eingang der Kirche knien die Musiker nieder, um mit einer sanfteren Panflöten-Melodie, mit einer *copla* oder *plegaria,* Mama Asunta bzw. Pachamama um Vergebung dafür zu bitten, daß sie sich auf dem Höhepunkt des Festes auf einen blutigen Kampf, den *tinku*, einlassen müssen. Beim *tinku* werden die Gruppen der *ayllus* von oben mit jenen der *ayllus* von unten mit aller Heftigkeit aufeinanderprallen.

Die Tänze wiederholen sich so über mehrere Tage. Einzelne Messen und Prozessionen werden abgehalten. Die Gruppen sind den vier Windrichtungen entsprechend in der näheren Umgebung bei Bekannten untergebracht *(amistad)*. Für jede Gruppe kommt ein *pasante, preste* oder *alférez* für die Verpflegungskosten auf und ist darum besorgt, daß im Anschluß an die gelesene Messe eine Prozession durchgeführt wird. Die Prozession geht, nach einer ersten Station kurz vor der Kirche (als Zentrum der vier Richtungen), unter den Klängen der Panflöten, zur ersten Ecke des Platzes im Gegenuhrzeigersinn. An dieser wie an den drei folgenden Ecken *(eskinas)* ist ein einfacher, gelegentlich auch geschmückter Gabentisch als Altar *(altar)* hergerichtet. Hier wird das Standbild der Maria und das mitgebrachte Holzkreuz jeweils bei einem kurzen Halt abgestellt. Der Priester spricht ein Gebet, Knallkörper krachen, und die Musik setzt zur Fortsetzung der Prozession wieder ein, bis die nächste Ecke erreicht ist.

In der Nacht vom 18. auf den 19. August gibt es bei nächtlichen Feuern je ein *kawildu (cabildo)*. In der Diagonale, auf der einen und

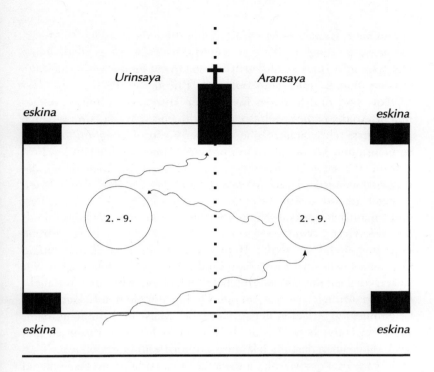

1. ~~~~→	Schlangenbewegung, Einerkolonne *(linku linku rayku)*
2. ◯	Kreistanz im Gegenuhrzeigersinn (*ira*-Richtungssinn)
3. ↶	Kreistanz, der sich nach außen öffnet (*ira*-Bewegung)
4. ◯	Kreistanz im Uhrzeigersinn (*arka*-Richtungssinn)
5. ⊙	Stillstand mit Blickrichtung zum Zentrum
6. ◯	Kreistanz im Gegenuhrzeigersinn (*ira*-Richtungssinn)
7. ↷	Kreistanz, der sich nach innen öffnet (*arka*-Bewegung)
8. ◯	Kreistanz im Uhrzeigersinn (*arka*-Richtungssinn)
9. ⊙	Stillstand mit Blickrichtung zum Zentrum

Abb. 11 Julajula-*Tanzverlauf:* »*wilder Tanz*« (chúkaru-baile).

der anderen Hälfte des Kirchplatzes, wird Feuer gemacht. Zu Musik, Gesprächen, Tanz und Trinken von Maisbier sind die verschiedenen Gruppen aus *aransaya* und *urinsaya* je um ein Feuer versammelt. Es werden Rauch- und Trankopfer zu Ehren der Pachamama, der Mallkus und der Heiligen in die vier Himmelsrichtungen dargebracht. An der *octava*, d. h. am achten Tag nach Mariä Himmelfahrt, ist der erste (christliche) Höhepunkt des Festes. Es beginnt mit einer gemeinsamen Messe aller Gruppen und einer anschließenden Prozession. Die *julajula*-Ensembles und die *siku*-Ensembles bilden die Prozessionsmusik. Die *julajulas* spielen die *tonada* ihres »wilden Tanzes«, die *sikus* ihren *wayñu*. Im gegenseitigen Wetteifern versucht man sich musikalisch zu überbieten. Diesmal wird das Standbild der Virgen Asunta sowie jenes des San Isidro aus der Kirche mitgetragen. Isidor ist der Heilige der Bauern. Er ist mit einem Ochsengespann und Pflug dargestellt. An jedem Altar in den vier Ecken wird auf das Glockenzeichen hin haltgemacht, um ein Rauchopfer darzubringen *(q'oa)*. Auf den Tischen der kleinen Eckaltare mit geschmückten Arkaden liegen Getreide, Mais- und Bohnensamen, sogar ein Hähnchen. Was in christlicher Sicht einen Bezug zu den Erntedankgaben darstellen könnte, ist jedoch für den *campesino* eine Opfergabe, mit der Mamita Asunta und Tata Isidro (bzw. Pachamama und Tata Krus) um eine erfolgreiche Ernte gebeten werden. Auf symbolische Art wird das lebenspendende Paar verehrt. Es ist zugleich die Zeit, wo mehrere Paare ihre Hochzeit feiern.

Der zweite (rituelle) Höhepunkt des Festes beginnt unvermittelt im Anschluß an die gemeinsame Prozession. Es setzt der *tinku* ein, das traditionelle Aufeinander-Losgehen der gegensätzlichen Parteien. Es ist ein Kampf zwischen den verschiedenen *ayllus* (Dorfgemeinschaften), bzw. *sayas*. In der Konfrontation der Gruppen gehen die mit Lederhelmen und einem Brustpanzer bewehrten Bauern aufeinander los, schlagen und stoßen sich mit Schlagringen und -handschuhen *(ñuk'us)*, zerren und stoßen mit Händen und Füßen, bis daß das Blut fließt, angespornt durch die vorausgehende Musik des *chúkaru-baile*, ermutigt durch alkoholische Getränke und angefeuert durch die kreischenden Rufe der Frauen. Die Kämpfe fordern – wo sie nicht unter Kontrolle durch Aufpasser gehalten werden – oft einen hohen Blutzoll, gelegentlich gar Tote. Es wird gesagt, ein *tinku* ohne einen Toten wird ein schlechtes Jahr bringen (Baumann

1982:2f.). Es scheint, daß dem *tinku* ein altes Blutopfer zugrunde liegt. Neben der Idee der Initiation und Fruchtbarkeit aus der Zeit der Inkas festigt der *tinku* auch die politische Struktur und bekräftigt die Rechte des einen *saya* in bezug zum anderen und in bezug auf Land und Sippen[10]. *Tinku* signalisiert die territoriale Grenzlinie, aber auch Kraftlinie, die sich zwischen zwei zusammengehörenden Gruppen herausbildet. Sie teilt und verbindet zugleich die beiden Hälften, sie setzt Energien frei, schafft aber auch das Gleichgewicht in der Wechselbeziehung. Das Wort *tinku* leitet sich vom Verb *tinkuy* ab, was soviel heißt wie »paaren«, »Herstellen des Gleichgewichts«, »zwei gleiche Hälften, die einander entgegengesetzt sind, aneinander anpassen«, »dynamisches Zusammentreffen von männlichem und weiblichem Prinzip« (van Kessel 1982a:286; Randall 1982:54). *Tinku* ist der Ort in Raum und Zeit, wo zwei entgegengesetzte Kräfte aufeinandertreffen, zwei Konzepte koexistieren oder sich vermischen (Harrison 1989:103). Es ist der Ort und die Zeit des Überganges, an dem das *ira*- und *arka*-Prinzip ihre Kräfte im dynamischen Wechselspiel freisetzen, sei dies nun in einem verbindenden (produktiven) oder in einem trennenden (zerstörerischen) Sinne. Angestrebt ist allerdings das dynamische Gleichgewicht, das kreative Zusammenwirken gleichgewichtiger Gegensätze. Die Ritualisierung der dualen Form in allen Ebenen des Denkens und Handelns erwirkt das symmetrische Zusammengehen im *yanantin*, in der erfahrbaren Identifizierung zweier Elemente als Teile eines Ganzen (Platt 1976:27), oder wie die *campesinos* sagen: »Auch ein Wurm der Erde hat seine *yana*, und der Faden besteht ebenso aus zwei gezwirnten Fäden ...« (Müller 1984:164).

Symbolischer Dualismus

Das verbindende Konzept von *ira* und *arka* baut auf einem symbolischem Dualismus und seiner Verdoppelung in der Quadripartition auf. Alles ist auf engste mit der anthropomorphen Weltsicht der andinen Kulturen verknüpft. Gemäß dieser Kosmologie entwickelt sich alles, was wird, aus seinen zwei komplementären Gegensätzen und gründet letztlich in der Körper-Metaphorik des Individuums, des Paares und der daraus wiederum paarweise abgeleiteten Wechselbeziehungen. Das weibliche und das männliche Element sind jeweils die sich gegenseitig ergänzenden Kräftepole, sie gehören zusammen wie der Tod und das Leben. Alles Seiende weist beide Eigenschaften als Aspekte des einen Zusammengehörenden auf. Im energetischen Spannungsgefälle und im wechselweisen Zusammenwirken zweier polarer Grundkräfte definiert sich das Werden und das Sein in seinem Fortbestehen. Der Anteil des einen im Verhältnis zum anderen verändert sich im Laufe des Daseins.»In den Anden ist fast alles als das Zusammenwirken seiner Gegensätze verstanden« (Duviols 1974), oder wie Bastien (1978:104) feststellt:

> Verwandschaftsysteme, zum Beispiel, unterscheiden zwischen der Familiengruppe des Mannes und der der Frau; Geschwister werden in jüngste und älteste eingeteilt, und Gemeinden haben einen oberen und einen unteren Abschnitt. Ritualisten bringen jeweils jedem Erdschrein zwei Opfergaben dar. Ist zum Beispiel ein Schrein männlich, dann wird ebenso eine Gabe seinem weiblichen Gefährten dargebracht. Die sakralen Orte werden in der Regel in Paaren verehrt, als jung und alt, Berg und See und Helfer und Besitzer. Jedes Ritual lehrt die Andenbewohner die Komplementarität zwischen kontrastierenden Paaren.

Bastiens Untersuchungen beschreiben darüber hinaus, wie der Makrokosmos der andinen Bergketten sich symbolisch im Mikrokosmos des menschlichen Körpers widerspiegelt, und umgekehrt. Der symbolische Dualismus ist ein metaphorisches Denken, das die Wirklichkeit des Individuums, der Gesellschaft, der Lebenszyklen, des ganzen Universums auf der Grundlage zweier gegensätzlicher, aber dennoch zusammengehörender Kräfte interpretiert.

Zahlreiche archäologische Funde, Gefäße und reliefartige Darstellungen und Abbildungen aus vorinkaischer Zeit weisen übrigens diesen symbolischen Dualismus schon auf, so unter anderem Fundstücke der Moche- und Chavín-Kultur. Paarweise Panflöten aus Keramik wurden von Archäologen auch in Nazca gefunden. Die Wahrscheinlichkeit, daß sie nach dem hoquetierenden Prinzip von *ira/arka* geblasen wurden, ergibt sich auch aus der Tatsache, daß auf Keramikgefäßen und Abbildungen die Panflöten immer paarweise dargestellt sind, oft sind zudem das *ira-* und *arka-*Instrument mit einer Schnur verbunden. Die Praxis, zwei zusammengehörende Instrumente mit

Abb. 12 Fest der Totengeister. Im Zentrum zwei Musiker mit je einem siku-Instrument (ira mit 7, arka mit 6 gedackten Pfeifen). Mochica 0-800. Nach Kutscher (1950:31).

einer Schnur zu verbinden, scheint noch bis in jüngste Zeit üblich gewesen zu sein (Vargas 1928:8; Valencia Chacon 1989:33, 35). Die im folgenden ausgewählten Abbildungen (Abb. 12-15) sollen zeigen, wie im Bereich des andinen Panflötenspiels das *ira/arka*-Prinzip mit größter Wahrscheinlichkeit überall verbreitet war und allem Anschein nach älter ist als die Inka-Tradition.

In Huayñopasto Grande, im heutigen bolivianischen Departement von Oruro, spielen die Indios in der Trockenzeit die *sikuris*-Panflöten. Es sind doppelreihige Panflöten mit je 17 geschlossenen und 17 offenen Pfeifen (17+17). Obwohl das männliche und weibliche Instrument gleich gebaut sind, werden sie dennoch als *ira* und *arka* bezeichnet und in der Hoquetus-Technik gespielt. Die Musiker pflegen die Instrumente nach dem Spiel auf dem Boden in der Form

Abb. 13 Musiker mit Panflöten-Paar (ira 5; arka 5) und Tontrompete (pututu). Nach Kutscher (1950:30).

Abb. 14 Keramikgefäß mit zwei Panflötenspielern (arka: 6 und ira: 7), Moche-Kultur, Nord-Peru, 400-600 n. Chr., (Detail), Staatliche Museen zu Berlin, Preußischer Kulturbesitz, Museum für Völkerkunde, Abtlg. Altamerikanische Archäologie, VA 17 625 (Foto: Dietrich Graf).

Abb. 15 Zwei Panflötenspieler. Reliefdarstellung auf einem Keramikgefäß (Detail), Moche-Kultur, Nord-Peru, 400-600 n. Chr., Staatliche Museen zu Berlin, Preußischer Kulturbesitz, Museum für Völkerkunde, Abtlg. Altamerikanische Archäologie, VA 17 881 (Foto: Waltraut Schneider-Schütz). Vgl. auch d'Harcourt (1925:I,98).

Abb. 16 Sikuri-Panflöten-Ensemble in der Form eines Körpers, ausgelegt von den Indios aus Cantón Sepulturas, Provinz Cercado de Huayñopasto Grande, Departement von Oruro: 13 sikuris (je <u>17</u>+17), d. h. 10 liku- und 3 tarka-Instrumente, dazu 1 Kuhhorn (pututu) und 7 Trommelschlegel (wajtanas) der dazugehörenden 7 großen Trommeln (wankaras).

eines Menschen auszulegen. Die Bedeutung der Paare als Verkörperung des einzelnen in bezug zum ganzen Körper des Ensembles, veranschaulicht auf präzise Weise, wie die Summe der Teile immer auch mit dem Ganzen der Wirklichkeit zusammenhängt (Abb. 16). Die Körper-Metaphorik der *sikuri*-Instrumente macht deutlich, wie alles als Ausdruck von zusammengehörenden Hälften verstanden werden kann. Das Oben des Kopfes und das Unten des Geschlechts, – sie umschließen das Zentrum des Herzens *(sonqo)*, die Mitte des Seins. Das Herz, als Sitz des Lebens und des Blutes, ist umschlossen von den zwei mal zwei *sikuri*-Paaren, die (1.) in vertikaler Trennung den männlichen Himmel als Gewölbe von oben, und die weibliche Erde als Gewölbe von unten einschließen, und (2.) in horizontaler Trennung, die zwei Hälften von (männlicher) rechter Seite und von (weiblicher) linker Seite markieren. Zugleich symbolisiert die Zahl Vier die Windrichtungen. In Analogie zum alten Inka-Reich der vier Richtungen stellt sich die metaphorische Einheit dar, die hier das Herz als Zentrum meint, wie im alten *tawantinsuyu* das Cuzco von einst,»den Nabel der Welt«. Die rechte Seite der *sikuri*-Körperdarstellung wird zusätzlich markiert durch die das himmlische Licht symbolisierende blaue Farbe der Trommelschlägel im Unterschied zu der dunklen, roten Farbe der linken Seite (Erde). Der quer gelegte Trommelschlegel symbolisiert wohl die (weiblichen) Brüste und steht in Opposition zum (männlichen) Geschlecht des *pututu*-Horns. Auch in diesem Sinne kann das Ganze als (»gepaarter«) Mensch verstanden werden, der im übertragenen Sinne das göttliche Prinzip Wiraqocha meint, so wie es sich in seinem (androgynen) Urzustand als Doppelaspekt von *ira* und *arka* repräsentiert.

Nach Rodolfo Kusch (1986:34) ist Wiraqocha jenes Erstprinzip, das selbstzeugend die Schöpfung in Gang setzt. Mit Bezug auf den von Pachacuti Yamqui Santa Cruz mitgeteilten Hymnus interpretiert Kusch das Schöpfungsprinzip Wiraqocha als heiligen Quell, der aus dem Berge sprießt *(willka ulka apu)*. Kusch deutet den zusammengesetzten Begriff *urquraqa*, mit dem Yamqui das Schöpfungsprinzip paraphrasiert, als *urqu raqa* oder *ullu raqa*, als Phallus-Vulva, in analoger Weise wie es etwa im *»linga-yoni«*-Prinzip des Tantrismus zum Ausdruck gebracht ist. Jorge Miranda-Luizaga (1985:198, 210) deutet Wiraqocha (bzw. Pachakamaq) in symbolischer Nähe zum chinesischen Yin und Yang als eine innige Verbindung zweier polarer

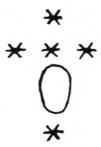

Abb. 17 *Duales Wiraqocha-Symbol (Oval und Kreuz):* Unanchan *(von* unanchay: *bestimmen, vorsehen, die Wahrheit voraussagen, prophetisch verkünden). Nach Santacruz Pachacuti Yamqui (um 1613).*[12]

Urkräfte bzw. als »das einzige Licht mit dem Kraftimpuls der Zweiheit«[11]. Zeichnerisch wurde Wiraqocha bzw. Pachakamaq von Santacruz Pachacuti Yamqui durch das *unanchan*-Symbol wiedergegeben (Abb. 17), durch ein kosmisch-ovales Ei mit aufgesetztem Sternenkreuz.

Das duale Prinzip fand in anderer Ausformung eine Entsprechung in der Ruinenstadt von Machu Picchu, wo der Mallku als »Kondor und Herr der Berge« gleichsam das geöffnete Ei der Pachamama befruchtet (Abb. 18).

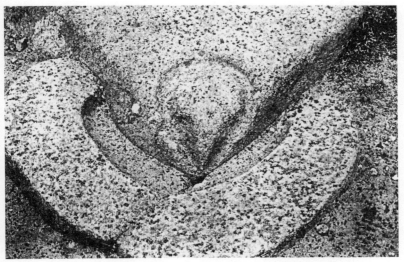

Abb. 18 *Mallku/Pachamama: sakraler Opferstein in Machu Picchu.*

Überblickt man die gesichtete Grundlage des symbolischen Dualismus als Struktur des »andinen« Denkens, so lassen sich das *ira*- und das *arka*-Prinzip in bezug auf die Fiesta de Mama Asunta in allen Ebenen der Wirklichkeit modellhaft mit folgenden Konnotationen zusammenfassen:

ira-Prinzip (das Bestimmende)	*arka*-Prinzip (das Folgende)
– rechte Seite, vorne	– linke Seite, hinten
– Sonne *(inti)*, Trockenzeit,	– Mond *(killa)*, Regenzeit,
– Osten, Licht, Tag,	– Westen, Dunkelheit, Nacht,
– Berge, kalte Region *(chirirana)*, oben	– Ebene, Täler, gemäßigte Region *(patarana)*, unten
– *(aransaya)*, Land des Mannes *(jatun ayllu)*,	– *(urinsaya)*, Land der Frau *(masi ayllu)*,
– Gegenuhrzeigersinn	– Uhrzeigersinn
– Geburt der Sonne, politische Macht, Aufwärtsbewegung, Wachsen,	– Tod der Sonne, religiöse Macht, Abwärtsbewegung, Sterben,
– Organisation, Reinigung,	– Produktion, Bepflanzen,
– Pflügen	– Säen
– beginnen, dominant, führen,	– folgen, subdominant, enden,
– größer, männlich	– kleiner, weiblich
– *qhari*, Pachatata, Tata Krus,	– *warmi*, Pachamama, Wirjin,
– Santísimu, Achachi	– Santísima, Awicha
– Kondor, *mallku*, torre *mallku*,	– Puma, *plasa t'alla*
– Mais, Bambus, Panflöte *(siku)*, Spaltflöte *(kena)*	– Kartoffel, Holz, Kernspaltflöte *(pinkillo, tarka)*
– Kreistanz, der nach außen öffnet	– Kreistanz, der nach innen öffnet

Über dies hinaus sind alle Aspekte der Komplementarität in ihrer Wechselwirkung zu interpretieren. Sie beziehen sich sowohl auf Raum und Zeit, wie auch auf die hierarchische Ordnung des gesamten Kosmos, auf die Natur und den Menschen und auf dessen Gesellschaft. Im allgemeinen befaßt sich das männliche Prinzip mit der Organisation, das weibliche mit der Produktion. Aber nur wo beide Elemente interagieren, sich im wechselweisen Zusammenspiel ausbalancieren, ist eine ständige Reproduktion durch Raum und Zeit

hindurch gewährleistet. Im Zyklus des Jahres, im Kreislauf des Lebens, im Traditionsablauf, im Ritual und in der Musik, sowohl im kleinen wie im großen, wiederholt sich fortwährend die Kreation als Raum-Zeit-Gefüge: als Zusammentreffen (*tinku*) von *ira* und *arka*.
Diese duale Form zeigt Santacruz Pachacuti Yamqui um 1613 in seiner kosmologischen Sicht der inkaischen Weltauffassung. Aus seiner Zeichnung, mit der er den Innenraum des Sonnentempels von Cuzco, Qorikancha, abbildet, läßt sich die duale Grundstruktur herauslesen (Abb. 19). Nach den Berichten der Chronisten soll eine riesige goldene und ovale »Sonne« an der äußersten Westecke des Tempels gestanden haben, geschmückt mit Smaragden und Edelsteinen. An der Decke des Tempels symbolisierten funkelnde Kristalle das Firmament mit seinen wichtigsten Sternen. In der ovalen Sonne spiegelte sich am Morgen die aufgehende Sonne und in der Nacht das helle Licht des Mondes.

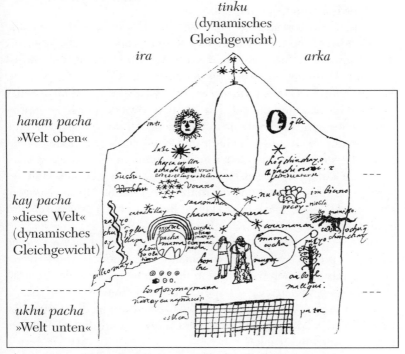

Abb. 19 *Kosmologischer Aufbau des Tempels von Coricancha (Cuzco) nach Santacruz Pachacuti Yamqui (um 1613). Vgl. Urton 1981:203.*

Die Darstellung repräsentiert das komplementäre Eins-Sein im großen goldenen Oval des dynamischen Gleichgewichts von Wiraqhocha. Wiraqhocha umfaßt die Gesamtheit aller komplementären Gegensätze und die Vereinigung aller zeitlichen und räumlichen Polaritäten. Wiraqocha repräsentiert das absolute dynamische Gleichgewicht zwischen oben und unten, rechts und links, zwischen außen und innen, männlich und weiblich, zwischen Licht und Dunkel, Zeit und Raum, Geist und Materie. Aus der Totalität dieses dynamischen Urprinzipes *(tinku)* emaniert alles, und alles spaltet sich auf *(pallqa)* in seine duale Form von männlichem *ira*-Prinzip und weiblichem *arka*-Prinzip (vgl. Earls und Silverblatt 1976:312). *Ira* und *arka* sind Teile eines Systems, das nicht erfaßt werden kann, wenn man nur seine Einzelteile beschreibt.[13] In der Wechselwirkung der beiden Kräftepole entsteht das Neue auf der nächst niederen Ordnung und verstärkt zugleich den Doppelaspekt der Wirklichkeit in seiner höheren Ordnung (Abb. 20).

Wiraqocha bringt als ersten himmlischen Doppelaspekt Sonne und Mond hervor: die antropomorphen Groß-Großeltern *(bis-abuelos)* der Menschheit. Sie zeugen in ihrer Wechselwirkung auf nächst niederer Ordnung ihre beiden Kinder, das Geschwisterpaar als Morgen- und Abendstern, bzw. die Großeltern *(abuelos)* der Menschheit. Zusammen mit den aus ihnen wiederum hervorsprießenden Sternen beschreiben sie metaphorisch die »Welt oben«, die sich von der »Welt unten« abhebt und symbolisch geschieden bleibt durch die sowohl trennende als auch verbindende Schlange *amaru*. Sie ist der Zwischenbereich der Fulguration, die den Himmel mit der Erde in Berührung setzt und die mittels Regen- und Himmelsbogen, Frost und Nebel, Blitz und Hagel, den kreativen Austausch der gegensätzlichen Energien schafft.

Auf der »Welt unten« sind Erde *(kamaq pacha)* und Wasser *(mama qocha)* als polare Urelemente voneinander geschieden. Die Erde als Ganzes unterteilt sich wiederum in ihre Doppelaspekte der männlichen Berge *(kamaq pacha)* und der weiblichen Ebenen *(pacha mama)*, wie sich auch die Wasser als Gesamtheit in die weiblichen Elemente des Meeres und der Seen *(qocha)* und die männlichen Flüsse *(mayu)* unterteilen.

Die Welt des Menschen ist im Schnittpunkt von alledem, von oben und unten, zwischen Himmel und Erde, zwischen links und rechts,

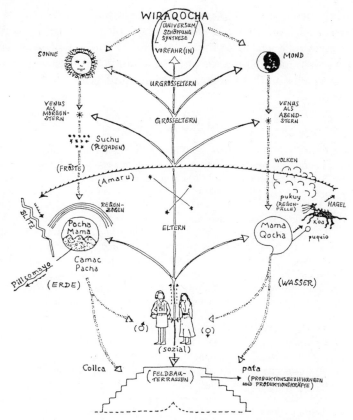

Abb. 20 Zirkulation der ira-arka-Energien im Universum nach Pachacuti Yamqui (vgl. Abb. 19). Stilisierte Interpretation nach Earls und Silverblatt (1978:320, Fig.7).

zwischen Sonne und Mond, zwischen Erdboden und Wasser. Die Menschheit symbolisiert das dynamische Gleichgewicht der sozialen Ordnung unter dem Himmel einerseits und über den landwirtschaftlichen Anbauterassen *(pata)* und den angelegten Kornspeichern *(qollqa)* andererseits. Im dynamischen Kreuzpunkt der beiden Diagonalen – dargestellt im quadrierten *tinku*-Kreuz des Südens – lebt das (erste) Menschenpaar *(padres)* in der Mitte »dieser Welt«, es bildet den erfahrbaren Mittelpunkt aller polaren Gegensätze und ist allen komplementären Wechselwirkungen ausgesetzt. Der Mensch ist alles und eins, ein Produkt aus Zeit und Raum, er ist der Mikrokosmos, der sich im Makroskosmos spiegelt, er ist der Teil und das Ganze zugleich. Er ist *ira* und er ist *arka* und als metaphorisches Ganzes ist er mehr als nur die Summe seiner Teile, denn alles, was **ist**, ist Wiraqocha, und Wiraqocha ist Mann **und** Frau...

Anmerkungen

1 Auf Grund von mythischen Erzählungen werden Wiraqocha und Pachakamaq in anderen Interpretationen als komplementäres Schöpferpaar verstanden, aus deren geschlechtlicher Vereinigung Pachamama als Tochter hervorgegangen sei (vgl. Rocha 1990:73). *Wira-qocha* bezeichnet im allgemeinen Sinn jedoch »das oberste Schöpfungsprinzip«, das nach einigen Autoren zusammengesetzt ist aus *pachakamaq*, dem ersten Schöpfungsgrund (»das den Kosmos regierende Prinzip«) und *pachayachachiq*, dem zweiten Schöpfungsgrund (»das den Kosmos instruierende Prinzip«). Der um den Infinitiv *kamay* (befehlen, gebieten, regieren) bzw. *yachay* (wissen, erkennen, lernen) erweiterte Begriff *pacha* könnte in diesem Zusammenhang die männlich-weiblichen Erstaspekte der impliziten Ordnung einer alldurchdringenden Schöpfungsenergie bedeuten, die jenseits von Zeit und Raum angesiedelt wäre.

2 Die Dreiteilung in Himmel *(hanan pacha)*, Erde *(kay pacha)*, Hölle *(ukhu pacha)* reflektiert nach Izko (1985:74) und Rocha (1990:106) bereits das christliche Weltbild. Es scheint, daß die ältere Zweiteilung von *pacha de arriba* und *pacha de abajo* die Grundlage der vorspanischen Kosmosvision dargestellt hat. Im Spannungsgefälle der beiden grundsätzlich voneinander unterscheidbaren Gegensätze konstituierte sich in impliziter Ordnung die Wirklichkeit des Menschen. In der christlichen Deutung wurde aus der »Welt unten« die Unterwelt *(ukhu pacha)*, wo die zu (christlichen) Teufeln degradierten Gottheiten des Erdinneren *(supaykunas)* angesiedelt wurden. Der andinen Vorstellung nach können alle »Gottheiten« und »Geister« sowohl gute als auch schlechte Eigenschaften verkörpern. Entscheidend ist die Balance der jeweiligen Doppeleigenschaften. Wohl wegen des stark verwurzelten Glaubens an Pachamama und der daraus resultierten synkretistischen Nähe zum Marienkult, konnte sich das Konzept Pachamama in christlicher Sicht halten. Wegen der engen Verknüpfung von Maria-Pachamama wurde es den Priestern selber unmöglich gemacht, die Erdgottheit dem Bereich der »Hölle« zuzuweisen. Die seltsame Ambivalenz, ob Pachamama nun der *ukhu pacha* oder der *kay pacha* zuzuordnen sei, bleibt deswegen bei vielen Autoren bestehen und oft gar ungeklärt.

3 Vgl. Platt 1976:23; Llanque Chana 1990:88-90; Thola 1992.

4 Vgl. Platt 1976:Fig. 16, 17; vgl. Ansión 1987:143.

5 Das Aymara-Wort *ira* oder *irpa* heißt »Führer« oder »jener, der führt«. Andere gleichwertige Namen für dasselbe männliche Prinzip sind *sanja* oder

guía, synonym für *primero*, bzw. in Quechua *pusaq* (= *pusaj*, vom Verb *pusay:* führen.) *Arka* leitet sich wohl aus dem Aymara-Wort *arkana* ab, und bezeichnet »folgen«, »derjenige, der folgt«, im Spanischen *trasguía* oder *segundo*, in Quechua auch *qhatiq* (= *qhatij*, vom Verb *qhatiy:* folgen, jemandem nachgehen). *Ira* ist immer jenes Instrument, das beginnt. In den quechuasprachigen Gebieten ist es in der Regel jener Teil des Panflötenpaares, der eine Pfeife mehr aufweist (Baumann 1982:6ff.). In dem Aymara-Gebiet scheint es öfter gerade umgekehrt zu sein (vgl. Valencia Chacon 1989:37f.). Methodisch gesehen standen die empirischen Beobachtungen und Befragungen zu der Panflötentechnik am Beginn meiner Untersuchungen. Sie begannen gleichsam im Mikrokosmos und weiteten sich in der Fragestellung auf den kosmologischen Zusammenhang aus (vgl. Baumann 1990). In der vorliegenden Darstellung wurde bewußt der Weg vom Allgemeinen zum Besonderen und wieder zurück zum Allgemeinen gewählt. Das Vorgehen weist sinngemäß eine deduktiv-analytische und eine induktiv-synthetische Komponente auf: Implizit ist die duale Form im Wiraqocha-Begriff vorgegeben, explizit manifestiert sich die abgeleitete *ira-arka*-Struktur als Vielfalt der Formenbildung und damit auch der unterschiedlichen Benennungen und Manifestationen. Über das bloße Identifizieren von Polaritäten hinaus wird das Weiterdenken in diesen Kategorien selber zum Gegenstand der Reflexion.

6 *Tinku* bezeichnet das kraftvolle Zusammentreffen von zwei gegensätzlichen, aber doch miteinander verbundenen Parteien oder Partnern. Es beinhaltet sowohl die kampfsportartigen Karnevalspiele der rituellen Geißelung mit Peitschen *(wajta tinku)* oder Schleudern *(waraq'a tinku)*, als auch die (geschlechtliche) Vereinigung zweier Partner, Tiere oder Sachen, z. B. von Lamas oder Flüssen *(llama tinku, mayu tinku;* Baumann 1982:3f.). Weitere Prinzipien der Interaktion sind *ayni, mita, pallqa* und *amaru* (vgl. Earls und Silverblatt 1976:321).

7 Auf die unterschiedlich großen Besetzungen der Ensembles und die voneinander gering abweichenden lokalen Bezeichnungen hierarchisch geordneter Paare wird weiter nicht eingegangen. Im wesentlichen wird hier nur das überregionale Prinzip erläutert, das aber immer durch seine lokalen Varianten und Dialekte hinsichtlich der Melodie, Abstimmung der Pfeifen und der Terminologie gekennzeichnet bleibt (vgl. Baumann 1981, 1982, 1990). Das paarweise Prinzip von *ira* und *arka* ist übrigens in allen traditionellen Panflöten-Ensembles vorhanden (Baumann 1992).

8 *Ira* wird in quechua oft mit dem Begriff *ñaupaj* (vorne; derjenige, der vorausgeht) gekennzeichnet und *arka* mit dem Begriff *qhepaj* (hinten; derjenige, der nachgeht). Die gedackte, d. h. unten geschlossene Pfeifenreihe in floßförmiger Anordnung, wird im folgenden jeweils mit Unterstreichung der entsprechenden Zahl charakterisiert, die offene, gleichzahlige zweite Reihe von offenen Pfeifen mit der entsprechenden Zahl ohne Unterstreichung, z.B. *ira:* (7+7). Auf die akustische Bedeutung der »sympathetisch« mitklingenden offenen Pfeife wird hier nicht eingegangen. Zur näheren Erläuterung vgl. Baumann (1985).

9 Die Angaben beziehen sich auf die Feldforschungsdokumentation während der Fiesta vom 15.-23.8.1978 in Arampampa. Die *julajulas*-Ensembles kamen aus Obejería, Pararani und Sarkuri (30, 26, 24 Musiker), die *sikus*-Ensembles aus Asanquiri, La Fragua, Mollevillque und Charka-Markabí/Taconi-Caine (6, 6, 6, 12 Panflötenspieler und mit je einem *wankara*- und einem *wankarita*-Spieler). Die vierte *julajulas*-Gruppe kam zu früh in Arampampa an, zog dann aber wieder weg, nachdem sie glaubte, es kämen keine anderen Gruppen zum *tinku*.

10 Cereceda 1978; Platt 1976:18; van den Berg 1989a:101ff.

11 Er übersetzt *pachakamaq* aus folgenden bedeutungstragenden Aymara-Silben: »*Pa(ya)* = zwei, *Cha(cha)* = Kraft, *Qha(na)* = Licht, *Ma(ya)* = eins, einzig« Miranda-Luizaga (1985:210).

12 Vgl. Harrison (1989:80, 83); Kusch (1986:34); Miranda-Luizaga (1985:168).

13 Die Terminologie von *ira* (das Prinzip, das anführt) und *arka* (das Prinzip, das folgt) wird hier bewußt weitergeführt, um von den einseitig konnotierten Begriffen »männlich«, »weiblich« wegzukommen. Man vgl. dazu auch Miranda-Luizaga (1985:104f.), der allerdings bezogen auf die »Geomantie der Anden« von dem *arka-kamachita* (»bestimmendes« Prinzip) und dem *ira-kamachita* (»folgendes« Prinzip) spricht; Miranda-Luizaga verwendet die Aymara-Begriffe *ira* und *arka* wohl fälschlicherweise im umgekehrten Sinn.

Altamerikanische Klangmittel im Dienst religiöser Vorstellungen?

Ellen Hickmann

Musik, Tanz und Gesang bildeten in der Neuen, vielfach auch in der Alten Welt eine unauflösliche Einheit menschlicher Stimm- und Bewegungsäußerungen. In der Neuen Welt sind Faktoren des unmittelbaren Umfelds, Naturlaute, Tierstimmen und -schreie in die Bewegungsabläufe integriert. Das Lebensgefühl der Entäußerung, das die Entrückung zum immanenten Ziel hat, macht sich die ständig wiederholten Bewegungen im Einzel- und Gruppentanz zunutze. Die suggestive Geräuschkulisse, durch Rassel- und Pfeifvorrichtungen an unzähligen Geräten des täglichen und rituellen Gebrauchs, durch leises Klingeln von Schellen, Glöckchen und Schmuckbesatz entstehend, bildet das willkommene Umfeld. Man bediente sich der Rauschgetränke und Drogen, um sich aus dem täglichen Leben zu erheben. So ist es kein Zufall, daß Rasseln oft in Form von Rauschgeräten (Schnüffelgefäße) begegnen und von Kulturfremden mit diesen verwechselt werden. Man tanzte in Ekstase und begleitete sich selbst mit Rasseln. Auf dieser Verständnisebene sind die mit Chichagefäßen verwechselten altecuadorianischen Schneckengefäßflöten (Abb. 1)

Abb. 1 Schneckengefäßflöte. Ecuador, Cuasmal/Tuza, ca. 800-1300 n. Chr. L 11 cm. Museo Arqueológico del Banco Central, Quito. Foto: Ellen Hickmann.

Abb. 2 *Doppelpfeifgefäß. Ecuador, Chorrera, ca. 1200-500 v. Chr. L ca. 20 cm. Museo Antropológico del Banco Central, Guayaquil. Foto: Ellen Hickmann.*

anzusiedeln, die aber durchaus eine doppelte Funktion gehabt haben können, ähnlich wie die altandinen Pfeifgefäße (Abb. 2), die weiblichen Tonfigurinen Perus mit Rasselkugeln oder die ecuadorianischen mit Pfeifvorrichtungen (Abb. 3) – Idole, Puppen, Klangwerkzeuge zugleich.

Bei den mehrfarbigen Schnecken wie bei den Rassel- und Pfeiffigurinen, ebenso bei den variantenreichen Einzel- und Doppelpfeifgefäßen handelt es sich um modelgefertigte Massenprodukte. Schon durch diese Tatsache unterscheiden sich die Objekte von anderen Klangwerkzeugen, die in Altamerika signifikanterweise immer als Einzelstücke hergestellt wurden.

Die Menschen der zahlreichen Kulturen, in denen diese Objekte entstanden, und die einander in der Neuen Welt ablösten, zum Teil auch nebeneinander existierten, hinterließen in einem Zeitraum zwischen ca. 3500 v. Chr. bis 1500 n. Chr. vielfältige Zeugnisse ihres Lebens in Form von Ruinen von z. B. Pyramiden und Tempeln in Mexiko und an der Nordküste Perus, von Festungsanlagen und Kultstätten in Mexiko, im Hochland Ecuadors, in Peru, auf der

Abb. 3 Zwei Doppelpfeiffigurinen. Ecuador, La Tolita, ca. 500 v. Chr. – 500 n. Chr. H 30 cm und 20 cm. Museo Antropológico del Banco Central, Guayaquil. Foto: Jorge Massucco.

Hochebene von Bolivien, von Nekropolen im gesamten Andenraum. Überkommen sind auch Artefakte aus Metall, Stein, Holz, Naturmaterialien wie Muscheln und Schnecken, Kürbis, Geflecht, großflächige Textilien und vor allem Keramik in äußerst variantenreicher

Fülle. Doch vom Leben dieser Ethnien wissen wir sehr wenig. Keine Schriftzeugnisse, mit Ausnahme der Bilderhandschriften später Kulturen Mexikos, sind überliefert, und so sind wir auf Versuche von Rekonstruktionen nach den genannten Fundgruppen angewiesen. Diese indes, soweit beweglich, also zum größten Teil kleine Objekte, gerieten ohne Grabungskontext in Museen und Sammlungen in aller Welt, so daß der einstige Lebenszusammenhang verlorenging. Denn ob als Grab-, Opfer- oder Siedlungsfunde zu erkennen, sagt Entscheidendes über die Gegenstände aus. So müssen wir der handwerklichen und künstlerischen Gestaltung alles abgewinnen, was der Mensch nicht mehr mitteilen kann. Besonders ungünstig ist das für die Musik, denn Melodien sind nicht zu rekonstruieren, nachteilig auch für den Tanz, denn in Statuetten, in Reliefdekors und in Wandwie Gefäßmalereien gebannte Bewegungen können nur annäherungsweise revitalisiert werden.

In der für die Neue Welt üblichen Überlieferungsweise besteht der große Unterschied zur Tradierung der Objekte der europäischen Antike, eingeschränkt auch der altorientalischer Hochkulturen: selbst wenn schriftliche Nachrichten dieser Kulturen nicht zeitgleich mit den Funden und erhaltenen Denkmälern sind, oder wenn sie sich auf relativ wenige Arten der schriftlichen Überlieferung beschränken, so sind doch häufig Nachrichten über Instrumente, Musiker und Funktionen von Musik abzuleiten.

In der Vorstellung der Griechen war der mythische Sänger Orpheus der »Erfinder« der Leier und der Musik allgemein, Pythagoras entdeckte die der Musik innewohnende Regelhaftigkeit der Klang- und Intervallbildung und damit die Grundlagen des Tonsystems, d. h. der Musiktheorie. Götter wetteiferten im Musizieren, wirkten vielfach auch als Vermittler der Musik an die Menschen. Daneben zogen sich diese ihre irdischen Lehrmeister heran und ordneten Musikleben und Theaterwesen ins tägliche Leben ein. Vieles spricht für ähnliche Vorgänge im pharaonischen Äqypten, in Mesopotamien und im alten Mexiko.

Für Südamerika verliert sich die Zuschreibung des Ursprungs von Klängen, Rhythmen, gar Melodien in dem so vielzitierten tiefen »Brunnen der Vergangenheit«[1], wie die Anfänge der Kulturen selbst. Kein Gott erfand sie, eine »Entwicklung« im Sinne des Fortschreitens vom Einfachen zum Komplizierten ist nicht aufzuspüren. Nur bei

Abb. 4 Musikant mit Riesenpanflöte. Ecuador, Jama-Coaque, ca. 500 v. Chr. – 500 n. Chr. H 32 cm. Museo Antropológico del Banco Central, Guayaquil. Foto: Ellen Hickmann. Umzeichnung: Peter Wiggers.

einigen Völkerschaften sind Ausübende der Dinge des täglichen – oder jenseitigen – Lebens zu erkennen. Aus den betreffenden Szenen, mit Malereien und Reliefs auf Topfwandungen, seltener auf architektonische Großanlagen (Mexiko) gebannt, ist zu erschließen, daß die Stämme weitgehend seßhaft waren, neben Jagd und Fischfang bäuerlichen Anbau betrieben und die entsprechenden Rituale im Rahmen arbeitsteiliger, nichtegalitärer Gesellschaftsgliederung vollführten. Mancherorts scheint der personelle Verbund des Herrscherpriesters, auch des Priesterschamanen angedeutet, der besondere Privilegien genossen haben muß. Zu diesen gehört die Verbreitung besonderer Klänge und Geräusche; die entsprechenden Perso-

Abb. 5 *Musikant mit Panflöte und Rassel. Ecuador, Jama-Coaque, ca. 500 v. Chr. – 500 n. Chr. H 27,5 cm. Foto: Ellen Hickmann.*

nen handhaben oft große, repräsentative Panflöten (Alt-Ecuador, Abb. 4) oder eine Panflöte und eine große Rassel gleichzeitig (Abb. 5), in Peru bei den Moche gewichtige, in besonderer Weise verzierte Rasseln in Kasten- bzw. Keulenform, gelegentlich auch das Schneckenhorn (Abb. 6). Ihre Ausstattung ist von verschwenderischer Pracht, der Kopfputz aus einer halbkreis- oder *tumi*-förmigen, ausladenden Edelmetallscheibe mit Jaguarkopf, eine am Rücken herabhängende Metallplatte mit Schellenbesatz, Eulenkopfschellen, die zu Kolliers und Gürteln zusammengesetzt wurden, Schellenbänder an den Fesseln, den Unterarmen, als Kleidungsbesatz, ebenso Gürtelanhänger, mit Schellen gesäumt und mit dem Abbild des Herrschers geziert als siegreicher Krieger, tanzend wahrscheinlich,

Abb. 6 Reichgeschmückter Würdenträger (?) mit Reißzähnen und Schneckenhorn, Vorder- und Seitenansicht. Peru, Moche, 100 v. Chr. – 400 n. Chr. H 24 cm. Linden-Museum Stuttgart. Foto: Linden-Museum. Umzeichnung: Boris Eisenberg.

den erhobenen Trophäenkopf in der einen, das Messer *(tumi)* in der anderen erhobenen Hand – alle diese und ähnliche Gegenstände gehören zu den Requisiten des Hochschichtigen. Auch die häufig mit Rasselkugeln gefüllten Ohrpflöcke tragen zuweilen dieses Kriegermotiv. Kennzeichnend für die Mimik des Herrschers oder Herrscherpriesters sind Raubtieraugen und Reißzähne im halboffenen Mund und die nach Jaguarart zurückgezogenen Wangen. Vielfach wird der Aspekt des Schamanen betont, etwa durch die hochgestülpte Tierkopfmaske, die den Übergang in die andere Seinsform mit einsetzender Ekstase symbolisieren soll.

Mit dem vielfach klirrenden Kleidungsbesatz, dem scheppernden und klingelnden Rasselschmuck verbreitete der Herrscher in seiner Umgebung die für ihn typische, dabei unaufdringliche »Lautsphäre«. Klänge von Trompeten und Trommeln, die anderweitig, etwa im orientalischen und europäischen Altertum, sein Erscheinen ankündigten, waren in altamerikanischen Gesellschaften offenbar nicht üblich. Frühe Chronisten berichteten, daß Atahualpa, der letzte Inkaherrscher, sowie sein Gefolge beim Zusammentreffen mit den Europäern vor Schreck über die lauten Trompetenstöße und Gewehrschüsse zu Boden gefallen sei.

In der frühen Chavinzeit erscheint der Herrscherpriester als »Stabgottheit« oder »Jaguardämon«, wie man die furchterregende Gestalt zu bezeichnen pflegt. In den Händen hält er, weit von sich gestreckt, multifunktionale Stäbe, die oft mit Schellen- und Rasselkugeln bewehrt sind. Die Füße sind ausgestellt, die Knie leicht angebeugt wie zum Tanz. Das Bild des »tanzenden Gottes« war in peruanischen Kulturen verbreitet, es zierte Textilien (Paracas, Pachacamac), Gefäße (Chimu), im Chavin Stelen, Steinwälle und Schmuckplatten. Jaguarkopf oder -maske mit Felidengebiß treten an diesen Gestalten durchweg zusammen mit den umzüngelnden Schlangen auf, deren Köpfe auch die Stäbe zieren, oft als doppelköpfige Tiere. Die zweiköpfige Schlange symbolisiert nach Deutungen rezenterer Mythen den Regenbogen in seiner doppelten Bedeutung – segenbringend als Symbol des Wassers (Ende der Regenzeit), unheilvoll, weil Unvorhergesehenes wie Krankheiten ankündigend, die ja auch durch die warme Jahreszeit mit den Regengüssen begünstigt werden. Doppelwesen, aus Jaguar und Schlange gebildet, erscheinen im alten Ecuador, auch in Mexiko. In Peru kommen nach dem Chavinhorizont die beiden Tiersymbole vielfach bei den Moche vor, die häufig in der Ausstattung von Priesterherrschern das Gegensatzpaar Jaguar-Schlange anbrachten. Mythisch belegt ist die Gestalt des mit Tanzröhren und -stäben tanzenden Jaguars im schamanistischen Zusammenhang.

Jaguar und Schlange, in einem Gegenstand vereint, können als Zeichen für das Prinzip andinen Dualitätsdenkens stehen. So wurden z. B. die beiden Schallstücke einer doppelköpfigen Trompete in einem und demselben Model geformt, an die Schallröhre gesetzt und fest mit ihr verbunden; sie tragen also beide die Züge des hier unspezifischen Raubtiers mit weit geöffnetem Maul und spitzen Zähnen. Die Bestimmung Jaguar oder Schlange erfolgte durch die Bemalung – stilisierte Punktreihen symbolisieren das gefleckte Jaguarfell, längsseits am Körper angebrachte Wellenlinien die Schlange.[2] Daß ein Klangwerkzeug diese duale Grundeinstellung symbolisiert, bezeugt seine Wichtigkeit im Leben der Menschen (hier der Moche). Doch auch an anderen Gegenständen manifestiert sich diese Vorstellung, die alle Lebensvorgänge durchdringt, auch das Jenseits und die die Brücke zwischen beiden Bereichen bildende Religion (Zuidema 1962). Bei den Inkas beobachteten frühe Chronisten die sich ergänzende Hälftung. Sie zeigte sich ihnen in der Aufteilung des Reiches auf zwei Herrscher (Brüder), einen Norden und einen Süden, zwei (mal zwei) Gesellschaftsgruppen, zwei klimatisch wie landschaftlich verschiedene geographische Bereiche – Hochgebirge und Küste, – der unterschiedlichen Verehrungsweise von Sonne und Mond mit den dazugehörigen Gottheiten, Tieren und Pflanzen, wobei der Jaguar dem Gebirgs-Sonnen-Komplex, die Schlange dem Küsten-Mond-Komplex zugeordnet war.[3] Ähnlich dürften die den Inkas vorausgegangenen Völker organisiert gewesen sein. Das inkaische Volk, das wie aus dem Nichts zu kommen schien, sich natürlich in andiner Umgebung entwickelt und den Andenraum in kürzester Zeit eingenommen hatte, adaptierte sicherlich keine völlig kulturfremden Vorstellungen.

In der Neuen Welt waren Flöten in großem Variantenreichtum die Melodieinstrumente par excellence. Panflöten wurden in verschiedenen Größen, Formen und Rohrverläufen konstruiert, meist aus Ton, aber auch aus Metall und Stein sowie aus Naturmaterialien (Rohr mit Textilbindung), häufig bunt bemalt oder mit Ritz- und Kerbschnittzeichnungen versehen und durchweg engobiert. Zahlreiche Panflötenfunde der südlichen Küste Perus zeugen von professioneller Fertigung. Die vier bis dreizehn Einzelrohre sind, im Unterschied zu präkolumbischen Hochlandinstrumenten und ecuadorianischen Exemplaren, gleichmäßig von der längsten zur kürzesten ansteigend geordnet. Panflöten wurden in Peru paarweise zur Begleitung von Tänzen Hochschichtiger oder auch in deren Ritualen gespielt, aber auch im Jenseits (Totentänze). Paarweise wurden sie häufig begraben: zuvor zerbrach man sie häufig und deponierte sie in einem Gefäß, das man in der Nähe reichhaltig ausgestatteter Gräber beisetzte.[4] Einzelstücke, besonders sorgfältig gefertigt, wurden dem Herrscher mit ins Grab gegeben. Niemals handhabten Frauen das Instrument – eine Tradition, die sich bis heute im Andenraum erhalten hat.

Langflöten aus Knochen wurden an der Südküste Perus offensichtlich eigens von Flötenmachern hergestellt, wie ärmlich ausgestattete Gräber belegen, die das Skelett eines »Flötisten« bzw. Instrumentenbauers enthalten, neben dem sich zahlreiche – in einem Fall 22 – zum Teil unfertige Kerbflöten fanden. Diese, an der Südküste Perus üppig verziert, an der mittleren (Ancon, Pachacamac) wohl des reichhaltigeren Tonvorrats und der Skalenbildung wegen mit raffinierten Grifflochbohrungen versehen, sind eher im Umkreis der Agrarwirtschaft, bei Aussaat und Ernte, in der Hand von Fruchtdämonen, Fruchtgöttern oder -geistern zu sehen, doch ebenfalls in Totentänzen.

Randgeblasene Gefäßflöten (Okarinas), anthropomorph, vorwiegend aber zoomorph, waren in Küstenkulturen des alten Ecuador beheimatet (Abb. 7). Spaltflöten, im vorspanischen Kolumbien und weiter nördlich in vielen Varianten auch im alten Mexiko verbreitet, waren auch mit Menschen- und Tierkopfverzierungen versehen. Gestalt und Dekor der Instrumente lassen wahrscheinlich auf außermusikalischen Bezug schließen.

Miniaturflöten als Schmuck bezeugen das hohe Ansehen, das die Instrumente bei den Völkern im Andenraum seit jeher gehabt haben. Gefällige Kleinstinstrumente aus Edelmetallen werden bis in die Gegenwart in Form von Schmuckstücken hergestellt.

In allen Kulturen des präkolumbischen Amerika, im Hochgebirge wie an der Küste, waren Pfeifen anzutreffen, einfache, d. h. eintonige, aber auch Doppel-, Tripel- und Quadrupelinstrumente. Fast

Abb. 7 *Tierförmige Gefäßflöten. Ecuador, Guangala, ca. 200- 700 n Chr. L 8-12 cm. Museo Antropológico del Banco Central, Guayaquil. Foto: Ellen Hickmann.*

ausnahmslos sind sie Tieren (Abb. 8) – seltener Menschen (Abb. 9) – nachgebildet. Als Vorbilder bevorzugt wurden Vögel (Eulen, Papageien, Kolibris, Pelikane u. a.), aber auch gezähmte wie wildlebende Säugetiere der unmittelbaren Umgebung, wie Kleinbären, Affen, häufig das Opossum, Hunde, dazu Schlangen, Leguane und Fische. Nicht immer also kann die Nachahmung der tierischen Stimme Anlaß zu diesen Formgebungen gewesen sein. Analogiehandlungen und -zauber dürften eher im Vordergrund für die Gestaltung gestanden haben, wie auch die Identifikation mit dem Tier naheliegend erscheint. In heutigen Indiokulturen werden die Instrumente als Schamanenrequisiten beobachtet, die Heiler pfeifen regelmäßig auch durch die Lippen. Die Deutung rezenter Mythen mag zur

Abb. 8 *Doppelpfeifen mit figürlichen Aufsätzen. Bahia, ca. 500 v. Chr. – 500 n. Chr. H 7 bzw. 8 cm. Museo Antropológico del Banco Central, Guayaquil. Foto: Jorge Massucco.*

Spurensicherung in der Vergangenheit hilfreich sein, wie der Hinweis auf den Komplex Jaguar-Schlange zeigte (s. o.).[5]

Klangliche und akustische Eigenarten präkolumbischer Pfeifen beweisen, daß die Menschen dieser versunkenen Kulturen sich der Konstruktionsmöglichkeiten im Hinblick auf die Wirkungsweise sehr wohl bewußt waren. Durchdringend laute, schrille, sehr hohe Töne berühren nicht selten die Schmerzgrenze und wirken nachhaltig auf den Menschen über das Gehör ein, setzen sich geradezu fest. Den höchst unangenehmen Reibungsklängen der Doppel-, Tripel- und Quadrupelpfeifen entzieht man sich am liebsten umgehend – zur Vertreibung sind sie also bestens geeignet.

Metallene Trompeten sind für das alte Amerika selten belegt, z. B. für Peru (Vicus bzw. Moche) und Kolumbien (Quimbaya). Sie sind ähnlich konstruiert wie in der Alten Welt: auf einem geraden, nahezu zylindrischen Rohr wurde ein meist trichterförmiger Schallbecher angebracht; dieser war in der Alten Welt an manchem Trompetentyp stumpfwinklig abgebogen *(Salpinx, Lituus)* oder in Form eines Tierkopfes fast rechteckig aufgesetzt *(Karnyx)*. Auf altkolumbianischen Kurztrompeten der Kultur Quimbaya läßt sich ein großer Ausschnitt der Teiltonreihe produzieren. Auf einem tönernen Instrument Perus gelingt das nur eingeschränkt und erfordert wegen der Beschaffenheit der Innenfläche viel Mühe (Abb. 10).

Dieses Detail sagt einiges über den Gebrauch der vor allem bei den Moche verbreiteten Trompeteninstrumente aus: nicht Melodie-, wahrscheinlich nicht einmal Intervallspiel war beabsichtigt. Wesentlich für den Trompeten- und Hornklang war im alten Amerika, daß er lang auszuhalten – über relativ weite Entfernungen zu hören – und im Falle von Metalltrompeten und Schneckenhörnern als Signal zu vernehmen war. Der Ruf tönerner Instrumente galt vielleicht ledig-

Abb. 9 *Reliefplattenpfeife mit Darstellung eines Kriegers, Vorder- und Rückansicht. Peru, Moche, 100 v. Chr. – 700 n. Chr. H 12,7 cm. Museum für Völkerkunde, Berlin-Dahlem. Foto: Ellen Hickmann. Umzeichnung: Boris Eisenberg.*

Abb. 10 Tierkopftrompete. Peru, Moche, ca. 100 v. Chr. – 700 n. Chr. L ca. 30 cm. Übersee-Museum Bremen. Foto: Ellen Hickmann.

lich den Göttern und Geistern, das Opfer zu akzeptieren. Denn um eine Opferung der Instrumente selbst ging es: man zerbrach die mit den Machtsymbolen des Herrschers verzierten Hörner und legte sie anschließend auf einer Opferplattform in der Nähe des Tempels nieder (Moche).[6] Sie waren also wahrscheinlich zum eigentlichen Gebrauch als Signalinstrument im diesseitigen Leben, etwa im Kampf, weder bestimmt, noch waren sie dazu geeignet. Alle erhaltenen Trompeten aus Ton weisen mehrere Brüche und Risse am Rohr auf, die bereits bei der Herstellung oder spätestens bei der Deponierung entstanden sein dürften. Die Reparaturen dieser oft groben Brüche stammen überwiegend aus jüngster Zeit. Sie mögen von Händlern, Sammlern oder Museumsfachleuten vorgenommen worden sein. Trompeten aus Ton waren schon des Materials wegen fragil, zudem allesamt recht gewichtig und waren deswegen beim Kampf wohl schwerlich mitzuführen.

Doppelt gewundene Trompeten (Chankay, Recuay, auch Chimu) aus Ton hatten vielleicht einen anderen Sinn – wir kennen ihn nicht. Der »Grundton« war wegen der Rohrlänge tiefer als der herrscher- und tierkopfgezierter Trompeten. Das Dekor ist wenig signifikant, es besteht meist nur aus Bemalungen mit Streifen und geometrischen Bordüren. An einer der Biegungen sitzt zuweilen ein recht unauffälliger Tierkopf. Daß die Instrumente paarweise aufgefunden wurden, mag auf ihre Bedeutung in den verschiedenen Gesellschaften hinweisen – vielleicht ein Symbol für die beschriebene Dualität, in deren

Dienst auch andere paarweise gebrauchte Trompeten in vielen Teilen der Welt standen und stehen.[7] Auffälligerweise ist am Rohr dieser Instrumente selten eine Bruchstelle zu erkennen.

Nur wenige Trommeln aus dem präkolumbischen Amerika sind erhalten geblieben. Rahmentrommeln aus dem mittleren Peru (Chankay) und aus den nördlichen Küstenkulturen (Moche, Chimu) hatten eine Holzzarge mit beidseitig aufgezogenem Fell; Walzen- oder Faßtrommeln der südlichen Küste bestanden ebenfalls aus Holz mit doppeltem Fell. Aus Ton war das Korpus der Gefäßtrommeln von der südlichen Küste Perus (Nazca), aus dem heutigen Costa Rica und bestimmter Doppeltrommeln der Maya.

Das Trommelspiel erscheint in vielen Lebenszusammenhängen. Kranke und Verstümmelte machen mit Trommelschlag auf sich aufmerksam, wie der Gefangene, der, seiner Waffen entledigt, einen Strick um den Hals trägt und häufig die Rahmentrommel handhabt. Maskierte (sog. »Vogeldämonen«) spielen sie, Schamanen, die fliegend dargestellt sind und Tiere und Menschen mit Trommelspiel in Trance zu versetzen scheinen (Abb. 11), Skelettierte schwingen sie im Totentanz.

Gefäßtrommeln der Nazca sind häufig mit den für die jeweilige Phase typischen »Dämonen« bemalt oder anthropomorph gestaltet. Jaguar- bzw. Felidenmenschen halten in einer Hand das charakteri-

Abb. 11 Trommelspielender Schamane im Flug über Szene mit schlafenden Menschen und Tieren. Relief auf einem Gefäß. Peru, Moche, 100 v. Chr. – 700 n. Chr. Manchester Museum, Manchester. Foto: Manchester Museum. Flächenprojektion (Zeichnung): Peter Wiggers.

stische *tumi* (Messer), in der anderen den Trophäenkopf, dessen Abbild ebenfalls die Kleidung ziert. Vielleicht symbolisiert eine solche Gestaltung die Stellung des Instruments zwischen Leben und Tod. Sehr viel später berichteten Chronisten, daß Trommeln mit Menschenhaut, der Haut erschlagener Feinde, bezogen wurden. Ob das auch in früheren Kulturen geschah, ist allerdings nicht nachzuweisen. Vielleicht deutet die Menschengestalt der Trommeln, wie auch deren blutrünstige Ausstattung, auf den Triumph über einen besiegten Feind hin? Jedenfalls scheint im südperuanischen Bereich die Pose des Siegers mit der Gefäßtrommel verbunden gewesen zu sein wie bei den Moche mit Trompeten und Rasseln.

In späterer Zeit, in den Phasen Ica-Chincha-Inka, also nach dem Huari-Sturm, wurde dieser Trommeltyp von Zylinder- und Faßtrommeln abgelöst. Wie die früheren Tontrommeln wurden diese im

Abb. 12 Simultanmusikant mit Panflöte, Trommel und »Hörrohr«. Gefäßzier. H ca. 20 cm. Nazca 3/4, ca. 200 – 400 n. Chr. Foto: Ellen Hickmann. Umzeichnung: Peter Wiggers.

Süden von sog. »Simultanmusikanten« gespielt, die gleichzeitig die Panflöte handhaben und zuweilen ein bislang undefiniertes Horn mit sich trugen, welches sie meist ans Ohr hielten (Abb. 12). Diese Simultanmusikanten sind typisch für das präkolumbische Amerika. In offenbar ungebrochener Tradition haben sie sich im Andenraum, auch in Mexiko, bis heute als eigene indianische Musikantenvariante erhalten. Im europäischen Altertum unbekannt, hatten sie vor allem im mittelalterlichen Spanien und auch anderweitig in Europa, z. B. auf den Britischen Inseln, ihren Platz im volkstümlichen Musizieren.

Ob Frauen im alten Amerika die Trommel spielten, ist aufgrund der Kleidung nicht zu erschließen (Montell 1929). Die glatte Kopftuchbedeckung des Oberhauptes, oft bis in die Stirn gezogen, ist bei männlichen Spielern (z. B. bei Schamanen) ebenso üblich gewesen wie bei Frauen; das gilt auch für den kurzen Rock.

Anhand dieser Beispiele, denen zahlreiche weitere hinzugefügt werden könnten, zeigt sich, daß im alten Amerika die Instrumente nicht eindeutig jeweils einem einzigen Brauchzusammenhang zugeordnet werden können wie vielfach in orientalischen und europäischen Kulturen des Altertums. Zwar erscheinen bestimmte Klangmittel im Umkreis eines Herrschers und/oder eines Schamanen oder im Umkreis des alltäglichen Umgangs häufiger als andere, doch verwischen sich die klaren Konturen der Lebensbereiche, wie sie in der Alten Welt deutlich zu erkennen sind. Rückschlüsse auf die Beschaffenheit der Gesellschaften bleiben vorerst spekulativ.

Anmerkungen

1 Thomas Mann (1971-I:5). – Wegen ebendieser Quellenlage wird für vorliegenden Zusammenhang bewußt auf Spekulationen über Skalen- und Intervallbildung verzichtet. Spezifika instrumentaler Klänge indes waren allem Anschein nach von den Angehörigen der versunkenen Kulturen Altamerikas beabsichtigt – man stelle sich die akribisch ausgeklügelten akustischen und klanglichen Wirkungsweisen altmexikanischer Instrumente vor, die bestimmte Konstruktionen erforderlich machten. Diese Klänge sind sicherlich in den Dienst übernatürlicher, ja jenseitiger Mächte gestellt worden, ein Phänomen, das allgemein weltweit zu beobachten ist (vgl. auch Schafer 1988), und im Falle Altmexikos, abgeschwächt auch im präkolumbischen Andenraum, besonders elaboriert erscheint. Sekundär war demgegenüber der Tonvorrat und besonders die Konstruktion genau errechneter Skalen. Viel Freiheit war dem Spieler überlassen, Tonfolgen und Intervallbildungen im Augenblick des Entstehens oft erheblich zu beeinflussen, durch mehr oder weniger starkes Anblasen, durch Abdecken des Instruments mit der hohlen Hand, durch Teildeckung etwa von Rohrenden und Grifflöchern – das haben Experimente sowie Beobachtungen rezenter Indiomusiker klar erwiesen. Auch über die Art des Zusammenspiels mehrerer Instrumente ist keine letztgültige Aussage möglich, die Erforschung präkolumbischer Ikonographie steht erst am Beginn.
2 Birmingham, Museum and Art Gallery, Nr. 716.62; erläutert und abgebildet bei Hickmann 1990:304f., Abb. P 160.
3 Rostworowski de Diez Canseco 1988a, besonders *La composición del Tahuantinsuyu* (IV:181ff.).
4 Mündliche Mitteilung von G. Orefici über seine Ausgrabungen in Cahuachi, Nazcagebiet Südperus, Brescia März 1988; vgl. auch Anna Gruszczynskaya-Ziolkowska (i. V.).
5 Herangezogen werden vorrangig Mythendeutungen von C. Levi-Strauss (1976, 1980).
6 Menzel 1977:38ff. J.-R. Jannot, Diskussionsbeitrag zu Hickmann (i. V.):»Je voudrais ajouter quelque chose concernant ce dépôt d'instruments brisés qui en même temps caractérisent un certain ›social status‹. Nous avons exactement la même chose dans la domaine dont je m'occupe en Etrurie, et en Egypte. C'est une chose très connue et qui semble etre répandue un peu partout. Chaque fois que l'instrument est porteur d'une significance sociale, on le retrouve soit en offrande mais brisé, soit en offrande funéraire et là aussi brisé. C'est une chose très curieuse et très interéssante.«
7 Zum paarweisen Gebrauch von Trompeteninstrumenten vgl. Lund 1986 und H. Hickmann 1946.

Gesang zwischen den Welten

Claudius Giese

Während meiner Feldforschungen über traditionelle, rituelle Medizin bei nord-peruanischen *curanderos* (traditionellen Heilern)[1] zwischen 1981 und 1985, lernte ich die wichtige Bedeutung und Funktion ihrer Gesänge kennen, ohne jedoch ihr Geheimnis vollends zu ergründen. Viele nord-peruanische *curanderos*, meist sind es Mestizen, behandeln ihre Patienten während nächtlicher Heilrituale, in deren Verlauf sie selbst und ihre Gehilfen, aber auch die Patienten und deren Begleiter, eine Abkochung des meskalinhaltigen San Pedro-Kaktus und anderer, oft purgierender Pflanzen trinken. Unverzichtbar bei diesen Ritualen ist die Verwendung einer *mesa*. Dabei handelt es sich um die Gesamtheit der altarähnlich auf einem rechteckigen Tuch am Boden angeordneten zahlreichen und vielfältigen Machtobjekte *(artes)*, die die verschiedensten Geister und Kräfte symbolisieren, welche der *curandero* während des Rituales einsetzt. Ohne weiter auf die Details der *mesa* einzugehen (siehe dazu Giese 1989:61ff.) sei hier nur erwähnt, daß die wichtigen Lieder und Anrufungen sich immer auf die *mesa* bzw. die erwähnten *artes* beziehen.

Die sieben Gebete

Mein Hauptinformant, Don Ruperto, beginnt sein Ritual pünktlich um 23 Uhr, nachdem die *mesa* von seinen Gehilfen in einer ganz bestimmten Ordnung aufgebaut und der San-Pedro-Trank dort bereitgestellt wurde. Zum Eröffnungsgebet kniet Don Ruperto sich hinter seiner *mesa* nieder, auf der auch christliche Kruzifixe, Marienfiguren und Heiligenstatuen aufgestellt sind, und macht mit dem Rosenkranz, den er in der rechten Hand hält, ein Kreuzzeichen über die *mesa*. Mit geöffneten Armen, die Handflächen nach oben, spricht er einige Minuten lang im stillen seine Gebete. Er würde keine Sitzung eröffnen, ohne zuvor Gott um Erlaubnis gebeten zu haben.

Christliche Gebete setzt er jedoch in der Regel nur zu Beginn und am Ende seines Behandlungsrituals ein. Die sieben Gebete, die er am Anfang spricht, wenden sich an Jesus Christus, den »Gerechten Richter« *(Justo Juez)*, an San Cipriano, Santa Ines, Santa Barbara und Santa Elena. Viele der Gebete sind aus Zauber- oder Gebetbüchern, beispielsweise aus »*San Cipriano*« oder »*La Cruz de Caravaca*«, das Don Ruperto auf seiner *mesa* liegen hat, entnommen.

Eine wichtige Aufgabe peruanischer *curanderos* besteht darin, Schadenzauber, der an ihren Patienten ausgeübt wurde, wieder aufzulösen. Denn es ist weit verbreitet, bei Gefühlen wie Haß, Neid, Eifersucht, einen *brujo* (wörtl. Hexer, auch Zauberer) zu engagieren, damit er gegen die ungeliebte Person einen Schadenzauber durchführt. Da er z. T. mit Gebeten an Heilige wie Santa Elena[2], San Cipriano, San Antonio, durchgeführt wird, soll er analog auch wieder mittels Gebeten an diese Instanzen gelöst werden können.

Mit Gebeten »öffnet« Don Ruperto sein *juego de gloria*, also den Teil der *mesa*, auf dem sich die Kruzifixe und Heiligenfiguren befinden. Das *juego de gloria* gibt dem *maestro* spirituelle Hilfe und Schutz, um die Herrschaft über die negativen Kräfte zu behalten.

So wie Don Ruperto das gesamte Ritual mit Gebeten beginnt und beendet, so stellt er m. E. seine Arbeit gewissermaßen in einen christlich-göttlich orientierten Rahmen. Obgleich innerhalb dieses Rahmens kaum noch christliche Elemente zu agieren scheinen, sind sie ständig hilfreich und schützend präsent. Diese christliche Ausrichtung weist in die Richtung, in die der *curandero* seine Arbeit lenkt; denn nach seinen Vorstellungen kann man keinen schweren Schadenzauber durchführen, wenn man zuvor Gott und Christus angerufen hat. Dazu muß man den Teufel anrufen, wie es manche *brujos* deutlich hörbar bei ihren Sitzungen tun. Innerhalb des Heilrituals erlebte ich dagegen nie, daß christliche Gebete gesprochen wurden, und in der Regel wird dies auch nicht im stillen getan.

Am Ende des Rituals läßt Don Ruperto alle Anwesenden vor die *mesa* treten, wobei sie ihre Mützen und Hüte vom Kopf nehmen müssen. Mit nach oben gerichteten Handflächen und angehobenen Armen sollen sie den Blick nach oben richten, da es Gott ist, dem man dankt, und man bittet Jesus Christus um seinen Segen.

Doch kehren wir zum Eröffnungsritus zurück. Nachdem Don Ruperto seine Gebete gesprochen hat, setzt er sich zurück auf seinen

Hocker und bläst verschiedene Duftwasser, wie Eau de Cologne, über die *mesa*. Die Duftstoffe sind eine Art Opfergabe und sollen gleichzeitig negative Einflüsse beseitigen. Dann beginnt er, ca. eine halbe Minute lang, mit seiner Rassel einen Takt zu schlagen und setzt dazu mit einer gepfiffenen Melodie ein. Diese Melodie ist gewissermaßen ein gepfiffenes Gebet. Mit ihm richtet sich Don Ruperto an die himmlischen Regionen und bittet so z. B. die schmerzensreiche Jungfrau *(Virgen Dolorosa)* um Führung und Schutz.

Die Rassel zählt ebenfalls zu den Machtobjekten der *mesa* der *curanderos*. Sie ist generell ein wichtiges Instrument der Medizinmänner oder der Schamanen auf dem amerikanischen Kontinent. Ihr Rhythmus unterstützt die Gesänge der *curanderos* (und *brujos*), auf die auch die *mesas* eingestimmt *(ajustar)* sind. Sie »harmonisiert« bzw. »lädt den San-Pedro-Trank ein zu arbeiten«.

Die sieben Lieder

Ist die einleitende Melodie beendet, so wird von den Gehilfen erneut Duftwasser über die *mesa* gesprüht. Dann ziehen der *maestro* Limettensaft (Saft einer süßen Zitronenart) und die Gehilfen Tabaksaft, ebenfalls eine Opfergabe, durch die Nase ein. Mit einer Gitarre setzt sich nun ein Gehilfe zu Don Ruperto an die *mesa*. Dieser beginnt zu rasseln, und der Gehilfe begleitet ihn zum Rhythmus der Rassel mit der Gitarre. Kurz darauf beginnt Don Ruperto dazu zu pfeifen. Schließlich wechselt er vom Pfeifen zu einem Gesang über, der sich an seine *artes*, an den San-Pedro-Trank und die in ihm enthaltenen Pflanzen wendet. Ferner weist er in diesem Gesang darauf hin, welche Arbeiten er durchführen und welche Arten von Krankheiten er heilen wird[3].

Das Pfeifen zu Beginn des Liedes setzt Don Ruperto ein, um die in den Bergen wohnenden geistigen Kräfte *(encantos)* zu »öffnen«, damit sie alle Anwesenden während des Rituals beschützen. Ruperto:

Nachdem einmal die *mesa* »gehoben« wurde (d. h. nachdem ihr Opfergaben zugeführt wurden), ist das Pfeifen, das du hörst, nicht etwa dafür da, um die Seen, sondern um die Berge zu rufen.

Frage: »Welche gepfiffene Melodie ist das?« Ruperto:

> Es ist schwierig, sich ohne San-Pedro-Trank daran zu erinnern, aber sie geht ungefähr so (er pfeift). Dieses Pfeifen dient zum »Öffnen« der Berge, die dich verteidigen werden, und sie werden alle verteidigen, die in der Arbeit (beim Ritual) sind.

An anderer Stelle:

> Diese Berge rufe ich an oder besinge ich wann ich will oder wenn sich die Notwendigkeit ergibt, jemanden zu beschützen, falls etwas Negatives sich nähert. Man schützt sich mit diesen Bergen und holt ihn da raus. Es gäbe keine Kraft, die in der Lage wäre, dir den Patienten zu entreißen, weil das, was ich hier mache die Verteidigung eines Kranken ist. Das ist es, was ich tue, daher rufe ich diese (Berge) an... Die Lieder kommen augenblicklich von selbst, je nach dem Fall, den Umständen oder der Notlage, in der du dich befindest...

Der Rhythmus, die gepfiffene Melodie und das Lied sollen eine Verbindung herstellen zu den Kräften und Geistern, die der *curandero* herbeiruft, um sie für die Behandlung und den Schutz der Anwesenden bereit zu haben[4]. Ruperto:

> Von Anfang an »setze« ich alle Berge, die ich als Schutz habe, »in Bewegung« und beginne mit den *huacos* (präkolumbische Keramiken, die die Kraft der Vorfahren und der präkolumbischen Friedhofs- und Zeremonialstätten symbolisieren) zu arbeiten, mit allem; und wenn ich eine Sache brauche, ergreife ich sie, ich habe alles zur Verfügung. Ich muß dann nur einen Berg oder zwei, einen See oder zwei, anrufen. Allgemein, wenn ich mich in Gefahr sehe, öffnet sich die ganze Kordillere, damit ich da wieder rauskomme.

Ohne die Anrufungen und Machtlieder präsentieren sich weder die Geister noch die Kräfte der *mesa* und auch nicht die Kraftpflanzen. Ruperto:

> Die *mesa* ohne den Gesang, z. B. ohne die Rassel oder das Lied, die Anrufungen, die man spricht, gibt dir nichts. Du mußt den San-Pedro-Trank trinken, die *mesa* zum »Blühen« bringen und »bezahlen« (d. h. die Opfergaben geben), so wie man es macht, indem man sie »hebt« und all das. Wenn du die Pflanzen nicht besingst, nicht für sie pfeifst, geben sie dir nichts.

Frage: »Dann haben die Machtobjekte etwas wie einen eigenen Willen, ein Eigenleben, etwas mehr Spirituelles?« Ruperto:

Nein, nicht spirituell würde ich sagen, sondern etwas Magisches. Das Machtobjekt »bewegt« sich (im Sinne von aktiv werden, arbeiten) nach all den Anrufungen, Liedern, nach all dem Beginn, den du siehst. Man singt zuerst einen Gesang, danach noch einen mit Gitarre usw., und dabei wird eine ganze Gruppe von Machtobjekten beschworen. Wenn ich mit der (visionären) Diagnose beginne, weiß ich, daß die gesamte *mesa* in der Lage ist zu arbeiten, jedes einzelne Machtobjekt.

Sind auf diese Weise die notwendigen Kräfte und Geistwesen herbeigerufen und der San-Pedro-Trank aktiviert worden, so kann die eigentliche Behandlung und das Trinken des San-Pedro-Tranks, welcher in gleicher Weise in Verbindung mit diesen Kräften und Geistern gebracht wurde, beginnen.

Die Lieder werden *cuentas* genannt, ebenso wie jegliche gesprochene Anrufung. Dementsprechend wird »anrufen« bzw. das Singen eines Machtliedes *contar* genannt. Diese Verwendung von *cuenta* und *contar* findet sich nicht in den modernen spanischen Wörterbüchern. *Cuenta* heißt jedoch im Spanischen u. a. eine Perle des Rosenkranzes[5], und so wie jede Perle des Rosenkranzes ein Gebet symbolisiert, so ist jede *cuenta* im Ritual ein Gebet bzw. eine Anrufung, eine Invokation, eine Zauberformel oder Kraftschwingung. Analog gebrauchen Don Ruperto und Don Eduardo auch den Ausdruck *contar un santo rosario*, d. h. einen Rosenkranz beten (Calderon und Sharon 1978:114). *Descontar* bezeichnet hingegen das Auflösen einer *cuenta*, die von einem *brujo* gegen einen Patienten gerichtet wurde.

Die *cuentas* sind neben den Anrufungen im allgemeinen die Machtlieder der *curanderos* und *brujos*. Man könnte auch von Schamanenliedern sprechen. Ich verwende die Bezeichnung »Machtlied« in Anlehnung an Harner (1982:111) und aufgrund dessen, daß Don Ruperto selbst im Zusammenhang mit seinen Liedern von *fuerza* spricht. Jedes *arte*, jede magische Pflanze, hat eine eigene *cuenta*, mit der man sie anrufen kann, um sie für spezifische Arbeiten einzusetzen. Die Melodie ist dabei oft die gleiche, lediglich der Text wandelt sich. Ruperto:

In den sieben Zauberkräften (Tugenden) beispielsweise mußt du mit sieben zauberkräftigen Pflanzen deine Ritual-Nacht anrufen, die ganze Nacht, die sieben Anrufungen oder Lieder; mental die sieben *mishas (Brugmansia spp.)* erwähnen, wenn du willst, oder vielleicht zwei oder drei *mishas* und den *toro maique*, den *piri-piri;* dies sind *cuentas*, Pflanzen, die *cuenta* haben, es sind Pflanzen, die leben ... Es ist klar, daß du sie nicht laut anrufen kannst, denn sonst gäbe es keine Geheimnisse in der Heilkunst. Du mußt verkürzt die sieben Lieder *(siete cuentas)*, sieben Zauberkräfte *(siete virtudes)*, sieben Gebete *(siete oraciones)* anrufen.

Mit der richtigen *cuenta* herbeigerufen, wird die Zauberkraft oder der Geist präsent und wirksam. Die richtigen *cuentas* kennen, heißt somit, Einfluß auf diese Kräfte nehmen zu können. Dies ist der Grund, weshalb die *cuentas* geheimgehalten und manchmal selbst während des Rituals nur im stillen gesprochen oder durch die erwähnte Verschlüsselung *siete cuentas, siete virtudes, siete oraciones* angesprochen werden. Die *cuentas* sind, wie Don Ruperto sagt, die eigentliche Kraft seiner Arbeit, und sie geben auch ihm selbst Kraft[6]. Die meisten Machtlieder gibt Don Ruperto nicht an die eigenen Schüler weiter, ja nicht einmal an die eigenen Söhne. Einmal, als Don Ruperto während der Behandlung eines Patienten ein Machtlied gesungen hatte, sagte er zum Schluß etwa: »Ah, was für ein schönes Lied, das gebe ich niemandem.«

Malinowski (1973:57), der sich intensiv mit der Magie auseinandergesetzt hat, verweist darauf, daß die Wort-Magie, die Zauberformel bzw. die Beschwörung, das wichtigste Element in der Magie sei und daher nur dem Zauberer bekannt ist[7]. Auch Reichel-Dolmatoff (1975:91) betont die Wichtigkeit der Beschwörungen, Zauberformeln und Lieder in den Heilritualen der Tukano in Kolumbien:

> In vielen dieser Heilrituale scheint das Rezitieren von Beschwörungen der wichtigste Teil der Handlung zu sein. Die bloße Verabreichung von Kräutermedizin, ohne lange Zaubersprüche und Lieder, wird als wirkungslos und sogar als gefährlich angesehen (Übers. C. G.).

Das gesungene Lied, begleitet von Instrumenten (Rassel, Gitarre, Mandoline, Geige in Nord-Peru), ist noch wesentlich effektiver als das gesprochene Wort; es scheint geradezu eine »bezaubernde« Wirkung zu haben. Eine Idee davon vermag Karsten (1935:496f.) zu vermitteln, wenn er über die Lieder (generell) der Jivaro-Indianer Ecuadors schreibt:

> Die Worte und die sie begleitende Melodie sind für den Indianer ein und dasselbe. Beide entspringen spontan dem gleichen Gefühl und können nicht voneinander getrennt werden. Sowohl in Gebeten als auch in den Anrufungen selbst ist diese Verbindung so eng, daß das ganze Lied seine Wirkung verfehlen würde, wenn es nicht in der richtigen Weise gesungen würde. Vom Rhythmus selbst wird angenommen, daß er eine geheimnisvolle Wirkung hat, welche als beinahe ebenso wichtig angesehen wird, wie die Kraft, die den Worten innewohnt. Das Gewicht, das die Indianer der musikalischen Seite ihrer Dichtung beimessen, ist von diesem Standpunkt aus einsehbar, gleichzeitig macht es deutlich, wie wesentlich letztere, speziell in bezug auf ihr praktisches Ziel, sich von der Dichtung zivilisierter Völker unterscheidet (Übers. C. G.).

Am Beispiel des Musikbogens der Jivaro vermittelt Karsten (1935:431) auch einen Eindruck von der Wirkung von Musikinstrumenten, um Geister zu beeinflussen:

> Die Melodien sind weich und nur auf kurze Distanz wahrnehmbar, dennoch glaubt man, daß sie einen mysteriösen Einfluß auf die Geister ausüben, die der Zauberer mit seinem Instrument ansprechen will. In gleicher Weise wie die Indianer glauben, daß sie die Geister herbeirufen und zu ihren Freunden machen können, indem sie den Musikbogen spielen, glauben sie, daß ein geheimnisvoller Einfluß auf sie ausgeübt werden kann, wenn sie die große *tundúi*-Trommel spielen (Übers. C. G.).

Die bezaubernde Wirkung von Musik und Gesang verkörpert im griechischen Mythos Orpheus, der thrakische Sänger und Leierspieler, der die Natur bezauberte und die Götter der Unterwelt durch sein Lied veranlaßte, ihm seine Gattin zurückzugeben. Die Verbindung von singen und be- oder verzaubern findet sich auch in den entsprechenden Worten der europäischen Sprachen: im Lateinischen *encantare* = singen, zaubern, durch Zauber schaffen; im Spanischen *encantar* = be- und verzaubern; *cantar* = singen; im Englischen *enchant* = bezaubern, entzücken; *enchanter* = Zauberer etc.; *to chant* = singen; und im Französischen *enchanter* = be-, verzaubern, entzücken; *chanter* = singen.

Baer (1984:207) weist darauf hin, daß bei den Matsigenka (Ost-Peru) der Gesang und das Summen eine anziehende Wirkung auf die Geister habe, entsprechend dem englischen bzw. französischen Ausdruck *charm* und *charme* = Zaubersang, -formel, Zauber. Auch hier liegt wieder die Verbindung zum Lied vor; so bedeutet das lateinische *carmen* u. a. »Eides-oder Gebetsformel, Zauberformel oder Zauberspruch, Orakellied, Kultlied« (ebd.:331).

Die Trance oder der veränderte Bewußtseinszustand, in dem sich der *maestro* befindet, scheint, gegenüber dem Sprechen oder Singen im gewöhnlichen Bewußtseinszustand, die Wirkung der Invokation zu steigern. Auch weiß der *maestro* durch den San-Pedro-Trank genau, an welche Instanzen, Kräfte und Geister er im Moment seine Anrufung richten muß, um den gewünschten Effekt zu erreichen. Diese Kräfte und Geister werden als Machtobjekte auf der *mesa* repräsentiert und dem andinen Weltbild entsprechend sind sie den drei kosmischen Zonen der Ober-, Mittel- und Unter- oder Innenwelt *(hanan-, kay-* und *ukhu-* oder *hurin-pacha)* zugeordnet. Der *curandero* versetzt sich, wohl auch mittels bestimmter Lieder, auf bestimmte Bewußtseinsebenen, und kommuniziert mit den Geistern und Kräften dieser kosmischen Ebenen. Zumindest zum Teil übernimmt ein *maestro* nicht die Machtlieder seines Lehrers, sondern bekommt sie von seinem San-Pedro-Trank eingegeben, je nach seinen Fähigkeiten und je nach den Arbeiten, die er durchführen will[8]. Zuerst erhält er das gepfiffene Lied. Zu dieser Melodie und diesem Rhythmus beginnt er dann die Worte intuitiv zu setzen. Hat er einmal auf diese Weise eine gewisse *cuenta* für eine spezifische Aufgabe erhalten, so scheint diese unter San-Pedro-Einfluß in jedem benötigten Fall immer wieder erinnerbar zu sein.

Manches kann ein *maestro* auch von seinem Lehrer übernehmen; so »öffnet« Don Ruperto z. B. ein Lied *(cuenta)* mit der gepfiffenen Melodie seines Lehrers, um kurz darauf mit seiner eigenen Melodie fortzufahren.

Frage: »Lernt man diese Lieder von seinem Lehrer? Oder lehren dich die Pflanzen oder Geister?« Ruperto:

> Nein, die Pflanzen geben dir den Gesang, der San-Pedro-Trank selbst gibt dir die Art und Weise zu singen, die gepfiffene Melodie, er macht sie dir zur Gewohnheit. Zuerst kommt eine Art Pfeifen, die gepfiffene

Melodie, danach versuchst du zu singen, die Worte wählend, um sie der Tonfolge, die du singst, anzupassen. Es ist keine Frage von beliebigen Einfällen oder dergleichen, sondern der San-Pedro-Trank selbst läßt dich, wenn du am wenigsten damit rechnest, eine Menge Dinge sagen.

Frage:»Also ist es nicht das Lied deines Lehrers?« Ruperto:

Die gepfiffene Melodie von Miranda (sein erster Lehrer) geht beispielsweise so: (er pfeift). Dies ist die Weise von Miranda. Um eine *cuenta* mit Miranda zu öffnen, muß ich diese Weise anstimmen, aber von da an vergiß dieses Lied, dann kommt das andere (er pfeift). Verstehst Du?

Frage:»Du öffnest das Lied mit der gepfiffenen Melodie von Miranda und fährst mit deiner eigenen fort?« Ruperto:

Mit meiner eigenen. Sonst nichts, sonst würde es nur stören. Jeder *curandero* hat seine Art die Dinge zu machen, auch wenn du ihn unterrichtest, hat er trotzdem seine eigene Form, seine Art und Weise die Sachen zu machen.

Frage:»Auch die gepfiffene Melodie und die Lieder sind ein wenig verschieden...« Ruperto:

Ein wenig verschieden. Im Falle meiner Gehilfen sind sie fast gleich, aber nicht so die Anrufungen, die ich ihnen wirklich nicht gebe. Weil...«

Frage:»Wer gibt sie, der San-Pedro-Trank?« Ruperto:

Der San-Pedro-Trank. Deshalb sage ich dir, daß jeder *curandero* seine eigene Art zu arbeiten hat, denn je nachdem, wie er seinen San-Pedro-Trank beschwört, wird dieser selbst ihn führen, bis sich ein Modell (*patron*) der *mesa* oder eine bestimmte Art zu arbeiten herausbildet.

Die Schüler von Don Ruperto haben dessen Grundmelodie und Rhythmus übernommen, was auch damit zusammenhängt, daß sie den gleichen San-Pedro-Trank zu sich nehmen. Aber schon die Texte dazu sollen variieren. Sharon (1972:126 und 1980:83) verweist ebenfalls darauf, daß ein *curandero* einen Teil der Lieder von seinem Lehrer lernt, diesen Bestand dann aber selbst ausbaut. Dabei bezieht er sich auf Don Eduardo, der davon spricht, daß sich in manchen

Regionen gewisse gepfiffene Lieder ausgeprägt haben sollen. Er spricht dabei von Schulen, was jedoch nicht wörtlich zu nehmen ist:

> Jeder Schamane hat seine gepfiffene Melodie; besser gesagt jede Schule. Die nördliche Schule von Ferreñafe, von Punto Quatro, von Salas und Penachi, von Chontali. Sie haben dort ihre speziellen gepfiffenen Melodien, die *tarjos* genannt werden, sogar Lieder. Lieder für jede Tätigkeit; sie müssen ein spezifisches Lied oder ihren *tarjo* vortragen, so zum Beispiel für Liebe einen *tarjo*, eine gepfiffene Melodie; für Kampf eine andere; zum Heilen, zur visionären Diagnose; so schließlich eine ganze Reihe (Gushiken 1979:47; Übers. C. G.)[9].

Wann und welches Lied gesungen wird, scheint nicht immer in der bewußten Kontrolle des *curandero* zu liegen; in manchen Fällen kommen sie einfach aus ihm heraus[10]. Dadurch ist Don Ruperto nicht immer in der Lage, ein Lied zu wiederholen. Gelegentlich beginnt er während der visionären Diagnose ein Lied zu pfeifen, das von einer anderen *mesa* stammen soll, etwa, wenn Don Rupertos Patient unter Schadenzauber leidet, den er sich durch die Teilnahme am Ritual eines *brujos* zugezogen hat.

Frage: »Zeigt dir der San-Pedro-Trank den Rhythmus, und die Worte suchst du aus oder…?« Ruperto:

> Sie kommen heraus; das Lied (die Schwingung) ist schon da, die Art und Weise zu singen oder zu pfeifen kommt durch den San-Pedro-Trank selbst. Manchmal möchte ich eine Tonfolge erneut pfeifen und kann es schon nicht mehr. Verstehst du? Oder wenn du vollständig in Trance eintrittst und deinen Geist *(mente)* beiseite läßt und dich nur dem Folgen (Diagnostizieren) der Person (Patient) widmest, die du vor dir hast; wenn diese Person dann Schadenzauber hat, durch die *mesa* eines Hexers oder dergleichen, dann beginnst du zu pfeifen, genau wie die Person, die diesen Schadenzauber gemacht hat. Dann frage ich zuweilen: »Wo haben Sie diese Tonfolge gehört?« – und sie antworten: »An dem und dem Ort.« Verstehst du?

Und an anderer Stelle: Ruperto:

> …ich weiß nicht, ob du mal dabeigewesen bist, als ich auf eine andere Art und Weise pfiff, die nicht meiner entspricht und sofort (den Patienten) fragte: »Wo haben Sie diese Melodie gehört?« Das heißt,

daß diese Melodie von einer anderen *mesa* kommt, die nicht die meine ist. Meine Machtobjekte beziehungsweise meine ganze *mesa* »bewegt sich« entsprechend der gepfiffenen Melodie, dem Lied, der Anrufung. Irgendeine Person kann sich nicht hinsetzen und mit dieser *mesa* arbeiten, in keiner Weise. Ausgenommen, sie würde die Lieder herausfinden und könnte die *mesa* beherrschen.

Alle Machtobjekte bzw. die gesamte *mesa* sind auf den Rhythmus und die Grundmelodie des *curanderos* eingestimmt. Eines Nachts, so Don Ruperto, während der Behandlung eines Patienten, begann er eine sehr schöne Melodie durch einen Mundwinkel zu pfeifen, was er sonst nicht zu tun pflegt. Diese Melodie führte ihn mental an die *mesa* des *brujos*, der den Schadenzauber am Patienten durchgeführt hatte. Der *brujo* verwies auf einen seiner Zauberstäbe und erklärte, daß er damit den Schadenzauber ausgeübt habe.

Don Ruperto erkannte, daß der Stab aus Blutholz gearbeitet war und setzte daraufhin zur Heilung seiner Patientin einen eigenen geschnitzten Stab aus Blutholz, den Eulenstab, ein. Viele der *artes* wurden, wie ich zu zeigen versuchte, erst durch Anrufungen *(cuentas)* und Tabakgaben zu Machtobjekten gemacht. Sie wurden so in Verbindung gebracht mit einer bestimmten Zauberkraft, Naturkraft oder einem Geist und behalten diese ihnen gegebene *cuenta*. Manche Gegenstände, vor allem aus alten Gräbern etc., bringen schon eine gewisse *cuenta* mit, die mit den Kräften und Geistern verbunden ist, mit denen dieser Gegenstand in Kontakt war. Auch diese Objekte werden nach ihrer »Zähmung« auf die *mesa* des Heilers »eingestimmt«. In diesem Zusammenhang ist unter *cuenta* nicht direkt die Anrufung oder das Lied zu verstehen, sondern eher eine Kraft, eine Kraftschwingung, wie ein Lied ja auch eine Klangschwingung ist[11].

Mit seinen Liedern kann der *maestro* spezifische Kräfte aus den drei Zonen seiner *mesa* ansprechen und in seiner Arbeit gezielt einsetzen. So gibt es *cuentas* zum Beschützen des Patienten, zum Reinigen, zum Heilen, zum »Heben« *(levantar)* und »auf die Beine stellen« *(parar)*, zum »Erleuchten« bzw. Licht geben *(iluminar)*, um das Glück anzuziehen, für Liebeszauber und *cuentas*, um Zauberkräfte der magischen Pflanzen wirksam zu machen, wie z. B. durch das Lied, das während des Tanzes gesungen wird.

Der Tanz leitet den zweiten Teil der Behandlung ein, bei dem es nicht mehr darum geht, Negatives, Pathogenes zu entfernen, vielmehr darum, positiv auf das Glück und das Schicksal der Patienten einzuwirken. An dem Tanz sollen alle Anwesenden teilnehmen, ein Gehilfe spielt auf der Gitarre und singt, die anderen Gehilfen begleiten ihn auf ihren Rasseln. Man tanzt nicht mit einem bestimmten Partner, sondern jeder tanzt für sich allein, der *mesa* zugewandt, einen *huayño* (Tanz und Gesang inkaischen Ursprungs). Dazu wird immer abwechselnd, zweimal mit dem linken und zweimal mit dem rechten Fuß, aufgestampft. Der Zauberstab, den jeder Patient während des gesamten Rituals bei sich trägt, wird dabei in der rechten Hand etwas emporgehalten und zum Rhythmus bewegt. Hin und wieder soll man sich um die eigene Achse drehen, dreimal in die eine Richtung, dreimal in die andere. Während des Tanzes soll sich jeder das wünschen, was er benötigt und ersehnt, jedoch nichts Schlechtes, da sich dieses sowieso nicht erfülle. In dem Lied werden besonders die magischen Pflanzen, die machtvollen Hochlandseen und Kordilleren, aber auch andere auf der *mesa* repräsentierte Kräfte angerufen, um die Patienten zu beschützen, spirituell zu erleuchten und zu »erheben«, um ihr Glück zu verstärken in Geschäften bzw. bei der Arbeit, in der Liebe und zur Verbesserung der Gesundheit. Es ist dies der geheimnisvolle Moment, an dem sich die Kraft der Hochlandseen »öffnen« soll.

Der Tanz selbst ist als eine Art Huldigung an diese und an die anderen wirkenden Kräfte und Wesenheiten zu verstehen. Man »feiert« sie, indem man für sie oder gar mit ihnen tanzt, wobei man zugleich um persönliches Wohlergehen oder um das von Verwandten und Freunden bittet. Daneben gibt es verschiedene *cuentas*, die von den Hexern oder Zauberern gesungen werden, um Schadenzauber und Liebeszauber etc. durchzuführen. Mittels der spontan aufsteigenden Machtlieder erhält der *maestro* Hinweise, z. B. während seiner visionären Diagnose, die sich auf die Situation oder die Krankheit seines Patienten beziehen.

Die *cuentas* können auch die Therapiemaßnahmen für eine Erkrankung angeben, d. h. welches Heilmittel zu verwenden oder welches Machtobjekt einzusetzen ist. Auch in diesem Zusammenhang handelt der *curandero* als »Medium«; er empfängt Hinweise über den Zustand des Patienten und über die Behandlung. Ruperto:

... praktisch führt mich der San-Pedro-Trank, der Trank führt mich, er führt mich; er läßt mich singen, er läßt mich eine ganze Reihe von Dingen machen, dieses sind Eingebungen des San-Pedro-Trankes selbst.

Die Lieder sind also ein Kommunikationsmittel zwischen dem *curandero* oder *brujo* und bestimmten Geistern und Kräften, die er damit anrufen und auf ein Ziel, meist den Patienten, lenken kann; ebenso wie diese Kräfte durch die Lieder wirken können, erhält der Heiler durch sie Informationen und Kräfte, mit denen der Patient behandelt, geschützt und spirituell gereinigt werden soll.

Ein Vergleich mit anderen Angaben über Schamanenlieder in Mittel- und Südamerika zeigt interessante und deutliche Parallelen: Wohl in den meisten Fällen, bei denen Schamanengesänge oder Machtlieder eingesetzt werden, geschieht dies in Verbindung mit Pflanzenhalluzinogenen o. a. Stimulantien wie z. B. Tabak[12]. Auch hier dienen die Lieder der Schamanen dazu, die Geister, Kräfte und Pflanzen herbeizurufen und zu beeinflussen[13].

Die Machtlieder werden zu den verschiedensten Zwecken eingesetzt, so um zu heilen[14], um Schadenzauber auszuüben[15], um zu beschützen[16], um spirituelles »Licht« zu geben[17], um mental andere Orte aufzusuchen (Astralreisen) und um die Visionen und Erlebnisse, auch der übrigen Teilnehmer, zu steuern. Gewissermaßen ist dies eine Konsequenz daraus, daß die Geister herbeigerufen und folglich im veränderten Bewußtseinszustand auch wahrgenommen werden[18].

Lamb (1982:160f.) berichtet über die Erfahrung eines Mestizen-Heilers der unter *ayahuasca*-Einfluß behandelt:

> Diese Erfahrung machte mir klar, daß die Visionen den Gesängen gehorchten, oder sollte man besser sagen, daß man den Verlauf der Visionen mit den Gesängen steuern konnte. Um das in der nächsten Sitzung auszuprobieren, sang ich was ich sehen wollte und stellte mit wachsender Sicherheit und Ruhe fest, daß die Visionen meinen im Lied ausgedrückten Wünschen folgten, welcher Art sie auch sein mochten.

Das Steuern der halluzinogenen Erlebnisse beginnt z. B. beim *ayahuasca*-Ritual schon mit den Anrufungen und Liedern, die der *ayahuasquero* bei der Zubereitung und vor dem Trinken des *ayahuasca* über die Pflanzen und den Trank formuliert. Dabei äußert er sich auch dazu, wie die Wirkung des Trankes sein soll. Dies ist ein wesentlicher Aspekt des *ayahuasca*-Rituals, dem bisher zu wenig Aufmerksamkeit geschenkt wurde[19]. Ebenso wird auch der San-Pedro-Trank nicht eingenommen, ehe nicht der notwendige Eröffnungsritus vollzogen wurde, durch den dieser Trank sich gewissermaßen verwandelt, d. h. mit den angerufenen Kräften in Verbindung tritt bzw. diese aufnimmt[20].

In weiten Teilen Mittel- und Südamerikas ist die Vorstellung verbreitet, daß die Lieder dem Schamanen oder anderen Ritualteilnehmern von den Pflanzen, Kräften und Geistern gelehrt und übermittelt werden[21].

Der Ethnologe Castaneda (1983:119) beschreibt, wie er während der Lehrzeit bei dem Yaqui-Indianer Don Juan durch *Mescalito* (*Peyote*-Kaktus) zwei Lieder gelehrt bekam:

> Am Sonnabend, dem 5. September, sang der alte Mann abends sein *Peyote*lied, um den Zyklus noch einmal zu beginnen. Während dieses Treffens kaute ich nur einen *button;* ich hörte weder den Liedern zu, noch achtete ich darauf, was um mich vorging. Vom ersten Augenblick an war mein ganzes Wesen auf einzigartige Weise auf einen Punkt konzentriert. Ich wußte, daß etwas schrecklich Wichtiges für mein Wohlbefinden fehlte. Während die Männer sangen, bat ich *Mescalito* mit lauter Stimme, mich ein Lied zu lehren. Mein Bitten vermischte sich mit dem lauten Singen der Männer. Ich hörte sofort ein Lied in meinem Ohr. Ich drehte mich mit dem Rücken zur Gruppe und hörte zu. Ich hörte die Worte und die Melodie wieder und wieder, und ich wiederholte sie, bis ich das ganze Lied gelernt hatte. Es war ein langes spanisches Lied. Dann sang ich es der Gruppe mehrere Male vor. Und bald darauf kam ein neues Lied in meine Ohren. Am Morgen hatte ich beide Lieder unzählige Male gesungen. Ich fühlte mich wie neugeboren, gestärkt.

Etwas weiter (ebd.:120) beschreibt derselbe deutlich, wie er die »Droge« als eine außerhalb von ihm existente Wesenheit erfuhr:

> In diesem Augenblick fühlte ich, wie mich eine große Woge der Weisheit verschlang. Eine Mutmaßung, mit der ich drei Jahre gespielt hatte, wurde jetzt zur Gewißheit. Ich hatte drei Jahre gebraucht, um zu erkennen oder vielmehr herauszufinden, daß, was immer in dem Kaktus »*Lophophora williamsii*« enthalten sein mochte, unabhängig

von mir als Wesen existierte; es existierte dort draußen aus sich selbst, als ein Ganzes. Jetzt wußte ich es. Ich sang fieberhaft, bis ich die Worte nicht länger aussprechen konnte. Mir war, als existierten die Lieder in meinem Körper und erschütterten mich unbändig.

Hier wird noch einmal deutlich, daß die Kräfte und Wesenheiten, welche die Lieder lehren, als außerhalb der Person erlebt werden. Ja, die Geister selbst sollen singen, und der Schamane übernimmt in gewisser Weise nur ihre Lieder. Ein Beispiel von Weiss (1981:44) über *ayahuasca*-Zeremonien der Campa-Indianer (Ost-Peru):

> Was man von dem Geschehen versteht, ist, daß die Geister die Gruppe, die sie gerufen hat, besuchen müssen; sie kommen in menschlicher Gestalt, festlich geschmückt, sie singen und tanzen vor den versammelten Sterblichen, aber nur der Schamane nimmt sie deutlich wahr. Man nimmt weiterhin an, daß der Schamane, wenn er singt, nur das wiederholt, was er die Geister singen hört, er singt lediglich mit ihnen (Übers. C. G.).

Ähnlich beschreibt auch Taussig (1980:244) eine *yagé-(ayahuasca-; Banisteriopsis-)* Sitzung:

> Beide Männer singen während des *yagé*-Rituals. Dies ist ein sehr wichtiges Zeichen, denn nur die Erwählten erhalten die Macht zu singen. Beim Singen gibt man dem Gesang der *yagé*-Geister, die man in seinen Visionen sieht und hört, Stimme. Man materialisiert ihre Musik auf diese Art, indem man sie als ein Vermittler in die Welt bringt[22] (Übers. C. G.).

Olson (1975:19, 21, 33) versucht in seiner interessanten Arbeit zu zeigen, daß sich der Schamane der Warao-Indianer (Venezuela) auch ohne Halluzinogene und Tabak, nur mit Hilfe seiner Musik, in eine veränderte Bewußtseinslage versetzen kann, in der er in Kontakt mit der »übernatürlichen Welt« tritt (vgl. Harner 1982:112). Eventuell hat dieser Kontakt mit den Geistern oder die Präsenz der Geister auch eine tranceverstärkende Wirkung.

Ebenso zeigt Olson, daß der Schamane *(wisiratu)* beim Singen zu den Geistern *(hebu)* spricht, und daß die Geister durch ihn wieder antworten, ja daß sogar der Schamane selbst im Laufe des Gesangs sich in ein »übernatürliches Wesen« zu verwandeln glaubt:

... der Schamane wird zu dem Geist, über den er singt. Dieser Kontakt mit der übernatürlichen Welt und des Schamanen schließliche Transformation in ein machtvolles Wesen wird erleichtert und beschleunigt durch die rituelle Musik, die er singt (ebd.:21).

Sie (die Musik) ist nicht einfach eine angehängte Sache, die man nur gelegentlich benutzt, um die Schamanensitzung angenehm zu gestalten, sondern sie ist die wirkliche Stimme der »Götter«, ebenso wie des Schamanen einzigartige Stimme Mittler zwischen den Sterblichen und Unsterblichen ist (ebd.:33) (Übers. C. G.).

In diesen Zitaten wird noch einmal ganz deutlich: mit dem Schamanenlied wendet sich der Schamane (oder Ritualteilnehmer) an die Geister, ebenso wie diese sich durch ihn äußern. Das Lied ist das Kommunikationsmittel, das den Kontakt zwischen den Welten erlaubt[23].

Anhang:

Lied

Juega, juega hierba linda
vara huaringana
vara Rey Serpiente linda
linda Reina va jugando
hay la lay la lay la la.

Así vengas ordenando
a tus grandes regimientos
ya me vengan resguardando
hay, de ... (Ort, wo er wohnt) *... adentro*
donde vengo yo jugando
donde vengo ya curando
hay la lay la la.

Lindo San Cipriano hombre
vara poderosa linda
linda Justicia jugando
linda Reina voy contando
linda Gentila mirada
hay la la la lay la la

*Linda Lechuza mori...
vara encantadora linda
así viene trabajando
con la Justicia tan linda
mi Bejuco Negro
lindo Gentil Moro hierba
ha la lay la la hay la la.
Así vengo yo jugando
con mi Guayacan tan linda
con mi Chalpon vara
para ver mi levantanda
para ver mi coronando
ha la lay la la la.*

Linda Margarita honda
linda Santa Rosa linda
linda Sirena jugando
mi Sirena encantadora
mi Margarita tan linda
vara fraganciosa
ha la lay la la la.

Linda Chonta Negra...
para verme ya botando
toda mala hierba
linda Gora Negra
linda Manco Luta
ha la lay la la la.

Así vengo yo jugando
con mi Remolino lindo
lindos Caracoles ha
lindo Rollo voy jugando
para ver mi encantando
Lindas señoritas hierbas
lindos caballeros ha
linda...
bien querido, bien amado
bien consideradas ya
ha la lay la ha la la.

Así vengo yo jugando
¡hay! de loma en loma hierba
¡hay! de huaca en huaca en Batan Grande
¡hay! de cerro en cerro
con mis Cholos con mis Chinas
con mis huacos moros hierbas
ha la hay la ha la la.

Con mis silbadores lindos
para ver mi ya botando
todo mal espíritu
toda mala sombra ya
todo susto voy curando
hay la la la hay la la.

Así vengo yo jugando
con mis siete (mil) vientos
con mis ocho lindos vientos
con mis pajas, hierbas
mi San Pedro lindo hierba
y mi condor misha ha
lindo condor purga ha
lindo toro-maique ha
bueno piri-piri hierba
lindo contrahechizo he
par ver mi ya curando
todo mal brebaje hierba
ya lo vengan arrojando
ha la lay la ha la la.

Así vengo invocando
mis ajustes lindas hierbas
lindos talismanes
lindos diamantes jugando
lindos cristales contando
para verme iluminado
a su mente su memoria
su cerebro lindo hierba
ha la lay la ha.

*Para verme levantando
lindas invociales hierbas
grandes empresarios
grandes… comerciales
grandes farmacias contando
para verme levantando
grandes tiendas lindas ha
grandes zapaterías
ya la vengo operando
donde vengo invocando
para verme ya jugando
con los grandes ayudantes
donde vengo levantando
grandes líneas, hierbas ha
de microbuses voy contando
grandes líneas, hierbas ha
de colectivos jugando
lindos taxistas contando
con la media noche hierba
hay la la la hay la la.*

*Para verme ya jugando
con los grandes…
con los santos tribunales
donde vengo ya ordenado
con mi vara poderosa
la justicia linda hierba
ha la lay la ha la la.*

*Para verme… paseando
con los grandes ministerios
donde vengo iluminando
grandes caballeros hierbas
lindas señoritas
hay la la la hay la la.*

*Aquí vengo yo jugando
con la grande hierba honda
universidades*

donde vengo iluminando
floreciendo y fraganceando
a M.A.M. (Name eines Schülers) *ya su nombre*
ha la lay la ha la la.

Así vengo trabajando
con los grandes hospitales
con las grandes hierbas ha
a las clínicas jugando
para verme iluminando
lindos doctores hierba
lindas doctoras jugando
grandes consultorios ha
lindas enfermeras
para ver mi levantando
lindos enfermeros ya
ha la lay la ha la la.

(Gitarreneinlage; Gehilfen sprühen Duftwasser).

Así vengo levantando
lindas bodegas mi hierba
grandes pulperías
grandes restaurantes
lindas chifas voy contando
ha la lay la ha la la.

Para verme iluminando
a mi linda ramba
a mi lindo circo ya
a H.M. (Name eines Sohnes) *ha*
a C.M. (Sohn) *ha*
a C.M. (Sohn) *ha*
a J.L.M. (Sohn)
a M.M. (Sohn) *jugando*
a C.M. (Sohn)
ya los vengo levantando
a M.M. (Tochter) *hierba*
a G.M. (Tochter)

a L.M. (Sohn) voy contando
C.A. (Sohn) voy jugando
J.A. (Sohn) hierba linda
ya los vengo levantando
de G. (Ort) a dentro
donde vengo levantando
a mi ... hierba
a Juan Jota (Name einer Person)
voy contando
de H. (Ort) adentro

donde vengo iluminando
A Manuel M. (Bruder) hierba
gran maestro lindo
en mi trono voy parando
a mi Blanca (Name einer Frau) *linda hierba*
Cruz der Motupe jugando
ha la lay la ha la la.

Al contar mi macana
a mi hierba voy cantando
hierba viva, hierba ...
para ver mi ya jugando
coronando voy cantando
hay la la la hay la la.

(R. spricht:) *Vamos curando lindas hierbas, lindas chontas, carajo, jugando, venir parando, buenas curaciones, en buena hora, Ruperto, lindo*

Huaringano, lindo maestro, así se venga parando, donde quiera que vaya,

bien querido, bien amado, bien considerado, así sea. Buena vista, buen oido, buen alcance, buena hora. Va a venir siguiendo ciento porciento, millar por millar, en buena hora, voy levantando mi lindo remedio, al venir buscando estas lindas sombras, por su rastro, por su sombra, por su nombre voy llamando, por un golpe por la madrugada, por golpe de media noche, vengo jugando ... con el río H ... parando, estas señoritas, estos caballeros.

En buena hora, vamos, lindos rambadores, lindas cuentas, para venir botando todo nerviosismo, toda locura, todo dolor, toda sarna, todo grano vengo curando, en buena hora, todo cancer carajo, voy curando de la noche a la mañana, lindas varas huaringanas, lindas varas curanderas, lindos cerros, lindos bronces, lindos aceros, jugando, botando toda peste, toda fiebre mala, toda difteria, todo malo. Lindo Ruperto (Nachname), *lindo maestro, linda cuenta, en buena hora, vengo jugando, en buena hora tu nombre* (Duftwasser wird über die *mesa* gesprüht) (6.4.1984). (4)

Anmerkungen

1 Dieser Artikel basiert auf dem ausführlicheren Kapitel 11 meiner Dissertation (1989), das weitere Beispiele, die spanischen Originalzitate, die in diesem Aufsatz übersetzt sind, sowie Texte der Lieder und eine Transkription enthält.
2 In der spanischen Provinz Galicien wird ein ganz ähnlich lautendes Gebet an Santa Elena zum Schadenzauber eingesetzt (Liste 1981:71).
3 Bei Joralemon (1983:226-31) findet sich das Eröffnungslied des *maestro* José Paz aufgezeichnet; siehe auch Chiappe, Lemlij und Millones (1985:92-5).
4 Dobkin de Rios 1981:341; Gillin 1947:121; Joralemon 1983:100.
5 Real Academica Española, Diccionario de la Lengua Española, Madrid 1970.
6 Ähnlich drückt es Pardo Rojas (1985:21) für die *jaibana* (Schamanen) der Choco-Indianer (Pazifik-Küste, Kolumbien) aus:»Im Choco wohnt die Kraft der Heilung dem Gesang inne (währenddem der *jaibana* die Geister und ihre Handlungen *sieht...*)« (siehe auch Halifax 1981:44).
7 »Die Kraft der Magie, ihre Wirksamkeit muß immer auf das Objekt übertragen werden. Worin besteht sie? Kurz gesagt, es ist immer die Kraft, die in der Beschwörung enthalten ist, denn – und das ist nie genug betont worden – das wichtigste Element der Magie ist die Beschwörung. Die Beschwörung ist der Teil der Magie, der okkult ist, der in magischer Vererbung weitergegeben wird und der nur dem Zauberer bekannt ist. Für die Naturvölker bedeutet Kenntnis der Magie Kenntnis des Zaubers, und bei jeder Analyse eines Zaubervorgangs wird man immer feststellen, daß die Beschwörung im Mittelpunkt des Rituals steht. Die Zauberformel ist immer der Kern der magischen Handlung.«
Ebenso geht Malinowski davon aus, daß ein Element der »primitiven Beschwörung« im Gebrauch von Wörtern liegt, »die das Gewünschte heraufbeschwören, statuieren oder befehlen. So erwähnt der Zauberer alle Symptome der Krankheit, die er »anhext«, oder er beschreibt in dem todbringenden Spruch das Ende seines Opfers. In der heilenden Magie kleidet der Zauberer Bilder von Gesundheit und körperlicher Kraft in Worte...« usw. (ebd.:58). Auch dieses Element findet man oft in den Anrufungen und Liedern der *curanderos* in Nord-Peru vor.

8 Interessant dazu sind auch die Gespräche von Castaneda (1983:86, 123) mit Don Juan über die Lieder, die durch den Gebrauch von *peyote (Mescalito, Lophophora williamsii)* erlernt werden:»Ich fragte ihn: ›Kannst du mir die Worte des Liedes beibringen, das du gesungen hast?‹ ›Nein, das kann ich nicht. Diese Worte gehören mir, der Beschützer *(mescalito)* selbst hat sie mir beigebracht. Die Lieder sind meine Lieder. Ich kann dir nicht sagen, was sie sind.‹ ›Warum kannst du es mir nicht sagen, Don Juan?‹ ›Weil diese Lieder eine Verbindung zwischen dem Beschützer und mir sind. Ich bin sicher, daß er dich eines Tages deine eigenen Lieder lehren wird. Warte darauf; und niemals, wirklich niemals ahme die Lieder nach, die einem anderen Mann gehören; und frage niemals, niemals nach ihnen.‹«

9 In diesem Zitat wurde nicht ganz deutlich, daß *tarjo* sich nur auf die Melodie, nicht aber auf das gesungene Lied bezieht. An anderer Stelle macht Don Eduardo die Unterscheidung deutlich:»Die Gesänge der Zeremonie heißen *cuentas*. Und die Intonation *tarjo*. Jedes Lied *(cuenta)* hat seine Weise *(tarjo)*. Z. B. hat ein Lied für die Liebe seinen speziellen *tarjo*. Und nehmen wir an, es gibt eine Arbeit, um auf das Glück Einfluß zu nehmen, gut, auch diese hat ihren besonderen *tarjo*« (Gushiken 1979:47; Übers. C. G.).

10 Isaac Tens, ein Gitksan-Indianer (Nord-Amerika) drückt dies so aus:»Die Lieder drängen von selbst nach draußen und sind vollkommen; es braucht keinen Versuch, sie zu erdichten« (Halifax 1981:46).

11 Sharon (1974:170, 187) übersetzt in diesem Kontext *cuenta* als *account, story* oder als *relationship with the world*. In der deutschen Ausgabe (1980:82ff.) wird dies als *Bericht, Wertigkeit* und *Kraftbeziehung* übersetzt.»*Cuenta* wird vor allem in bezug auf die Machtgegenstände einer *mesa* gebraucht und bezeichnet ihre besondere magische Beziehung zur Macht des Schamanen« (ebd.:82) Auch bei den Warao-Schamanen (Venezuela) bedeutet *hoa* sowohl das Schamanenlied als auch die spirituelle Essenz, innerstes Wesen, *spiritual essence* (Olsen 1980:132).

12 »Denn Musik ist in allen Drogen-einnehmenden-Gesellschaften ein wichtiges Attribut beim Drogenkonsum« (Dobkin de Rios 1981:342).

13 Siehe Castaneda 1983:123 (Yaqui, Mexico); Furst 1972 (Huichol); Hissink 1960:523 (Tacana und Chama, Argentinien); Luna 1982:6 (Iquitos, Mestizen, Ostperu); Myerhoff 1980:115 (Huichol, Mexico); Schleiffer 1973:87; Stocks 1979:78 (Oberer Amazonas); Zerries 1950/4a (Warao, Venezuela).

14 Naranjo 1970:97 (Jivaro); Olsen 1975 (Warao); Siskind 1981:31 (Sharanahua, Ost-Peru); Wilbert 1976:42, 45 (Warao).

15 Olsen 1975:20-4 (Warao); Siskind 1981:32 (Sharanahua); Wilbert 1976:18f., 42-5 (Warao).

16 Olsen 1980:131 (Warao; auch ohne Drogeneinnahme).

17 Baer 1981:50 (Matsigenka, Ostperu).

18 Dobkin de Rios 1976:68; 1977:295f.; 1981:81; Reichel-Dolmatoff 1971:174 (Desana, Tukano); Siskind 1981:32 (Sharanahua); Taussig 1980 (Kolumbien).

19 Lamb 1982:39, 98 (Amahuaca); Naranjo 1970:110 (Cofanes, Ecuador); Stocks 1979:74f. (Loreto, Peru); Reichel-Dolmatoff 1975 und Taussig 1980:253 (Kolumbien).

20 Karsten (1935:434) zeigt, daß bei den Jívaro das Schlagen der großen Holztrommel während *ayahuasca*-Zeremonien *(natéma)* gewisse Geister herbeiruft, die auch den Trank mit ihrem Geist erfüllen: »Die *Jivaros* erklären, daß sie durch das Schlagen ihrer Trommel den Dämonen *(iguánchi)* imitieren, der in den Hügeln lebt und selbst die *tundúi* (Trommel) schlagen soll. Man glaubt, daß das Trommeln dem Dämon gefällt, der an den Ort kommen und sowohl den Trank als auch die trinkenden Indianer mit seinem Geist erfüllen wird« (Übers. C. G.).

21 Eliade (1975:318) hält die »geheimen Lieder, die von Gott oder von Tieren, vor allem Vögeln, geoffenbart« werden, für einen der außerordentlich archaischen Züge des südamerikanischen Schamanismus.
Siehe auch Castaneda 1983:86, 119 (Yaqui, Mexiko); Baer 1981:50 (Matsigenka, Peru); Dobkin de Rios 1977:294f.; Eliade 1975:93 (Apa poaiva, Guarani); Elick 1969:206f., in Wilbert 1976:11f. (Campa, Peru); Kalweit 1984:154 (Chiripa, Paraguay); Luna 1982:5 (Iquitos, Peru); Metraux 1944:210 in Eliade 1975:104.

22 Siehe auch: Carneiro (1964:9) in Harner 1981:165; Clastres 1976:157 (Mbya Guarani); Guallart 1958:68 (Aguaruna, Peru); Harner 1981:167 (Conibo, Ost-Peru); Oberg 1953:60; in Münzel 1971:103 (Kamayura, Brasilien); Schleiffer 1973:23 (Huichol, Mexiko); Wasson u. a. 1974 in: Halifax 1981:239ff. (Mazateken, Mexiko).

23 Im Gegensatz zu Lévi-Strauss' (1977:204-25, spez. 215) Ausführungen in seinem Artikel: »Die Wirksamkeit der Symbole« ist der Gesang vorwiegend nicht an den Patienten gerichtet, auch wenn eine Wirkung auf diesen mit dem Gesang ausgeübt werden soll. Lévi-Strauss versucht am Beispiel der gesungenen Heilepen der Cuna-Indianer zu zeigen, daß der Patient anhand des Liedtextes den Mythos der Entstehung seiner Krankheit erfährt und daß dieses Erlebnis eine kathartische Wirkung im Patienten erzeugt. Das Erklärungsmodell von Lévi-Strauss wird durch den Umstand erschüttert, daß die Sänger der Cuna-Indianer auch Geheimsprachen benutzen, bzw. die Patienten oft gar nicht anwesend sind. (Hauschild 1984:201f.).
Letzteres gilt auch für Nord-Peru. So wird in manchen Fällen lediglich ein Lied bei der Behandlung eines Kleidungsstückes *(prenda)* angestimmt, also ebenfalls in Abwesenheit des Patienten. Weiterhin werden die Lieder oft recht undeutlich gesungen, so daß der Patient sie nicht verstehen kann, abgesehen davon, daß er ohne weitere Unterweisung vieles von der Bedeutung und dem Sinnzusammenhang nicht verstehen könnte.
Wenn ein Lied angestimmt wird, wird der Patient oft aufgefordert dazu zu tanzen, wobei er sich noch weniger auf den Text des Liedes konzentrieren kann, der auch durch die begleitende Rassel oder Gitarre und andere Nebengeräusche rein akustisch schon kaum verständlich ist.
Joralemon (1984:406) verweist darauf, daß kaum etwas von den Liedern des *curandero* bei den Patienten in Erinnerung bleibt.

Musik, Gesang und Tanz in der traditionellen andinen Medizin

Walter Andritzky

Musik, Tanz und Gesänge gehören zu den ältesten und am weitesten verbreiteten Medizinen der Menschheit. Auch die abendländische Medizin hat sich ihrer bis ins 19. Jahrhundert hinein z. B. im Rahmen der Hospitalsmusik und in der Psychiatrie bedient (vgl. Kümmel 1977; Schuhmacher 1982). Erst in jüngster Zeit werden Musik und Tanz als »Therapien« vor allem bei der Behandlung psychischer Krankheiten wiederentdeckt. Über kulturhistorisch erprobte Weisen der Anwendung und über die Funktion dieser Medien als indigene Formen von Medizin und Psychotherapie kann das Studium traditioneller Gesellschaften wertvolle Hinweise geben, da sie dort bis heute im Heilwesen lebendig sind (vgl. Andritzky 1989c, 1991b). Im folgenden wird versucht, die heilerischen Aspekte von Musik, Tanz und Gesängen am Beispiel des nordperuanischen *mesa*-Rituals aufzuzeigen, wobei die heutigen Traditionen auch in ethno-musikhistorischer Perspektive beleuchtet werden.

Die während einer Feldforschung 1985/86 gewonnenen Beobachtungen und Tonaufnahmen verdanke ich den Heilern Gerardo Pizarro (Lima), der mir bei der Niederschrift und Deutung seiner *mesa*-Gesänge behilflich war, und Francisco Guernicio (Huancabamba). Musik, Tanz und Gesang sind kein fester Bestandteil aller Heilvorgänge, sondern ihre Rolle ist stark von regionalen Traditionen abhängig. Bei den *mesa*-Ritualen, denen ich in Huancabamba (Nordperu) und Curva (Bolivien) beiwohnte, gab es z. B. keine Rasseln und keine Gesänge. Die heute vorfindbaren musikalisch-tänzerischen Aktivitäten (die sich vor allem im Rahmen der Dorffeste entfalten) enthalten traditionell-andine Elemente, solche der euro-amerikanischen Industriekultur, des christlichen Glaubens und weiteren im Andenraum wirkenden Kultureinflüsse: Reste der mittelalterlich-europäischen Magie, möglicherweise Traditionen der im 19. Jahrhundert als Arbeiter ins Land geholten Chinesen und afrikanische

Ritualelemente der Negersklaven, die bis zu Beginn des 19. Jahrhunderts in den Küstenoasen arbeiteten (Andritzky 1990). Ferner müssen wir das ganze Spektrum der fernöstlichen Philosophie und des Spiritismus berücksichtigen, das vor allem in den Großstädten wie Lima auf starke Resonanz bei den Volksheilern stößt.

Es würde den Rahmen der Arbeit sprengen, die Rolle dieser Faktoren jeweils zu identifizieren. Statt dessen sollen anhand archäologischer und literarischer Quellen einige Wurzeln der in den ländlichen Gegenden fortexistierenden autochthonen Musiktraditionen umrissen werden.

Außer der »direkt« einer Krankenbehandlung dienenden, rituellen Verwendung von Musik, Tanz und Gesängen, betrachte ich sie auch im Rahmen der traditionellen Feste als Formen von Medizin. Schon zur Inkazeit war das Versäumen der Jahresfeste eine »Sünde«, die als möglicher Anlaß für Krankheit galt (Lastres 1951-I:51). Die Heiler wirken noch heute als zentrale Personen bei den Jahresfesten, die ein die ganze Dorfgemeinschaft umfassendes soziales Netzwerk kreieren. Wie die Forschung über soziale Unterstützung *(social support)* erweist, hat das Eingebundensein in solche Netzwerke eine prophylaktische und eine Heilungsprozesse beschleunigende Funktion bei einem breiten Spektrum somatischer und psychischer Störungen (vgl. Sarason, Sarason & Pierce 1988; Thoits 1986). Als Beispiele für diese These habe ich an anderer Stelle das Santiagofest von Taquile, einer Insel im Titicacasee (Südperu) und die *ayahuasca*-Rituale (Ostperu) dargestellt (Andritzky 1987a, 1989a, 1989b).

Musik, Tanz und Gesang können in einem holistischen Verständnis ethno-therapeutischer Vorgänge nur als integrale Bestandteile eines vieldimensionalen heilerischen Settings verstanden werden, wie ich es am Beispiel der Therapie der Volkskrankheit des *susto* skizziert habe (Abb. 1). Zur Evaluation der möglichen Effizienz kann das ganze Spektrum der psychologisch-medizinischen Fachdisziplinen herangezogen werden. Ich habe diese Methode als systematische Gleichsetzung »emischer« und »etischer« Perspektive beschrieben (Andritzky 1991c). Wir betrachten Musik, Tanz und Gesang im folgenden aus ethnologischer Perspektive *(folk evaluation)* und in ihren therapeutischen Funktionen. Eine musikwissenschaftliche Analyse *(analytical evaluation)* der Gesänge, der Melodien und der Rhythmik ist an dieser Stelle nicht beabsichtigt.

Abb. 1 Parameter der andinen Ritual-Therapie am Beispiel des susto *(Andritzky 1991c).*

Die musikwissenschaftliche Erforschung der drei Medien im Rahmen von Heilritualen steht ohnehin erst in den Anfängen. Mit Merriam (1964:29ff.) und Robertson DeCarbo (1974) gehe ich davon aus, daß Musik nicht als ein isoliertes Phänomen untersucht werden sollte, sondern als Teil kognitiv-kosmologischer Systeme und hier im besonderen des Volksheilerwesens. Seegers (1963:214f.) interdisziplinärer Ansatz der musikwissenschaftlichen Aufgabenstellung entspricht mit der Anwendung von Theorien der Physik, Physiologie, Psychologie, Ästhetik, Philosophie u. a. teilweise meiner Methode der systematischen Gleichsetzung, die jedoch auf einer weiter gefaßten Vorstellung einer holistischen Methode beruht. In ähnlicher Weise entwirft Nketia (1985) eine interdisziplinäre Musikwissenschaft, die von Alvarez-Pereyre & Arom (1986) kritisiert wurde, da das Nebeneinanderstellen verschiedener analytischer Ansätze problematisch sei, und die Art und Weise ihrer Synthese offen bleibe. Dieser im Sinne des Satzes der Gestaltpsychologie »Das Ganze ist mehr als die Summe seiner Teile« gerechtfertigte Einwand dürfte für die Forschung allerdings wenig Bedeutung gewinnen, da eine übergreifende Theorie nicht in Aussicht steht. Die Synthese der verschiedenen Wirkfaktoren ist durch ihre tatsächliche, meist in einem rituellen Zusammenhang integrierte, synchrone Kombination und diachronische Abfolge ohnehin vorgegeben. Die theoretische Problemstellung ist für die ethno-musiktherapeutische Forschung daher grundsätzlich die gleiche, wie sie Schwabe (1986:12) für die Musiktherapie westlicher Prägung benennt:

> Die Spezifik der theoretischen Grundlagenbereiche ergibt sich aus dem pragmatischen Funktionszusammenhang der Musiktherapie als angewandter Wissenschaftsdisziplin mit Querschnittscharakter.

Der rituell-heilerische Kontext der Musikanwendung in traditionellen Gesellschaften steht in Analogie zur Praxis des westlichen Musiktherapeuten, der im Rahmen einer medizinischen bzw. psychiatrischen Institution oder einer Privatpraxis tätig wird. Für die Frage nach der therapeutischen Effizienz ist es dabei unerheblich, ob jeweils explizit und theoretisch begründet eine heilerische Zielsetzung besteht, oder ob sich die Wirkungen allein im bloßen Handlungsvollzug und dem Erleben des rituellen Rahmens entfalten.

Bei der Entwicklung einer »Ethno-Musiktherapie« wird es auch ein Ziel sein, die kulturabhängigen sowie die universalen Merkmale von Musik, Tanz und Gesängen als therapeutische Medien zu bestimmen (vgl. auch Kolinsky 1967:5; Andritzky 1989c; 1991b).

Historische Aspekte von Musik, Tanz und Gesang im Andenraum

Um die Funktion von Musik, Tanz und Gesang im Andengebiet historisch zu untersuchen, sollen exemplarisch drei Quellen herangezogen werden: Felsmalereien, ikonographische Zeugnisse der präkolumbischen Lokalkulturen von Moche (ca. 100 v. Chr. – 750 n. Chr.)

und Chimú (ca. 1200 – 1475 n. Chr.), von Paracas und Nasca (ca. 200 v. Chr. – 800 n. Chr.) sowie einschlägige Informationen der Geschichtsschreiber über die Inkazeit und das erste Jahrhundert der spanischen Herrschaft.

Felsbilder

Eine der umfangreichsten Felsbildgruppen Perus befindet sich ca. 150 km von Arequipa entfernt im Majes-Tal bei Toro Muerto. Die Bilder zeigen Tanzszenen, die von Disselhoff (1971) als Reigentänze bezeichnet wurden. (Abb. 2:1). Daneben gibt es mit Masken versehene Tänzer mit Lamas (Abb. 2:2), einem Hirsch und Puma (Abb. 2:4) oder mit Vögeln (Abb. 2:5). Die Hirschtanzszene ähnelt einem Motiv der neolithischen Höhle von Trois-Frères in Frankreich, dem sog. »großen Zauberer«. Es zeigt ein Wesen mit Hirschgeweih, Wolfsohren, Gamsbart, Pferdeschwanz, vorderen Bärentatzen und menschlichen Hinterbeinen, offenbar eine Verdichtung aller darin symbolisierten Eigenschaften der Tiere (Abb. 2:3). In der Szene von Toro Muerto erscheinen sowohl der Hirsch(-tänzer?) als auch der daneben abgebildete Jaguar oder Puma von besonderer Größe. Da die Tänzer ebenfalls mit geweihähnlichen Aufsätzen versehen sind, könnte es sich im Sinne einer Jagdmagie um die Wiedergabe der »Tierherren« oder der Tierseelen von Hirsch und Jaguar handeln, die vor einer Jagd gebannt werden. Beide können ebensogut im Sinne eines Hilfsgeistes für eine Krankenbehandlung durch die Schamanentänzer angesehen werden. Seit ältester Zeit existierte im Zentralandenraum ein Hirsch- und Jaguarkult (Andritzky 1988-I:57ff.). Im Orakelzentrum von Pachacamac fand sich eine mit den Grabbeigaben eines hohen Würdenträgers versehene Puma-Mumie. Die Felsbilder geben erste Hinweise auf kultische Tanztraditionen, aus denen sich die Jahresfeste entwickelten.

Musikinstrumente und Tanzszenen aus Moche/Chimú und Paracas/Nasca.

Grabfunde von Gefäßplastiken, Musikinstrumenten und Abbildungen auf den Geweben von Mumienbündeln geben einen weiteren Einblick in die alt-andine Musik- und Tanzkultur. Die Interpretation

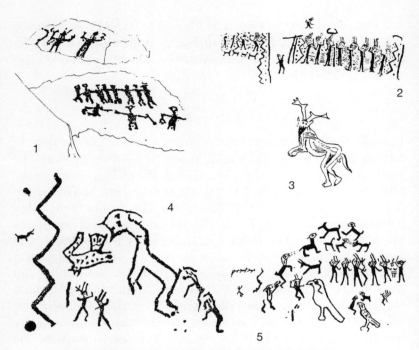

Abb. 2 Die »Tänzer von Toro Muerto, Majes-Tal, Süd-Peru.
1: »Reigentanz«. 2: Maskierte Tänzer, Lamas. 3: Der »große Zauberer« aus der Höhle von »Les Trois Frères, Frankreich (Maringer 1982:9). 4: Maskierte Tänzer mit Hirsch (?) und Puma. 5: Tänzer mit Lamas, Vögeln (Disselhoff 1968, 1971).

der Objekte und Zeichnungen ergibt sich vor allem aus Rückschlüssen von analogen Instrumenten und Riten zur Inkazeit (ca. 1200 – 1532 n. Chr.) und aus neueren ethnographischen Daten. Da die altandinen Kulturen schriftlos waren, haben wir keine direkten Hinweise auf die Objekte und Szenen. Bei der Beschreibung der Instrumente folgen wir der Systematik von Sachs und Hornbostel (1914):

Idiophone

Ein Paracas-Gewebsmotiv zeigt eine Person mit Kürbisrassel in tänzerischer Pose (Abb. 3:1). Die Kürbisrassel, das bis heute an der Küste und im *selva*-Gebiet bei Heilzeremonien am häufigsten verwendete Instrument, sieht Zerries (1950/4a:332) als Verkörperung der Kopfgeister von »rollenden Schädeln«, die aus dem Vorstellungsbereich der Kopfjäger stammen: In diesem Motiv verfolgt der einem Feinde abgeschlagene Schädel rächend seinen Mörder. Die Rassel gehört nach Zerries weniger zu den agrarischen Riten, sondern zum Wirken des Medizinmannes. Sie ist das klassische Instrument des südamerikanischen Schamanen, das der Trommel seines eurasischen Kollegen entspricht (Quinan 1936). Ein rächender Totenschädel (»Rosita«) gehört auch zur *mesa* von Gerardo Pizarro, um gegen die Angriffe feindlicher »Hexer« zu schützen. Das Paracas-Motiv zeigt anschaulich die Verbindung der Kürbisrassel mit dem Kopf des Tänzers, aus dessen Kopfputz eine Kürbispflanze zu wachsen scheint.

In einem Moche-Grab fand sich eine Kupferrassel mit dem Abbild eines schlangenbewehrten Kriegers, eines »Gefangenen« und maskierter Figuren (Abb. 3:2). Dabei handelt es sich womöglich um magische Szenen wie den Sieg über die Seelen eines Feindes oder eines »Hexers«, der magisch »gebunden« wird. Nach den Worten von Gerardo Pizarro kann ein Heiler mit der Rassel die Seele eines Hexers, der seinen Patienten verhext hat, »rufen« und ihr mit der Rassel einen Schlag versetzen, der zu Lähmungen und Impotenz führt. Das Rasseln »belebt« während des *mesa*-Rituals die magischen Kraftobjekte, die dann zu »arbeiten« beginnen. Bei den Mochica gab es weiter Tonrasseln als Einzelfunde und auf Keramiken abgebildet (Abb. 3:3).

Giono (1975:10f.) und Mead (1902) nehmen an, daß auch Muschelschalen der Art *Spondylus pictorum* wie Kastagnetten oder als Schrapper verwendet wurden. Dieser Muscheltyp (von den Chronisten als *mullu* bezeichnet) war zur Inkazeit Bestandteil der Opfer und ein wichtiger Handelsartikel, der aus Ecuador eingeführt wurde. Muschelschalen dienen auch heute noch beim *mesa*-Ritual zum Hochziehen eines Gemisches von Tabak- und Parfümflüssigkeiten durch die Nase. Die fortdauernde sakrale Bedeutung der *Spondylus*-Muscheln leitet man aus Verhaltenseigenschaften der Tiere ab, deren Schalen mit der weiblichen (statisch, haftet am Meeresboden) und männlichen (beweglich, fächelt Nahrungsteile in die Muschel) Aufgabenteilung assoziiert werden. Die Tiere haben ferner als einzige der Mollusken eine gute Sehschärfe, weshalb ihnen die Eingeborenen visionäre Fähigkeiten zuschreiben. Wenn sich die Tiere während

Abb. 3 Idiophone (Moche)
1: Tänzer mit Kürbisrassel und Kürbispflanze als Kopfputz (Paracas) (Alarco 1975)
2: Kupferrassel (Moche) (Donnan 1978:173)
3: Keramikrassel
4: Priesterpersönlichkeit mit espingo-Ketten, Musikant mit Handtrommel und Beinrassel (?)
5: Klappern, Rasseln oder Rhythmusinstrumente: Anhänger (a), Resonanzkörper, die auf den Boden gestoßen werden (b, c) (3-5: Giono 1975)

einiger Monate von bestimmten, aus der Meerestiefe emporgespülten Mikroorganismen ernähren, wird ihr Fleisch hochgiftig, während es zur übrigen Zeit genießbar ist (Davidson 1981). Eventuell hat ihr Genuß zu bestimmten Zeiten auch halluzinogene Wirkung. Diese Zusammenhänge führen uns zu der These, daß die alt-andinen Musikinstrumente wie z. B. Ton-Trompeten mit einem Jaguarkopf, die das Geräusch eines brüllenden Jaguars erzeugen, stets spirituelle Kräfte verkörpern bzw. sich der Heiler bei ihrem Gebrauch mit diesen Kräften zu verbinden sucht. Ähnliches gilt für die Abbildungen von Pflanzen. Die Anrufungen von Heilpflanzen in den Gesängen der heutigen *mesa-* und *ayahuasca-*Heiler dienen stets dazu, Kommunikation mit der geistigen Essenz dieser Pflanzen herzustellen.

Als eine Rassel oder Klapper können auch Ketten aus Früchten gedient haben, die als *Maichill (Thevetia nerifolia)* (Giono 1975:10), als *Espingo* (Donnan 1978:130), als *Ishpingo* (Brenner 1975) oder als *Nektandra-Cotyledonen* (Towle 1961, Pl. 4:8) klassifiziert werden. Sie werden in der Gegend von Cajamarca noch heute zur Abwehr des bösen Blicks als Halskette getragen. In Moche-Keramiken sind sie als einzelne Halsketten oder zu vier Ketten aufgereiht dargestellt, in anderen Abbildungen trägt sie ein Trommler als Beinschmuck (Abb. 3:4). Mit *Espingo-*Ketten wurden auch die Leichname überschüttet. Wie die *Spondylus-*Muscheln waren sie offenbar Träger einer spirituellen Kraft oder der Sitz eines Geistwesens, mit dem sich der Priesterschamane verbinden konnte. Ihre zwei gleichen Hälften machen sie auch zu Symbolen des dualen Prinzips von männlich/weiblich, oben/unten etc., das ein das soziale und geistige Leben im Andenraum in allen Bereichen strukturierendes Prinzip ist (vgl. Randall 1982).

Kleine Metallrasseln gab es auch an der Kleidung der Krieger und Tänzer. Noch drei weitere Gerätschaften, die auf Moche-Keramiken abgebildet sind, können als Rasseln fungiert haben: Ein auch als Messer oder Tasche gedeuteter Gegenstand als Anhang von tanzenden Kriegern (Abb. 3:5a), ein ähnlich geformtes, aber größeres, konisch-zylinderförmiges Instrument, das bei Tänzen eventuell auf den Boden gestoßen wurde (Abb. 3:5b) und an einem Stab mit Trophäenköpfen hängende Kugeln (Kalebassen?), die wie in einer Prozession vor den Panflötenspielern getragen wurden (Abb. 3:5c).

Da das Heilen sowohl an der Küste wie im *selva*-Gebiet noch heute ganz im schamanischen Sinn als ein »Kampfgeschehen« gegen »Hexer« und Dämonen aufgefaßt wird, können wir manche kriegerische Motive in der Ikonographie der alt-andinen Kulturen in gleichem Sinn deuten. Auch die »Krafttiere« und -objekte werden gleichermaßen bei der Kriegs- und Medizinmagie eine Rolle gespielt haben.

Membranophone

Handtrommeln (von denen bisher keine Originale archäologisch belegt sind) sind auf Moche-Keramiken bei jeder Art von Agrar-, Toten- und Siegesfeiern abgebildet. Es ist anzunehmen, daß sie, wie die Orgel in der christlichen Liturgie, im Moche-Kult bei Gottesdiensten, Geburts-, Pubertäts-, Hochzeits- und Totenfeiern gespielt wurden. Zum Schlagen der Trommel dienten Stöcke oder Kalebassen (Abb. 4:1a, b, c). Der Typ der Moche-Handtrommel gleicht derjenigen auf Abbildungen der Inkazeit (Abb. 8) und den Trommeln, die heute die Bauern zur Vertreibung der Vögel von den Feldern und zum Viehtreiben sowie bei Ritualhandlungen verwenden. Diese Trommel *(tinya)* wird z. B. bei der rituellen Zubereitung von *llampu*, einem Heilmittel gegen alle von den Berggeistern verursachten Krankheiten, gespielt (Isbell 1978:155f.). Bei Heilritualen ist das Trommelschlagen bisher nicht erwähnt worden.

Bis zu einem Meter hohe farbig bemalte Tontrommeln (Abb. 4:2) und Abbildungen, die das Spielen der Handtrommel zeigen, fanden sich auch in Nasca-Gräbern (Abb. 4:3). Als Felle wurden wahrscheinlich neben Tierfellen auch die Haut von getöteten Feinden und Rebellen verwendet. Guaman Poma de Ayala (1956:133) berichtet, daß die Feinde der Inka vielfach »verarbeitet« wurden: die Knochen zu Flöten, die Zähne für Halsketten, die Haut zu Trommelfellen, wobei der ausgestopfte Arm als Schlegel diente, und der Schädel als Trinkschale.

Aerophone

Die in den alt-andinen Kulturen benutzten einrohrigen Flöten *(quena)* waren kürzer (ca. 30 cm) als die heutigen Instrumente, die bis zu 80 cm lang sind (Abb. 5:2). Die *quenas* wurden aus Tierknochen,

Abb. 4 Membranophone (Moche, Nasca).
1: Trommler (Moche) mit Stock (a) und Kalebassenschlegel (b, c).
2: Ton-Trommeln (Nasca). 3: Trommler mit Handtrommel (Nasca) (1-3: Giono 1975).

Bambus, menschlichen Wadenbeinen und seltener aus Keramik hergestellt (Giono 1975:16). Der Gebrauch der *quena* ist in der Moche-Keramik selten abgebildet (Abb. 5:1). Kleine Tonpfeifen *(ocarina)* in Form eines Kriegers, Tieres oder als einfacher Klangkörper (Abb. 5:3) werden noch heute bei den *mesa*-Ritualen gespielt, um z. B. eine von einem Berggeist geraubte Seele zurückzuholen (Giese 1983). Stevenson (1968:258) nimmt an, daß die *ocarinas* eventuell von mehreren Personen gespielt wurden, um eine Melodie zu erzeugen. An dieser Stelle verdienen auch die sog. »Pfeifgefäße« (Abb. 5:7) Erwähnung, die beim Hineinblasen oder beim Ausgießen einer Flüssigkeit einen Ton von sich geben. Stat (1979:3) stellte in Gruppenexperimenten mit Pfeifgefäßen bei den Teilnehmern gewisse psycho-akustische Effekte und veränderte Bewußtseinszustände fest, wenn mehrere Gefäße über längere Zeit gleichzeitig gespielt wurden. Diese Effekte sollen aus der Interaktion mehrerer Frequenzen resultieren. Pfeifgefäße mit der Form von *Guaca-mayo*-Vögeln, *Spondylus*-Muscheln und Seelöwen dienten vermutlich dazu, diese als Hilfsgeister herbeizurufen. Giese (1982:68, Anh. S.7) berichtet von dem Heiler Ruperto aus Chiclayo, der auf seiner *mesa* ein präkolumbisches Pfeifgefäß stehen hat. Bei einem *susto* – einer Krankheit, bei der den Patienten ihre Seele geraubt wird – ruft er zunächst den Geist einer Pflanze *(hierba del condorillo)* an, der die Seele vom Ort, an dem der *susto* geschah, zurückholt. Er führt das Pfeifgefäß, während er hineinbläst, dann von den Füßen zum Kopf des Patienten, dem mit dieser Behandlung seine Seele zurückgegeben wird. Der Sinn des Pfeifens, mit der *ocarina* bzw. dem Pfeifgefäß einen Helfergeist herbeizuholen, ist bereits in der Form und Thematik der antiken Gefäße ausgedrückt.

In diesem Zusammenhang erscheint interessant, daß bereits im Tempelzentrum von Chavin de Huantar im ältesten Baukomplex (ca. 1200 v. Chr.) mittels einer Wasserleitung, die zwei Flüsse verband, ein konstanter Ton erzeugt wurde, der von dem zentralen Kultbild auszugehen schien (Bolaños 1981). Dieses Mischwesen aus Mensch, Jaguar, Schlangen und Kondor glaubte man vielleicht durch den Ton gerufen oder in der Tonschwingung manifestiert. Die Panflöte (quechua: *antara;* aymara: *sicu*) ist das am häufigsten abgebildete Instrument auf Moche-Keramiken, und sie findet sich in Ton in meist zweilagiger Ausführung mit bis zu 14 Rohren auch in Nasca. Den Brauch, die *sicu* paarweise zu spielen (Abb. 5:8, 9), gibt es bis heute bei bestimmten Tänzen, z. B. dem *ayarachi*, der zur Inkazeit beim Totengeleit eines Inka gespielt wurde (vgl. v. Kessel 1982a:298ff.). Eine Flöte gilt dabei als männlich, die andere als weiblich. Die Melodie entsteht durch das Zusammenspiel beider Flöten. Da in der dualen andinen Kosmologie die Attribute von männlich und weiblich ein kognitives Schema bilden, das vielen sozialen, natürlichen und sakralen Phänomenen unterlegt werden kann, kann man diese Szenen auch als einen Geschlechtsakt im Sinne einer heiligen Hochzeit interpretieren. Sie stellt durch die im Koitus symbolisierte Vereinigung des universalen Gegensatzes einen Rückbezug zum göttlichen Schöpfungsprinzip her. Oft sind die *sicu*-Spieler in Moche-Abbildungen als Skelette mit verstümmelten Gesichtern, ohne Augen, ohne Lippen und Wangenfleisch oder als »lebende Skelette« dargestellt, die mit sexuellen Szenen, Amputations- und Dekapitationsriten verbunden sind. Chacon (1982) bezeichnet sie als »Boten des Todes und der Sexualität«, ohne aber ihren Sinnzusammenhang zu entschlüsseln, der sich aus der Struktur der andinen Kosmologie ergibt. Abb. 5:10 zeigt die Szene eines rituellen Koitus und darunter die skelettierten Spieler eines bipolaren *sicu*. Wird der *sicu* von den an ihrer reichen Kleidung erkennbaren Priestern gespielt, so halten

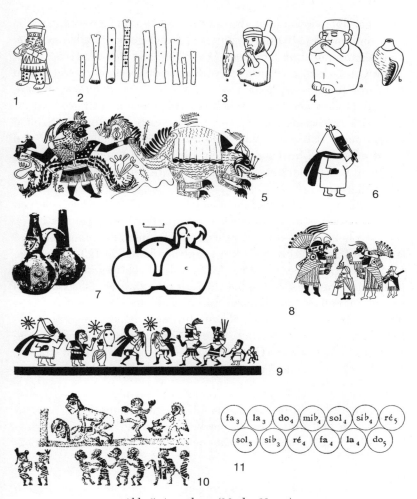

Abb. 5 Aerophone (Moche, Nasca).
1: Quena-*spielender Krieger (Moche)*. 2: Knochen-*quenas (Nasca)*. 3: *Ocarina-Spieler (Moche)*. 4: *Muschel-Bläser* (Strombus) *(1-4: Giono 1975)*. 5: *»Strombus-Galeatus-Monster« (Donnan 1978:142)*. 6: *Unbekanntes Instrument (Moche) (Giono 1975)*. 7: *Pfeifgefäß (Chimu), Querschnitt: Resonanzraum (A), Griff (B), Raum für Flüssigkeit (C) (Stat 1979:5)*. 8, 9: *Spieler eines »bipolaren sicu« (Kutscher 1955)*. 10: *Sicu-Spieler (unten) und ritueller Koitus (oben) (Donnan 1982)*. 11: *Tonfolge auf einer zweilagigen Panflöte (d'Harcourt, R. und M. d'Harcourt 1925:50)*.

diese Panflöten in Händen, die mit Schlangen- und Jaguarköpfen verziert sind und dem bereits vermuteten Zweck gedient haben werden, eine Kommunikation zu diesen Wesen herzustellen (Abb. 5:8).

Da Gesundheit als Harmonieverhältnis des Menschen mit einem bipolaren Kosmos verstanden wurde, scheint es nicht ausgeschlossen, daß die beiden *sicu*-Spieler auch bei Heilritualen auftraten, wo ihr Spiel das Ausbalancieren dieser Kräfte symbolisierte. Die Szenen zeigen auch, daß die Moche-Priester Leiter kultischer Tänze und eventuell selbst Musikanten waren. Beides sind Funktionen, die die heutigen Volksheiler bei manchen *mesa*-Ritualen und bei den Jahresfesten haben.

Die riesigen Bodenzeichen (Geoglyphen) in der Hochebene von Nasca wurden u. a. als Tanzplätze interpretiert (Horkheimer 1947). Die Glyphen bestehen aus durchlaufenden Linien mit einer Ein- und Austrittsöffnung (Abb. 6:1). Kern und Reiche (1974:123) halten die Glyphen für Großinstrumente der Sternbeobachtung und gleichzeitig für eine »heilige Geographie« für kultische Zwecke. Chacon (1982) nimmt an, daß es *sicuri*-Tänzer waren, die beim Durchlaufen dieser Art von andinen »Tierkreiszeichen« für jedes Motiv entsprechende Melodien spielten (Abb. 6:2). Diese Theorie eines Tanzes für die Sterngötter läßt sich auf Glaubensvorstellungen zur Inkazeit stützen, daß alle Pflanzen und Tiere am Himmel ein »Doppel« haben:

> Sie [die Inka, W. A.] glaubten von jeder Sache und von allen Tieren und Vögeln der Erde, daß es ein Gleiches am Himmel gebe, das ihr Bestehen und ihre Vermehrung besorgt, wobei sie diese Aufgabe verschiedenen Sternkonstellationen zuschrieben (Cobo 1892-III:327ff.).

Zerries (1950/4b) fand Vorstellungen, daß die Sternwesen durch Töne mit den irdischen Wesen verbunden sind:

> Der Geist jeder Gruppe von Tieren herrscht über seine Kreaturen auf der Erde von seinem Sternbild aus. Er ist ein ewiges kosmisches Wesen und alle Tiere hinieden sind nichts anderes als seine Manifestationen. Beide sind auch durch einen bestimmten Laut verbunden, derselbe, den das Tier ausstößt, läßt auch das Sternbild erklingen.

Die Interpretation der Nasca-Tier-Glyphen als sakrale Tanz-Choreographie hat auch eine Entsprechung in den feinen geometrischen

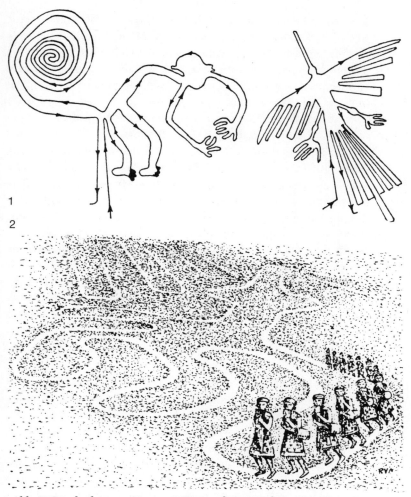

Abb. 6 *Geoglyphen von Nasca mit Ein- und Austrittslinien (1). Sicuri-Tänzer in einer Glyphe (Chacon 1982:45, 47) (2).*

Mustern, mit denen die Kleidung, die Keramik und die Gebrauchsgegenstände der Ucayali- und Urubamba-Kulturen Ostperus teilweise bis heute überzogen sind. Dabei handelt es sich um Muster, von denen auch der Mensch durchdrungen ist und die der Schamane während seiner Visionen unter Einfluß des *ayahuasca* sieht. Eine Heilung besteht darin, daß der Schamane die im Falle einer Krankheit gestörten Muster, die er auf dem Körper sieht, durch seine Gesänge wieder ordnet. Früher sollen diese Muster auch die Choreographie für Rundtänze abgegeben haben (Gebhardt-Sayer:1985). Der rituelle Tanz wurde vermutlich als ein diese Energiemuster strukturierender und damit heilender Akt angesehen. Kehren wir nochmals zu den Moche-Instrumenten zurück.

Weitere Blasinstrumente waren Trompeten aus *Strombus*-Schnekken, die auch in allen Details aus Ton nachgebildet wurden, eventuell deshalb, da sie nur über den Import aus Panama erhältlich waren (Stevenson 1968:256) (Abb. 5:4). Die *Strombus*-Trompeten stehen vermutlich mit dem sog. *Strombus-Galeatus*-Monster (Abb. 5:5) in Zusammenhang, so daß auch hier das Spielen des Instrumentes den Sinn gehabt haben wird, dieses Wesen als schamanischen Hilfsgeist herbeizuholen. *Strombus*-Schnecken und *Spondylus*-Muscheln sind bereits in den Händen der Chavin-Gottheit abgebildet, wo sie wahrscheinlich die Kraft des Regens symbolisierten. Das Meer war als die »Mutter allen Wassers« angesehen (Cobo 1892-III:332). Vielleicht hat das Rauschen der ans Ohr gehaltenen *Strombus*-Schnecke den Eindruck vermittelt, daß dieses Wesen das Wasser repräsentiert und die Macht hat, Regen herbeizubringen. *Strombus*-Trompeten werden noch heute bei Regen-Ritualen im Hochland verwendet.

Die Mochica besaßen auch Ton- und Kupfertrompeten, meist in Form einer gerollten Schlange, die in einen Felino-Kopf als Trichter ausläuft. Nur wenige Exemplare haben seitliche Öffnungen, um die Tonhöhe zu verändern. Ein weiteres Blasinstrument war ein Rohr, über dessen Öffnung der Spieler wie bei einer Panflöte bläst (Abb. 5:6). Giono (1975:19) nimmt an, daß es sich dabei um ein Instrument handelt, das zur Inkazeit *pfucullu* hieß und gespielt wurde, um die Ankunft des Inka zu melden. Saiteninstrumente (Chordophone) waren in vorkolumbischer Zeit im Andenraum nicht gebräuchlich.

Um die musikalischen Ausdrucksmöglichkeiten der alt-andinen Kulturen angemessen bewerten zu können, gilt es zuerst, sich zu vergegenwärtigen, daß die Musik meist rituellen und sakralen Zwekken gedient haben wird und weniger der Unterhaltung. Mit der Kriegsmusik, den Totengesängen und der Sakralmusik im engeren Sinne wurden eventuell psychoakustische Effekte bezweckt, ähnlich wie in der tibetischen Tempelmusik. Es ist insofern kaum sinnvoll, von »nur rudimentären Ausdrucksmöglichkeiten der präkolumbischen Instrumente« zu sprechen (Sas 1935).

Das Musik- und Heilerwesen zur Inkazeit

Die zur Inkazeit gebräuchlichen Instrumente entsprechen den bislang beschriebenen. Sie sind auf den Abbildungen von Guaman Poma de Ayala (1956) zu sehen und wurden von den Missionaren in Häusern und Tempeln der Eingeborenen vielfach gefunden. Die Inka hatten riesige Trommeln aus Baumstämmen von ca. 2,70 – 3,30 m Länge, die als Signaltrommeln benutzt wurden. Sie sollen 11 – 17 Kilometer weit zu hören gewesen sein, die Strombus-Trompeten sogar über 50 Kilometer (Stevenson 1968:256ff.). Die Priester hatten Hirschgeweih-Trompeten (Cobo 1893-IV:230), die ihnen vermutlich dazu dienten, sich mit der spirituellen Kraft des Hirsches zu verbinden. Der Hirsch galt als Krafttier, da er verschiedene halluzinogene Drogen frißt. Abbildungen auf Chavin- und Moche-Keramiken zeigen Hirsche z. B. mit dem San-Pedro-Kaktus und *Anadenanthera colubrina*, das als halluzinogenes Schnupfpulver verwendet wird. Wassen (1968:239) berichtete, daß Hirsche auch den Fliegenpilz *(Amanita muscaria)* fressen und die sibirischen Eingeborenen den Urin des Hirsches trinken, in dem sich das wirksame Alkaloid erhält. Neben Jaguar, Kondor, Schlange und Fuchs war der Hirsch im Andenraum das wichtigste Schamanentier (Andritzky 1988-I:57ff.).

Wenngleich der Gebrauch von Trompeten, Trommeln und Flöten zur Inkazeit vor allem zu Kriegszwecken, bei den Trauerritualen und Jahresfesten bekannt war, dürften sie auch bei individuellen Heilritualen eine Rolle gespielt haben. Sie beinhalteten wie das kollektive Coya-Raimi-Fest immer einen symbolischen Kampf gegen Krankheitsgeister. Bei der Schilderung der zahlreichen Heiler- und Wahrsagertypen zur Inkazeit gibt es keinen direkten Hinweis auf den Gebrauch dieser Instrumente bei der individuellen Krankenbehandlung. In den Mythen, die der Pfarrer Avila Anfang des 17. Jahrhunderts in Huarochirí aufzeichnete, kommt eine Szene vor, in der der erste mythische Heiler Huatyacuri von zwei Tieren Instrumente bekommt, um einen Musikwettkampf zu bestehen (Trimborn und Kelm 1967:32ff.). Huatyacuri ist der Sohn des regionalen Obergottes Pariacaca, der dem alt-andinen Himmelsgott Viracocha der Quechua bzw. dem Thunapa der Aymara entspricht, der mit dem Blitzschlag seine Priester und Heiler initiiert und eine Zwillingsgeburt verursacht. Zwillinge *(curi)* galten, sofern sie verschiedengeschlechtlich waren, als von Viracocha durch den Blitz erwählte künftige Priester. Noch heute gilt der Blitzschlag als Erwählungszeichen für einen Hochlandheiler (Lira 1950:36ff.).

Als Huatyacuri nun zu dem Musikwettstreit aufgefordert wird, läßt ihm sein Vater Pariacaca zwei magische Instrumente zukommen: durch einen Fuchs eine Panflöte und durch ein Stinktier eine Trommel. Damit besiegt er seinen Gegner, der nach der Legende 200 Frauen aufbot, um die Handtrommel zu schlagen und viele Männer, um die Panflöte zu spielen (Stevenson 1968:260f.). Trommel und Flöte sind hier die von seinen Helfertieren dem Heiler gegebenen Instrumente, um seine Gegner zu besiegen. Die Legende zeigt anschaulich die Verbindung der Instrumente mit den Tierhilfsgeistern und die Rolle des Musizierens als Kampfdisziplin des Heilers.

Der öffentliche Gesang hatte zur Inkazeit vor allem die Aufgabe, die Geschichte zu tradieren. Während der Trauerrituale beim Tod eines Inka wurde die Lebensgeschichte gesungen, und selbst in kleinen Andendörfern fern von der Inka-Kultur war es Brauch, in Wechselgesängen alte Ereignisse zu erzählen (Murua 1946:176; Schechter 1979). Alle Chronisten berichten, daß bei Totenfeiern die Angehörigen die Lieblingsplätze des Toten aufsuchten und dabei, von Trommeln und Flöten begleitet, vom Leben des Toten sangen (Stevenson 1968:270). Man kann annehmen, daß es auch Medizingesänge gab, die der Überlieferung des medizinischen Wissens dienten, und andere, die als Heilgesänge fungierten. Sie scheinen sich, ebenso wie Gesänge zur Inkageschichte, bald nach der Eroberung verloren zu haben. Das Absingen der mythischen Stammesgeschichte gehört aber noch heute zu den Gesängen bei den *ayahuasca*-Ritualen in einigen traditionellen Gegenden der Ostanden, vor allem bei den Tukanos (Reichel-Dolmatoff 1975). Diese Gesänge können u. a. deshalb eine heilerische Wirkung haben, da die archetypischen, im Drogenrausch evozierten Bilder der Weltenschöpfung und der Kulturentstehung in eine Resonanzbeziehung zur unbewußten Symbolwelt der Teilnehmer treten.

Der Tanz gehörte zur Inkazeit zu allen Ackerbau-Riten, und jede Region hatte eigene Tanztraditionen, bei denen sich die Tänzer u. a.

Puma-, Affen-, Bären-, Vogelmasken und Hirschköpfe aufsetzten (Rostworowski de Diez Canseco 1984:58). Auch Hirschtänze gehörten zu den inkaischen Ritualfesten: »Die Frauen schlagen ihre Tambourins..., die Männer pflegen andere Instrumente zu spielen, die sie *succhos* nennen und setzen sich Hirschköpfe auf...«, heißt es bei Arriaga (1920:53). Ob es spezifische Medizintänze gegeben hat, erscheint fraglich. Cobo (1893-IV:240ff.) nennt folgende Tänze: einen Tanz maskierter Männer *(guacones)*, die in der Hand das Fell eines wilden Tieres oder ein getrocknetes kleines Wildtier tragen; den *guayay turilla*, einen Tanz, bei dem ein Hirschgeweih als Flöte diente; die *huaylli*, Agrartänze, die die Männer mit dem Grabscheit *(taccla)* und die Frauen mit dem Grabstock *(atuna)* ausführten; die *cachua*, Kriegstänze mit der Waffe in der Hand; die *arabis*, Vergnügungstänze, bei denen Geschichten erzählt wurden; ein nicht weiter bezeichneter Tanz, den ein Inka mit zwei adligen Damen tanzte, wobei man »unzählige Wendungen machte ohne sich loszulassen«, und der *guayyaya*, der nur von Männern vorgeführte »Tanz der Inka«, den man langsam und bedächtig und ohne »Hüpfer« tanzte, während die Frauen die Handtrommel schlugen. Garcilaso de la Vega (1960, Buch 9, Kap. 1) beschreibt diesen Tanz genauer:

> Sie faßten sich bei den Händen und indem jeder die seine vor sich hielt und nicht den ersten neben sich, sondern den zweiten ergriff, hielten sie einander bei den Händen bis zum letzten, so daß sie wie eine Kette gingen. So tanzten zwei- oder dreihundert Menschen zusammen und mehr, je nach der Feierlichkeit des Anlasses. Man begann den Tanz mit drei Schritten im Uhrzeigersinn, den ersten nach hinten und die anderen nach vorne, wie die *dobles* und *represas* genannten Schritte der spanischen Tänze... Dabei sangen einmal die einen und einmal die anderen, um nicht zu ermüden... Später ließ Huayna Capac zum Geburtsfest von Huascar eine Goldkette anfertigen von ca. 180 Meter Länge, da er es für unwürdig hielt, sich an den Händen zu fassen.

Diese Beschreibung korrespondiert einerseits mit den erwähnten Wechselgesängen historischen Inhalts und andererseits mit einer Abbildung bei Guaman Poma de Ayala (1956) von der Tanzaufstellung der Indianer des Andesuyo, des *selva*-Gebietes Ostperus (Abb. 7:2). Der Brauch, daß Frauen die Handtrommel schlugen, scheint überregional gewesen zu sein.

Abb. 7 Tänze zur Inkazeit
1: Fest der Bewohner des Condesuyo (zentrale Küste).
2: Fest der Bewohner des Andesuyo (Selva-Gebiet) (Guaman Poma de Ayala 1956).

Zur Unterhaltung der Inka mit Musik und Tanz gab es besonders begabte Sonnenjungfrauen im Alter von 9 bis 18 Jahren, die *taquiaccla* (Murua 1946:252ff.). Die große musikalische Begabung der Inka-Musiker und der Indianer allgemein wurde von den Missionaren dahingehend gefördert, daß sie Musik und Gesang als Lehrmittel einsetzten. Indianische Kirchenchöre waren wegen ihres Gesangs berühmt. Seit dem 3. Konzil in Lima (1583) gehörte der Musikunterricht zu den Aufgaben der Missionare. In zwei Schulen, die man in Lima und Cusco für die »Umerziehung« der Häuptlingskinder einrichtete, erwiesen sich diese als ausgezeichnete Sänger und Instrumentalisten (Stevenson 1968:285).

Da bei der Beschreibung der Heiler und Wahrsager der Inkazeit Gesang, Tanz und Musik nicht auftauchen, scheinen ekstatische Tanzrituale mit Trommel und Gesängen am Krankenbett, wie sie von sibirischen und nordamerikanischen Schamanen bekannt sind, der andinen Tradition fremd zu sein. Allerdings kann auch die Verfolgung der Heiler und Priester im 17. Jahrhundert (vgl. Andritzky 1987b) dazu geführt haben, daß diese nicht mit christlichen Verhaltensweisen zu vereinbarenden Momente erst später aufgegeben wurden.

Faust (1983:269) bemerkt für das andine Kolumbien, daß heute sowohl der Tanz als auch die langen epischen Gesänge aus den Heilritualen verschwunden sind. Reste finden sich, wie erwähnt, z. B. bei den Tukano. In der Monographie der Harcourts (Harcourt und Harcourt 1925:178, 273ff., 299, 510) fehlen Heilgesänge ebenfalls als Teil der andinen Gesangstradition. Sie führen die Liedtypen des *haravi* (melancholische Gesänge um unglückliche Liebe und Trennung), die *cachiva* (Liebeslieder), die *haylli* (Gesänge, die die besiegten Feinde aufzählen), Trauergesänge und die Gesänge der Lamahirten auf.

Gesang und Tanz waren aber auch zur Inkazeit ein Teil der kollektiven »Reinigungsfeste« zur Vertreibung aller Übel. Das bedeutendste war das viertägige Citua oder Quilla-Raimi oder Coya-Raimi-Fest im September, bei dem die Frau des Inka *(Coya)* im Mittelpunkt stand. Dabei gab es rituelle Waschungen und nächtliche Reinigungsriten, z. B. das Herumschleudern brennender Strohkugeln, die alle »Übel« aufnehmen sollten und das Reinigen der Häuser mit weißem Maismehl. Am nächsten Tag liefen 400 mit Lanzen bewaffnete Krieger durch die Straßen, um die Krankheiten symbolisch aus der Stadt zu vertreiben und riefen dabei: »Krankheiten und Übel verschwindet aus der Stadt!« Den Rest des Monats feierte man mit Tänzen und Gesängen. Dabei war der *ayri huari citua taqui* eventuell ein Tanz der Medizinmänner, die mit »bunten Hemden und einem Diadem auf dem Kopf« dem Schöpfer Viracocha dankten, daß er sie das Jahr ohne Krankheiten ließ (Molina 1947:77). Im Kulturvergleich gehört das Citua als Frühlingsfest zur Vertreibung der kalten und trockenen Jahreszeit, von Krankheiten und bösen Geistern zu den periodischen Reinigungsfesten beim Wechsel der Jahreszeiten (Frazer 1976, P.III:208ff.; P.IV:123ff.). Bei besonderen Anlässen wie einer Pest-Epidemie, einem Erdbeben oder vor einem Kriegszug, feierten die Angehörigen der Inka das Itu-Fest. Zwanzigjährige Knaben spielten dabei kleine weiße Zeremonialtrommeln, die in einem eigenen Lagerhaus aufbewahrt wurden. Im Laufe des Tages machten sie acht Runden um den Hauptplatz von Cuzco, wobei man Koka-Blätter verstreute (Cobo 1893-IV:121). Girón (1977:55) erwähnt, daß bei Epidemien Trompeten geblasen wurden. Nach der Eroberung fielen den Missionaren bei den Feldzügen gegen den »Aberglauben«, neben den anderen Zeremonialgegenständen, zahllose Instrumente in die Hände, die zuerst öffentlich ausgestellt und dann verbrannt wurden. Dazu zählten:

... Trompeten aus Kupfer, gelegentlich auch Silber, große Muscheln und andere Instrumente, mit denen sie zu den Festen riefen, viele schön gemachte Trommeln, es gab kaum eine Frau, die keine für die Tänze besaß... (Arriaga 1920:15ff.).

Wenngleich die Vielfalt der traditionellen Musikinstrumente heute reduziert, aber gleichzeitig durch Saiteninstrumente wie die Gitarre und *charango* bereichert ist, haben sich viele Elemente der altandinen Bräuche erhalten. Die historischen Gesänge erzählen kaum noch von der andinen Mythologie, sondern beschränken sich auf die Anrufung präkolumbischer Geister und Kräfte. Auch Drogen und in geringem Umfang Tanz werden weiterhin eingesetzt.

Ein gewaltiges Reservoir alt-andiner Tradition hat sich in den noch wenig erforschten Tänzen, Masken und Choreographien der Dorffeste erhalten, die in den christlichen Festkalender integriert sind.

Musik, Tanz und Gesang beim *mesa*-Ritual

Die im folgenden erwähnten Beobachtungen stammen von *mesa*-Ritualen bei Gerardo Pizarro (Lima) und Francisco Guernicio (Huancabamba). Gerardo ist der Nordküstentradition zuzurechnen, da er aus Chiclayo stammt, wo sein Vater ein bekannter *curandero* ist, und wo er seine ersten Erfahrungen mit der *mesa* machte.

Unter der *mesa* (span. Tisch, hier im Sinn von Altar, Opfertisch) versteht man sowohl das nächtliche Heilritual (das je nach Heiler zwischen neun und ein Uhr nachts beginnt und bis ca. sechs Uhr morgens dauert) als auch eine Vielzahl von auf einem Tuch angeordneten magischen Objekten auf dem Boden, mit denen der Heiler während der Sitzung in eine visionäre Wechselwirkung tritt. Die Ansichten, daß es sich bei den *mesas* um »improvisierte Altäre nach katholischer Art« (MacLean y Estenos 1953:145) oder nach dem Vorbild tragbarer Altäre der Missionare handelt (Joralemon 1985:17), erscheint verfehlt. Sie sind nach ihrem symbolischen Gehalt eher ein mobiler Ersatz für die zerstörten alt-andinen Heiligtümer.

Die vielseitige Symbolik der Objekte, die verwendeten Pflanzen, die Vorgänge bei den Initiationen der Heiler und die Krankheitsvorstellungen werden hier nur soweit angedeutet, wie es zum Verständnis der in den Gesängen angesprochenen Objekte, der »Reinigungen«, der »Belebung« der *mesa*-Objekte *(artes)* und der Anrufungen der Hilfskräfte (Berge, Seen, Himmelskörper, Meer, Erde, Gräber der Ahnen) notwendig ist.

Beschreibung der Objekte und des *mesa*-Verlaufs

Die *mesa* (auch: *banco*) wird von dem Heiler Eduardo Calderon (Trujillo) in drei Felder eingeteilt: ein linkes, negatives (das Feld des betrügerischen Viehhändlers: *banco ganadero*), ein mittleres, neutrales *(banco guayanchero)* und ein rechtes, positives Feld (das Feld des Heilers: *banco curandero*). In jeder Phase der *mesa* werden andere Objekte »geweckt«, die sich dann wie Figuren auf einem Schachbrett bewegen, z. B. gelangt die Figur des Heiligen Michael vom mittleren Teil in das *ganadero*-Feld, um dort Judas zeitweilig von der Herrschaft des Satans zu befreien, der dieses Feld dominiert (Sharon 1978:102). Bei der *mesa* von Francisco Guernicio war keine Dreiteilung erkennbar. Gerardo bezeichnet seine *mesa* insgesamt als positiv, während seine Mutter eine negative besitzt, mit der sie Schadenszauber macht. An anderer Stelle habe ich die Dreiteilung als Erbe einer alt-andinen Kosmologie beschrieben, wie sie in der Struktur des sog. »Altarbildes«, des Sonnentempels in Cuzco, wiedergegeben ist. Die Anordnung der Objekte auf den *mesas* im südperuanischen Hochland zeigt in ihrem Symbolgehalt einen noch klareren Bezug dazu als die Nordküsten-*mesas* (Andritzky 1988-II:310ff.).

Eine gewisse Zweiteilung weisen auch die *mesas* von Gerardo und Francisco auf. Bei beiden sind die Säbel und Metallobjekte im linken Feld, die hölzernen Stäbe *(varas, chontas)* sowie die Muscheln, Steine, *huacos* (antike Keramiken) und die Figuren des San Cipriano und des »weißen Magiers« im rechten Feld angeordnet (Abb. 8), das den positiven Kräften entspricht. Die Zahl der *mesa*-Objekte ist je nach Heiler sehr unterschiedlich, es werden auch nicht immer dieselben aufgebaut. Bei Gerardo zählte ich zwischen 80 und 90,

Joralemon (1985) gibt 150 für den Heiler Paz in Trujillo an. Die überregional wichtigsten Gegenstände auf einer Nordküsten-*mesa* sind:

a) ein Krug mit dem Heilmittel *(remedio),* der zu Beginn allen Teilnehmern verabreicht wird. Der Heiler und seine zwei Helfer nehmen die doppelte oder dreifache Menge wie die Teilnehmer. Die Flüssigkeit besteht zumeist aus einer Abkochung des leicht meskalinhaltigen San-Pedro-Kaktus *(Trichocereus pachanoi)* (vgl. Sharon 1982), dem verschiedene Zusätze *(misha),* z. B. *floripondio (Datura),* zur Verstärkung der Wirkung beigegeben werden. Die halluzinogene Wirkung der *achuma*-Tränke ist umstritten. Bei zwei *mesas* von Francisco war außer kurzzeitigen Farbrastern vor den Augen keine Wirkung spürbar.

Gerardo verwendet, bei sonst gleichem Aufbau der *mesa*, als Heilmittel einen nicht halluzinogen wirkenden Trank aus ca. 80 Substanzen. Nach seinen Worten »arbeitet« der Trank bzw. seine pflanzlichen Inhaltsstoffe »mit jedem anders« und entfaltet deshalb eine heilsame Wirkung, da bei den vielen Substanzen für jedes

Abb. 8 *Die* mesa *von Gerardo Pizarro. An der Wand Säbel und* chontas, *rechts in einem Netz der Totenkopf, links das Gefäß mit dem Reinigungstrank.*

Leiden die richtige dabei sei. Die Wirkung ist tatsächlich sehr unterschiedlich und reicht von einem Völlegefühl im Magen bis zu Übelkeit und Erbrechen. Angesichts der mittelalterlich-europäischen Einflüsse im Küstengebiet erscheint es nicht ausgeschlossen, daß der Gedanke des »zusammengesetzten Heilmittels« [das die Chronisten, z.B. Cobo (1983-IV:200f.), als den Inka-Heilern unbekannt bezeichnen] sein Vorbild in dem im 19. Jahrhundert in den Kolonialapotheken verkauften *Triaca* hatte, das aus ca. 70 Substanzen bestand (Lastres 1951-III:151). Im Gesang werden die Kräuter des Reinigungstrankes auf eine imaginäre Reise durch den ganzen Körper geschickt.

b) Neben dem *remedio* steht eine Schale mit in Parfüms (Tabu, Agua Florida, Ramilette de Novia, Agua de Cananga) und Zuckerrohrschnaps *(cañazo)* aufgeweichten Tabakblättern auf der *mesa*. Die Mischung wird zu Beginn von Gerardo und den Helfern bis zu zwölfmal in kleinen Muschelschalen durch die Nase hochgezogen (vgl. MacLean y Estenos 1953:148; Giese 1982:35). Dieses *levantar, shingar* oder *alzar* (»hochbringen«) genannte Verfahren hat vermutlich eine stärker psychotrope Wirkung als die San-Pedro-Abkochung selbst. Im Ort Salas wurde beobachtet, daß diese Mischung auch getrunken wird und dann visionäre Kräfte entfaltet:

> Später tut er [der *curandero*, W. A.] in ein Glas etwas Tabak und füllt es mit *aguardiente*. Jeder der Anwesenden nimmt einen Schluck. Diese Zeremonie wiederholt sich während der Nacht und der *brujo* [Hexer, W. A.] sieht in dem Glas die Räuber [im Fall, daß etwas gestohlen wurde, W. A.], die Krankheiten, die sein Klient hat oder den Schadenzauber, den er ihm machen wird (MacLean y Estenos 1953:148).

Die Tradition, sich Tabakpulver oder halluzinogene Pulver (z. B. *niopo, virola, parica*) in die Nase zu blasen, hat ihren Ursprung bei den Waldindianern Ostperus und gibt einen weiteren Hinweis auf die starke regionale Verflochtenheit des andinen Ritualwesens. Es wird auch berichtet, daß die Piro des Urubamba-Gebietes ihr Tabakpulver in großen Meermuscheln aufbewahren (Valdizan und Maldonado 1922:220). Im Gesangstext wird jedem **Hochziehen** (Abb. 9) ein analoges **Hochbringen** der Seele und allgemein des **Glücks** zugeschrieben. Denselben Sinn hat das Besprühen der *mesa* mit Agua

Abb. 9 Patienten beim levantar aus Muschelschalen bei einer mesa von Francisco Guernicio (Huancabamba).

Florida, einer Art Kölnisch Wasser. Diese Düfte sollen die *mesa* und die Seelen der Patienten »erblühen« lassen *(florecer)*. Eduardo Calderon sagt: »Das Unbewußte des Individuums wird wie eine Blume geöffnet und läßt seine Blockaden los...« (Sharon 1978b:46). Das Blühenlassen der *mesa* und der Seelen der Patienten sollen sich gegenseitig bedingen.

c) Spanische Säbel, Degen und Holzstäbe mit Menschen- und Tierfiguren (z. B. Eulenstab). Sie stehen an der Stirnseite der *mesa* als »Antennen« für die »Vibrationen« der *mesa* und der einzelnen Patienten (Sharon 1978b). Sie dienen dem Schutz gegen negative Einflüsse, z. B. durch visionär oder in Tiergestalt die *mesa* angreifende »Hexer«, die – meist gegen Morgengrauen – versuchen, das Ritual und die Heilung ihrer Opfer zu stören. Säbel und *chonta*-Stäbe dienen zum Abstreichen der negativen Energie vom Körper. In der Hand Gerardos geben die Stäbe beim Vorbeiführen am Ohr ein durchdringendes summendes Geräusch ab. Wenn er dann zwei Stäbe (im Sinne zweier Pole) am Körper entlangführt und Agua Florida darüber sprüht, kommt es zu hellen, koronaartigen Entladungen, die einen weiten Lichtschein verbreiten. Gerardo versteht sie als Entladungen negativer Energie. Der Patient bekommt die Stäbe (die zum Teil aus präkolumbischen Gräbern stammen, Abb. 10) auch selbst in die Hand, wenn er z. B. den Raum verläßt. Die Vorgänge beim Gebrauch der *chonta*-Stäbe werden von Gerardo als Zauber *(encanto)* bezeichnet. Auch Sharon (1978b:105) spricht vom Vibrieren und Funkentladungen der Stäbe. Eduardo Calderon nennt das Abreiben mit Säbeln und Stäben »in Ordnung bringen der Aura«.

Aus dem Holz der *chonta*-Palme fertigen die Waldindianer Ostperus Pfeile und Bögen, und man glaubt, in der *chonta* wohne ein »böser Geist« (Valdizan und Maldonado 1922:50). Da viele Hochland- und Küstenheiler wie Gerardo ihre »Lehre« bei den als

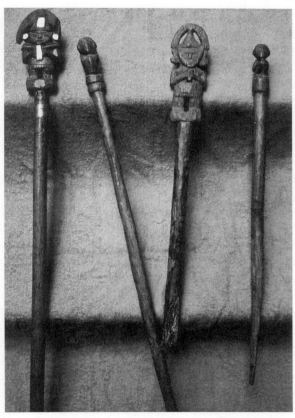

Abb. 10 Antike Hartholz-Stäbe aus Gräbern der Nordküste (Lambayeque).

mächtiger geltenden Medizinmännern und *ayahuasca*-Heilern der *selva* ableisten, ist der *chonta*-Gebrauch und seine Symbolik aus dem *selva*-Gebiet entlehnt. Disselhoff (1939) beobachtete im Hochland Ecuadors *curanderos*, die bei den Jivaro in die Lehre gegangen waren und mit *chonta*-Pfeilen Tänze aufführten und sie die Patienten in der Hand halten ließen. Magische *chonta*-Dornen sind das Haupt-»Kampfmittel« der *selva*-Hexer, die sie mit einem Atemstoß visionär in den Körper des Opfers schießen, um Schmerzen zu erzeugen. Der Heiler muß sie aussaugen (Reichel-Dolmatoff 1975; Chaumeil 1979:55).

Bei den Nordküsten-Heilern haben Säbel dieselbe Funktion wie die *chontas*. In einem Bericht aus Salas heißt es:

> Wenn es sich darum handelt, einen Kranken zu heilen ... schließt sich der »Weise« mit dem Kranken in ein Zimmer oder eine Hütte ein, wo er die Hexerei macht. Er nimmt den Säbel und simuliert einen Kampf mit dem Dämon, spuckt aus und wirft sich auf den Boden. Erschöpft und müde ruft er dann: »Ich habe gesiegt« (MacLean y Estenos 1953:148).

Das Bild des zwei Stäbe haltenden Heilers bzw. Patienten erinnert an die seit der andinen »Mutterkultur« von Chavin (hier: Raimondi-Stele) bis Nasca, Huari, Tiahuanacu und Chimu fortlebende Darstellung des »Gottes mit den Stäben«. Wenngleich es sich hier nicht unbedingt um *chonta*-Stäbe handeln wird, könnten diese das Vorbild dafür abgeben. Als eine andine Version des »goldenen Zweiges« (Frazer) könnten die Stäbe Blitzsymbole in der Hand des Himmelsgottes sein. Die bio-elektrischen Eigenschaften des *chonta*-Holzes scheinen sie dafür zu prädestinieren. Mir wurden von Piros mehrere vom Blitz gespaltene *chonta*-Palmen gezeigt. Vielleicht ist die *chonta*-Palme eine »Eiche Amazoniens«, die durch ihre Leitfähigkeit Blitze anzieht, was dann zu einer der Eichenmistel entsprechenden Mythenbildung und Verwendung der *chonta* führte. Auffälligerweise haben die *chonta*-Stäbe der Küsten-*curanderos* als funkende und vibrierende Geräte eine genaue Entsprechung in den »blitzenden Stäben« *(varas fulminantes),* die der Exorzist beim Ritual nach dem legendären Buch des San Cipriano in Händen hält (vgl. Barreiros 1885:127ff.). Ob die Verwendung der *chonta* in dieser Funktion dem europäischen Vorbild zuzuschreiben ist oder auf eine womöglich sinngleiche andine Tradition zurückgeht, ist eine interessante Frage, der wir hier nicht weiter nachgehen können. Nahe liegt aber eine Verbindung des mit den *chonta*-Stäben arbeitenden und tanzenden *curanderos* mit dem andinen Blitzgott Viracocha, den ich an anderer Stelle auch als »Schamanenvater des Andengebietes« dargestellt habe (vgl. Andritzky 1988-II). Während der *mesa* repräsentiert der *curandero* mit den Stäben also den andinen Heilgott. Im Gesang wird die *chonta* in ihrer reinigenden Funktion angesprochen und die Säbel als Instrumente, die »magischen Knoten« der Hexer zu durchschneiden.

d) Die auf den *mesas* befindlichen Steine repräsentieren Berge, die dem Heiler als Hilfsmächte zur Verfügung stehen. In ihrer mythischen Bedeutung handelt es sich um Stammesgründer, Vorfahren, inkarnierte Schamanenseelen oder bestrafte Feinde der Inka, die in Steine verwandelt wurden. Bei der Initiation durch den Blitz »fallen sie vom Himmel«, und der Heiler findet sie neben sich, wenn er aus der Trance erwacht.

Bei Francisco wurden alle Teilnehmer von zwei Helfern mit jeweils zwei Steinen viermal von oben nach unten als magische Reinigung abgerieben. Gerardo besitzt zwei Feuersteine (»afrikanische Steine«), die die Helfer reibend und funkend am Körper entlangführen. Die Funken gelten als Manifestation negativer Energie.

e) Zu Gerardos *mesa* gehört ein Totenkopf (Rosita), der von einem Arzt stammen soll, der ihm jetzt als Schutzgeist dient. Er kann ausgesandt werden, um Hexer zu bestrafen. Das Motiv des »rächenden Schädels«, der umherwandert, Blut vergießt, Übeltäter aufspürt und tötet, war bereits zur Inkazeit bekannt und rührt, wie schon erwähnt, aus der Kopfjägertradition her[1]. Im Gesangstext ist »Rosita« der wichtigste Schützer der *mesa* und der Patienten.

f) Weitere *mesa*-Objekte sind: Hirschfüße (sie zeigen Rastlosigkeit und Unstetigkeit an), der Schlüssel (öffnet neue Wege), der Inka (er steht für die Tradition und die »alten Meister«), die Glocke (ruft verlorene Seelen). Francisco hat einen Holzarm mit Fausthand auf der *mesa*, der dazu dient, »Hexer zu ergreifen«. Alle während der *mesa* belebten Objekte »kennzeichnen« und »markieren«, wie dies im Gesang ausgedrückt wird, das Leben und die Krankheit des Patienten. Mit ihnen »peilt« der Heiler visionär den Patienten an, und in ihnen manifestieren sich dessen Wesen und Probleme, wenn sich der Heiler oder die Helfer beim »*rastreo*« (»Fahndung«) auf ihn konzentrieren. Nach Ansicht von Joralemon (1985) kann man die *mesa* als eine »visionäre Landkarte« auffassen, die dem Heiler hilft, seine Drogenerfahrung zu kontrollieren und mit der Person des Patienten in Verbindung zu bringen. Die Symbolobjekte sind eine Art von Kristallisationskernen für die visionäre Assoziationstätigkeit.

Betrachten wir nun den Ablauf der *mesa*. Sind alle Gegenstände aufgebaut, wird die *mesa* mit dreimaligem Darüberblasen mit Agua Florida und einem kurzen Rasseln »eröffnet« (Abb. 11). Die Patienten erhalten das »Heilmittel«, wobei sie ihren vollen Namen nennen müssen. Danach werden die Hilfskräfte *(encantos, huacas,* die christlichen Heiligen, die Heilpflanzen, die Seen der Huaringas, wo Gerardo sein »Einweihungsbad« erhielt, San Cipriano, die Apostel, Evangelisten usw.) angerufen und meist mit einem »laß uns arbeiten...« zur Mitarbeit gebeten. Dann folgen die ersten Reinigungen mit Säbeln und *chonta*-Stäben indem Gerardo die Patienten von oben nach unten damit abstreift. Währenddessen werden die begleitenden Suggestionen mehr gesprochen als gesungen (»Holen wir alle Übel und alle Hexereien heraus...«). Nach einer weiteren Reinigung, d. h. einem Abstreifen des Körpers mit den Steinen, tritt eine längere Pause ein. Francisco Guernicio widmete sich in dieser Phase ausführlich jedem einzelnen Patienten und gab ihm eine visionäre Diagnose und Hinweise auf die Zukunft, die manchmal orakelhafte Züge hatten (»Ich sehe zwei Lamas ohne Köpfe...«). Nach den Diagnosen und Gesprächen folgen lange Gebetsgesänge *(tarjos)* zu den Kraftorten der Berge und immer wieder zu den Huaringas.

Gegen drei Uhr tritt nach Meinung der *curanderos* ein »Wechsel der Realität« ein (Gonzales Viaña 1979:106) und die *encantos* und *huacas* wirken stärker (Giese 1982:40). Gerardo verteilt jetzt das Drachenkraut *(hierba del dragon)*, sein stärkstes Heilmittel, das mit einem beißenden Geschmack zu würgendem Brechreiz führt. Es soll Magen, Darm und alle Gefäße wie ein »Rohrreiniger« säubern. Danach spielt er längere Zeit auf der Mundharmonika eine Weise, die nach Auskunft einer Klavierlehrerin den Namen »der Bäcker« tragen soll (Gerardo ist gelernter Bäcker). Dabei fordert er die Teilnehmer auf, sich zu bewegen, zu tanzen, Arme und Beine auszuschütteln und allen Gefühlen freien Lauf zu lassen. Giese (1982:84f.) berichtet, daß der Heiler Ruperto die Patienten etwa zur selben Zeit nach der »Behandlung« eindringlich zu Bewegung auffor-

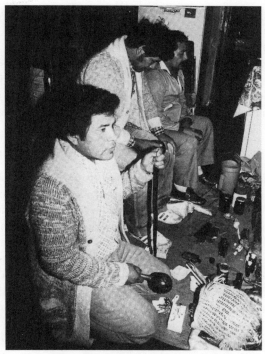

Abb. 11 Typische Position von Gerardo und seinen beiden Helfern vor der mesa. *In der rechten Hand die Rassel und in der linken ein* chonta-*Stab.*

dert, während ein Gehilfe auf der Gitarre spielt und Ruperto Agua Florida über die Tanzenden sprüht und sie anhält, tief einzuatmen. In besonderen Fällen sendet Ruperto die Seele eines Patienten zu einem der Seen der Huaringas und »badet« sie darin, während er den Patienten mit Duftwasser besprüht. Bei Francisco Guernicio in Huancabamba erfolgten sowohl die Reinigungen mit Stäben und Steinen, als auch eine Massage, das Ziehen an Armen und Fingern (*thalantaña*) und das *levantar* durch zwei Helfer ebenfalls gegen drei Uhr morgens. Dabei bewegten die zwei Helfer die mit Tabaksaft gefüllten Muschelschalen, während sie die Flüssigkeit hochziehen, beiderseits des Körpers des Patienten von unten nach oben. Danach wird jeder von einem Helfer hochgehoben und kräftig geschüttelt, um Organe, die man sich verschoben denkt, wieder in die richtige Position zu bringen. Dann folgt ein schmerzhafter Gertenhieb und die Aufforderung: »Lauf, tritt es weg, schüttle es ab!« Vor der Hütte waren dann die ca. 15 Teilnehmer eine Zeit damit beschäftigt, herumzuspringen und Arme und Beine auszuschütteln. Nach der Phase der Bewegung verteilt Gerardo ein sehr intensiv wirkendes Schnupfpulver, das zu ca. 20 Niesreflexen führt. Nach weiteren Reinigungen mit den Stäben an Patienten, die dies bislang versäumt hatten, endet die *mesa* mit der ersten Dämmerung.

Stellenwert von Tanz und Gesang im Curanderismus

Der Curanderismus hat ein animistisches und spirituelles Weltbild. Der Heiler kann sich mit Bergen, Flüssen, dem Meer, Tieren, Pflanzen, Gestirnen und Totenseelen mental in Verbindung setzen, und diese als Wesenheiten gedachten Entitäten können sich ihrerseits verwandeln. Eine möglichst umfassende Kenntnis der Eigenschaften jedes Heiligen und jedes Kraftortes ist die Voraussetzung zur Initiation des *curandero* durch einen Meister. Die Objekte der *mesa* müssen durch das Rasseln die ganze Nacht hindurch »lebendig« gehalten werden. Die Plätze vor der *mesa* sind daher ständig besetzt. Alle Dinge haben einen lebendigen Kern, sie sind »Vibrationen« (*vibraciones*), wie Gerardo sagt. Die Kunst des *curandero* besteht darin, die Qualitäten kennenzulernen und sich mit ihnen zu verbinden (*conectarse*). »Du verbindest dich mit der Kraft des Jaguar, der schwarzen Lagune« usw. ist die gebräuchlichste Umschreibung für diesen mentalen Vorgang. Die Dinge und Geister so zu dominieren, daß sie dem *curandero* »gehorchen«, ist die Quintessenz der Ausbildung. Das »Sehen« der hinter der Erscheinungswelt stehenden spirituellen Qualitäten wird durch das Einnehmen des San-Pedro erleichtert. Die *mesa*-Objekte werden während der Aktivierung durch das Kraftfeld der *mesa* zu lebendigen Wesen, die der Heiler dirigieren kann. In ihnen manifestieren sich die Probleme der Patienten, wie sie sich dem Heiler aus allen ihm zur Verfügung stehenden Informationen über den Patienten in einem synthetischen Prozeß im Unbewußten darstellen. Während die *mesa*-Teilnehmer nur unbelebte Dinge sehen, werden sie in der projektiven Wahrnehmung des Heilers zu Symbolen für Persönlichkeitszüge, Konflikte und psychische Energien. Die *mesa* wird daher von den *curanderos* auch als »Spiel« (*juego*) bezeichnet.

Die Philosophie Gerardos ist von den Traditionen des *selva*-Gebietes (den »lieben Stämmen« im Gesang) beeinflußt, wo er bei Mahas, einem Medizinmann der Aguaruna, zwei Jahre in die Lehre ging. Er sagt dazu:

> Der Stamm ist noch mit der Natur verbunden, er lebt als ein Teil von ihr, die anderen Leute aber nicht. Gott ist die Natur, ist Sonne. Mahas sagt, Leben ist Licht, Energie, du kannst es sehen. Damit kontrollierst du die *artes*. Wenn du ihnen sagst: Tötet!, dann töten sie, wenn du sagst: Heilt!, dann heilen sie. Es ist wie das Verhältnis des Menschen zum Hund, er kann wild sein oder treu. Du sagst: greif zu – und er greift zu. Es kommt also auf die Verbindung des Menschen zum Tier an. Der Name steht für die Person. Wenn ich sage Peter, Markus, dann hörst du das, wenn ich sage Walter, dann reagierst du, du beziehst es auf dich. Mit dem Namen ist die physische, mentale und spirituelle Kraft jedes Wesens verbunden.

Vor diesem Hintergrund wird deutlich, welche Funktion das Anrufen der zahllosen Kräfte in den *mesa*-Gesängen und die Kenntnis ihrer Namen hat. Der Gesang ist das Kommunikationsmittel, eine Schwingung, die das Energiefeld des Heilers mit demjenigen der angerufenen Kraft verbindet und sie ihm verfügbar macht. Die *artes* stehen in einer Art von »Vertragsverhältnis« zum Heiler: Wenn sie ihm helfen sollen, muß er für sie singen und tanzen. Das geschieht u. a. zur Initiation, wenn die zukünftigen *curanderos* ein Bad in einem der Hochlandseen nehmen, die man sich als eine schöne Frau mit Spinnrocken und mit Panflöte und Trommel vorstellt. Ihre Muskeln sind die Wasserwellen und ihre Augen das Blitzen der Lichtreflexe. Sie ist die Herrin über die Herden der Seetiere und -blumen. Für sie singt und tanzt der Initiant, um dann beim Einweihungsbad seinen Schatten *(sombra)* im See zurückzulassen. In diesem Initiationsvorgang läßt sich unschwer das Todes- und Wiedergeburtsmotiv jeder schamanischen Initiation erkennen, aber auch ein Pakt, in dem die Seele für magische Kräfte und den Beistand der Seegöttin eingetauscht wird. Eliade (1959) hat diese Variante der Initiation als »Hochzeit mit der Geisterbraut« bezeichnet. Die Huaringas in Nordperu sind als Speicher von Tausenden von Schatten heutiger und früherer Heiler die spirituelle Kraftzentrale des nördlichen Andenhochlandes schlechthin. Mit jedem Einweihungsbad verbindet sich der Neuling auch mit den Schatten aller früheren »Meister« und vermählt sich symbolisch mit der Herrin des Sees. Jeder *curandero* hat »seinen« See, Gerardos Kraftsee ist die schwarze Lagune *(laguna negra)*. Der Gesang bei der *mesa* weckt nicht nur die Geistwesen der Kraftorte, sondern auch die Seelen der »alten Meister«, die in den Gräbern *(huacas)* als Vibrationen fortleben. Vom Gesang berührt, öffnen sich die *huacas* und die Berge, wo der *curandero* die Toten in prächtigen Gewändern sieht, und die Meister treten tanzend hervor (Gonzales Viaña 1979: 31ff., 74ff., 101ff.). Der Klang der Rassel und der Gesang, manchmal auch andere Instrumente wie die Gitarre, die Violine oder wie bei Gerardo die Mundharmonika, werden also als vitalisierende Schwingungen angesehen, die die Verbindung zu den Hilfskräften herstellen.

Die *mesa* wird oft in der Natur auf einem Hügel oder am Meer abgehalten. Valdizan und Maldonado (1922:153) haben eine anschauliche Beschreibung von Musik und Tanz bei einer *mesa* zu Beginn dieses Jahrhunderts hinterlassen. Die nach dem Rhythmus der Rassel und unter Drogeneinfluß tanzenden Gehilfen folgen dabei wie hypnotisiert dem *curandero,* der sie mit einer Bewegung der *chonta* wie Zirkustiere dirigiert:

> Wir werden die Arbeit des hier bekannten Quetchua-Indianers beschreiben. Die Rassel hat keinen Moment aufgehört, ein sehr taktvolles, eigenartiges und spitzes Geräusch zu machen. Nach dem Vorbild des Hexers absorbieren alle seine Begleiter, Frauen und Männer, aus großen Muschelschalen Tabakwasser durch die Nase. Dem Kranken gibt man seine Dosis des Heilmittels, aber keinen Tabak. Der Hexer fährt fort zu tanzen, zu singen und ständig die Rassel zu betätigen. Stunde um Stunde vergehen mit dem gleichen monotonen und tristen Gesang und dem durchdringenden und spitzen Geräusch der Rassel...
>
> Es gibt Leute, die von den Kräutern leicht und andere, die von ihnen nicht ergriffen werden. Wir vermuten..., daß der Meister die narkotischen Effekte bewirkt, um jede dieser Versammlungen zu hypnotisieren, ohne selbst deren Ursache zu kennen.
>
> Ein oder zwei Helfer beginnen, sich zu verrenken ohne sich vom Platz zu bewegen. Die Gesichts-, Arm-, und Beinmuskeln beginnen zu zucken wie von einer starken elektrischen Kraft bewegt. Sie haben

einen starren und leblosen Blick, wie wenn die Seele sie verlassen hätte und sich weit von ihrem Körper entfernt befände. Die Augen sind blutrot und alles bietet einen höchst seltsamen Anblick. Sie können nicht an sich halten und folgen, getrieben durch eine von ihrem Willen unabhängige Kraft, dem Meister nach und machen die gleichen Bewegungen wie er. Einige, sehr berauscht, laufen aus dem Kreis. Aber der Hexer, seiner Macht bewußt, läßt sie mit einer Bewegung seiner *chonta* im Lauf anhalten, wo sie wie Statuen stehenbleiben und (wie sie später erzählen) seltsame Dinge sehen. Mit einer weiteren Bewegung der *chonta* holt er sie wieder in die Versammlung zurück.

In diesen Momenten könnte diese Szene als Allegorie des Irreseins dienen. Mit diesen Mitteln lassen die Hexer viele ihrer Kranken, Gelähmte und Rheumatiker, sich erheben und ihnen zusammen mit den anderen im Tanze folgen und gelegentlich sind einige völlig geheilt.

Einer unsere Freunde, gelähmt, fand keine medizinische Hilfe für sein Leiden. Seine Verwandten wandten sich an die Hexerei. Nach drei Nächten des Spiels (so nennen sie das Abhalten der *mesa*) kam er zu Fuß vom Berg ins Dorf. Auf dem Wege stieß er auf eine Tanzveranstaltung und tanzte mit. Bis heute ist er gesund geblieben. Auch einer unserer Mitarbeiter, der sieben Monate gelähmt war, erhob sich in der Suggestion und folgte geschäftig dem Heiler im Tanz und erfreut sich jetzt bester Gesundheit. Das Wort Suggestion verwenden wir zur Erklärung dieses seltsamen Phänomens. Dort aber sagen sie: Das Kraut hat sie ergriffen...

Im folgenden sind die am häufigsten auftauchenden *tarjos* von Gerardo Pizarro wiedergegeben, wie sie zu einem fortlaufenden Gesang zur Gitarre aufgenommen wurden. Sie verteilen sich im Verlauf der *mesa* über die ganze Nacht. Wenn zu Beginn vom **Binden** und von **Knoten** die Rede ist, die mit dem Säbel durchschnitten werden, dann sind damit jene Fäden gemeint, mit denen ein Hexer bei einem Schadenzauber z. B. die Glieder einer Puppe festbindet (die das Opfer repräsentiert), um damit in analogiemagischer Weise eine Lähmung zu bewirken.

Mesa-Gesänge *(tarjos)* von Gerardo Pizarro

con mi mesa voy marcando,	Mit meiner *mesa* werde ich kennzeichnen,
con mis artes voy tarjando,	mit meinen *artes* werde ich anpeilen
con mi Rosita, dulce reina, sus espiritus voy cuidando,	mit Rosita, der süßen Königin werde ich eure Seelen beschützen
con mi chonta voy limpiando.	mit meiner *chonta* komme ich zu reinigen.
Con mis espadas voy cortando	Mit meinen Säbeln werde ich durchschneiden
estos nudos que amarran los maleros hechizeros.	diese Knoten, die die Übeltäter die Hexer knüpfen.
Bebe no más, bebe no más la yerba milagrosa que Gerardo te da.	Trink nur, trink das wunderbare Kraut, das Gerardo dir gibt.
Con mi mesa voy nombrando,	Mit meiner *mesa* rufe ich (die Seelen) auf,
con mi banco voy envocando,	mit meiner *mesa* rufe ich die Geister an
aquí vengo nombrando,	hier komme ich (die Seelen) aufzurufen,
aquí vengo suspendiendo.	hier komme ich (sie) zu erleichtern.
Con mi laguna negra vengo levantando,	Mit meiner schwarzen Lagune komme ich, (sie) aufzurichten,
con mi laguna negra vengo refrescándolos,	mit meiner schwarzen Lagune komme ich, sie zu erfrischen,
con mis yerbas vengo curando,	mit meinen Kräutern komme ich, zu heilen
con mis yerbas vengo aliviando.	mit meinen Kräutern komme ich (Leiden) zu lindern.
Vengo aliviando los corazones	Ich komme, die Herzen zu erleichtern
que están llenos de sufrimientos	die voll Leiden, Traurigkeit,

y de tristezas y de angustias y dolores.	Ängsten und Schmerzen sind.
Afuera estos dolores del cerebro	Heraus mit diesen Kopfschmerzen,
afuera estos dolores de espalda	heraus mit diesen Rückenschmerzen,
afuera estos dolores de pierna	heraus mit diesen Beinschmerzen,
afuera estos dolores de rodillas	heraus mit diesen Knieschmerzen
afuera estos dolores de pantorillo	heraus mit diesen Wadenschmerzen,
afuera estos dolores de estómago	heraus mit diesen Magenschmerzen,
afuera estos dolores de pulmones	heraus mit diesen Lungenschmerzen,
afuera dolores del corazón	heraus mit diesen Herzschmerzen,
afuera los aburrimientos	heraus mit dieser Langeweile,
afuera estas penas y estas angustias que no te dejan trabajar!	heraus mit diesem Kummer, und diesen Ängsten, die dich nicht arbeiten lassen!
Con mi barro vengo nombrando	Mit meinem Lehm komme ich, sie zu rufen
con mi mesa voy trabajando	mit meiner *mesa* werde ich arbeiten
así lo vengo floresciendo, así lo vengo parando.	So werde ich sie blühen lassen, so werde ich Einhalt gebieten.
Con mi mesa no hay hechizero,	Mit meiner *mesa* gibt es keinen Hexer,
con mi mesa no hay maleros.	mit meiner *mesa* gibt es keine Schurken.
Vengo botando todas dolencias y malestares.	Ich komme, alle Schmerzen und Beschwerden hinauszuwerfen.
Afuera estos aburrimientos y estas penas y estas palpitaciones del corazón,	Heraus mit dieser Langeweile und dem Kummer und diesen Stichen am Herzen,

que te vienen atormentando!	die dich quälen!
Mi chungana va sonando,	Meine Rassel wird ertönen,
mi guitarra va tocando	meine Gitarre wird spielen
y alegre canto a mis pacientes	und mit Freude singe ich für meine Patienten
y a mi mesa curandera.	und für meine Heil-*mesa*
Voy rociando mis parfumes y	Ich werde mein Parfüm versprengen und
las aguas flóridas,	das Agua Florida,
voy refrescando y levantando	ich werde die gefallene Seele erfrischen
el ánimo caido.	und wieder aufrichten.
Con mi chonta voy limpiando	Mit meiner *chonta* werde ich reinigen
y las varas van jugando,	und die Stäbe werden spielen,
con mis huacos voy limpiando	mit meinen *huacos* werde ich reinigen,
con mis huacos voy floresciendo	mit meinen *huacos* werde ich erblühen (lassen)
con mi laguna voy limpiando.	mit meiner Lagune werde ich reinigen.
Aquí le llamo todos mis encantos	Hier rufe ich alle meine *encantos*
aquí le llamo toda mi gente.	hier rufe ich alle meine Leute
Ahora les vengo trabajando,	Jetzt fange ich für euch zu arbeiten an,
ahora les vengo jugando,	jetzt komme ich um zu spielen,
ahora le vengo levantando,	jetzt komme ich (euch) hochzubringen
a mis cerros y a mis huacos ya les vengo despertando.	schon fange ich an, meine *huacos* und Hügel aufzuwecken.
A las tres de la mañana le vengo aplicando	Um drei Uhr morgens werde ich anwenden
mi hierbita linda del dragón.	mein schönes Drachenkraut.
Aquí lo vengo hablando y des-pertando.	Hier komme ich um zu sprechen und aufzuwecken
Invocando todos mis encantos	Indem ich alle meine *encantos*

y mi laguna negra,	und meine schwarze Lagune anrufe
hermosa yerba de chimuro,	schönes *chimuro*-Kraut
hermosa yerba del dragón	schönes Drachenkraut
hermosa yerba santa milagrosa que el Sr. nos dio,	schönes Heiliges Kraut, das der Herr uns gab,
yerba del culebrón que solo voy envocando.	*culebron*-Kraut, das nur ich anrufe
Come la yerba no la botes!	Iß das Kraut, wirf es nicht weg!
Entra por la garganta y pasando por todo su cuerpo,	Tritt durch den Rachen ein (in den Körper) und gehe durch den ganzen Körper,
pasando por todo su cerebro,	gehe durch sein ganzes Gehirn,
entra por los pulmones,	tritt in die Lungen ein,
que entre por sus brazos y antebrazos y entrando por sus manos,	es dringe in seine Arme und Unterarme und in die Hände (ein),
que entre por su circulación, también entre por su corazón,	es trete in den Blutkreislauf ein, und auch in das Herz,
que entre también por sus riñones	es dringe auch in die Nieren ein
por sus piernas y la espalda.	in ihre Beine und den Rücken.
Entrando por sus rodillas y pantorillas	Indem es in die Knie und Waden eindringt,
van entrando por la cadera, la columna y sus riñones	in die Hüfte, die Wirbelsäule und die Nieren
botando todos los dolores de su cuerpo	wirft es alle Schmerzen aus ihrem Körper
en el silencio de la noche y le ruego a mi Rosita,	im Schweigen der Nacht und ich bitte meine Rosita,
que le cuide los espiritus de mis pacientes cuando duermen	daß sie die Seelen meiner Patienten bewacht, wenn sie schlafen.
En esta mesa y con sus artes y mi chungana vamos levantando a la mesa y a los pacientes.	In dieser *mesa* und mit ihrem *artes* und meiner Rassel werden wir die *mesa* und meine Patienten hochbringen.

Aquí se viene presentando el
espíritu del cholo moro,
del mago blanco y San Cipriano

mago de los magos
brujo de los brujos.
En esta linda noche y en la madrugada el día va rayando

y mi gallo va cantando
así los voy curando.
Así le voy levantando en su
suerte y en su salud, en su
negocio
en su espíritu y en sus nombres
y apellidos.
No permitas que los amarre el
espíritu de un hechizero.
Hay Rosita y yo te ruego, yo te
pido, que tú cuides
a mis pacientes.
Con la hierba del lucero
y con la hierba de estrella
yo les vengo floresciendo en esta
linda madrugada.

El día va rayando y mis hierbas
van curando
y mis varas van limpiando
y mis espadas van cortando.

Hay estos nudos que los atan y
no los dejan progresar

que no le dejan su espíritu y
no lo dejan florecer.

Hier wird sich der Geist
des *cholo moro* präsentieren
des weißen Magiers und von San
Cipriano
dem Magier der Magier
dem Hexer der Hexer.
In dieser schönen Nacht und
im Morgengrauen wird der Tag
erstrahlen
mein Hahn wird krähen und
so werde ich sie heilen.
So werde ich Sie in ihrem
Glück stärken, in ihrer
Gesundheit und beim Geschäft
in ihrer Seele und in ihrem
Namen und Vornamen.
Laß nicht zu, daß sie der
Geist eines Hexers fesselt.
Es gibt Rosita und ich
bitte dich, daß du meine
Patienten bewachst.
Mit dem Venus-Kraut
und dem Sternenkraut
komme ich, euch
hochzubringen in diesem
schönen Morgengrauen.
Der Tag erstrahlt und meine
Kräuter heilen
und meine Stäbe werden
reinigen und meine Säbel
werden (sie) zerschneiden.
Es gibt diese Knoten, die
sie binden und sie nicht
vorankommen lassen
und die ihren Geist nicht
(in Ruhe) lassen und ihn nicht
erblühen lassen.

Bebe no más, bebe no más	Trink nur, trink
la hierba milagrosa, que	das wunderbare Kraut, das
Gerardo te da.	Gerardo dir gibt.
Con amor y fé la felicidad	Mit Liebe und Glaube wirst
encontrarás.	du das Glück finden.
Ahora llegamos a estos lindos	Jetzt kommen wir zu den
huertos y estamos en su lindo	schönen Gärten und sind in
jardín,	ihrem schönen Park
donde están los grandes brujos y	wo die großen Hexer und
curanderos de mis lindos tribus,	Heiler meiner lieben Stämme leben,
donde está el río de aguas vivas.	wo der Fluß mit dem lebendigen Wasser ist.

Hypothetische Wirkfaktoren der *mesa*-Gesänge

Das Setting des *mesa*-Rituals und der Handlungskontext der Gesänge enthalten folgende heilerische Wirkfaktoren:

- Die Gegenstände der *mesa* und die spirituellen Kräfte (*artes*, Kräuter, Totengeister, *huacos*, »Rosita«, Zeitqualitäten etc.) und Handlungen (*limpias, levantar, florecer*, Knoten durchschneiden) werden im Gesang vorgestellt und ihre Anwendung angekündigt. Alle sensorischen Reize des *mesa*-Settings werden damit mit Symbolqualitäten versehen.
- Der Gesang schafft damit bei den Klienten eine Imagination des Ritualverlaufs und richtet die Aufmerksamkeit auf die jeweils bevorstehende oder gerade stattfindende Handlungseinheit (»Ich werde...«, »jetzt fange ich an...«) und suggeriert eine Wirkung auch für die Zeit nach Ende der *mesa* (»Glück«, »Geschäft«).
- Die Gesänge enthalten direkte Heilsuggestionen (»Heraus mit den Magenschmerzen...«) oder auf die Wirkung des Heilmittels bezogen (»Tritt in den Rachen ein, gehe durch den ganzen Körper«), wobei das Rasseln eine Geräuschkulisse bildet, die die bewußte Aufmerksamkeit absorbiert, so daß die Gesangsinhalte mehr oder weniger subliminal, d. h. unbewußt aufgenommen werden. Diese Art der Einspeisung von Information ins Unbewußte entspricht der Technik der sog. »Suggestopädie«, wie sie von Lozanov (1978) entwickelt wurde.

– Die Aufmerksamkeit der Klienten wird auf die Person und die Fähigkeiten des Heilers gelenkt (Ich-Form, »Gerardo gibt dir...«). Die Gesänge reflektieren seine Erfahrungsgeschichte und stellen die spirituellen Wesenheiten (wie sie auch in den Gesängen anderer Heiler auftauchen, vgl. Gonzales Viana 1979) in ein spezielles Abhängigkeitsverhältnis zu ihm (meine *encantos*, meine *huacas*, seine Stämme) und suggerieren ein charismatisches Fluidum.

Was die medizinische Wirksamkeit der *mesa*-Rituale anbelangt, sei abschließend bemerkt, daß im vorangehenden mit Musik, Gesang und Tanz nur ein Funktionsbereich erörtert wurde. Die Effekte der Massagen und manuellen Eingriffe (vgl. Andritzky 1991a), der pflanzlichen Wirkstoffe sowie der durch den veränderten Bewußtseinszustand zwischen Heiler und Klienten intensivierten Kommunikation sind ebenso gesondert zu berücksichtigen wie das Gruppen-Setting (vgl. Andritzky 1993).

Betrachtet man das Ritual als dynamische Abfolge symbolischer Handlungseinheiten und als Generator eines komplexen sensorischen Reizfeldes (vgl. Andritzky 1992; Joralemon 1984), dann ergeben sich eine Reihe weiterer psycho-physischer Wirkfaktoren, deren Gesundheits- bzw. Therapierelevanz sich erst künftiger Forschung erschließen wird.

Anmerkung

1 Vgl. Oblitas Poblete 1971:105; Valdizan und Maldonado 1922/23:325; Nuñez del Prado 1970; Zerries 1950/4a, Nordenskjöld 1908.

Gesundheit und Krankheit im Verständnis einer bäuerlichen Dorfgemeinschaft im Hochland Perus

Barbara Mainzer-Heyers

Gesundheit und Krankheit sind Begriffe, die in den verschiedenen Kulturen einer unterschiedlichen Beurteilung unterzogen werden. Die Weltgesundheitsorganisation WHO definiert den Begriff Gesundheit als einen Zustand des völligen körperlichen, seelischen und sozialen Wohlbefindens. Die bäuerliche Bevölkerung im Hochland Perus versteht unter Gesundheit einen Harmoniezustand zwischen sich und ihrer Umwelt unter Berücksichtigung ihrer religiös-mythologischen Vorstellungskraft.

Krankheit wird im bekanntesten deutschen klinischen Wörterbuch folgendermaßen beschrieben:

> Störung der normalen Funktion der Organe oder Organsysteme des Körpers. Ihre Entstehung ist abhängig von Disposition, Exposition und Konstitution. – Rössle: Gesamtheit aufeinanderfolgender, abnorm gearteter Reaktionen eines Organismus oder seiner Teile auf krankmachenden Reiz (Pschyrembel 1982:640).

Krankheit wird im Andenhochland als Mangelzustand, resultierend aus übernatürlichen Phänomenen, gesehen. Estrella (1977:23) führte in Ecuador Studien durch und definiert Gesundheit und Krankheit wie folgt:

> La salud y la enfermedad se explican mediante elementos religiosos, mágicos y empíricos; la enfermedad es un proceso que representa una parte de la vida del enfermo y de la propia comunidad; ...
>
> [Gesundheit und Krankheit erklären sich aus religiösen, magischen und empirischen Elementen; die Krankheit ist ein Prozeß, der einen Teil im Leben eines Kranken und seiner Gesellschaft repräsentiert; ...]

Ihre Symptome erfahren eine Einordnung in die unterschiedlichen Krankheitsbilder:

> Die Klassifikationsweise bestimmt gewissermaßen das gesamte medizinische Weltbild einer Gruppe, denn die Klassifikation oder Diagnose einer Krankheit führt notwendigerweise zu dem korrespondierenden Heilertypus, der für eine bestimmte Krankheit zuständig ist (Ludwig und Pfleiderer-Becker 1978:50).

Von daher ist das Verständnis der traditionellen Medizin die wichtigste Ressource der Gesundheitsversorgung der ländlichen Bevölkerung. Diese Erkenntnis läßt sich anhand einer Dorfgemeinschaft im Andenhochland verdeutlichen.

Der Ort Achoma liegt in 3940 m Höhe zwischen den schneebedeckten Kordillerengipfeln Ampato und Hualca Hualca in der Provinz Caylloma, Departement Arequipa. Der Distrikt Achoma erstreckt sich über die klimatisch-geographischen Höhenstufen der *quechua* (2300 – 3500 m) und *jalca* (3500 – 4000 m)[1].

Das Wort *quechua* bedeutet »Erde mit gemäßigtem Klima« und ist gekennzeichnet durch ausgeprägte Tag- und Nachttemperaturunterschiede, die sich im Untersuchungsgebiet zwischen $+20°C$ und $-10°C$ belaufen. ...*jalca* bedeutet »groß«, »hoch«. Diese Höhenstufe zeichnet sich durch ein trockenes, kaltes Klima mit Temperaturunterschieden zwischen Tag und Nacht von $+20°C$ bis $-16°C$ aus (Mainzer-Heyers 1987:47).

Die Bevölkerung des Distrikts setzt sich aus Indios und Mestizen zusammen, die ihre eigene Konzeption von Krankheit und Gesundheit vor dem Hintergrund ihrer kulturspezifischen Vorstellungen haben. Dies bedeutet, daß sowohl biologische wie kulturabhängige Faktoren auf den körperlich-seelischen Zustand beeinflussend wirken können.

Neben der praktizierten westlichen Medizin existiert ein von alters her entwickeltes traditionelles Heilsystem mit kulturspezifischen Syndromen (»Volkskrankheiten«). Dem staatlichen Versorgungssystem und seinen Therapien stehen Erscheinungsformen, Epidemiologien und Behandlungen nach traditionellen Methoden gegenüber. Auch heute noch entsprechen die Heilungsprozeduren der traditionellen Medizin den kulturspezifischen Ideen- und Wertesystemen der andinen Bevölkerung weit stärker als die westlich geprägten Methoden.

Für die im ländlichen Milieu sozialisierten Menschen, die in weiten Bereichen durch die gegebenen verkehrstechnischen, geographischen, wirtschaftlichen und kulturellen Verhältnisse daran gehindert werden, einen Gesundheitsposten, d. h. eine Einrichtung im Sinne der modernen Medizin zu konsultieren, bedeuten die von alters her überlieferten Heilungen eine Überlebenschance.

Die Vitalität des traditionellen Heilungssystems beruht auf der Art und Weise, in der die Erscheinungsformen von Symptomen interpretiert und als solche akzeptiert werden und spiegelt die Beziehung zwischen den Menschen und ihrer spezifischen Umgebung mit dem entsprechenden Tier- und Pflanzenleben wider. Die Nutzung der Kenntnisse, Fähigkeiten und des Erfahrungsreichtums traditioneller Heiler kann daher als adäquate Alternative zur westlichen Medizin – zumindest in Teilbereichen der Medizin – angesehen werden.

Die traditionellen Heiler, die in den verschiedenen Kulturen unterschiedliche Namensbezeichnungen wie *curandero, doctor, hechicero,* Zauberer, Medizinmann, Schamane, *brujo,* Zauberpriester und *medicine man* haben, nehmen Funktionen wie Zauberei, Krankenheilung, Magie, Hexerei oder Betrügerei wahr. Die *curanderos* der Andenregion wurden von verschiedenen Autoren besucht und beschrieben.

Sal y Rosas (1975-II:201f.) teilt die *curanderos* aufgrund spezifischer Funktionen in drei Gruppen ein:

1. Charlatanes: Son impostorescuya intención e maliciosa y fraudulenta; el lucro personal es su fin único y primordial y emplean midios diversos místicos de la medicina indígena, echando mano de la brujería con la misma despreocupatión quela liturgia de la Iglesia, cuidando siempre de rodearse de misterio y prodigio...

2. Empiricos: Son prácticantes rutinarios (enfermos, estudiantes de medicina, obstetrices, boticarios, etc.), quienes por haber trabajando con médicos o en centros asistentiales, conocen superficil y parcialmente la terapéutica usual y sólo en su aspecto pragmático, manual o instrumental...

3. La práctica de la Medicina Indígena... es ejercida en el seno de los grupos humanos genuinamente autoctones, por gentes que son

espiritual y socialmente parte de dichos grupos. Los actos de éstas prácticas son legítimas expreciones de la tradición médica del país; no obedecen esencialmente a fin utilitario ni están en oposición a la ciencia.

[1. *Charlatanes* sind Hochstapler und Betrüger mit bösen Absichten, der persönliche Gewinn ist deren einziges und wesentliches Ziel. Sie benutzen verschiedene Mystiken der indianischen Medizin sowie der Hexerei um Geheimnisse und Wunder zu pflegen durch Umgehung der Kirchenliturgie...]

[2. *Empiricos* sind routinierte Praktikanten (Kranke, Studenten der Medizin, Hebammen, Apotheker etc.), welche mit Ärzten zusammen oder in Heilzentren arbeiten. Sie kennen oberflächlich und teilweise die gebräuchlichen Therapien und benutzen sie nur als Werkzeug...]

[3. Die Praxis der indianischen Medizin... wird von Personengruppen praktiziert, die unabhängig von Menschen sind, die spirituellen und gesellschaftlichen Gruppen angehören. Die Handlungen dieser Praktiken sind rechtmäßiger Ausdruck der Medizin. Die Tradition des Landes wird wesentlich benutzt und das Ergebnis steht nicht in Opposition zu der Wissenschaft.]

Dagegen nimmt Sharon (1980) eine andere Gliederung vor. Neben dem *alto mesayoq* (oder *altomesa*), dem höheren Schamanen oder *curandero* gibt es den *pampa mesayoq*, den niederen. Beide *curanderos* heilen, weissagen oder üben *brujeria* aus und stehen in Verbindung zu den Geistern. Die Namen stehen für das geographische Betätigungsfeld. Der *alto mesayoq* lebt »oben« in der *puna* (über 3600 m), der *pampa mesayoq* »unten« in der *pampa* (zwischen 2500 und 3600 m). Sharon (1980:114) erwähnt neben diesen Gruppen weitere magisch-religiöse Spezialisten: »...den *layqa* oder Zauberer, den *hanpeq* oder Heiler und den *wataq* oder Weissager«.

Marzal (1971a:262f.) beschreibt die Aufgaben der verschiedenen Heiler wie folgt: Die des *layqa* als »...zu verhexen oder den Feind, der in Ausübung des Schadenszaubers verhext hat zu entlarven« (»...es embrujar o descubrir al enemigo que ha embrujado«), die des *wataq* als »...vorherzusagen, obgleich er auch andere Fähigkeiten besitzen kann« (»...es adivinar, aunque puede poseer otros poderes«), und die des *hanpeq* als »...zu heilen, obgleich, wie ich schon mehrfach gesagt habe, dieselbe Person auch andere magische Fähigkeiten haben kann«(»...es curar, aunque como ya he repetido la misma persona puede tener otros poderes«).

Anhand dieser Beispiele wird deutlich, daß völlig unterschiedliche Typen von Heiltätigen im Andenhochland ihre Dienste anbieten. Gemeinsam ist allen das Ritual der Krankenheilung. Die traditionellen Heiler verfügen über umfangreiche Möglichkeiten des Gesundungsprozesses, in den das physische, soziale, kulturelle sowie religiöse Umfeld mit einbezogen wird.

Der traditionelle Heiler wie der Erkrankte sehen den Ursprung einer Erkrankung in einer gestörten Beziehung zur Umwelt. Aufgabe des *curandero* ist die Wiederherstellung einer gesunden und harmonischen Umwelt mittels Remedien, Heilungszeremonien oder Ritualen.

Diese Funktionen üben Frauen wie Männer aus. Sie können genauso wie Ärzte spezialisiert sein, wie z. B. *partera* (Hebamme), *yerbatero* (Kräuterkundiger), *huesero* (Behandler von Frakturen, Distorsionen oder Luxationen). Die Schwerpunkte in der Krankenbehandlung haben sich aufgrund eines immer weiter fortschreitenden Akkulturationsprozesses verlagert. Früher konsultierten die Menschen ausschließlich ihre Heiler. Heutzutage fallen in deren Aufgabenbereich im wesentlichen nur Krankheiten, deren kulturelle Hintergründe von westlichen Ärzten nicht verstanden werden.

Beispielsweise kann jemand an *susto*[2] erkranken, nachdem er einem »Geist« begegnet ist. *Susto* wird durch eine nervlich bedingte Krisensituation bzw. durch ein Schreckerlebnis ausgelöst. Dieses am häufigsten auftretende Leiden stellt sich mit einer speziellen Symptomatik dar. Der Schreck, der die Krankheit auslöst, beruht auf einer »Trennung von Seele und Körper«, hervorgerufen durch die Einwirkung »einer übermenschlichen Macht«. Auch kann die Krankheit als »Bestrafung« wegen Entweihung eines heiligen Ortes oder Unterlassung einer Ehrerbietung gegenüber einem Ort ausgelöst werden.

Krankheitssymptome sind allgemeine Schwäche, Appetitlosigkeit, Hautblässe, Desinteresse an persönlicher Kleidung und Hygiene, Weinkrämpfe, Erbrechen, Abmagerung, Diarrhōen, Depressionen, Introversionen, Schlafstörungen, Körperzittern, Magen- und Rückenbeschwerden, Fieber oder epileptische Anfälle. Es wird deutlich, daß der Komplex *susto* ein sehr offenes, flexibles und mannigfaltiges Syndrom ist.

In dieses Bild könnte sich der Fall eines zweijährigen Jungen aus Achoma einfügen. Er war an einem unbekannten Ort auf den Boden gefallen und als Folge erkrankt. Die Leute glaubten, daß die Seele *(alma)* in die *pachamama* eindringt. Die Krankheit verlief bei dem Kind sehr schwerwiegend, so daß es beinahe verstorben wäre (Mainzer-Heyers 1987:101).

Die Heilungsmethoden der *curanderos* für diese Krankheit basieren auf magischer Therapie sowie empirischen Remedien. In Achoma wurde die Behandlung mit magischen Handlungen vorgenommen, um die entflohene Seele zurückzuholen, d. h. Körper und Seele wieder zu vereinen. Der *curandero* nahm Rede- und Betrituale als Bittstellung für die Herausgabe der Seele vor. Neben dieser Methode spielte die Therapie mit dem Meerschweinchen eine entscheidende Rolle. Der Körper des Jungen wurde mit einem Meerschweinchen abgerieben *(limpia del cuy)* unter Verabreichung eines Kräutergetränks aus der Pflanze *wamara*. Daneben mußten Opfergaben in Form eines Hühnereies zusammen mit *coca* in die Pachamama (Mutter Erde) eingebracht werden. Aufgrund dieser Zeremonie »kehrte die Seele in das Kind zurück« und es gesundete.

In Achoma gab es zum Zeitpunkt meiner Forschung zwei Heiler, einen *hanpeq* und einen *wataq*. Die Aufgabe des *hanpeq* lag in der Behandlung dieser kulturspezifischen Syndrome, also der Krankheitsbilder, die durch soziokulturelle Faktoren des Umfeldes ausgelöst wurden. Neben diesen Heilern arbeiteten einige ältere Frauen als *yerbateras*, die aufgrund von Symptomschilderungen Heilkräuter sammelten und zu Tee oder Kataplasma zusammenstellten und verabreichten. Diese *yerbateras*, die auf den Wochenmärkten ihre Heilkräuter anbieten, stellen ihre Diagnosen anhand äußerer Krankheitszeichen, Urinkonsistenz und -farbe sowie Temperaturmessungen.

Die Berufung, als *curandero* in einem Dorf zu heilen, erfolgt im andinen Hochland nach ganz unterschiedlichen Kriterien. In Achoma wurden das Amt und das Wissen um die Heilzeremonien vom Vater auf den Sohn vererbt. Dagegen beschreibt Faust (1973:212), daß die *curanderos* der Paez-Indianer Kolumbiens durch Visionen, und Wendorf de Sejas (1982:193f.), daß sie im Valle Alto in Bolivien durch Blitzschläge berufen werden.

Diesen Heilern werden unterschiedliche Rollen zugesprochen, da sie einerseits das Wissen um die historischen Mythen und Heilungen haben und andererseits indirekt eine Führungsposition im politischen Gefüge der Dorfgemeinschaften ausüben. In letzterer Funktion werden sie bei wichtigen Dorfangelegenheiten konsultiert, wobei ihre Ratschläge meistens in die Tat umgesetzt werden. Dieser soziale Aspekt äußert sich in einer Vermittlerrolle zwischen den Dorfbewohnern und der Pachamama oder den *apus*. Die Heiler, die selbstverständlich aus demselben Lebens- und Kulturkreis stammen wie die Bewohner, üben ihre Funktionen in vertrauensvoller und überzeugender Weise aus.

Ihre Hauptaufgaben im Untersuchungsgebiet beruhten in der Verabreichung pflanzlicher wie mineralischer Remedien. Es gab nur sehr selten eine Krankheit, die nicht durch ein solches Remedium geheilt werden konnte. Im äußersten Fall schickten sie die Patienten zu den *puestos sanitarios* (Gesundheitszentren).

Normalerweise kennen die *curanderos* eine Fülle von Kräutern, die schmerzstillend, wundheilend, blutstillend, adstringierend, entzündungshemmend, empfängnisverhütend oder abtreibend wirken. Ihre Diagnosen stellen sie durch eine gezielte Befragung nach Befinden, Urinfarbe, -trübung und -konsistenz. Weitere Diagnostika sind Pulsschlag und Aussehen der Haut. Ein schneller Pulsschlag deutet auf eine »heiße«, ein langsamer auf eine »kalte« Krankheit hin.

Die Dichotomie »heiß – kalt« spielt im Andenhochland pathogenetisch eine übergeordnete Rolle. In dieses System werden von alters her Krankheitsursachen, Krankheiten, Nahrungsmittel sowie Remedien eingeordnet, da die meisten Krankheitsursachen in einer Verschiebung des harmonischen Gleichgewichts zwischen »heiß« und »kalt« im menschlichen Körper begründet lägen. Diese Dichotomie läßt sich nicht meßbar nachweisen. Zuviel »heiße« Einflüsse wie zu starke Sonnenstrahlung, körperliche Anstrengungen, heiße Speisen oder Gemütsregungen wie Wut, Trauer und Neid führen zu Erkrankungen. Dazu führen genauso übermäßige »kalte« Einflüsse wie Wind, Regen, Wasser, kalte Speisen und Getränke.

Estrella (1977:77) bringt dazu einige Beispiele:

> De repente cuando se trabaja en el frió, cuando se como comida friá. Ahí viene la enfermedad. [Wenn man im Kalten arbeitet oder kaltes Essen ißt, kommt plötzlich die Krankheit.]

Somos del alto, enferma el aire frió, el agua friá. [Wir wohnen in einer höher gelegenen Gegend und werden krank durch kalte Luft, kaltes Wasser.]

Mi taita murió con cólico. Barriguita como piedra. Por comer comidas friás, era de noche. [Meine Tante starb an Koliken. Der Bauch war durch kaltes Essen hart geworden wie ein Stein.]

Diese Klassifikation erscheint für einen europäischen Beobachter auf den ersten Blick ohne Logik. Meines Erachtens jedoch können einige der beschriebenen Wirkungen psychologischer oder ritueller Natur sein.

Ein weiterer nicht zu unterschätzender Faktor ist das Klima. Die Menschen im andinen Hochland messen den Umweltfaktoren große Bedeutung zu. Die Beobachtungen der Wechselwirkungen zwischen Mensch und Natur beeinflussen die Krankenbehandlung, die Lebensqualität sowie die Auswahl und Zubereitung der Speisen. Einen ausbalancierten Gleichgewichtszustand nennen die Menschen in Achoma *templado*.

In der folgenden Tabelle sind einige Nahrungsmittel mit ihren »thermischen« Zuordnungen für zwei verschiedene Regionen aufgelistet (Mainzer-Heyers 1987:97). Es zeigt sich, daß die Zuordnungen nicht einheitlich sind, sondern regionalen Interpretationen unterworfen sind.

Nahrungsmittel	Achoma Quechua-Gebiet	Puno[3] Aymara-Gebiet
Kartoffel	heiß	kalt
Mais	heiß	heiß
Quinua	heiß	kalt
Meerschweinchen	heiß	heiß
Lama, Alpaka	kalt	kalt
Ente	kalt	kalt
Fisch	kalt	kalt
Milch	heiß	kalt
Käse	heiß	kalt
Zucker	heiß	heiß
Weizenmehl	kalt	heiß

Diese »thermischen« Zustandsbeschreibungen haben für die Essenszubereitung größte Bedeutung. So wurde in Achoma beim Kochen von Alpakafleisch (Zustand »kalt«) ein Küchenkraut mit dem Zustand »heiß« beigemengt, um für einen Ausgleich im menschlichen Körper zu sorgen und das Essen bekömmlicher zu machen. Während einer Krankheitsbehandlung, Schwangerschaft oder während der Rekonvaleszenz nach der Geburt hielten die Frauen eine besondere Diät ein, bei der alle als »kalt« geltenden Speisen vermieden wurden, um die Qualität der Muttermilch nicht zu mindern.

Anhand dieser Beispiele wird deutlich, daß die traditionellen Heilmethoden auch heute noch ihre Existenzberechtigung haben, wenngleich sie alleine nicht den Gesundheitszustand der Bevölkerung anheben können. Die Erkenntnis, daß Umwelt und Brauchtum des Menschen sich nicht grundlegend ändern, wird prophylaktisch bei der Behandlung von Erkrankungen berücksichtigt. Psychosomatische Krankheiten, die überwiegend seelischen Ursprungs sind und Einwirkungen auf das vegetative Nervensystem haben, konnten in Achoma wie auch in anderen Regionen des Hochlandes fast ausschließlich nur durch *curanderos* geheilt werden.

Ungelöste seelische Problemstellungen wirkten sich meist unbewußt als Gastritis, Verdauungsbeschwerden, Angst, Migräne, Asthma oder in einer Freß- bzw. Magersucht aus. Für die *curanderos* im Achoma-Distrikt sind diese Krankheiten Ausdruck des »Heiß-Kalt-Syndroms«. Diese Auffassung bestimmt deshalb den Therapieansatz und führt aufgrund der verwurzelten Traditionen folglich zu einer vertrauensvollen Haltung der Patienten in den *curandero* und seine Tätigkeit, was wiederum die psychologische Basis für den Heilerfolg schafft.

Die Schlußfolgerung kann deshalb nur lauten, *curanderos* mit ihrem Wissen über einheimische Konzepte von Krankheit und Gesundheit, Glauben und Brauchtum als Kontaktperson zur Bevölkerung weiter wirken zu lassen, um insbesondere kultur- und mentalitätsbedingte seelische Krankheiten diagnostizieren und therapieren zu können. In diesem Bereich sollte ihr Wissen nicht ohne Not durch moderne medizinische Methoden und Techniken verdrängt werden. Um einem Verfall des traditionellen Wissens im Achoma-Distrikt und anderswo entgegenzuwirken, müßte diese in Kooperation zwischen Heilern und dem Basisgesundheitsdienst in die moderne Medizin integriert werden. Bei entsprechender Kooperationsbereitschaft beider Seiten würde dies auch zu einer Verminderung der Berührungsängste der Menschen gegenüber dem staatlichen Gesundheitswesen führen.

Anmerkungen

1 Pulger Vidal (1981:101f.) bezeichnet die *jalca*-Höhenstufe auch als *suni*.
2 Diese Krankheit wird in der Literatur auch als *enfermedad popular* oder *mal de espanto, manchay, mantzaque* oder *mancharitseca* bezeichnet.
3 Die Daten aus Puno wurden durch Frau Dr. Teresa Valiente während ihrer Mitarbeit im Projekt der Gesellschaft für Technische Zusammenarbeit GTZ zur zweisprachigen Primarschulerziehung im Departement Puno erhoben.

Kulturelle Identität, politische Perspektiven und sozialer Wandel im Andenraum

Die Konstruktion kultureller Andersartigkeit als indianische Antwort auf Herrschaft und ethnische Diskriminierung – eine Fallstudie aus Ecuador

Carola Lentz

Als mein Interesse für Südamerika in den 1970er Jahren erwachte, gab es eine regelrechte Indianer-Mode. Musik und Tänze, Heilungsrituale und Weltvorstellungen vor allem nord-, aber auch südamerikanischer Indianer wurden von der Alternativszene rezipiert und sogar nachgeahmt. Linke Studentenzirkel entdeckten die Indianer und ihren jahrhundertelangen Widerstand gegen die koloniale und postkoloniale Herrschaft als geeignete Adressaten von Solidaritätskampagnen, wenngleich die Widersprüche zwischen »Klassenkampf« und ethnischer Bewegung einige ideologische Bauchschmerzen bereiteten. Das Bild, das dabei von den Indianern – und ganz ähnlich in späteren Ethno-Wellen von Afroamerikanern oder Afrikanern – entstand, oszillierte zwischen zwei Polen. Entweder erschienen sie als durch die zweifelhaften Segnungen der westlichen Zivilisation dekulturierte, in ihren Überlebenschancen bedrohte und ihrer Handlungsspielräume beraubte Opfer des kapitalistischen Weltsystems, die unserer Solidarität und Hilfe bedürfen. Oder sie wurden zu Helden des Widerstands gegen westliche Ökonomie und Akkulturationszwänge, zu Bewahrern einer althergebrachten, menschlicheren und naturgerechteren Lebensweise stilisiert, von denen wir uns konkrete Utopien für die notwendige Umgestaltung unserer eigenen Gesellschaft erhoffen können. Die andere Kultur und Lebensweise wurde als Gegenbild zu unserer eigenen entworfen, als destruktive Kehrseite westlicher Zivilisation oder als hoffnungstiftende Gegenwelt – Denkfiguren übrigens, die so alt sind wie die europäischen »Entdeckungsreisen« selbst[1].

Obwohl ich schon vor meiner ersten Studienreise 1980 nach Bolivien, Peru und Ecuador einer solchen romantischen Idealisierung anderer Kulturen Skepsis entgegenbrachte, war ich von der Begegnung mit der indianischen Wirklichkeit dann doch verwirrt und beinahe enttäuscht. Besonders in der Provinz Chimborazo im zentralen Hochland Ecuadors, in der ich mich länger aufhielt und später zwei Jahre lang forschen sollte, war von indianischem Widerstand wenig zu spüren, sehr viel und auf bedrückende Weise dagegen von krassester, entwürdigender Diskriminierung der Indianer durch die Weißen und Mestizen. Landknappheit, Arbeitsmigration und Überleben knapp über der Armutsgrenze prägten das Bild in vielen indianischen Dörfern. Aber noch deprimierender schien mir die Herabsetzung der eigenen Lebensweise als »unzivilisiert«, die unterwürfige Demut, mit der viele Indianer mir als Weißer begegneten und hinter der ich oft verborgene Aggression zu spüren meinte. Kulturelle »Andersartigkeit« schien durchaus sichtbar, aber niemand war so recht stolz darauf; eher wurden Zweisprachigkeit, Migrationserfahrungen, Schulbauten in den Dörfern und Radioapparate als Bausteine der eigenen Würde und der sichtbaren Teilhabe an mestizischen Errungenschaften präsentiert. Wo »indianische Kultur« gepflegt wurde, handelte es sich um Bricolage. Ein neu gegründeter Verein indianischer Musikensembles z. B., dem ich beim Abtippen der Satzung und der Organisation eines ersten Folklorefestivals half, baute aus Plastikrohren *zampoña*-Panflöten bolivianischen Typs und begleitete mit für europäische Ohren verstimmten Gitarren *sanjuanitos*, die als authentisch indianische Tradition gepriesen wurden und doch stark an Quechua-Versionen von Liedern erinnerten, die die Mestizen in den Kirchspielorten als Bestandteil ihrer Musikkultur reklamierten. Ein längerer Aufenthalt in einem Dorf konfrontierte mich mit den Selbstverständlichkeiten des bäuerlichen Alltags, und ich stellte etwas desillusioniert fest: so anders als Kleinbauern in einigen Alpentälern, die mir etwas vertrauter waren, so verschieden von dem, was ich über schwäbische Dorfgeschichte im 18. und 19. Jahrhundert gelesen hatte, waren diese indianischen Bauern und Migranten gar nicht, weder im Hinblick auf ihre Überlebensprobleme noch auf ihre Strategien, mit den Mächtigen umzugehen.

Was sich aus diesem Mosaik von Erfahrungen als das spezifisch »Indianische« herausdestillieren ließe – auf diese Frage konnte ich nach jener ersten Reise jedenfalls keine Antwort geben, die die Indianerfans daheim befriedigt hätte. Ich hatte weder Opfer noch

Helden noch wirklich substantielle kulturelle Unterschiede zwischen Indianern und Mestizen entdeckt, wohl aber eine ethnische Grenze, die von beiden Seiten aus immer wieder errichtet und mit behaupteten Kulturunterschieden begründet wurde. Umso mehr überraschte mich dann in der nachfolgenden Auseinandersetzung mit altamerikanistischen, ethnologischen und soziologischen Studien zu Hochlandindianern, die eine längere eigene Forschung über Arbeitsmigration und Ethnizität vorbereiten sollte, daß viele Autoren einer essentialistisch-kulturalistischen Lesart indianischer Lebensweise verpflichtet zu sein schienen. Während die neuere Afrikanistik bei ihrer Beschäftigung mit der »traditionellen« Kultur afrikanischer »Stämme« die Dynamik der *invention of tradition* (Ranger 1983), die Erfindung von ethnischer Identität und die Flexibilität kultureller Traditionen, zum Untersuchungsgegenstand macht, fand sich in der wissenschaftlichen Beschäftigung mit andinen Indianern oft jene eingangs skizzierte Perspektivität – wenngleich viel subtiler und nuancenreicher – wieder, die akkulturierte Opfer oder resistente Traditionalisten sucht und entdeckt. Viele Arbeiten zu Indianern schienen von der Vorstellung geprägt, ethnische Identität wäre gleichsam naturwüchsig gegeben, eine Art Substrat gemeinsamer Abstammung, Geschichte und kultureller Praktiken. Natürlich leugnete niemand, daß ein Kollektivsubjekt »Indianer« erst durch die europäische Eroberung geschaffen wurde und daß vielfältige spanische Einflüsse die Lebensweise der verschiedenen indianischen Gruppen stark verändert haben. Dennoch wurde vielfach stillschweigend unterstellt, trotz aller Transformationen habe sich eine Substanz »des Indianischen« erhalten – eine spezifisch indianische Art der Weltsicht und Naturaneignung und bestimmte, nur den Indianern eigene soziale sowie rituelle Praktiken. Vor dem Hintergrund eines fast romantischen Bildes von naturverbundenem, subsistenzorientiertem, bäuerlichem Leben in kleinen, kulturell abgeschotteten Dorfgemeinden wurde dann die nicht mehr zu leugnende wachsende Integration der Indianer in Markt und Staat – durch Arbeitsmigration, Schulbildung und Entwicklungsprojekte – als Schritt auf dem Weg zur *mestizaje* (»Mestizisierung«), zur kulturellen Assimilation begrüßt oder bedauert, je nach politischem Standort[2].

Inzwischen unterstreichen zahlreiche kritische historische Arbeiten[3] die große Flexibilität dessen, was zu unterschiedlichen Zeiten sowohl von mestizisch-weißer wie von indianischer Seite aus als indianische Identität und Geschichte konstruiert wurde. Es wird klar, daß die ältere Amerikanistik wissenschaftlich nachvollzog, was politisch handlungswirksam war und noch ist, nämlich einen mit der Durchsetzung von Nationalstaaten im Südamerika des 19. Jahrhunderts neu eingeführten rassistischen, später stärker kulturalistischen Diskurs über ethnische Identität, der die vorher eher juristisch definierte ethnische Grenze *(república de los indios* versus *república de los españoles)* naturalisierte. Dennoch hält sich das essentialistisch-kulturalistische Ethnizitätskonzept in Teilen der Amerikanistik, zumindest aber in den Arbeiten von ecuadorianischen Sozialwissenschaftlern – der Teil südamerikanischer Untersuchungen, den ich einigermaßen überblicke – recht hartnäckig[4]. Hier wird besonders deutlich, daß hinter einem essentialistischen Konzept von *lo andino* oder *lo indio* oft politische Hoffnungen stehen: viele engagierte ecuadorianische Linke, zu denen auch die genannten Autoren durchweg zu zählen sind, haben sich inzwischen vom Projekt einer »proletarischen Revolution« verabschiedet und sehen in indianischer Kultur und politischer Organisation ein Gegenmodell zum hegemonialen Nationalstaat und Ansätze zu einer neuen, demokratischeren und humaneren Gesellschaft.

Nicht nur nicht-indianische Intellektuelle jedoch, sondern auch die entstehenden indianischen Eliten selbst, die sich vor einigen Jahren zur *Confederación de Nacionalidades Indígenas del Ecuador* (CONAIE) zusammengeschlossen haben, entwickeln einen kulturalistischen Diskurs über indianische Identität. Texte wie die *»Declaración de Quito«*, das Schlußdokument einer Zusammenkunft indianischer Organisationen aus ganz Südamerika im Juli 1990 in Ecuador, geben davon beredtes Zeugnis (CONAIE u.a. 1990, vgl. auch CONAIE 1988). Hier werden Ergebnisse der älteren amerikanistischen Forschung und ihr essentialistisches Ethnizitätskonzept aufgegriffen; nicht-indianische Konstruktionen des »Indianischen« wirken über den Umweg indianischer Intellektueller auf indianisches Selbstverständnis zurück. Die indigenistischen Konzepte und Forderungen – unter Berufung auf kulturelle Andersartigkeit (und Zurückweisung der bisher darauf gegründeten Benachteiligung) werden partielle Autonomie und vor allem Gleichheit der Chancen eingeklagt[5] – bleiben dabei keineswegs auf die Elite beschränkt, wie die massenhafte Beteiligung am von der CONAIE ausgerufenen *levantamiento indígena* (indianischer Aufstand) im Juni 1990 in Ecuador zeigte. Der Diskurs der indianischen Führungsspitzen konnte aber nur deshalb so massenhaft aufgegriffen und punktuell in politisches Handeln umgesetzt werden, weil er an alltäglichen, gänzlich unintellektuellen Erfahrungen der ethnischen Diskriminierung und Strategien der Gegenwehr anknüpft, die Identität und Selbstachtung auf der Basis kulturalistischer Definitionen des »Indianischen« konstruieren.

Um solche alltäglichen Praktiken der Konstruktion kultureller Andersartigkeit soll es nun im folgenden gehen, anhand von Beispielen aus meiner Forschung in einem Dorf indianischer Arbeitsmigranten (1983-85). Mein Interesse gilt dabei den Strategien, mit denen die Indianer in den verschiedenen Epochen der Dorfgeschichte eine sich von den Mestizen und Weißen abgrenzende Lebensweise errichten, die sie dann als ihre »eigene«, indianische Kultur postulieren, obwohl diese de facto zahlreiche Elemente, Konsumgüter und soziale Praktiken der »anderen« Kultur integriert. Es geht mir also um Vorgänge der Grenzziehung, um die Konstruktion einer »Wir«-Gruppe (Elwert 1989), die ihre Identität aus dem Nicht-so-wie-die-anderen-Sein bezieht. Dabei haben sich zum einen seit der Jahrhundertwende – in dem Zeitraum, den ich durch mündliche und schriftliche Quellen intensiv erforscht habe – die als zentral empfundenen Elemente der »eigenen« Kultur deutlich verändert. Was heute einer nicht-indianischen Dorffremden wie mir als typisch »indianisch« präsentiert wird, ist weit von dem Bild der Lebensweise entfernt, das die Erzählungen der alten Frauen und Männer über die Zeit des Haciendaregimes entwerfen. Zum anderen hat sich auch der Umfang des »Wir« gewandelt, zu dem die Dorfbewohner sich zugehörig fühlen. Das Dorf entwickelte sich in den letzten Jahrzehnten von einer Gemeinschaft indianischer Arbeitspächter auf einer Hacienda zu einer Krisenheimat von Arbeitsmigranten und Kleinhändlern in den Küstenstädten. Damit erweiterte sich auch die eine »eigene« Kultur postulierende »Wir«-Gruppe von lokal begrenzten, dörflichen und verwandtschaftlichen Netzwerken zur weit über persönliche Beziehungen hinausgreifenden Gemeinschaft von »Indianern« aus dem Hochland. Im Rahmen dieses Aufsatzes kann ich natürlich nur Facetten solcher komplexer Transformationsprozesse herausgreifen. Ich werde zunächst Strategien der Stabilisierung von Selbstachtung

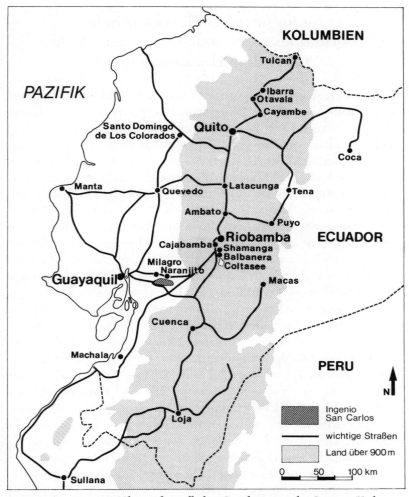

Karte (aus Lentz 1988b, mit freundlicher Genehmigung des Campus-Verlags, Frankfurt/M.)

unter dem Haciendaregime diskutieren, anschließend die Neudefinition der »Wir«-Gruppe im Migrationskontext skizzieren und schließlich am Beispiel der Kleidung die Dialektik von »fremd« und »eigen« in einem Bereich der materiellen Kultur darzulegen versuchen.

Indios brutos und sodomitische Großgrundbesitzer – indianische Selbstachtung unter dem Haciendaregime

Das Dorf Shamanga, um das es im folgenden vor allem gehen wird, zählte Mitte der 1980er Jahre kaum fünfzig Haushalte. Es liegt zwanzig Kilometer von Riobamba entfernt, dem Verwaltungs- und Handelszentrum der Provinz Chimborazo, direkt an der vielbefahrenen Panamericana, auf der die Busse nur gut sechs Stunden bis zur Hafenstadt Guayaquil brauchen. Die kleinen, oft abschüssigen Parzellen in 3 200 m Höhe – ein dörfliches Gebiet von insgesamt kaum mehr als vierzig Hektar – reichen nicht aus, um das familiäre Überleben der Shamangeñer zu sichern. Ältere Haushalte verfügen selten über mehr als einen Hektar, jüngere Ehepaare können oft nur winzige Parzellen mit einem Haus darauf und ein paar Furchen mit Grundnahrungsmitteln ihr eigen nennen, oder sie leben noch mit den Eltern unter einem Dach. Fast alle Männer – und inzwischen auch viele der jüngeren Frauen – arbeiten darum heute während der meisten Monate des Jahres an der Küste als »fliegende Händler« in den Städten oder als Saisonarbeiter auf einer Zuckerrohrplantage.

Schon in den 1930er Jahren verdingten sich die ersten Shamangeñer von Zeit zu Zeit als Saisonarbeiter auf den sich ausdehnenden Küstenplantagen. Der Lohn diente vor allem der Finanzierung von Festen im Dorf, der Überwindung von Haushaltskrisen bei Mißernten oder Krankheiten und manchmal auch dem Erwerb kleiner Parzellen. Das alltägliche Überleben war aber noch vorrangig durch die Einbindung der Dorfgemeinde in eine Hacienda geprägt. Für ihre Besitzer mußten die meisten Shamangeñer Familien kostenlose Arbeitsleistungen erbringen, um dafür im Gegenzug Pachtparzellen für den eigenen Bedarf bewirtschaften zu dürfen und Zugang zu Weide, Wasser, Stroh, Holz und Wegen der Hacienda zu erlangen.

> Wir hatten nicht einmal eigenes Wasser, nichts. Wir haben immer nur auf dem Land der Hacienda gelebt. Weil unsere Väter und Großväter kein eigenes Land besaßen, mußten wir leiden; um den Bauch zu füllen, mußten wir für den Patron arbeiten, mit Angst und Schmerzen. Wo wir auch hintraten: alles gehörte der Hacienda[6].

Abb. 1 Shamanga – Teilansicht des Dorfes mit Häusern aus den 1950er und 1980er Jahren.

Damals, in der Hacienda, lebten wir praktisch in der Sklaverei. Es gab noch keine *comuna* (Gemeinde), und deshalb waren wir arm. Der Patron war für uns wie ein Chef, fast wie der allmächtige Gott. Er hatte die Leute ziemlich an der Kandare. Alles Land gehörte ihm. Er lebte wie ein Gouverneur, als ob er das Gesetz machen würde. Wenn es Streit gab, gingen die Leute zum Patron. Oder auch bei einem Diebstahl, immer gingen sie zum Patron. Man sagte vielleicht: »Der und der schlägt mich ganz ohne Grund und aus bloßem Übermut, er redet und beleidigt mich im Suff!« Und der Patron veranlaßte dann den *mayordomo* (Verwalter), den Schuldigen auszupeitschen. Und danach sagte er dann nichts mehr. Danach lebte man wieder friedlich miteinander und begrub den Streit mit Schnaps. So war das! Für uns gab es keine Beziehungen, in die sich der Patron nicht eingemischt hätte, keine Gerechtigkeit, keinen, der uns recht gegeben hätte. Wir konnten kein Spanisch, und wir wußten nicht, wie reden und wohin gehen...[7]

Äußerungen wie diese sind typisch für die Erinnerungen der älteren Shamangeñer an die dörfliche Vergangenheit unter dem Haciendaregime: sie sahen ihr Schicksal unerbittlich von Willkür und Wohlwollen der Grundherren abhängig, und die wechselnde Abfolge »guter« und »schlechter« Patrone bestimmte die Dorfchronik. Dieses Geschichtsbild spiegelt nicht so sehr die krude ökonomische Realität: die Hacienda Shamanga war schon um die Jahrhundertwende nur relativ klein, und seit den 1920er Jahren kauften einige indianische Familien von ihren Migrationseinkünften eigenes Land; die ökonomische Kontrolle der Haciendabesitzer über die indianischen Haushalte und ihre Arbeitskraft war also schon lange vor der Agrarreform von 1964 nicht mehr lückenlos. Aber die jeweiligen Grundeigentümer setzten nicht nur noch immer ihre Ansprüche auf unentgeltliche Arbeitsleistungen der Dorfbewohner durch, sondern übten auch eine tief in das dörfliche Sozialgefüge hineingreifende soziale und politisch-ideologische Kontrolle aus. Erst seit Mitte der 1960er Jahre wurde der größte Teil des heutigen dörflichen Territoriums den Haciendabesitzern Stück für Stück durch Kauf abgetrotzt, und Anfang der 1970er Jahre setzte die Gründung einer staatlich anerkannten, unabhängigen *comuna* der patronalen Einmischung in die dörflichen Angelegenheiten schließlich ein Ende[8].

Unter dem Haciendaregime waren innerdörfliche Konflikte und Solidarnetze aufs engste mit den Begünstigungen und Zumutungen der Patrone verwoben. Das zeigt sich sogar noch heute etwa an so alltäglichen Details wie den gebräuchlichen Spitznamen, die viele ältere Shamangeñer den Grundeigentümern verdanken. Meist haben sich die Dorfbewohner die Bezeichnungen, mit denen die Patrone ihre Pächter »tauften«, so zu eigen gemacht, daß sie sie auch heute noch benutzen, sogar wenn sie sehr negativ sind. Ein ähnliches Wechselspiel horizontaler und vertikaler Beziehungen bestimmte auch die Regelung vieler interner Streitigkeiten, bei denen die Dorfbewohner nicht selten versuchten, sich der Unterstützung des Patrons zu versichern. Der Versuch der Grundeigentümer, durch Klientelbeziehungen, die Elemente von Gegenseitigkeit enthalten, ihre Herrschaft abzusichern, spiegelt sich auch in der Begrifflichkeit, in der sie die Verpflichtungen und Rechte der Arbeitspächter thematisierten. Sie nannten z. B. die unentgeltliche Arbeit, die die Dörfler als Gegenleistung für die Benutzung von Wasser und Wegen sowie das Recht zur Nachlese zu erbringen hatten, ostentativ *ayuda* (»Hilfe«), die Pachtparzelle *ración* (»Ration«), den Naturalienvorschuß, der auf die fast nie ausgezahlten, wenngleich gesetzlich vorgeschriebenen Löhne gewährt wurde, *socorro* (»Unterstützung«) und verwendeten damit eine Terminologie, die eigentlich der Sphäre der Reziprozitätsbeziehungen, des symmetrischen Austauschs von Produkten und Arbeit angehört. Das Arbeitspacht-System wurde euphemistisch als eine bloße Sonderform horizontaler Solidarität präsentiert und jeder Rekurs auf seinen Herrschafts- und Ausbeutungscharakter vermieden.

Auf der anderen Seite aber stützten die Haciendabesitzer ihre Herrschaft immer auch durch einen paternalistischen und zugleich rassistischen Diskurs, der die Shamangeñer bestenfalls als unmündig und unzivilisiert, im Konfliktfall aber auch schärfer zu *indios brutos* (dumme, gemeine Indios), Lügner, Faulenzer und Vieh herabwürdigte. Herrschaft basiert – in Shamanga wie anderswo – außer auf punktuell eingesetzter Gewalt oder zumindest deren Androhung immer auch auf der ideologischen Kontrolle über die Selbstdefinition der Beherrschten: letztere müssen, wenigstens teilweise, die Zuschreibungen durch den Patron übernehmen und die von ihnen erwarteten Verhaltensweisen zutage legen. Schweigender Gehorsam und Unterwürfigkeit, um die Gunst des Patrons zu gewinnen oder wenigstens Konflikte zu vermeiden: so beschreiben die Shamangeñer denn auch oft ihren Alltag unter dem Haciendaregime. Und besonders in den Erzählungen der Männer, die zu den Protagonisten der *comuna*-Gründung gehören, wird deutlich, wie tief der herrschende Diskurs der Haciendaeigner das Selbstbild der Dörfler geprägt hat. Zwar bezeichnen sie einerseits die Haciendavergangenheit als »Sklaverei« und distanzieren sich damit von der euphemistischen Redeweise der Grundeigentümer. Andererseits aber betonen sie, daß inzwischen ihre »Augen geöffnet« sind und daß sie heute nicht mehr wie früher »wie Tiere« leben, in der »Dunkelheit«, ohne »Zivilisation«. Das heißt: sie haben die Stigmatisierung durch den Patron doch teilweise angenommen, wenngleich sie sie heute nur für einen vergangenen, überwundenen Zustand gelten lassen.

Das soziale und psychische Überleben der Schwächeren in einer Herrschaftssituation ist aber nur möglich, weil die ideologische Kontrolle durch den Patron nicht unangefochten bleibt und weil die Beherrschten einen vor den Herrschenden meist verborgenen Gegendiskurs entwickeln, der die Selbstachtung stabilisiert und menschliche Würde wiederherstellt. Erst auf dieser Grundlage sind auch praktische Verweigerung, Ungehorsam und Widerstand möglich – z. B. das Nicht-Verstehen oder Nicht-Befolgen von Anweisungen, die heimliche Nutzung von Haciendaressourcen, gelegentliche Diebstähle, nachlässige Erntearbeit, um die Ausbeute der den Arbeitspächtern erlaubten Nachlese zu verbessern, die unerlaubte Arbeitsmigration, kurz: jenes Arsenal der »*weapons of the weak*« (Scott 1985), das der Machtausübung der Grundeigentümer und ihrem Zugriff auf die indianische Arbeitskraft in Shamanga Grenzen setzte. Die Voraussetzung des Erfolgs dieser »Waffen der Schwachen« ist eine gemeinschaftliche Gegenmoral, die Existenz einer »Wir«-Gruppe, die solche Praktiken als legitim ansieht und ihr Verraten an den Patron als unmoralisch diskreditiert. James Scott, dessen Buch »*Domination and the Arts of Resistance – Hidden Transcripts*« (1990) meine Argumentation hier beeinflußt, greift auf die Metapher des Theaters zurück, um die Antwort der Beherrschten auf Entwürdigung und Ausbeutung verständlich zu machen: auf der Bühne wird öffentlich Befehl und Gehorsam, Überlegenheit und Unterordnung, Herrschaftsanspruch und Anerkennung inszeniert, während auf der »Hinterbühne« die beherrschten Akteure ihre eigenen, dem herrschenden Diskurs entgegengesetzten Normen bekräftigen, die Machthaber entmachten, Aggressionen ausleben. Als ein solcher *hidden transcript*, als verborgener, heimlicher Sub-Text zum offiziellen Diskurs lassen sich viele Geschichten, Gerüchte und Märchen interpretieren, die die Shamangeñer erzählen. Sie sind der Ort, an dem die »Wir«-Gruppe entsteht, die sich von den diskriminierenden weißen und mestizischen Grundeigentümern ebenso wie von den ausbeuterischen Geschäftsleuten im benachbarten Kirchspielort abgrenzt.

Anders als in einigen benachbarten Dörfern und in vielen vergleichbaren Fällen aus Peru oder Bolivien scheidet dabei in Shamanga eine »Vor-Hacienda«-Geschichte, die Erinnerung an ursprünglich dörfliches, vom Patron usurpiertes Eigentum an Grund und Boden, als Quelle des Gegendiskurses aus. Die Fragmente der mündlichen Geschichtsüberlieferung greifen nicht über die Haciendazeit hinaus, und auch in keiner der schriftlichen Quellen aus der frühen Kolonialzeit wird Shamanga als vorkolonialer Dorfverband erwähnt. Alles deutet darauf hin, daß die Dorfgemeinde auf eine von den Grundeigentümern forcierte Ansiedlung von landlosen und verschuldeten, ihren Herkunftsgemeinden entwurzelten indianischen Familien zurückgeht, die auf der Hacienda Arbeit, Zugang zu einer Pachtparzelle, Einkommen und Schutz suchten. Die gemeinsame Zugehörigkeit zu einem Grundeigentümer war der Ausgangspunkt, von dem aus sich im Lauf der Zeit dann vielfältige horizontale Netze ökonomischer Solidarität, Heiratsbande und ein dichtes Geflecht von Verwandtschaftsbeziehungen entwickelten, die ihren rituellen Ausdruck in einem System politisch-religiöser indianischer Amtsträger und jährlichen Festen fanden.

Die beiden wichtigsten Strategien, mit denen die Shamangeñer unter dem Haciendaregime ein »Wir«-Bewußtsein und Selbstachtung stabilisierten, griffen deshalb auch nicht etwa auf Bilder einer autonomen Existenz der Dorfgemeinschaft ohne Patron zurück, sondern stellten gerade den Grundeigentümer ins Zentrum. Die erste war mit der religiös-politischen Ämterhierarchie im Dorf verknüpft und fand ihren jährlichen Höhepunkt in der symbolischen und rituellen Umkehrung der Herrschaftssituation zu Karneval, einem turbulenten Fest, dessen wichtigstes Ritual den weißen Patron in einen indianischen *prioste* (Gastgeber) verwandelte (vgl. Lentz 1986). Zur zweiten Strategie gehörten die wieder und wieder erzählten Geschichten, Anekdoten und Gerüchte, die die Grundeigentümer lächerlich machten oder entmenschlichten. Auf die erste Strategie kann ich aus Platzgründen hier nicht eingehen, aber für die zweite möchte ich einige Beispiele anführen, nicht zuletzt auch, weil ähnliche Geschichten und Gerüchte über die kulturell »anderen«, die Weißen und Mestizen, noch heute einen wichtiger Baustein bei der Konstruktion von indianischer Selbstachtung und Gruppengrenzen darstellen. Dabei sind es vor allem die Frauen, die der täglichen Arbeit auf der Hacienda und dem Umgang mit den Aufsehern ausgeliefert blieben, während viele Männer bereits an der Küste arbeiteten und sich dort ein neues Selbstbewußtsein aneigneten, die Geschichten wie die folgende erzählen.

Der Moncayo [einer der Patrone in Shamanga, C. L.] war brutal. Man sagt, er habe die Frauen nicht in Ruhe gelassen. Er war wie ein Esel [d.h. hatte einen exzessiven Sexualtrieb, C. L.]. Man mußte sich verstecken, wann immer er auftauchte, so haben uns unsere Mütter eingeschärft. Er hat die Frauen umgelegt, wo er nur konnte, vor den

Augen der Ehemänner und Verwandten. Die Rosa Gusñay hat er geschwängert, aber das Kind ist bald gestorben. Und die Frau vom seligen Chapa Graviel, die mußte ihn baden, und dabei hat er sie dann genommen...

In Ocpote, in der Hacienda von Dinino Gallegos, Sohn vom Atico Gallegos, hat der Patron immer die jungen Mädchen von dreizehn, vierzehn Jahren gezeichnet. Er hat ihnen die Stirnhaare abgeschnitten und gesagt: »Ich bin Dein Herr!« Der verheiratete sich nicht, sondern lebte nur mit indianischen Frauen. Wie irgendein Tier hat er geglaubt, daß die Mädchen nur für ihn daseien. Natürlich haben sich die dann irgendwann doch verheiratet, aber dann waren sie schon *pasadas* (verbraucht, verdorben), weil der Patron sie probiert hatte. Und von diesem Dinino Gallegos sagt man, daß er es mit einer Hündin getrieben hat: er ließ sie vorn festbinden und waschen, und später ließ er die Hündin dann in einer Waschschüssel gebären. Und man sagt, daß sie ein Wesen halb Hund, halb Kind gebar...[9]

Der sonst vom Patron aufgezwungene Diskurs über die Arbeitspächter als »verlaustes Vieh«, »Schweine« und *indios brutos* wird hier gegen den Strich gebürstet: nicht die Indianer, sondern der Herr ist seinen Trieben ausgeliefert, brutal und die einfachsten Anstandsregeln verletzend. Indem er mit einer Hündin Geschlechtsverkehr erzwingt, macht er sich selbst zum Tier, und das daraus entspringende Wesen ist überhaupt keine natürliche Kreatur mehr. Wer sich so außerhalb der moralischen Ordnung stellt, dessen Diskurs hat für die Beherrschten, die er auf die Ebene von »Tieren« herabzuwürdigen versucht, keine Geltung mehr. Trotzdem hatte der Patron unbestreitbar Macht, und wer sich ihm zu widersetzen in der Lage war, mußte in den Augen der Dorfbewohner auf magische Kräfte rekurriert haben. Symptomatisch für die widersprüchliche Verquikkung von Anerkennung der Überlegenheit des Patrons einerseits und der Gewißheit andererseits, daß ihn eine gerechte Strafe ereilt, wenn er alle Normen verletzt, ist die Geschichte, die bis heute als Erklärung dafür erzählt wird, warum Juan Carrasco, einer der Grundeigentümer Shamangas, hinkte.

Warum Juan Carrasco hinkt? Weil er ein böser, unflätiger Kerl war. Er hatte sich mit Alejo Augustin gestritten, und um zwölf Uhr Mitternacht hat er zusammen mit Bernardo Romancela den Alejo gezwun-

Abb. 2 Erzählsituationen: alte und junge Shamangeñerinnen beim Kartoffelschälen für ein Fest.

gen, Kot zu schlucken. Er hat ihn nur deshalb nicht umgebracht, weil die Kinder in der Hütte zu weinen anfingen...

Der Alejo wird ihn verhext haben, denn das Bein wurde kürzer und kürzer und verfaulte... In einem Gulagblatt [*Rumex aquaticus*, manchmal bei magischen Kuren verwendet, C. L.] hatte Carrasco ihn seinen Kot aufnehmen lassen und mit einem Stock so tief in die Kehle gesteckt, daß er schlucken mußte. Mit dem Bernardo zusammen hat er das gemacht, den hatte er unter Androhung von Schlägen gezwungen, ihm zu helfen. Darum hat sich sein Bein verkürzt, und nur weil er sich hat kurieren und kurieren lassen [zweideutig, ob medizinische oder magische Kuren gemeint sind, C. L.], ist ihm nicht das ganze Bein abgefallen, sondern nur das Hinken geblieben...[10]

Für die Frauen, die diese Geschichte erzählen, scheint Carrasco nicht nur deshalb verhext worden zu sein, weil er einen Arbeitspächter ungerechtfertigterweise des Diebstahls bezichtigte – darauf läuft nämlich die Version hinaus, die die Männer im Dorf von derselben Begebenheit präsentieren –, sondern weil er ihn zwang, seine eigenen Exkremente zu schlucken und ihn auf diese Weise entmenschlichte. Sie deuten auch an, daß Carrasco zur Bestrafung des

Alejo magische Regeln einhielt, aber seine Gegenkuren waren der Macht der indianischen Hexerei nicht gewachsen, die hier die moralische Ordnung wiederherstellt und zur letzten Sphäre wird, die den Ohnmächtigen blieb, um sich zu rächen und den herrschaftlichen Übergriffen Grenzen zu setzen.

Natürlich kam es im dörflichen Alltag auf der Hacienda immer wieder zum Ausscheren einzelner Arbeitspächter aus der indianischen »Gegen«-Gemeinschaft, wie viele Erzählungen über Dorfstreitigkeiten zeigen und auch schon in der letzten Geschichte an der Mittäterschaft Bernardos deutlich wurde. Gerade weil der Zusammenhalt der Beherrschten durch die Klientelstrategien der Grundeigentümer ständig bedroht war, bedurfte es der zahlreichen Geschichten und Gerüchte über die Unmoral der Grundbesitzer, aber auch der vielfältig variierten Trickstergeschichten, die in Shamanga gern erzählt wurden, um eine »eigene« Moral und effektive Grenzziehung zwischen Patron und Dorfbewohnern zu stabilisieren. Sinnfällige Rituale bei Festen, Trinksitten, Kleiderregeln und Sprache, kurz: spezifische kulturelle Praktiken betonten den Unterschied zwischen Indianern und Patron. Dabei grenzte sich die indianische Gegenwelt nicht nur von den Grundeigentümern, sondern auch von den mestizischen Händlern, Ausschankbetreibern, Schreibern und Geldleihern im benachbarten Kirchspielort ab, mit denen viele Shamangeñer in Abhängigkeitsverhältnissen verstrickt waren. Die »Wir«-Gruppe, die dabei konstruiert wurde, umfaßte die von einer Hacienda Abhängigen und zu bestimmten Anlässen die Verwandten und Gevattern aus benachbarten Dörfern und Haciendas. Sie blieb lokal begrenzt und persönlich überschaubar.

Von Shamangeñer Arbeitspächtern zu indianischen Migranten: die Veränderung ethnischer Identität in der »Fremde«

Es würde zu weit führen, hier ausführlich darzulegen, wie der von den Shamangeñern unter dem Haciendaregime entwickelte *hidden transcript,* der verborgene Gegendiskurs, im Zusammenhang mit den Migrationserfahrungen der jungen Männer, ihrer wachsenden ökonomischen Unabhängigkeit von der Hacienda und der allgemeinen Politisierung im Kontext der Agrarreform schließlich in offenem Protest gegen den Patron und in der Gründung der eigenen *comuna* mündete. Ich möchte stattdessen kurz auf die Veränderungen eingehen, die die Definition der »Wir«-Gruppe durch die Arbeitsmigration erfährt, weil es besonders diese Veränderungen der »Alltagsethnizität« sind, die heute die Grundlage von indigenistischem Diskurs und Politik im nationalen Maßstab darstellen[11].

Mit der Auflösung des Arbeitspachtsystems Anfang der 1960er Jahre gewann die Migration zu einer Zuckerrohrplantage und später auch in verschiedene Küstenstädte kontinuierlich an Umfang und Bedeutung. Der Mehrheit der dörflichen Haushalte gelang es nämlich nicht, so viel eigenes Land zu kaufen, daß davon auch nur die grundlegendsten Ernährungsbedürfnisse hätten gesichert werden können: das Einkommen aus der Wanderarbeit wurde für sie zur wichtigsten Stütze der familiären Ökonomie. Doch trotz der sich zuspitzenden Krise der agrarischen Subsistenzbedingungen ist bisher kaum ein Haushalt ganz an die Küste abgewandert, und die Bindungen der Migranten an Familie und Dorfverband im Hochland sind unvermindert stark. Die Dorfgemeinde bildet nach wie vor den entscheidenden Bezugspunkt der sozialen Zugehörigkeit auch derer, die fast das ganze Jahr über an der Küste arbeiten müssen. Taufen, Hochzeiten, Begräbnisse, familiäre und dörfliche Feste bleiben an den Raum des Hochlanddorfs gebunden. Auch ganz handfeste, materielle Erwägungen festigen die Bindung ans Dorf. Nur ein Stückchen eigenes Land im Hochland nämlich und der Anspruch auf verwandtschaftliche Solidarität bieten angesichts der Risiken des außerdörflichen Arbeitsmarkts Sicherheit bei Krankheiten, Arbeitslosigkeit und im Alter.

Daß die Migration für die Shamangeñer ein Weg in die »Fremde« bleibt, den sie meist nur antreten, um in der »Heimat« überleben bzw. besser leben zu können, ist aber nicht zuletzt auch den Erfahrungen ethnischer Diskriminierung geschuldet, die die Dorfbewohner an der Küste erleiden. Oft schlägt ihnen offene Feindseligkeit entgegen, zumindest werden sie immer wieder darauf verwiesen, daß sie nur *indios* sind, und die ethnische Diskriminierung hat ihr ökonomisches Korrelat in einem gespaltenen Arbeitsmarkt. Auch im vertrauten Umfeld im Hochland war und ist ethnische Diskriminierung ein wirkungsvoller Mechanismus ökonomischer Ausbeutung und politischer Kontrolle der Shamangeñer durch die Haciendabesitzer und Mestizen im Kirchspielort. Die ethnische Grenze blieb dort aber in ein dichtes Geflecht direkter, persönlicher interethnischer Beziehungen eingebettet, in denen Ethnizität nur einen, wenngleich wichtigen Aspekt der Interaktion ausmacht. Die Haciendaeigentümer waren für die Shamangeñer nicht nur Weiße oder Mestizen, sondern zugleich auch Individuen mit besonderen Eigenheiten – großzügig oder engstirnig, wohlwollend oder ungerecht –, und entsprechend unterschiedlich verhielt man sich ihnen gegenüber. Zu einigen der mestizischen Laden- und Kneipenbesitzer im Kirchspielort hatte man *compadrazgo*-Beziehungen (Gevatterschaft) etabliert und konnte von ihnen Unterstützung erwarten, andere galten als unberechenbar und betrügerisch. Umgekehrt sahen die Mestizen die Shamangeñer zwar allesamt als unzivilisierte *indios* an, aber sie wußten sehr wohl, wer der reichste Arbeitspächter im Dorf war, wer großes Ansehen genoß, weil er sich bei Festen besonders spendabel zeigte, oder wer kein zahlungsfähiger Klient sein würde. Man nahm und nimmt sich also über die ethnische Grenze hinweg auch als Personen mit einem bestimmten ökonomischen und sozialen Status und individuellen Eigenschaften wahr – ein Wissen, das nicht zuletzt auch Verhaltenssicherheit bietet, weil man die Regeln des Miteinanderumgehens kennt.

Auf der Plantage und in den Küstenstädten dagegen sind die Migranten »anonym«, und das Gefühl von Fremdheit und Nichtzugehörigkeit, das auch durch die rasche, aber eher oberflächliche Gewöhnung an Arbeit und Leben in den Migrationsorten nicht aufgehoben wird, gründet vor allem im Verlust eben jener Verhaltenssicherheit. Mit dem Dorf verlassen die Shamangeñer auch das soziale Geflecht, in dem sie nach bekannten Regeln Achtung anstreben können oder – nach ebenfalls vertrauten Regeln – Mißachtung erfahren. Sie haben wenig Spielräume, das Verhalten der anderen ihnen gegenüber durch das eigene Auftreten zu beeinflussen. Sie sind für die Mestizen und Weißen in der Fremde nicht Individuen mit je besonderen Eigenheiten, sondern Gattungsexemplare, eben *indios*, was mit hinterwäldlerisch, schmutzig, verlogen usw. gleichgesetzt wird.

Für die Shamangeñer wird daher ihre ethnische Zugehörigkeit nun zum wichtigsten Raster, mit dem sie sich die Feindseligkeit und vielfältigen Übervorteilungsversuche der *costeños* (Küstenbewohner) erklären. Weil Verhalten und Motivationen der »anderen« fremd und nur schwer zu verstehen sind, führen die Migranten ihre Konflikte mit den Vorgesetzten und Kollegen auf der Plantage, mit Vermietern, Polizisten, Kunden und Großhändlern in der Stadt auf die eine gemeinsame Ursache zurück, daß die »anderen« Mestizen oder Weiße sind und sie selbst Indianer. Ihre Erfahrungen mit Fremdheit, Anonymität, Diskriminierung und neuen Formen ökonomischer Abhängigkeit interpretieren sie im Idiom der Ethnizität, sei es, daß die Plantagenarbeiter ihre Arbeitssituation in Termini eines »Vampirismus« der weißen Unternehmer thematisieren oder daß die Kleinhändler fürchten, als Indianer besonders leicht betrogen und von der Polizei verfolgt zu werden.

Ethnizität wird für die Shamangeñer darüber hinaus aber auch zu einem wichtigen Idiom der Herausbildung von Selbsthilfenetzen in den Migrationsorten, die die verwandtschaftlichen Beziehungen überschreiten. Eine Grundlage dafür ist zunächst die räumliche Konzentration von Migranten einer Herkunftsgemeinde oder -region auf bestimmte Migrationsziele. Unter den Shamangeñern waren meist jüngere, unternehmungslustige Männer die »Pioniere«, die an der Küste neue Beschäftigungsmöglichkeiten ausfindig machten und noch machen. Sind sie erfolgreich, bringen sie bei der nächsten Migrationsperiode Verwandte und Nachbarn mit, die ihrerseits weitere Migranten rekrutieren. Weil man an den gewohnten Migrationsorten auf die Unterstützung durch Verwandte, Dorfgenossen und Gevattern rechnen kann und weiß, was einen erwartet, arbeiten oft ganze Dörfer oder sogar Gruppen von indianischen Dorfgemeinden gemeinsam in einem spezifischen Arbeitsmarktsegment im Hochland oder an der Küste.

Diese Netzwerke in der »Fremde« sind der Raum, in dem Vertrauen, der Austausch von Informationen, praktische Hilfestellungen und gegenseitige Achtung sich entfalten. Es ist nicht weiter erstaunlich, daß Solidarität unter Verwandten hier fast noch selbstverständlicher als in der Heimat ist. Darüberhinaus berechtigt aber auch – anders als in der Heimat – schon die bloße gemeinsame Dorfmitgliedschaft ohne weitere verwandtschaftliche Bindungen dazu, um Hilfe zu bitten. Im Hochland werden Hilfeleistungen etwa bei der Erntearbeit fast ausschließlich auf den Feldern von näheren

Verwandten oder Gevattern erbracht und müssen entweder durch genau dieselben Dienste zu einem späteren Zeitpunkt oder einen festgelegten Anteil am Ernteprodukt entgolten werden. Dagegen kann ein junger Migrant aus Shamanga an der Küste auch bei einem nichtverwandten Dorfgenossen erwarten, etwa in dessen Zimmer schlafen zu dürfen, nur weil er ebenfalls Shamangeñer ist und »man sich unter Dorfgenossen helfen muß«, wie oft betont wird. Dabei verändern sich auch die Regeln der Erwiderung empfangener Hilfe. Zwar muß irgendwann in irgendeiner Form eine Gegenleistung erfolgen, aber dieser Austausch ist weniger genau kalkuliert als daheim, sowohl was den Zeitpunkt als auch was den Inhalt der Vergeltung der geleisteten Unterstützung angeht. Neben die vertrauten Regeln balancierter Reziprozität treten also ergänzend Elemente einer generalisierten Reziprozität.

Diese zunächst dorfbezogene Solidarität wird an der Küste auch – und das geht nun weit über die im Hochland üblichen Reziprozitätsnormen hinaus – zumindest dem formulierten Anspruch nach auf Mitglieder benachbarter indianischer Dorfgemeinden ausgedehnt, weil sie – so die Begründung der Shamangeñer – auch »Indianer« sind. Solche Beziehungen sind zwar meist nicht so dicht gewebt wie die zu den unmittelbaren Dorfgenossen, aber man ist prinzipiell bereit, Mitgliedern der eigenen ethnischen Gruppe mehr Vertrauen zu schenken als den Mestizen und bestimmte Alltagsprobleme gemeinsam zu lösen. Allerdings geht die praktische gegenseitige Hilfe unter »Indianern« selten so weit, auch indianische Migranten aus anderen Provinzen zu umschließen, sondern bleibt meist auf die gemeinsame Herkunftsregion begrenzt. Dennoch entsteht hier ein neuartiges Selbstverständnis der Migranten als Mitglieder einer großen ethnischen Gruppe, als »Indianer«, das die vormals im Hochland viel stärker empfundenen lokalen Besonderheiten und Selbstdefinitionen im Ansatz transzendiert.

Die ethnische Grenze, die die indianischen Migranten hier als Gruppe konstituiert, wird ihnen einerseits von außen durch Diskriminierung aufgezwungen. Auf der anderen Seite aber wird sie nach innen gewendet und steckt den sozialen Raum ab, innerhalb dessen man vertrauensvoll miteinander umgehen kann und gegenseitige Hilfe erwarten darf. Die in der eigenen ethnische Gruppe – und nur hier – erfahrene persönliche Anerkennung und Achtung stabilisiert wiederum das Selbstbewußtsein und erlaubt damit auch, die Stigmatisierung durch die Mestizen und Weißen von sich abprallen zu lassen und handlungsfähig zu bleiben.

Bei dieser Neukonstruktion der »Wir«-Gruppe im Idiom der Ethnizität werden auch die kulturellen Elemente und Praktiken neu definiert, die das spezifisch »Indianische« ausmachen sollen, das sie substantiell von den Mestizen und Weißen unterscheidet. Dabei wird einerseits das Leben der Mestizen an der Küste überaus kritisch mit dem im Dorf verglichen. Anonymität, Aggressivität, Gewinnsucht, Unehrlichkeit und Täuschungsversuche, Diebstahl und Prostitution sind die sinnfälligsten Erscheinungen, die die Migranten auf der Seite seiner Negativa verbuchen und den Mestizen fast schon als Charaktereigenschaften zuschreiben. Das indianische Dorf erscheint demgegenüber als Ort der Höflichkeit, des Zeithabens, der Ehrlichkeit, des sich gegenseitig Vertrauen-Könnens. Auf der anderen Seite aber erscheinen Stadt und Plantage den Migranten als »zivilisierter« als die dörflichen Verhältnisse, vor allem, was bestimmte infrastrukturelle Annehmlichkeiten wie fließendes Wasser, elektrisches Licht usw. betrifft. Im Vergleich mit der Stadt wirkt das Dorf – und erst recht die Haciendavergangenheit – in der Tat als so rückständig, schmutzig, »unzivilisiert« und reformbedürftig, seine Bewohner so hinterwäldlerisch und unerfahren, wie die Mestizen sie immer stigmatisiert haben. Darum eigneten und eignen sich die Shamangeñer Migranten viele neue Konsumgüter und Kenntnisse an und nehmen sie ins Hochland mit zurück. Diese Aneignung von »zivilisatorischen« Errungenschaften, die vormals den Mestizen vorbehalten waren – »moderne« Kleidung, Radios, Armbanduhren, Fahrräder, neuen Lebensmittel, Zweisprachigkeit, Lesen-und-Schreiben-Können usw. –, erlaubt den rückkehrenden Migranten, gegenüber Nicht-Indianern in der Heimat selbstbewußter aufzutreten und Respekt einzufordern. Was in diesem widersprüchlichen Pendeln zwischen *civilización* (Zivilisation) und *nuestra propia cultura* (eigener Kultur) – Begriffe, die die Shamangeñer Männer selbst in Gesprächen mit mir immer wieder verwendeten – als indianische Identität konstruiert wird, hat sich darum weit von dem entfernt, was während des Haciendaregimes als traditionelle indianische Lebensweise galt. Am Beispiel der Veränderungen der Kleidung möchte ich nun zeigen, wie ein solcher Prozeß der Eingliederung »fremder« Konsumgüter

Abb. 3 Von der Küste heimgekehrte junge Migranten in Cajabamba.

und kultureller Praktiken in das Repertoire der »eigenen« Kultur, ihre Redefinition als Teil der »indianischen Kultur« verlaufen kann.

Die Veränderung einer ethnischen Kleiderordnung

Einer der ersten Bereiche des Konsums, in dem die Shamangeñer Neuerungen einführten, war der der Kleidung. *Amulaya* – wie ein Patron, wie ein weißer Herr: so sollen die älteren Dörfler kritisch kommentiert haben, als die ersten jungen Migranten in den 1950er Jahren mit neuen, vormals den Mestizen vorbehaltenen Kleidungsstücken von der Plantage ins Dorf zurückkehrten. Üblich waren für die indianischen Männer in der Provinz Chimborazo bis dahin weite, wadenlange in der Taille mit einem Webgürtel zusammengehaltene Hosen und ein ebenfalls weites, einfaches Hemd ohne Knöpfe und Kragen, beides meist aus heller Baumwolle selbstgenäht. Darüber wurde die *cushma* getragen, ein kleiner Poncho, der bei der Arbeit genügend Bewegungsfreiheit bot, und ein oder mehrere größere

Ponchos gegen die Kälte sowie ein vom langen Gebrauch oft schmutzig weißer Wollhut mit einer durch Maismehl gestärkten Krempe. An den Füßen trug man Hanfsandalen oder ging barfuß. Die Ponchos ohne Kragen und ohne Fransen waren aus grob gesponnener Schafwolle gewebt, und ihre von Dorf zu Dorf unterschiedliche Farbe und Streifen gaben ebenso wie die Hutbänder Aufschluß über den Ehestand und die Dorfzugehörigkeit ihrer Träger. Die Mestizen der Umgebung und auch die Grundeigentümer aus Riobamba, wenn sie ihre Haciendas inspizierten, trugen dagegen enger geschnittene lange Hosen und Hemden mit Knöpfen aus Flanell, Gabardine oder schon Synthetik, Schuhe oder Lederstiefel, einen Filzhut und vor allem, über einer einfachen Anzugjacke, einen feiner gewebten Poncho mit Kragen und Fransen. Die ethnische Grenze hatte in der Kleidung ihren sinnfälligen Ausdruck.

Was den Mestizen als »traditionelle indianische« Kleidung galt, gegen die die jüngeren Migranten sich nun aufzulehnen wagten, war längst durch kolonial-spanische Einflüsse geprägt. Schon unter den Inkas waren Kleidungsvorschriften ein Mittel, regionale und soziale Zugehörigkeit zu markieren und eroberte Bevölkerungsgruppen in ihr Imperium zu integrieren. An diese »Politik durch Kleidung« knüpften die Spanier an. Zunächst durften nur die indianischen »Adligen« spanische Kleidung tragen: die äußerliche Gleichstellung mit den Spaniern sollte ihnen, die als Verwaltungsbeamte oder Steuereintreiber wichtige Funktionen in der kolonialen Herrschaftsordnung innehatten, in den Augen der einfachen Dorfbevölkerung höheres Ansehen und Autorität verschaffen. Später wurde auch den Dorfvorstehern und anpassungswilligen, wohlhabenderen Bauern erlaubt, gewisse Teile der spanischen Tracht zu übernehmen, wie etwa den Filzhut, Schuhe, einen ärmellosen Mantel, kurze Pumphosen und Kragenhemden. Die Anzahl der spanischen Kleidungsstücke und die Qualität der Stoffe zeigten den sozialen Rang einer Person an: vollständige spanische Kleidung war der indianischen Oberschicht vorbehalten; Personen niedrigeren Rangs mußten weiterhin einzelne indianische Kleidungsstücke tragen; die Unterschicht durfte in der Regel nur den Hut von den Spaniern übernehmen. In der zweiten Hälfte des 18. Jahrhunderts bemühten sich die spanischen Kolonialherren dann um die Durchsetzung einer neuen, weitgehend hispanisierten Standardkleidung für die indianische Bevölkerung, die aus einer weiten Hose, Jacke, Hemd, Hut und dem erst in der Kolonialzeit entstandenen Poncho bestand. Die Unterschiede zwischen den verschiedenen Schichten sollten nivelliert werden, um die indianischen Autoritäten zu entmachten, die in den damals aufflammenden antikolonialen Aufständen eine führende Rolle einnahmen[12].

Was dann bis weit in dieses Jahrhundert hinein in den verschiedenen Andenregionen als indianische Tracht üblich wurde, war meist eine erstarrte Stadttracht: von der Zeit an – regional jeweils unterschiedlich –, zu der die bäuerliche indianische Bevölkerung ökonomisch in die Defensive gedrängt wurde, immer weniger soziale Aufstiegsmöglichkeiten hatte und sich kulturell abkapselte, machte sie den Modewandel anderer gesellschaftlicher Gruppen nicht mehr mit. Die Mestizen dagegen bewahrten als ländlich-kleinstädtische Oberschicht eine ökonomische und politische Macht, die sie erst sehr viel später an das Bürgertum der Großstädte abtreten mußten, und sie partizipierten noch sehr viel länger als die Indianer am europäischen Modewandel (Lindig und Münzel 1978:349ff.). Sie waren daran interessiert, die Unterschiede zwischen ihrer Kleidung und der der Indianer aufrechtzuerhalten, erleichterten sie doch, die ethnische Zugehörigkeit einer Person sofort zu erkennen und sie entsprechend ihres Status behandeln zu können. Deshalb empfanden die Mestizen es auch als anmaßenden Angriff auf ihre einst unangefochtene Überlegenheit, als die ersten Shamangeñer dann auf der Plantage einen neuen Typ von Hüten, Schuhe, neue Hosen und Hemden kauften, einen Poncho mestizischer Machart überzogen und damit im Kirchspielort defilierten.

Auch an der Küste galt »traditionelle« indianische Kleidung als Zeichen für Rückständigkeit, und die ersten Migranten, die so gekleidet auf der Plantage ankamen, wurden zur Zielscheibe des Spotts der mestizischen Vorarbeiter und Kollegen. Neue Hosen nach dem dort üblichen Zuschnitt, bunte Nylonhemden, Schuhe oder wenigstens Kautschuksandalen und ein anderer Hut waren darum oft das erste, was die Migranten von ihrem Lohn erstanden, um der ethnischen Diskriminierung möglichst wenig Anhaltspunkte zu bieten. Beim Erwerb der neuen Kleidung spielte auch der Druck eine gewisse Rolle, den die Plantagenaufseher auf ihre Arbeiter ausübten, in ihren Geschäften Einkäufe zu tätigen. Sich mit neuer, sauberer Kleidung am Feierabend im Plantagenstädtchen zu zeigen, demonstrierte aber auch, daß man über genug Bargeld verfügte, um sich eine gewisse Respektabilität leisten zu können. Für die Kleinhändler in den Städten gehört »moderne« Kleidung – Jeans oder Synthetikhosen, Tennisschuhe, ein Nylonhemd und eine Sportjacke – schon zum unentbehrlichen Werkzeug der Arbeit selbst. Von Indianern in »traditioneller« Kleidung, die an der Küste als »schmutzig« gilt und fast als Symbol für »Unzivilisiertheit« gewertet wird, würde, so erläutern mir die Migranten, vielleicht niemand kaufen wollen, oder man würde versuchen, die Verkäufer zu übervorteilen.

Galt das Tragen neuer Kleidung durch die jungen Shamangeñer Männer an der Küste vor allem dem Ziel, die eigene Herkunft nicht auf den ersten Blick zu erkennen zu geben, so wurde sie im Hochland zu einer Form stummer Auflehnung gegen die ungeschriebene ethnische Kleiderordnung, einem Affront gegen die Mestizen, mit dem Indianer gegen ihre Stigmatisierung als »unzivilisierte«, schmutzige, dumme Bauern opponierten. Aber auch im eigenen Dorf waren »moderne« Kleidungsstücke und eine auffällige Armbanduhr ein Zeichen der Opposition, das nicht selten die Kritik der älteren Generation provozierte. In der dörflichen Statushierarchie galten die jungen Migranten noch nicht viel: sie waren unverheiratet oder lebten mit ihren Frauen noch im elterlichen Haushalt, besaßen kein oder nur wenig eigenes Land und hatten noch kein dörfliches Fest ausgerichtet – kurzum: sie waren noch keine vollgültigen Mitglieder der Dorfgemeinde. Kleidung wurde für sie insofern zu einem Mittel, provokativ ihren Erfolg als Lohnarbeiter und ihre neu errungene Verfügung über Bargeld zur Schau zu stellen.

Schauen wir uns den für die Shamangeñer Männer im Hochland so bedeutsamen Poncho genauer an, so wird deutlich, daß Unterschiede in Preis und Qualität zwischen »altem« und »neuem« Kleidungsstück zunächst nur eine untergeordnete Rolle spielten. Für die herkömmlichen indianischen Ponchos ohne Kragen wurde die von den Frauen im Dorf gesponnene Wolle der eigenen Schafe verwendet, und entweder webten die männlichen Familienmitglieder selbst, oder man beauftragte damit einen lokalen Spezialisten, den man mit Lebensmitteln, Schnaps oder Arbeitsleistungen bezahlte. Die feiner gewebten und sorgfältiger gefärbten Mestizenponchos, die die heimkehrenden Migranten im Hochland anzuziehen begannen, wurden dagegen nur in bestimmten Orten hergestellt und auf dem Markt verkauft. Sie kosteten Geld, und selbst, als auch die gewöhnlichen Ponchos allmählich auf dem Markt angeboten wurden, waren die feineren mit Kragen doch viel teurer. Einen mestizischen Poncho zu kaufen statt ein selbsthergestelltes oder durch eine Art Naturaltausch erworbenes Stück zu tragen, war also zunächst in erster Linie eine Frage des Prestiges, und oft genug zeigte man sich damit vor allem bei Festen und an Markttagen, während man alltags der »traditionellen« Kleidung treu blieb.

Erst seit Ende der 1960er Jahre wurde der Kauf von Ponchos und anderen Kleidungsstücken auch aus ökonomischen Gründen unabdingbar. Mit der Auflösung der Hacienda verloren die Shamangeñer den Zugang zu Weideland und mußten ihre Schafherden drastisch reduzieren. Heute verfügt keine Familie im Dorf mehr über ausreichend eigene Wolle, um die Kleidung selbst herstellen zu können. Rohwolle zuzukaufen, wäre teurer, als gleich fertige Ware aus Synthetik zu erstehen, die heute auf dem Markt verstärkt angeboten wird. Den Frauen bleibt immer weniger Zeit zum Spinnen, weil sie während der Abwesenheit ihrer migrierenden Männer alle landwirtschaftlichen Arbeiten übernehmen müssen. Die Kinder, die früher beim Schafehüten, Spinnen und Weben geholfen hatten, besuchen heute die Schule. Und nur die älteren Männer verstehen noch etwas vom Weben. Während noch vor etwa dreißig Jahren moderne, gekaufte Kleidung weit teurer war als »traditionelle«, zum Teil in Subsistenzproduktion hergestellte, ist es heute gerade umgekehrt: wer jetzt einen »traditionellen« indianischen Wollponcho auf dem Markt kaufen wollte oder ihn bei einem Weber in Auftrag gäbe, weil er kein Rohmaterial oder keine Zeit hat, ihn selbst anzufertigen, würde dafür viel mehr als für einen »modernen« Poncho aus Synthetik zahlen.

Obwohl »moderne« Kleidung inzwischen durch ihre allgemeine Verbreitung einiges von ihrem Charakter als Demonstration ethnischen Selbstbewußtseins gegenüber den Mestizen verloren hat, bleibt sie ein Feld, auf dem stumme Auseinandersetzungen um Prestige ausgefochten werden. Synthetikponchos haben sich aus Preisgründen durchgesetzt, aber wer auf sich hält, trägt einen doppelseitigen Poncho aus feinster Wolle, der in Otavalo, einer für ihre Webarbeiten berühmten Hochlandregion im Norden Ecuadors, hergestellt wurde und der ein vielfaches der Ware aus Synthetik oder auch der inzwischen oft gebräuchlichen gefütterten Nylonblousons kostet. Gerade der Otavalo-Poncho verbindet auf für die Shamangeñer attraktive Weise »Zivilisation« und »eigene Kultur«: er ist einerseits ein indianisches Kleidungsstück, das noch dazu Wohlstand des Trägers demonstrieren kann, und er ist andererseits seines Kragens und der feineren Verarbeitung wegen dem einst den Mestizen vorbehaltenen lokalen Kragenponcho in nichts unterlegen. Mestizen in der Umgebung von Riobamba tragen übrigens, so schien es mir zumindest bei meinen letzten Aufenthalten, sehr viel seltener Ponchos als früher, so daß der Poncho überhaupt – ob nun mit oder ohne Kragen – immer mehr zu einem rein indianischen Kleidungsstück wird.

Ein Blick auf die Veränderungen der Kleidung der Shamangeñer Frauen zeigt uns eine andere Variante in der Redefinition »indianischer« Kulturelemente[13]. Bis noch vor wenigen Jahren fast ausschließlich an die Sphäre der Subsistenzproduktion gebunden, während den Männern die Rolle der Geldverdiener zufiel, sind die Shamangeñer Frauen generell viel »konservativer« als diese bei der Übernahme neuer Konsumgüter. Zwar begleiten inzwischen viele der jungen Frauen ihre Ehegatten an die Küste, doch ist ihr Kontakt mit der außerdörflichen Welt noch viel stärker als der der Männer durch die familiäre und dörfliche Bezugsgruppe vermittelt. Aber auch ihre Kleidung hat sich in den letzten zehn, fünfzehn Jahren verändert, vor allem weil sie nicht mehr selbst hergestellt werden kann. Anders als bei den Männern ersetzen hier allerdings fast nie moderne Kleidungsstücke die herkömmliche Tracht, sondern bunte Synthetikstoffe werden in alte Verwendungsmuster eingefügt. Zwar haben Synthetikpullover oder Blusen die früher übliche *ucunchina* aus grober Wolle, ein als Leibwäsche getragenes Tuch, heute weitgehend ersetzt, aber den *anacu*, ein großes, rechteckiges Stück Tuch, das um die Hüften gewickelt und, mit Webgürteln in der Taille gehalten, wie ein langer Rock getragen wird, legen selbst die Migrantinnen in der Stadt nicht ab. Nur die *bayetas*, die rechteckigen Schultertücher, die auf der Brust mit einer kunstvoll verzierten Durchstecknadel oder – bei Geldmangel – einer Sicherheitsnadel zusammengehalten werden, lassen die Shamangeñerinnen in der Stadt bei großer Hitze manchmal weg, und kaum eine Frau geht noch barfuß. Auf die Diskriminierung der *costeños* reagieren die Frauen meist nicht wie die Männer mit äußerlichen Anpassungsversuchen, sondern mit einem Rückzug auf die eigene Bezugsgruppe.

Verguenza (»Scham«) ist einer der Ausdrücke, den die Shamangeñerinnen häufig verwenden, wenn es um Fragen der Kleidung geht. Ein junger Migrant wollte z. B. seine ihn begleitende Frau dazu überreden, ein einfaches Kleid wie die Mestizinnen an der Küste anzuziehen und das Haar offen zu tragen, weil er sich mit einer indianisch gekleideten Frau an seiner Seite genierte. Sie weigerte sich aber beharrlich, seinem Ansinnen nachzukommen, denn sie hätte sich, wie sie sagte, vor ihrer Mutter und aller Welt »geschämt«, die Tracht abzulegen. Die Shamangeñer Mädchen »schämen« sich, grob gewebte, dunkle Wollstoffe statt des bunten Synthetikmaterials zu tragen und spötteln über Altersgenossinnen aus anderen Regionen der Provinz, die sich noch so kleiden. Ihr erstes selbstverdientes Geld geben sie unweigerlich für den Kauf von Schmuck, neuen Stoffen und Plastiksandalen aus und wetteifern darum, sich besonders aufwendig herauszuputzen. Die mestizische Frauenkleidung erscheint ihnen nicht attraktiv und kaum geeignet zur Darstellung von feinen Unterschieden in Geschmack und Wohlstand. Zwei junge Shamangeñerinnen, die an der Küste ins Gymnasium gehen und dort einfache mestizische Kleider und das Haar offen tragen, würden sich »schämen«, so im Dorf aufzutreten. Die bissige Kritik der anderen Frauen, daß sie sich nun wohl schon wie Weiße dünkten, wäre ihnen sicher.

Die Kleidung hat bei den Frauen also noch weit mehr als bei den Männern strategische Bedeutung für ethnische Identifikation und Abgrenzung. Trotz aller erlaubter und sogar erwünschter Variationen in Stoffen und Farben wäre für die Frauen der Bruch mit der »traditionellen« Tracht eine Absage an die dörfliche Herkunft und ethnische Zugehörigkeit – ein Schritt, den bisher kaum eine Shamangeñerin zu tun wagt oder auch nur wünscht. In viel stärkerem Maß noch als für die Männer ist die Kleidung für die Frauen nicht nur ein materielles Gut, das nach Preisgünstigkeit, Bequemlichkeit oder Haltbarkeit ausgewählt wird, sondern ein Symbol der Zugehörigkeit zu einer Gruppe. Beide Innovationsstrategien – die weibliche Bewahrung »traditioneller« indianischer Kleidungsstile unter Nutzung neuer Materialien und die männliche Aneignung von einst den Mestizen vorbehaltenen Kleidungsstücken – sind Teil des einen Prozesses

Abb. 4 Shamangeñer Obstverkäuferinnen in Machala.

der Redefinition »indianischer Kultur«; teils ergänzen sie sich, teils wird aber auch unter Ehepartnern oder Eltern und Kindern erbittert darüber gestritten, welches der richtige Weg zwischen »eigener Kultur« und »Zivilisation« ist.

»Zivilisation« und »eigene Kultur«: ein neues indianisches Selbstbewußtsein

Ähnliche Veränderungprozesse wie bei der Kleidung ließen sich für viele andere Lebensbereiche nachzeichnen, etwa auf dem Feld der Musik, wo aus heterogenen Elementen der unterschiedlichsten geographischen und ethnischen Provenienz eine Musikkultur zusammengesetzt wird, die sich als »authentisch« chimboracensisch-indianische Tradition präsentiert, oder im Bereich dörflicher Politik, die viele im Rahmen der Migration kennengelernte Organisationsprinzipien von Gewerkschaften oder Stadtteilgruppen an der Küste übernimmt. Was also »indianische« Kultur ausmacht, hat sich im Lauf der letzten Jahrzehnte erheblich gewandelt. Die ethnische Grenze ist aber nach wie vor bedeutsam geblieben, ja hat sogar noch an Rigidität gewonnen.

Nicht nur in Shamanga, sondern überall in Ecuador sind seit der Agrarreform 1964 durch Arbeitsmigration, zunehmende Marktproduktion, Ausbau der Schulbildung und zahlreiche Entwicklungsprojekte indianische Gemeinschaften in einem solchen Umfang in Markt und Staat integriert worden, daß sich lokales »Wir«-Gruppen-Bewußtsein stark verändert hat, in Richtung auf ein Gefühl der Zugehörigkeit zu einer großen Gemeinschaft aller »Indianer«. Daß die ethnische Grenze nicht verschwunden ist, ist aber keineswegs nur dem Festhalten der Indianer an ihrer »Andersartigkeit« geschuldet. In Gegenteil: in Shamanga und auch anderswo gibt es inzwischen z. B. eine wachsende Gruppe jüngerer Männer mit Schulbildung, die durchaus ihre indianische Herkunft zwar nicht verleugnen, aber doch äußerlich verbergen würden, wenn sie dadurch Zugang zu gutbezahlten Angestelltenposten, Positionen als Ärzten, Rechtsanwälten, Professoren oder politische Ämter erlangen würden. Tatsächlich aber wird besonders in Zeiten ökonomischer Krise – wie gegenwärtig – ethnische Diskriminierung als Strategie von den Mestizen eingesetzt, um sich unliebsame Konkurrenten vom Hals zu halten. Der indianische Aufstand 1990 hat ein Ausmaß rassistischer Argumentationsmuster in den Massenmedien zutage gefördert, das die Hoffnungen der 1970er Jahre auf baldige *mestizaje* (Stutzman 1981), d. h. die kulturelle Assimilation der Indianer und Errichtung einer monokulturellen mestizischen ecuadorianischen Nation ad absurdum führt. Sozialer Aufstieg wird Indianern so schwergemacht, daß ihnen kaum eine andere Möglichkeit bleibt, als offensiv ihre ethnische Identität für die Erkämpfung von Spielräumen – in der Art der *affirmative action* gegen Rassendiskriminierung in den USA – zu nutzen, wie z. B. für die Einführung eines zweisprachigen Bildungsprogramms in den vergangenen Jahren, das gezielt Indianern Arbeitsplätze als Lehrer und Organisatoren bietet. Vor diesem Hintergrund ist auch die eingangs erwähnte *Confederación de Nacionalidades Indígenas del Ecuador* (CONAIE) entstanden, die sich als Fürsprecher »indianischer« Interessen auf allen Ebenen der Politik versteht.

Doch schauen wir nach diesem Blick auf den größeren politischen Kontext abschließend noch einmal auf die Entwicklung in Shamanga, dessen am höchsten aufgestiegener Schulabsolvent es noch nicht sehr viel weiter als bis zum Lehrer in der kürzlich errichteten Dorfschule gebracht hat. Das früher eng geknüpfte Netz ökonomisch-politischer Abhängigkeiten der Indianer in Shamanga und benachbarten Dörfern von den lokalen Mestizen hat sich längst gelockert, nicht zuletzt durch die Migration als extraregionaler Einkommensquelle, durch den Kauf von eigenem Land und – allerdings nicht unter den Shamangeñern – den Aufbau indianischer Kleinhandels- und Handwerksunternehmen in der Region. Die neu errungene ökonomische Unabhängigkeit von den Mestizen und die in der Migration gewonnenen Erfahrungen haben sich in einem weitaus selbstbewußteren Auftreten der Shamangeñer niedergeschlagen, die sich immer heftiger gegen die Stigmatisierung als »unzivilisiert« wehren. Gleichwohl macht weder die Aneignung von einst den Mestizen vorbehaltenen Kleidungsstücken und anderen modernen Konsumgütern noch ökonomischer oder bildungsmäßiger Aufstieg einen Shamangeñer oder andere Indianer des Kirchspiels zu Mestizen. Selbst wenn ein »assimilierter« Indianer seine dörfliche und ethnische Herkunft zu leugnen versuchen würde, wäre man sich in der Region über seine »eigentliche« Identität einig, weil man ihn und seine Vergangenheit kennt. Sowohl die Mestizen als auch die indianischen Dorfbewohner würden ihn pejorativ als *cholo* oder *indio revestido* (verkleideter Indianer) bezeichnen. Individuelle Überschreitungen der ethnischen Grenze, ein Wechsel der ethnischen Zugehörigkeit, wären nur möglich, wenn der Betroffene ganz abwandert und die Beziehungen zu seiner Herkunftsregion abbricht, was aber bislang nicht zuletzt wegen der enormen Schwierigkeiten, eine feste Arbeitsstelle und Wohnung in der Stadt zu bekommen, kein Shamangeñer wagen würde.

Für die Shamangeñer ist die ethnische Zugehörigkeit inzwischen, wie wir gesehen haben, ein wichtiges Idiom der Konstitution von Selbsthilfenetzen in den Migrationsorten und der Bindung an die Herkunftsgemeinde. Für viele Mestizen im Kirchspielort dagegen scheint das Festhalten an der ethnischen Grenze und an einer Ideologie rassischer Überlegenheit zu einer sozialpsychologisch wirksamen Bastion geworden zu sein, mit der sie ihren realen Macht- und Statusverlust zu verdrängen versuchen. Wenn die Indianer heute auf ihre »Zivilisiertheit« pochen, die Stigmatisierung als »Tiere« zurückweisen und offensiv »Respekt« und Gleichbehandlung einfordern, dann werfen die Mestizen ihnen »Respektlosigkeit« und »Aufmüpfigkeit« vor. Mit meist nur schlecht verborgenem Groll geben sie zu, daß manche »Indios« heute reicher als viele lokale Mestizen wären und einige Bildung erlangt hätten, nur um den derart Aufgestiegenen im gleichen Atemzug Arroganz vorzuwerfen und den Niedergang der »indianischen Kultur« zu beklagen. Sie kommen kaum umhin anzuerkennen, daß vor allem auf die jüngere Generation von indianischen Dorfbewohnern kaum noch jenes Bild des unterwürfigen, schmutzigen, rückständigen, des Lesens und Schreibens unkundigen Indianers zutrifft, das jahrzehntelang ihre Sichtweise beherrschte. Die indianische Aneignung vieler »zivilisatorischer« Errungenschaften empfinden die meisten Mestizen aber als Angriff auf ihre einst unumstrittene Überlegenheit, und sie wünschen sich wohl insgeheim eine Wiederherstellung der alten Verhältnisse, der selbstverständlichen indianischen Unterordnung, herbei. Manchmal wird dies auch in einem offen rassistischen Diskurs ausgesprochen, aber meist äußert sich ein solches Verlangen in einem Lob der Vorzüge der »traditionellen indianischen Kultur« und im Bedauern über den fortschreitenden Verlust der althergebrachten indianischen Feste

Abb. 5 »Nuestra cultura« – *eine Gruppe Shamangeñer mit einem* huarmi tucushpa *(»wie eine Frau«) tanzt zu Karneval über die Felder.*

und Bräuche, der früher üblichen Kleidung, Sprache und Verhaltensweisen. Ausgerechnet die lokalen Mestizen also halten den Indianern der Region heute vor, keine »richtigen« Indianer mehr zu sein und von den »guten alten Sitten« ihrer Väter und Vorväter nichts mehr wissen zu wollen.

Vor diesem Hintergrund läßt sich die Shamangeñer Rede von »Zivilisation« und »eigener Kultur« als Gegendiskurs begreifen. Mit der Betonung der »Zivilisiertheit« ihrer Lebensweise weisen die Dorfbewohner die früher manifeste, heute noch latente Stigmatisierung als minderwertige Rasse zurück. Allerdings nehmen sie dabei das zugemutete Heterostereotyp gleichsam nachträglich an und projizieren es in die eigene Geschichte, wenn sie die dörfliche Vergangenheit als Zustand der erfolgreich überwundenen Unwissenheit und »Unzivilisiertheit« darstellen oder wenn sie nun ihrerseits andere indianische Dörfer und Gruppen, die in vielen äußeren Aspekten ihrer Lebensweise konservativer geblieben sind, und die alten, armen Witwen im Dorf als »rückständig« belächeln. Zugleich wehren sich die Shamangeñer aber auch gegen den von den Mestizen erhobenen Vorwurf des »Kulturverlusts«. Auch während meiner Arbeit im Dorf wurde mir neben aller Betonung, wie »modern« man sei, immer wieder gezeigt, »wie wir das unter uns *runa* (Menschen, Indianer) machen«, und ich wurde zu Festen gebeten oder bekam Geschichten erzählt, damit ich ihre »eigene Kultur« kennenlerne. Die Dorfbewohner betrachten sich selbst also zugleich als »zivilisiert« und als »Indianer«, die sich in vielfältiger Weise von den Mestizen unterscheiden und deren Umgangsformen untereinander und ihnen gegenüber sie überaus kritisch bewerten. In Zusammenhang mit den Migrationserfahrungen und nicht zuletzt auch beeinflußt vom Diskurs der erstarkenden indianischen Organisationen hat sich hier ein neues ethnisches Selbstbewußtsein herausgebildet, das sich erheblich von den alten Formen der Selbstpräsentation als »*guten indios*« in den früher üblichen Demutsritualen unterscheidet. Obwohl die Shamangeñer – soweit ich das auf der Basis von regelmäßigen Briefen und meinem letzten Besuch 1989 einschätzen kann – keine direkten Kontakte zu CONAIE oder seinen regionalen Zweigorganisationen pflegen, haben sich doch zumindest die jüngeren männlichen Dorfbewohner durchaus Versatzstücke von CONAIEs indigenistischem Diskurs angeeignet und verwenden sie im alltäglichen Umgang mit

Entwicklungshelfern, staatlichen Behörden und lokalen Mestizen. Der im nationalen – teilweise sogar kontinentalen – Rahmen entwikkelte neue indigenistische Diskurs einerseits und andererseits dörfliche, alltägliche Strategien der Konstruktion kultureller Andersartigkeit und einer ethnischen Grenze sind inzwischen längst miteinander verzahnt.

Anmerkungen

1 Zur Geschichte der Ethnologie und des europäischen Umgangs mit dem Fremden vgl. Kohl 1987. Beispiele für die Auseinandersetzung der bundesdeutschen Linken und Alternativszene mit Indianern finden sich in Brandes u. a. 1983; dort formuliert auch ein auf seiner Europa-Tournee interviewtes Mitglied des bolivianischen *Movimiento Indio Tupak Katari* Konzepte einer »indianischen Philosophie«, die inzwischen unter den indianischen Eliten der Anden sehr verbreitet sind.
2 Substantivistisch argumentieren z. B. alle Autoren in *Indianer* 1982; ungleich differenzierter, aber immer noch indianische Identität an eine kleinbäuerlich-dörfliche Lebensweise und spezifische Naturaneignung koppelnd z. B. Lindig und Münzel 1978:335-66; Golte 1980; Sanchez-Parga 1984; Chiriboga u. a. 1984. Zur Diskussion um die *comunidad andina* als indianischer Lebensform vgl. Alber 1990:25ff., 175-90. Zur These kultureller Assimilation durch Migration vgl. Martinez 1968; van den Berghe und Primov 1977; Kemper 1977 und Martinez 1987.
3 Z. B. Spalding 1974; Platt 1982b; Stern 1987; Hill 1988; Rasnake 1988; Guerrero 1990.
4 Z. B. Chiriboga u. a. 1984; Sanchez-Parga 1986; Ramón 1987 und 1988.
5 Die Betonung der Andersartigkeit zwecks Einklagen von Gleichheit ist ebenso wie der nationalstaatliche Bezugsrahmen des Diskurses ein typisches Kennzeichen aller modernen Ethnizitätsbewegungen, vgl. dazu Aronson 1976; Elschenbroich 1986 und Tambiah 1989.
6 Aus einer in Shamanga auf Quechua geführten Gruppen-Diskussion mit Baltazara Pilamunga, Juana Rea, Petrona Azacata, Maria Pilco und anderen älteren Frauen vom 11.9.1984. Petrona ist über 80 Jahre alt, Maria über 70, beide Frauen haben selbst noch als Arbeitspächterinnen auf der Hacienda gelebt.
7 Aus einer in Shamanga auf Spanisch geführten Gruppen-Diskussion mit Manuel Pilamunga, Pedro Daquilema, Marcos Guacho und José Cujilema vom 10.6.1984. Die Väter von zweien dieser zwischen 35 und 50 Jahre alten Männer waren Arbeitspächter, die anderen alle bereits mit eigenem Land und als saisonale Migranten teilweise von der Hacienda unabhängig.
8 Vgl. Lentz 1988b für eine ausführliche Darstellung der Dorfgeschichte und insbesondere der Migrationsstrategien sowie ihrer Konsequenzen.
9 Vgl. Anm. 6.

10 Vgl. Anm. 6.
11 Eine ausführlichere Diskussion der Strategien, mit denen die Shamangeñer eine ethnische Grenze in der »Heimat« und in der »Fremde« konstruieren, findet sich in Lentz 1988a. Zum Unterschied zwischen einer Art »Bewegungsethnizität«, die – wie CONAIE es tut – selektiv ethnische Inhalte verwendet und von fast mythologisierender Geschichtsrekonstruktion lebt, und einer eher unprogrammatisch gelebten »Alltagsethnizität«, wie sie etwa die Shamangeñer in ihrer permanenten Auseinandersetzung mit Mestizen im Hochland und an der Küste entwickeln, vgl. Elschenbroich 1986:102-87.
12 Zur inkaischen und spanischen »Politik durch Kleidung« vgl. Bollinger 1983 und Salomon 1980:137ff.
13 Allgemeiner zu geschlechtsspezifischen Unterschieden im Umgang mit Migration, Dorfgemeinde und »eigener Kultur« vgl. Lentz 1991.

Klasse, Ethnizität und das sogenannte Indianerproblem in der andinen Gesellschaft

Albert Meyers

Vorbemerkungen

Die Beschäftigung mit dem sogenannten Indianerproblem, sowohl im wissenschaftlichen als auch nichtwissenschaftlichen Sinne, ist seit eh und je durch eine stark dichotomisierende Vorgehensweise gekennzeichnet. Zwar hat die Verwendung von Gegensatzpaaren wie »Zwischen Tradition und Moderne«, »Anpassung und Widerstand«, »Ausrottung und Selbstbestimmung« durchaus ihren Sinn z. B., um eine Gesamtkonstellation in genereller Weise zu charakterisieren oder auf radikale Alternativen in einer bestimmten Krisensituation hinzuweisen. Dadurch, daß sie aber lediglich die Endpunkte von Entwicklungslinien benennt, hat sie jedoch mehr politisch-alarmierenden als wissenschaftlich-analytischen Charakter.

Zwischen diesen Extremen haben sich verschiedene indianische Gesellschaften schon seit Bestehen der Eroberungsstaaten in vorkolumbischer Zeit befunden. Im Hinblick auf das, was sich sozusagen im Mittelfeld abgespielt hat, wirkt diese Fixierung auf die Außenlinien eher ablenkend oder verschleiernd.

Ein weiterer Vorbehalt gegen diese dichotomisierende Vorgehensweise liegt darin, daß sie die Gefahr einer impliziten, ethnozentrischen Stellungnahme in sich trägt, da z. B. Begriffe wie Tradition oder Anpassung von vornherein eine Bewertung beinhalten (Ranger 1981).

Ich beziehe mich hier nicht nur auf Modernisten und Modernisierungstheoretiker, denen man allerdings nicht immer zu Recht Schwarzmalereien vorgeworfen hat, sondern auch z. B. auf solche Autoren, die im Rahmen weiterentwickelter Theorien die indianische Welt in kapitalistische (gemeint »eurokapitalistische«) und nichtkapitalistische (gemeint »Subsistenzwirtschaft«) Sektoren ähnlich dichotomisch aufteilen.

Schließlich ist noch eine Gruppe anzuführen, die es meist vermeidet, auf makrotheoretische Zusammenhänge einzugehen und etwa mittelrangige Konzepte überhöht und auf die gesellschaftstheoretische Ebene ausweitet. Beispiele hierfür sind die Einteilung von Gesellschaften in eine herrschende und beherrschte Klasse oder in einen kolonisierenden bzw. kolonisierten Teil entsprechend der »kolonialen Situation« (Balandier 1970), in der sie sich befinden. Im ersten Falle ist das Unterscheidungskriterium vorwiegend ökonomisch, im zweiten Falle zusätzlich auch noch rassisch/ethnisch und kulturell.

Damit wären wir beim Thema! In der heutigen Diskussion über die Sozialstruktur der »andinen Gesellschaft« spielen die Begriffe »Klasse« und »Ethnizität« eine wichtige Rolle. Gemäß dem oben angesprochenen Dichotomie-Modell kann man sie sich wiederum als Eckpunkte einer Linie vorstellen, auf der sich die unterschiedlichen Situationen und Handlungen der heutigen Andenbevölkerung festmachen lassen.

Erklärungskräftiger sind jedoch jene Versuche, die sich auf die Schnittpunkte zweier sich überschneidender Linien konzentrieren, wobei die Frage, welches Element das Übergewicht hat, je nach Situation und Art der Handlung erklärt wird.

Dabei spielt die Frage nach dem Bewußtsein, das z. B. hinter einer Handlung steht, eine wichtige Rolle. Hier ist zusätzlich zu der wichtigen Marxschen Unterscheidung zwischen »Klasse an sich« und »Klasse für sich« das Identitätsproblem allgemein gestellt worden (Meyers 1979), wobei Klassenbewußtsein und rassisch-ethnisch-kulturelle, religiöse und sprachliche Identität auf einer analytischen Ebene behandelt wurden (van den Berghe und Primov 1977).

Die Frage, nach welchen Kriterien es zu eher klassenbewußten Handlungen und wann es zu ethnisch bestimmten kommt, kann meiner Ansicht nach aber auch nicht befriedigend von solchen »pluralen« Konzepten gelöst werden. Worin besteht der Klassenunterschied zwischen einem indianischen Bauern und einem indianischen Kleinhändler? Oder gehören alle Indianer einer Klasse an? Sind ethnische Beziehungen wirklich immer auch Klassenbeziehungen, wie Varese (1979) meint?

Die einfachste Lösung bieten hier auch wiederum die Dualisten an, die das Problem in zwei gegensätzliche Pole aufteilen, auf der einen Seite kapitalistische Enklaven, in denen Klassenbeziehungen vorherrschen, auf der anderen Rückzugsgebiete (*regiones de refugio*: Beltrán 1967), in denen die ethnische Identität stärker als das Klassenbewußtsein ist. Ausnahmen bestätigen die Regel.

An dieser Stelle soll nicht wieder der Vorwurf erhoben werden, dem wir uns letztlich alle nicht entziehen können, nämlich einer ethnozentristischen Sichtweise, die in diesem Falle den Indianern ein »echtes« Klassenbewußtsein abspricht. Vielmehr möchte ich die Frage stellen, ob der gängige Klassenbegriff und auch die Bezeichnung »Indianer« hier präzise genug benutzt werden, d. h. sich an den Bedingungen der vorgegebenen Gesellschaftformation orientieren. Um darauf eine Antwort zu finden, ist es notwendig, auf die Herausbildung der Grundzüge dieser Gesellschaftsformationen zurückzugreifen, welche die Reproduktionsbasis der Klassen und Ethnien darstellen, um die es hier geht.

Grundstukturen der andinen Gesellschaftsformation

Pierre Clastres (1976) hat mit Recht die Hochland- von den Tieflandindianern dadurch unterschieden, daß die einen Gesellschaften mit Staat, die anderen ohne Staat waren. Analog zu seiner These, daß die letzteren die Staatsbildung wahrscheinlich bewußt verhinderten, kann man sich fragen, ob die Hochlandindianer im Gegensatz dazu den Staat benötigten. Die Existenz eines »Indianerstaates« in vorkolumbischer Zeit spielte in der Diskussion um das »Indianerproblem« bisher meist nur dann eine Rolle, wenn es um die Hervorhebung indianischer »Kulturleistungen« ging oder aber darum, Gründe für den im Vergleich zu den »wilden« Tieflandstämmen angeblich geringeren Widerstand gegen Unterdrückung zu finden. Dahinter steht die Vorstellung, daß der Staat die Indianer sozusagen gezähmt habe. Nur selten wird jedoch berücksichtigt, daß diese »Familiarität« mit dem Staat auch Erfahrungen im Umfang mit seinen Unterdrückungsmustern mit sich zog und der Frage nachgegangen, wie diese sich in der Art des Widerstands niederschlagen.

Dieser Staat, auf den die Spanier während der Conquista stießen, war nicht nur ein Staat von Indianern, sondern auch von Bauern, peasants in der heutigen Sprache, die man als Personen definieren könnte,

> die Land oder Ressourcen besitzen oder kontrollieren und vornehmlich landwirtschaftliche Produkte für ihre eigene Subsistenz produzieren, aber die auch ein Mehrprodukt erstellen, von dem ein Teil direkt oder indirekt durch Repräsentanten eines umfassenderen ökonomischen Systems appropriiert wird (Roseberry 1976:47; meine Übersetzung).

Dieses größere System war der Inkastaat. Hier interessiert jedoch weniger die Tatsache, daß die Bauern Tribut abführen mußten (in Arbeitsleistung oder Naturalien), als der unmittelbare Bezug zum Makrosystem, den sie durch die Anwesenheit nichtbäuerlicher Schichten auf der lokalen Ebene (staatliche Verwalter, Handwerker, Priester, Soldaten, etc.) täglich vor Augen geführt bekamen. Dies scheint im zentralperuanischen Hochland schon zur Zeit des Huari-Staates in »urbanisierten« Tälern der Fall gewesen zu sein (ca. 800 n. Chr.; vgl. Isbell 1977:55-6). Die Vorstellung von einer autonomen, geschlossenen Dorfgemeinschaft im Inkastaat ist also eine Idylle, die immer wieder für verschiedene Zwecke mißbraucht wird.

Die »peasants« hatten sich aber nicht nur damit abfinden müssen, daß »Spezialisten« sich ihres Mehrproduktes bemächtigten, sondern auch in die Organisation ihres rituellen Lebens eingriffen. Bekanntlich ist das andine Reproduktionssystem, das auf der optimalen land- und viehwirtschaftlichen Ausnutzung unterschiedlicher ökologischer Ebenen basiert, stärker als in vielen anderen bäuerlichen Gesellschaften mit der Ausübung religiöser Rituale verknüpft. Spätestens zur Inkazeit kann man von einer Zweiteilung der religiösen Sphäre sprechen: der mehr auf Reproduktionssicherung ausgerichteten »Bauernreligion«, die durch eine mehr sophisticated »Hochreligion« überlagert ist, meist »vor Ort« durch einen Spezialisten vertreten (vgl. Wolf 1966:100ff.).

Wenn man sich den Gegensatz »bäuerliche Lebenswelten« – nichtbäuerliche Sphäre zur Inkazeit – man verzeihe mir die anfängliche Kritik an Dichotomien – vor Augen hält, erscheint einem die »Leistung« einer Handvoll spanischer Konquistadoren, ein Riesenreich erobert zu haben, nicht mehr so sensationell. Sie stießen nicht auf den Widerstand der ganzen Volksmasse, sondern vornehmlich des stehenden Heeres. Für die Bauern gab es zunächst keinen Anlaß, den Fremden gegenüber feindlich gesinnt zu sein, solange diese nicht ihre Reproduktionsgrundlagen attackierten. Weder das Gold, noch die anderen Dinge, nach denen die Spanier suchten, gehörten dazu. Hier kann man einen Unterschied in der Reaktionsweise zu den benachbarten Häuptlingstümern und Stämmen vermerken, die anders als die Bauern des Inkastaates jedes fremde Eindringen in ihr Territorium als Bedrohung ihrer Existenz ansehen mußten. Selbst im erst kurze Zeit vor der Ankunft der Spanier von den Inka kolonisierten heutigen Ecuador gab es eine andere Reaktion (Meyers 1976), da sich hier zwar staatliche Gewalt präsentierte, aber Bauerntum im Sinne der zentralandinen Region erst im Entstehen begriffen war. Analog hierzu kann man, was den heutigen Organisationsgrad über die ethnischen Grenzen hinweg und den Grad der nationalen Integration angeht, eine größere Intensität für die Kerngebiete des ehemaligen Inkareiches annehmen als für die Randgebiete.

Nach Eroberung durch die Spanier hat es für die Bauern des Andengebietes im Hinblick auf die Herrschaftsbeziehungen keine direkte »*rupture coloniale*« gegeben. Lediglich die Personen wurden ausgetauscht. Den Tribut kassierten nun die *encomenderos* und den »religiösen Surplus« die katholischen Priester. Bald jedoch bekamen sie die veränderten Ausbeutungsmechanismen zu spüren, die sich nach den Gesetzmäßigkeiten der »ursprünglichen Akkumulation« richteten. Während noch zur Inkazeit die Angriffe auf die Reproduktionsgrundlagen der Bauern wenigstens zum Teil durch Redistributionsleistungen ausgeglichen wurden, entfielen diese im Kolonialstaat. Die Bauern mußten Reproduktionsstrategien entwickeln, die der neuen Gesellschaftsformation des peripheren Kapitalismus in seinen verschiedenen Entwicklungsstufen entsprachen. Als Beispiel hierfür kann die Übernahme spanischer Institutionen und ihre Reinterpretation nach andinem Muster angesehen werden (Celestino und Meyers 1981).

Für eine Neuformulierung des Klassen- und Ethnizitätsbegriffes in der andinen bäuerlichen Gesellschaft

Die peripherkapitalistischen Gesellschaftsformationen sind durch eine spezifische Verbindung zwischen kapitalistischer und nichtkapitalistischer Produktionsweise charakterisiert worden. Dabei ist es zur Herausbildung von sozialen, kulturellen und politischen Strukturen gekommen, welche nicht ohne weiteres mit den Produktionsverhältnissen in Europa, wie sie beispielsweise Marx analysiert hat, verglichen werden können. Ohne pauschalisieren zu wollen wird hier von der Grundannahme ausgegangen, daß das koloniale Amerika vom 16. Jahrhundert an in das sich allmählich konstituierende kapitalistische Weltsystem integriert war (Wallerstein 1974, 1980).

Dies fordert natürlich zur Spezifizierung heraus, die in diesem Zusammenhang leider nicht durchgeführt werden kann. Es bleibt festzustellen, daß von verschiedenen Entwicklungsstadien und unterschiedlichem Penetrationsgrad auszugehen ist und daß aus der bloßen Tatsache der Integration in ein größeres System nicht unbedingt auf die Existenz kapitalistischer Produktionsverhältnisse »vor Ort« geschlossen werden kann. Auch die Konstruktion einer Abhängigkeit dieser Verhältnisse vom Globalsystem ohne die Dynamik, die »von innen heraus« kommt (Petras 1981), zu berücksichtigen, erscheint zu simplifizierend. Demgegenüber stehen jedoch »Integrationskonstanten«, wie sie z. B. durch den kolonialen Staat und seine Gesetzgebungstätigkeit bzw. andere Institutionen (Rechtsprechung, Privateigentum, Geldwirtschaft) und Machtgruppen repräsentiert werden. Auf dieser Abstraktionsebene ist es also widersinnig, von »vorkapitalistischen Sektoren« oder Rückzugsgebieten, sei es in der Kolonialzeit oder später, zu sprechen. Vielmehr ist anzunehmen, daß die indianischen Bauern aus ihrer langen Erfahrung mit der Institution »Staat« auch die veränderten »Integrationskonstanten« erkannten und sich darauf einstellten. Dabei möchte ich folgende zwei Entwicklungstendenzen und Reaktionsweisen herausheben:

(1) die Herausbildung von Klassenstrukturen im »zentral-kapitalistischen« Sinne sowie neuer Ethnizitäten und

(2) die Entwicklung von Reproduktionsstrategien, die über diese Klassen- und auch ethnische Abgrenzungen hinausgreifen.

Die erste Richtung ist weniger bedeutsam und nur selten zur Entfaltung gekommen, was zu der mißverständlichen Bezeichnung »deformierter Kapitalismus« geführt hat (Campaña und Rivera 1978). Während man in der Kolonialzeit noch zu keiner differenzierteren Unterscheidung als der zwischen indianischen Produktionsmittelbesitzern und -nichtbesitzern gekommen ist, sind »klassische« Fälle von »reinen« indianischen Proletariern, indianischen kapitalistischen Warenproduzenten oder Unternehmern auch heute nicht die Regel. Die aufgrund von Analogieschlüssen aufgestellte Hypothese der Auflösung der Bauern im Zuge der kapitalistischen Expansion zugunsten einer Proletarisierung hat sich bisher nicht bewahrheitet. In ethnischer Hinsicht hat sich vor allem im zentralandinen Raum der Prozeß der Auflösung tribaler Identitätsgrenzen, der bis in die Inkazeit zurückreicht, weiter fortgesetzt. Dabei ist es zu Ethnogenesen, wie z. B. der berühmten Cholifizierung gekommen, die immer noch etwas despektierlich als Dekulturierung angesehen wird. Als eklatantestes Beispiel hierfür kann man die Mantarinos aus dem zentralperuanischen Hochland anführen, die zwar auf die Huancas zurückgehen, aber ebenso Einflüsse der Yauyos, Huarochiries, Taramas, Huancavelicas, Cañaris, verschiedener Negerstämme sowie der Spanier aufnahmen. Schon eine oberflächliche Betrachtung, beispielsweise der Folklore des Mantarotals aus dem 20. Jahrhundert (Arguedas 1976c), widerlegt die ethnozentrische These, daß »*descampesinización*« auch »*desculturación*« bedeutet. Dennoch sehen die Angehörigen der herrschenden Kultur Perus in der »Cholo-Kultur« eine marginale Kultur, die sich im Transformationsprozeß befindet (Quijano 1980).

Der zweite Punkt ist jedoch für unser Thema bedeutungsvoller. Er bezieht sich auf das Verhalten der andinen Gesellschaft gegenüber der zunehmenden Unterminierung ihrer Reproduktionsgrundlage. Damit meine ich nicht so sehr die direkte Bedrohung, wie z. B. durch Verdrängung vom Land, dem wichtigsten Produktionsmittel, als vielmehr den indirekten Abzug von Werten aus dem Subsistenzsektor, d. h. dem Sektor, in dem Gebrauchswerte zum Eigenkonsum produziert werden.

Spätestens seit der Diskussion über den Zusammenhang zwischen Subsistenzproduktion und Kapitalakkumulation (vgl. Arbeitsgruppe Bielefelder Entwicklungssoziologen 1979) ist es problematisch geworden, von einer Unabhängigkeit zwischen kapitalistischem (warenproduzierenden) und einem nichtkapitalistischen (Subsistenz-) Sektor zu sprechen. Die indianischen Arbeiter in den Bergwerken des kolonialen wie des heutigen Perus trugen sowohl im Mitasystem (Zwangsarbeit) als auch im monetären Lohnsystem zur Kapitalakkumulation nicht nur dadurch bei, daß sie mit ihrer Arbeitskraft Mehrwert produzierten, sondern auch dadurch, daß sie die Reproduktionskosten ihrer Arbeitskraft selbst tragen mußten. Besser gesagt, sie wurden von ihren Frauen, ihrer Familie, Freundschaftsverband, Vereinigung, Dorfgemeinschaft usw. übernommen. Somit kann die Behauptung, daß weite Teile des andinen Hochlandes, in denen es keine kapitalistischen Unternehmen, keine Städte usw. gibt, für die Entwicklung des Kapitalismus bedeutungslos seien, nur als blauäugig bezeichnet werden.

Die unterbezahlte Mehrarbeit – hierfür könnten noch weitere Beispiele angebracht werden, etwa der Verkauf von agrarischen Produkten außerhalb des Subsistenzbereiches – stellte zusätzlich zu den direkten Einschränkungen der Reproduktionsmittel und in Verbindung mit starkem Bevölkerungswachstum sowie anderen Ursachen eine ständige Bedrohung für die gesamte Reproduktionsbasis der »indianischen« Gesellschaft dar. Es erübrigt sich, darauf hinzuweisen, daß sich diese Situation, zumindest in Peru und Bolivien, in jüngster Zeit zusehends verschlechtert.

Aus dieser Konstellation ergeben sich verschiedene Konsequenzen:

(1) Der ständigen Bedrohung der Reproduktionsbasis begegnen die Betroffenen mit Maßnahmen, die auf eine Sicherung der Reproduktion (im Sinne von biologischer, sozialer und Arbeitskraftreproduktion) hinauslaufen. Diese Maßnahmen können unter Anwendung von Gewalt (»Reproduktionskämpfe«) oder als langfristige Strategien durchgeführt werden.

(2) Diese Reproduktionsstrategien basieren auf den gemeinsamen Erfahrungen und Kenntnissen all derer, die von der gleichen Reproduktionsgrundlage abhängig sind.

Eine dieser Strategien ist z. B. die Diversifizierung der ökonomischen Tätigkeiten, die in einigen Gebieten des Hochlandes, z. B. im Mantarotal, schon im 18. Jahrhundert als notwendige Maßnahme des Überlebens festgestellt wurde (Grondín 1978) und die heute gang und gäbe ist. Das Charakteristische dabei ist gerade, daß die Vielfalt von Produktions- (besser gesagt Arbeits-) verhältnissen, die ein »Indianer« gleichzeitig oder nacheinander in seinem Leben eingeht, ihn gewöhnlich weder zum reinen Arbeiter noch zum reinen kleinen Warenproduzenten macht. Was für sein Bewußtsein und sein Handeln, aber auch für seine Identität viel bedeutsamer ist, das ist die Frage, ob seine Reproduktion gesichert ist. Dementsprechend wird die These aufgestellt, daß zusätzlich zu der Klassenfrage, die sich nach der Art der Produktionsverhältnisse richtet, die Frage nach der Subsistenzsicherung als weiteres wichtiges Schichtungskriterium von zentraler Bedeutung ist (vgl. Elwert 1981).

Die Reproduktionsstrategien beruhen nicht nur auf den Erfahrungen derjenigen, die nach irgendwelchen Kriterien als »Indianer« bezeichnet werden, sondern schließen alle Reproduktionsungesicherten, gleich welcher ethnischer Zugehörigkeit, mit ein. Das bezieht sich vor allem auch auf die »*cholos*«, die, wenn sie sich nicht als subsistenzgesicherte Klasse von den Indianern abgesetzt haben, vom gleichen Reproduktionssystem abhängig sind wie die »Indianer«. Als extremes Beispiel mag der Cholo-Händler in einem Hochlanddorf gelten, der zwar die »Indianer« im Dorf ausnutzt, aber vom Verdienst seines Krämerladens allein nicht leben kann. Im Rahmen seiner landwirtschaftlichen Tätigkeit nimmt er an den kulturellen Praktiken der übrigen Dorfbewohner teil und könnte ohne Einbindung in das lokale Reproduktionsnetz (*compadrazgo*, Reziprozität, etc.) nicht überleben. Die These hier ist, daß die gemeinsame Abhängigkeit vom andinen bäuerlichen Reproduktionsmuster ein wichtigeres ethnisches und kulturelles Unterscheidungskriterium darstellt als die bisher geläufigen. In diesem Sinne kann man z. B. in einigen Fällen von einem größeren ethnischen Unterschied zwischen *cholos* der Küste und aus dem Hochland sprechen als zwischen *cholo* und *indio* im Hochland.

Generell kann man für den Andenraum ein Spektrum von Stammesidentität über regionale bis zu überregionaler ethnischer Identität aufstellen. Erstere ist wohl nur noch spärlich zu finden, vielleicht bei den Otavalos in Nordecuador, die ihre Identität wohl mehr über ihre Webkunst, d. h. Berufsausübung bestimmen, als über Zugehörigkeit zu einem Stamm (Salomon 1973). Auch die Bezeichnung »Indianer« würde ich auf die Stammesethnien limitieren bzw. nur dann akzeptieren, wenn sie auch als Autodetermination gelten kann und nicht nur von einer »indianischen« Intellektualität gefordert wird, die von einem zweiten *tawantinsuyu* träumt.

Die geläufigste ethnische Identitätsform scheint mir die regionale zu sein, die auf einem langen Prozeß der Ethnogenese und auf einem gemeinsamen kulturellen Regionalpattern basiert *(cholos de la costa, limeños, cajamarquinos)*. Für eine überregionale Identität müßte man wohl die Sprache als Abgrenzungskriterium einführen, etwa dann, wenn sie zwischen Quechuas und Aymaras ethnische Unterschiede erlebbar macht.

Schlußbemerkungen

Aus der vorgeschlagenen Erweiterung des Klassen- und Ethnizitätsbegriffs vor dem Hintergrund einer bäuerlichen andinen Gesellschaft, wie sie hier nur modellhaft vorgestellt werden konnte, ergeben sich eine Reihe von Fragestellungen, denen hier leider nicht nachgegangen werden kann. Eine allerdings könnte von vornherein weggelassen werden, die Frage nach der nationalen Integration (Degregori *et al.* o. J.). Sie stellt sich wohl kaum für die andinen Indianer, die jahrhundertelange Erfahrungen mit nationaler Ideologie als staatliches Integrationsvehikel hinter sich haben. Sie stellt sich wohl für keine bäuerliche Gesellschaft, da der Nationenbegriff aus der bürgerlichen Kultur herrührt.

Diese entpuppt sich auf nationaler Ebene als Scheinkultur, die sich auf ewiger Identitätssuche befindet. Ohne sie hier derart kraß als »Negationskultur« bezeichnen zu wollen, wie ein Teilnehmer der zweiten sog. Barbados-Konferenz dies für die sog. *»latinoamericanidad«* tut (Herbert 1979), wird behauptet, daß mit dem Rückgriff auf meist vorkolumbische, indianische Kulturelemente so etwas wie Nationalbewußtsein oder nationale Identität vorgegaukelt werden soll. Dieser Vorwurf ist nicht nur einigen lateinamerikanischen Schriftstellern, die in z. B. Paris ihre Residenz aufgeschlagen haben, zu machen, sondern auch vielen Anführern der »*indian movements*«, die keinen Bezug mehr zur Basis haben.

Wenn schon von einer indianischen Gegenkultur gesprochen werden soll, dann muß man hier an die oben erwähnte Zweiteilung, z. B. der religiösen Sphäre im Inkastaat, erinnern. Dies könnte ein Hinweis auch auf die heutige kulturelle Situation vor allem in den ländlichen Regionen des Andenraums sein, in denen sich so etwas wie »*cultura popular*« entwickelt hat.

Inwieweit derartige Erscheinungen als »Widerstand« bezeichnet werden können, mag dahingestellt bleiben. Was den militanten Widerstand der breiten Masse der andinen Gesellschaft anbelangt – im Gegensatz etwa zu den Tieflandindianern –, so kann der Rekurs auf »*indianidad*« nur als eine romantische Anspielung auf vorkolumbische Traumzeiten angesehen werden, die bei den Unterdrückern auf paternalistisches Lächeln und bei den andern Unterdrückten der gleichen Gesellschaft (*cholos, negros, chinos,* etc.) nur auf Unverständnis stößt. Wie die Reproduktionskämpfe der letzten Zeit z. B. in Peru und Bolivien gezeigt haben, ist vielmehr von einem gemeinsamen Bewußtsein der Abhängigkeit von der gleichen Reproduktionsgrundlage auszugehen, ein Bewußtsein, das auf einem andinen kulturellen Grundmuster basiert.

Politische Kultur der Aymara und Quechua in Bolivien – Formen des eigenständigen Umgangs mit der Moderne

Juliana Ströbele-Gregor

Was bedeutet es, wenn der ehemalige Generalsekretär der bolivianischen Bauerngewerkschaft CSUTCB und Generalsekretär des Gewerkschaftsdachverbandes COB während der Diktatur 80-82, außerdem Gründer, 1. Vorsitzender und Präsidentschaftskandidat der Bauernpartei MRTK *(Movimiento Revolucionario Tupac Katari)*, wenn also ein solcher Mann das Amt des *jilakata*, das höchste traditionale Amt seiner Dorfgemeinschaft übernimmt? Mit anderen Worten: Wie ist zu deuten, wenn eine in sogenannte moderne demokratische Politikformen und in die nationale Politik eingebundene Persönlichkeit teilnimmt am traditionsverbundenen[1] andinen religiös-politischen Ämtersystem?

Wer diese Frage mit dem Hinweis vom Tisch zu wischen glaubt, populäre Gesten hätten schon immer Wählerstimmen gebracht, müßte sich der Frage stellen, wie es kommt, daß dieses traditionale Amt derart prestigeträchtig ist.

Nun ließe sich der politische Werdegang von Jenaro Flores[2], um den es sich hier handelt, aus seinem persönlichen Schicksal erklären, etwa mit dem Verweis auf die taktische Unfähigkeit eines Politikers, der auf dem Höhepunkt seiner Karriere nicht weitsichtig genug war, bestimmte persönliche Rückzüge zu machen, um politisch zu überleben. Dann wäre der Weg vom Generalsekretär zum *jilakata* nur das traurige Ende eines einstigen Helden.

Wir erinnern uns: Flores, Aymara aus einem Dorf unweit des Hinrichtungsortes von Tupac Katari, dem Anführer des antikolonialen Aufstandes 1781, gehörte Anfang der 70er Jahre zu den Initiatoren der Kataristenbewegung, jener sich schnell ausbreitenden sozialen Bewegung von aymara- und quechuasprachigen *campesinos*, aus der 1979 die erste unabhängige nationale syndikale Bauernorganisation hervorging, die CSUTCB *(Confederación Sindical Unica de Trabajadores Campesinos de Bolivia)*. Er war einer ihrer Begründer und ihr erster Generalsekretär. Ebenso gehörte er zu den Begründern der indianischen Bauernpartei MRTK, war eine der gestaltenden Kräfte dieser Partei und jahrelang ihr wichtigster Repräsentant. Er beteiligte sich am demokratischen Widerstand gegen die Banzer-Diktatur und mußte dafür ins Exil. Als CSUTCB-Generalsekretär bekämpfte er die Diktatur Garcia Mesas, und während die Gewerkschaftsführer des Gewerkschaftsdachverbandes COB *(Central Obrera Boliviana)* ins Exil gingen, blieb er im Lande, organisierte aus dem Untergrund – nun als Vorsitzender auch der COB – den Widerstand. Nachdem er als Folge eines Mordanschlages seiner Verfolger schwer verwundet und dadurch an den Rollstuhl gefesselt wurde, gab er nicht auf, sondern ermutigte durch seine listigen Aktionen und seine Ungebrochenheit die demokratische Bewegung im Land. Somit wurde er zu einem Symbol des Widerstandes der Bauern des Hochlandes und des Kampfes um die Demokratie.

Als jedoch die Demokratie 1983 wiederhergestellt war, brach für ihn bald darauf der politische »Abstieg« an. Die politische Bühne der Gewerkschaftsbewegung begann sich zu verändern: verschiedene parteipolitische Strömungen innerhalb der Gewerkschaft gewannen immer mehr an Einfluß und bekämpften sich gegenseitig. Selbst parteipolitisch engagiert, konnte Jenaro Flores nicht integrativ wirken, sondern trug dazu bei, die Gegensätze zuzuspitzen. Er hielt zäh an seinem Amt fest, als ab Mitte der 80er Jahre immer stärker nach einem Wechsel in der Führungsmannschaft verlangt wurde. Fast wäre die CSUTCB darüber auseinander gebrochen. Als er schließlich seine Abwahl anerkannte, war es kein ehrenvoller Abschied.

Aber das war nur die unmittelbar sichtbare Ebene eines vielschichtigen Konfliktes in der CSUTCB, eines Konfliktes, der auch die Kataristenbewegung insgesamt betraf und der, bedingt durch die anhaltende Periode der Demokratie, nun offener zutage trat. Neben parteipolitischen Auseinandersetzungen innerhalb der Gewerkschaft und der Zerreißprobe, zu der auch externe politische Einflußnahmen beitrugen, verwies der Konflikt auf sehr viel grundsätzlichere Problematiken. Dazu gehören:

1. **Die Organisierung im Rahmen einer Einheitsgewerkschaft.** Der Frage, inwiefern Zielsetzungen und Organisationsstruktur einer Einheitsgewerkschaft die so unterschiedlichen Interessen der verschiedenen ethnischen und sozialen Gruppen berücksichtigen könnte, wurde lange Zeit zu geringe Bedeutung beigemessen. Vielmehr begriff sich die CSUTCB seit ihrer Gründung als landesweiter Zusammenschluß sowohl von Kleinbauern aus andinen *ayllus*, als auch aus *comunidades* des Tieflandes, von landlosen Landarbeitern, Saisonarbeitern, Kooperativbauern und wohlhabenderen Bauern.

2. **Die Vielfalt politischer Kulturen.** Die Tatsache einer Vielfalt politischer Kulturen bei der ländlichen Bevölkerung und damit verbunden, ein unterschiedliches Verständnis von politischer Artikulation und »Demokratie«, wurde lange zu gering bewertet. Tatsächlich stehen sich jedoch im politischen Alltag Demokratiemodelle westlicher Prägung und gewachsene, traditionsverbundene eigenständige Formen der Partizipation und Kontrolle gegenüber.

Die ländliche Bevölkerung hat eine Vielzahl lokal und regional ausgeprägter, sich von einander unterscheidender politische Kulturen entwickelt, auf die an dieser Stelle nicht weiter eingegangen werden kann. Hier sei nur festgestellt, daß die Gründe für die erhebliche Verschiedenartigkeit sowohl in der ethnisch-kulturellen Diversität liegen, als auch in den lokalen und regionalen Rahmenbedingungen: das bedeutet, in den sozioökonomischen Unterschieden und in den regional-historisch unterschiedlich verlaufenen Entwicklungsprozessen. Dazu gehören jeweils spezifische Erfahrungen mit den dominanten kreolischen Schichten, woraus unterschiedliche Beziehungen zum Nationalstaat resultieren. Dazu gehört ebenfalls, in einzelnen Regionen, der Einfluß von trotzkistischen und kommunistischen Arbeiterorganisationen auf die Bauernschaft. Darüber hinaus werden die politischen Kulturen geprägt von den alltäglichen und politischen Erfahrungen mit den ländlichen mestizischen Eliten, den *vecinos*.

3. **Die Prozesse gegenseitiger Durchdringung und Überlagerung von unterschiedlichen Erfahrungen, von politischen Kulturen und Organisierungsinteressen.** Gewerkschaften, Parteien und Formen repräsentativer Demokratie, die ihrem Ursprung nach einem westlich-europäischen Kontext entstammen, beinhalten u. a. immer drei –

historisch gewachsene – Elemente: Säkularisierung, Individuierung und Professionalisierung der Politik. In den Lebenswelten der bäuerlichen indianischen Bevölkerung Boliviens treffen diese Elemente jedoch auf andere Traditionen. Diese Bauern sind nicht freigesetzte, von der Gemeinschaft losgelöste Individuen, sondern sie sind auf verschiedenen Ebenen mit ihrer Gemeinde eng verbunden und eingebunden in ein religiöses Weltbild, das ihrem Denken und Handeln zugrunde liegt. Aus der Vermischung mit westlich-modernen Lebensformen und Werten entwickelte sich ihr eigenständiger Umgang mit der Moderne. Dieser Umstand führt zeitweise zu Ambivalenzen und starken Widersprüchlichkeiten, die sich auf drei Ebenen manifestieren: auf der Ebene des individuellen Gesellschaftsbildes, auf der Ebene des politischen Verhaltens und auf der Ebene der Entwicklung eigenständiger Organisationen.

Der Fall Jenaro Flores kann in diesem Sinne als exemplarisch betrachtet werden. Seine Entwicklung hin zum *jilakata* und überzeugten Vertreter des traditionsverbundenen Ämtersystems liegt – zumindest in Bolivien – im Trend. Auf der Suche nach einem Verständnis des Verhältnisses von westlich »modernen« und eigenständigen »traditionsgebundenen« Politikformen will ich der Spur, die er legt, nachgehen. Sie führt mich auf den Weg, auf dem diese Begriffe sowohl in einem realen Kontext als auch in ihrer gegenseitigen Relation neu überdacht werden können. Dabei geht es im Kern um die Themen Demokratie und Moderne, genauer: Es geht um demokratische Partizipation in einem Land wie Bolivien, in dem die formale Demokratie kaum je sehr glaubwürdig war und niemals in der Lage, notwendige Strukturen zu schaffen. Die kurzen Erfahrungen, die die Bauern Boliviens bisher mit der formalen Demokratie machen konnten, ließen diese bisher nicht gerade als eine attraktive Alternative erscheinen (Urioste 1989:48f.; Toranzo Roca 1990:126f.).

Andererseits haben sich eigenständige politische Strukturen herausgebildet, die auf einer spezifischen Tradition gewachsen sind und in bestimmten historischen gesellschaftlichen Verhältnissen jeweils neue Ausformungen bildeten. Damit geht es um die Betrachtung der Entwicklung dieses eigenständigen Umganges mit der Moderne im Bereich des Politischen, d. h. einer »andinen Modernität«, in der sich Individuierung, Säkularisierung und Professionalisierung des politischen Handelns nicht vollständig durchgesetzt haben.

Spur und Spurensucher

Die Verfolgung der Spur von Jenaro Flores bedeutet notwendigerweise eine Betrachtung des Marsches der CSUTCB, des Marsches der *campesinos* des Altiplano, insbesondere der Aymara. Der Rückblick auf die Spur ermöglicht und erfordert, diesen Marsch aus einem anderen, erweiterten Blickwinkel zu betrachten. Sowohl die Führer der CSUTCB als auch die engagierten Betrachter haben begonnen, sich dieser Aufgabe zu stellen. Ein erweiterter Blick, das bedeutet für uns, die fremden Außenstehenden, die sich mit der emanzipativen Kraft der Aymara-Bewegung solidarisierten, endlich unsere eigenen kulturell geformten und politisch beeinflußten Sichtweisen stärker zu reflektieren, weniger stromlinienförmig zu denken und die politische Entwicklung auf dem Altiplano seit Aufkommen der Kataristenbewegung etwas differenzierter anzusehen. Es ist erstens notwendig, die kulturelle Landschaft, die den Weg des Marsches bestimmt(e), genauer wahrzunehmen, und zweitens muß gesehen werden, daß neben dem Weg der CSUTCB auch andere selbstbestimmte Wege existieren. Es muß eingestanden werden, daß gerade jene Wege, die schon viel früher beginnen und auf die sich die CSUTCB gerne beruft, nur zum Teil in den Weg der CSUTCB münden. Damit entsteht das Bild von Wegzügen, die miteinander in Berührung stehen, aber nicht identisch sind. Es entspricht dem Bild des Altiplano, wo zahlreiche unterschiedliche Wege verlaufen, sich kreuzen und trennen und dennoch gemeinsam bestimmte Hauptrichtungen verfolgen. Wir, die engagierten Betrachter, haben lange Zeit den Weg der CSUTCB völlig identisch gesetzt mit dem der Kataristenbewegung und mit dem der »politisch erwachenden Aymara« insgesamt. Dabei haben wir auch die Spannungsverhältnisse, die sich aus den unterschiedlichen Wegen und Wegabschnitten ergaben, lange nicht gesehen oder übersehen wollen. Wir blendeten zeitweise mit unserer westlich-emanzipatorischen Revolutionslogik Konstellationen und Wege aus, die nicht in unser Bild paßten. Nicht von ungefähr trugen zwei unabhängig von einander geschriebene Artikel Überschriften, die die Kataristenbewegung als Erwachen eines (!) schlafenden Riesen interpretierten (Ströbele-Gregor 1983; Albó 1986).

Kennzeichnend für jene Betrachtungsweise bis etwa Mitte der 80er Jahre war, daß weder eine kritische Reflexion über die syndikalen Strukturen der CSUTCB erfolgte noch über die Beziehung der CSUTCB zu den existenten traditionsverbundenen politischen Organisationsstrukturen in *comunidades* und *ayllus*. Ebensowenig wurde in der wissenschaftlichen Analyse systematisch nach dem Selbstverständnis der Aymara- und Quechua-Bauernführer gefragt oder nach dem Verständnis von Macht und Autorität, Demokratie und Kontrolle bei den Bauern in den *comunidades* und *ayllus* mit Bezug auf diese moderne gewerkschaftliche Organisation[3].

Symptomatisch für die unzureichende Reflexion über den eigenständigen andinen Umgang mit der Moderne auf der Ebene des Politischen waren dann auch die widersprüchlichen Maßstäbe, mit denen indianische Gewerkschaftsführer beurteilt wurden. Beispielsweise verwies das politisch interessierte kreolische Publikum gerne auf die »Aymara-Mentalität«, wenn CSUTCB-Führer nicht nach Kriterien »moderner Politiker« agierten. Andererseits war beim Fall des Jenaro Flores immer wieder der Kommentar zu hören, der Widerstand gegen ihn habe deshalb heftige Formen angenommen, weil Flores den andinen Brauch der Ämterrotation mißachtet habe. Aber, so ließe sich fragen, warum sollte er? Schließlich war er Generalsekretär eines gewerkschaftlich organisierten Bauernverbandes und nicht der Inhaber eines traditionalen Amtes. Auch er selbst argumentierte konform mit westlichen Normen, wenn er gegenüber der an diesen Normen orientierten politischen Öffentlichkeit den Konflikt einzig mit dem Kampf verschiedener politischer Strömungen im Verband und damit verbundenen Machenschaften erklärte.[4] Daß aber auch er, wie die meisten anderen indianischen Führer des neuen Typus, die andine Handlungslogik sowie die den Bräuchen zugrundeliegenden Werte und Normen nicht vollständig abgelegt hat, ist ebenso selbstverständlich. Das ergibt sich nicht nur aus einer Sozialisation innerhalb der bäuerlichen Lebenswelt der Aymara, sondern auch aus dem Selbstverständnis der Kataristenbewegung.

Wir, die Spurensucher, haben jetzt die Aufgabe, genauer auf die Verschränkungen von modernen und traditionellen Normen und Formen zu blicken. Bei der Verfolgung der Spur von Jenaro Flores geht es deshalb keineswegs darum, alte Helden zu demontieren und neue zu suchen. Vielmehr soll an seinem Werdegang und seinen Brüchen dieser spezifische Umgang mit der Moderne nachgezeichnet werden.

Tradition und Moderne in der CSUTCB

»Tradition« und »Moderne« stehen sich also ganz offensichtlich nicht dichotom gegenüber, sondern sind vielmehr eine enge Verbindung eingegangen. Jedoch verläuft diese Verbindung keineswegs immer harmonisch und konfliktfrei. Einige Aspekte aus der Geschichte der CSUTCB mögen dies verdeutlichen:

Bekanntermaßen entstand die Kataristenbewegung innerhalb der staatlicherseits ins Leben gerufenen »offizialistischen« Bauernorganisationen. Höhepunkt dieser engen Verbindung mit dem Staat war der Militär-Bauernpakt, mit dem Diktator Barrientos 1964 geschickt jegliche Allianz mit der linken revolutionären, gut organisierten Arbeiter- und Bergarbeiterschaft verhindern wollte. Damit wurde eine Beziehung angestrebt, die auch jedwede authentische und autonome Repräsentation auf regionaler, departamentaler oder gar nationaler Ebene verhindern sollte. Der Präsident, der zugleich Armeeoberhaupt war, erklärte sich kraft seines Amtes zum einzigen und nicht hinterfragbaren Führer der Bauernschaft. Laut Cárdenas (1988:523) konnte diese politische Manipulation jedoch nicht die kommunitären Strukturen zerstören. Die staatliche Manipulation und Kontrolle konnte auch nicht verhindern, daß sich oppositionelle Bauern 1967 zu einer eigenen Organisation zusammenschlossen (*Bloque Independiente Campesino*), die sich für unabhängige Gewerkschaften einsetzten. Jedoch nicht aus dieser linken Oppositionsbewegung, sondern aus dem offiziellen Verband heraus entstand die Kataristenbewegung.

Ende der 60er Jahre sammelten sich in der *Federacíon Departamental* von La Paz einige kritische Bauernführer um den gerade erst zum lokalen Vorsitzenden gewählten Aymara Jenaro Flores. Cárdenas, Aymara und Lehrer aus La Paz, ein späterer Parteifreund von Jenaro Flores und ebenfalls Präsidentschaftskandidat der Bauernpartei MRTK, schreibt:

> Obgleich sie innerhalb des offizialistischen Rahmens agierte, leitete diese Gruppe von Gewerkschaftsführern einige kühne Aktionen an, beispielsweise Landbesetzungen ... und die Errichtung des Denkmals des Aymara-Helden Julián Apasa (Tupac Katari) in dessen Geburtsort Ayo Ayo. Etwas später gründete sie zusammen mit anderen Aymara-Führern die Kataristenbewegung mit ihren drei Strömungen. Nach-

einander entstanden so die kulturelle, die gewerkschaftliche und die parteipolitische Strömung (Cárdenas 1988:523; Übersetzung der Verfasserin).

Alle drei Strömungen standen in enger Verbindung sowohl zu Aymara-Intellektuellen und Studenten aus der Stadt La Paz als auch zur Arbeiterbewegung und zur oppositionellen Bauernorganisation. Auf diese Weise flossen sowohl indianistische Ideologien (z.B. Fausto Reinaga!) als auch Denkweisen und Einstellungen aus der politischen Linken in die Kataristenbewegung (Hurtado 1986) und trafen dort mit dem Weltbild und der Lebenswelt der Aymara und Quechuabauern zusammen. Das bedeutet, daß in dieser Bewegung von Anfang an die verschiedenen Ideologien und Organisationsformen existierten; teilweise konkurrierten sie miteinander, teilweise verschmolzen sie in unterschiedlicher Weise. So formten sich eigene Ausdrucksformen der Moderne in den Anden.

Während in der kulturellen Strömung der Kataristenbewegung verschiedene indianistische Vorstellungen maßgeblich waren und in den politischen Parteien sowohl indianistische als auch linke Orientierungen ihren jeweils eigenständigen Ausdruck fanden, verbanden sich in der CSUTCB – zumindest im Selbstverständnis und in den Zielsetzungen – ethnisch-kulturalistische und syndikale Vorstellungen. Daß dies nicht ohne Spannungen verläuft, versteht sich.

Daß diese Spannungen nicht nur zwischen den Strömungen, sondern auch innerhalb der Organisationen selbst und in den einzelnen Personen existieren, zeigt sich an der Geschichte der CSUTCB selbst und am Agieren ihrer Führer, nicht zuletzt an Jenaro Flores. So fühlte er sich als Generalsekretär, also als nationaler Führer der CSUTCB, immer zugleich in besonderem Maße seiner *comunidad* und seiner Region verpflichtet und erfüllte deren spezifische Erwartungen an ihn in personeller und auch in materieller Hinsicht. Personen aus der Region seiner Herkunft bekleideten wichtige Ämter – so beispielsweise die Vorsitzende der Organisation der Bäuerinnen. Und in seiner *comunidad* entstanden Vorzeigeprojekte, finanziert mit auswärtigen Geldern, etwa ein besonderes Krankenhaus und eine weitere Schule. Was ihm bei Außenstehenden den Vorwurf indirekter Korruption eintrug, war im Verständnis andiner Logik nur die Erfüllung seiner Pflicht als *»autoridad«*.

Insofern dachte und handelte Jenaro immer auch verständlicherweise im traditionellen Werte- und Normensystem der Aymara. Die Übernahme des traditionalen Amtes des *jilakata* liegt also im Rahmen dieser Logik – aber nur dann, wenn dieses Amt tatsächlich Gewicht und Autorität beinhaltet. Tut es das? Jenaros Spur führt uns auf grundsätzlichere Fragen.

Wie ist heute die traditionsverbundene politische Struktur organisiert, in der das Ämtersystem eingebettet ist und welchen Stellenwert hat ein Amt in der Aktualität? Das provoziert sofort die Frage: Wie sehr sind diese Strukturen noch verbreitet, so daß sie heute noch in irgendeiner Weise als sozio-politisch relevant angesehen werden können? Und wenn sie verbreitet sind, warum bestehen sie weiter, wo es doch moderne politische Strukturen nach westlichem Vorbild gibt: Gewerkschaften, Parteien? Diese Frage führt uns wieder zur CSUTCB: Welches Verhältnis besteht zwischen den dörflichen traditionsverbundenen Strukturen und der CSUTCB? Erinnert sei an das Selbstverständnis der CSUTCB und ihren Anspruch aus der Gründerzeit, ethnisch-kulturelle mit syndikalen Elementen zu verbinden.

Eigenständige Formen kommunaler Selbstverwaltung

Zwar sind auf dem bolivianischen Hochland einige Strukturelemente traditionsverbundener andiner Organisation noch weit verbreitet, wie neueren Untersuchungen in diversen Regionen zu entnehmen ist, jedoch existieren sie in sehr unterschiedlicher Ausprägung[5].

Entscheidend dafür, wieviel sich bis heute von den frühkolonialen Strukturen – mit allen über die Jahrhunderte entstandenen Modifikationen – erhalten konnten, war der Grad des Vordringens der Hacienda. Da die Agrarreform 1953 auch kommunale Landtitel vorsah und die in Privatbesitz übereigneten Parzellen als nicht veräußerbar erklärte (Klein 1984:286), darüberhinaus auch in den vorrevolutionären *comunidades originarias* die Praxis einer kommunalen Entscheidungsbefugnis bei Landverkauf weitgehend erhalten blieb (Carter und Albó 1988:464f.), war auch nach der Revolution von 1952 die wirtschaftliche Grundlage für eine Aufrechterhaltung kommunaler

Strukturen gegeben. Damit war auch eine wesentliche Voraussetzung für das Weiterführen jener »traditionellen« Organisationsstrukturen gegeben, die sich bisher durch alle Transformationen hindurch bewährt hatten. Selbst in vielen *comunidades*, die erst 1953 mit der Agrarreform entstanden, sind Reste solcher Strukturen zu verzeichnen. Auch wenn hier mit den Gründung von Bauerngewerkschaft und Kooperativen »moderne« soziale Organisationsmodelle eingeführt wurden, übernahmen diese doch in der Praxis viele »traditionelle« Elemente (Albó 1981; Harris 1978). Eine Ursache dafür war, daß diese *comunidades* auf dem Altiplano zu erheblichen Teilen keine grundsätzlichen Neugründungen waren, sondern sich auf ehemalige Strukturen eines *ayllu menor* oder *ayllu mínimo* beziehen konnten. Das Haciendasystem hatte sich die alten *ayllus* einverleibt und traditionelle Strukturen nicht vollständig zerschlagen, sondern unter Profitgesichtspunkten umfunktioniert (Rojas 1978; Pearse 1975).

Die Region Aroma im Departement La Paz, aus der Jenaro Flores stammt, gehört zu dem großen Gebiet nördlich des Rio Desaguadero, in dem die Hacienda insbesondere um die Jahrhundertwende vordrang. Es ist ein Gebiet, in dem jedoch auch weiterhin reduzierte Teile eines *ayllus* (also *ayllu menor* oder *ayllu mínimo*) als *comunidades originarias* überlebten. Es ist, wie Antezana sie nennt, eine wirtschaftlich und sozial gescheckte Landschaft.

Darüber hinaus ist Aroma – daran sei erinnert – die Heimat Tupac Kataris, dessen revolutionäres Andenken die Aymara dieser Region immer besonders gepflegt haben. Hier lebt eine Bevölkerung mit stark ausgeprägter ethnischer Identität. In dieser verkehrsmäßig schon früh relativ gut erschlossenen Region unweit von La Paz, die insbesondere seit der Wollexportwirtschaft und dem Bergbauboom der Jahrhundertwende stark in den nationalen Markt integriert war, setzte die postrevolutionäre ländliche »Modernisierung« ziemlich früh ein. Diese Entwicklung bedeutete jedoch keineswegs, daß »traditionelle« Strukturen in ihrer Gesamtheit aufgegeben wurden. Dazu sind sie zum einen zu funktional, zum anderen zu sehr Bestandteil des Denksystems, das heißt, des Weltbildes der Aymara.

Mit den Voraussetzungen, die die Agrarreform schuf und unter den Bedingungen einer Lebenswelt, die geformt ist vom Denksystem der Aymara, wurden Rahmenbedingungen geschaffen, in denen die individuelle Parzellenwirtschaft eingebunden bleiben konnte in eine sehr weitgehende kommunale Selbstverwaltung. Einerseits wurde mit dem privaten Landtitel die Grundlage für eine individuelle Minifundienwirtschaft festgeschrieben, andererseits existieren auch weiterhin noch kommunale Landrechte und eine kommunale Organisationsstuktur, basierend auf der Rationalität andiner Produktionsweise (Golte 1980), so daß eine gewisse Kontinuität traditioneller, besser: traditionsverbundener Formen weiterbestehen kann.

Trotz der Vielzahl an Variationen, die sich hier entwickeln konnten, läßt sich so – sehr vereinfachend – ein gemeinsames Grundmuster ausmachen, wie Entscheidungsprozesse, Verwaltung und Repräsentation nach innen von der *comunidad* konzipiert und organisiert werden. Die zwei Säulen, die diese sozio-politische Organisation der Selbstverwaltung tragen, sind die *asamblea* und das Ämtersystem der traditionalen Autoritäten.

In der wissenschaftlichen wie in der politischen Diskussion wurde diese kommunale Selbstverwaltung nicht selten als ein Modell der »Basisdemokratie« beschrieben. Gerade in jüngster Zeit, nach der Wiederherstellung der formalen Demokratie in Bolivien, zog es daher wieder verstärkt die Aufmerksamkeit auf sich. Rivera (1990) sieht in der »*democracia del ayllu*« eine alternative Form zur praktizierten Demokratie in Bolivien. Carter und Albó nennen dieses Modell »*organización democrácia rotativa*« (1988:477ff.). In der Tat werden in der kommunalen Selbstverwaltung bestimmte Prinzipien verwirklicht, die sich in unseren westlichen Begriffen mit der Idee von direkter Demokratie verbinden: die *asamblea* (Versammlung) als höchstes Entscheidungsgremium, Partizipation der Mitglieder der *comunidad* bei der Entscheidungsfindung, Kontrolle der Funktionsträger, klare Beschränkung von Amtszeiten und Rotation der Ämter. Dennoch scheint es mir dem Selbstverständnis der *comunidad* oder des *ayllu* nicht gerecht zu werden, diese mit den aus okzidentalen Organisationsmodellen entlehnten Begriffen zu benennen, denn die kommunale politische Organisation ist eingebettet in ein religiöses Weltbild, in die andine Kosmologie. Am klarsten kommt dies in den Funktionen der Amtsträger und in der Festkultur sowie in der *asamblea* zum Ausdruck.

Die *asamblea*

In dieser Institution drückt sich das Konzept der Familie als Grundeinheit der *comunidad* aus. Auch wenn die mindestens einmal im Monat tagende höchste Entscheidungsinstanz der *comunidad* öffentlich ist, ist sie keine Vollversammlung gleichberechtigter Individuen, sondern die Versammlung der Familienvorstände. Erst mit dem Status des verheirateten Mannes erwirbt das männliche Individuum volle kommunitäre Rechte und gilt als *jaki*, als vollgültiges Mitglied der *comunidad*.

Frauen können in der Regel die Position des Familienvorstandes nur in Abwesenheit ihres Ehemannes einnehmen. Sie sind bis auf Ausnahmen von der Wahrnehmung traditionaler Ämter ausgeschlossen. Daß diese politische Ungleichheit nur zum Teil auf dem andinen Konzept der asymmetrischen Dualität von Mann und Frau basiert, zeigt die Untersuchung von Silverblatt (1987). Gestärkt wird ihr Argument durch den Umstand, daß auch heute noch in der traditionellsten Region von Bolivien, im Norte de Potosí, Frauen mitunter traditionale Ämter übernehmen, sowie durch die verbreitete Auffassung, ein traditionales Amt werde von einem Ehepaar gemeinsam übernommen (Carter und Mamani 1982:262ff.).

Ein weiteres Merkmal der *asamblea* ist das Konsensprinzip. Da die Entscheidungen in der *asamblea* im Konsens erfolgen (sollen), damit alle Mitglieder der *comunidad* diese Entscheidungen mittragen, kommt den informellen Gesprächen und Konsultationen in der Familie, mit Nachbarn und Verwandten wesentliche Bedeutung zu. Ebenso wie die kooperativen Arbeitsformen und die Festkultur, zwingt die *asamblea* immer wieder aufs neue, Fraktionierungen zu überwinden und eine gewisse Solidarität und Kohäsion herzustellen. Den Amtsträgern fällt dabei eine wichtige Rolle zu.

Rotative Ämter

Anders als in Demokratiemodellen westlicher Prägung, in denen sich immer nur Wenige aktiv an der Politik beteiligen und eine Professionalisierung in der Repräsentativen Demokratie stattfindet, sieht die kommunale Selbstverwaltung von *comunidad* oder *ayllu* vor, daß jeder Familienvorstand im Laufe seines Lebens am Ämtersystem teilnimmt, im Idealfall die gesamte Skala der Ämterhierarchie durchläuft. Da die religiös-zeremoniellen Funktionen insbesondere bei den Festen große materielle Aufwendungen seitens des als *preste* fungierenden Amtsträgers erfordern, ist die Übernahme eines Amtes nicht nur eine Ehre, sondern vor allem auch eine Last. Dennoch werden auch heute noch – wenngleich mancherorts in reduzierter Weise – diese religiös-zeremoniellen Verpflichtungen des Amtes wahrgenommen. Dabei spielt zum einen eine Rolle, daß durch die Erfüllung aller Verpflichtungen, die sich aus der Teilnahme am Ämtersystem ergeben, Prestige und Ansehen erworben werden und außerdem der allgemeine soziale Druck und das Normensystem es fast unmöglich machen, sich dieser Verpflichtung zu entziehen. Zum zweiten herrscht neben diesen eher »weltlichen« Motivationen auch eine weniger profane Überzeugung. Aufgrund der aus der andinen Kosmologie resultierenden Vorstellungen einer Reziprozitätsbeziehung zwischen Menschen und verstorbenen Ahnen sowie den übernatürlichen Wesen wird angenommen, daß mit der Erfüllung aller Verpflichtungen gegenüber diesen und der *comunidad* sich die übernatürlichen Kräfte gütig stimmen lassen und sich ihrerseits der Familie gegenüber großzügig und hilfreich zeigen.

Über das sogenannte »traditionelle Ämtersystem« und dessen Einbindung in die Kosmologie sowie die damit verbundenen sozialen und ökonomischen Funktionen ist viel geschrieben worden, so daß ich mich hier darauf beschränken kann, stichwortartig die für unsere Fragestellung wesentlichen Aspekte zu nennen. Alle Untersuchungen zeigen, daß die politischen Ämter eng mit der Festkultur verbunden sind und diese wiederum auch in der Gegenwart sowohl für die soziale Organisation der Arbeit als auch für die Konstituierung und Stabilisierung der kulturellen und sozialen Identität von besonderem Gewicht ist.[7]

In der kommunalen Selbstverwaltung beinhalten diese Ämter exekutive und religiös-zeremonielle Funktionen. Das Amt des *jilakata*[8], das höchste Amt in der *comunidad* bzw. dem *ayllu mínimo* umfaßt darüber hinaus auch die juridische und – in gewissem Sinne – auch legislative Funktionen.

Das Amt des *jilakata*

Der *jilakata* ist die höchst Autorität in der *comunidad*. Er wird in der *asamblea* für ein Jahr gewählt. Wie für einige andere Ämter gilt auch für ihn das Prinzip der Rotation.

Wie schon angedeutet, umfaßt dieses Amt sehr vielfältige Funktionen und ist mit erheblicher Macht ausgestattet. Macht sei hier nicht im Weberschen Sinne als Ausdruck von Herrschaft verstanden, sondern als Ausdruck von erhöhtem Einfluß innerhalb der Gemeinschaft.

Seine exekutiven Funktionen erstrecken sich auf verschiedene Ebenen[9]. Er ernennt und kontrolliert wichtige Funktionsträger in verschiedenen Bereichen[10], er organisiert kommunale Arbeiten. Sodann ist er Vermittler nach außen, das bedeutet, sowohl zum Staat als auch zu den traditionalen Autoritäten anderer *comunidades*. Da er verantwortlich ist für die Abgabe der jährlichen Steuern und er derjenige ist, der die Anweisungen der Provinzverwaltung entgegennimmt, fällt ihm die Rolle des Vermittlers zwischen Staat und Gemeinde zu. Bei Streitigkeiten zwischen *comunidades* oder auch bei gemeinsamen Projekten ist er das offizielle Bindeglied zu anderen *comunidades*. Zwar existieren regionale, d. h. lokal übergreifende traditionsverbundene Verwaltungsstrukturen nur noch in Norte de Potosí, doch gibt es auch in anderen Teilen des Altiplano Beispiele für überlokale gewachsene Strukturen in bezug auf projektorientierte Zusammenarbeit. So verwundert es nicht, wenn Jenaro Flores gemeinsam mit ca. 40 *jilakata* seiner Region 1991 das Projekt einer Aymara-Universität auf dem Lande aus der Taufe gehoben hat (Interview mit J. Flores 1991).

Der andere Schwerpunkt der Funktionen liegt auf der juridischen Ebene. In die Kompetenz des *jilakata* gehört die Schlichtung von Streitigkeiten innerhalb von Familien bis hin zur Lösung von Landkonflikten zwischen Familienvorständen innerhalb der Zone. Er entscheidet über die Modalitäten bei Ehetrennungen und urteilt über alle kleineren Gesetzesverletzungen, etwa Überfälle oder Diebstähle (Carter und Mamani 1982:165).

Bei dieser Rechtspflege, die offiziell nicht anerkannt ist, findet das traditionelle Recht *(ley propia, ley consuetudinaria)* Anwendung. Da es sich hierbei um nicht schriftlich kodifizierte Normen handelt, existiert ein Raum zur Interpretation, zur Redefinition und zum Wandel. Auch wenn es der leitende Gedanke des traditionellen Rechtes ist, die überlieferten Bräuche, Werte und Normen aufrechtzuerhalten, so ist es doch zugleich flexibel und wandelbarer als das verschriftete Recht. Insofern der *jilakata* als »Richter« tätig wird, hat er also nicht nur juridische, sondern auch – bis zu einem gewissen Grade – legislative Funktionen. Damit hat er einen erheblichen Einfluß darauf, wie sich gesellschaftliche Normen und Werte der *comunidad* entwickeln, welche Tendenzen sich den Weg bahnen im Widerstreit zwischen Bewahren und Anpassung an städtische Normen.

Zweifelsohne kann der *jilakata* auf dem Wege der Interpretation und Redefinition überlieferter Werte in direkter und indirekter Weise Einfluß nehmen und so diesen Entwicklungsprozeß entscheidend mitsteuern. Durch die Begrenzung seiner Amtszeit auf ein Jahr ist zwar die direkte Einflußnahme via Rechtsprechung sehr eingeschränkt, denn Verhaltensnormen wandeln sich bekanntlich nur langsam. Dennoch läßt sich an der These der Einflußnahme festhalten, wie auch Rasnake (1989) an der Bedeutung der *kuraqkuna*, der ethnischen Anführer der Yura, zeigt. Der *jilakata* als Vermittler zwischen herrschender Gesellschaft und *ayllu* liefert beispielhaft Interpretationsmuster für den Umgang mit dem fremden System und fremden Lebensformen. Denn es steht außer Frage, daß fremde Lebensformen Einfluß auf noch so entlegene Weiler haben. Durch Migration und Saisonarbeit haben zunehmend mehr Mitglieder der *comunidad* selbst bereits entsprechende Erfahrungen mit fremden Lebensformen und haben z. T. selbst begonnen, sich Normen anzueignen, die als fortschrittlich gelten. In seiner Position bringt der *jilakata* bestimmte Tendenzen, die innerhalb der *comunidad* oder des *ayllu* vorhanden sind, zum Ausdruck und verstärkt sie dadurch.

Das Amt des *jilakata* – wie viele andere Ämter – hat vor allem auch religiös-zeremonielle Funktion. Er muß »Vermittler zwischen *ayllu* und den göttlichen Wesen sein«, heißt es in einer Beschreibung der Aufgaben des *jilakata* (INDICEP 1973:44). Welches Gewicht die religiös symbolische Bedeutung der Aufgaben der traditionalen Autoritäten für die soziale Kohäsion der *comunidad* hat, läßt sich an Rasnakes Interpretation des *kinsa rey,* dem »Herrschaftsstab« der *kuraqkuna*[11] der Yura, verdeutlichen:

Die symbolische Komplexität, die diesem Objekt innewohnt, verbindet den kuraqa mit übernatürlichen und kosmischen Kräften. Dies geschieht dadurch, daß sowohl eine Identifizierung zwischen der Person, die die Rolle der Autorität ausübt und dem *kinsa rey* wirksam wird, als auch einer Identifikation dieser beiden mit Pacha Mama und den herrschenden Kräften der Berggipfel, den *jach' arana* (1989:237).

Und noch genauer:

> Die unterschiedlichen Situationen, in denen *kinsa rey* benutzt wird, enthüllen ihn als symbolischen Vermittler zwischen den *ayllus*, den *kuraquna*, der natürlichen Welt und den höchsten Wesen der Felder und Berggipfel. Nach Auffassung der Yura sind es letztere, die das Schicksal des Menschen leiten und kontrollieren (1989:154).

An anderer Stelle kennzeichnet der Autor die Bedeutung des Herrschaftsstabes noch genauer, wenn er schreibt:

> Er wird begriffen als machtvoller Ort, in dem diejenigen höchsten Wesen präsent sind, die Macht ausüben über die Gesundheit und die Tiere (1989:200; Übertragung der Verfasserin).

Das bedeutet also, daß ihm Macht über grundlegende Bereiche der bäuerlichen Lebenswelt zugeschrieben wird. In den Händen des *kuraqa* bindet der *kinsa rey* den *kuraqa* in diese Macht ein, ohne sie auf ihn zu übertragen, denn der *kinsa* rey erfordert seinerseits von seinem Träger die Erfüllung der Verpflichtungen, auf die er Anspruch erhebt, d. h. die peinlich genaue Durchführung bestimmter Riten. In seiner Besorgnis um das Wohlergehens seiner Familie und seiner *comunidad* ist der *kuraqa* also gehalten, diese religiös-rituellen Pflichten zu erfüllen.

Auch in anderen andinen Regionen wurde die Symbolik des Herrschaftsstabes und die damit einhergehenden Funktionen des *kuraqa* beschrieben, so z. B. bei Gow (1976) oder Monast (1972), so daß dieser Komplex als Teil andiner Kosmologie verstanden werden muß. Zwar sind die Ämter von *kuraqa* und *jilakata* nicht gleichgestellt, nicht ohne weiteres kann in der Analyse die Funktion des einen auf das andere Amt übertragen werden (in der traditionsverbundenen Organisationsstruktur ist der *jilakata* nur Repräsentant eines *ayllu menor* oder *ayllu mínimo*). Da jedoch in der Region nördlich des Rio Desaguadero die umfassende traditionsverbundene Organisationsstruktur aufgelöst ist (siehe weiter oben), wurden manche der symbolischen Funktionen und manche Aufgaben (z. B. Steuern einsammeln) auf die Ebene des *jilakata* verlegt. Mittlerweile ist dieser vielerorts der Träger des Herrschaftsstabes, dabei haben sich die Vorstellungen, daß diesem Stab übernatürliche Kräfte innewohnen, erhalten.

Da Religiosität und Alltag im Verständnis der andinen Bevölkerung nicht getrennt sind, kann auch eine Säkularisierung des Politischen in der *comunidad* oder in dem *ayllu* bisher nicht stattfinden. Das gilt auch da, wo traditionsverbundene politische Organisationsstrukturen von syndikalen Strukturen überdeckt sind, so daß, oberflächlich betrachtet, ein anderer Eindruck entstehen mag. Diese Einheit von Religiosität und Alltag schafft eine gewisse Distanz zwischen Landbevölkerung und Arbeiterbewegung, die sich selbst oft als aufgeklärt begreift und den »Aberglauben« der Bauern bisweilen als hinterwäldlerisch abtut[12]. Carter und Albó, die diese Einheit in der Lebenswelt der Aymara anschaulich kennzeichnen, seien deshalb hier ausführlicher zitiert, weil es mir wichtig erscheint, sich eine Sozialisation in dieser Lebenswelt vor Augen zu führen, um politisches Agieren eines Führers wie Jenaro Flores besser zu verstehen. So heißt es bei Carter und Albó (1988):

> In der comunidad der Aymara wird nicht zwischen Alltagsleben und Feierlichkeiten getrennt. Verallgemeinernd ließe sich sagen, in der comunidad der Aymara ist Feiern ein zentrales Element. Feste und Riten markieren alle wichtigen Momente und Aspekte sowohl des Familienlebens als auch des kommunitären Lebens. Sie sind die herausragenden Momente, um das Identitätsgefühl der Mitglieder der sozialen Gruppe auszudrücken. Bis heute sind religiöse Feierlichkeiten kommunale Aktivitäten, zu denen im Verlauf des Jahres die meisten Personen ins Dorf kommen, um sich am längsten dort aufzuhalten (1988:487; Übertragung der Verfasserin).
>
> In Wirklichkeit ist jede kommunale Aktivität im Kern eine Feier der comunidad und der Zusammengehörigkeit... In ihrer Gesamtheit sind die kommunitären Feste aufs engste mit dem Agrarzyklus verbunden. Insgesamt drücken sie die großen Ängste und Freuden aus, die Teil des Lebens der Gemeinde sind (1988:488; Übertragung der Verfasserin).

Innerhalb dieser Festkultur fallen den traditionalen Autoritäten, vor allem aber den *kuraqkuna* oder den *jilakata*, besondere Rollen zu. Rasnake nennt die *kuraqkuna* »symbolische Vermittler« (1989:16), denn da sie reale und symbolische Vermittlungsfunktionen übernehmen, wird ihre Rolle selbst zum Symbol. Diese Kennzeichnung läßt sich auch auf die *jilakata* übertragen. Ebenso läßt Rasnakes Interpretation ihrer Funktion bei den kommunalen Ritualen und insbesondere bei den Festen einen Vergleich mit den Beschreibungen zu, die uns Carter und Mamani (1982) von Irpa Chico geben. Rasnake ist der Auffassung, daß die *kuruqkuna* bei den Festen

> szenische Modelle der sozialen Organisation der Yura darstellen, um diese dadurch in Verbindung zu setzen mit einer geheiligten Vision der Welt. Die Riten beschreiben die innere Organisation der sozialen Gruppe. Darüber hinaus stellen sie aber diese Struktur in einen weiteren Zusammenhang. Sie stellen die Beziehung zu anderen sozialen Gruppen und zum bolivianischen Staat dar (Rasnake 1989:16).

Eine Vielzahl anderer ethnographischer Daten zeigen ebenso, wie in der Festkultur die Gemeinschaft und die Idee von Gemeinschaft zelebriert und immer wieder neu konstituiert werden. Dabei geht es sowohl um die Bekräftigung von Gruppenkohäsion als auch um die Festigung der Bande zu den übernatürlichen Kräften. Diese Inszenierung des Modells der sozialen Organisation und Bestätigung der Einbindung dieser Organisation in das religiöse Weltbild findet während des Agrarzyklus immer wieder von neuem statt.

Außerdem können Fest und Riten auch Ausgangspunkt für soziale Veränderungen sein. Dies geschieht, indem neue Elemente, die durch Außenbeziehungen erworben wurden, in das Normensystem aufgenommen werden. So funktionieren gerade die Feste als ein Mechanismus, der eine Reformierung überlieferter Konzepte und Normen ermöglicht. Es ist ein Prozeß, der dem Wandel der Normen durch die Anwendung des überlieferten Rechtes in gewisser Weise vergleichbar ist. Auch hier vollzieht sich ein spezifischer Umgang mit der Moderne. Wie wir sehen konnten, üben die *jilakata* in beiden Bereichen – dem rechtlichen und dem religiösen – zentralen Einfluß aus.

Andine Formen der Moderne

Ein Blick in die Forschungsergebnisse zur Geschichte der Aymara (z.B. Platt, Harris, Rasnake) unter dem Gesichtspunkt der aufgezwungenen Anpassung zeigt, daß *ayllus* und *comunidades* sich beständig verändert haben. Dieser Prozeß permanenter Reformulierung von Werten und Umformung von Wirtschaftsweisen folgte jedoch einer Dynamik, die von jener eigenen Logik bestimmt war, welche auf dem eigenständigen Weltbild und bewährten Formen der Reproduktion basierte.

Wie sind derartige Prozesse des Umganges mit der Moderne zu begreifen? Gewiß nicht mit dem Beschwören ungebrochener Kontinuität einer indianischen Kosmologie, die 500 Jahre ununterbrochenen Widerstandes ermöglichte, wie es Indianisten zumeist interpretieren. Allerdings resultiert die indianistische Betrachtungsweise auch nicht aus dem Versuch, komplizierte Entwicklungsprozesse zu identifizieren, sondern aus dem – berechtigten – Willen, die eigenständige Identität zu wahren und damit ein soziokulturelles Selbstbewußtsein zu stabilisieren. Dies wiederum soll die Grundlage abgeben, um politische Ansprüche zu formulieren. Es geht also letztlich um die Legitimierung eines politischen Programmes. Herausragende Vertreter dieser Perspektive sind Ramiro Reinaga, der weit über die Grenzen Boliviens hinaus berühmt gewordene Ideologe der *indianidad*, oder Constantino Lima, Vorsitzender der indianischen Partei MITKA *(Movimiento Indio Tupac Katari)*.

Jenseits dieser Betrachtungsweise befaßte sich die andine Forschung in Bolivien insbesondere seit Mitte der 70er Jahre verstärkt mit dem Verhältnis Tradition – Moderne. Jedoch ist bisher daraus keine Theoriedebatte entstanden und hier ist nicht der Ort, diese Ansätze kritisch zu untersuchen. Auf einen Ansatz, der sich explizit mit der Analyse von politischem Bewußtsein und politischen Strukturen der Hochlandbauern befaßt, soll jedoch näher eingegangen werden. Es handelt sich um Silvia Riveras Rückgriff auf Ernst Bloch. Da sich die kenntnisreiche Autorin, ausgehend von dessen Konzeption des Ungleichzeitigen, differenziert mit der Beziehung der traditionellen *ayllus* des Norte de Potosí zur CSUTCB beschäftigt (Rivera 1990), scheint es mir geboten, die Brauchbarkeit der Blochschen Konzeption zu hinterfragen.

Ernst Bloch entwickelte 1932 sein Konzept der Ungleichzeitigkeit im Rahmen einer materialistischen Geschichtstheorie (Bloch 1959-IV). Er befaßt sich mit der Koexistenz verschiedener Produktionsweisen und entsprechender Bewußtseinsformen, insbesondere in der deutschen Arbeiterschaft. Dabei ist für ihn von besonderer Bedeutung, was er als das Nicht-Übereinstimmen von ökonomischer Basis und kulturellem Überbau kennzeichnet. Damit ist gemeint, daß trotz veränderter Gesellschaftsverhältnisse und ökonomischer Basis, Denkarten, Vostellungen und Visionen, die aus früheren Epochen stammen, weiter existieren und auf bewußte oder unbewußte Art einflußreich werden können (Bloch 1959-VII:398f., 146). Damit nimmt Bloch Anregungen aus der Psychoanalyse auf, um sich damit Prozessen der Bewußtseinsbildung und des politischen Handelns besser annähern zu können. Ungleichzeitigkeiten erkennt Bloch ebenfalls in den räumlich-geschichtlich unterschiedlichen Verläufen von regional differenzierten Entwicklungen sowie in der Gleichzeitigkeit unterschiedlicher Produktionsformen. Bei aller Differenziertheit, zu der Blochs Konzept anregt, darf jedoch nicht übersehen werden, daß Bloch in einem geschichtstheoretischen Verständnis verbleibt, das letztlich voraussetzt, es gäbe etwas wie eine geschichtliche Norm der Gleichzeitigkeit, d. h. Normen der Abfolge der Geschichte. In seinem Konzept drückt sich die Auffassung einer Gerichtetheit von Geschichte und ein Fortschrittsdenken aus, das dem marxistisch determinierten Weltbild entspringt. Bereits Benjamin weist in kritischen Anmerkungen eben darauf hin (Benjamin 1966:648)[13].

Zwar ist es das unbestreitbare Verdienst Blochs, der simplifizierenden unilinearen Auffassung von Geschichtsprozessen, wie sie insbesondere vom Vulgärmarxismus verbreitet wurde, eine Sichtweise entgegenzusetzen, die von einer polyrhythmischen Dynamik in der Geschichte ausgeht, die die Differenzierung verschiedener »Sphären« des Gesellschaftlichen verlangt und die sich um das Erkennen der komplizierten Dialektik von gesellschaftlicher Basis und Ideologie bemüht. Auf den ersten Blick ist das Konzept besonders verführerisch, denn es scheint einen Ansatz anzubieten, mit dem die scheinbar ungleichzeitigen Entwicklungen gerade in ehemals kolonialisierten Ländern besser verständlich werden.

Aber, so stellt sich sofort die Frage, wie ist zu beurteilen, was Gleichzeitigkeit, was Ungleichzeitigkeit ist, wenn nicht ein universalistisches Verständnis von Zeit, Geschichte und Entwicklung zugrunde gelegt wird[13]? Gerade aber dieses universalistische Geschichtsverständnis und damit verbundene Totalitäts- und Wahrheitsansprüche sind nicht geeignet, reale gesellschaftliche Prozesse zu begreifen. Spätestens seit der politischen Entwicklung Ende der 80er Jahre wurde dies ganz offensichtlich. Auch die nicht zu leugnende zunehmende Vereinheitlichung von Ökonomien und Kulturen unter dem Primat eines Weltwirtschaftssystems und der weltweiten Vernetzung von Kommunikationssystemen kann nicht verstanden werden als ein Ausdruck universalistischer Gerichtetheit gesellschaftlicher Entwicklungen. Weniger noch lassen sich regional unterschiedliche Wirtschaftsweisen oder Bewußtseinsformen in den Kategorien Gleichzeitigkeit und Ungleichzeitigkeit fassen. Die sogenannten »traditionell« erscheinenden Wirtschaften, die ja direkt oder indirekt in den Markt eingebunden sind, müssen als ein Teil des modernen Weltwirtschaftsystems und damit selbst als Resultat einer Modernisierung angesehen werden. Und ebenso lassen sich »traditionell« erscheinende Denk- und Organisationsformen ihrerseits als Formen einer spezifischen Modernität betrachten, als Ausdruck lokaler Entwicklungen.

Eine Analyse der Geschichte und Gegenwart in den Anden auf der Grundlage der Blochschen Überlegungen würde aber weiterhin einer Fortschrittstheorie folgen, in der »Tradition« verstanden würde als das Ungleichzeitige in einem globalen Prozeß der Entwicklung. Sie würde dann letzendlich interpretiert als Relikt oder hemmendes Element in der gesellschaftlichen Entwicklung, welches entweder bewußt konserviert oder mitgeschleppt oder isoliert oder verdrängt wird. Dem so konstatierten Ungleichzeitigen läßt sich dann u. a. ein Einfluß auf Bewußtseinsprozesse zuschreiben, die sich aufgrund ökonomischer und sozialer Gegensätze innerhalb der Gesellschaft und daraus folgenden Klassenauseinandersetzungen entwickeln.

Der Weg zum Verständnis von *ayllu, comunidad* und der Funktion traditionaler Autoritäten führt nicht darüber, die Funktionalität »traditioneller Strukturen« in der Gegenwart nachweisen zu wollen. Meiner Auffassung nach müssen diese als »traditionell« bezeichneten Strukturen als Ausdruck einer spezifischen Modernität verstanden werden. Es handelt sich um Strukturen, die aus kulturellen Traditionen gewachsen sind, deren Wurzeln in der vorkolonialen Zeit liegen.

Im Verlauf der kolonialen und postkolonialen Geschichte haben sich diese Traditionen vielfach gewandelt, verursacht sowohl durch die Implantation europäischer Strukturen als auch durch Konfrontation, Widerstand und Anpassung der *ayllus* an die dominante Gesellschaft. Diese Wandlung erfolgte jedoch stets auf der Grundlage einer Logik, die ihren Ausgangspunkt in einem kulturell eigenständigen Denk- und Wertesystems hatte.

Es muß also darauf ankommen, die »*long durée*« von Strukturen nicht als statisches oder gar hemmendes Element zu verstehen, sondern die dialektisch verlaufenden Veränderungsprozesse zu erkennen und sie zu verbinden mit der Entwicklung des zugrundeliegenden Denksystems und Weltbildes; hierbei ist zu bedenken, daß diese Entwicklung wiederum auf der Grundlage eines anderen, eines nicht-okzidentalen Denkansatzes mit einer eigenen Rationalität verläuft. Auf dieser Grundlage des eigenen Lebensbildes geschieht auch der Umgang mit fremden Elementen, mit dem europäischen Denksystem und mit europäischen Lebensformen.

Das gilt auch für das Verständnis der aktuellen politischen Verhaltensweisen von andiner Bevölkerung und der Lebendigkeit traditionsverbundener politischer Organisationsstrukturen. Die Erfahrungen der Gegenwart werden ebenfalls auf der Grundlage dieser eigenständigen Logik verarbeitet. Es läßt sich aufzeigen, wie bestimmte Erfahrungen, die die aymara- und quechuasprachige Bevölkerung mit der nationalen Gesellschaft gemacht haben, in ihren Augen dazu beitrugen, die Sinnhaftigkeit und Funktionalität der eigenständigen Organisationsstukturen zu bestätigen.

Dazu gehört die Erfahrung Jahrhunderte währender Auseinandersetzung mit der dominanten Gesellschaft. Dabei zeigte sich der ambivalente Charakter andiner sozialer Organisationsprinzipien. Zum einen ließen sich die andinen Strukturen zum Zwecke kolonialer und postkolonialer Ausbeutung und Unterdrückung transformieren und sogar zur Bereicherung von Kaziken nutzbar machen. Zum anderen dienten sie aber auch für das Gegenteil: zur Verteidigung von Land, zur Sicherung des ökonomischen Überlebens und zur Bewahrung ethnisch-kultureller Identität.

In der Gegenwart werden gleichfalls widersprüchliche Erfahrungen gemacht. Die Prinzipien, die den traditionsverbundenen politischen Organisationsstrukturen zugrunde liegen, eröffnen nicht nur

Möglichkeiten für politischen Klientelismus und Manipulation, sondern sie bieten zugleich die Grundlage für kommunitäre politische Kontrolle von Amtsinhabern und für eine ausgeprägte Partizipation der *comunidad* bei der kommunitären Selbstverwaltung. Dabei hat, trotz veränderter Bedingungen, das Konsensprinzip weiterhin die wichtige Funktion, Tendenzen zur Fraktionierung bei den Aymara (Albó 1975) entgegenzuwirken und damit zum sozialen Frieden und zur internen Kohäsion beizutragen. Eine weitere Erfahrung ist, daß sich die andine Rationalität der sozialen Organisation der Reproduktion (Golte 1980) auch heute vorteilhaft für die sozio-ökonomischen Strategien auswirkt. Verallgemeinernd läßt sich also feststellen, daß es den Menschen bei der – erzwungenen – Reformulierung von Normen und dem Umbau von Strukturen gelang, zweckmäßige Strategien zu entwickeln, um mit den Anforderungen der Moderne umzugehen.

Die Art und Weise, wie flexibel die andine Bevölkerung im Umgang mit fremden Ideen und Handlungsstrukturen ist, beweist sich bei städtischen Migranten[14]. Auf den Grundlagen ihrer spezifischen Denkprinzipien redefinieren und erweitern sie ihr Weltbild und passen ihre Handlungsmuster den wirtschaftlichen und sozialen Umständen an, ohne ihre eigenständigen Denkstrukturen aufzugeben.

Ein besonders hervorragendes Beispiel für diese Fähigkeit zur »gewandelten« dynamischen Kontinuität ist auch die Tatsache, daß unter den Frauen und Männern der Führungselite der Kataristenbewegung, die aus den Provinzen westlich und südwestlich von La Paz stammen, auffallend viele protestantische Fundamentalisten sind. Es handelt sich insbesondere um Adventisten, was vor allem auf deren Bildungsangebot auf dem Lande bereits in der ersten Hälfte dieses Jahrhunderts zurückgeht. Diese indianischen Führungspersönlichkeiten verbinden in sich ethnische Identität und historisches Bewußtsein, extern induzierte Glaubensvorstellungen und Lebensnormen sowie Klassenbewußtsein und linke politische Vorstellungen. Dies alles steht nicht unverbunden nebeneinander, sondern ist auf oft ambivalente Weise auf der Grundlage der im Sozialisationsprozeß erworbenen Strukturen des Denkens, Handelns und der Emotionen miteinander verbunden. In ihren Organisationsauffassungen und der entsprechenden Praxis schlägt sich das nieder.

Gewiß zeichnet diese besonders widersprüchlich erscheinende ideologische Kombination mit dem protestantischen Fundamentalismus nur eine Minderheit von Kataristen aus. Jenaro Flores gehört nicht dazu. Jedoch läßt sich an diesem Beispiel besonders gut verdeutlichen, was unter Herausbildung einer »eigenständigen Moderne« bzw. eigener Umgangsformen mit der Moderne zu verstehen ist.

Zum Verhältnis zwischen *ayllu* und Gewerkschaft

Bei unserer Spurensuche stellt sich die Frage nach der Entwicklung des Selbstverständnisses und der politischen Praxis der CSUTCB, d. h. nach der Beziehung zwischen Gewerkschaft und traditionsverbundenen Organisationsformen in *ayllu* bzw. *comunidad*.

Aufgrund des hohen Organisierungsgrades, des großen politischen Einflusses der CSUTCB insbesondere auf die Bevölkerung des Altiplano und der massenhaft getragenen Aktionen, bestand bei vielen jahrelang der Eindruck, die CSUTCB sei als »genuiner« Ausdruck der Bauernschaft unumstritten. Dabei wurde über Probleme hinweggesehen, die seit Gründung der Gewerkschaft virulent gewesen waren. Die Probleme basierten darauf, daß sich keineswegs überall die Beziehung zwischen Gewerkschaftsorganisation und traditionsverbundener Organisation konfliktlos gestaltete und nach der Maßgabe des Selbstverständnisses der Kataristen innerhalb der CSUTCB funktionierte.

Diese Einäugigkeit erklärt sich aus der allgemeinen politischen Situation, in der sich Bolivien befand. Während der Diktatur lag die Bedeutung der CSUTCB insbesondere darin, die Interessen und Forderungen der ländlichen Bevölkerung gegenüber dem Staat zu bündeln und politisch zum Ausdruck zu bringen. Interne Konflikte oder Spannungen wurden verständlicherweise hintan gestellt. Mit Wiederherstellung der Demokratie entstanden Rahmenbedingungen, die sowohl eine Neubestimmung von Zielen und Funktion als auch des Selbstverständnisses erforderlich machten.

Nun setzten politische Auseinandersetzungen ein, die zu immer stärkeren internen Konflikten führten. Die jeweils parteipolitisch gebundenen höheren Gewerkschaftsfunktionäre begannen, die Basis für sich einzuspannen. Diese Entwicklung entfachte in einigen Regionen schwelende Konflikte zwischen traditionalen Autoritäten und Gewerkschaft und ließ erkennen, daß es sich dabei um Konflikte zwischen der Basis und der politischen Organisation handelte. Rivera kommt 1986 zu dem Urteil, daß in jenem Prozeß zunehmender parteipolitischer Richtungskämpfe, der 1983 begann, die Kataristenbewegung bei den indianischen Bauern des Altiplano an Glaubwürdigkeit einbüßte. Sie verlor Teile ihrer Basis, weil sie sich im Kampf um die Hegemonie in der CSUTCB jener parteipolitischen Methoden und Machenschaften bediente, die der politischen Kultur der *q'ara*, der Weißen, entstammten, in der die Basis nur zum Manipulationsobjekt gemacht wurde (Rivera 1986:13). Das war nicht die Demokratie, für die die Bauern gekämpft hatten. Die Basis zog sich zunehmend aus der aktiven »nationalen« Politik zurück und beschränkte sich auf Eigeninitiativen im Rahmen ihrer kommunitären Organisation. Für viele erwies sich wieder einmal, daß nur die traditionsverbundenen Organisationen des *ayllu* oder der *comunidad* als Fundament für selbstbestimmtes politisches Handeln taugte.

Die Verfolgung der Spur verlangt von uns, genauer hinzusehen. Wie konnte es zu dieser Entwicklung kommen?

Die Anfang der 80er Jahre die CSUTCB dominierenden Kataristen hatten doch in ihren Diskursen, in denen sie die ethnischkulturelle Heterogenität der bäuerlichen Bevölkerung betonten und die Verteidigung der indianischen kulturellen Identität forderten, gerade auch den Stolz auf die eigenständigen traditionellen Werte erweckt. Schließlich war es die Kataristenbewegung selbst gewesen, die in Bolivien damit begonnen hatte, die Geschichte und die aktuelle Politik aus der eigenen »indianischen« Sicht zu betrachten. Sie war es, die als erste die Herrschenden laut angeklagt hatte, die indianische Bevölkerung unter dem Deckmantel von Staatsbürgerrechten weiterhin zu unterdrücken. Mit dem politischen Instrumentarium der Gewerkschaftsorganisation kämpfte sie nicht nur um die Durchsetzung ökonomischer Forderungen, sondern ebenfalls für ethnischkulturelle Rechte.

Die Kataristen in der CSUTCB verbanden die beiden Themen, ohne jedoch die eigene syndikale Struktur kritisch zu hinterfragen. Sie glaubten, sie könnten der Gewerkschaft die Gestalt eines authentischen Machtinstrumentes der bäuerlichen Massen geben, indem sie das übernommene westliche Modell erweiterten. Das bedeutete, die CSUTCB sollte nicht nur politisches und ökonomisches Kampfinstrument, sondern auch Organisationsmodell für eine unabhängige indianische Selbstverwaltung an der Basis werden. Bei dieser Vorstellung wurde als selbstverständlich vorausgesetzt, daß das so erweiterte Gewerkschaftsmodell sich problemlos mit den Formen traditionsverbundener Organisation verschmelze (Rivera 1990:26).

Den Kataristen nahestehende Autoren wie Rivera, Albó oder Cárdenas betonen, diese Verschmelzung sei auf weiten Teilen des Altiplano erreicht worden. Eine Ausnahme stelle die Region Norte de Potosí dar, was einerseits auf die sehr ausgeprägten und funktionstüchtigen lokal übergreifenden *ayllu*-Strukturen zurückzuführen sei, andererseits auf ungeschickte und an Verständnis mangelnde Politik regionaler Gewerkschaftsführer.

Ohne den Kerngehalt der Feststellung, nämlich eine verbreitete Identifikation mit der CSUTCB auf weiten Teilen des Altiplano, anzuzweifeln, seien Differenzierungen angemahnt. Abgesehen davon, daß es meiner Erfahrung nach (und von Jenaro Flores bestätigt) abgelegene Regionen gibt, wie in der Cordillera de las Muñecas, in denen die CSUTCB kaum je präsent war[15], hat sich der Umgang mit den traditionalen Autoritäten und traditionsverbundenen Strukturen örtlich recht unterschiedlich gestaltet. Systematische Untersuchungen liegen dazu nicht vor, jedoch gibt es Hinweise, daß es nicht überall zur Kombination bzw. Verschmelzung der Ämter kam. Es konnten durchaus Parallelstrukturen entstehen und Konkurrenz zwischen traditionalen Autoritäten und Gewerkschaftsführern erwachsen. Solche Konkurrenz machte neue Werte sichtbar, die sich aufgrund neuer gesellschaftlicher Anforderungen durchzusetzen schienen: da stand Alter gegen Jugend; Wissen, welches durch Lebenserfahrung erworben war, stand gegen Schulbildung und Beherrschung städtischer Umgangs- und Politikformen; Spiritualität stand gegen Polit-Ideologie. Wo sich Parallelstrukturen entwickelten, konnte es nur dann zu einer positiven Zusammenarbeit kommen, wenn der Gewerkschaftsfunktionär die verbliebenen traditionsverbundenen Strukturen und Amtsinhaber respektierte.

Da, wo dies nicht erfolgte, brachen tiefe Konflikte auf. Rivera zufolge (1990:28ff.) lag ein Grund für die Ablehnung der CSUTCB in der zuvor erwähnten Region Norte de Potosí beispielsweise in der

Unfähigkeit der regionalen Gewerkschaftsführung, das traditionsverbundene System anzuerkennen, geschweige denn, zu respektieren. Sie begriffen es nicht einmal. Ein Grund dafür war, daß in der CSUTCB oftmals regionale Führungspositionen von Personen eingenommen wurden, die gut ausgebildet waren, schon lange außerhalb des bäuerlichen Kontextes gelebt und ihre politische Sozialisation in linken Parteien oder der Bergarbeiterbewegung erfahren hatten. Sie teilten zwar die politischen Auffassungen von Kataristen, jedoch ihre politischen Normen und ihre Praxis waren von der westlich-kreolischen politischen Kultur geprägt. So betrachtete die CSUTCB-Führung von Norte de Potosí 1979/80 die *ayllu*-Bauern als rückständig, ihre traditionsverbundenen politischen Strategien gegenüber dem Staat als Ausdruck von Unterwerfung. Daß aus der Perspektive der Bauern diese Strategien ihnen bisher ihre Lebensgrundlage, d. h. ihren Landbesitz gesichert hatten, wollten oder konnten diese Gewerkschaftsführer nicht erkennen.

Es wäre zu einfach, diese Konflikte samt ihrer Konsequenzen auf die Unfähigkeit einzelner Gewerkschaftsführer zurückzuführen[16]. Hier standen sich zwei nach unterschiedlichen Prinzipien funktionierende Organisationsformen gegenüber. Aus der Sicht der *ayllu*-Bauern war es sinnvoll, an ihrer eigenständigen Form, die sie beherrschten, festzuhalten. In ihren Augen hatte sie sich bewährt, weil die Bauern damit ihre Landinteressen verteidigt, Kohäsion und Solidarität gesichert, interne Konflikte bewältigt und damit individualistischen Tendenzen entgegengewirkt hatten. Außerdem hatten sich die Organisationsformen hinsichtlich der kommunitären Partizipation und der politischen Verantwortlichkeit von Amtsträgern jenseits von Parteieneinfluß bewährt.

Demgegenüber sahen sich die *ayllu*-Bauern von der CSUTCB vor ein fremdes Organisationsmodell gestellt, das nach Normen funktionierte, die nicht die ihren waren, sondern eher die der kreolisch-mestizischen Schichten. Die dort verwendete Terminologie, die Verhaltensweisen, die Werte waren nicht die ihren; bei der Bestimmung der Ziele hatten sie nicht mitgewirkt, ihren eigenen Interessen wurde nur bedingt Bedeutung zugemessen. Warum sollten sie sich mit dieser Organisation identifizieren?

Die Geschichte des Norte de Potosí ist gewiß ein extremes Beispiel, und in anderen Regionen verlief der Prozeß der Verankerung besser. Das gilt im besonderen Maße für Regionen der ehemaligen Haciendas oder in Gebieten, in denen schon seit dem Bergbauboom Anfang des Jahrhunderts Erfahrungen mit der Moderne gemacht worden waren. Dennoch, die CSUTCB wurde nicht zu dem, was sie einst anstrebte – die einzige und landesweite authentische Organisation der bäuerlichen Bevölkerung. Die Vision der Kataristen von einer Vermischung okzidentaler und andiner Organisationsformen konnte nicht in der Weise vollzogen werden, wie sie es sich erträumt hatten. Die syndikale Struktur und okzidentale politische Kultur wurden zunehmend dominanter innerhalb der Gewerkschaft. Zu sehr wichen Diskurs und Praxis voneinander ab. An der vielzitierten Basis jedoch blieben die eigenständigen Lebensformen und Organisationsprinzipien sehr lebendig.

Sieg der »Traditionalisten«?

Solange Jenaro Flores Generalsekretär der CSUTCB war, war er ein heftiger Befürworter des Syndikalismus. In Vorausschau seiner Abwahl 1988 erkannte er die Zeichen der Zeit und suchte neue Mehrheiten um sich zu scharen, indem er als Streiter für das *ayllu* und gegen den Syndikalismus auftrat. Auf dem folgenden 1. Außerordentlichen Gewerkschaftskongreß 1988, auf dem eine Neuorientierung der Organisation debattiert wurde, schlug seine Fraktion vor, die CSUTCB durch einen Verband der *ayllus* und *comunidades* zu ersetzen! In dem Dokument heißt es, es gäbe eine Notwendigkeit

> der Reorganisierung von den ayllus an der Basis her, um darauf eine große »Confederación de Ayllus y Comunidades« aufzubauen. In diesem sozialen Modell müßten die jilakata und mallkus als legitime Autoritäten anerkannt werden. Auf diese Weise würde endlich Schluß gemacht werden mit dem unterdrückerischen Syndikalismus, der die kapitalistischen Produktionsverhältnisse reproduziert (zitiert nach Calla, Pinello, und Urioste 1989:49).

Gewiß, es waren Taktik und Strategie im Geschäft der Politik, die Flores zu diesem Dokument veranlaßten. Dahinter steht jedoch die reale politische Entwicklung innerhalb der »indianisch« genannten Bevölkerung Boliviens – eine Entwicklung, die nicht nur auf dem

Altiplano, sondern in sämtlichen Teilen des Landes eingesetzt hat! Neue »indianische« Organisationen sind entstanden und treten zunehmend selbstbewußter in Erscheinung. Es geht um die Einforderung der Anerkennung der Eigenständigkeit innerhalb der nationalen Gesellschaft. Es geht um ökonomisches und kulturelles Überleben. Es geht um die Verteidigung der eigenen Lebensformen und Lebenswelten, die Wiederaufwertung der eigenen ethnischen Identität. Konkrete politische Forderungen nach Selbstbestimmung verbinden sich mit Visionen einer neuen Gesellschaftsordnung.

Hierher hat uns also die Spur von Jenaro Flores geführt. Anhand seiner politischen Geschichte ließen sich spezifische Formen des Umgangs mit der Moderne aufzeigen, die die andinen Völker Boliviens entwickelt haben. Diese Geschichte zeigt die verschiedenen und verschlungenen Wege zwischen okzidentaler Modernität und eigenständigen, der andinen Lebenswelt verbundenen Normen und Wertvorstellungen. Sie zeigt die ambivalenten Verhaltensweisen, die komplexen Strukturen und Bewußtseinsformen, die sich in dieser Auseinandersetzung herausgebildet haben und Teil einer anderen, eigenständigen Modernität sind. Insofern läßt sich Flores als ein Protagonist dieses Umgangs mit der Moderne begreifen.

Anmerkungen

1 Ich benutze diesen Begriff, um die gegenwärtigen, von Traditionen geprägten, aber im Verlauf der Geschichte gewandelten, eigenständigen Strukturen kommunitärer, politisch-religiöser Selbstverwaltung zu kennzeichnen. Ausführlich entwickelt wird dieser Ansatz weiter unten.
2 Seit 1981 habe ich regelmäßigen Kontakt mit Kataristen und insbesondere mit Jenaro Flores, mit dem ich u. a. mehrere Interviews gemacht habe.
3 Eine der wenigen Ausnahmen ist die Analyse von Albó über Jesus de Machaca (1972). Hinweise finden sich auch in Carter und Mamani (1982).
4 Unveröffentlichtes Interview von Juliana Ströbele-Gregor mit Jenaro Flores. La Paz, 9. Sept. 1991.
5 Siehe dazu die Zusammenfassung bei Carter und Albó 1988. Für einzelne Regionen sei insbesondere verwiesen auf: Harris (1978), Platt (1982a); Godoy (1981); Rasnake (1989); Izko, Molina und Pereira (1986); Rivìere (1982) für die Region Norte de Potosí und Departement Oruro. Für die Region nördlich des Rio Desaguadero u. a.: Bastien (1978); Carter und Mamani (1982); Albó (1972); Rösing (1987/1992). Eine ausführliche Bibliographie über die Aymara findet sich im Sammelwerk von Albó (1988).
6 Für die besonders traditionelle Region des Norte de Potosí siehe insbesondere als neuere Untersuchung die Arbeit von Rasnake (1989), für die »moderne« stadtnahe Region siehe z. B. Carter und Mamani (1982). Buechler (1980) weist nach, wie sich über die Festkultur auch in der Stadt sowohl identitätsschaffende Elemente als auch die für die Ökonomie bedeutsamen sozialen Netzwerke herstellen. Diese urbane Aymara-Festkultur verleugnet ihre Herkunft aus der andinen Tradition nicht, wenngleich die städtische Lebenswelt zu Neuinterpretationen geführt hat.
7 In anderen Zonen der Aymara werden sie *mallku* genannt; in den quechuasprachigen Regionen *kuraqa*.
8 Sehr anschaulich werden Ämter und Funktionen von Carter und Mamani (1982) in dem aus einer *comunidad originaria* hervorgegangenen Irpa Chico beschrieben. Da diese *comunidad* in der gleichen Region liegt wie die *comunidad*, aus der Jenaro Flores stammt, scheint es mir besonders sinnvoll, mich auf diese ethnographischen Daten zu beziehen. Meine Gespräche mit Flores bestätigen dies.
9 Dazu gehören z. B. die *alcaldes escolares*, die sich um die Verwaltung der Schule zu kümmern haben (Carter und Mamani 1982: 258ff.), oder der für die praktische und rituelle Betreuung der Felder verantwortliche *kamana* (ebd.:262ff.).
10 Bei den Aymara im Norte de Potosí, den jetzt quechuasprachigen Yura, repräsentieren die *kuraqkuna* die jeweils höchste Autorität eines *ayllu mayor*. Da hier noch die regionale *ayllu*-Struktur existiert, stellt das *ayllu mayor* die größte organisatorische Einheit der ethnischen Gruppe dar. Es teilt sich in zwei Hälften, die ihrerseits in *ayllu menores*, diese wiederum in *ayllu mínimos* aufgegliedert sind. Siehe dazu Rasnake (1989); für andere ethnische Gruppen der Region Godoy (1981); Harris (1978); Platt (1982a).

11 Daß sich auch in der Lebenswelt der Arbeiter und Bergarbeiter die Säkularisierung nicht vollständig vollzogen hat, zeigen die verschiedenen Untersuchungen, die sich mit städtischer Bevölkerung befassen (u.a. Albó 1985; Albó, Greaves und Sandoval 1981-87, tom. 24; Ströbele-Gregor 1990a, 1990b), oder mit der Bevölkerung in den Bergwerkszentren (Nash 1979).
12 Schon 1986 befaßte sich Beat Dietschy damit, den Blochschen Ansatz für eine Auseinandersetzung der Entwicklung in Perú fruchtbar zu machen. Seiner kritischen Auseinandersetzung mit Blochs Konzept habe ich viele Anregungen zu verdanken.
13 Zu Recht stellt Dietschy fest, Bloch suche »die Universalität der marxistischen Geschichtstheorie zu retten, indem er Einblicke in die Störfaktoren, die Ab- und Umwege des historischen Prozesses eröffnet und Auslassungen des allzu vulgärmaterialistischen Marxismus korrigiert« (Dietschy 1986:26).
14 Hier ist besonders die vierbändige Studie über städtische Migranten von Albó, Greaves und Sandoval (1982-87) zu nennen. Über das soziale Netzwerk vermittelt durch die Festkultur und ihre Umdefinition im städtischen Kontext siehe Buechler 1980. Zum Thema neue soziale und politische Organisationen in El Alto und ihren »traditionellen« Hintergrund siehe Ströbele-Gregor (1990a). Wie sehr die »informelle« Wirtschaft von ländlich-andinen Strukturen geprägt ist, wird in Ströbele-Gregor (1990b) diskutiert.
15 Hier wäre auch eine bisher fehlende Untersuchung über die Beziehung der Kallawaya zur CSUTCB interessant.
16 Rivera tut dies auch nicht in ihrer sehr einsichtigen Analyse.

Die Weiterentwicklung der andinen Kultur in der modernen Urbanisierung[1]

Jürgen Golte

Es gab im vorspanischen Lateinamerika zwei Räume, in denen sich komplexe Staatsgesellschaften entwickelt hatten: Mesoamerika, d. h. etwa das heutige Mexiko und Guatemala mit dem Großstaat der Azteken und den Kleinstaaten der Maya, und der Andenraum, etwa die heutigen Länder Bolivien, Peru, Ecuador und Kolumbien, mit dem Großstaat der Inka und den Chibcha-Kleinstaaten im Norden. Zwar gab es auch in anderen Bereichen Ansätze zu komplexeren Gesellschaftsformen, doch meist herrschten relativ ungeschichtete Stammesgesellschaften vor. Schon diese Grobunterscheidung erlaubt es, eine wichtigere Differenzierung im kolonialen Lateinamerika zu verstehen: Bei der Eingliederung der voreuropäischen Staaten versuchten sich die Europäer an die Stellen der voreuropäischen Herrschaftsgruppen zu setzen und die voreuropäischen Untertanen auch zu ihren Untertanen zu machen, mit Erfolg. Dies hat zur Folge, daß die Länder mit staatlicher Vorgeschichte heute weitgehend eine indianische Staatsbevölkerung haben und die Nachkommen der Europäer nur eine relativ kleine privilegierte Herrschaftsgruppe bilden. Dies gilt etwa für Bolivien, Peru, Ecuador, Guatemala und Mexiko. Stammesgesellschaften waren nicht nur deshalb schwieriger zu unterwerfen, weil ihre Wirtschaftsformen im allgemeinen eine geringere Bevölkerungsdichte mit sich brachten, sondern auch, weil die Annahme von Herrschaft nicht zu ihrem kulturellen Inventar gehörte. D. h. die Europäer konnten **nicht** disziplinierte Untertanen als neue Herrscher übernehmen, sondern hätten diesen Untertanendisziplinierungsprozeß selbst vollziehen müssen. Dies scheint ihnen insgesamt nicht gelungen zu sein. Eroberung bedeutete in den Bereichen von Stammesgesellschaften, ebenso wie in Angloamerika, Ausrottung und Verdrängung.

Umfassender ist der Einfluß der voreuropäischen Gesellschaften in den Ländern, in denen deren Nachkommen den größten Teil der

Staatsbevölkerung bilden. Hier nämlich ist die Einbindung in das koloniale Weltsystem zwar stark prägend gewesen, doch setzt sich die voreuropäische Geschichte unmittelbar fort. D. h. insbesondere die Formen von Naturbeherrschung in der Agrarproduktion, die ja spezifischen natürlichen Voraussetzungen entsprach, für die die Europäer kaum angemessene alternative Lösungen anzubieten hatten und an denen sie letztendlich kein direktes Interesse hatten, entwickelten sich, zwar beeinflußt durch die neue Herrschaft, weiter. Oft war es so, daß die Europäer gezwungenermaßen die voreuropäischen Gesetze und Regeln, aber natürlich auch das ganze technische Inventar übernehmen mußten, um die Agrarproduktion, die ja eine Voraussetzung der Edelmetallgewinnung war, aufrechtzuerhalten.

Zum Beispiel wird an der ariden Westküste Südamerikas die großflächige Bewässerungswirtschaft und die komplexe Form der Wasserverteilung in den Flußoasen explizit von der spanischen Kolonialverwaltung übernommen. Schon deshalb, weil die Spanier keine Alternative anbieten konnten und auf die Agrarprodukte angewiesen waren, aber natürlich auch, weil die direkten Produzenten, die indianischen Bauern, eben nur dieses System zu handhaben wußten. Gleiches gilt z. B. für die Pfahlbeetwirtschaft im See von Texcoco im zentralen mexikanischen Hochland. Hier ließe sich eine lange Liste anschließen, die die Konstanz in den Formen der Agrarwirtschaft in Mesoamerika und im Andenraum nachweisen könnte. Doch nicht nur in der Agrarwirtschaft zeigt sich eine direkte Fortsetzung voreuropäischer gesellschaftlicher Formen und Kenntnisse. Sowohl in zuerst einmal scheinbar unwichtigeren Bereichen, so in der Küche, gibt es eine direkte Fortsetzung voreuropäischer Gerichte, Nahrungsmittel, Zubereitungsformen, aber auch in anderen Bereichen: z. B. werden voreuropäische Städte direkt von den Spaniern übernommen. Mexiko z. B. war schon als das voreuropäische Tenochtitlan eine Großstadt und die Hauptstadt des aztekischen Staates, Bogotá war als Bacatá der Hauptort des Fürstentums der Muisca, des größten der Chibcha-Kleinstaaten, usw. Hier ließe sich eine lange Liste von Bereichen aufzeigen, in denen es eine zwar durch die koloniale Herrschaft gebrochene, veränderte, gleichwohl aber sichtbare Fortsetzung der voreuropäischen Gesellschaftsgeschichte gibt. Darin unterscheiden sich sowohl die Staaten Mesoamerikas, wie auch die Andenländer grundsätzlich vom sonstigen Lateinamerika, z. B. Brasilien oder Argentinien, in denen mit der europäischen Landnahme praktisch eine neue, von den Eroberern bestimmte Geschichte begann und in denen die voreuropäischen Gesellschaften, wenn überhaupt, als marginale Gruppen, die in keiner Weise gesellschaftsbestimmend waren, auftauchten.

Wenn also die Frage nach der Relevanz der voreuropäischen Gesellschaftsorganisationen für die heutige Entwicklung Lateinamerikas gestellt wird, so muß diese für die einzelnen Staaten unterschiedlich beantwortet werden. Zwar taucht auch in Ländern wie Brasilien oder Argentinien die indianische Bevölkerung in nationaler Folklore auf, ja sie hat Bedeutung für dem jeweiligen Gesellschaftssystem marginale Räume, z. B. den Chaco in Argentinien oder den amazonischen Regenwald in Brasilien, doch sollte uns nichts darüber hinwegtäuschen, daß deren tatsächliche Relevanz zu einem Ideologem verkommen ist, so wie die amazonische Urbevölkerung auch die Ökologisten in Mitteleuropa beschäftigt und deren Gesellschaften als Vorbild nicht natur-zerstörender Raumnutzung betrachtet werden; oder als gute Wilde, wie die nordamerikanische Urbevölkerung den Exotismus jugendlicher Europäer im 19. und frühen 20. Jahrhundert bevölkerte, bzw. als böse Wilde, die als Gegenbild der *»frontier«*-Romantik nordamerikanisches Denken durchziehen.

Demgegenüber stehen also die Länder, in denen es aufgrund voreuropäischer Geschichte, voreuropäischer Gesellschaftsorganisation zu einer Fortsetzung dieser Geschichte kommt. Ein gutes Beispiel hierfür ist die Entwicklung im Andenraum. Hier nun kann das Thema nicht mehr generalisierend behandelt werden, sondern müßte spezifisch, den je konkreten geschichtlichen Abläufen entsprechend, die ja sehr unterschiedlicher Natur sind, behandelt werden. Dies läßt sich im Laufe eines kurzen Vortrages nur äußerst kursorisch leisten. Ich werde deshalb versuchen, an einem Beispiel die Verbindung zwischen voreuropäischer Gesellschaft und heutigem Lateinamerika aufzuzeigen. Das Beispiel zeigt die Besonderheit der Agrarorganisation im Inka-Staat, deren Fortsetzung in der kolonialen und nachkolonialen Geschichte sowie schließlich den Einfluß dieser spezifischen Agrarorganisation auf den heutigen Urbanisierungs- und Industrialisierungsprozeß in Peru und Bolivien.

Im Gegensatz zur Alten Welt zeigt die Herausbildung der Feld- und Viehwirtschaft in den zentralen Anden seit etwa dem fünften

Jahrtausend vor Christus wichtige Besonderheiten. In der Alten Welt entwickelt sich eine Feldwirtschaft, die schon sehr früh tierische Arbeitskraft in den Produktionsprozeß einbezieht, insbesondere als Zugtiere für Anbaugeräte, z. B. den Pflug und die Egge. Diese Benutzung tierischer Kraft erlaubt schon bald eine relativ hohe Arbeitsproduktivität der menschlichen Arbeitskraft. Sie führt auch sehr rasch zu einer weitgehenden Spezialisierung der Bauern auf einige wenige Anbaupflanzen. Der Fortschritt ergibt sich in der Alten Welt aus dem Spezialisierungsprozeß, der es erlaubt, spezialisierte Gerätschaften zu entwickeln, die die Anwendung menschlicher Arbeitskraft potenzieren. Die entstehende Produktivität wiederum erlaubt es, immer größere Kontingente von Personen der Feldwirtschaft zu entziehen und sie aus dem Fonds der Agrarüberschüsse zu ernähren. Ein Teil der so von der direkten Agrarproduktion Befreiten wird zu Handwerkern, die wiederum mit größerer Kunstfertigkeit auch effizientere Werkzeuge zur Feldbewirtschaftung herstellen, die wiederum zur Erhöhung der Arbeitsproduktivität auf dem Lande beitragen.

In den Anden verläuft die Herausbildung der Feldwirtschaft anders. Die Hauptgründe hierfür sind einerseits die Tatsache, daß man allein auf menschliche Arbeitskraft angewiesen ist, tierische Arbeitskraft wird nicht in die Produktion einbezogen, und vielleicht auch die Einschränkung durch die kargen Bedingungen einer Hochgebirgsökologie. Die Folge ist eine sehr geringe menschliche Arbeitsproduktivität.

Fast alle Formen von Landwirtschaft haben einen zyklischen Charakter. Die den Klimabedingungen angepaßten Wachstumsrhythmen der Anbaupflanzen geben den Bauern enge Zeitvorgaben zur Durchführung der wichtigen Arbeitsschritte, z. B. Feldvorbereitung, Aussaat und Ernte. Dies führt dazu, daß bäuerliche Arbeitskraft im allgemeinen zyklisch genutzt wird und in weiten Teilen des Jahres brachliegt. Anders ausgedrückt: Bauern nutzen ihre potentiell vorhandene Arbeitskraft nur zum Teil. In vielen altweltlichen Bauernwirtschaften macht dieser tatsächlich für die Agrarproduktion genutzte Teil etwa 30 Prozent der gesamten vorhandenen Arbeitskraft aus. Trotz dieser im Vergleich zur Handwerks- oder Fabrikarbeit geringen Nutzung der Arbeitskraft erlaubt diese die Reproduktion der bäuerlichen Familien und noch zusätzlich die Erwirtschaftung eines erheblichen, zur Versorgung der nichtbäuerlichen Bevölkerung bestimmten, Mehrproduktes.

Diese Form der in der Alten Welt typischen zyklischen Nutzung der Arbeitskraft hätte in den Anden nicht einmal die Reproduktion der bäuerlichen Familien ermöglicht. Das Produkt der Nutzung von sagen wir 40 Prozent der vorhandenen Arbeitszeit hätte die bäuerlichen Produzenten, aufgrund der niedrigen menschlichen Arbeitsproduktivität, nicht das ganze Jahr über ernähren können.

Die andinen Bauern entwickelten dementsprechend von vornherein eine Strategie zur Überwindung der zyklischen Nutzung bäuerlicher Arbeitskraft. Diese beruhte darauf, daß die Anden ein tropisches Hochgebirge sind und an ihren Hängen zwischen Meereshöhe und den mehr als 6 000 Meter hohen Andengipfeln sich ganz unterschiedliche Naturlandschaften fanden. In allen diesen Naturlandschaften wurden Pflanzen, bzw. Tiere, domestiziert. Schon diese Vielfalt erlaubte es, den Anbau von Pflanzen mit unterschiedlichen Wachstumszyklen in verschiedenen Höhenlagen miteinander so zu kombinieren, daß es zur Überlappung der Anbauzyklen kam, d. h. die Arbeitskraft konnte stärker genutzt werden. Dieses allgemeine Schema wurde von den andinen Bauern dann weiterentwickelt. Einerseits geschah dies durch das Züchten von Varietäten mit unterschiedlichen Wachstums- und Reifegeschwindigkeiten, z. B. gibt es Maisarten, die in achtzig Tagen reifen und andere, die in ca. 110 Tagen reifen, d. h. bei gleichem Aussaattermin beider Arten ließ sich die sehr arbeitsaufwendige Ernte auf einen weit größeren Zeitraum verteilen. Eine ähnliche Variation des Zyklenverlaufes ließ sich auch dadurch erreichen, daß man den Regenfeldbau mit dem Anbau mit künstlicher Bewässerung zusammen durchführte. Die Aussat der gleichen Anbaupflanzen konnte dann zu unterschiedlichen Zeitpunkten stattfinden, dementsprechend auch die anderen Arbeitsschritte. Durch derartige Methoden erreichten die andinen Bauern eine mehr als 90 prozentige Nutzung der potentiell vorhandenen Arbeitskraft. Dies wiederum erlaubte nicht nur die Reproduktion der bäuerlichen Familien, sondern auch die Erwirtschaftung eines, wenn auch geringen, Mehrproduktes.

Ein andiner Bauer verfügte also über Ländereien in unterschiedlichen Höhenlagen und Klimata, die oft zwanzig, dreißig Kilometer voneinander entfernt waren. Auf diesen Ländereien baut er auch heute im Schnitt ca. 20 verschiedene Anbaupflanzen an. Seine Werkzeuge waren dementsprechend keine auf einen bestimmten Pflanzentyp spezialisierten, sondern sehr einfache, generalistische, die für jede Pflanzenart verwendbar sind.

Das große Problem dieser sehr diversifizierten Feldwirtschaft in unterschiedlichen Höhenlagen, die sich von einer mitteldeutschen Hofwirtschaft stark unterscheidet, war, daß sie dauernd eine nach Art und Umfang wechselnde Kooperation der einzelnen Produzenten erforderte. Z. B. die Bodenvorbereitung mit dem spatenähnlichen verbesserten Grabstock – *taqlla* – bedurfte der Zusammenarbeit von fünf erwachsenen Männern und etwa der gleichen Anzahl Frauen, die jährliche Reinigung der Bewässerungskanäle der Zusammenarbeit von meist mehr als hundert Personen, andere Arbeitsschritte auf weit von den Wohnstätten entfernten Feldern bedurften manchmal so geringer Arbeitskraft, daß hier eine Person die Aufgabe für mehrere Haushalte übernehmen konnte, usw.

Diese vielfältigen und ständig wechselnden Formen bedürfen, da sie ja einerseits planbar zur Verfügung stehen müssen, andererseits z. B. je nach Witterungsverhältnissen **ad hoc** angesetzt werden müssen, eines institutionalisierten sozialen Rahmens, bedürfen sozialer legitimierter Absprachen über die Aufrechnung der einzelnen Arbeitsleistungen etc. in einer ja weitgehend schriftlosen Gesellschaft. Dementsprechend zeigte die andine Gesellschaft einen hohen Grad von Vorbereitung auf ebendiese aus der Natur des Feldbaus entstehenden notwendigen, im Umfang wechselnden Formen der Zusammenarbeit. Es gab ein komplexes Verwandtschaftssystem, über das man bindend bestimmte Verwandte zu Arbeitsleistungen anfordern konnte, es gab religiöse Gruppen, deren Mitglieder wechselseitig zur gegenseitigen Hilfe verpflichtet waren. Es gab etwa auf Dorfebene Autoritäten, die alle männlichen Mitglieder des Dorfes bindend zur Zusammenarbeit bei bestimmten Aufgaben verpflichten konnten, dann wieder gab es ähnliche Autoritäten für eine Hälfte eines Dorfes, die z. B. im Wettstreit mit der anderen Hälfte Arbeiten vollziehen konnte; schließlich gab es Institutionen für die Zusammenarbeit mehrerer Dörfer. In der vorspanischen Zeit ging diese organisierte Zusammenarbeit bis zur Ebene des Staates, der eben auch für nur von größeren Menschenmengen durchführbare Aufgaben große Arbeitsheere ausheben konnte.

In der spanischen Kolonialzeit wurde ebendiese Möglichkeit des Staates zur Aushebung und Organisation von Arbeitskräften zu einem zentralen Moment der kolonialen Ausbeutung. In der MITA, der Arbeitspflicht für die koloniale Verwaltung, wurden sowohl die Bauern zur Arbeit in den Silberbergwerken ausgehoben, wie auch zur Arbeit in den kolonialen Städten und auch auf Landgütern organisiert. Ein Teil der andinen Organisation diente so direkt dem spezifischen System der kolonialen Ausbeutung im Vizekönigreich Peru, der dörfliche und zum Teil auch zwischendörfliche Teil der Organisation aber bestand weiter als eben zur Feldwirtschaft notwendige soziale Voraussetzung der familiären Reproduktion. Zwar wechselten Benennungen, katholische Heilige übernahmen die Funktion von Dorfgottheiten, etc., in seinem organisatorischen Kern aber bestand das System weiter und erlaubte eine Agrarproduktion unter den schwierigen natürlichen Produktionsbedingungen der Anden. Europäische Formen der Produktion oder auch Anbaupflanzen drangen nur dort ein, wo sie in das System integriert werden konnten. Z. B. verbreitete sich der mediterrane Hakenpflug nur auf relativ ebenen Wirtschaftsflächen, auf den traditionellen Anbauterrassen war er wenig zu gebrauchen. Auch die Lohnarbeit, mit der zunehmenden Ausbreitung des Marktes, konnte sich nur bedingt durchsetzen. Der Hauptgrund dafür ist wohl, daß das Produkt eines langen Arbeitsprozesses nur in den wenigsten Fällen auf dem Markt einen Preis erzielt, mit dem die aufgewandte Arbeitskraft nach marktgängigen Preisen entgolten werden könnte. Aus diesen Gründen ist die gesellschaftliche Seite der Agrarproduktion in den Anden eine direkt aus der vorspanischen Gesellschaftsordnung abzuleitende.

Gleichwohl hat sich in den letzten 40 Jahren, wohl auch aufgrund relativ stagnierender Agrarproduktion bei gleichzeitig raschem Bevölkerungszuwachs in allen Andenländern ein grundsätzlicher Wandel vollzogen. In immer größeren Kontingenten hat die Agrarbevölkerung ihre Dörfer verlassen und sich in den großen Städten angesiedelt. Die Stadt Lima wuchs in diesem Zeitraum um das Zehnfache auf über 6 Millionen Einwohner. Die Städte waren noch zu Anfang dieses Jahrhunderts vor allem Wohnort von europa- und afrikastämmiger Bevölkerung, die dort meist als Rentiers oder als Staatsbedienstete lebten. Diese sogenannten »Kreolen« waren auf die enorme Zuwanderung andiner ländlicher Bevölkerung kaum vorbereitet. Die Eingliederung der andinen Zuwanderer verlief deshalb in ganz anderen Bahnen als z. B. die Landflucht im Europa des 19. Jahrhunderts. Weder bot sich ihnen die Möglichkeit einer Eingliederung als Lohnarbeiter, es gab fast keine Industrie, noch gab es etwa vermietbaren Wohnraum.

Die Folge hiervon war, daß sich die Zuwanderer selbst Wohnraum und wirtschaftliche Existenz schaffen mußten. Inzwischen ist dieser Prozeß weit vorangeschritten. Große Teile der Bevölkerung leben nicht mehr in prekären Wohnverhältnissen, sondern in durchaus geräumigen Häusern, die sie mit Hilfe ebender sozialen Formen von Zusammenarbeit errichtet haben, die sie jahrhundertelang in ihren Dörfern entwickelt hatten. Der Vorgang war dabei ein im Grunde sehr einfacher. Dank der Massivität des Wanderungsprozesses bildeten praktisch alle Dörfer z. B. in der Hauptstadt umfangreiche Kolonien, deren Mitglieder ihren dörflichen und familiären Zusammenhalt nicht etwa aufgaben, sondern sogar intensivierten, einschließlich aller Formen gegenseitiger Hilfe, großfamiliärer Verpflichtungen und dörflicher Zusammenarbeit. Die so geschaffene Kolonie diente dann nicht nur der Kooperation bei der Schaffung von Wohnraum oder einer ersten Hilfe bei der Angliederung an die Stadt, sondern auch der Orientierung in städtischer Berufswelt und in städtischen Beschäftigungen.

Schließlich kam es innerhalb der Kolonien zu Betriebsgründungen, die einerseits auf den Formen dörflicher Zusammenarbeit basierten, auch wenn sie später eher eine kapitalistische Grundstruktur erhielten, andererseits auch, dies ist wichtig, in der Konkurrenz mit dem kreolischen Anteil der urbanen Bevölkerung, aufgrund der auf dem Land erlernten und notwendigen Arbeitsethik, Planungsfähigkeit, Vorrats- und Sparfähigkeit, durchaus mit der alteingesessenen Bevölkerung konkurrieren können, was den Aufbau und die für diese Betriebsgründung notwendige Akkumulation angeht, trotz des zweifellos zu Beginn vorhandenen Kenntnisnachteils gegenüber der angestammten kreolischen Bevölkerung der Städte. Die Kolonien und natürlich auch die Bewohner des Ursprungsdorfes sowie die Abgewanderten in anderen Städten dienen diesen Betrieben einerseits als Rekrutierungsumfeld für Arbeitskräfte, aber auch als Handelsorganisation für ihre Produkte, etc. Gleichzeitig bildet das so geschaffene Netz auch ein Informationsnetz. Erfolgreiche Kleinunternehmer werden innerhalb des Netzes rasch imitiert, weil die gesamte Kolonie einen guten Einblick in die Entstehungsbedingungen und Produktionsverfahren, aber auch die Möglichkeiten der Bereicherung mit einem derartigen Betrieb hat. Dies einerseits, weil sie als Arbeitskraft in dem Betrieb gearbeitet haben können, zum anderen, weil der Unternehmer aufgrund seiner familiären und dörflichen Verpflichtungen nicht einmal die Auskunft verweigern könnte.

Diese vielfältigen Prozesse sollen im einzelnen hier nicht weiter beschrieben werden. Im Ergebnis zeigt sich, daß der Urbanisierungsprozeß und der Land-Stadt-Wanderungsprozeß aufgrund der spezifischen gesellschaftlichen Voraussetzungen der andinen Landbevölkerung, die ja letztendlich in der vorspanischen Gesellschaftsordnung wurzeln, kaum ein individueller Prozeß, sondern ein kollektiv organisierter ist. Aus diesem Grund vollzieht er sich rascher und zum Teil geordneter als in anderen Gesellschaften. Ähnliche Prozesse in Brasilien haben z. B. ganz andere Formen, sind weit chaotischer und weniger erfolgreich.

Ein anderer Aspekt ist die entstehende Betriebsform. Zwar zeigen die Unternehmen letztendlich kapitalistische Organisationsverhältnisse, sind aber durch die vorkapitalistischen Verbindlichkeiten zwischen Kapital und Arbeit mitdeterminiert, etwa, wenn auch in etwas anderer Form und in anderem Ausmaß, wie japanische Großbetriebe. Überhaupt zeigt der nun beginnende Wachstumsprozeß erstaunliche Ähnlichkeiten zu den Wachstumsprozessen in Ostasien. Hier könnte man nachdenken über vergleichbare vorkoloniale gesellschaftliche Voraussetzungen, etwa in China oder Korea.

Die spezifische Form der Verkettung der Gegenwart mit der voreuropäischen Geschichte, ihre Bedeutung für die konkrete Form der wirtschaftlichen, sozialen und kulturellen Organisation der jeweiligen Migrantengruppe in den Städten ist von einer Reihe von Faktoren bestimmt. Hier sind zum ersten die Verhältnisse am Ursprungsort entscheidend. Entgegen unseren Vorstellungen über eine einheitliche andine bäuerliche Kultur gibt es zwar einige den meisten andinen Bauern gemeinsame Aspekte, doch selbst diese erfahren in den einzelnen Dörfern ganz unterschiedliche Ausformungen.

Die Verwandtschaftsorganisation ist zwar in allen Fällen bilinear mit einer Betonung der väterlichen Linie, doch sind die konkreten

Pflichten und Rechte in diesem System in den einzelnen Regionen unterschiedlich definiert, der Rang der als Verwandte anerkannten Personen variiert, und die Bedeutung nicht-verwandtschaftlicher Elemente, z. B. der relative Reichtum eines Verwandten, ist durchaus verschieden. Die Verwandtschaftsnetze, die die dörflichen Bevölkerungen und die aus den Dörfern Abgewanderten miteinander verbinden, folgen den jeweiligen lokalen Charakteristiken. Der so gebildete Verwandtschaftsverbund unterliegt weiteren Veränderungen in der überregionalen sozialen Praxis.

Auch andere Aspekte der dörflichen sozialen und kulturellen Organisation variieren regional sehr stark. Man denke nur an Musik, Festorganisation, Kleidung, Handwerk und ähnliches. Auch hier erfährt der von Dörflern und Abgewanderten gebildete Verbund Veränderungen, die schon von den je spezifischen Verhältnissen im Dorf ausgehen und diese selektiv weiterentwickeln bzw. auch ebenso selektiv verschwinden lassen. Zum Beispiel gab es in einem Dorf des zentralen Hochlandes Schuhmacherei als Teilzeithandwerk, daneben aber auch noch andere Handwerke. Die aus diesem Dorf Abgewanderten konnten sich mit ihren Vorkenntnissen vorteilhaft in die beginnende Schuhmanufaktur in Lima integrieren. Sie wurden schnell zu Eigentümern von sich erweiternden Familienbetrieben, die neue Arbeitskräfte aus dem Ursprungsdorf nach sich zogen, auch wenn diese gar nicht mehr zu den ursprünglichen Schuhmacherfamilien gehörten. Diese erlernten in den Betrieben in Lima das Handwerk, um dann selbst zu Betriebsgründern in der Schuhmanufaktur zu werden.

Das Beispiel zeigt deutlich die Selektion, die zu einer spezifischen Weiterentwicklung eines partikulären Aspektes des dörflichen Kulturinventars führt. Die neu entstehenden Kulturzüge sind Weiterentwicklungen eines schon in den Dörfern vorhandenen Inventars, die dasselbe in der sich entwickelnden Stadtkultur selektiv verändern.

In der Festkultur, im Tanz und in der Musik haben sich ganz ähnliche Prozesse gezeigt. Alte Musikformen inkorporieren neue Instrumente, neue Textformen und natürlich auch neue musikalische Formen, ohne ihren andinen Ursprung zu verleugnen. Die vielleicht in diesen Aspekten hervorstechendsten Phänomene sind die zunehmende Professionalisierung der Interpreten und die massive Nutzung der elektronischen Tonträger.

Das bloße Vorhandensein von Personen gleichen Ursprungs an verschiedenen Zuwanderungsorten – den Städten, aber auch den Kolonisationsgebieten am Fuß der Ostanden –, birgt dadurch, daß sich diese Personen weiter verwandt und damit gegenseitig verpflichtet fühlen, Möglichkeiten der überregionalen Kooperation, die in einem Land fehlender institutioneller Verläßlichkeit von Bedeutung sind. Z. B. haben Abgewanderte aus einem südandinen Dorf, die in Lima eine Textilmanufaktur zur Herstellung von Hosen aufbauten, das so vorhandene Netz in eine weitgefächerte überregionale Verkaufsorganisation verwandelt.

Dieses Beispiel zeigt deutlich, daß sich die andine Kultur durch ihre Verlagerung in die Städte schnell und massiv weiterentwickelt. Dabei werden ohne Widerstand neue funktionale Elemente inkorporiert oder entwickelt. Die entstehende urbane Kultur verleugnet ihren andinen Ursprung nicht, auch wenn dieser nicht immer in den uns so lieben bukolischen Aspekten sichtbar wird.

Anmerkung

1 Der die Anden betreffende Teil dieses Artikels beruht auf langjährigen Forschungsarbeiten des Autors. Weiterführend sind die folgenden Titel: Golte 1980; Golte und Adams 1987; Adams und Valdivia 1991; Steinhauf 1992 und Kingman Garces 1992.

Anhang

Bibliographie

Acosta, José de
1954 »Hístoria natural y moral de las Indias« [1590]. In: *Obras del P. José de Acosta*. Francisco Mateos, Hrsg. (Biblioteca de Autores Españoles 73). Madrid (Ediciones Atlas), 1-247.

Acosta Rodríguez, Antonio
1979 »El pleito de los indios de San Damián (Huarochirí) contra Francisco de Avila – 1607«. *Historiografía y Bibliografía Americanistas* (Sevilla) 23:3-33.
1987 »Francisco de Avila, Cusco 1573(?) – Lima 1647«. In: Taylor, G.: *Ritos y tradiciones de Huarochirí del siglo XVII – Manuscrito quechua de comienzos del siglo XVII – Versión paleográfica, interpretación fonológica y traducción al castellano. Estudio biográfico sobre Francisco de Avila: Antonio Acosta.* Historia Andina 12 / Travaux de L'IFEA XXXV. Lima (Instituto de Estudios Peruanos/Instituto Francés de Estudios Andinos), 551-616.

Adams, Norma, und Néstor Valdivia
1991 *Los otros empresarios. Etica de migrantes y formación de empresas en Lima.* Lima.

Adelaar, Willem F.H.
1988 *Het boek van Huarochirí – Mythen en riten van het oude Peru zoals opgetekend in de zestiende eeuw voor Francisco de Avila, bestrijder van afgoderij.* Vertaald uit het Quechua en ingeleid door Willem F.H. Adelaar. Amsterdam (Meulenhoff).

Adorno, Rolena
1980 »La redacción y enmendación del autógrafo de la Nueva Corónica y Buen Gobierno«. In: *Guaman Poma de Ayala, Felipe: El Primer Nueva Corónica y Buen Gobierno*. John V. Murra und Rolena Adorno, Hrsg. Bde. 1-3. Mexico (Siglo Veintiuno Editores). Bd. I: XXXII-XLV.
1982 »The Language of History in Guaman Poma's Nueva Corónica y Buen Gobierno«. In: *From Oral to Written Expression: Native Andean Chronicles of the Early Colonial Period.* Rolena Adorno, Hrsg. (Foreign and Comparative Studies. Latin American Series 4). Syracuse, N.Y. (Syracuse University), 109-73.

Aguilar, S. Hernán
1993 »*Achkee:* Zu einer Erzählung mündlicher Tradition im Quechua des Callejón de Huaylas, Perú«. In: *Die schwierige Modernität Lateinamerikas. Beiträge der Berliner Gruppe zur Sozialgeschichte lateinamerikanischer Literatur.* José Morales Saravia (Hrsg). Frankfurt/M. (Vervuert), 137-58.

Aguiló, Federico
1981 *Religiosidad de un mundo rural en proceso de cambio. Estudio socioantropológico del proceso de cambio en la religiosidad del campesino de Potosí, Chuquisaca y Tarija.* Sucre/Bolivia (Talleres Gráficos »Q'ori Llama«).
1982 *Enfermedad y salud según la concepción aymaro-quechua.* Sucre (Q'ori Llama).
1985 *El hombre del Chimborazo.* Quito.
1989 »Articulación de la religiosidad agraria y Andina con las formas emergentes de tipo totémico y uranico«. In: *Las Religiones Amerindias. 500 Años Después.* (Colección 500 Años, 4.), Juan Bottasso (Hrsg). Quito (Ediciones Abya-Yala), 137-58.

Agustinos
1865 »Relación de la religión y ritos del Perú« [ca. 1560]. In: *Colección de documentos inéditos, relativos al descubrimiento, conquista y colonización de las posesiones españolas en América y Oceanía.* Dirección: Joaquín F. Pacheco/Francisco de Cárdenas. [Serie 1.] Band III. Madrid, 5-58.

Alarco, E.
1975 *Dos temas norteños. Las piedras grabadas de Sechin. Sobre la providencia de Naymlap.* Lima.

Alber, Erdmute
1990 *Und wer zieht nach Huayopampa? Mobilität und Strukturwandel in einem peruanischen Andendorf.* Saarbrücken u. Fort Lauderdale (Breitenbach).

Alberti, Giorgio, und Enrique Mayer (comp.)
1974 *Reciprocidad e intercambio en los Andes Peruanos.* (Perú Problema, 12.) Lima (Instituto de Estudios Peruanos).

Albó, Xavier
1972 »La religiosidad del quechua cochabambino«. In: *Religiones nativas y religión cristiana.* Oruro (Editores Rodriguez und Muriel), 1-6.
1974 *Reciprocidad complementaria, una categoría mental andina.* (Trabajo presentado al II Congreso de Lenguas Nacionales, Cochabamba, Julio de 1974.) Cochabamba (Departamento de Lingüística del Centro Pedagogico y Cultural Portales).
1975 *La paradoja aymara. Solidaridad y faccionalismo.* (Cuadernos de Investigación CIPCA, No. 8.) La Paz (Centro de Investigación y Promoción del Campesinado [CIPCA]).
1976 »Notas sobre la religiosidad popular del campesino boliviano«. In: *Cristianismo y Sociedad* 14(47):67-74.
1979 »¿Khitipxtansa? ¿Quienes somos? Identidad localista, étnica y clasista en los aymaras de hoy«. In: *América Indígena* 39(3):477-528.
1981 *Bases étnicas y sociales para la participación aymara.* La Paz.
1985 »Pacha Mama y Q'ara: el aymara ante la opresión de la naturaleza y de la sociedad«. In: *Estado y Sociedad* 1:73-88.
1986 »Cuando el gigante despierte«. In: *Cuarto Intermedio* 1:1-20.

1987a »Culturas y cosmovisión andina«. In: *Shupihui (Iquitos)* 12(41):9-28. (Wiederabdruck in: *Iglesia, Pueblos y Culturas (Quito)* 4(14):57-71, 1989.)
1987b »Wenn der Riese erwacht«. In: *Andine [/Indianische] Kosmologie.* Entwicklungsperspektiven (Kassel; LADok, Gesamthochschule Kassel) 26:1-19.
1988 *La experiencia religiosa Aymara.* (Manuscript.) La Paz.

Albó, Xavier (Comp.)
1988 *Raices de América. El Mundo Aymara.* Madrid (Alianza/UNESCO).

Albó, Xavier et al.
1972 »Dinámica en la estructura inter-comunitaria de Jesús de Machaca«. In: *America Indígena* 32:773-816.

Albó, Xavier; Greaves, Thomas, und Godofredo Sandoval
1981-87 *Chukiyawu: la cara aymara de La Paz.* La Paz: Cuadernos de Investigación CIRCA, Nr. 20, 22, 24, 29.

Albó, Xavier; Libermann, Kitula; Godinez, Armando et al.
1989 *Para comprender las culturas rurales en Bolivia.* La Paz (MEC/CIPCA/ UNICEF).

Albó, Xavier, und Calixto Quispe
1987a »Testimonio y reflexión aymara. Caminos de liberación«. In: *Fe y Pueblo* 4(18):12-26 u. 51.
1987b »Testimonio y reflexión aymara. Historia de opresión«. In: *Fe y Pueblo* 4(18):4-11 u. 51.

Albornoz, Crístobal de
1971 »Información de servicios« [1570]. In: Luis Millones: *Las informaciones de Cristóbal de Albornoz. Documentos para el estudio del Taki Onqoy. Sondeos,* no. 79. Cuernavaca, Mexico (Centro Intercultural de Documentatión).

Allen, Catherine J.
1982 »Body and Soul in Quechua Thought«. In: *Journal of Latin American Lore* (Los Angeles) 8(2):179-272.
1983 »Of Bear-Men and He-Men: Bear Metaphors and Male Self-Perception in a Peruvian Community«. In: *Latin American Indian Literatures* (Pittsburgh) 7(1):38-51.
1984 »Patterned Time: The Mythic History of a Peruvian Community«. In: *Journal of Latin American Lore* (Los Angeles) 10(2):151-73.
1988 *The Hold Life Has. Coca and Cultural Identity in an Andean Community.* Washington/London (Smithsonian Institution Press).

Allpanchis
1970 »El mundo sobrenatural del Sur-Andino del Perú«. In: *Allpanchis – Revista del Instituto de Pastoral Andina* 2. Hrsg.: Instituto de Pastoral Andina.

Almeida, Iliana, und Julieta Haidar
1979 »Hacia un estudio semántico del quichua ecuatoriano«. In: *Lengua y cultura en el Ecuador* [verschied. Autoren], Otavalo, 327-42.

Alvarez-Pereyre, F., und S. Arom
1986 »The Holistic Approach to Ethnomusicological Studies. Some Reflections to J.H. Kwabena Nketias Article ›Integrating Objectivity and Experience in Ethnomusicological Studies«. In: *The World of Music* 28(2):3-13.

Andritzky, Walter
1987a »Taquile, una isla de paz. Ritos y danzas del lago Titicaca«. In: *Humboldt* 91:70-9.
1987b »Peruanische Volksheiler während der spanisch-kolonialen Inquisition«. In: *Anthropos* 82:543-66.
1988 *Schamanismus und rituelles Heilen im Alten Peru*. Bd. 1: Die Menschen des Jaguar, S. 1-280; Bd. 2: Viracocha, Heiland der Anden, S. 281-526. Berlin (Zerling).
1989a »Ethnopsychologische Aspekte des Heilrituals mit *ayahuasca* (Banisteriopsis caapi Spp) unter besonderer Berücksichtigung der Piro (Ostperu)«. In: *Anthropos* 84:177-201.
1989b »Sociotherapeutic Functions of Ayahuasca Healing in Amazonia«. In: *Journal of Psychoactive Drugs* 21(1):77-89.
1989c »Kulturvergleichende Psychotherapieforschung. Inhalte, praktische Relevanz und Methodenprobleme einer künftigen psychologischen Disziplin«. In: *Integrative Therapie* 15(2):194-230.
1990 »Historische Aspekte zur Volksmedizin der Schwarzen in Peru«. In: *Ethnologia Americana* 25(2):1247-51.
1991a »Manuelle Therapiemethoden im andinen Volksheilwesen und Konzepte für eine Ethno-Körpertherapieforschung«. In: *Jahrbuch für Transkulturelle Medizin und Psychotherapie 1990*. Walter Andritzky (Hrsg.). Berlin (Aglaster), 135-62.
1991b »Konzepte für eine Kulturvergleichende Therapieforschung. Probleme der Effektivität, der Vergleichbarkeit und Übertragbarkeit ethnischer Heilmethoden«. In: *Jahrbuch für Transkulturelle Medizin und Psychotherapie 1990*. Walter Andritzky (Hrsg.). Berlin (Aglaster), 15-66.
1991c »Ein Modell holistischer Ethnotherapieforschung am Beispiel der mittel- und südamerikanischen Volkskrankheit des susto«. In: *Jahrbuch für Transkulturelle Medizin und Psychotherapie 1991*, W. Andritzky (Hrsg.). Berlin (Aglaster), 55-112.
1992 »Ethnotherapie, Gesundheitssystem und biopsychosoziales Paradigma. Eine Evaluation des mesa-Rituals«. In: *Ethnopsychologische Mitteilungen* 1(2):103-29.
1993 »Kulturintegrativer Gebrauch halluzinogener Drogen«. In: *Umgang mit Drogen. Sozialpädagogische Handlungs- und Interventionsstrategien*. K. Böllert und H.-U. Otto (Hrsg.). Bielefeld (KT-Verlag), 10-26.

Angeles Caballero, César
1955 »El Apóstol Santiago en el Perú«. In: *Cultura Peruana* 15(79):16-9.

Aníbarro de Halushka, Delina
1980 *La narrativa oral en Bolivia: El cuento folklórico*. Ph D diss., University of California at Los Angeles, 1971. Ann Arbor (UMI).

505

Anonym (Ströbele-Gregor, Juliana)
1983 »Der schlafende Riese erwacht«. In: *Lateinamerika-Nachrichten* 120:12-24.
Ansión, Juan
1987 *Desde el rincón de los muertos. El pensamiento mítico en Ayacucho.* Lima (Gredes).
Anthropos. **Revista de documentatión científica de la cultura.**
1992 (Das ganze Heft Nr. 128 ist dem Werk von José María Arguedas gewidmet). Barcelona, Januar 1992.
Arbeitsgruppe Bielefelder Entwicklungssoziologen (Hrsg.)
1979 *Subsistenzproduktion und Akkumulation.* Saarbrücken.
Arguedas, José María
1956 »Puquio, una cultura en proceso de cambio«. In: *Revista del Museo Nacional* (Lima) 25:184-232.
1960/61 »Cuentos religioso-mágicos quechuas de Lucanamarca«. In: *Folklore Americano* (Lima) 8/9:142-216.
1965 »Extractos de ›La posesión de la tierra, los mitos posthispánicos y la visión del universo en la población monolingüe qechua‹«. In: *Ideología mesiánica del mundo andina.* J. M. Ossio (Hrsg.). Lima 1973 (Prado Pastor), 226-35. Teils auch auf Deutsch erschienen in: *Ketschua-Lyrik,* Mario Razzeto, Hrsg. Leipzig 1991:224-39.
1966a »Mitos quechuas post-hispánicos«. In: *Amaru* (Peru) 3:14-8. Teils auch auf Deutsch erschienen in: *Ketschua-Lyrik,* Mario Razzeto, Hrsg. Leipzig 1991:224-39.
1966b *Dioses y hombres de Huarochirí – Narración quechua recogida por Francisco de Avila (1598?).* Estudio biobibliográfico: Pierre Duviols. Serie: Textos Críticos I. Lima (Museo Nacional de Historia/Instituto de Estudios Peruanos).
1966c »Introducción a ›Dioses y hombres de Huarochirí‹«. In: *Dioses y hombres de Huarochirí. Narración quechua recogida por Francisco de Avila (1598?).* Traducida al español por José María Arguedas. Lima, 9-15.
1969 »Correspondencia entre Hugo Blanco y José María Arguedas«. In: *Amaru* (Peru) 11:12-5.
1971 *El zorro de arriba y el zorro de abajo.* Buenos Aires (Losada).
1975a *Formación de una cultura nacional indoamericana.* (Gesammelte Aufsätze, hrsg. von Angel Rama). México.
1975b »Testimonio, sobre preguntas de Sara Castro Klarén«. In: *Hispamérica* 4(10):45-54.
1975c *Dioses y hombres de Huarochirí – Narración quechua recogida por Francisco de Avila (1598?).* 2. Auflage. México (siglo veintiuno editores), s.a. [Enthält nicht den Quechua-Text].
1976a »Conversando con Arguedas«. In: *Recopilación de textos sobre José María Arguedas.* Juan Larco (Hrsg.). La Habana, 21-30.
1976b *Señores e indios. Acerca de la cultura quechua.* (Gesammelte Aufsätze hrsg. von Angel Rama). Buenos Aires.

1976c »De lo mágico a lo popular, del vínculo local al nacional«. In: Arguedas: *Señores e Indios*. Buenos Aires, 243-59.
1976d »La narrativa en al Perú contemporáneo«. In: *Recopilación de textos sobre José María Arguedas*. Juan Larco (Hrsg.). La Habana, 407-20.
1978 *Los ríos profundos. Cuentos*. Caracas.
1980a *Los ríos profundos*. Lima.
1980b *Die Tiefen Flüsse*. (Deutsche Übersetzung von »Los ríos profundos«), Frankfurt/M.
1983a *Obras completas*. Bd. I. Lima.
1983b *Obras Completas*. Bd. II. Lima.
1983c *Trink mein Blut, trink meine Tränen*. (Deutsche Übersetzung von »Todas las sangres«), Köln.
1984a »Razón de ser del indigenismo en el Perú«. In: *Arguedas o la utopía americana*. Alberto Escobar (Hrsg.). Lima, 57-64.
1984b *Katatay* (gesammelte Gedichte in Quechuasprache mit spanischer Übersetzung). Lima.
1985 *Indios, mestizos y señores*. (Gesammelte Aufsätze. Sybila Arredondo de Arguedas, Hrsg.), Lima.
1986 »Verschiedene Stellungnahmen«. In: *Primer encuentro de narradores peruanos*. Lima.
1987a *Yawar fiesta*. Lima.
1987b *Las comunidades de España y del Perú*. Madrid.
1988 Deutsche Übersetzung der Gedichte »A nuestro padre creador Túpac Amaru« (An unseren Schöpfer-Vater Túpac Amaru), »Temblar« (Zittern) und »Oda al Jet« (Ode an den Jet) sowie des Märchens »El sueño del pongo« (Der Traum des Pongo). In: *Llaqtaq takiy. Lieder und Legenden der Ketschua*. Ausgewählt und übertragen von Winfried Böhringer und Arthur Wagner unter Mitarbeit von César Muñoz. Frankfurt/M., 126-36, 141-5.

Arguedas, José María (Comp.)
1953 »Cuentos mágico-realistas y canciones de fiestas tradicionales. Folklore del Valle del Mantaro, provincias de Jauja y Concepción«. In: *Folklore Americano* (Lima) 1(1):283-326.

Arnold, Denise
1986 *Kinship as Cosmology: Potatoes as Offspring among the Aymara of Highland Bolivia*. St. Andrews: University of St. Andrews, Centre for Latin American Linguistic Studies (Working Paper No. 21).

Aronson, Dan
1976 »Ethnicity as a Cultural System: an Introductory Essay«. In: *Ethnicity in the Americas*. Henry Frances, (Hrsg.). The Hague u. Paris (Mouton), 919.

Arriaga, Pablo Joseph de
1920 *La extirpacion de la idolatria en el Peru*. Lima (San Martí).
1968 »Extirpación de la idolatría del Pirú« [1621]. In: *Crónicas Peruanas de Interés indigena*. Francisco Esteve Barba (Hrsg.). (Biblioteca de Autores Españoles 209). Madrid (Ediciones Atlas), 191-277.

Avendaño, Fernando de
 1648 *Sermones de los misterios de nuestra Santa Fe Católica, en lengua castellana, y la general del Inca*. Lima.

Aveni, Anthony F., und Gary Urton (Hrsg.)
 1982 *Ethnoastronomy and Archaeoastronomy in the American Tropics*. New York (New York Academy of Sciences).

Avila, Francisco de
 1646/48 *Tratado de los Evangelios qve Nvestra Madre la Iglesia propone en todo el año desde la primera Dominica de Aduiento, hasta la vltima missa de Difuntos, Santos de España, y añadidos en el nueuo rezado. Explícase el Euangelio y se pone vn sermon en cada vno de las lenguas Castellana, y General de los Indios deste Reyno del Perú*. [Band I].
 Segundo tomo de los sermones de todo el año en lengva indica, y Castellana para la enseñanza de los Indios y extirpación de sus Idolatrías. [Band II].

Ayala, Fabián de
 1976 »Errores, ritos, supersticiones y ceremonias de los yndios de la provincia de Chinchaycocha y otras del Pirú« [1614]. In: Pierre Duviols: Une petite chronique retrouvée. 275-86. In: *Journal de la Société des Américanistes* (Paris) 63:275-97.

Baal, J. van
 1976 »Offering, Sacrifice and Gift«. In: *Nvmen*. International Review for the History of Religions (Leiden) Vol. XXIII, fasc. 3:161-78. Leiden.

Baer, Gerhard
 1981 »Religion and Symbols: A Case in Point from Eastern Peru; The Matsigenka View of the Religious Dimension of Light«. *Scripta Ethnologica* (Buenos Aires) 6:49-52.
 1984 *Die Religion der Matsigenka. Ost-Peru*. Basel.

Baessler, Arthur
 1902-03 *Altperuanische Kunst*. 4 Bände. Berlin.

Balandier, Georges
 1970 »Die koloniale Situation, ein theoretischer Ansatz«. In: *Moderne Kolonialgeschichte*. Rudolf von Albertini (Hrsg.). Köln/Berlin, 105-24.

Barlett, Peggy F.
 1988 »La reciprocidad y la fiesta de San Juan de Otavalo«. In: *Allpanchis* 20(32):73-108.

Barreiros, B. W.
 1885 *Brujos y astrologos de la inquisicion de Galicia y el famoso libro de San Cipriano*. Coruña.

Barthel, Thomas S.
 1971 »Viracochas Prunkgewand (Tocapu-Studien 1)«. *Tribus* (Stuttgart) 20:63-124.

Bastien, Joseph W.
 1978 *Mountain of the Condor: Methaphor and Ritual in an Andean ayllu*. American Ethnological Society, mon. 64. St. Paul, Minnesota (West Publishing Co.).

1986 »Quechua Religions: Andean Cultures«. In: *The Encyclopedia of Religion XII*. London (Macmillan), 134-41.
Bauman, Richard
1986 *Story, Performance and Event: Contextual Studies of Oral Narratives*. Cambridge.
Baumann, Max Peter
1981 »Julajulas – ein bolivianisches Panflötenspiel und seinê aMusiker«. In: *Studia Instrumentorum Musicae Popularis VII*. Erich Stockmann, (Hrsg.). Stockholm (Musikhistoriska Museet), 158-63 (Musikhistoriska Museets Skrifter 9).
1982 *Musik im Andenhochland. Bolivien / Music in the Andean Highlands*. Bolivia. (LP-Doppelalbum: Kommentar in Englisch und Deutsch). Berlin: Musikethnologische Abteilung, Museum für Völkerkunde, Preußischer Kulturbesitz (Museum Collection MC 14).
1985 »The Kantu Ensemble of the Kallawaya at Charazani (Bolivia).« In: *Yearbook for Traditional Music* 17:146-66.
1990 »Musik, Verstehen und Struktur. Das ira-arka-Prinzip im symbolischen Dualismus andiner Musik«. In: *Beiträge zur Musikwissenschaft* 32(4):274-83.
1992 »The Musics of Indian Societies in the Bolivian Andes.« In: *Universe of Music: A History*. Barry Brook und Malena Kuss (Hrsg.). Vol. XII »Latin America«. Washington (Smithsonian Institute) (im Druck).
Beltrán, Gonzalo Aguirre
1967 *Regiones de refugio*. Mexiko.
Ben-Amos, Dan, und Kenneth S. Goldstein (Hrsg.)
1975 *Folklore – Performance and Communication*. The Hague/Paris.
Benjamin, Walter
1966 *Briefe*. Bd. II. Frankfurt/M.
Berg, Hans van den
1985 *Diccionario religioso aymara*. Iquitos (CETA – IDEA).
1989a *La tierra no da así no más. Los ritos agrícolas en la religión de los aymara-cristianos*. La Paz: HISBOL-UCB/ISET (Yachay. Témas monográficos no. 5, Universidad Católica Boliviana, Cochabamba).
1989b *»La tierra no da así no más«. Los ritos agrícolas en la religión de los aymara-cristianos*. (CEDLA Latin America Studies 51). Amsterdam (Centrum voor Studie en Documentatie van Latijns Amerika, CEDLA).
Berghe, Pierre L. van den (Hrsg.)
1974 *Class and Ethnicity in Peru*. Leiden.
Berghe, Pierre van den, und Georges Primov
1977 *Inequality in the Peruvian Andes: Class and Ethnicity in Cuzco*. Columbia (University of Missouri Press).
Bertonio, Ludovico
1984 *Vocabulario de la lengua aymara* [1612]. Reimpresión facsimilar. Cochabamba (Ediciones Ceres).

Betanzos, Juan de
1987   *Suma y narración de los Incas.* [1557]. María del Carmen Martín Rubio, Hrsg. Madrid (Ediciones Atlas).

Beyersdorff, Margot
1986   »Fray Martín de Mura y el ›Cantar‹ histórico inka«. In: *Revista Andina* (Cusco) 4(2):501-21.

Bloch, Ernst
1959-78   *Gesamtwerk.* Erbschaft dieser Zeit. Gesamtwerk Band IV. Frankfurt/Main (Suhrkamp). Band VII: Das Materialismusproblem – seine Geschichte und Substanz.

Bolaños, C.
1981   *Musica y danzas en el antiguo Peru.* Lima (Museo Nacional de Antropologia y Archaeologia).

Bollinger, Arnim
1983   *So kleideten sich die Inka.* Zürich: Schriftenreihe des Instituts für Lateinamerikanistik.

Bouysse-Cassagne, Thérèse
1987   *La identidad aymara. Aproximación histórica (Siglo XV & XVI).* La Paz (Hisbol).

Bouysse-Cassagne, Thérèse; Harris, Olivia; Platt, Tristan et al.
1987   *Tres reflexiones sobre el pensamiento andino.* La Paz (Hisbol).

Brandes, Volkhard u. a.
1983   *Gegen Ende der Reise. Auf der Suche nach der indianischen Botschaft.* Frankfurt/Main (Extrabuch).

Brenner, F.
1975   »El ishpingo. Su uso pre-columbino y actual«. In: *Folklore Americano* 19:101-4.

Brundage, Burr C.
1985   *Lords of Cuzco. A History and Description of the Inca People in their Final Days.* 2. Aufl. Norman (University of Oklahoma Press).

Buechler, Hans
1980   *The Masked Media.* The Hague (Mouton).

Burgos Guevara, Hugo
1992   »El mito del urcuyaya«. In: *El mito en los pueblos indios de América.* Juan Bottasso (Hrsg.). Quito (Abya Yala), 63-92.

Calancha, Antonio de la
1974-81   *Crónica Moralizada* [1638]. Bde. 1-6. (Crónicas del Perú 4-9). Lima (Edición Ignacio Prado Pastor).

Calderón, Eduardo, und Douglas Sharon
1978   *Terapía de la Curandería.* Trujillo.

Calla, Ricardo; Pinelo, José E., und Miguel Urioste
1989   *CSUTCB: Debate sobre documentos políticos y asamblea de nacionalidades.* La Paz (CEDLA).

Campaña, Pilar, und Rigoberto Rivera
1978   »El proceso de descampesinización en la Sierra Central del Perú«. In: *Estudios Rurales Latino-americanos* 1(2):71-100.

Cárdenas, Victor Hugo
1988 »La lucha de un pueblo«. In: *Raices de América. El Mundo Aymara.* Albó, Xavier (comp.). Madrid (Alianza/UNESCO), 495-534.
Cardich, Augusto
1981 *Dos divinidades relevantes del antiguo panteón Centro-Andino: Yana Raman o Libiac Cancharco y Rayguana.* (Serie monográfica 1). La Plata (Cátedra de Arqueología Americana I, Universidad Nacional de La Plata).
Carneiro, Robert L.
1964 »The Amahuaca and the Spirit World«. *Ethnology* 3:6-11.
Carter, William, und Xavier Albó
1988 »La Comunidad Aymara: un mini-estado en conflicto«. In: *Raices de America. El Mundo Aymara.* Albó, Xavier (comp.). Madrid (Alianza America/UNESCO), 451-94.
Carter, William Earl, und Mauricio Mamani
1982 *Irpa Chico. Individuo y comunidad en la cultura Aymara.* La Paz (Libreria Editorial »Juventud«).
Carvajal, Juan (Hrsg.)
1980 *Wiñay arunaka: Cuentos andinos.* La Paz.
Carvalho-Neto, Paulo de
1966 *Cuentos folklóricos del Ecuador (I).* Quito.
Casaverde Rojas, Juvenal
1970 »El mundo sobrenatural en una comunidad«. In: *Allpanchis* 2:121-244.
Castaneda, Carlos
1983 *Die Lehren des Don Juan.* Frankfurt/Main.
Castro Klarén, Sara
1973 *El mundo mágico de José María Arguedas.* Lima.
Celestino, Olinda, und Albert Meyers
1981 *Las cofradías en el Perú: région central.* Frankfurt.
Cereceda, Verónica
1978 *Mundo quechua.* Cochabamba (Editorial Serrano).
Cerrón-Palomino, Rodolfo
1991 »Un texto desconocido del quechua costeño (s. XVI)«. In: *Revista Andina* (Cusco) 9(2):393-413.
Chacon, V. A.
1982 »El siku bipolar en el antiguo Peru«. In: *Boletin de Lima* 23:29-48.
Chaumeil, J. P.
1979 »Chamanismo Yagua«. In: *Amazonia Peruana* 2:35-69.
Chiappe, Mario; Moises Lemlij und Luis Millones
1985 *Alucinógenos y Shamanismo en el Peru Contemporáneo.* Lima.
Chiriboga, Manuel u. a.
1984 *Estrategias de supervivencia en la comunidad andina.* Quito (Centro Andino de Acción Popular).
Choy, Emilio
1958 »De Santiago Matamoros a Santiago mata-indios«. In: *Revista del Museo Nacional* (Lima) 27:195-272.

Chuquimamani Valer, Rufino *et al.* **(Hrsg.)**
1983   *Unay pachas ...*, Bd. 1. Lima/Puno.
1984   *Unay pachas ...*; Bd. 2. Lima/Puno.

Cieza de León, Pedro de
1984   *La Crónica del Perú* [1550-1554]. Manuel Ballesteros (Hrsg.). (Crónicas de América 4). Madrid (Historia 16).
1985   *Crónica del Perú. Segunda Parte [= Señorío]* [1550]. Edición, prólogo y notas de Francesca Cantù. Lima (Pontificia Universidad Católica; Academia Nacional de la Historia). (Colección Clásicos Peruanos.)

Cipolletti, María Susana
1983   »En torno a un relato andino: El *Ukumari*«. In: *Allpanchis* (Cuzco/Sicuani) 22:145-62.

Claros-Arispe, Edwin
1991   *Yllapa: Gott und Kult des Blitzes in den Anden.* (Theorie und Forschung 155; Religionswissenschaften 2). Regensburg (Roderer). Zugl. Regensburg, Univ. Diss., 1991.

Clastres, Pierre
1976   *Staatsfeinde.* Frankfurt.

Cobo, Bernabé
1890-93   *Historia del nuevo mundo.* Bd. 1-4, Sevilla (Rasco).
1964   *Historia del Nuevo Mundo* [1653]. Francisco Mateos (Hrsg.). 2 Bde. (Biblioteca de Autores Españoles 91-92). Madrid (Ediciones Atlas).

CONAIE
1988   *Las nacionalidades indígenas en el Ecuador. Nuestro proceso organizativo.* Quito (Ediciones Tinkui – CONAIE).

CONAIE u. a.
1990   *Declaración de Quito y resolución del encuentro continental de pueblos indígenas.* Quito, 17-21 de Julio 1990 (o. O., o. V.).

Contreras, Jess
1987   »El lugar de José María Arguedas en la etnología de España y de los andes«. Vorwort zu Arguedas: *Las comunidades de España y del Perú.* Madrid, 15-25.

Córdova Salinas, Diego de
1957   *Crónica Franciscana de las Provincias del Perú* [1651]. Lino G. Canedo, (Hrsg.). Washington (Academy of American Franciscan History).

Cornejo Polar, Antonio
1976a   »El sentido de la narrativa de Arguedas«. In: *Recopilación de textos sobre José María Arguedas.* Juan Larco (Hrsg.). La Habana, 45-72.
1976b   »Arguedas, poeta indígena«. In: *Recopilación de textos sobre José María Arguedas.* Juan Larco (Hrsg.). La Habana, 169-76.
1980   *Literatura y sociedad en el Perú: la novela indigenista.* Lima.

Cornejo Polar; Escobar, A. A.; Lienhard, M., und W. Rowe
1984   *Vigencia y universalidad de José María Arguedas.* Lima.

Crumley, Laura Lee
1984 »El intertexto de Huarochirí en Manuel Scorza: Una visión múltiple de la muerte en ›Historia de Garabombo, el Invisible‹«. In: *América Indígena* 49(4):747-55.

Dalle, Luis
1988 *Antropologia y evangelización desde el Runa*. Lima (Centro de Estudios y Publicaciones).

Davidson, J. R.
1981 »El spondylus en la cosmología chimú«. In: *Revista del Museo Nacional* 45:75-88.

Dedenbach-Salazar Sáenz, Sabine
1990 *Inka Pachaq Llamanpa Willaynin – Uso y Crianza de los Camélidos en la Epoca Incaica*. Estudio lingüístico y etnohistórico basado en las fuentes lexicográficas y textuales del primer siglo después de la conquista. (Bonner Amerikanistische Studien 16.) Bonn.

Degregori, Carlos Iván
1986 »Del mito de Inkarrí al mito del progreso: poblaciones andinas, cultura e identidad nacional«. In: *Socialismo y participación* (Peru) 36(12/1986):49-55.

Degregori, Carlos; Valderrama, Mariano; Alfajeme, Augusta, und Marfil Francke
o. J. *Indigenismo, clases sociales y problema nacional. La discusión sobre el »problema indígena« en el Perú*. Lima.

Delgado, Mariano (Hrsg.)
1991 *Gott in Lateinamerika. Texte aus fünf Jahrhunderten. Ein Lesebuch zur Geschichte*. Ausgewählt und eingeleitet von Mariano Delgado. Düsseldorf.

Delgado de Thays, Carmen
1968 *Religión y magia en Tupe (Yauyos)*. (Sondeos, No. 28.) Cuernavaca/México (Centro Intercultural de Documentación).

Demarest, Arthur A.
1981 *Viracocha. The Nature and Antiquity of the Andean High God*. (Peabody Museum Monographs 6). Cambridge, Mass. (Harvard University).

Dietschy, Beat
1986 »*Nicht alle sind im selben Jetzt da*«. *Über die Kategorie Ungleichzeitigkeit*. Unveröffentl. Manuskript.

Disselhoff, H. D.
1939 »›Brujos‹ im Hochland von Ekuador«. In: *Zeitschrift für Ethnologie* 71:300-5.
1968 *Oasenstädte und Zaubersteine im Land der Inka*. Berlin (Safari).
1971 »Südperuanische Felsbilder«. In: *Antike Welt* 2:3-20.

Dobkin de Ríos, Marlene
1976 *The Wilderness of Mind: Sacred Plants in Cross-Cultural Perspective*. Beverly Hills.

1977 »Una teoria transcultural del uso de los alucinogenos de origen vegetal«. In: *América Indigena* (Mexico) 37(2):291-304.
1981 »Religion und Pflanzenhalluzinogene im präkolumbischen Peru – Moche und Nazca.« In: *Rausch und Realität*. Gisela Völger, (Hrsg.). Köln, 340-45.

Documentos de la 2da Reunión de Barbados
1979 *Indianidad y descolonización en América Latina*. Mexiko.

Donnan, Ch.
1978 *Moche Art of Peru. Pre-columbian Symbolic Communication*. Museum of Cultural History. University of California, Los Angeles.
1982 »Dance in Moche Art«. In: *Ñaupa Pacha* 20:97-120.

Dorfman, Ariel
1969 »Arguedas y la epopeya americana«. In: *Amaru* (Peru) 11:18-26.

Dover, Robert V. H.; Katharine E. Seibold und John McDowell (Hrsg.)
1992 *Andean Cosmologies through Time: Persistence and Emergence*. Bloomington/Indianapolis (Indiana University Press).

Duviols, Pierre
1962 »Les traditions miraculeuses du siège du Cuzco (1536) et leurs fortune littéraire«. In: *Travaux de l'Institut d'Etudes Latino-Américaines de l'Université de Strasbourg* 2:393-400.
1966 »Estudio biobibliográfico«. Arguedas, J. M.: *Dioses y hombres de Huarochirí – Narración quechua recogida por Francisco de Avila (1598?)*. Estudio biobibliográfico: Pierre Duviols. Serie: Textos Críticos I. Lima (Museo Nacional de Historia/Instituto de Estudios Peruanos).:218-40.
1973 »Huari y Llacuaz. Agricultores y pastores. Un dualismo prehispánico de oposición y complementaridad«. In: *Revista del Museo Nacional* (Lima) 39:153-91.
1974 *Duality in the Andes*. Paper presented at the Andean Symposium II, American Anthropological Association, Mexico City, November 20.
1986 *Cultura andina y represión. Procesos y visitas de idolatría y hechicerías, Cajatambo siglo XVII*. Archivos de Historia Andina 5. Cusco (Centro de Estudios Rurales Andinos »Bartolomé de Las Casas«).
1988 »Rituel et commémoration. L'opposition Inca/Alcauiza, prélude à la guerre contre les Chanca«. In: *La commémoration*. Colloque du centenaire de la Section des Sciences Religieuses de l'Ecole Pratique des Hautes Etudes sous la direction de Philippe Gignoux. (Bibliothèque de l'Ecoles de Hautes Etudes, Section des Sciences Religieuses 91). Louvain-Paris (Peeters), 275-85.

Earls, John, und Irene Silverblatt
1978 »La realidad física y social en la cosmología andina«. In: *Actes du XLIIe Congrès International des Américanistes* (Paris 1976) IV:299-325.

Eliade, Mircea
1959 *Schamanismus und archaische Ekstasetechnik*. Zürich (Rascher).
1975 *Schamanismus und archaische Ekstasetechnik*. Frankfurt a./M. (Spätere Ausgabe von Eliade 1959).

Elick, John W.
1969 *An Ethnography of the Pichis Valley Campa of Eastern Peru.* Ph. D. diss., Univ. of California. Los Angeles.

Elschenbroich, Donata
1986 *Eine Nation von Einwanderern. Ethnisches Bewußtsein und Integrationspolitik in den USA.* Frankfurt (Campus).

Elwert, Georg
1981 »Die Dreierschichtung von Proletariat und kleinen Warenproduzenten in der Dritten Welt«. In: *Soziologie in der Gesellschaft.* Werner Schulte (Hrsg.). Bremen, 599-604.
1989 »Nationalismus und Ethnizität. Über die Bildung von Wir-Gruppen«. In: *Kölner Zeitschrift für Soziologie und Sozialpsychologie* 3:440-64.

Escobar, Alberto
1976 »La guerra silenciosa de todas las sangres«. In: *Recopilación de textos sobre José María Arguedas.* Juan Larco (Hrsg.). La Habana, 289-300.

Escobar, Alberto (Hrsg.)
1984 *Arguedas o la utopía americana.* Lima.

Espinoza Soriano, Waldemar
1972 »Agua y riego en tres ayllus de Huarochirí (Perú). Siglos XV y XVI«. In: *Actas y Memorias del XXXIX Congreso Internacional de Americanistas, Lima 1970,* 3:147-66. Lima (Museo Nacional de la Cultura Peruana), 147-66.

Estrella, Eduardo
1977 *Medicina aborígen.* Quito.

Faust, Franz Xaver
1973 *Medizinische Anschauungen und Praktiken der Landbevölkerung im andinen Kolumbien.* Dissertation, München.
1983 *Medizinische Anschauungen und Praktiken der Landbevölkerung im andinen Kolumbien.* Schäftlarn (Renner).

Fioravanti-Molinié, Antoinette
1973 »Reciprocidad y economía de mercado en la comunidad campesina Andina«. In: *Allpanchis* 5:121-30.

Firestone, Homer I.
1988 *Pachamama en la cultura andina.* La Paz, Cochabamba (Los Amigos del Libro).

Flores Galindo, Alberto
1987 *Buscando un inca: Identidad y utopía en los Andes.* Lima.

Flores Ochoa, Jorge (Hrsg.)
1977 *Pastores de puna. Uywamichiq punarunakuna.* Lima (IEP).

Flores Pinaya, Ruth
1991 *Qhichwa Willaykuna – Cuentos qhichwa.* La Paz (Ediciones Aruwiyiri).

Fonseca-Martel, César
1973 *Sistemas económicos andinos.* Lima (Biblioteca Andina).

Frank, Erwin
1990 »Zur Ethnographie heutiger ›Indianer‹ im Andenraum«. In: *Altamerikanistik – Eine Einführung in die Hochkulturen Mittel- und Südamerikas.* Ulrich Köhler, (Hrsg.). Berlin (Reimer), 593-603.

Frazer, J.
1976 The Golden Bough. A Study in Magic and Religion. 12 Bde. 3. Auflage (1911). London (Macmillan).

Fuenzalida Vollmar, Fernando
1980 »Santiago y el Wamani: Aspectos de un culto pagano en Moya«. In: *Debates en Antropología* 5:155-87.

Furst, Peter T. (Hrsg.)
1972 *Flesh of the Gods.* New York.

Gade, Daniel W.
1983 »Lightning in the Folklife and Religion of the Central Andes«. In: *Anthropos* 78:770-88.

Galante, Hippolytus
1942 *Francisco de Avila – De Priscorum Huarochiriensium – Origine et Institutis.* Madrid (Instituto Gonzalo Fernández de Oviedo).

García, Albert
1972 »Le Manicheisme dans les Romans de José María Arguedas«. In: *Atti del XL congresso internazionale degli americanisti,* Rom/Siena, 3.-10. September 1972, Bd. III, 135-41.
1975 *La Découverte et la Conquête du Pérou d'après les sources originales.* (Publications de l'Université de Paris X Nanterre. Lettres et Sciences Humaines. Ser. A: Thèses et Travaux 30). Paris (Klinsieck).

Garcilaso de la Vega, Inca
1944 *Historia General del Perú* (Segunda parte de los Comentarios Reales de los Incas) [1617]. Angel Rosenblat, (Hrsg.), Bde. 1-3. Buenos Aires (Emecé Editores).
1960 *Comentarios reales de los Incas.* Prim. Parte. Cusco (Edicion de la Univ. Nac. del Cuzco).
1976 *Comentarios reales de los Incas* [1609]. Aurelio Miró Quesada (Hrsg.). 2 Bde. (Biblioteca Ayacucho 5-6). Venezuela, s. l. (Italgráfica).

Gareis, Iris
1982 *Llama und Alpaca in der Religion der rezenten Bewohner des zentralen und südlichen Andengebietes.* (Münchner Beiträge zur Amerikanistik 6). Hohenschäftlarn (Klaus Renner).
1987 *Religiöse Spezialisten des zentralen Andengebietes zur Zeit der Inka und während der spanischen Kolonialherrschaft.* (Münchner Beiträge zur Amerikanistik 19). Hohenschäftlarn (Klaus Renner). Zugl. München, Univ. Diss., 1986/87.

Garr, Thomas M.
1972 *Cristianismo y religión Quechua en la Prelatura de Ayaviri.* Cusco (Instituto de Pastoral Andina).

Gaudium et spes
1968 »Gaudium et spes«. In: Das zweite Vatikanische Konzil = LThK-Ergänzungsband III. Freiburg (Herder), 241-592.

Gebhardt-Sayer, A.
1985 »The Geometric Designs of the Shipibo-Conibo in Ritual Context«. In: *Journal of Latin American Lore* 11:143-76.

Gerhards, Ernst
1972 *Das Bild des Indio in der peruanischen Literatur. Mythos und Wirklichkeit der indianischen Welt bei José María Arguedas.* Berlin.

Giese, Claudius
1982 *Die Curanderos der peruanischen Nordküste.* Berlin (Freie Universität Berlin, unveröffentlichte Magisterarbeit).
1983 »Cerro Mulato: Felsbilder eines encanto im Norden Perus«. In: *Baessler Archiv* N.F. 31:299-305.
1989 »*Curanderos*«, *traditionelle Heiler in Nord-Peru (Küste und Hochland).* Dissertation, Freie Universität Berlin, erschienen in der Reihe Münchener Beiträge zur Amerikanistik, Bd. 20. Hohenschäftlarn (Klaus Renner). (Ab 1993 Akademischer Verlag, München.)

Giese, Gerda
1983 *Traditionelle Spezialisten für Heilung und Magie (Religion) in der südlichen Sierra Perus.* Berlin (Freie Universität Berlin, unveröffentlichte Magisterarbeit).

Gillin, John
1947 *Moche: A Peruvian Coastal Community.* Washington.

Giono, G. E.
1975 »Una aproximacion al patrimonio musical de las culturas andinas: Nasca y Mochica«. In: *Antiquitas* (Buenos Aires) 20/21:8-26.

Girault, Louis
1966 »Classification vernaculaire des plantes médicinales chez les Callawaya, médecins empiriques (Bolivie)«. In: *Journal de la Société des Américanistes* 55(2):155-200.
1984 *Kallawaya. Guériseurs itinérants des Andes. Recherches sur les pratiques médicinales et magiques.* (Collection Mémoires No. 107). Paris/Bondy (Editions de l'Orstom).
1988 *Rituales en las regiones andinas de Bolivia y Perú.* Übersetzung und Korrektur des französischen Manuskriptes von Hans van den Berg. La Paz (Escuela Profesional Don Bosco).

Girón, B.
1977 *Salud y enfermedad en el campesinado Peruano del siglo 17.* Lima.

Gisbert, Teresa
1980 *Iconografía y mitos indígenas en el arte.* La Paz (Gisbert y Cía).

Godoy, Ricardo
1981 *From Indian to Miner and Back Again. Small Scale Mining in the Jukumani ayllu, Northern Potosí, Bolivia.* Ph. D. New York (Columbia University).

Golte, Jürgen
1980   *La racionalidad de la organización andina.* Lima (Instituto de Estudios Peruanos).
Golte, Jürgen, und Norma Adams
1987   *Los caballos de Troya de los invasores. Estrategias campesinas en la conquista de la Gran Lima.* Lima.
González Holguín, Diego
1952   *Vocabvlario de la lengva general de todo el Perv llamada lengua Qquichua o del Inca* [1608]. [Ciudad de los Reyes (Lima)]. Ral Porras Barrenechea, Hrsg. Lima (Edición del Instituto de Historia, Universidad Nacional Mayor de San Marcos).
Gonzales Viaña, E.
1979   *Habla Sampedro, llama a los brujos.* Barcelona (Vergara).
Gow, David
1976   *The Gods and Social Change in the High Andes.* Ph. D. University of Wisconsin, Madison.
Gow, Rosalind, und Bernabé Condori
1976   *Kay Pacha. Tradición oral andina.* (Biblioteca de la Tradición Oral Andina/1.) Cusco (Centro de Estudios Rurales Andinos »Bartolomé de Las Casas«).
1982   *Kay pacha. Tradición oral andina.* 2. Auflage. Cuzco (Centro de Estudios Rurales Andinos »Bartolomé de las Casas«).
Grebe Vicuña, María Ester
1986   »Etnozoología andina: concepciones e interacciones del hombre andino con la fauna altiplanicia«. In: *Scripta Ethnologica* X:7-18. Buenos Aires (Centro Argentino de Etnología Americana).
Grillo, Eduardo
1990   »›Cosmovisión‹ andina y ›cosmología‹ occidental moderna«. In: *Agricultura y Cultura en los Andes,* Eduardo Grillo und Grimaldo Rengifo (Hrsg.). La Paz (Hisbol), 99-140.
Grondín, Marcelo
1978   *Comunidad andina: explotación calculada. Un estudio sobre la organización comunal de Muquiyauyo-Peru.* Santo Domingo.
Gruszczynskaya-Ziolkowska, Anna
i. V.   »Pan-Pipes Antaras from Nazca (Peru): Problems of Reconstruction«. In: *La multidisciplinarité de l'archéologie en musicale,* Saint-Germanen-Laye 1990, Kongreßbericht in Vorb.
Guallart, José, María
1958   »Mitos y leyendas de los aguarunas del Alto Marañon«. In: *América Indigena* (Lima) 7(16/17): 59-98.
Guaman Poma de Ayala, Felipe
1936   *Nueva corónica y buen gobierno.* (Codex péruvien illustré.) (Faksimile.) Paul Rivet, Hrsg. Paris (Université de Paris). (Travaux et Mémoires de l'Institut d'Ethnologie, 23.)
1956   *La nueva coronica y buen gobierno, epoca prehispanica.* Lima (Ed. Cultural).

1980 *El primer nueva corónica y buen gobierno por Felipe Guaman Poma de Ayala [Waman Puma]* [ca. 1610]. 3 Bände. Edición crítica de John V. Murra y Rolena Adorno. Traducción y análisis textual del quechua por Jorge L. Urioste. (Colección América Nuestra, América Antigua, 31.) Mexico.

1987 *Nueva corónica y buen gobierno.* 3 Bde. mit fortlaufender Seitenzählung. (Colección crónicas de América 29a, 29b, 29c). Madrid.

Guerrero, Andrés
1990 *Curagas y tenientes políticos. La ley de costumbre y la ley del Estado* (Otavalo 1830-1875). Quito (Editorial El Conejo).

Guillet, David
1980 »Reciprocal Labor and Peripheral Capitalism in the Central Andes«. In: *Ethnology* 19(2):151-68.

Gushiken, José
1979 *Tuno: El Curandero.* 2. erweiterte Auflage. Lima.

Gutiérrez, Gustavo
1987 »Entre las calandrias: algunas reflexiones sobre la obra de J. M. Arguedas«. In: *Raíces de la teología latinoamericana:* Pablo Richard, (Hrsg.). San José (Costa Rica), 345-63.

1990 *Gott oder das Gold. Der befreiende Weg des Bartolomé de Las Casas.* Freiburg i. Br.

Gutmann, Margit
1989 »Das Selbstverständnis von Frauen in mündlichen Quechua-Erzählungen Perus«. In: *Bild – Wort – Schrift. Beiträge zur Lateinamerika-Sektion des Freiburger Romanistentages.* Birgit Scharlau (Hrsg.). Tübingen (Narr), 45-57.

Halifax, Joan
1981 *Die andere Wirklichkeit der Schamanen.* Bern/München.

d'Harcourt, Marguerite, und Raoul d'Harcourt
1959 *La musique des Aymaras sur les hauts plateaux boliviens d'après les enregistrements sonores de Louis Girault.* Paris (Société des Américanistes, Musée de l'Homme).

d'Harcourt, Raoul und Marguerite d'Harcourt
1925 *La musique des Incas et ses survivances.* 2. vols. Paris (Paul Geuthner).

Harman, Inge Maria
1987 *Collective Labor and Rituals of Reciprocity in the Southern Bolivian Andes.* (Thesis, Cornell University, Doctor of Philosophy.) Ann Arbor/Michigan (University Microfilms International).

Harner, Michael
1981 *Hallucinogens and Shamanism.* New York.
1982 *Der Weg des Schamanen.* Interlaken.

Harris, Olivia
1978 »El parentesco y la economía vertical en el ayllu laymi«. In: *Avances* 1:51-64.

1982 »Labour and Produce in an Ethnic Economy, Northern Potosí, Bolivia«. In: *Ecology and Exchange in the Andes.* David Lehman (Hrsg.). London: Cambridge, 70-96.
1985 »Complementaridad y conflicto. Una visión andina del hombre y la mujer«. In: *Allpanchis phuturinqa* (Cusco) 21(25):17-42.

Harris, Olivia, und Thérèse Bouysse-Cassagne
1988 »Pacha: En torno al pensamiento aymara«. In: *Raíces de América: El Mundo Aymara,* Xavier Albó, Comp. Madrid (Alianza Editorial y UNESCO), 217-5.

Harrison, Regina
1989 *Signs, Songs, and Memory in the Andes. Translating Quechua Language and Culture.* 1. Auflage Austin (University of Texas Press).

Hartmann, Roswith
1973 »Conmemoración de muertos en la Sierra ecuatoriana«. In: *Indiana* (Berlin) 1:179-97.
1975 »En torno a las ediciones más recientes de los textos quechuas recogidos por Francisco de Avila«. In: *Atti del XL Congresso Internazionale degli Americanisti,* Roma-Genova 1972, 3:31-42. Genova (Tilgher).
1981 »El texto quechua de Huarochirí – und evaluación crítica de las ediciones a disposición«. In: *Histórica* (Lima) 5(2):167-208.
1984 »Achkee, Chificha y Mama Huaca en la tradición oral andina«. In: *América Indígena* (México) 44(4):649-62.
1986a *50 Jahre Quechua in Lehre und Forschung an der Universität Bonn.* Bonn.
1986b »Medio siglo de estudios quechuas en la Universidad de Bonn«. In: *Revista Andina* (Cusco) 4(2):607-14.
1988a »Narraciones quechuas recogidas por Max Uhle a principios del siglo XX«. In: *Indiana* (Berlin) 11 [1987]:321-85.
1988b »Hermann Trimborn (1901-1986)«, [Nachruf]. In: *Indiana* (Berlin) 11 [1987]:409-14.
1990 »Zur Überlieferung indianischer Oraltraditionen aus dem kolonialzeitlichen Peru: das Huarochirí-Manuskript«. In: *Circumpacifica. Festschrift für Thomas S. Barthel.* Bruno Illius/Matthias Laubscher (Hrsg.). Frankfurt a.M. u.a. (Peter Lang), I:543-61.
1991 »A propósito de tradiciones orales autóctonas del Perú en la temprana época colonial – El manuscrito de Huarochirí«. In: *Pueblos indígenas y Educación* (Quito) 5(17):73-111.

Haubrich, Walter
1985 »Fremder im eigenen Land. Die Trauer der Indios auf dem Altiplano«. In: Gregorio Condori Mamani, *Sie wollen nur, daß man ihnen dient...,* Frankfurt/M., 5-14.

Hauschild, Thomas
1984 Buchbesprechung über Jörg Wolfgang Helbigs: Religion und Medizinmannwesen bei den Cuna. In: *Curare* 7(3):201f.

Herbert, Jean-Loup
1979 »La latinoamericanidad: una ideología contra-revolucionaria«. In: *Documentos de la 2da Reunión de Barbados*, 101-6.
Hernández Príncipe, Rodrigo
1986 »Visitas«. In: Duviols, Pierre: *Cultura andina y represión. Procesos y visitas de idolatrías y hechicerías, Cajatambo, siglo XVII.* (Archivos de Historia Andina 5). Cuzco (Centro de Estudios Rurales Andinos »Bartolomé de Las Casas«), 461-507.
Hickman, Ellen
1991 *Musik aus dem Altertum der Neuen Welt*. Frankfurt etc.
i. V. »Cors et trompettes des Andes Précolumbiennes«. In: *La multidisciplinarité de l'archéologie en musicale*, Saint-German-en-Laye 1990, Kongreßbericht in Vorb.
Hickmann, Hans
1946 *La trompete de l'Egypte ancienne*. Kairo.
Hill, Jonathan (Hrsg.)
1988 *Rethinking History and Myth: Indigenous South American Perspectives on the Past*. Urbana (University of Illinois Press).
Hissink, Karin
1960 »Notizen zur Ausbreitung des Ayahuasca-Kultes bei Chama- und Tacana-Gruppen«. *Ethnologica* (Köln). Neue Folge. 2:522-29.
Hocquenghem, Anne Marie
1983 »Espacio, tiempo y poder en los Andes«. In: *Lieder und Mythen in der Volkskultur Lateinamerikas*. Bonn (Deutscher Volkshochschulverband), 80-96 u. 136-41.
1987 *Iconografía Mochica*. Lima (Pontificia Universidad Católica del Perú).
Horkheimer, H.
1947 »Informe sobre la excursion arqueologica a la region de Palpa-Nasca«. In: *Rev. de la Universidad Trujillo*.
Hornberger, Nancy H.
1992 »Verse Analysis of ›The Condor and the Sheperdess‹«. In: *On the Translation of Native American Literatures*. Brian Swann (Hrsg.). Washington/London (Smithsonian Institution Press), 441-69.
Howard-Malverde, Rosaleen
1981 *Dioses y diablos: Tradición oral de Cañar, Ecuador. Textos quichuas ...* Amérindia, numéro spécial 1. Paris (A.E.A.).
1984 *Achkay, una tradición quechua del Alto Marañón*. Paris (Chantiers Amérindia).
1989 »Storytelling Strategies in Quechua Narrative Performance«. In: *Journal of Latin American Lore* (Los Angeles) 15(1):3-71.
Huarochirí: Überlieferungen
[ca. 1608] *Runa yndio ñiscap Machoncuna ñaupa pacha ... MS. 3169. Madrid* (Biblioteca Nacional).
1967 *Francisco de Avila* [ca. 1608]. Hermann Trimborn und Antje Kelm, Hrsg. (Quellenwerke zur alten Geschichte Amerikas aufgezeichnet in den Sprachen der Eingeborenen, 8.) Berlin, 1-198.

Hurtado, Javier
1986   *El Katarismo.* La Paz (HISBOL).
Husson, Jean-Philippe
1984   »L'art poétique quechua dans la chronique de Felipe Waman Puma de Ayala«. In: *Amerindia* (Paris) 9:79-110.
1985   *La Poésie Quechua dans la Chronique de Felipe Waman Puma de Ayala: de l'Art Lyrique de Cour aux Chants et Danses Populaires.* Paris (L'Harmattan).
Igartua, Fernando
1969   »José María Arguedas se fue muriendo del Perú«. In: *Oiga* (Perú) 353:15.
Indianer
1982   *Indianer in Lateinamerika. Neues Bewußtsein und Strategien der Befreiung.* Wuppertal (Peter Hammer).
INDICEP
1973   »El jilakata. Apuntes sobre el sistema político del los aymaras«. In: *Allpanchis* 5:33-44.
Instrucción
1916   »Instrucción contra las ceremonias y ritos que usan los indios conforme al tiempo de su infidelidad.« In: Polo de Ondegardo, Juan: *Informaciones acerca de la religión y gobierno de los Incas.* (Colección de libros y documentos referentes a la historia del Perú 3). Lima (Sanmarti), 189-203.
Irarrázaval, Diego
1987   »Pachamama – Ein göttliches Leben für geschlagene Menschen«. In: *Andine [/Indianische] Kosmologie. Entwicklungsperspektiven* (Kassel; LADok, Gesamthochschule Kassel) 26:21-38.
1988   »Mutación en la identidad andina: ritos y concepciones de la divinidad. In: *Allpanchis* 20(31):11-84.
1992   *Tradición y porvenir andino.* Chucuito [Puno]/Lima (Instituto de Estudios Aymaras/TAREA).
Isbell, Billie Jean
1977   »›Those who Love me‹: An Analysis of Andean Kinship and Reciprocity within a Ritual Context«. In: *Andean Kinship and Marriage,* Ralph Bolton und Enrique Mayer (Hrsg.). Washington (American Anthropological Association), 81-105.
1978   *To Defend Ourselves. Ecology and Ritual in an Andean Village.* Austin (University of Texas Press).
Isbell, William
1977   *The Rural Foundation for Urbanism. Economic and Stylistic Interaction between Rural and Urban Communities in Eigth-Century Peru.* Urbana.
Itier, César
1987   »A propósito de los dos poemas en quechua de la crónica de fray Martín de Mura«. In: *Revista Andina* (Cusco) 5(1):211-27.

1988 »Las oraciones en quechua de la Relación de Joan de Santa Cruz Pachacuti Yamqui Salcamaygua«. In: *Revista Andina* (Cusco) 6(2):555-80.
1991 »Lengua general y Comunicación escrita: Cinco cartas en quechua de Cotahuasi – 1616«. In: *Revista Andina* (Cusco) 9(1):65-107.

Izko, Javier
1985 »Magía espacial y religión telurica en el Norte de Potosí, Bolivia«. In: *Yachay. Revista de Cultura, Filosofía y Teología* (Cochabamba: Universidad Católica Boliviana) 2:3, 67-107.

Izko, Javier; Molina, Ramiro, und Raúl Pereira
1986 *Tiempo de vida y muerte*. La Paz (Consejo Nacional de Población, Ministerio de Planeamiento).

Jara, Fausto, und Ruth Moya (Hrsg.)
1987 *Taruca: Ecuador Quichuacunapac rimashca rimaicuna – La venada: Literatura oral quichua del Ecuador*. 2. Aufl. Quito.

Joralemon, Donald
1983 *The Symbolism and Physiology of Ritual Healing in a Peruvian Coastal Community*. Ph. D. diss. Univ. Calif. Los Angeles.
1984 »The Role of Hallucinogenic Drugs and Sensory Stimuli in Peruvian Ritual Healing«. In: *Culture, Medicine and Psychiatry* (Boston) 8:399-430.
1985 »Altar Symbolism in Peruvian Ritual Healing«. In: *Journal of Latin American Lore* 11:3-30.

Jordá, Enrique
1981 *La cosmovisión aymara en el diálogo de la Fe. Teología desde el Titicaca*. Tomo I. Lima (Facultad de Teología Pontificia y Civil de Lima).
1988 »Cultura aymara y simbólica«. In: *Boletín del Instituto de Estudios Aymaras* 2(29):56-101.

Kalweit, Holgar
1984 *Traumzeit und innerer Raum. Die Welt der Schamanen*. Bern/München/Wien.

Karlinger, Felix, und Elisabeth Zacherl (Hrsg.)
1987 *Südamerikanische Indianermärchen*. Köln (Diederichs). 1. Auflage 1976.

Karsten, Rafael
1935 *The Head-Hunters of the Western Amazonas*. Helsingfors.

Karttunen, Frances
1982 »Nahuatl Literacy«. In: *The Inca and Aztec States 1400-1800 – Anthropology and History*. G. A. Collier, R. I. Rosaldo und J. D. Wirth (Hrsg.). New York u.a., 396-417.

Kelm, Antje
1967 »Götter und Kulte in Huarochirí«. In: *Francisco de Avila*. (Quellenwerke zur alten Geschichte Amerikas, aufgezeichnet in den Sprachen der Eingeborenen VIII). Hermann Trimborn und Antje Kelm (Hrsg.). Berlin (Ibero-Amerikanisches Institut/Gebr. Mann).

1968 *Vom Kondor und vom Fuchs – Hirtenmärchen aus den Bergen Perus – Ketschua und Deutsch.* Gesammelt von Max Uhle. Übertragen und herausgegeben von Antje Kelm. Stimmen indianischer Völker 1. Berlin (Ibero-Amerikanisches Institut/Gebr. Mann).

Kemper, Robert
1977 *Migration and Adaptation: Tzintzuntzan Peasants in Mexico City.* London u. Beverly Hills (Sage Publications).

Kern, H., und M. Reiche
1974 *Peruanische Erdzeichen.* München (Kunstmann).

Kessel, Juan van
1982a *Danzas y estructuras sociales de los Andes.* Cuzco (Centro »Bartolomé de las Casas«).
1982b »Ayllu y ritual terapéutico. Los santuarios andinos como dispensatorio de salud«. In: *Cuaderno de Investigación Social (Iquique)* 6(6):1-65.
1985 *Medicina Andina.* (Cuadernos de Investigación Social, 13.) Iquique/ Chile (Centro de Investigación de la Realidad del Norte).
1990 »Tecnología aymara: Un enfoque cultural«. In: *Tecnología Andina. Una Introducción.* (Breve Biblioteca de Bolsillo, No. 13). John Charles Earls, Eduardo Grillo, Hilda Arauja et al. (Hrsg.). La Paz (Hisbol), 143-226.
1992 *Cuando arde el tiempo sagrado.* La Paz (Hisbol).

Kidder, Alfred II
1943 *Some Early Sites in the Northern Lake Titicaca Basin.* (Papers of the Peabody Museum of American Archaeology and Ethnology 27,1). Cambridge, Mass.

Kill, Lucia
1969 *Pachamama. Die Erdgöttin in der altandinen Religion.* Bonn, Univ. Diss., 1969.

Kingman Garces, Eduardo (Hrsg.)
1992 *Ciudades de los Andes. Visión histórica y contemporánea.* Quito.

Klein, Herbert
1984 *Historia general de Bolivia.* La Paz (Juventud).

Kohl, Karl-Heinz
1987 *Abwehr und Verlangen. Zur Geschichte der Ethnologie.* Frankfurt/ Main u. New York (Edition Qumran im Campus Verlag).

Kolinsky, M.
1967 »Recent Trends in Ethnomusicology«. In: *Ethnomusicology* 9(1):1-24.

Kümmel, F. W.
1977 *Musik und Medizin.* Freiburg (Alber).

Kusch, Rodolfo
1971 »Pensamiento aymara y quechua«. In: *América Indígena* (México) 31(2):389-96.
1977 *El pensamiento indígena y popular en América.* 3. Aufl. Buenos Aires (Hachette S. A.).
1986 *América Profunda.* 3ra. ed. Buenos Aires (Editorial Bonum).

Kutscher, Gerdt
1950   *Eine altindianische Hochkultur.* Berlin (Gebr. Mann).
1955   *Arte antiguo de la costa norte del Peru.* Berlin (Gebr. Mann).
La Barre, Weston
1948   *The Aymara Indians of the Lake Titicaca Plateau, Bolivia.* (Memoirs of the American Anthropological Association 68). Menasha (USA) (American Anthropological Association).
Lafaye, Jacques
1984   *Mesías, cruzadas, utopías. El judeocristianismo en las sociedades ibéricas.* Mexiko.
Lamb, Frank Bruce
1982   *Der weiße Indio vom Amazonas.* Bern/München.
Lara, Jesús
1980   *La literatura de los Quechuas. Ensayo y antología.* 3ra. ed. corregida. La Paz (Librería y Editorial »Juventud«).
Larco, Juan
1976   »Prólogo«. In: *Recopilación de textos sobre José María Arguedas.* Juan Larco (Hrsg.). La Habana, 7-20.
Larco, Juan (Hrsg.)
1976   *Recopilación de textos sobre José María Arguedas.* La Habana.
Lastres, J. B.
1951   *Historia de la medicina Peruana.* Vol. I: La medicina incaica. Tomo 5 de la historia de la universidad. Lima (San Marti).
Lausent, Isabelle
1984   »El mundo de los animales en Pampas-La Florida«. In: *Bulletin de l'Institut Français d'Etudes Andines* (Paris) 13(1-2):81-94.
Lechtman, Heather, und Ana María Soldi (Hrsg.)
1981   *Runakunap Kawsayninkupaq rurasqankunaqa – La tecnología en el mundo andino.* Bd. I. México.
Lentz, Carola
1986   »De regidores y alcaldes a cabildos: cambios en la estructura sociopolítica de una comunidad indígena de Cajabamba/Chimborazo«. In: *Ecuador – Debate* (Quito) 12:189-212.
1988a   »Zwischen ›Zivilisation‹ und ›eigener Kultur‹. Neue Funktionen ethnischer Identität bei indianischen Arbeitsmigranten in Ecuador.« In: *Zeitschrift für Soziologie* 1:34-46.
1988b   ›*Von seiner Heimat kann man nicht lassen‹ – Migration in einer Dorfgemeinde in Ecuador.* Frankfurt (Campus).
1991   »Traditionelles Selbstbewußtsein: der ›Konservatismus‹ der Indio-Frauen in Ecuador.« In: *Madre Mia! Kontinent der Machos? Frauen in Lateinamerika.* Martina Kampmann und Yolanda Koller-Tejeiro (Hrsg.). Berlin (Elefanten Press), 106-25.
Lévano, César
1969   *Arguedas: un sentimiento trágico de la vida.* Lima.

Lévi-Strauss, Claude
- 1976 *Mythologica II. Vom Honig zur Asche.* Frankfurt/Main.
- 1977 *Strukturale Anthropologie 1.* Frankfurt/Main.
- 1980 *Mythologica I. Das Rohe und das Gekochte.* Frankfurt/Main.

Lienhard, Martin
- 1982 *Cultura popular andina y forma novelesca. Zorros y danzantes en la última novela de Arguedas.* Lima.
- 1985 »La subversión del texto escrito en el área andina: Guaman Poma de Ayala y J. M. Arguedas«. In: *Gacela – Gaceta de Estudios Latinoamericanos* (Aarhus/Dänemark) 1:51-76.

Lindig, Wolfgang, und Mark Münzel
- 1978 *Die Indianer. Kulturen und Geschichte der Indianer Nord-, Mittel- und Südamerikas.* München (Deutscher Taschenbuch Verlag).

Lira, Jorge A.
- 1950 »El demonio de los Andes«. In: *Tradicion. Revista Peruana de Cultura* 1:35-40.
- 1985 *Medicina andina. Farmacopea y ritual.* (Biblioteca de la Tradición Oral Andina, 6.) Cusco (Centro de Estudios Rurales Andinos »Bartolomé de Las Casas«).
- 1990 *Cuentos del Alto Urubamba.* Edición bilingüe quechua y castellano. (Biblioteca de la tradición oral andina 7). Cuzco (Centro de Estudios Rurales Andinos »Bartolomé de Las Casas«).

Liste, Ana
- 1981 *Galicia: brujeria, superstición y mistica.* Madrid.

Llanque Chana, Domingo
- 1969 »Valores culturales de los Aymaras«. In: *Allpanchis – Revista del Instituto de Pastoral Andina* 1:123-34.
- 1990 *La cultura Aymara. Desestructuración o afirmación de identidad.* Lima (Instituto de Estudios Aymaras, Tarea).

López, Luis Enrique, und Domingo Sayritupac Asqui (Hrsg.)
- 1985 *Wiñay Pacha* [Bd. 1]: *Aymar arut qullasuyun kwiñtunakapa.* Chucuito/Puno/Lima.

López, Luis Enrique; Rufino Chuquimamani Valer und Domingo Saritupac Asqui (Hrsg.)
- 1989 *Había una vez ...* Lima/Puno.

Lozanov, G.
- 1978 *Suggestology and Outlines of Suggestopedy.* N.Y. (Gordon & Breach).

Ludwig, Bruni, und Beatrix Pfleiderer-Becker
- 1978 *Materialien zur Ethnomedizin.* Spektrum der Dritten Welt 15, Kübel-Stiftung, Bensheim.

Luna, Luis
- 1982 *The Healing Practices of a Peruvian Shaman.* Unveröffentl. Manuskript. Helsinki.

Lund, C. S. (Hrsg.)
- 1986 *The Bronze Lurs.* Second Conference of the ICTM Study Group on Music Archaeology Bd. II, Stockholm.

Lyon, Patricia J.
1978 »Female Supernaturals in Ancient Peru«. In: *Nawpa Pacha* 16:95-140, Taf.
MacCormack, Sabine
1988 »Pachacuti: Miracles, Punishments, and Last Judgement: Visionary Past and Prophetic Future in Early Colonial Peru«. In: *The American Historical Review* 93(4):960-1006.
MacLean y Estenos, R.
1953 »La brujeria en las clases bajas del Peru«. In: *Boletin del Instituto de Sociologia* (Univ. de Buenos Aires) 11(8):107-68.
Mainzer-Heyers, Barbara
1987 *Krankheit und Gesundheit in Achoma. Eine ethnomedizinische Fallstudie zu Theorie und Praxis traditioneller Heilkunde und medizinischer Versorgung am Beispiel einer Dorfgemeinschaft im Departement Arequipa, Peru.* Dissertation, Mundus Reihe Ethnologie, Bd. 13, Bonn.
Malinowski, Bronislaw
1973 *Magie, Wissenschaft und Religion.* Frankfurt.
Mann, Thomas
1971 *Joseph und seine Brüder.* 3 Bde., Frankfurt. [1933].
Mannheim, Bruce
1991 *The Language of the Inka since the European Invasion.* Austin (University of Texas Press).
Mariátegui, José Carlos
1986 *Sieben Versuche, die peruanische Wirklichkeit zu verstehen.* Mit einer Einleitung von Kuno Füssel und einem Nachwort von Wolfgang Fritz Haug. Berlin/Freiburg (CH).
Marin, Gladys C.
1973 *La experiencia americana de José María Arguedas.* Buenos Aires.
Maringer, J.
1982 »Der Tanz im Leben des vorgeschichtlichen Menschen. Ursprung früher Tanzformen«. In: *Zeitschrift für Ethnologie* 107:7-21.
Mariño Ferro, Xosé Ramón
1989 *Muerte, religión y símbolos en una comunidad quechua.* Santiago de Compostela (Universidade de S.d.C.).
Mariscotti (de Görlitz), Ana María
1970 »Die Stellung des Gewittergottes in den regionalen Pantheen der Zentralanden«. In: *Baessler-Archiv* N. F. 18:427-36.
Mariscotti de Görlitz, Ana María
1978a *Pachamama Santa Tierra. Contribución al estudio de la religión autóctona en los Andes centro-meridionales.* (Indiana Beiheft 8). Berlin (Gebr. Mann).
1978b »Der Kult der Pachamama und die autochthone Religiosität in den Zentral- und nördlichen Süd-Anden«. In: *Zeitschrift für Missionswissenschaft und Religionswissenschaft* 2:81-100.
1978c »Los Curi y el rayo«. In: *Actes du XLIIe Congrès International des Américanistes* (Paris 1976) 4:365-76.

Markham, Clements R.
1873 »A Narrative of the Errors, False Gods, and other Superstitions and Diabolical Rites...«. In: *Narratives of the Rites and Laws of the Yncas.* Clements R. Markham (Hrsg.). Hakluyt Society (London), 48:121-47.

Martínez, G.
1983 »Los dioses de los cerros en los andes«. In: *Journal de la Societé des Américanistes* 69:85-115.

Martinez, Gabriel
1989 *Espacio y pensamiento. I. Andes Meridionales.* La Paz (Hisbol).

Martinez, Hector
1968 *Las migraciones internas en el Perú.* Lima (CEPD).

Martinez, Luciano
1987 *Economía política de la comunidades indígenas.* Quito (Centro de Investigaciones de la Realidad Ecuatoriana).

Marzal, Manuel M.
1971a *El mundo religioso de Urcos. Un estudio de antropologia religiosa y de pastoral campesina de los Andes.* Cusco (Instituto de Pastoral Andina).
1971b »¿Puede un campesino cristiano ofrecer un ›pago a la tierra‹?«. In: *Allpanchis – Revista del Instituto de Pastoral Andina* 3:116-32.
1977 *Estudios sobre religión campesina.* Lima (Pontificia Universidad Católica del Perú, Fondo Editorial).
1981 *Historia de la Antropología Indigenista: México y Perú.* Lima (Pontificia Universidad Católica del Perú).
1983 *La transformación religiosa peruana.* Lima (Pontificia Universidad Católica del Perú, Fondo Editorial, Fundación Augusto N. Wiese).
1988 *Estudios sobre religión campesina.* 2da. ed. Lima (Pontificia Universidad Católica del Perú, CONCYTEC).
1989 »La investigación de la religión Andina«. In: *Allpanchis – Revista del Instituto de Pastoral Andina* 21(34):11-27.

Masson, Peter
1990 »Ethnographische Daten und historische Kulturbeschreibung als Quellen altamerikanistischer Forschung [Südamerika und südliches Zentralamerika]«. In: *Altamerikanistik – Eine Einführung in die Hochkulturen Mittel- und Südamerikas.* Ulrich Köhler (Hrsg.). Berlin (Reimer), 605-13.

Masson, Peter; Teresa Valiente und Edita Vokral, in Zusammenarbeit mit S. Hernán Aguilar
1988 »Los malignos espíritus de los incestuosos: Acerca de algunas manifestaciones demoníacas de relaciones sociales en la religiosidad popular de tres regiones andinas (Perú y Ecuador)«. In: *Religiosidad popular en América Latina.* Karl Kohut und Albert Meyers (Hrsg.). Americana Eystettensia, Serie A, 4. Frankfurt/M. (Vervuert), 237-79.

Mayer, Enrique
1974 *Reciprocity, Self-Sufficiency and Market Relations in a Contemporary Community in the Central Andes of Peru.* Cornell University: Ph. D. Thesis.

Mead, G.
1902 *The Musical Instruments of the Incas.* American Museum of Natural History.
Menzel, D.
1977 *The Archaelogy of Ancient Peru and the Work of Max Uhle.* Berkeley.
Merriam, A. P.
1964 *The Anthropology of Music.* Evanston, Ill. (Northwestern Univ. Press).
Mesa, José de, und Teresa Gisbert
1982 *Historia de la Pintura Cuzqueña.* 2 Bde. Lima (Fundación Augusto N. Wiese).
Metraux, Alfred
1944 »Le Shamanisme chez les Indiens de l'Amérique du Sud Tropicale«. In: *Acta Americana* 2(3):197-219 und 4:320-41.
Meyers, Albert
1976 *Die Inka in Ekuador.* Bonner Amerikanistische Studien, Nr. 6. Bonn.
1979 »Der peruanische Entwicklungsprozeß und das Problem der Identität«. In: *Estudios Americanistas II, Festschrift Hermann Trimborn.* R. Hartmann und U. Oberem (Hrsg.). St. Augustin, 63-73.
1982 »Expansión del capitalismo, estrategias de reproducción y estratificación social en el campesinado: dos casos del Valle del Mantaro, Perú«. *Estudios rurales latinoamericanos* 5(2):275-306.
Millones, Luis
1964 »La idolatría de Santiago. Un nuevo documento para el estudio de la evangelización en el Perú«. In: *Cuadernos del Seminario de Historia* (Instituto Riva Agüero, Lima) 7:31-3.
Millones, Luis (Hrsg.)
1990 »Informaciones de Cristóbal de Albornoz«. In: *El retorno de las huacas.* Milliones (Hrsg.). Lima (IEP/SSP), 41-327.
Miranda-Luizaga, Jorge
1985 *Das Sonnentor. Vom Überleben der archaischen Andenkultur.* 1. Aufl. München (Dianus-Trikont).
Molina, Cristóbal de [el Cuzqueño]
1943 »Fábulas y ritos de los Incas ... 1574« [ca. 1575] In: Cristóbal de Molina: *Las crónicas de los Molinas.* Prólogo bio-bibliográfico por Carlos A. Romero. Epílogo crítico-bibliográfico por Ral Porras Barrenechea. Anotaciones y brevísimos comentarios por Francisco A. Loayza. Lima (Los Pequeños Grandes Libros de Historia Americana, serie 1, tomo 4.).
1947 *Relacion de las fabulas y ritos de los Incas.* Lima (San Martí).
1959 *Ritos y fábulas de los Incas* [1575]. Buenos Aires (Editorial Futuro).
Molinié Fioravanti, Antoinette
1985 »Tiempo del espacio y espacio del tiempo en los Andes«. In: *Journal de la Société des Américanistes* (Paris) 71:97-114.

Monast, Jacques E.
1965 *L'Univers religieux des Aymaras de Bolivie. Observations recueillies dans les Carangas. Jalons de Pastorale.* (Sondeos, No. 10, 1966.) Cuernavaca/Mexico (Centro Intercultural de Documentation [CIDOC]).
1969 *On les croyait chrétiens: Les Aymaras.* Paris (Edition du Cerf).
1972 *Los indios Aymaraes. ¿Evangelizados o solamente bautizados? Cuadernos Latinoamericanos.* Buenos Aires (Carlos Lohlé).

Montell, G.
1929 »Dress and Ornament in Ancient Peru. Archaelogical and Historical Studies«. In: *Garments as Symbolic Language in Mochica Art.* E. Benson (Hrsg.). Actas del Congreso Internacional de Americanistas XLII Vol. VII. Göteborg, 291-9.

Montes Ruiz, Fernando
o. J. *La Mascara de Piedra. Simbolismo y personalidad Aymaras en la historia.* (Comisión Episcopal de Educación) La Paz (Editorial Quipus).

Montoya, Rodrigo
1987 *La cultura quechua hoy.* Lima.

Morote Best, Efraín
1957/58 »El oso raptor«. In: *Archivos venezolanos de Folklore* (Caracas) 4/ 5:135-79.
1987 »Introducción«. In: *Juan del Oso.* David J. Weber Ch., Hrsg. Pucallpa/ Lima, 7-12.

Moya, Ruth
1988 *Girando en torno a sueños y creencias.* Quito (CEDIME).

Müller, Thomas (Hrsg.)
1984 »Mito de Inkarri-Qollari (cuatro narraciones)«. In: *Allpanchis* (Cuzco) 20(23):125-43.

Müller, Thomas, und Helga Müller
1984 »Cosmovisión y celebraciones del mundo andino a través del ejemplo de la comunidad de Q'ero (Paucartambo)«. In: *Allpanchis* (Cuzco), año XIV, vol. XX, no. 23:161-75.

Müller, Thomas und Helga Müller-Herborn
1986 *Kinder der Mitte: die Q'ero-Indianer.* Bornheim-Merten (Lamuv).

Münzel, Mark
1971 *Medizinmannwesen und Geistervorstellungen bei den Kamayurá. (Alto Xingú – Brasilien).* Wiesbaden.
1978 »Indianische Mythen und europäischer Indigenismo. Zur Frage der oralen indianischen Literatur in Lateinamerika«. In: *Iberoamericana* (Frankfurt/M.) 2:3-17.

Muñoz, Silverio
1987 *José María Arguedas y el mito de la salvación por la cultura.* Lima.

Muñoz-Bernard, Carmen
1986 *Enfermedad, daño e ideología. Antropología médica de los Renacientes de Pindilig.* Quito (Abya Yala).

Murra, John Victor
 1980 *The Economic Organization of the Inka State*. Greenwich, Conn. (JAI Press, Inc.).
Murua, O. M. de
 1946 *Historia del origen y geneologia real de los reyes incas del Peru*. Madrid.
Myerhoff, Barbara G.
 1980 *Der Peyote-Kult*. München.
Nachtigall, Horst
 1966 *Indianische Fischer, Feldbauern und Viehzüchter. Beiträge zur peruanischen Völkerkunde*. Berlin.
Naranjo, Plutarco
 1970 *Ayahuasca: Religión y Medicina*. Quito.
Nash, June
 1979 *We Eat the Mines and the Mines Eat Us: Dependency and Exploitation in Bolivian Tin Mines*. New York (Columbia Univ. Press).
Nketia, J. H.
 1985 »Integrating Objectivity and Experience in Ethnomusicological Studies«. In: *The World of Music* 27(3):3-22.
Nordenskjöld, E,
 1908 »Recettes magiques et medicinales du Perou et de la Bolivie«. Sonderdruck aus: *J. de la Societe des Americanistes de Paris*, Nouvelle Serie 4(2).
Nuñez del Prado, Juan V.
 1970 »El mundo sobrenatural de los Quechuas del Sur del Perú a través de la comunidad de Qotobamba«. In: *Allpanchis* 2:57-119.
Nuñez del Prado Béjar, Daisy Irene
 1972 »La reciprocidad como ethos de la cultura indígena Quechua«. In: *Allpanchis* – Revista del Instituto de Pastoral Andina 4:135-56.
Oberg, Kalvero
 1953 *Indian Tribes of Northern Mato Grosso, Brazil*. Smithsonian Institution of Social Anthropology, Publication No. 15. Washington.
Oblitas Poblete, Enrique
 1971 *Magia, hechiceria y medicina popular Boliviana*. La Paz (Isla).
Ochoa Villanueva, Víctor
 1978a »Cosmovisión (primera parte)«. In: *Boletín del Instituto de Estudios Aymaras* 2(1):22-32.
 1978b »Cosmovisión aymara (segunda parte)«. In: *Boletín del Instituto de Estudios Aymaras* 2(2):25-39.
 1978c »Cosmovisión aymara (tercera parte)«. In: *Boletín del Instituto de Estudios Aymaras* 2(3):1-13.
Oliva, Anello
 1857 *Histoire du Pérou* [1631?]. Traduite de l'espagnol sur le manuscrit inédit par H. Ternaux Compans. (Bibliothèque Elzévirienne 67). Paris (P. Jannet).

Olsen, Dale A.
1975 »Music-Induced Altered States of Consciousness among Warao Shamans.« In: *Journal of Latin America* (Los Angeles) 1(1):19-33.
1980 »Magical Protection Songs of the Warao Indians«. *Revista de Musica Latino-Americana.* (Univ. Texas) 1(2).
Orégon Morales, José
1984 *Kutimanco y otros cuentos.* Huancayo, Tuky.
Orientierung
1987 [Abdruck eines Selbstzeugnisses]. In: *Orientierung* (Zürich) 51:123.
Orlove, Benjamin S.
1977 »Inequality among Peasants: The Forms and Uses of Reciprocal Exchange in Andean Peru«. In: *Peasant Livelihood: Studies in Economic Anthropology and Cultural Ecology.* Rhoda Halperin und James Dow (Hrsg.). New York (St. Martin's Press).
1980 »Landlords and Officials: The Sources of Domination in Surimana and Quehue«. In: *Land and Power in Latin America: Agrarian Economies and Social Processes in the Andes.* Benjamin S. Orlove und Glynn Custred (Hrsg.). New York (Holmes and Meier Publishers), 113-28.
Ortiz Rescaniere, Alejandro
1973 *De Adaneva a Inkarrí. Una visíon indígena del Perú.* Lima.
1980 *Huarochirí 400 años después.* Lima (Pontificia Universidad Católica del Perú).
1982 »El tratamiento del tiempo en los mitos andinos«. In: *Debates en antropología* (Lima) 8:66-76.
Ossio, Juan M.
1978 »El simbolismo del agua y la representación del tiempo y del espacio en la Fiesta de la Acequia de la Comunidad de Andamarca«. In: *Actes du XLIIe Congrès International des Américanistes* (Paris 1976) 4:375-96.
Ossio, Juan M. (Hrsg.)
1973 *Ideología mesiánica del mundo andina.* Lima (Prado Pastor), 2. Aufl.
Ostria González, Mario
1980 »Dualismo estructural y unidad textual en la narrativa de José María Arguedas«. In: *Estudios Filológicos* (Chile) 15:81-104.
1981 »José María Arguedas o la escritura contra la muerte. Construcción y desconstrucción de un verosímil narrativo«. In: *Acta Literaria* (Chile) 6:39-55.
Osuna, Rafael
1985 *Himnario Incaico de Cristóbal de Molina, el Cusqueño.* (Estudio Filológico). Lima.
Pachacuti Yamqui Salcamaygua, Juan de Santacruz
1950 »Relación de antigüedades deste reyno del Pirú« [ca. 1613]. In: *Tres relaciones de antigüedades peruanas.* Marcos Jiménez de la Espada (Hrsg.). (Neuauflage der Ausgabe von Madrid 1879.) Asunción del Paraguay (Ed. Guarania), 207-81.

Pantoja Ramos, Santiago et al.
1974   *Cuentos y relatos en el quechua de Huaraz.* 2 Bde. (Estudios Culturales Benedictinos 3). Huaraz (Peru).
Paproth, Hans-J.
1977   »Bär, Bären«. In: *Enzyklopädie des Märchens.* (Berlin) I, Spalten 1194-1203.
Pardo Rojas, Mauricio
1985   *Conflicto de Hombres, Lucha de Espíritus, Aspectos Sociopolíticos de los Jaibanas Chocó.* Vortrag gehalten auf dem 45. Congreso Internacional de Americanistas. MS.
Paredes, M. Rigoberto
1977   *El arte folklórico de Bolivia.* La Paz.
Paredes-Candia, Antonio
1973   *Cuentos populares bolivianos [de la tradición oral].* La Paz.
Payne, Johnny
1984   *Cuentos cusqueños.* (Biblioteca de la tradición oral andina 5). Cuzco (Centro de Estudios Rurales Andinos »Bartolomé de Las Casas«).
Pearse, Andrew
1975   *The Latin American Peasant.* London (Frank Cass.), 119-62.
Pease García Y., Franklin
1968   »Cosmovisión andina«. In: *Revista Humanidades* (Lima) 2:171-99.
1970   »Religión andina en Francisco de Avila«. In: *Revista del Museo Nacional* (Lima) 35 (1967-68):62-76.
1974   »Un movimento mesiánico en Lircay, Huancavelica (1811)«. In: *Revista del Museo Nacional* (Lima), Bd. XL, 221-225 [Stellt eine Reihe von Zeugenaussagen vor].
Petras, James
1981   »Dependency and World System Theory: A Critique and New Directions«. In: *Latin American Perspectives* 8(3/4):148-55.
Platt, Tristan
1976   *Espejos y maís. Temas de la estructura simbólica andina.* La Paz (Cuadernos de Investigación CIPCA 10).
1982a   *El ayllu andino y el estado boliviano.* Lima (Instituto de Estudios Peruanos).
1982b   *Estado boliviano y ayllu andino. Tierra y tributo en el norte de Potosí.* Lima (Instituto de Estudios Peruanos).
1986   »Mirrors and Maize: The Concept of yanantin among the Macha of Bolivia«. In: *Anthropological History of Andean Polities.* J. V. Murra; N. Wachtel und J. Revel (Hrsg.). Paris.
Plötz, Robert
1984   »Santiago-peregrinatio und Jacobus-Kult mit besonderer Berücksichtigung des deutschen Frankenlandes«. In: *Spanische Forschungen der Görresgesellschaft* 1. Reihe 31:24-135.

Polo de Ondegardo, Juan
1916a »Los errores y supersticiones de los indios, sacadas del tratado y averiguación que hizo el Licenciado Polo« [ca. 1559, 1583]. In: Polo de Ondegardo, Juan: *Informaciones acerca de la religión y gobierno de los Incas*. (Colección de libros y documentos referentes a la historia del Perú 3). Lima (Sanmarti), 3-43.
1916b »Relación de los fundamentos acerca del notable daño que resulta de no guardar a los indios sus fueros« [1571]. In: Polo de Ondegardo, Juan: Informaciones acerca de la religión y gobierno de los Incas. (Colección de libros y documentos referentes a la historia del Perú 3). Lima (Sanmarti), 45-188.

Porterie-Gutiérrez, Liliane
1981 *Étude linguistique de l'aymara septentrional (Pérou – Bolivie)*. Paris (A.E.A.).

Pschyrembel, Willibald
1982 *Klinisches Wörterbuch mit klinischen Syndromen und Nomina Anatomica*. 254. Aufl., Berlin.

Pulgar Vidal, Javier
1981 *Geographica del Perú. Las ocho regiones naturales del Perú*. 8. Aufl., Lima.

Quijada Jara, Sergio
1946 »La fiesta de Santiago en la Sierra peruana«. In: Valle, Rafael H.: *Santiago en América*. Mexico (Editorial Santiago), 121-6.

Quijano, Aníbal
1980 *Dominación y cultura. Lo cholo y el conflicto cultural en el Perú*. Lima (Mosca Azul).

Quinan, C.
1936 »The American Medicine Man and the Asiatic Shaman. A Comparison«. In: *Annals Med. History* 10:508-33.

Radicati di Primeglio, Carlos
1984 »El secreto de la quilca«. In: *Revista de Indias* (Madrid) 44(173):11-60.

Ráez Retamozo, Manuel
1989 *Música tradicional del Valle Colca*. Lima (Archivo de Música Tradicional Andina, Pontifica Universidad Católica del Perú). (LP mit Kommentarheft).

Rama, Angel
1975 »Introducción«. In: *Formación de una cultura nacional indoamericana*. (Gesammelte Aufsätze von José María Arguedas, hrsg. von Angel Rama). México, IX-XXIV.
1976 »José María Arguedas trasculturador«. In: *Señores e indios. Acerca de la cultura quechua*. (Gesammelte Aufsätze von José María Arguedas, hrsg. von Angel Rama). Buenos Aires, 7-38.
1989 *Transculturación narrativa en América Latina*. Montevideo.

Ramírez Salcedo, Carlos
1979 »Observaciones en torno a un cuento«. In: *Revista del Instituto Azuayo de Folklore* (Cuenca [Ecuador]) 6:43-60.

Ramón, Galo
1987 *La resistencia andina. Cayambe 1500-1800.* Quito (Centro Andino de Acción Popular).
1988 *Indios, crisis y proyecto popular alternativo.* Quito (Centro Andino de Acción Popular).

Ramos Gavilán, Alonso
1976 *Historia del célebre Sanctuario de Nuestra Señora de Copacabana y sus Milagros e Invención de la Cruz de Carabuco* [1621]. La Paz (Cámara Nacional de Comercio/Cámara Nacional de Industria).

Randall, Robert
1982 »Qoyllur Rit'i. An Inca Fiesta of the Pleiades: Reflections on Time and Space in the Andean World«. In: *Bulletin de l'Institute Française des Études Andines. Boletín del Instituto Frances de Estudios Andinos* (Lima) 11(1-2):37-81.
1987 »Communication with the Other World: The Tale of Isicha Puytu«. In: *Journal of Latin American Lore* (Los Angeles) 13(2):155-81.

Ranger, Terence
1981 »Kolonialismus in Ost- und Zentralafrika. Von der traditionellen zur traditionalen Gesellschaft – Einsprüche und Widersprüche«. In: *Traditionale Gesellschaften und europäischer Kolonialismus.* Jan-Heeren Grevemeyer (Hrsg.). Frankfurt.
1983 »The Invention of Tradition in Colonial Africa«. In: *The Invention of Tradition.* Eric Hobsbawm und Terence Ranger (Hrsg.). Cambridge (Cambridge University Press), 211-62.

Rasnake, Roger N.
1988 *Domination and Cultural Resistance: Authority and Power among an Andean People.* Durham (Duke University Press).
1989 *Autoridad y poder en los Andes. Los kuraqkuna de Yura.* La Paz (Hisbol).

Ravines, Rogger (Hrsg.)
1978 *Tecnología andina.* Lima.

Reichel-Dolmatoff, Gerardo
1971 *Amazonian Cosmos.* Chicago.
1975 *The Shaman and the Jaguar. A Study of Narcotic Drugs among the Indians of Colombia.* Philadelphia (Temple Univ. Press).

Religión
1952 »Religión en Huamachuco. Informe escrito por varios frailes agustinos en el año 1557«. In: Loayza, Francisco A.: *Culto libre entre los Inkas.* (Los pequeños grandes libros de historia americana 1,17). Lima (Asociación Editora »Los pequeños grandes libros de historia americana«), 49-103.

Religión aymara
1986 »Religión aymara y cristianismo«. In: *Fe y Pueblo – Boletín Ecuménico de Reflexión Teológica* 3(13).

Ricardo, Antonio
1951 *Vocabulario y phrasis, en la lengua general de los indios del Perú, llamada Quichua, y en la lengue española* [1586]. Guillermo Escobar Risco (Hrsg.). 5. Aufl., Lima (Instituto de Historia de la Facultad de Letras, Universidad Nacional Mayor de San Marcos).

Ricœur, Paul
1974 *Die Interpretation. Ein Versuch über Freud.* Frankfurt/M.

Rivera, Silvia
1986 »Sindicalismo ›campesino‹: Unidad en la diversidad?« In: *Presencia* (La Paz), 7.12.1986:12-3.
1990 »Democracia liberal y democracia de ayllu: El caso del Norte Potosí, Bolivia«. In: *El difícil camino hacia la democracia.* Carlos Toranzo Roca, Hrsg. La Paz (ILDIS), 9-52.

Rivière, Gilles
1982 *Sabaya: Structures socio-economiques et réprésentations symboliques dans le Carangas, Bolivie.* These 3.er ciecle. Paris (Ecole des Hautes Etudes en Sciences Sociales).

Robertson DeCarbo, C. E.
1974 »Music as Therapy: a Bio-Cultural Problem«. In: *Ethnomusicology* 18(1):31-9.

Rocha, José Antonio
1990 *Sociedad agraria y religion. Cambio social e identidad en los Valles de Cochabamba.* La Paz: Hisbol (Yachay. Témas monográficos no.6, Universidad Católica Boliviana, Cochabamba).

Rodríguez-Luís, Julio
1980 *Hermenéutica y praxis del indigenismo. La novela indigenista de Clorinda Matto a José María Arguedas.* Mexiko.

Röhrich, Lutz
1989 »Volkspoesie ohne Volk: Wie ›mündlich‹ sind sogenannte ›Volkserzählungen‹?«. In: *Volksdichtung zwischen Mündlichkeit und Schriftlichkeit.* Lutz Röhrich und Erika Jung (Hrsg.). Tübingen, 49-91.

Rösing, Ina
1986a »Zwiesprache mit den Orten der Kraft: Weiße Gebete eines Callawaya-Medizinmannes«. *Khipu – Zweisprachige Kulturzeitschrift über Lateinamerika* 9(18):52-9.
1986b »Gebet gegen den Hunger und für den Frieden in der Welt aus einem Heilungs- und Opferritual in den bolivianischen Anden«. *Curare – Zeitschrift für Ethnomedizin und transkulturelle Psychiatrie* 9(3-4):249-56.
1987/1992 *Die Verbannung der Trauer. (Llaki Wij'chuna.) Nächtliche Heilungsrituale in den Hochanden Boliviens.* Mundo Ankari Band 1. 1. Aufl. Nördlingen (Greno); 3. Aufl. Frankfurt (Zweitausendeins, 1992).
1988/1990 *Dreifaltigkeit und Orte der Kraft: Die Weiße Heilung. Nächtliche Heilungsrituale in den Hochanden Boliviens.* Mundo Ankari Band 2, Buch I und Buch II. 1. Aufl. Nördlingen (Greno); 2. Aufl. Frankfurt (Zweitausendeins, 1990).

1990a Der Blitz: Drohung und Berufung. Glaube und Ritual in den Anden Boliviens. (Uroboros 2). München (Trickster).
1990b »El Ankari. Figura central y enigmática de los Callawayas (Andes bolivianos)«. In: *Anthropos* 85(1-3):73-89.
1990/1993 Abwehr und Verderben: Die Schwarze Heilung. Nächtliche Heilungsrituale in den Hochanden Boliviens. Mundo Ankari Band 3. Frankfurt (Zweitausendeins), 3. Aufl. 1993.
1991 Die Schließung des Kreises: Von der Schwarzen Heilung über Grau zum Weiß. Nächtliche Heilungsrituale in den Hochanden Boliviens. Mundo Ankari Band 4. Frankfurt (Zweitausendeins).
1992a »Los Callawayas – curanderos de los Andes bolivianos: mitos y realidad«. In: *Anthropos* 87 (1-3).
1992b Ritualhandlung und kollektives Gedächtnis. Vortrag, Juni 1992.
1993 Rituale zur Rufung des Regens. Kallawaya-Kollektivrituale in den Anden Boliviens. Zweiter Ankari-Zyklus. Mundo Ankari Band 5., Frankfurt (Zweitausendeins).

Rojas, Antonio
1978 »La tierra y el trabajo en la articulación de la economía campesina con la hacienda«. In: *Avances* 1:51-70.

Romero, Carlos A.
1918 »Idolatrías de los Indios de Huarochirí por el Doctor Francisco Davila«. In: *Colección de Libros y Documentos Referentes a la Historia del Perú*. Horacio H. Urteaga (Hrsg.). Lima, XI:101-32.

Rosati, Liliana
1987 »Anonimo quechua [Kapitel 27 des Huarochirí-Manuskripts] – Miti e riti di Huarochiri«. In: *Forma di Parole* (Padova, Liviana Editrice) 8(1):13-24.

Roseberry, William
1976 »Rent, Differentiation and Development of Capitalism among Peasants«. In: *American Anthropologist* 78(1):45-58.

Rostworowski de Diez Canseco, María
1977 Etnía y sociedad – Costa peruana prehispánica. Historia Andina 4. Lima (Instituto de Estudios Peruanos).
1978 Señoríos indígenas de Lima y Canta. Historia Andina 7. Lima (Instituto de Estudios Peruanos).
1984 »El baile en los ritos agrarios andinos (sierra nor-central, siglo 17)«. In: *Historia y Cultura* 17:51-60.
1988a Historia del Tahuantinsuyu. Lima.
1988b Estructuras andinas del poder. Ideología religiosa y política. 3ra. ed. Lima (Instituto de Estudios Peruanos).

Rouillón, José Luis
1973 »Notas críticas a la obra de José María Arguedas«. In: *J. M. Arguedas. Cuentos olvidados*. José Luís Rouillón (Hrsg.). Lima, 63-138.
1976 »La otra dimensión: el espacio mítico«. In: *Recopilación de textos sobre José María Arguedas*. Juan Larco (Hrsg.). La Habana, 143-68.

Rowe, John H.
1976 »Religión e imperio en el Perú antiguo«. In: *Antropología andina* 1-2:5-12.
Rowe, William
1976 »Mito, lenguaje e ideología como estructuras literarias«. In: *Recopilación de textos sobre José María Arguedas*. Juan Larco (Hrsg.). La Habana, 257-83.
1979 *Mito e ideología en la obra de José María Arguedas*. Lima.
Sachs, C., und E. M. v. Hornbostel
1914 »Systematik der Instrumentenkunde«. In: *Zeitschrift für Ethnologie* 46:553-90.
Sal y Rosas, Frederico
1975 »Sobre el Folklore Psiquiátrico del Perú«. In: *Anales Segundo Congreso Nacional de Psiquiatriá*, Vol. II, Lima, 197-219.
Sallnow, Michael J.
1987 *Pilgrims of the Andes. Regional Cults in Cusco*. Washington, D. C., London (Smithsonian Institution Press).
Salomon, Frank
1973 »Weavers of Otavalo«. In: *People and Cultures of Native South America. An Anthropological Reader*. Daniel R. Gross (Hrsg.). Garden City, 463-94.
1980 *Los señores étnicos de Quito en la época de los Incas*. Otavalo (Instituto Otavaleño de Antropología).
1991 »Nueva lectura del libro de las huacas: la edición del manuscrito de Huarochirí de Gerald Taylor (1987)«. In: *Revista Andina* (Cusco) 9(2): 463-85.
Salomon, Frank, und George L. Urioste
1991 *The Huarochirí Manuscript – A Testament of Ancient and Colonial Andean Religion*. Austin (University of Texas Press).
Sanchez A., Jaime
1973 *Los valores religiosos de la cultura aymara*. Cochabamba (Instituto Superior de Estudios Teológicos).
Sanchez-Parga, José
1984 »La cuestión étnica: realidades y discursos«. In: *Etnias en el Ecuador: Situaciones y analisis*. José Mora Domo, Fredy Riveira u. a. Quito (Centro Andino de Acción Popular), 145-82.
1986 *La trama del poder en la comunidad andina*. Quito (Centro Andino de Acción Popular).
Santo Tomás, Domingo
1951 *Lexicon o Vocabulario de la Lengua General del Peru* [1560]. Edición facsimilar. Ral Porras Barrenechea (Hrsg.). Lima (Instituto de Historia, Universidad Nacional Mayor de San Marcos).
Sarason, I. G.; Sarason, B. R., und G. R. Pierce
1988 Social Support, Personality, and Health. In: *Topics in Health Psychology*. S. Maes *et al.*, (Hrsg.). N.Y. (Wiley), 245-56.

Sarkisyanz, Manuel
1985 *Vom Beben in den Anden. Propheten des indianischen Aufbruchs in Peru.* München.
Sas, A.
1935 »Ensayo sobre la musica Inca«. In: *Boletin Latino-Americano de Musica* (Montevideo) 1(1):71-7.
Sayritupac Asqui, Domingo et al. (Hrsg.)
1990 *Wiñay pacha – Tierra y tiempos eternos.* Bd. 2. Lima/Puno.
Schafer, M.
1988 *Klang und Krach. Eine Kulturgeschichte des Hörens.* Frankfurt. [Toronto 1977].
Scharlau, Birgit, und Mark Münzel
1986 *Qellqay – Mündliche Kultur und Schrifttradition bei Indianern Lateinamerikas.* Frankfurt, New York (Campus Verlag).
Schechter, J. M.
1979 »The Inca cantar histórico: a Lexico-Historical Elaboration on Two Cultural Themes«. In: *Ethnomusicology* 22(2):191-204.
Schlegelberger, Bruno
1992 *Unsere Erde lebt – Zum Verhältnis von altandiner Religion und Christentum in den Hochanden Perus.* Mit einem Beitrag von Peter T. Hansen. Immensee (Neue Zeitschrift für Missionswissenschaft).
Schlegelberger, Bruno, und Mariano Delgado (Hrsg.)
1992 *Ihre Armut macht uns reich.* Berlin (Morus).
Schleiffer, Hedwig (Hrsg.)
1973 *Sacred Narcotic Plants of the New World Indians.* New York.
Schramm, Raimund
1988 *Symbolische Logik in der mündlichen Tradition der Aymaras.* Berlin (Reimer).
Schuhmacher, R.
1982 *Die Musik in der Psychiatrie des 19. Jh..* Frankfurt (Lang).
Schwabe, Ch.
1986 *Methodik der Musiktherapie und deren theoretische Grundlagen.* 3. Aufl. Leipzig (J. A. Barth).
Scorza, Manuel
1977 *Garabombo, el Invisible. Balada 2.* Caracas (Monte Avila Editores). (Colección Continentes).
1978 *Garambo der Unsichtbare.* München (Verlag Autoren Edition) (Deutsche Übersetzung von Scorza 1977).
Scott, James C.
1985 *Weapons of the Weak: Everyday Forms of Peasant Resistance.* New Haven (Yale University Press).
1990 *Domination and the Arts of Resistance – Hidden Transcripts.* New Haven (Yale University Press).
Seeger, Ch.
1963 »On the Tasks of Musicology«. In: *Ethnomusicology* 7.

Sens, Eberhard (Hrsg.)
1993   *Am Fluß des Heraklit. Neue kosmologische Perspektiven.* Frankfurt am Main (Insel Verlag).

Sharon, Douglas
1972   »The San Pedro Cactus in Peruvian Folk Healing«. In: *Flesh of the Gods.* Peter T. Furst (Hrsg.). New York, 114-35.
1974   *The Symbol System of a North Peruvian Shaman.* PhD diss. University of California. Los Angeles.
1978   *Wizard of the Four Winds. A Shamans Story.* New York/London (Free Press).
1980   *Magier der vier Winde – Der Weg eines peruanischen Schamanen.* Deutsche Ausgabe. Freiburg.
1982   »San Pedro Kaktus. Botanik, Chemie und ritueller Gebrauch in den mittleren Anden«. In: *Rausch und Realität,* Bd. 2. Völger, G. und K. v. Welck. Reinbek (Rowohlt), 785-800.

Sichra, Inge
1990   *Poésie quechua en Bolivie.* Einleitung von Adolfo Cáceres Romero. Texte ausgewählt durch Inge Sichra und A. Cáceres Romero. Version in Quechua und Spanisch von Inge Sichra *et al.* Französische Version von Nicole Priollaud. Genf (Éditions Patiño).

Silva Santisteban, Fernando
1978   »El tiempo de cinco días en los mitos de Huarochirí«. In: *Historia, Problema y Promesa – Homenaje a Jorge Basadre.* Francisco Miró Quesada, Franklin Pease und David Sobrevilla (Hrsg.). Lima, I:571-81.
1984   »El pensamiento mágico religioso en el Perú contemporáneo«. In: *Historia del Perú.* Bd. 12. 5. Aufl. Lima (Mejía Baca), 9-114.

Silverblatt, Irene
1987   *Moon, Sun, and Witches. Gender Ideologies and Class in Inca and Colonial Peru.* Princeton (New Jersey)/New York (Princeton University Press).

Siskind, Janet
1981   »Visions and Cures Among the Sharanahua«. In: *Hallucinogens and Shamanism.* Michael Harner (Hrsg.). London/Oxford/New York, 28-39.

Sotelo, Ignacio
1985   »Vorwort«. In: Sarkisyanz, M.: *Vom Beben in den Anden. Propheten des indianischen Aufbruchs in Peru.* München, XIII-XVIII.

Spalding, Karen
1974   *De indio a campesino. Cambios en la estructura social del Perú colonial.* Lima (Instituto de Estudios Peruanos).

Stat, D. K.
1979   »Ancient Sound. The Whistling Vessels of Peru«. In: *Palacio* (Mexico) 85:2-7.

Steinhauf, Andreas
1992   *Interaktionsnetze als Entwicklungsstrategie.* Münster und Hamburg.

Steppe, Jan K.
1985 »L'iconographie de Saint Jacques le Majeur (Santiago)«. In: *Santiago de Compostela. 1000 ans de pèlerinage européen.* (Exposition). Gand (Centrum voor Kunst en Cultuur), 129-53.

Stern, Steve J. (Hrsg.)
1987 *Resistance, Rebellion, and Consciousness in the Andean Peasant World, 18th to 20th Centuries.* Madison u. London (University of Wisconsin Press).

Stevenson, R.
1968 *Music in Aztec and Inca Territory.* Berkeley (Univ. of Calif. Press).

Stocks, Anthony
1979 »Tendiendo un puente entre el cielo y la tierra en alas de la canción«. In: *Amazonia Peruana* 2(4):71-100.

Ströbele-Gregor, Juliana
1983 »Der schlafende Riese erwacht«. In: *Lateinamerika-Nachrichten* 120:12-24.
1988 *Dialektik der Gegenaufklärung. Zur Problematik fundamentalistischer und evangelikaler Missionierung bei den urbanen Aymara in La Paz (Bolivien).* Bonn (HOLOS).
1990a »El Alto – Stadt der Zukunft«. In: *Lateinamerika – Analysen und Berichte 14.* Dietmar Dirmoser u. a. (Hrsg.). Hamburg (JUNIUS 1990), 84-107.
1990b *Suche nach Sicherheit und eigenständigen Formen der Selbstbehauptung.* Vortrag auf der ADLAF-Tagung »Globale Strukturen – Lokale Kulturen«, Berlin 18.-10. 1990. Materialien der Tagung, Frankfurt (Vervuert) 1992.

Stutzman, Ronald
1981 »El mestizaje. An all-inclusive Ideology of Exclusion.« In: *Cultural Transformations and Ethnicity in Modern Ecuador.* Norman Whitten (Hrsg.). Urbana (University of Illinois Press), 45-94.

Szemiński, Jan
1985 *Bogowie i Ludzie z Huarochirí. Przlozyl, wstepem i objasnieniami opatrzyl Jan Szeminski.* Kraków-Wroclaw (Wydawnictwo Literackie).

Szeminski, Jan, und Juán Ansión
1982 »Dioses y hombres de Huamanga«. In: *Allpanchis* (Cuzco) 16(19):187-233.

Tamayo Herrera, José
1970 »Algunos conceptos filosóficos de la cosmovisión del indígena Quechua«. In: *Allpanchis* 2:245ff.

Tambiah, Stanley
1989 »Ethnic Conflict in the World Today«. In: *American Ethnologist* 16(2):335-49.

Taussig, Michael
1980 »Folk Healing and the Structure of Conquest in Southwest Colombia«. In: *Journal of Latin American Lore* 6(2):217-78.

Taylor, Gerald
  1974-76 »Camay, Camac et Camasca dans le manuscrit quechua de Huarochirí«. In: *Journal de la Société des Américanistes* (Paris) 63:231-44.
  1980 *Rites et traditions de Huarochirí: Manuscrit quechua du début du 17ème siécle.* Paris (Editions L'Harmattan). (Série ethnolinguistique amérindienne).
  1982 »Las ediciones del manuscrito quechua de Huarochirí – Respuesta a Roswith Hartman« [sic]. In: *Histórica* (Lima) 6(2):255-78.
  1985 »Un documento quechua de Huarochirí – 1607«. In: *Revista Andina* (Cusco) 3(1):157-85.
  1986 »Nota sobre ›Un documento quechua de Huarochirí 1607‹ (sic)«. In: *Revista Andina* (Cusco) 4(1):211-12.
  1987a *Ritos y tradiciones de Huarochirí del siglo XVII – Manuscrito quechua de comienzos del siglo XVII – Versión paleográfica, interpretación fonológica y traducción al castellano. Estudio biográfico sobre Francisco de Avila:* Antonio Acosta. Historia Andina 12 / Travaux de L'IFEA XXXV. Lima (Instituto de Estudios Peruanos/Instituto Francés de Estudios Andinos).
  1987b »Cultos y fiestas de la comunidad de San Damián (Huarochirí) según una Carta Annua de 1609«. In: *Bulletin de l'Institut Français d'Etudes Andines* (Lima) 16(3-4):85-96.

Taylor, S. E.
  1986 *Health Psychology.* N. Y. (Random House).

Tedlock, Dennis
  1983 *The Spoken Word and the Work of Interpretation.* Philadelphia.

Temple, Dominique
  1989 *Estructura comunitaria y reciprocidad. Del Quid-Pro-Quo histórico al economicidio.* (Serie Ensayos para Repensar el Pais, No. 1.) La Paz (Hisbol).

Thiemer-Sachse, Ursula
  1980 »Quechua-Lyrik in deutscher Nachdichtung – Versuch einer Interpretation und sprachliche Analyse«. In: EAZ *(Ethnographisch-Archäologische Zeitschrift)* (Berlin) 21(3):385-98.

Thoits, P. A.
  1986 »Social Support as Coping Assistance«. In: *Journal of Consulting and Clinical Psychology* 54:416-23.

Thola, E. Valeriano
  1992 *Mara Wata (Calendario).* Centro de Promoción e Investigación de Teología Andina, Hrsg. La Paz (Producciones CIMA). (Deposito Legal) 4-12-482-90.

Toledo, Francisco de
  1940 *Don Francisco de Toledo, supremo organizador del Perú* [1570-72]. *Su vida, su obra* (1515-1582). Band II: Sus informaciones sobre los incas (1570-1572). Roberto Levillier (Hrsg.). Buenos Aires.

Toranzo Roca, Carlos
1990 »Conflicto estado sociedad«. In: *El difícil camino hacia la democracia.* Carlos Toranzo Roca, Hrsg. La Paz (ILDIS), 119-30.
Torre, Ana de la
1986 *Los dos lados del mundo y del tiempo. Representaciones de la naturaleza en Cajamarca indígena.* Lima (CIED).
Towle, M. A.
1961 *The Ethnobotany of Precolumbian Peru.* New York.
Trigo, Pedro
1982 *Arguedas: mito, historia y religión.* Lima.
Trimborn, Hermann
1939 *Francisco de Avila, Dämonen und Zauber im Inkareich. Aus dem Khetschua übersetzt und eingeleitet.* Quellen und Forschungen zur Geschichte der Geographie und Völkerkunde 4. Leipzig (F. K. Koehler Verlag).
1944 »Dämonen und Zauber im Inkareich. Nachträge zum Khetschuawerk des Francisco de Avila«. In: *Zeitschrift für Ethnologie* 73 [1941]:146-62.
1951 »Die Erotik in den Mythen von Huarochirí«. In: *Jahrbuch des Lindenmuseums* N. F. (Stuttgart) 1:131-4.
1952 »El motivo explanatorio en los mitos de Huarochirí«. In: *Mar del Sur* (Lima) 4(21):21-32.
1953 Letras, Organo de la Facultad de Letras (Lima) 49:135-46.
1954 *Revista de Antropologia* (São Paulo) 2(1):25-36.
1960 »Mehrfaltige Götter in den Mythen von Huarochirí«. In: *Ethnologica,* N. F. (Köln) 2:548-51.
1962 »Zur Symbolik der Farbe in den Mythen des alten Peru«. In: *Der Mensch und die Künste – Festschrift für H. Lützeler zum 60. Geburtstag.* Düsseldorf, 316-20.
Trimborn, Hermann, und Antje Kelm (Hrsg.)
1967 *Francisco de Avila.* (Quellenwerke zur alten Geschichte Amerikas, aufgezeichnet in den Sprachen der Eingeborenen VIII). Berlin (Ibero-Amerikanisches Institut/Gebr. Mann).
Tschopik, Harry
1951 »The Aymara of Chucuito, Peru. 1. Magic«. In: *Anthropological Papers of the New York American Museum of Natural History (New York)* 44(2):135-318.
Uhle, Max, und Antje Kelm
1968 *Vom Kondor und vom Fuchs. Hirtenmärchen aus den Bergen Perus, Ketschua und Deutsch.* Stimmen indianischer Völker 1. Berlin (Gebr. Mann).
Urbano, Henrique O.
1980 »Dios yaya, dios churi y dios espíritu: Modelos trinitarios y arqueología mental en los Andes«. In: *Journal of Latin American Lore* 6(1):111-27.

Urioste, George L.
1973 *Chay Simire Caymi – The Language of the Manuscript of Huarochirí.* Dissertation Series, 79. Ithaca, N. Y.: Cornell University, Latin American Studies Program.
1981 »Sickness and Death in Preconquest Andean Cosmology: The Huarochirí Oral Tradition«. In: *Health in the Andes.* Joseph W. Bastien und John M. Donahue (Hrsg.). Special Publication, 12. Washington D.C. (American Anthropological Association), 9-18.
1982 »The Editing of Oral Tradition in the Huarochirí Manuscript«. In: *From Oral to Written Expression: Native Andean Chronicles of the Early Colonial Period.* Rolena Adorno (Hrsg.). Foreign and Comparative Studies, Latin American Series, 4. Syracuse (Maxwell School of Citizenship and Public Affairs, Syracuse University), 101-8.
1983 *Hijos de Pariya Qaqa: La tradición oral de Waru Chiri (Mitología, ritual y costumbres).* 2 Bde. Foreign and Comparative Studies, Program. Latin American Series 6/I & 6/II. Syracuse, N. Y. (Maxwell School of Citizenship and Public Affairs, Syracuse University).

Urioste, Miguel
1989 *Resistencia campesina. Efectos de la política económica neoliberal del Decreto Supremo 21060.* La Paz (CEDLA).

Urton, Gary
1981 *At the Crossroads of the Earth and the Sky. An Andean Cosmology.* Austin (University of Texas Press).

Urton, Gary (Hrsg.)
1985 *Animal Myths and Metaphors in South America.* Salt Lake City.

Valcárcel, Luis E.
1933 »Final del Tawantinsuyu«. In: *Revista del Museo Nacional* (Lima) 2(2):79-98.
1972 *Tempestad en los Andes.* Lima.
1976 »José María«. In: *Recopilación de textos sobre José María Arguedas.* Juan Larco, (Hrsg.). La Habana, 383-6.

Valderrama, Ricardo, und Carmen Escalante
1988 *Del Tata Mallku a la Mama Pacha. Riego, sociedad y ritos en los Andes peruanos.* Lima (DESCO).

Valdizan, H., und A. Maldonado
1922 *La medicina popular Peruana,* Bd. 1. Lima (Torres Aguirre).
1922/23 »Los mitos medicos Peruanos«. In: *Revista Psiquiatrica y Disciplinas Conexas* 4:331-43.

Valencia Chacon, Américo
1989 *El siku o zampoña. Perspectivas de un legado musical preincáico y sus aplicaciones en el desarrollo de la música peruana. The Altiplano Bipolar Siku: Study and Projection of Peruvian Panpipe Orchestras.* Edición bilingue. Lima (Centro de Investigación y Desarrollo de la Música Peruana).

Valencia Espinosa, Abraham
o. J. »Las batallas de Rumitaqe. Movimientos campesinos de 1921 en Canas«. In: *Rebeliones indígenas quechuas y aymaras.* Jorge Flores Ochoa und Abraham Valencia Espinosa. Cuzco (Centro de Estudios Andinos), 63-131.

Valiente Catter, Teresa
1979 *Der Lebenszyklus in inkaischer Zeit und Quechua-Dorfgemeinschaften der Gegenwart.* Berlin.
1984 »Universo andino en el siglo XVI: Detrás de los nombres personales quechua«. In: *Indiana* (Berlin) 9:341-50.

Valle, Rafael H.
1946 *Santiago en América.* Mexico (Editorial Santiago).

Varese, Stefano
1979 »Estrategia étnica o estrategia de clase?« In: *Documentos de la 2da Reunión de Barbados,* 357-372.

Vargas, Teófilo
1928 *Aires nacionales de Bolivia,* vol. I. Santiago de Chile (Casa Amarillo) (Vorwort).

Vargas Llosa, Mario
1977 »La utopía arcaica«. In: *Centre of Latin American Studies,* Cambridge 1977, Working Papers No. 33.
1978a »Ensoñación y magia en ›Los ríos profundos‹«. In: Arguedas, J. M.: *Los ríos profundos. Cuentos.* Caracas, IX-XIV.
1978b »José María Arguedas, entre sapos y halcones«. In: Arguedas, J. M.: *Los ríos profundos. Cuentos.* Caracas, 191-206.
1980 »Literatura y suicidio: el caso Arguedas«. In: *Revista Iberoamericana* 46(110-1):3-28.

Villagomes, Pedro de
1919 *Exortaciones e Instrucción acerca de las Idolatrías de los Indios del Arzobispado de Lima* [1649]. (Colección de libros y documentos referentes a la historia del Perú, Serie 1,12). Lima (Sanmarti).

Visita de Guancayo
1963 »La visita de Guancayo, Maca y Guaravni 1571. Por Juan Martínez Rengifo« [1571]. In: Waldemar Espinoza Soriano: La guaranga y la reducción de Huancayo. S. 58-69. In: *Revista del Museo Nacional* (Lima) 32:8-80.

Vokral, Edita Vera
1989 *Küchenorganisation und Agrarzyklus auf dem Altiplano. Nahrungsgewinnung, -zubereitung und -konsum in der ländlichen Gesellschaft bei Juliaca (Süd-Peru).* Bonn (HOLOS), Mundus Reihe Ethnologie.
1990 »Simbología de sueños y su interpretación en el Altiplano«. In: *Boletín del Instituto de Estudios Aymaras,* serie 2, No. 34:23-54. Chucuito-Puno (Instituto de Estudios Aymaras).
1991 *Qoñi-Chiri. La organicación de la cocina y estructuras simbólicas en el Altiplano del Perú.* Quito (Abya-Yala/COTESU).

Vokral, Edita V., und Peter Masson
1993 »Erinnerungen an den Bärensohn: Elemente und Fragmente schwindender Erzähltraditionen im zentralen Andenhochland von Ecuador«. In: *Die schwierige Modernität Lateinamerikas. Beiträge der Berliner Gruppe zur Sozialgeschichte lateinamerikanischer Literatur.* José Morales Saravia (Hrsg.). Frankfurt/M. (Vervuert), 159-95.

Wachtel, Nathan
1973 *Sociedad e ideología. Ensayos de historia y antropología andinas.* (Historia Andina, 1.) Lima (Instituto de Estudios Peruanos).

Wallerstein, Immanuel
1974 *The Modern World-System.* Bd. I. New York.
1980 *The Modern World-System.* Bd. II. New York.

Ward, Donald
1977 »Bärensohn«. In: *Enzyklopädie des Märchens* (Berlin) I, Spalten 1232-5.

Wassen, S. H.
1968 *Soma. Divine Mushroom of Immortality.* N. Y. (Harcourt & Brace).

Wasson, R. G.; Cowan, G.; Cowan, F., und W. Rhodes
1974 *Maria Sabina and her Mazatec Mushroom Velada.* Ethno-mycological Studies 3. New York and London.

Weber, David J. (Hrsg.)
1987 *Juan del Oso.* Pucallpa/Lima.

Weig, Berthold
1991 *Indianische Weisheit des Volkes in den Hochanden Lateinamerikas.* Regensburg (S. Roderer).

Weiss, Gerald
1981 »Shamanism and Priesthood in the Light of the Campa Ayahuasca Ceremony.« In: *Hallucinogens and Shamanism.* Michael Harner (Hrsg.), 40-7.

Wendorf de Sejas, Marianne
1982 *Die Rolle der Curanderos im medizinischen Versorgungssystem des Valle Alto, Cochabamba, Bolivien.* Dissertation, Heidelberg.

Wilbert, Johannes
1976 *Metafísica del tabaco entre los indios de Suramérica.* Caracas.

Willey, Gordon R.
1974 *Das alte Amerika.* (Propyläen Kunstgeschichte 18). Berlin (Propyläen).

Wolf, Eric R.
1966 *Peasants.* Engelwood Cliffs.

Yaranga Valderrama, Abdon
1979 »La divinidad Illapa en la región andina«. In: *América Indígena* 39(4):697-720.

Zaruma Quishpilema, Luis Bolívar
1989 *Hatun Cañar apunchicunamanta nishcallata yuyashca – Mitos y creencias de Hatun Cañar.* Quito/Azogues.

Zecenarro Villalobos, Bernardino
1988 »Espacio y tiempo sagrado en los Andes. La festividad del Señor de la Exaltación de Qqehue«. In: *Allpanchis* (Cuzco/Sicuani) 31:199-214.

Zerries, Otto
1950/4a »Kürbisrasseln und Kopfgeister in Südamerika«. In: *Paideuma* (Bamberg) 5(6):323-39.
1950/4b »Sternbilder als Ausdruck jägerischer Geisteshaltung in Südamerika«. In: *Paideuma* 5:220-35.

Zimmermann, Günter
1970 *Briefe der indianischen Nobilität an Karl V. und Philipp II. um die Mitte des 16. Jahrhunderts.* Beiträge zur Mittelamerikanischen Völkerkunde X. Hamburg.

Ziólkowski, Mariusz S.
1985 »Hanan pachap unanchan: las ›señales del cielo‹ y su papel en la etnohistoria andina«. In: *Revista Española de Antropología Americana* 15:147-82.

Zuidema, Reiner T.
1962 »The Relationship between Mountains and Coast in Ancient Peru«. In: *The Wonder of Man's Ingenuity.* Mededelingen van het Rijksmuseum voor Volkenkunde Nr. 15, Leiden, 156-65.
1973 »Kinship and Ancestorcult in three Peruvian Communities. Hernández Príncipe's Account of 1622«. In: *Bulletin de l'Institut Français d'Etudes Andines* 2(1):16-33.
1977 »Inka«. In: *Die Religionen der Welt.* Geoffrey Parrinder (Hrsg.). Aus dem Englischen übertragen von Jochen Schatte. Wiesbaden (Ebeling), 82-8.
1986 *La civilisation inca au Cuzco.* Collège de France. Essais et conférences. Paris (Presses Universitaires de France).

Glossar

zusammengestellt von Peter Masson

Das nachfolgende Glossar ermöglicht einen selektiven Zugang zu wichtigen Begriffen und Namen, die in den Beiträgen dieses Bandes vorkommen, und zwar in den verschiedenen Sprachen, denen sie entstammen oder in denen sie gebräuchlich sind. Hierbei wurden spanische Eintragungen insoweit berücksichtigt, als sie aus den besonderen thematischen Zusammenhängen heraus relevant sind, Sonderbedeutungen zeigen oder für andine Konzeptionen stehen.

Das Hauptproblem liegt bei den Begriffen und Namen in den indigenen Sprachen des Andenraums, allerdings weniger in der inneren Varietäten-Vielfalt der Familie der Quechua-Sprachen, vielmehr in den unterschiedlichen, manchmal inkonsistenten, oft aber diametral verschiedenen Verschriftungsweisen (bei Quechua wie Aymara). Die Verschriftungen aus historischen Quellen lassen sich gut von der neueren ethnographischen wie linguistischen absetzen: das Durcheinander der Umschriften zeigt sich weit stärker bei beiden letzteren. Von den bei den verschiedenen Autoren des Bandes auftretenden, divergierenden Formen wird daher entweder auf die in jüngster Zeit etablierten offiziellen Verschriftungskonventionen verwiesen oder, wie meistens bei frühkolonialen Daten, auf eine typische Transliterationsform jener Zeit. Darüber hinaus werden Sprachherkunft und teilweise auch regionale oder varietätenspezifische Zuordnung vermerkt. Die Eintragungen erfolgten meistens im Singular; nur in wenigen Fällen wurde auf die nominalen Pluralformen Rücksicht genommen (-s im Spanischen, mitunter auch im bolivianischen Quechua, -kuna im Quechua, -naka im Aymara). Zu den Sprachen (Quechua, Aymara, Chipaya) befinden sich Kurzinformationen in den betreffenden Glossareintragungen selbst. Die diffizile Beschreibungsproblematik bei Musikinstrumenten war Veranlassung, nur die allerbekanntesten hier zu erwähnen; ebenso wie bei vielen Nebenbedeutungen andiner Begriffe muß hier über das Register auf die Textbeiträge selbst rekurriert werden.

Abkürzungen

s	spanisch
a	Aymara
q	Quechua
q<s	Quechua aufgrund eines spanischen Wortes
a<s	Aymara aufgrund eines spanischen Wortes
s<q	Spanisch aufgrund eines Quechua-Wortes
qk	kolonialzeitliches Quechua
q-PB	Quechua Süd-Perus und Boliviens
q-Cuz	Quechua Cuzqueño
q-Ayac	Quechua Ayacuchano
q-Bol	Quechua Boliviano
q-Huan	Quechua von Huánuco

qs	Quechua mit spanischen Elementen
u	unklarer sprachlicher Herkunft
as	Aymara mit spanischen Elementen
av	aus einer mit dem Ayamara verwandten Sprache

Aussprachehinweise

qu	im Spanischen und im kolonialzeitlichen Quechua wie deutsch »k«
q	im Quechua und Aymara vor Vokal: Zäpfchen-Verschlußlaut (in »ach«-Position)
'	nach Verschlußlaut: Stimmritzverschluß
q	im Quechua in Silbenendposition: Zäpfchen-Reibelaut (»ach«)
x	im Aymara: Zäpfchen-Reibelaut (»ach«)
j	im Spanischen immer Zäpfchen-Reibelaut (»ach«)
j	im Quechua und Aymara vor Vokal zwischen »ich« und »ach«-Laut, sonst »ach«-Laut
w	wie englisches »w« vor Vokal, sonst wie »u« im fallenden Diphthong
hu	wie englisches »w«
h	zwischen »ach«- und »ich«-Laut
sh	wie »sch«
y	vor Vokal wie deutsches »j«, sonst Teil von fallenden Diphthongen.

abuelos (s), Großeltern; auch: Vorfahren
achachila (a), 1. Großvater; 2. Vorfahr; 3. Gottheit
achachilanaka (a), Plural von **achachila**
achachi ururi (a), männlicher Morgenstern
adúltera (s), ehebrüchige Frau
Aguay unu (q), Wasser-/Fluß-Gottheit
aillu, siehe **ayllu**
ajustar (s), einstimmen, ein- bzw. anpassen
aka pacha (a), »diese Welt«, sinnenhaft wahrnehmbare Welt der Menschen, Tiere, Pflanzen, Berge, Gewässer etc.; identisch mit kay pacha (q)
alax pacha (a), »obere Welt«; identisch mit hanan pacha / janaj pacha (q)
alcaldes escolares (s), Schulbeauftragte einer Kommunität, die für Schulspeisung, Schulfeste, Eltern- und Gemeindeversammlungen verantwortlich sind

alférez (s), hoher Amtsträger bei einem und für ein religiös-gemeinschaftliches Fest, Sponsor und teilweise Ausrichter; in einigen **cargo**-Systemen dem **prioste** oder **preste** nachgeordneter Amtsträger
allillan (q), »es ist alles gut«, »es ist eben gut«
allpa (q), Erde, Erdboden
Allpa Mama (q), Mutter Erde
Allpa terra siehe **Allpa tierra**
Allpa tierra (qs), Erde, (Mutter) Erde
allqa (q.), zwei- bzw. mehrfarbig, farbig gefleckt
allqa papa (q), farbig gefleckte Kartoffel
alma (s/a/q), Seele, Seelen-Bestandteil
alpaka (q), domestiziertes Kamelid (feine Wolle)
altar (s), Altar; rituelles Arrangement von Opfergaben kultischen und magischen Objekten
alto mesayoq siehe **altumisayuq**

altomesa siehe **altumisayuq**
altomisayoq siehe **altumisayuq**
altumisayuq (q), andiner ritueller Spezialist, Priester/Schamane des höchsten Grades
Amaranth, »Pseudo-Getreide«, einheimische Körnerfrucht (Fuchsschwanzgewächs)
amaru (q), Schlange (von bestimmter Größe und Klassifikation)
Amaru (q), übermenschliches Wesen vorspanischer Tradition, beidendköpfige Schlange, aber zuweilen auch mit Großkatzen-Zügen
amauta (qk), »Weiser«, »Kundiger«, »Lehrer« (soziale Funktion in den herrschenden Schichten der inkaischen Gesellschaft)
Amauta (q), von Mariátegui gegründete kulturelle, gesellschaftsanalytische und politische Zeitschrift, Sprachrohr einer Richtung des sozialrevolutionären Indigenismus
amawt'a siehe **amanta**
amistad (s), Freundschaft
amtata, jan amtata (a), »erinnert und nicht erinnert«
anacu siehe **anaku**
anaku (q), Frauen-Überrock, Teil traditioneller indigener Trachten im Andenraum
añas, Stinkfüchsin/Stinkfuchs, Skunk
ancha ñawpa pacha (q), »sehr alte Zeit«, früheste Vorzeit
anchanchus (q), dämonische gefährliche Wesen (im Wasser)
Anchicocha, Ortsbezeichnung; Ort und See im Raum Huarochirí/Yauyos (Traditionen von Huarochirí)
Ankari (q), religiöse Konzeption der Callahuaya; Geistwesen mit lokal und Ritualisten-spezifisch unterschiedlichen Merkmalen
antara (q), Panflöte
apachi ururi (a), weiblicher Abendstern

apóstol caballero (s), Ritter-Apostel (Santiago / Sankt Jakob)
apu / Apu (q), 1. »hoher Herr«; 2. Berggottheit
apus (q) (mit spanischer Pluralisierung), Urahnen in Gestalt der Berge
aqha (q), Chicha, durch Alkoholfermentation hergestelltes Getränk, meistens auf der Grundlage vorgekeimten Maises, aber auch von Erdnüssen, Kochbananen u.a.
aqlla (q), 1. »ausgewählt«; 2. von der Öffentlichkeit zur Verfügung des Herrschers und für textile und andere manufakturielle Arbeit, aber auch für Musik und Tanz, in einer Gemeinschaft Gleichsituierter abgeschlossene Frau (zumeist Jungfrau) im Inkareich
aransaya (a), oben, obere Hälfte
Arco tanqay (q), »Bogen stemmen / bewegen«; Ritual beim Fest der Mamacha Carmen in Quico (Raum Ocongate, Departement Cuzco, Peru)
arka (a), das Folgende, »weiblich«
arka-kamachita (a), bestimmendes Prinzip
arkaña (a), folgen
artes (s), Künste
asamblea (s), Versammlung
aswa (q) siehe **aqha**
Atahualpa, letzter vorspanischer inkaischer Herrscher, zunächst des nördlichen Teiles des inkaischen Imperiums, dann seinen (»legitimen«) Halbbruder Huascar besiegend und dessen Ermordung befehlend; von den spanischen Eroberern nach fadenscheinigen Prozeß-Anklagen durch Erdrosseln mit einer Bogensehne hingerichtet
Atau Wallpa (q) siehe **Atahualpa**
atoq siehe **atuq**
atuj siehe **atuq**
atuq, andiner »Fuchs«
Awaq-masiy, pushkaq-masiy, wayk'oq-masiy (q), »Mutter Erde, meine

Teilhaberin (Gefährtin) beim Weben, beim Spinnen, beim Kochen«
awicha (a), Großmutter, Vorfahrin, weibliches Numen
awila (a), Großmutter, Vorfahrin, weibliches Numen
awkillu (q-Huan), Berggottheit
awti pacha (a), Trockenzeit
aya marqay (q), »(die) Tote(n) in den Armen tragen«; Zeit der Zeremonien für die Verstorbenen im vorspanischen Andenraum
aya wasqa (q), »Toten-Lianenseil«; siehe **ayahuasca**
ayahuasca (q), Banisteriopsis-Liane, tropisches Tiefland-Gewächs, natürliche Droge zur Herbeiführung von Visionen bzw. Halluzinationen
ayahuasquero (sq), Ayahuasca-Saft-Trinker
ayamarcai siehe **aya marqay**
aylli (q) siehe **haylli**
ayllu (q), Verwandschaftsgruppe; teilweise auch Sektion einer Kommunität bzw. eine Wohngemeinschaft, in der verwandtschaftliche Beziehungen vernetzt sind
Aymara, 1. Sprache in Bolivien, Süd-Peru und Nord-Chile (insgesamt etwa zwei Millionen Sprecher), zwar in langer historischer Überlagerung mit verschiedenen Quechua-Varietäten, aber zu einer anderen Sprachfamilie (Aru/Jaqe) gerechnet; 2. Bevölkerung derselben Sprachgemeinschaft
aymoray siehe **aymuray**
aymuray (q), Ernte-Zeit
ayni (q, a), gegenseitige, ungleichzeitige Leistungen in Arbeit, Verbrauchsgütern oder im Entleihen (Feldbau, Feste)
aysasqa, mana aysasqa (q), »angerufen und nicht angerufen« (eigentlich: in der Heilungszeremonie »gezogen und nicht gezogen«)

bayetas (s), 1. grobe Wollgewebe; 2. Schultertücher
bien limitado (s), begrenztes Gut
bisabuelas (s), Urgroßmütter
brujería (s), Schadenszauber, Schwarzmagie
brujo (s), »Hexer«, Schadenszauberer
cabildo, 1. siehe **kawildu**; 2. (s), Gemeindeführerschaft, Rat
cachua (qk), kriegerischer Tanz mit Waffen
cacique principal (s), lokaler Anführer (höchsten Ranges) von indigenen Kommunitäten; Funktion innerhalb der kolonialspanischen Verwaltungsstruktur
cacya cinca siehe **kakya sinqa**
Cajamarquinos (s), Bewohner der Stadt Cajamarca und ihres Umlandes
Callahuaya siehe **Kallawaya**
callcallo (u), Vogel-Spezies (Traditionen von Huarochirí)
calvario (s), 1. »Kalvarienberg«, Hügel mit Kreuz(en) und, falls mit Altar, auch Opferstätte; 2. siehe **kalwaryu**
campesinos (s), 1. Bauern; 2. seit Ende der 60er Jahre im peruanischen Andenraum auch Synonym für indigene Bauern
cañazo, Zuckerrohrbranntwein
cañihua (q, s) siehe **kañiwa**
cantar (s), singen
capacocha (qk) siehe **qhapaq hucha**
Capac Raymi (qk) siehe **Qhapaq Raymi**
carajo (s), »verdammt!«, Fluch mit phallischer Anspielung
cargo (s), Amt innerhalb des Ämtersystems zur Ausrichtung religiös-gemeinschaftlicher Feste
cariño (s), liebevoll-zärtliche Grundhaltung, Zuneigung
Carnaval (s), »Karneval«, wichtiges Fest, zu einer Jahreszeit, die in den meisten Regionen mit dem Ende der Regenzeit einhergeht, mit starkem

Fruchtbarkeitsbezug (Menschen, Tiere, Pflanzen)
catari siehe **katari**
Cauellaca (u), weibliches Numen (Traditionen von Huarochirí)
caullama (u), Idolfiguren
Central Obrera Boliviana, bolivianischer Gewerkschaftsverband
ceque (qk) siehe **siq'i**
ch'alla (q, a), Trankopfer
ch'arki (q), sonnengetrocknetes Fleisch
chacha (a), Mann
chacpa (qk), Fußgeburt
chakitaqlla (s), trad. andines Trittgrabscheit, »Fußpflug«
Chanca (qk), einheimische Bevölkerung im Raum Ayacucho-Huancavelica (Peru), ihren Feinden, den Inka schließlich unterlegen
Chanka (q) siehe **Chanca**
chaquitaclla (q) siehe **chakitaqlla**
charango (s), traditionelles (kolonialzeitliches) Mandolineninstrument, mit unterschiedlicher Saitenstimmung, Resonanzkörperunterteil nicht selten aus Gürteltierpanzer
charlatanes (s), Quacksalber
chaupi (q) siehe **chawpi**
Chaupiñamca (u), weibliches Numen (Traditionen von Huarochirí)
Chavín (de Huántar), bedeutendes Ritualzentrum einer der frühesten andinen Zivilisationen; zugleich archäologischer Stil von beträchtlicher Ausdehnung
chawpi (q), halb, Mitte
chawpirana (q), Mittel- und Treffpunkt zweier Oppositionen
chay simire caimi (qk), »und diese Erzählung ist so« (Beginn des 3. Kapitels der Traditionen von Huarochirí)
chayampuy (q), Ankunft
chicha (s) siehe **aqha**
Chimú, vorinkaischer Staat größerer Ausdehnung an der nördlich-zentralen Küste Perus; zugleich entsprechender archäologischer Stil
china (q), 1. (Tier-)Weibchen; 2. Frau aus unteren sozialen Schichten
chinas (qs), offene Rohre bei Panflöten
Chipaya, ethnische Gruppe am Coipasa-See (Altiplano, Bolivien), mit eigener (weder mit dem Quechua noch mit dem Aymara verwandten) Sprache
chirirana (q), kalte Region
cholo (s), transkulturierter Ex-Indio; soziokultureller »Mestize«
cholos de la costa (s), Mestizenbevölkerung der Küstenregion
chonta (s), Regenwald-Palme mit sehr hartem Holz, u.a. für varas, aber im Tiefland auch für Lanzen und Jagdbögen verwendet
choquelas (s<a), 1. Hirten-Lieder; 2. Kerbflöten
chuchu (q), gleichgeschlechtliche Zwillinge
chúkaru-baile (qs), kämpferischer, unbändig »wilder« Tanz
chuño (s<q) siehe **chuñu**
chuñu (q), gefriergetrocknete Kartoffelkonserve
Chuquisuso, weibliches Numen (Traditionen von Huarochirí)
Chuquiylla / Chuquilla siehe **Illapa**
civilización (s), Zivilisation, »Kultur«
coca (s<q), Koka, wichtige Kulturpflanze des Andenostabhanges und des Tieflandes, von großer religiöser Bedeutsamkeit; Blätter als mildes Stimulans mit alkalischer Asche oder mit Kalk »gekaut« (in der Mundhöhle ausgesogen)
coca qhawaj (q) siehe **kuka qhawaq**
cofradía (s), religiöse Bruderschaft
colca siehe **qullqa**
colonos (s), 1. Siedler, 2. landlose Bauern
comadre (s), »Gevatterin«, rituelle »Co-Mutter« (über Patenschaft

compadrazgo (s), Patenschaft-Gevatternschafts-System
compadre (s), »Gevatter«, ritueller »Co-Vater« (über Patenschaft)
comuna (s), Gemeinde mit in Ecuador offiziell anerkanntem »kollektivem« Landbesitz
comuneros (s), Gemeindemitglieder
comunidad (s), Gemeinde, auch als Streusiedlung
comunidad andina (s), (traditionell) andine Gemeinde, auch mit »modernen« Strukturen, in jedem Falle mit jährlich neugewählten Amtsträgern
CONAIE, Dachverband der politischen indígena-Organisationen in Ecuador
condenado (s), »Verdammter«; Mensch, der schwerer Todsünden (u.a. Inzest, Mord) wegen nicht sterben darf und als untotes, umherstreifendes Monstrum Menschen und Tiere reißen muß, bis er von einem stärkeren Wesen besiegt, getötet und damit erlöst wird
condor (s) siehe **kuntur**
Condorcoto (av), »Kondor-Berg« (Traditionen von Huarochirí)
conectarse (s), sich verbinden
Confederación Sindical Única de Trabajadores Campesinos de Bolivia (CSUTCB) (s), Bauerngewerkschaft in Bolivien
conjuntos (s), städtische Orchester
conopa, siehe **kunupa**
contar un santo rosario (s), einen Rosenkranz beten
contrapunto (s), Wettstreit (Gesang, Musik, poetische Improvisation)
copla (s), »Couplet«, Lied- und Strophenform, 1. mit typischen Formen im Andenraum, 2. aus spanischer Tradition
Coricancha (qk) siehe **Qurikancha**
corregidor (s), Distriktsgouverneur, Leiter eines »corregimiento«, bedeutender Funktionär in der kolonialspanischen Verwaltung des indianischen Segments der kolonialen Gesellschaft
costeños (s), Küstenbewohner
Coya (qk) siehe **quya**
Coya-Raimi (qk) siehe **Quya Raymi**
criollo (s), kulturell iberisch (nicht indigen) orientierte »mestizische«, »weiße« (auch »nationale«) Identität und Lebensweise
cuatropartición (s.), Vierteilung
cultura popular (s), volkstümliche (z.B. bäuerliche) Kultur
Cuniraya (u), bedeutende männliche Gottheit des Andenraumes
curaca (qk, ak, s<q), Häuptlinge bzw. Herrschende (vorspanisch), lokale Anführer (Kolonialzeit)
curandero (s), Heiler (spirituell und als Kräuterarzt)
curi (qk), gleichgeschlechtliche Zwillinge
cushma (q), ärmelloses Hemd, Teil indigener Männertrachten; im Andenhochland traditionell unter dem Poncho getragen
cuy (s<q) siehe **quwi**
Departement (span. departamento), großregionale Verwaltungseinheit in Peru und Bolivien (beinhaltet in der Regel mehrere »Provinzen« (span. provincias) im Umfang von deutschen Großkreisen bis Regierungsbezirken
descampesinización (s), Verlust der bäuerlichen (ggf. indigenen) Identität
desculturación (s), Kultur-Verlust
despachos (s), Opfergaben
Diospa sullk'a (q), »Gottes jüngere Brüder«, Verstorbene
doctor (s), 1. Arzt; 2. Doktor (z.B. der Theologie)
dualidad (s), binäre Opposition, Zweiheit, Doppelaspekte
empíricos (s), Heilkundige
encantar (s), verzaubern
encanto (s), Zauber

553

encomendero (s), mit indianischer Arbeitskraft belohnter spanischer Eroberungs-Teilnehmer und -Mit-Finanzierer, der aber auch die Christianisierung »seiner« Indios fördern soll
engañadora de los hombres (s), Betrügerin der Männer
eskina (qs), Ecke
espíritu (s), Geist(wesen)
extirpadores de idolatría (s), »Götzendienst-Ausrotter«, Praktiker der Eliminierung traditioneller andiner Kulte und »heidnischer« religiöser Vorstellungen
fábulas (s), abwertende Bezeichnung für religiöse Vorstellungen und Mythen des vorspanischen Andenraumes seitens kolonialer Evangelisierung
faltanman (qs), »es mag fehlen«
faltanraq (qs), »es fehlt noch«
fiscal (s), für gemeinsames Gebet der Indios und für eine Kapelle verantwortlicher einheimischer Mann
fuerza (s), Kraft
gamonales (s), Grundherren (Plural)
gamonalismo (s), Großgrundbesitzertum
ganadero (s), Viehhalter
gentiles (s), »Heiden«, die nichtchristlichen indianischen Vorfahren
granos en el cuerpo (s), Fremdkörper (»Körner«) im Körper
guacamayo (s<q), Papagei
guanaco (s<q), Wildkamelid
Guerra Callada (s), »verschwiegener Krieg«, Widerstandsbewegung bäuerlicher Bevölkerung im Raum Cerro de Pasco (Peru) zu Anfang der 60er Jahre
guía (s), Führung, Führer/Einweiser
guitarras (s), Gitarren
hacienda (s), landwirtschaftliches (teilweise auch viehwirtschaftliches) Großgut in extensiver Bewirtschaftung
hamuq pacha (q), kommende Zeit/Welt, Zukunft
hanan (q), oben

hanan pacha / hananpacha (q), obere Welt
hanp'atu (q), Kröte
hanpiq (q), traditioneller andiner »Arzt«, Heiler
haravi (q) siehe **harawi**
harawi (s), Lied-Text, gesungene mündliche Poesie
haylli (q), Jubelgesang
hechicero (s), 1. Schadenszauberer, Schwarzmagier; 2. abwertende Bezeichnung für andine Ritualisten seitens kolonialer Evangelisation
hembra (s), 1. Tier-Weibchen; 2. weibliches Kind
hierba del condorillo (s), Condorillo-Kraut
hierba del dragón (s), Drachen-Kraut
himnos quechuas (s), Gebete und Anrufungen im Quechua
Homa Pacha (a, q) siehe **Uma Pacha**
huaca (qk, c<q), 1. siehe **waq'a**; 2. Pyramide, Ruinenstätte, Grab
Huaca Huallallo Caruincho siehe **Huallallo Caruincho**
huaccha (qk) siehe **waqcha**
huacos (c<q), archäologische Keramik aus Grabfunden
Huallallo Carhuincho (qk / u), andine Gottheit (Traditionen von Huarochirí)
Huallallo Caruincho siehe **Huallallo Carhuincho**
Huari (q / u), 1. seßhafte Siedler/Bauern (besds. in Hochtälern); 2. archäologischer Stil, mit Tiwanaku verbunden; 3. Ruinenstätte als Zentrum eines Großstaates in der Nähe der Stadt Ayacucho (Peru)
Huarochirí, Region und Ort in der Westkordillere im Hinterland von Lima (Peru)
huatia (qk) siehe **watya**
Huatiacuri / Huatyacuri (qk), »watya"-Kartoffeln-Esser (=Armer), Numen und männlicher Heroe (Traditionen von Huarochirí)

huayno (q, s) siehe **wayñu**
huayño (q) siehe **wayñu**
huchay (q), 1. Schuld auf sich laden; 2. bitten
huesero (s), »orthopädischer« Heiler
huillca (qk) siehe **willka**
hurin (q) siehe **urin**
ibero-kreolisch siehe **criollo**
ijimplu (q), (von span. ejemplo: Beispiel), kulturspezifische Erzählform (nicht selten moralisierend)
illa (q, a), 1. kleines Amulett (figürlich, Menschen, Tiere) aus Stein oder Metall; 2. wertvoller Stein
illahuasi (q), »Juwelen-Haus«, kreisförmige Steinsetzung
Illapa (q), andine Gottheit des Blitzes und Donners (vorspanisch und frühkolonial)
illapa usnu (q), Monolith (künstlich errichtet)
illapu (Aymara vom Beginn des 17. Jh.), Blitz und Donner
iluminar (s), erleuchten, Licht geben
imill t'alla (a), Ritualname der Kartoffel, »Frau Kartoffel (besonderer Art)«
imilla blanca (qs), »weiße junge Frau«, Kartoffelart
imilla negra (qs), »schwarze junge Frau«, Kartoffelart
incantare (lat.), singen, zaubern, durch Zauber schaffen)
indianidad (s), »Indianität«
indígena (s), autochthon, indigen
indio revestido, (als Nicht-Indio, Mestize, »verkleideter« indígena
indios (s), traditionelle, im Laufe der Zeit abschätzig gewordene Bezeichnung für die unterworfene, sozial und kulturell nicht-hispanisch orientierte Bevölkerung
indios brutos (s), »dumme, gemeine Indios«
inka (u / s), 1. ethnisch basierte Herrscherkaste nicht völlig klarer Herkunft, die sich spätestens seit dem 13. Jh. fest im Raum Cuzco etabliert und von dort aus ihren Machtbereich ausdehnt; 2. dynastische Herrscher aus ersterer
Inka Atahualpa siehe **Atahualpa**
Inka Viracocha, Herrscher der inkaischen Überlieferung
Inkarí (qs) siehe **Inkarrí**
Inkarrí (qs), »Inka-König«, mythische Personifizierung der von den spanischen Eroberern und im Auftrag späterer hoher Amtsträger ermordeten Inkaherrscher bzw. Aufstandsführer, als (dereinst wiederkehrende) getötete Gottheit
inti (q), Sonne
Inti (q), Sonnengott (im Staatskult der Inka)
Inti Raymi (q), Fest der Südwinter-Sonnenwende (Juni) bei den Inka
Inti-Killa (q), Sonne und Mond (als Gottheiten)
ira (a), 1. das Beginnende, »männlich"; 2. (a) siehe **irpa**
ira sacra (lat.), heiliger Zorn
irpa (a), Führer – jener, der führt
irsipela, Krankheit ("Erysipel"), Ausschlag mit Aufdunsung
isañu (a, q) siehe **maswa**
jach'a mallku (a), »großer mallku«, ein Ritualname der Kartoffel
jailli siehe **haylli**
jaktasiña irampi arkampi (a), mit **ira** und **arka** übereinstimmen
jalca siehe **jalq'a**
jallch'arikuy (q), wieder heil machen
jallu pacha (a), Regenzeit
jalq'a (a), groß, hoch
jamuj pacha (q) siehe **hamuq pacha**
janajpacha siehe **hanan pacha**
janan pacha siehe **hanan pacha**
jarawi (q) siehe **harawi**
jilakata (a), höchste(r) gewählte(r) Anführer in Aymara-Kommunitäten
Justo Juez (s) »Gerechter Richter«
jutir pacha (a) siehe **hamuq pacha**

kacharisqa (q), 1. lose, frei; 2. zweite Reihe
Kachia Pachamama (q), Mutter Erde von hier
kachu (q) (von span. cacho), kulturspezifische Form tradierten mündlichen Erzählens: witzige, schwankhafte Geschichte
kachwa (q), Lied/Tanzform
kakya sinqa (q), »Hasenscharten-Nase«, Kind mit Hasenscharte
Kallawaya, regionale Bevölkerung im Raum Charazani (Bolivien), mit eigenen Charakteristika, überwiegend quechua-, zu einem geringen Teil auch aymarasprachig; die spirituellen und kräutermedizinischen Heiler dieser Volksgruppe sind in größeren Teilen der Zentralanden bekannt und berühmt
kalwaryu (a, q), Altar aus Feldsteinen bei Äckern, um der Pachamama Opfergaben darzubringen
kamana (a), der, der etwas hütet und umsorgt (Altar, Feld, Haus)
kamaq (q), 1. der/die, welche(r) etwas hütet und umsorgt (Altar, Feld, Haus); 2. der/die, welche(r) beseelt, ordnet und/oder erschafft
kamaq pacha (q), beseelend/ordnend erzeugende Erde
kamay (q), beseelen, ordnen, erschaffen
kañawa (q) siehe **kañiwa**
kañiwa (q), Gänsefußgewächs, bedeutende andine Körnerfrucht
katari (a) siehe **amaru**
kawildu (q, a) (von span. cabildo: Rat), Opferstätte
kawiltu (q, a) siehe **kawildu**
kay pacha (q), »diese Welt«, sinnenhaft erfahrbare Welt der Menschen, Tiere, Pflanzen, Gewässer und Berge
kaypacha (q) siehe **kay pacha**
Kechwa siehe **Quechua**
khullu (a), Rebhuhn

khuyay (q), zärtlich lieben
killa (q), Mond
kinwa (q), Quinoa, »Reismelde«, Gänsefußgewächs, sehr wichtige andine Körnerfrucht
kipu (q) siehe **quipu**
kiwicha (q), Amaranth, Fuchsschwanzgewächs, andine Körnerfrucht
kiwna (q) siehe **kinwa**
kuka (q) siehe **coca**
kuka qhawaq (q), weissagendes Koka-Orakel
kukuchi (q) siehe **condenado**
kuntur(q), **Kondor**
kunupa (q), kleines Idol
kuraka (q, a) siehe **curaca**
kuraqa (q), einzelner der kuraqkuna
kuraqkuna (q), »Älteste«, höchste Autorität einer ethnisch-regionalen Bevölkerung (ayllu major)
kuri (q) siehe **curi**
kusillu (q), Affe
kuyay (q) siehe **khuyay**
kwintu (q) (von span. cuento), Erzählung, kulturspezifische Form traditioneller Narration
la raza cósmica (s), die »kosmische Rasse«
laguna negra (s), schwarze »Lagune« (Hochgebirgssee)
lakita (a), 1. das Ausgewählte, Beste; 2. Tanz (Aymara)
lakitas (a), 1. Tänze der Aymara; 2. Panflötentyp
laqha (q), das Dunkle
latinoamericanidad (s), ibero-kreolisch geprägte lateinamerikanische Identität
layqa (q), (Schadens-)Zauberer; das Gegenteil von **hanpeq / curandero**
lengua del Cuzco (s), die frühkoloniale Quechua-Varietät von Cuzco (Peru)
lengua general del Inga (s), (auch:)
lengua imperial (s), »die allgemeine Sprache des Inka«, die »imperiale

Sprache«: Quechua-Sprache in ihren südperuanischen Varietäten, besonders in der von Cuzco
lengua india (s), indianische Sprache (abstrahierende, allgemeine Kategorisierung)
lengua particular (s), einzelne Sprache (einer weniger großen oder weniger bedeutsamen Sprachgemeinschaft)
levantamiento indígena (s), 1. indianische Erhebung, Aufstand indigener Bevölkerungen; 2. Protest- und Widerstandsbewegung mit Wegsperrungen und Besetzungen, von den politischen indígena-Organisationen Ecuadors 1990 organisiert
limeños (s), Bewohner der peruanischen Hauptstadt Lima
limpia (s), »Reinigung« durch Abreiben mit bestimmten Pflanzenzweigen, einem Ei, Tier etc.; Diagnose und Therapie
limpia del cuy (s), Diagnose- und Behandlungsform durch »reinigendes Abreiben mit einem anschließend zu tötenden Meerschweinchen
llacuaz (qk), Bevölkerungsgruppen der Puna, Kamelidenzüchter
llama (q), Lama, domestiziertes Kamelid, Tragtier und Lieferant grober Wollfasern
llama mayt'uy (q), »weibliche Lamas schmücken«, Fruchtbarkeitsfest
llama michiq (q), Lamas Weidender, Lama-Hirt
llama pilluchiy (q), »männliche Lamas krönen«, Fruchtbarkeitsfest
llama tinku (q), »Lamas-Zusammentreffen«, rituelle Verheiratung von Lama-Männchen und -Weibchen, Fruchtbarkeitsfest
llama walqay (q), »(die jungen) Lamas mit Halsbändern schmücken«, Fest
llamanwan (q), »mit seinen/ihren Lamas

llampu (a), Brustfett des Lama (Opfergabe)
llaqwas (q) siehe **llacuaz**
llijlla (q) siehe **lliqlla**
lliqlla (q), Umschlagtuch (über Schultern, Rücken und Brust getragen, Bestandteil traditioneller andiner Frauentrachten
lluthu (q-PB), Rebhuhn
lluychu (q), Hirsch- bzw. Rehart
lo andino (s), »das Andine«
lo indio (s), »das Indianische«
lobo (s), Wolf; siehe **atuq**
lugarniyoj (q) siehe **lugarniyuq**
lugarniyuq (q), »(einen heiligen) Ort habend«, bedeutende Gottheit
lugarniyuqkuna (q) (lokalisierte bedeutsame Gottheiten (Plural)
maa (a) siehe **maya**
machachway (q), Schlange
machaqway (q) siehe **machachway**
macho (s), 1. (Tier-)Männchen; 2. männlich
machu (q), alt (bei Menschen, Tieren und übermenschlichen Wesen; in vielen Quechua-Varietäten nur für männliche)
machula (q), 1. Großvater; 2. Vorfahr; 3. alter Mann; 4. Referenz und Anrede betreffend bedeutende Gottheiten
machulakuna (q), bedeutsame Gottheiten (Plural) in Referenz und Anrede
maestro (s) siehe **mayistru**
makita qona (q), »Übergabe der Hand«, Initiationsritual für einen jungen rituellen Heiler
mal aire (s), »böser Wind«, kulturspezifische Konzeption von Krankheits-Ursachen
mallku (q, a), 1. junger Kondor; 2. Gottheit bzw. Schutzgeist (von geringerem Rang als die **achachilas**)
mama (q), 1. Mutter; 2. Respektsbezeichnung und Anrede für verheiratete Frauen

Mama Asunta siehe Mamita Asunta
Mama Killa (q), Mondgöttin
mama qocha (q), »Mutter-See«, Meer
Mama Santísima (qs), allerheiligste Mutter
Mamacha (q), Mütterchen, liebe Mutter (auch Anrede für weibliche Gottheit
Mamacha Carmen (q), »liebe Mutter« (Jungfrau vom Berge) Karmel
mamacocha siehe mama qocha
Mamanchis (q-Cuz), unsere (unser aller) Mutter (Gottheit, Pachamama und/oder Gottesmutter/Jungfrau Maria)
Mamaquilla siehe Mama Killa
mamasara (q), Mutter des Maises
mamita (qs), liebe Mutter
Mamita Asunta (qs), »liebe Mutter Aufgefahrene«, Jungfrau von Mariä Himmelfahrt
manqha pacha (a), untere Welt; identisch mit ukhu pacha (q)
manqhapacha (a) siehe manqha pacha
mara (a), Jahr
María llumpaqa (as), reine, unbefleckte Maria
markara (a), Markierungszeremonie für Lamas und Schafe
mashua (q) siehe maswa
mashwa (q) siehe maswa
maswa (q), andine Knollenfrucht
Mataindios (s), »Indio-Töter« (Beiname des Apostels Santiago)
maya (a), eins, einzig
mayistru (q<s), 1. Lehrer; 2. »Meister« (z.B. Laienmusikant)
mayordomo (s), 1. Verwalter auf einer hacienda; 2. Amtsträger bei einem religiös-gemeinschaftlichen Fest
mayu (q), Fluß
mayu tinku (q), Aufeinandertreffen/ Zusammenfließen zweier Flüsse
medicina indígena (s), autochthonindigene Heilkunde

mente (s), Geist, Verstand, Gemüt
mesa (s), 1. Tisch; 2. Altar (für andine Rituale und Heilungszeremonien)
mescalito (s), Peyote-Kaktus (Mexiko und südliches Nordamerika)
mestizaje (s), Mestizisierung (blutsmäßig und/oder soziokulturell)
mestizo (s), »Mestize«, Angehöriger unterer sozialer Schicht, Ex-indígena
milloco (s<q) siehe ulluku
milluku (q) siehe ulluku
misa, 1. (s, q, a) (von span. misa), Opfergabe und -zeremonie; 2. (s, q, a) katholische Messe; 3. (s, q, a) (von span. mesa) Altar für in »1.« genannte
misti (q), »Mestize«, »Weißer« (im sozialen und kulturellen Sinn)
mit'a (q), 1. Schicht, Periode; 2. (in der Kolonialzeit) rotierende Zwangs-Arbeitsverpflichtung für in einer größeren Region ansässige indianische Bauern
mita (s<q, q) siehe mit'a
mitu (q), 1. für Hausbau oder Töpferei vorbereitetes Lehmgemisch; 2. ritueller Heiler
muchaqku (q), »sie pflegten zu verehren«
mullu (q), 1. Meeres-Muschel; 2. Koralle; 3. Perle
naipes (s), Spielkarten
Nasca siehe Nazca
ñaupa (q) siehe ñawpa
ñaupa pacha siehe ñawpa pacha
ñaupaj (q) siehe ñawpaq
ñawpa (q), alt (Zeit), in/aus früherer Zeit
ñawpa pacha (q), alte Zeit, Vorzeit
ñawpaq (q), vorne – der(die/das)jenige, welche(r/s) vorausgeht
ñawpaq pacha (q), alte Zeit, früheste Vorzeit
nayra pacha (a) siehe ñawpa pacha
Nazca, 1. Stadt an der mittel-südlichen Küste Perus; 2. archäologischer (kera-

mischer und textiler) Stilkomplex in derselben Region
negros (s), »Schwarze«, Menschen (zumindest teilweise) afrikanischer Abstammung
ñispa / nispa (q), »wobei sagend« (Referieren von Rede)
ñitiy (q), (er)drücken
nuevo indio (s), »neuer Indio«
ñuk'us (q), Schlagringe, Schlaghandschuhe
Numen (lat.), Gottheit, übermenschliches Wesen
Numina (lat.,Plural), Gottheiten, übermenschliche Wesen
ñusta (q), 1. »Prinzessin«, Dame/Frau aus dem inkaischen Hochadel; 2. (gelegentl.) Bezeichnung für die Jungfrau Maria
oca (s<q) siehe **uka**
octava, 8. Tag nach einem bedeutenden kirchlichen Herren- oder Marienfest (z.B. Fronleichnam, oder Mariä Himmelfahrt)
oka (q) siehe **uka**
oración (s), Gebet
organizaciùn democrática rotativa (s), demokratische Ämter-Rotation
oscollo (s<q) siehe **usqullu**
Paa (a) siehe **paya**
pacarina (q) siehe **pakarina**
pacha (a, q), 1. (die lebende) Erde; 2. Zeit, Geschichte; 3. Raum, Welt, Kosmos
Pacha Apu (q), Herr der Erde / Herr des Raumes
Pachacamac (q), 1. siehe **Pachakamaq**; 2. bedeutende Ruinenstätte (vorspanisches Sakralzentrum) südlich von Lima
pachacuti (q) siehe **pachakuti**
pachakamaq (q), das den Kosmos regierende (ordnende, beseelende) Prinzip
Pachakamaq (q), Erd-Erschaffer, Erd-Beseeler (Schöpfergott)

pachakuti (q), Umkehrung der Welt, »Erd-Umwälzung«, Zeiten- und Weltenwende
Pachamama (q, a), Mutter Erde, Erd-Mutter
Pachamama llaqtayuq (q), Mutter Erde dieses (betreffenen) Dorfes oder Umlandes
Pachatata (q, a), Erd-Vater
Pachatata-Pachamama (q,a), Erd-Vater und -Mutter
pachawawa (q, a), Kind der Erde
Pachayachachiq (q), »Erd-Einweiser«, Beiname des Schöpfergottes
pachayachachiq (q), das den Kosmos instruierende Prinzip
padres (s), 1. Eltern; 2. Ur-Eltern, (erstes) Menschenpaar
pakarina siehe **paqarina**
pallqa (q), Gabelung (Weg, Fluß, Pflanze)
pampa (q), ebenes Land
pampa mesa siehe **pampamisayuq**
pampa mesayoq (q) siehe **pampa misayuq**
pampa misayuq (q), andiner Ritualist (nicht des höchsten Ranges)
pampamisayoq (q) siehe **pampa misayuq**
paqarina (q), heilige Stätte (Quelle, Höhle etc.), die Menschen und/oder Tiere hervorbringt
par (s), Paar
Páramo, 1. feuchtere Hochgebirgssteppe in den Nordanden und im nördlichen Teil des mittleren Andenraums; 2. feiner kalter Nieselregen ebendort
parar (s), hinstellen, auf die Beine stellen
paray mit'a (q), Regenzeit
Pariacaca (qk), (vorspanischer und frühkolonialer) Berg- (und Wetter-) Gott in der Westkordillere des Hinterlandes von Lima
Pariya Qaqa (q) siehe **Pariacaca**

partera (s), Hebamme
pasante (s), Amtsinhaber im Ämtersystem für ein jeweils spezifisches religiös-gemeinschaftliches Fest, der innerhalb des ihn betreffenden Jahres »sein« hohes Fest-Amt (cargo) absolviert
pata parti (qs), obere Seite, obere Welt, Himmel
pata (q), 1. Stufe, Erhöhung; 2. landwirtschaftliche Anbauterrasse
patarana (q), klimatisch gemäßigte Region
patrón (s), 1. Grundherr, paternalistischer »Arbeitgeber"; 2. Modell
paya (a), zwei
paye siehe **payi**
payi (q, a), Geistwesen des Halbdunkels
paypaq makinmanta (q), von seiner Hand her, im Sinne seiner Hand
pintura cuzqueña (s), »Schule von Cuzco« der kolonialen Malerei
pirua (q) siehe **pirwa**
pirwa (q), Vorratshäuschen
pisco siehe **pisqu**
Pisco, Tresterbranntwein aus Weintrauben, nach der gleichnamigen peruanischen Stadt
pisqu (q), Vogel (generelle Kategorie)
plasa t'alla (q), »Frau Platz«, rituelle Bezeichnung für den Dorfplatz, bei der Tanzprozession
plato (s), Teller
plegaria (s), Bittgebet
poqo (q), reif
Poqoy María (qs), »Reifezeit-Maria«, Kartoffelart
prenda (s), Kleidungsstück
preste (s) siehe **prioste**
prioste (s), Ausrichter, Gastgeber und Sponsor eines religiös-gemeinschaftlichen Festes in einem einzelnen Jahr
propia cultura (s), eigene Kultur
puestos sanitarios (s), Gesundheitszentren

puk'tik yawar k'ocha siehe **puqtiq yawar qocha**
puk'tik yawar rumi siehe **puqtiq yawar rumi**
pukasiras (qs), Leute von Pukasira (Ortschaft »Rotflecken")
puma (q, a), Puma
Pumasani (a), Ortsname ("wo es Pumas gibt")
puna (q), Puna, (trockenere) Hochgebirgssteppe der Zentralanden
puqtiq yawar qocha (q), See aus siedendem Blut
puqtiq yawar rumi (q), Stein aus siedendem Blut
puquios (qs), Bewohner des Agrarstädtchens Puquio (Departement Ayacucho, Peru)
puqyu (q), Quelle
purajsikinakuy (q) siehe **puraqsikinakuy**
puraqsikinakuy (q), sich gegenseitig einholen
pusaq (q), der/die, welche(r) anführt
pusay (q), führen
pusicakha (altes Aymara), Blitz und Donner
pututu (q), Muscheltrompete
Q'eros, quechua-sprachige Kommunität im Raum Ocongate
q'oa (q), Rauchopfer
qamaqi (a) siehe **atuq**
qapaq hucha siehe **qhapaq hucha**
qaqi (q), Tukan
qati siehe **qhatiy**
qepa wiñaq siehe **qhipa wiñaq**
qha(na) (a), Licht
qhapaj jucha siehe **qhapaq hucha**
qhapaq hucha (q), 1. mächtige, schwerlastende Schuld; 2. bedeutsames Opfer (auch Menschenopfer) (beides vorspanisch)
Qhapaq Raymi (q), Fest der Südsommer-Sonnenwende (Dezember) bei den Inka
qhari (q), Mann

qhari-china (q), Mann und Frau
qharis (q-Bol), Männer (Plural)
qhariwarmi (q), Mann und Frau (in Einheit und komplementärem Sich-Ergänzen)
qhatij (q) siehe qhatiq
qhatiq (q), der/die/das, welche(r/s) folgt
qhatiy (q), folgen, jemandem nachgehen
qhepaj (q) siehe qhipaq
Qheshwa siehe Quechua
qhipa wiñaq (q), »die später-wachsen-Werdenden«
qhipaq (q), hinten, hintere(r), der (die)jenige, welche(r) nachgeht nachgeht
qhishwa (q), Gegend (Täler mittlerer Höhenlage) mit gemäßigtem Klima
qinti (q), Kolibri
qocha (q) siehe qucha
Qollarí (qs) siehe Qullarrí
Qollarrí (qs) siehe Qullarrí
Qollawaya siehe Kallawaya
qollqa siehe qullqa
Qorikancha (q) siehe Qurikancha
qowi (q) siehe quwi
qoya (q) siehe quya
Qoya Raymi (q) siehe Quya Raymi
Qoyllu(r) Rit'i (q-Cuz) siehe Quyllu(r) Rit'i
qucha (q), See
quechua (q) siehe qhishwa
Quechua (ursprünglich von [quechua] qhishwa / qhiswa: Bewohner wärmerer Täler (mittlerer Höhenlage), 1. Bezeichnung für eine einzelne Sprache oder Varietät (Dialekt) aus der oder die Gesamtheit der gleichnamigen Sprachfamilie im Andenhochland und in westlichen Teilen der östlich angrenzenden Tiefländer vom Süden Kolumbiens bis in den Nordwesten Argentiniens (mit ca. achteinhalb Millionen Sprechern insgesamt); 2. quechua-sprachige Bevölkerungen (vor allem in Peru und Bolivien)
Quechua Ayacuchano (s), Quechua-Sprache des Raumes Ayacucho-Huancavelica-(West-)Apurímac (Peru)
Quechua Boliviano (s), Quechua-Varietäten der Regionen Charazani (Kallawaya), Cochabamba, Sucre und Potosí
Quechua Cuzqueño (s), Quechua-Sprache des Raumes Cuzco-Puno-(Ost-)Apurímac (Peru)
quena (q,s) Rohrflöte
Quichua, 1. siehe Quechua (Sprache[n] in Ecuador und Argentinien); 2. quichua-sprachige Bevölkerungen in Ecuador und Argentinien
quilca (qk), textile und auf hölzernen Bechern angebrachte quadratische graphische Motive/Embleme/Zeichen der Inka-Epoche und frühen Kolonialzeit
quinoa (s<q) siehe kinwa
quinua (s<q) siehe kinwa
quipu (qk), Knotenschnüre als mnemotechnisches und arithmetisch-statistisches Hilfsmittel
Qullarrí (qs), Figur mythischer Projektion: Herrscher (seltener Herscherin) der aymarasprachigen Colla (Qolla, Qulla) der Titicaca-Region und südlicher; Gegenspieler des Inkarrí
qullqa (q), Kornspeicher, für die Vorratshaltung angelegt
Qurikancha (q), »Gold-Ummauertes«, Sonnentempel in Cuzco, inkaisches Zentralheiligtum
quwi (q), Meerschweinchen
quya (q), Frau des regierenden Inka (Herrschers)
Quya Raymi (q), Fest ritueller Reinigung im September
Quyllu(r) Rit'i (q-Cuz), »sternglänzender Schnee«, bedeutende Wallfahrt (für den gesamten zentralen Andenraum) in der Region Paucartambo

Ocongate-Sinakara, mit christlichen und autochthon-andinen Zügen, auch der Verehrung des Berggottes Apu Ausangate (Apu Awsangati) gewidmet
ración (s), 1. Ration, Portion; 2. Pachtparzelle
rastreo (s), Fahndung
rasu (q-Ayac), Schnee
remedio (s), Heilmittel
roma papa (q), (Kartoffelart)
runa (q), einheimische(r) Mensch (-en), **indígena** (s)
ruphay mit'a (q), »heiße Zeit«, Trokkenzeit
sanjuanitos (s), Tänze und Lieder einheitlicher Form im nördlichen und zentralen Hochland von Ecuador
Santa Cruz (s), Heiliges Kreuz, oft mit dem **taytacha** identifiziert
santa tira wirjina (as), »heilige Erde Jungfrau«, **Pachamama**, teilweise identifiziert mit der Jungfrau Maria
Santa Vera Cruz (s), Fest des Hl. Kreuzes (im Zentralandenraum Fest der Trockenzeit am 3. Mai)
saqrakuna (q), als bedrohlich empfundene Mächte
saxranaka (a) siehe **saqrakuna**
saya (q), Hälfte
selva (s), tropischer Regenwald
señalay (qs), »Kühe markieren«, Fest
Sendero Luminoso (s), »leuchtender Pfad«, maoistische Untergrundpartei und terroristische Guerrilla in Peru
Señor Resurrección (s), »Herr Auferstehung«, Christus des Osterfestes
sicu (a) siehe **siku**
siete cuentas (s), sieben Lieder
siete oraciones (s), sieben Gebete
siete virtudes (s), sieben Zauberkräfte
siku (a), Panflöte
sikuri (a), Panflötenspieler
Sillaka machula (q), männliche Gottheit des heiligen Berges Sillaka
siq'i (q), Linie aus einem System idealer radialer Linien, vom sakralen Zentrum inkaischer Macht in Cuzco ausgehend und verschiedene heilige Orte und Stätten in rituell-kosmologisch-kalendarischer Perspektive mit ersterem verbindend
sirvinakuy (q), »Einander-Dienen«, informelle Eheform zumeist junger Paare
socorro (s), 1. Hilfe, Unterstützung; 2. Naturalienvorschuß an landlose Pächter-Bauern
sombra (s), Schatten
sonqo (q) siehe **sunqu**
sonqo tiasqa (q) siehe **sunqu tiyasqa**
sonqoyta t'ikarichiwan (q) siehe **sunquyta t'ikarichiwan**
sunqu (q), 1. Herz (physisch und emotional/psychisch/metaphorisch); 2. innere Vitalorgane (Herz, Lunge, Leber usw.)
sunqu tiyasqa (q), ein gesetztes ruhiges Herz
sunquyta t'ikarichiwan (q), es läßt mein Herz erblühen
supay (q), potentiell gefährliche übermenschliche Wesen, vor allem der **ukhu pacha** zugehörig; von christlicher Seite dämonisiert und christlichen Teufeln gleichgesetzt
supaykunas (qs), verdoppelter Plural von **supay**, deren Kollektivität
susto (s), »Schrecken«, kulturspezifisches Krankheitskonzept
sut'i (q), das Helle
t'inka (q), Besprengung
taccla siehe **taqlla**
taita (q, a, s) siehe **tayta**
taki (q), Lied, Gesang
taki onqoy (q) siehe **taqui oncoy**
taki unquy (q) siehe **taqui oncoy**
takiy (q), singen
Tamtañamca (u), Numen / mythischer Protagonist (Traditionen von Huarochirí)
taqlla (q), Grabscheit

taqui oncoy (qk), »Gesang/Tanz-Krankeit«, religiös-politische Bewegung zur Wiederbelebung und Stärkung andiner Traditionen, gegen die spanischen Eroberer gerichtet (3. Viertel des 16. Jahrhunderts)
tarka (q, a), Kernspalt-Flöte
tata (a, q-Bol) siehe **tayta**
Tata Agustín (q), St. Augustin
Tata Killaqas (q), Berg-Numen
Tata Krus (q), Vater Kreuz (vgl. **taytacha**)
Tata Markabí (q), Berg-Numen
tata mayor, ältester indígena-Mann
Tata San Juan (q, s), St. Johannes (der Täufer)
Tata Sanq'ani (a), Berg-Numen
Tata Santiago (q, a), Hl. Jakob, Santiago
Tata Santísimu (q, a), allerheiligster Vater, Heiliger Geist
tatala (a) siehe **taytacha**
tatitu (q), lieber Vater; siehe auch **taytacha**
tawantinsuyu (q), »die vier zusammengehörigen Regionen«, vorspanische Bezeichnung des Inkareiches
tayta (q) (von einer alten spanischen Bezeichnung), 1.Vater; 2. Herr (Höherstehender oder respektvoll Genannter bzw. Angeredeter); 3. Referenz-Bezeichnung für männliche Gottheit
Tayta Illapa, siño Santiago (qs), Herr Illapa, Herr Santiago
Tayta Inti (q), »Vater Sonne«, Sonnengott
Tayta Orqo (q), »Vater Berg«, Berggottheit
taytacha (q), »lieber Vater«, Schöpfergott, in die andine Vorstellungswelt integriertes Konzept christlicher Herkunft
Taytacha Pascua (qs), »lieber Vater Osterfest«
tejti (q) siehe **tiqti**
temblar (s), zittern
tempestad en los Andes (s), »Gewitter in den Anden«, Tag der großen Abrechnung
templado (s), physisch-gesundheitlicher Gleichgewichtszustand
thaana (a), ritueller Heiler
thalantaña (a), 1. ausschütteln; 2. Ziehen an Armen und Fingern (Heilungszeremonie)
thaya (a), 1. Kälte; 2. Wind; 3. Trokkenzeit
Thunupa (u / a), mythisches Numen, legendärer Heroe
Tiahuanaco, bedeutende Ruinenstätte (Sakralzentrum) in der Nähe des Titicacasees im Departamento La Paz (Bolivien)
tinku (q), Zusammentreffen, rituelles Aufeinandertreffen, teilweise als Rivalitätsspiel, teilweise als blutiger ritueller Kampf
tinkuy (q), paaren, zusammenführen, Herstellen des Gleichgewichts, zwei gleiche Hälften (die einander entgegengesetzt sind) aneinander anpassen, dynamisches Zusammentreffen (auch von männlichem und weiblichem Prinzip)
tinya (q), Perkussionsinstrument
Tío, Tía (s), »Onkel, Tante«, Numina des Erdinnern
tiqti (q), Mais-»Bier« (Chicha) mit Zusatz von Erdnuß
Tiwanaku siehe **Tiahuanaco**
tiwula (a) siehe **atuq**
tonada (s), Liedform
torcazas (s), Turteltauben
torre mallku (qs), Kirchturm
tostado (s), geröstet
trasculturador (s), kultureller Grenzgänger
tropas, Ensemble
tukanan (q), Melodiereihe
tukay (q) (von span. tocar), (Musikinstrument) spielen

tukuspa (q), »wobei werdend«, »wobei sich verwandelnd«
tukuy (q), 1. sich verwandeln, (etwas anderes) werden; 2. alle(s), ganz
tukuy sonqo (q) siehe **tukuy sunqu**
tukuy sunqu (q), aus ganzem Herzen
tumi (q), rituelles Messer (vorspanisch)
Tunupa (u) siehe **Thunupa**
Túpac Amaru I, inkaischer Herrscher des kleinen Widerstandsreduktstaates Vilcabamba, nach seiner Gefangennahme in Cuzco hingerichtet
Túpac Amaru II, José Gabriel Condorcanqui, Führer der großen Aufstandsbewegung in Süd-Peru im letzten Viertel des 18. Jhs., nach dem Scheitern der Rebellion mit Familie und Gefolgsleuten grausam hingerichtet
Tupac Catari, Julian Apasa (Aymara), Führer der (mit der Rebellion von Túpac Amaru II gleichzeitigen) großen Aufstandsbewegung in Bolivien
Tupac Katari, siehe **Tupac Catari**
tusuy (q), tanzen
tuyas (c, q), Vögel einer Spezies
uka (q), Oca, andine Knollenfrucht
ukhu (q), 1. drinnen, innen; 2. unten
ukhu pacha (q), das dunklere Unten, untere Welt, Welt unten, Welt innen
ukhupacha (q) siehe **ukhu pacha**
ullu raqa (q), Phallus-Vulva
ulluco (s<q) siehe **ulluku**
ulluku (q), andine Knollenfrucht
Uma Pacha (a, q), Gottheit (Traditionen von Huarochirí)
unanchan (q), 1. kosmisches Symbol, Ei im Sternenkreuz; 2. Zeichen, Insignie, Banner
urin (q), unten
urinpacha (q) siehe **ukhu pacha**
urinsaya (q), untere Hälfte, unten
uritu (q), Papagei
urpay (qk), Taube
Urpayhuachac (qk), »Tauben Gebärende«, weibliches Numen (Traditionen von Huarochirí)
urpi (q) siehe **urpay**
urqu raqa (q), Phallus-Vulva
usqullu (q), »Wildkatze, Bergmarder; auch 2. Requisit des Opferrituals (Kallawaya)
uywa (q), Haustier, domestiziertes (»aufgezogenes«) Tier
uywiri Pachamama, tierra María (a), die du uns nährst, Mutter Erde, Erde Maria
valles (s), Täler
vara (s), 1. Elle (Längenmaß); 2. Amtsstab (Zeichen für Amtswürde bzw. Vollmacht/Befähigung)
varas fulminantes (s), blitzende Stäbe
verguenza (s), Scham
vicuña (q), Wildkamelid (feinste Wolle)
Viracocha (u, s?), eine der bedeutsamsten Gottheiten im vorspanischen Andenraum
Virgen Dolorosa (s), schmerzensreiche Jungfrau
visitador de idolatría (s), hoher Ermittlungsbeauftragter zur Bekämpfung und Vernichtung der einheimischen Religion
wajta tinku (q) siehe **waqta tinku**
wakas (q), geheiligte Orte; siehe **waq'a**
Wallallu Qarwinchu (q) siehe **Huallallo Carhuincho**
waman (q), Falke, Greifvogel
wamani (q), Berggottheit(Raum Ayacucho/Huancavelica)
wanaku (q) siehe **guanaco**
wankara (q), Perkussionsinstrument
waq'a (q), 1. Numen; 2. Schrein, heiliger Ort
waqcha (q), 1. arm; 2. armseliger Bettler; 3. Waise(nkind)
waqta tinku (q), ritueller Peitschenkampf

waraq'a tinku (q), ritueller Kampf mit Schleudern
warma (q), 1. junger Mann, Bursche; 2. junge Frau, Mädchen
warmi (q), Frau
Waru Chiri siehe Huarochirí
wata (q), Jahr
watapuricheq (q) siehe watapurichiq
watapurichiq (q), ritueller Heiler, Ritualist des Jahreszyklus
watayoq (q) siehe watayuq
watayuq (q), »Inhaber des Jahres«, heiliger Ort für ein spezifisches Dorf
watuq (q), Weissager, Wahrsagepraktiker
watya (q), Zubereitungsart in Erdgruben-Öfen backend und dünstend, vor allem Kartoffeln
Watyaquri (q) siehe Huatiacuri
wayanay pisqu (q), Vogelart
waynu siehe wayñu
wayñu (a), Lied- und Tanz-Form (mit großen regionalen Unterschieden)
wayra (q), Wind
wifaa! (q), Ausruf des Jubels, der frohen Erregung
wik'uña (q) siehe vicuña
wilancha (a), Tieropfer (Blutopfer)
willka (q), 1. sakral; 2. Gottheit, Numen; 3. sakraler Herrschaftsbereich
wiphala (a, q), Fahne, buntes Banner
wiraqucha (q), »Europäer«, »Weißer«, »Herr«
Wiraqucha siehe Viracocha
wirjin (q) siehe wirjina
wirjina (a) (von span. virgen), Jungfrau
yacarca (qk), Orakelspezialist, Wahrsager (von politischer Bedeutung im Inkastaat)

yachaj (q) siehe yachaq
yachaq (q), »Wissender«, Heiler
yagé siehe ayahuasca
yana (q), schwarz
yanantin (q), 1. gemeinsam sich (gegenseitig) helfend, zu wechselseitiger Hilfe verbunden; 2. sowohl als auch
yanca (u), einheimischer Priester (Traditionen von Huarochirí)
yatiri (a) siehe yachaq
Yawar fiesta (qs), Blut-Fest, blutiges Fest (Roman von José María Arguedas)
yawar inti (q), Blutsonne
yawar mayu (q), Fluß aus Blut, Blut-Fluß
yawar qocha (q), Blut-See
yawar rumi (q), blutiger Stein
yawar unu (q), blutiges Wasser
yawar wek'e (q) siehe yawar weq'e
yawar weq'e (q), blutige Träne(n)
Yayayku janaq pachakunapi kaq (q), Vaterunser
yerbatero (s), Kräuterkundiger
Yllapa (qk) siehe Illapa
Ynga (qk), Inkaherrscher
yucyuc (q a), amselartiger Vogel
yunka (q), Bewohner warmer Täler
yura (q) siehe yuraq
yuraq (q), weiß
yuyasqa, mana yuyasqa (q), »erinnerte (und) nicht erinnerte Inhaber heiliger Orte«
zampoña (s), Panflöte
zorro (s), Fuchs
zorro de abajo (s), »Fuchs von unten (hinaufsteigend)«
zorro de arriba (s), »Fuchs von oben (herabkommend)«

Personen- und Sachregister

Aasgeier, 158
abuelos, 312
achachi, 283
achachi ururi, 276
achachila, 82, 86, 283
achachilanaka, 81, 82
Achoma, 402, 406, 408, 409
achuma-Tränke, 382
Acosta, José de, 64
Acosta Rodríguez, Antonio, 139
Adventisten, 480
Aerophone, 368-375; s. auch Flöten; s. auch Trompeten
Affen, 158
Agrargesellschaft
  frühe Kolonialzeit, 227
Agrarkalender, 49, 286
Agrarorganisation
  im Inka-Staat, 491, 492
Agrarreform
  in Bolivien, 466, 467
  in Ecuador, 440
  in Peru, 113
Agrarrevolution, bolivianische, 104
Agrartänze, 377
Agrarwirtschaft, voreuropäische, 490
Agrarzyklus, 28, 55, 284, 475
Aguaruna, 391
ajustar, 337
aka pacha, 205
akapacha, 54
Akkulturation, 227, 229, 405
  religiöse, 112-113
alax pacha, 206
alaxpacha, 54
alférez, 300
Allerheiligen, 128
Allerseelen, 128
allillan, 96
Alpaka, 156, 163, 203
  -Vermehrung, 52, 56
    Zeremonien zur, 57, 60
  -Zucht, 69, 72

altar, 300
Altiplano, 69, 95, 206, 207, 211, 214, 217, 462, 467, 471, 481, 482, 483
alto mesayoq, 404
altomesa, 404
altomisayoq, 121
alzar, 383
Amanita muscaria, 375
Amarete, 94
amaru, 54, 69, 75, 312, 162
»Amauta«, 234-235
amistad, 300
Ämter, traditionelle, 31-32
Ämtersystem, 468
  rotativ, 469-470, 471
anacu, 437
Anadenanthera colubrina, 375
Anamnese, 97, 101
anchanchus, 129
Anchicocha, 175
Andesuyo, 377, 378
Andinismus, 235
Ankari, 84
Anrufung, 85, 86, 93, 335, 338, 339, 345
  Formel der, 86, 94
antaras, 286, 290, 293, 370
apachi ururi, 276
Apostel Santiago, 63-64, 65
Apu, 280, 298
Apurímac (Dept.), 133, 194
apus, 54, 86, 112, 116, 117, 118, 123, 125, 129, 277, 283, 288, 407
aqha, 287
aqlla, 49
arabis, 377
Arampampa, 296ff.
aransaya, 283, 298, 299, 301, 302, 310
Arbeitsmigration, 427ff.
Arbeitspachtsystem, 418-421
Arco tangay, 119, 127
Arequipa (Dept.), 133, 135
Argentinien, 43, 53, 132, 491

Arguedas, José María, 16, 150-151, 224ff.
　als Ethnologe, 225, 233, 238, 239ff.
　autobiographische Bekenntnisse, 226, 244, 250, 251
　Sekundärliteratur über, 225
arka, 275, 289, 291, 292, 293, 294, 300, 301
Arkebuse, 74-75
Aroma (Region), 467
Arriaga, Pablo Joseph de, 74-75
artes, 335, 337, 339, 345, 381, 391
asamblea, 468, 469, 471
　Konsensprinzip der, 469
astronomische Beobachtungen, 49
Atahuallpa, 61-62
Atahualpa, 251, 257, 324
atoq, 205
atuj, 205
atuna, 377
Aufstand; s. auch Widerstand
　antikolonialer, 458
　indianischer, 441
　messianischer, 197
Augustiner, 59, 166
Ausangate, 127-128, 161
　Haustiere des, 160-161
Avendaño, Fernando de, 136-137, 139
Avila, Francisco de, 135, 137, 138ff., 156, 250
awicha, 283
awila, 283
awti pacha, 285
Ayacucho, 71, 133, 194
ayahuasca-Heiler, 386
ayahuasca-Ritual, 347-348, 349, 360, 367, 373, 376
ayarachi, 370
aylli, 49, 50, 52
Ayllipampa, 49
ayllu, 135, 169, 227, 232, 298, 300, 302, 460, 463, 468, 469, 472, 474, 476, 478, 479, 481-485
　menor, 467, 473
　mínimo, 467, 470, 473

Aymara-Indianer, 88, 291-292, 462, 463, 466
Aymara-Universität, 471
aymoray, 53
ayri huari citua taqui, 379
ayuda, 420
Azteken, 489, 490

Bacatá, 490
banco, 381
banco ganadero, 381
Banzer-Diktatur, 459
Bärenmensch, 216
Barrientos, 464
»Bauernreligion«, 450
Bauern-Kulturen, 9
Bauernschaft, 464, 481
Bautista Saavedra (Provinz), 81
bayetas, 437
Berg, Hans van den, 90
Berge, geweihte, 283, 312
Bergspitzen (-gipfel), 20, 283
Bernhard, Thomas, 224
Bestattung, Orte der, 20
Betanzos, Juan de, 135
Bewegung, messianische, 193
Biblioteca Nacional, Madrid, 138
bien limitado, 24-25
binäre Logik, 90-91
bisabuelas, 312
Blanco, Hugo, 255
Blitzgott, 46, 68, 69, 72, 387
Bloch, Ernst, 476-478
Bloque Independiente Campesino, 464
Blutopfer, 302
　an die Pachamama, 29
Boanerges, 74
Bogotá, 490
Bolivien, 9, 53, 58, 69, 72, 110, 111, 132, 190, 206, 319, 406, 422, 454, 457, 458ff., 489, 491
Böll, Heinrich, 224
böse Geister, 35-6
böser Blick, 367
Brasilien, 491, 497

Brillenbär, 216
brujo, 336, 337, 339, 344, 345, 347

cabildo, 87, 93, 97, 101, 300
cachiva, 379
cachua, 377
cacya cinca, 70
Caina, 45
Cajabamba, 432
Cajamarca, 367
cajamarquinos, 456
Calancha, Antonio de la, 64
Calderon, Eduardo, 381, 384
Callawaya, 58, 60, 72; s. auch Kallawaya
callcallo, 163
calvario, 126-127
Camac Pacha, 47
Camay-Fest, 49
Campa, 349
Canas (Provinz), 197, 199
Cañihua, 206-208
Canta-Mythos, 47
Capac Raymi Fest, 70-71
Cárdenas, Victor Hugo, 464
cargo, 31
cariño, 177
Carnaval, 211
Castello, Cristóbal, 135
Cauellaca, 156, 157, 159
caullama, 170
Cayambe, 111
Central Obrera Boliviana, 459
ceques, 49
Cerro de Pasco-Region, 148
Cerros, 277
chacpa, 70
ch'alla, 50, 58, 87, 287, 289
Chanka-Gebiet, 194
  Erzählungen aus dem, 194-195
charango, 290, 380
charkas, 287
ch'arki, 115
chaupi, 46
Chaupiñamca, 45, 46, 142
Chavin, 42

Chavin de Huantar, Tempelzentrum, 370
Chavin-Keramiken, 375
Chavín-Kultur, 304
Chavin-Stil, 42
Chavinzeit, frühe, 324
chawpirana, 279
»*chay simire caimi*«, 141
Chayampuy, Fest des, 125-126
Che Guevara, 251
Chibcha-Kleinstaaten, 489, 490
chicha, 126, 287, 176
Chiclayo, 380
Chile, 43, 53, 132, 160
ch'ili, 293, 294
Chimborazo (Provinz), 413, 418, 432
Chimborazo, Region des, 173, 174
Chimbote, 250
Chimú-Kultur, 363
Chinchaysuyu, 171
Chipayas, 283, 290
chirirana, 310
chiriwanus, 290
Cholifizierung, 453
cholos, 442, 455
cholos de la costa, 456
chonta-Holz, 386
chonta-Palme, 385, 386
chontas, 381, 384-387, 389, 392
choquelas, 286
Chordophone, 374, 380; s. auch Saiteninstrumente
Christentum, 10, 14, 112
Christianisierung, 54, 56, 59
Christus, 74, 112, 199, 230, 251, 274, 281, 282, 336
chuchu, 70
chúkaru-baile, 292, 299-300, 301, 302
chuño, 218, 223
Chuquilla, 68
Chuquisuso, 145, 156, 158
Chuquiylla, 68
Cieza de León, 64
Citua Capac-Fest, 49-50, 56, 379
Clavijo, Schlacht von, 66
COB, 458, 459

coca qhawaj, 81
Collquiri, 156, 163
»*Comentarios Reales*«, 134
compadrazgo-Verhältnis, 178, 428, 455
comuna, 420
comunidad, 460, 463, 465, 467, 468, 469ff., 476, 478, 480, 481-485
comunidades originarias, 466, 467
CONAIE, 415, 441, 444
condenados, 36, 216
Condesuyo, 378
conectarse, 390
Confederación de Nacionalidades Indígenas del Ecuador, 415, 441
Confederación Sindical Unica de Trabajadores Campesinos de Bolivia, 459
conjuntos, 290
conopa, 45, 53, 69
Conquista, 10, 14, 31, 44, 45ff., 61, 450-451
contar, 339
contrapunto, 291
Copacabana am Titicacasee, 59
copla, 300
Cordillera de las Muñecas, 483
Córdova Salinas, Diego de, 64
Coricancha, 311
Corpus Christi, 281
Costa Rica, 331
costeños, 429
Cotahuasi, 135
Coya, 379
Coya-Raimi-Fest, 375, 379; s. auch Qoya
CSUTCB, 458, 459, 460, 462-463, 464-466, 476, 481, 482-485
cuatropartísmo cosmológico, 279, 280
cuenta, 339, 340, 345, 346
»*cultura popular*«, 457
Cuniraya, 156, 157, 159, 163, 164
curaca, 137
Curanderismus, 390-393
curandero, 34-36, 121, 335ff., 403, 405ff.

Initiation des *curandero*, 391
See des *curandero*, 392
curi, 70, 376
Curva, 359
cushma, 432
Cuzco, 48, 49, 62, 70, 133, 135, 192, 194, 299, 307, 381
Belagerung von, 62, 63
Erzählungen aus, 194-195
Gründung von, 194
Sonnentempel, 311

Dämmerung, 20
»*De Indiarum Iure*«, 65
»*Declaración de Quito*«, 415
Demiurg, platonischer, 230
Denken
andines, 19, 226, 274ff.
christlich orientiertes, 274
descontar, 339
despacho, 116, 126, 129
deus otiosus, 230
diablo, 83
Diagnose, visionäre, 346, 388
Dialekte des Quechua, 133
Dichotomie »heiß-kalt«, 407-409
Diospa sullk'a, 128
Diskriminierung, 15, 412, 427, 429, 430, 437-438, 440-441
Divination, 88
Divinatoren, 49
Don Ruperto, 369, 385ff.
Doppeltrommeln, 331
Dreieinigkeit, christliche, 22-23
Dreigestirn, Tiere als, 158
Dreiteilung, 381
Dualität, 10, 19-21, 25, 26, 46, 228, 274ff., 282ff., 325, 330-331, 367, 469
Dualismus, symbolischer, 297, 303ff.
Dualsystem, präinkaisch, 69

Ebenen, 283, 312
Ecuador, 9, 110, 111, 132, 173, 178, 190, 213, 317, 318, 341, 401, 412ff., 451, 456, 489

569

Effekte, psychoakustische, 374
eheliche Pflichten, 178
Ehepartner, 38
  Beziehung, 177, 180, 215-217
»*El nuevo indio*«, 236
encantos, 337, 385, 388
Ensembles
  Panflöten-, 289ff.
    Besetzung, 290
    städtische, 290
Entladung negativer Energie, 384-385, 387
Ernte, 28-29
Erntefest, 56, 57, 59
Erschrecken, 98-99, 162, 179
Erzählungen,
  moralistisch geprägte, 213
  mündliche, 221
  publizierte, 221
eskinas, 300, 301
Españarí, 194
Espinar (Provinz), 197
Espingo-Ketten, 366, 367
espíritos, 289
Ethnizität, 414, 415, 428, 429, 431, 448
»Ethno-Musiktherapie«, 362
Ethnographie
  elementarische, 88-89
  mit praktischen Interessen, 89
  negativ wertende, 88
Evangelist Markus, 74
»*extirpadores de idolatría*«, 71, 139

Falke, 157-158, 160, 162, 164
Falsettstimme, 287
faltanman, 95, 100
faltanraq, 95, 100
Familie, 38, 469
Faßtrommeln, 331, 332
Federación Departamental, 464
Feldhüter, 124
Felsbilder, 363
Fest der Totengeister, 305
Feste, 20, 56, 125-128, 169-171, 210, 281, 285-287, 360, 470, 474-475

christliche, 56, 119
indianische, 285
inkaische, 70-71, 285, 379
ländliche, 31, 380
männlich-dominante, 286
rituelle, 31, 37
tinku, 296-303
Veranstalter der, 31
Fiesta de la Candelaria, 287
Fiesta de la Concepción, 287
Fiesta de Mama Asunta, 296, 310
Fiesta de San Agustín, 286
Fiesta de Santiago, 286
Fiesta Nuestra Señora de Canchillas, 60
fiscal, 126, 128
florecer, 384
Flores, Jenaro, 458-459, 461, 462, 464, 465, 471, 474, 481, 483, 485, 486
Flöten, 285-287, 317, 325-326, 368-372, 375
  aus Hirschgeweih, 377
Formative Epoche, 42, 43
Frauen, menstruierende, 176
Fruchtbarkeitsgöttin, 56-57
Frühe Zwischenzeit, 43
Früher Horizont, 42
Fuchs, andiner, 150, 156, 159, 160, 162, 163, 174, 175, 177, 180, 204ff.

gamonalismo, 237, 238
Garcia Mesa, 459
Garcilaso de la Vega, 63-64, 134
Gebetbücher, 336
Gebete, 335-337, 339
  christliche, 336
  Formeln, 93ff.
  gepfiffene, 337
Gefäßflöten, 326, 327
Gefäßtrommeln, 331-332
Gegenseitigkeitsprinzip, s. Reziprozität
Geige, 340
Geistertiere, 216
gentiles, 195

Geoglyphen, 372, 373
Gerillo, Antonio, 115ff.
Gesang
　der Hirten, 171
　epischer, 379
　öffentlicher, 376
Geschichte, inkaische Sicht der, 192
Geschichtsauffassung, 197, 200, 201
　der Quechua, 192ff.
　inkaische, 192
　lineare, 192
Geschlechtsakt, 370
Gesellschaft
　der *ayllus*, 237
　der Hirten und Bauern, 227
　peruanische, 14, 224, 226, 227, 234, 240
　Quechua-, 228
Gesundheit, 401ff.
Gewerkschaft, 459, 460, 481-485
　Einheits-, 460
Gitarre, 337, 340, 346, 380, 392, 413
Gleichgewicht, 90, 312
González Prada, Manuel, 234
Gott, der christliche, 22, 82, 125, 192, 231, 335, 336
»Gott mit den Stäben«, 386
Götter
　christliche, 30
　Geburt, 164
　indianische, 30, 231
　　weibliche, 42-61
　regionale, 170
　Verwandlung in Wildtiere, 163-164
»Götzenanbetung«, 14, 30, 44, 45, 110, 134
Grabstock, 52, 494
Grifflochbohrungen, 326
Guaca-mayo-Vögel, 369
guacomes, 377
Guagualmojón (Idol), 44
Guaman Poma de Ayala, 64-65, 134, 162, 202, 282
Guanakos, 156, 157, 159, 160, 163, 164
Guatemala, 110, 489
guayay turilla, 377

guayyay, 377
Guernicio, Francisco, 359, 380
»*Guerra Callada*«, 147-148
guitarras, 290

Haarschneidezeremonie, 24, 38
Hacienda, 113, 466, 485
　Auflösung der, 436
Haciendaregime, 416, 418ff.
Halluzinogene, 383
　pflanzliche, 347, 375
　tierische, 367
hanan, 191-192, 197, 279
hanan pacha, 206, 277
hananpacha, 54, 71, 72, 342
Handtrommel, 366, 368, 369, 376, 377
hanp'átu, 55
hanpeq, 404, 406
Hansen, Pater Peter SJ, 113
haravi, 379
Harmonie, 21, 25-26, 215, 401
Hasenscharte, 71
»Hauchklang«, 294
Haustiere
　des Gottes Ausangate, 160-161
haylli, 50, 52, 379
hebu, 349
hechicero, 403
Heiler, 403ff.
Heilgesang, 376
Heilige, 112, 288, 302
　männliche, 281
Heilmittel, 368, 382, 388, 407
Heilskonzepte, autochthone, 79, 98, 105-106
Heilsuggestion, 399
Heilung, 100, 345, 373-374
　Schwarze, 58, 86, 101
　Weiße, 58
Heilungsritual, 80, 97, 102, 405
　Musik und Tanz im, 359ff.
　musikwissenschaftliche Erforschung, 361-362
　nächtliches, 335ff., 380
Heirat, 24, 38, 302

Helm, 298, 299
hembra, 291
Hernández Príncipe, Rodrígo, 139
Herrschaftsstäbe, 472-474
Herrscherpriester, 321, 324
Hexerei, 101, 102, 176, 179, 181
hidden transcript, 422, 426
hierba del condorillo, 370
hierba del dragón, 388
»*himnos quechuas*«, 134
Hirsch, 375
Hirschtänze, 363, 377
Hirten, 169-171, 203
 -Gesang, 171
 -Rituale, 171
»*Historia General del Perú*«, 64
»*Historia Silense*«, 66
Hochlandindianer, 17, 27, 449
Hochlandseen, 346
»Hochreligion«, 450
Hochzeit, heilige, 370
»Höhrrohr«, 332, 333
Hospitalsmusik, 359
Huaca Huallallo Caruincho, 142, 143, 147
huacas, 142, 165, 388, 392
 See-, 146
huaccha, 37, 144
huacos, 338, 381
huaylli, 377
Huamachuco (Provinz), 44
Huancabamba, 359, 380
Huancavelica (Dept.), 133, 193, 194
Huánuco, 138
Huarca Cruz, Domingo, 197
Huari, 69, 450
Huari, Kultur von, 43-44; vgl. Wari
Huaringas, 388, 389, 391
huarmi tucushpa, 443
Huarochirí
 Manuskript, 132, 136, 137, 156ff.
  Editionen, 149ff.
 Mythen von, 45-46, 142, 250
 Provinz, 133
Huascar, 61-62

Huatyacuri, 156, 157, 159, 162, 163, 164, 174ff., 375-376
Huayna Capac, 61, 62, 157
huayño-Schritte, 298
Huayñopasto Grande, 305, 307
huayños, 288, 346
huesero, 405
huillca, 174
hurinpacha, 342

Identität, 16, 416, 448, 455-456, 476
 ethnische, 414, 415, 441, 449, 456, 467, 479, 480, 486
 Gruppen-, 20
 indianische, 238, 414-415, 431, 482
 kulturelle, 470, 479, 482
 nationale, 456
 soziale, 470
 tribale, 453
Idiophone, 364-368
ijimplu, 213
illa, 69
illahuasi, 69
Illampu, 283
Illapa, 68, 284
illapa usnu, 69, 74
illapu, 71
iluminar, 345
Imbabura (Provinz), 178
imill t'alla, 282
Indianer-Mode, 412
indianidad, 476
»Indianische Kultur«, 16
»Indigenismus«, 233-235
 revolutionärer, 234-235
indio revestido, 442
indios, 428
indios brutos, 421, 424
Initiation, 107, 109
 der *curanderos*, 391
 schamanistische, 391
Inka-Herrscher
 Religionspolitik der, 45
 Ursprungsmythos der, 48
Inka-Kultur, Untergang der, 33, 62
Inka-Reich, 9, 61-62

Adlige, 161
Eroberung des, 15
Inkastaat, 450-451, 457, 489
Inkazeit, 44, 364, 375-380, 450-451
Inkarí, 194, 197, 199, 201
Inkarrí
   Mythos von, 23, 225, 229-233, 240
      Versionen in Puquio, 256-259
      Version in Quinua, 260
Instituto de Pastoral Andina, 110
inti, 276, 310
Inti, 48, 70, 280
Inti Raymi (Fest), 285
Inzest, Gebot gegen, 32, 33, 216
ira, 275, 289, 291, 292, 293, 299, 301
ira-arka-Prinzip, 289-296, 303, 304ff., 310, 311, 312-314
Irpa Chico, 475
irsipela, 176
Itu-Fest, 379

jach'a mallku, 282
Jaguar, 324-325, 363
»Jaguardämon«, 324
Jahresfeste, 360, 372
Jahreszyklus, 210, 211, 284ff.
jailli, 275, 282
jaki, 469
Jakobus, 284
jaktasiña irampi arkampi, 291
jalka, 402
jallu pacha, 285
Japo, 126
jatun ayllu, 310
Jesuiten, 133, 134
jilakata, 458, 461, 466, 470, 471-475
   religiös-zeremonielle Funktion, 472ff.
Jivaro, 341, 386
Johannes XXIII., 251
juego, 390
juego de gloria, 336
julajula machu, 299, 300
julajulas, 286, 290, 291, 292-293, 294, 299, 301
julajulas-Ensemble, 298, 302

julu-julus, 290
Jüngere Zwischenzeit, 44
Jungfrau Maria, 63, 64, 281, 288
Jungfrauen, 49, 378
jurq'u, 283
Justo Juez, 336

kacharisqa, 294
kachu, 213
Kalender, 285
Kallawaya-Region, 79ff.
Kallawayas, 290; s. auch Callawaya
kamaq pacha, 312
Kameliden, 156, 160, 170, 203
Kampf, ritueller, 20; s. *tinku*
Karneval, 56, 57, 423
Karnyx, 328
Kartoffel, 211ff.
Karwoche, 126, 127
Kastagnetten, 365
Kataristenbewegung, 458, 459, 462, 463, 464, 465, 480, 481, 482-483, 484, 485
kawildu, 300
kay pacha, 205, 277, 278, 283
kaypacha, 54, 71, 342
kena-kenas, 286
kenas, 285, 286, 290, 310
Keramikrassel, 366
Kerbflöten, 285, 290, 326
Kernspaltflöten, 286-287, 290, 310
Ketten aus Früchten
   als Beinschmuck, 367
   als Halsschmuck, 367
killa, 276, 310
Killa, 280
»Kinder des Blitzes«, 70
kinsa rey, 472-473
Kirchenchöre, indianische, 378
Klans, exogame, 191
Klapper, 366, 367
Klasse, 448, 449
Kleidung, 432ff.
   indianischer Frauen, 437ff.
   indianischer Männer, 432-437
   spanische, 433

Kleidungsvorschriften
  unter den Inkas, 433
  durch die Spanier, 433
Knochenflöten, 218, 219, 221, 326, 368, 369, 371
Koitus, ritueller, 370, 371
Koka, 126; s. auch *coca*; s. auch Lesung
Kolibris, 160
Kolumbien, 132, 328, 340, 379, 406, 489
Kometen, 75
kommunale Selbstverwaltung, 468
Komplementarität, 275, 276-277, 281, 285, 310, 312
Kondor, 156, 157-158, 160, 162, 164, 206, 207-209, 210, 310
Konsensprinzip, 480
Kontakte, soziale, 178
Kopfjäger, 365, 387
Kopulation, 44
kosmologische Vierteilung, 279-280
Kosmos, andiner, 54
  Dreiteilung, 71
Krankheit, 25, 34-5, 55, 101, 120-122, 174, 175, 176, 324, 346, 373-374, 401ff.
  psychische, 359, 409
  psychosomatische, 409
  Volks-, 360, 402
Kreolen, 227, 495
Kriegstanz, 197-199, 377
Kröte, 43, 55-56
  zweiköpfige, 174, 175, 176, 179
Kröten-Motiv, 43
Kuhhorn, 307
kukuchi, 216
Kultobjekte, 68
Kultur, indianische, 16, 21
Kulturen, politische, 460
Kulturpflanzen, 43, 45, 47, 48
  Mais, 53
Kupferrassel, 365, 366
Kupfertrompeten, 374
kuraka, 69
kuraqa, 473

kuraqkuna, 472, 475
Kürbisrassel, 364-365, 366
Kurztrompeten, altkolumbianisch, 328-329
kwintu, 213

»La Cruz de Caravaca«, 336
La Paz, 111, 464-465
»*La raza cósmica*«, 236
lakitas, 286, 290, 293
Lamafötus, 85, 95, 100
Lama, 156, 158, 160, 163, 166, 167, 171, 203
  -Vermehrung, 52, 56
    Zeremonie zur, 57
  -Zucht, 69, 72
laqha, 275
layqa, 404
Lebenszyklus des Menschen, 24, 37-38, 210
»*lengua del Cuzco*«, 133
»*lengua general*«, 133-134, 135
»*lengua general del Inga*«, 133
»*lengua particular*«, 133
Leoparden, 159
Lesung
  Karten, 84, 99
  Koka-, 83, 84, 92, 96, 97, 99
levantamiento indígena, 416
levantar, 345, 383, 384, 389
ley consuetudinaria, 471
ley propria, 471
Libiac, 68, 69, 70
lichiwayus, 286
Liebeszauber, 177, 345, 346
Lieder, 337-350
liku, 293, 294
Lima, 14-15, 34, 37, 62, 134, 360, 380
Lima, Constantino, 476
limeños, 456
limpia del cuy, 406
»*linga-yoni*«-Prinzip, 308
linku linku rayku, 299, 301
Lircay, 193
Literatur über Indios, 16, 17
Lituus, 328

Llacta, 69, 70, 71
Llacuaces, 137
Llacuaz, 69, 70, 71
llama, zweiköpfiges, 35
llama mayt'uy, 128
llama pilluchiy, 128
Llama walqay, 126
llampu, 368
lugares, 82
lugarniyoj, 283
lugarniyoqkuna, 81-82, 84, 102

macho, 291
»Machtlied«, 339
machu, 84, 94, 101, 293, 294
Machu Picchu, 309
machula, 82, 283
machulakuna, 81, 82
Mahas (Medizinmann), 391
Mais, 174, 176, 177
maizus, 290
Majes-Tal, 363, 364
makinmanta, 107
mal aire, 176
mali, 293, 294
malli, 293
mallku, 283, 288, 298, 302, 310
Mallku, 309
mama, 47, 48, 280
Mama Asunta, 298, 300
Mama Huaco, 48, 49
Mama Killa, 277, 282
mama qocha, 312
Mama Santísima, 277, 282
Mamacha, 60
Mamacha Carmen, 119, 127, 128
Mamacocha, 48
Mamanchis, 60
Mamaquilla, 48
mamasara, Ritual für die, 53
mamita, 283
Mamita, 281
Mamita Asunta, 281, 302
Manco Capac, 62
Manco Inka, 15
Mandoline, 340

Mann-Frau-Beziehung, 20, 38, 215ff.
Männlichkeitsideale, 216
manqha pacha, 214
manqhapacha, 54
Mantarinos, 453
Mantarotal, 238, 239, 267, 453, 455
mara, 279
Mariä Himmelfahrt, 281, 296, 302
Mariä Lichtmeß, 59, 60
Maria Schnee, 60
Maria-Candelaria, 59
Mariátegui, José Carlos, 234, 236-238
Marien-Kult der Indios, 30, 58-61
Marienfeste, 287
Marienkonzepte, 281
markara, 288
masi ayllu, 310
Matsigenka, 342
Maya, 136, 331, 489
Maya-Dialekte, 136
mayu, 312
Medizin
   abendländische, 359
   traditionelle, 175, 181, 402ff.
      Vitalität der, 403
   westliche, 402, 403
Medizingesänge, 376
Medizinmann, 58, 72, 80, 86, 87, 93, 365
   Initiation, 107, 109
   Instrument, 337
   Requisiten, 72
Medizintänze, 377
Meerschweinchen, 49, 85, 158, 166
Meerschweinchen-Therapie, 406
Melodie, gepfiffene, 338, 342-344
Membranophone, 368, 369; s. Trommeln
Menschenkopf, fliegender, 35
Menschenopfer, 49, 52
   Kinder, 52
mesa, 95, 102, 335, 336, 337, 342, 345, 346, 365, 380-382, 388
mesa-Gesänge, 391, 394-400
mesa-Objekte, 381ff., 390
mesa-Ritual, 359, 369, 380-393

mestizaje, 414, 441
Mestizen, 14, 15, 16, 114, 229, 232,
  233ff., 247, 267, 335, 413, 414, 428,
  431, 434, 442
Mestizierungsprozeß, 238, 239, 267
Metallrasseln, 367
Mexiko, 66, 110, 318, 320f., 489f.
  altes, 136
Migranten, städtische, 480
Militär-Bauernpakt, 464
Miniaturflöten (Schmuck), 326
Misa de salud, 123
misti, 197, 229
mita, 192-193, 495
MITKA, 476
Mittlere Epoche, 43
Mittlerer Horizont, 43, 68
mitu, 86
Moche, 365
Moche-Keramiken, 367, 368, 369,
  370, 375
Moche-Kultur, 304, 306, 322, 362
Mochica, 365, 374
Mondgöttin, 45, 48
Mond-Kult, 48
Mondfest, 285
Monolithe, 44, 69, 74
montera, 299
Movimiento Indio Tupac Katari, 476
*Movimiento Revolucionario Tupac
  Katari*, 458
MRTK, 458, 459
Muisca, 490
mullu, 365
Mumien
  Kinder, 69, 70
  Papagei, 161
  Puma, 161, 363
Mumienbündel, 363
Mundharmonika, 388, 392
Musik als Therapie, 359
Musikbogen, 341
Musiktherapie, westliche, 362
Mutter Gottes, 274, 281
Mythen, 10, 17, 30, 32, 39, 47, 54, 75,
  173, 283

  griechische, 341
  Schöpfungs-, 47
  Ursprungs-, 137, 194, 230

Nahuatl, 136
naipes, 84, 99
ñamca, 46
Nasca(-Gräber), 363, 368, 370, 372
Natur, Beziehung der Indios zur, 18-
  19, 28
ñaupa, 195
Nazca, Kultur von, 43
Neid, 35
Neujahrsfest, 56
niopo, 383
Norte de Potosí, 469, 471, 476, 483-
  484
ñuk'us, 302
Numina, andine, 81-83, 101
  altindianische, 142
  örtliche, 54
  Ortsgebundenheit der, 83
ñusta, 137, 281

octava, 302
Ohrpflöcke, 324
Okarinas, 326, 369, 370, 371
Oliva, Anello, 64
Ollantaytambo, 62
Opfer, 83, 165-169
  musikalisches, 288
Opfergaben, 49, 52, 85, 95, 149, 158,
  165, 166, 287, 330, 337, 337, 365,
  406
Opferritual, 85, 92, 94-95, 100, 287-
  289
Opferschuld, 91ff.
  Erblichkeit der, 92-93
Opferstätte, 52, 54, 56, 57, 60, 69, 74,
  87
oración, 125
Orakel, 45, 70
Orpheus, 320, 341
Orte, geheiligte, 283
Ortsgebundenheit
  rituellen Handelns, 87

Oruro (Dept.), 287, 305, 307
Ostern, 119, 126
Otavalo, 436, 456

Paar, göttliches, 282
Paarbildung, Konzept einer, 275
Paare, 19
pacarina, 47
pacha, 47, 191, 192, 275, 277-279
pacha, das Prinzip, 10
Pacha Apu, 54
pacha-Konzept, 278, 279
pacha mama, 312
Pachacamac, 156, 162, 165, 363
pachacuti, 22, 23, 24, 30
Pachacuti Yamqui, Joan de Santa Cruz, 134, 202, 311
Pachakamaq, 275, 308-309
pachakuti, 75, 191, 193
Pachamama, 28-30, 42ff., 46, 81, 112, 117, 125, 129, 214, 274, 275, 277, 280, 283, 287, 288, 298, 300, 302, 309, 406, 407
Pachamama-Kult, 53-61
Pachamama-Prinzip, 281
Pachamamaachi, 48
Pachatata, 54, 274, 275, 277, 280, 281, 283, 288, 298
Pachatata-Kult, 281-282
pachawawa, 55
Pachayachachiq, 275
padres, 313
Paez-Indianer, 406
pallqa, 312
pampa mesayoq, 404
pampamisayoq, 115, 121
Pampas-La Florida, 162
Panama, 374
Panflöten, 285, 286, 289-296, 310, 322, 325-326, 332, 333, 376, 413
  aus Keramik, 304
  -Orchester, 289-296
  paarweise, 304ff., 326
  Riesen-, 321
Pantheen
  lokale und regionale, 59

präinkaische, 46
Pantheon, inkaischer, 46, 48, 49, 70
Papageien, 158, 160, 161, 207, 209
par, 289
Paracas, 363
Paracas-Motiv, 364, 365
parallele Klänge, 292
parar, 345
paray mita, 285
Pariacaca, 46, 142-144, 156, 159, 162, 166, 168, 376
parica, 383
partera, 405
pasante, 300
pata, 313
pata parti, 277
patarana, 310
Pate, 38-9
patron, 343
Paucartambo, 127
Pentatonik, 292
perdonariway imamantapas, 95
Peru, 9, 14-15, 43, 44, 45, 46, 47, 53, 66, 69, 72, 110ff., 132, 135, 151, 170, 174, 190ff., 206, 211, 217, 224ff., 318, 326, 328, 331, 360, 363, 422, 454, 457, 489, 491
Pfeifen, das, 327, 337, 338
Pfeifen, die, 326-328, 329
Pfeiffigurinen, 318, 319
Pfeifgefäße, altandine, 318, 369-370, 371
Phallus, 45, 282
Phallus-Vulva, 308
phukunas, 290
pinkillos, 285, 288, 290, 310
pintura cuzqueña, 68
Piro, 383, 386
pirua, 53
Pizarro, Francisco, 61-62, 135
Pizarro, Gerardo, 359, 365, 380, 394
  mesa-Gesänge von, 394-399
  Philosophie des, 391
plasa t'alla, 299, 310
platos, 85
plegaria, 300

Politik, inkaische, 133
Ponchos, 433, 434, 435-437
  Otavalo-, 437
Potosí (Dept.), 296
preste, 300, 470
Priester, 49, 370
  der Inka, 375, 376, 379
  der katholischen Kirche, 89
Priesterschamane, 321
prioste, 423
protestantischer Fundamentalismus, 480-481
Prozession, 126, 300, 302
Psychiatie, 359
Psychoanalyse, 477
puestos sanitarios, 407
Pukara-Kultur, 43
Puma, 156, 159, 160, 161, 162, 310, 363
Puno, 408
Puquio, 229, 239
purajsikinakuy, 291
pusi-p'iyas, 286
pusicakha, 71
pututu, 305, 307, 308

qapaq hucha, 165-166
q'ara, 482
qati-, 163
qepa wiñaq, 198
Q'eros, 126
qhari, 277, 294
qhariwarmi, 280
qhari-china, 294
q'oa, 287, 302
qocha, 312
Qollarí, 194
qollqa, 313
Qorikancha, 311
Qoya Raymi (Fest), 285
Qoyllu(r) Rit'i, 127
quechua, 402
Quechua, 132-133
  Ayacuchano, 133
  Cuzqueño, 133
  Lehrstuhl für, 139
  Quechua-Gebete, 134

Quechua-Lyrik, 134
Quechua-Schrifttum, 132ff.
»Quechuakultur«, 190
Quellen, 11
  archäologische, 42-44, 161, 317ff.
  kolonialzeitliche, 44, 47, 69, 191
  ethnographische Literatur, 69, 71ff.
quena, 368-369, 371
Quichua, 213
Quico, 113ff.
  Feste in, 125-128
»*quilca*«, 136
Quimbaya-Kultur, 328, 329
Quinua, 229
quipu-Schnüre, 136
Quizquiz, 62

ración, 420
Rahmentrommeln, 331
Raiguana, 45
Rasseln, 317, 322, 324, 332, 337, 346, 364-365, 366, 367, 389, 392, 399
»*rastreo*«, 387
Rauschgeräte, 317
Rebhuhn, 216ff.
Recht, traditionelles, 471-472, 475
Reconquista, 66
Recuay, Kultur von, 43
Redistribution, 30-32
Regenbogen, 129, 324
Regenritual, 59, 374
Regenzeit, 10, 18, 211, 284-287, 310
Reh, 163, 164-165
Reichtum, 25
  privater, 31
Reinaga, Fausto, 465
Reinaga, Ramiro, 476
Reinigung, magische, 387
Reinigungsfest, 49-50, 379
Reinigungsritual, 102
remedio, 382
Reproduktion, 453ff., 457, 480
Reproduktionsstrategien, 453, 454-455
Reproduktionssystem, 450
Revolution, sozialistische, 234

Reziprozität, 26-28, 83, 85, 90, 103, 195, 209, 214, 289ff., 421, 429-430, 455, 470
    generalisierte, 430
    zwischen Mann und Frau, 215
Rinder, 203
Riobamba, 418, 437
Ritual, 80
    kollektives, 80, 86-87, 95-96
    Regen-, 84
Ritual-Therapie, 361
Ritualist, 86, 87
Rivera, Silvia, 476
Rohre
    gedackt, 294
    offen, 294
»rollender Schädel«, 365
Rosenkranz, 335, 339
»Rosita«, 365, 387
Rucanacoto, 45
Rumitaqe, 196
runa, 444
Rundtänze, Choreographie für, 374
ruphay mita, 285
»*rupture coloniale*«, 451

Säbel, 384, 386, 387
Sacsahuaman, 62
Saisonarbeiter, 418
Saiteninstrumente, 290; s. Chordophone
Sajama, 283
Sakralität, 79, 84
salla, 68
Salpinx, 328
samiris, 283
San Antonio, 336
San Cipriano, 336, 381, 386
»*San Cipriano*«, 336
San Damián, 135
San Isidro, 302
San Juan (Fest), 285
San-Pedro-Kaktus, 335, 375, 382
San-Pedro-Trank, 339, 342, 343, 348
Sangarará, 200
sanja, 290

sanjuanitos, 413
Sanktionen für Fehlverhalten, 32-34
Santa Ana, 59
Santa Barbara, 336
Santa Catalina, 60
Santa Cruz, Fest, 127
Santa Elena, 336
Santa Ines, 336
Santa Vera Cruz, 281
Santiago, 284
Santiago-Legende, 63-68
Santiago caballero, 68
Santiago de Chuco, 65
Santiago Mataindios, 66-68, 72
Santiago Matamoros, 66
Santiagofest, 360
santos, 288
Santos Atahualpa, 15
saqrakuna, 129
satanás, 83
saya, 191, 302, 303
Schadenszauber, 176, 179, 336, 344, 346, 347, 381, 393
Scham, 174, 176, 177
Schamane, 324, 331, 333, 373
    eurasischer, 365
    Instrument, 337, 365
    nordamerikanische, 378
    Requisiten, 327
    sibirische, 378
Schamanenlieder, 347, 348, 349, 350ff.
Schamanentiere, 375
Schellen, 324
Schlange, 158, 159, 162, 174, 176, 179, 180, 324-325
    mythische, 54; s. *amaru*
    zweiköpfige, 324
Schneckengefäßflöte, 317
Schneckenhorn, 322, 323, 329
Schnupfpulver, 390
Schöpfergott, 230
Schöpfungsprinzip, 275
Schrapper, 365
Schwalbe, 158, 164
schwarzes Tun, 98, 101-102

Seegöttin, 391
Seelenverlust, 98-101
Seelöwen, 369
señalay, 128
Sendero Luminoso, 23, 251
Señor Resurrección, 119
Shamanga, 418ff.
shingar, 383
sicu, 370
   paarweises Spiel, 370, 371
sicuri-Tänzer, 372, 373
Signalinstrumente, 329-330
   Trommeln, 375
siku-Ensemble, 298, 302
sikuri-Ensemble, 307
   Körper-Metaphorik des, 305, 307, 308
sikuris, 286, 290, 305
sikus, 285, 286, 290, 293, 305, 310
»Simultanmusikant«, 332, 333
Sinakara, 127, 128
sirvinakuy, 220
socorro, 421
Solidarität, 26, 32, 33
Solórzano y Pereyra, 65
sombra, 391
Sonnenfest, 285
Sonnengott, 48
Sonnentempel, 381
Sonnen-Kult, 48
sonqo, 308
Spaltflöten, 310, 326
Später Horizont, 44
Spiel, alternierend, 290-291
Spielskala, diatonische, 293
Spondylus pictorum (Muschel), 365, 369, 374
Spottverse, 196-197
soziales Leben der Indios, 25-28
Stäbe, 381, 384-385
   Herrschafts-, 472-474
   multifunktionale, 324
»Stabgottheit«, 324
Stinkfüchsin, 159, 160, 162, 163
Strombus-Galeatus-Monster, 371, 374
Strombus-Schnecken, 374

Strombus-Trompeten, 374, 375
»stumme« Anthropologie, 81, 89
Subsistenzsicherung, 455
sukachiri, 288
»*Suma y Narración de los Incas*«, 135
Summen, 342
Supay *(supay)*, 83, 198
susto, 360, 361, 369-370, 405-406
sut'i, 275

taccla, 377
taki, 287
taki onqoy, 192, 194, 196
takipayanaku, 282
takiy, 287
Täler, 283
t'alla, 283
Tamtañamca, 156, 157, 159, 162, 174ff.
Tamtañamca-Mythe, 173ff.
Tanz, 197-200, 298
   als Therapie, 359
   bei den Inka, 376-380
   bei Heilungsritual, 346
   Choreographie, sakrale, 372-373
   des Panflöten-Ensembles, 292
   ritueller, 374
   unverheirateter Mädchen, 287
   -verlauf des *chúkaru-baile*, 299-300, 301
»tanzender Gott«, 324
Tanzszenen auf Felsbildern, 363, 364
taqlla, 494
Taqui Onkoy, 15
taqui-accla, 378
Taquile, 360
tarjos, 388, 393, 394
tarkas, 310
tata, 282, 283
Tata Agustín, 281
Tata Inti, 277, 282
Tata Isidro, 302
Tata Killaqas, 298
Tata Krus, 274, 281, 298, 302
Tata Markabí, 298, 299
tata mayor, 298, 300
Tata San Juan, 281

Tata Sanq'ani, 298, 299
Tata Santiago, 281
Tata Santísimu, 277, 282
tatala, 282
tatalitu, 282
Tatapacha, 280, 281
tatitu, 282
Taube, 163, 216
Tauschhandel, 27
tawantinsuyu, 279, 299, 308, 456
tawuantinsuyu, 228, 235
Tayta Orqo, 280
tayta, 282
taytacha, 282
Taytacha, 281
Taytacha Pascua, 127, 128
Teiltonreihe, 329
templado, 408
Tenochtitlan, 490
Teufel, 22, 30, 83, 336
thaana, 86
thalantaña, 389
thaya, 285
Thonapa, 194
Thunapa, 376
Tía, 277
Tiahuanaco, Kultur von, 43, 44, 68
Tieflandindianer, 27, 449
Tiere, 156ff.
 als Helfer der Götter, 157, 159
 hierarchische Ordnung, 160
Tieropfer, 57, 70, 74, 85-86, 95-96, 287-288
tijli, 293, 294
t'inka, 288
tinku, 57, 284, 292, 296ff., 300, 302-303, 311, 312
tinku-Kreuz, 313
tinkuy, 126, 127, 303
tinya-Trommel, 288, 368
Tío, 277
tiqti, 158
Titicaca-Gebiet, 43
Titicacasee, 283
Tiwanaku, 282
tiwula, 205

Tod, 29, 146, 164, 176, 178
 sozialer, 32
Todesstrafe, 32, 33, 34
Todestanz, 199-200
tonada, 288, 302
Tonrasseln, 365
Tontrommel, 368, 369
Tontrompete, 305, 367, 374
Toqroyoq, 197-198
Topa Inka, 59
Toro Muerto, 363, 364
torre mallku, 300, 310
tostado, 176
Tote, 214, 302
Totenfeiern, 376
Totentänze, 326, 331
Tracht, indianische, 434, 438
Trance, 342, 349, 387
Trankopfer, 50, 58
Trauerrituale, 376
Traumbilder, 173, 176-177, 180
 Kröte, 179
 Mais, 178-179
 Schlange, 179
Tremarctos ornatus, 216
Triaca, 383
Trichocereus pachanoi, 382
Trickstergeschichten, 426
Trittgrabscheit, 204
Trockenzeit, 10, 18, 55, 284-287, 289, 310
Trois- Frères, 363, 364
Trommel, 159, 288, 293, 324, 331-333, 365
 aus Baumstämmen, 375
Trommelfell
 aus Menschenhaut, 332, 368
Trommelschlegel, 307, 308
 ausgestopfter Arm als, 368
 Kalebassen als, 368, 369
Trompete, 324, 332, 374, 375, 380
 doppelköpfige, 325
 doppelt gewundene, 330
 Hirschgeweih-, 375
 metallene, 328, 329
 paarweise, 330-331

tönerne, 329, 330
tropa, 290
Trujillo, 381, 382
Tschopik, Harry, 88
tukanan, 294
Tukane, 158
Tukano, 376, 379
tuku-, 163
tukay, 287
tumi, 322, 324, 332
Tunupa, 284
Tupac Amaru, 15, 127, 199, 200, 252
Tupac Katari, 458, 467

Übergangsriten, 24
übernatürliche Wesen, 159ff.
Ucayali-Kultur, 373
ucunchina, 437
ukhu, 279
ukhu pacha, 214, 277
ukhupacha, 54, 342
ulla raqa, 308
unanchan-Symbol, 309
unanchay, 309
Unglück, 25
Urbanisierungsprozeß, 491, 495-496, 497
Uriel García, José, 236, 238
urin, 191-192, 197
urinpacha, 54, 71
urinsaya, 283, 298, 300, 301, 302, 310
Urpayhuachac, 156, 163
urqu raqa, 308
urquraqa, 308
Urubamba-Gebiet, 383
Urubamba-Kultur, 373

vagina-dentata-Motiv, 43
Valcárcel, Luís E., 234, 235-236, 238
Valle Alto, 406
varas, 381
varas fulminantes, 386
Vasconcelos, José, 236
Vatikanisches Konzil, Zweites, 110-111
vecinos, 460
Velasco Alvarado, Juan, 113

Venezuela, 349
Veränderungsprozesse, 199, 453, 476, 479, 480, 498
 Ausbeutungsmechanismen, 451
 dörfliche Politik, 440
 Kleidung, 432-440
 Musik, 440, 498
 Schuhmacherei, 498
 soziale, 475
 Vergnügungstänze, 377
verguenza, 438
Vermehrungs-Zeremonie, 57
Verstorbene, 29, 128, 147-149, 283
Verwandtschaftssystem, andines, 36-39
vibraciones, 390
Viehvermehrung, 170; s. Alpaka; s. Lama
Vikuñas, 156, 157, 159, 160, 164
Villcacoto, 141
Violine, 392
Viracocha, 376, 379, 387
Virakocha, 48, 70
Virgen Asunta, 297, 298, 302
Virgen de Asunción, 296
Virgen de Candelaria, 281
Virgen de Copacabana, 281
Virgen del Carmen, 281
Virgen Dolorosa, 337
virola, 383
»*visitador de idolatría*«, 138

wajtanas, 307
wakas, 193, 194, 197, 283
Waldindianer Ostperus, 383, 385
Walzentrommeln, 331
Wamani, 264, 280
wamanis, 230-231, 232, 277, 283
wamara, 406
Wanderungsprozeß, 495-496, 497
wankara, 293, 307
wankarita, 293
waqa, 49
Warao, 349
Wari-Kultur, Untergang der, 33; vgl. Huari

warmi, 277, 310
warmi jurq'u, 283
Wasserhöhlen, 283
wata, 279
watapuricheq, 86, 87
wataq, 404, 406
watayog, 84, 94
wayanay-Vogel, 158
wayñu, 288, 302
wayra, 120, 129
Wechselgesang, 282, 376, 377
Weiblichkeitsideale, 216-217
Weihrauch, 129, 287
Weissagung
  mit Herz der Opfertiere, 167-168
»Welt hier«, 10, 20, 54, 71, 209, 210, 342
»Welt oben«, 10, 20, 54, 71, 206ff., 342
»Welt unten«, 10, 20, 54, 71, 214, 342
Weltbild, 9-10, 17, 157, 164, 274ff., 303, 342, 461, 465, 467, 468, 475, 480
  der Bevölkerung von Huarochirí, 164
  des Curanderismus, 390
  inkaisches, 10
  marxistisch determiniertes, 477
Wertung, negative, 88
Wettkampf, 163, 291
  zwischen Männern und Frauen, 57
Widerstand
  demokratischer, 459
  indianischer, 15-16, 457, 476
Wiederverteilungsprinzip, s. Redistribution
wilancha, 287
Wildente, 216
Wildkatze, 159
Wildtiere
  als Helfer der Gottheiten, 159-163

willka ulka apu, 308
wiphalas, 299
»Wir«-Gruppe, 416, 422, 426, 427, 431, 440
Wiraqocha, 275
Wiraqocha, das Prinzip, 308-309, 312-314
wiraqochas, 194
wirjin, 281
wirsus, 288
wisiratu, 349

yacarca, 49
yachaj, 81, 284, 288
yachaq, 92
yagé-Sitzung, 349
yanantin, 280, 303
Yanca, 166
yatiri, 284, 288
Yawar inti, 241-242
Yawar mayu, 240-241, 244
Yaya-Mama-Stil, 43
Yayayku janaq pachakunapi kaq, 86
yerbatero, 405, 406
Yin und Yang, 308
Yllapa, 65, 68-75
yucyuc, 45, 47
Yura, 472-473
yuyasqa/mana yuyasqa, 94, 100

zampoña-Panflöten, 413
Zauber, böse, 38; s. Schadenszauber
Zauberbücher, 336
Zauberheiler, 25
Zauberstab, 345, 346
Zeremonialtrommeln, 379
Zwillinge, 70, 71, 72, 376
Zyklizität der Zeit, 21-23, 25, 75
Zylindertrommeln, 332

Autoren

Walter Andritzky

Walter Andritzky, geb. 1950. Diplomsoziologe und Diplompsychologe, arbeitet als klinischer Psychologe an der evangelischen Nervenklinik »Stiftung Tannenhof« (Remscheid) und am Institut für Medizinische Psychologie der Universität Düsseldorf. Er war wissenschaftlicher Mitarbeiter am Seminar für Allgemeine Heilpädagogik der Universität zu Köln und gründete 1990 das Internationale Institut für Kulturvergleichende Therapieforschung. Von 1976-80 sozialwissenschaftliche Gutachtertätigkeit am Berliner Institut für Zukunftsforschung und Promotion über das Thema »Freizeit und gesellschaftliche Rahmenbedingungen«. Tätigkeit als Psychotherapeut im Strafvollzug und 1985/86 ethnopsychotherapeutische Feldforschung über traditionelle Medizin in Peru. Lehraufträge zur Ethnomedizin an den Universitäten Berlin, Düsseldorf und Köln sowie an Einrichtungen der Erwachsenenbildung. Herausgeber der *»Jahrbücher für transkulturelle Medizin und Psychotherapie«*.

Max Peter Baumann

Max Peter Baumann, geb. 1944 in Altdorf/Schweiz, promovierte in Musikwissenschaft an der Universität Bern und lehrte von 1976-82 als Assistenzprofessor am Institut für Vergleichende Musikwissenschaft der Freien Universität Berlin. 1982 erhielt er einen Ruf als Professor für Volksmusik/Ethnomusikologie an die Universität Bamberg. Nach einer zweisemestrigen Gastprofessur am »Center for Ethnomusicology« an der Columbia University in New York, kam er 1987 als Direktor des Internationalen Instituts für Traditionelle Musik nach Berlin. Publikationen u. a. »Musikfolklore und Musikfolklorismus« (1976), »Musik im Andenhochland« (1982). Herausgeber der Sammelpublikationen *»Music in the Dialogue of Cultures«* (1991), *»World Music – Musics of the World«* (1992). Verfasser zahlreicher Artikel zu methodischen Fragen der musikologischen Feldforschung, der interkulturellen Zusammenarbeit sowie zur Musik der Alpenländer, Lateinamerikas und zu den indigenen Musiktraditionen der Quechuas, Aymaras, Chipayas und Kallawayas in Bolivien. Herausgeber der ethnomusikologischen Zeitschrift *»The World of Music«*, der Buchserien *»Intercultural Music Studies«* und *»Musikbogen. Wege zum Verständnis fremder Musikkulturen«* sowie der CD-Serie *»Traditional Music of the World«*.

Ingrid Bettin

Ingrid Bettin, geb. 1942, ist verheiratet und hat vier Kinder. Lehrstudium und Lehrtätigkeit an Berliner Gymnasien. Zwei Jahre Aufenthalt in Afghanistan bis Ende 1979 und fünf Jahre Peru, von 1981 bis 1986. Seit der Rückkehr aus Peru Studien und Lehraufträge am Lateinamerika-Institut der Freien Universität Berlin.

Sabine Dedenbach-Salazar Sáenz

Sabine Dedenbach-Salazar Sáenz, geb 1955 in Koblenz. Studium der Alt-Amerikanistik, Anglistik und Allgemeinen Sprachwissenschaft an der Universität Bonn, Promotion 1989. Derzeit »Teaching and Research Fellow« am Institute of Amerindian Studies, University of St. Andrew's, St. Andrew's, Schottland. Interessengebiete: andine Sprachen (bes. Quechua und Aymara) und Kulturen (Inka, frühe Kolonialzeit, Ethnohistorie, »orale« Literatur).

Mariano Delgado

Mariano Delgado, geb. 1955 in Berrueces (Valladolid/Spanien). Studium der Theologie, Philosophie und Religionsgeschichte in Valladolid, Valencia, Innsbruck, Paris und Berlin. 1979-87 Religionslehrer in Österreich. 1985 Promotion zum Dr. theol. Seit 1988 Wissenschaftlicher Assistent am Seminar füt Katholische Theologie der Freien Universität Berlin.

Claudius Giese

Claudius Giese, geb. 1955 in Lima, Peru. Schulausbildung in Deutschland. Studium in Ethnologie, Alt-Amerikanistik und Religionswissenschaften an der Freien Universität Berlin. 1987 Promotion in Ethnologie über traditionelle Medizin und Magie in Peru. Seit 1988 Wissenschaftlicher Mitarbeiter am Übersee-Museum in Bremen, dort u. a. die Realisierung der Ausstellung »Indianische Kulturen Mittel- und Südamerikas«. Zuletzt Feldforschung in Spanien im Bereich Ethnomedizin.

Jürgen Golte

Universitätsprofessor für Altamerikanistik am Lateinamerika-Institut der Freien Universität Berlin. Spezialgebiet: Ethnohistorie und Ethnologie der Andenländer. Autor einer Reihe von Werken zur Archäologie, Ethnohistorie und Ethnologie der Zentralen Anden. Letzte Veröffentlichung: *»Los Dioses de Sipan. Las Aventuras del Dios Quisnique y su Ayudante Murrup«* (Lima, 1993).

Roswith Hartmann

Roswith Hartmann, geb. 1933 in Seligenstadt/Main. 1968 Promotion an der Philosophischen Fakultät der Rheinischen Friedrich-Wilhelms-Universität mit einer Arbeit über »Märkte im Alten Peru«. Seit 1974 Akademische Oberrätin am Seminar für Völkerkunde der Universität Bonn, u. a. mit einem selbstständigen Lehrauftrag für Quechua-Dialekte des Andengebietes und der Zuständigkeit für die Archäologisch-Ethnographische Lehr- und Studiensammlung. Seit 1964 mehrere Forschungsaufenhalte in Ecuador. Korrespondierendes Mitglied der *Academia Nacional de Historia*, Quito und Ehrenmitglied des *Instituto Azuayo de Folklore*, Cuenca/Ecuador.

Ellen Hickmann

Ellen Hickmann, geb. in Flensburg. Studium (Musik, Musikwissenschaften, Ethnologie, Prähistorie) an Hochschulen und Universitäten in Hamburg und Wien. Arbeitete als Lektorin, Schallplattenproduzentin (DGG), Lehrerin und Museumspädagogin, derzeit als ordentliche Professorin für Musikwissenschaft an der Hochschule für Musik und Theater Hannover. Feldforschung in Nepal, Bolivien und Ecuador. Kulturhilfe in Bolivien (1979, 1980) und Ecuador (1986-89). Projekte: Musikinstrumente in Museen Niedersachsens (1980/81); Musikarchäologie der Anden (1984-89); Frühe Dokumente des Musizierens in Europa (ab 1991); Musikarchäologie Zentral- und Mittelamerikas (ab 1991). Chairperson der *Study Group on Music Archaeology* im *International Council for Traditional Music* (seit 1981). Zahlreiche Publikationen zur Dokumentation und Klassifikation des Musikinstrumentariums, über altägyptische Musik, zur Musikarchäologie Südamerikas, besonders Ecuadors.

Carola Lentz

Carola Lentz, geb. 1954. Studium der Soziologie, Politologie, Agrarwissenschaften und Ethnologie in Göttingen und Berlin. Feldforschungen in Bolivien, Mexiko und Ecuador 1980 sowie 1983-85. Promotion an der Universität Hannover über kleinbäuerliche Migration und die Entstehung ethnischen Bewußtseins im ecuadorischen Hochland. 1987-92 wissenschaftliche Mitarbeiterin am Institut für Ethnologie der Freien Universität Berlin. Seit 1987 Feldforschung in Ghana, seit 1992 Arbeit an der Habilitation (Stipendium der DFG).

Martin Lienhard

Martin Lienhard, geb. 1946 in Basel. Schweizer Latinoamerikanist. Studierte spanische und französische Literatur sowie Islamwissenschaften an den Universitäten Basel, Salamanca, Coimbra und Genf (*doctorat dés lettres* 1981). Seit 1976 Lehrtätigkeit für lateinamerikanische Literaturen an den Universitäten Genf, Zürich, Freie Universität Berlin, Göttingen und Neuchâtel. Lehrstuhl an der Universität Zürich seit 1989. Forschungen und Publikationen über schriftliche und mündliche Textproduktion in indianisch geprägten Gebieten (Andenraum, Mittelamerika, Paraguay-Brasilien).

Barbara Mainzer-Heyers

Barbara Mainzer-Heyers, geb. 1950 in Solingen. 1971 Krankenschwesterexamen in der Krankenpflegeschule Solingen, 1975-81 Studium der Altamerikanistik mit den Nebenfächern Soziologie und Ethnologie an der FU Berlin; 1981 Verleihung des Magister Artium für das Thema »Zapotekische Reliefdarstellungen und ihre Chronologie«; 1983-84 Stipendium des DAAD in Peru; 1987 Verleihung des Dr. phil. in Ethnologie für das Thema »Krankheit und Gesundheit in Achoma«; mehrere mehrmonatige Studienaufenthalte in Spanien und Lateinamerika (Mexiko, Guatemala, Peru, Bolivien), seit 1988 Entwicklungshelferin des DED in einem Basisgesundheitsprojekt in Pedras de Fogo, Paraiba, Nordost-Brasilien.

Ana María Mariscotti de Görlitz

Ana María Mariscotti de Görlitz, geb. 1931 in Buenos Aires. *Bachillerato* (Abitur) 1949; Studium der Volkskunde, Völkerkunde und Vorgeschichte in Buenos Aires; Feldforschungen in der Puna Nordwest-Argentiniens und in Patagonien; wissenschaftliche Hilfskraft am *Instituto de Antropología* der Universität Buenos Aires; *Licenciatura* (Staatsexamen) 1962. 1963ff. Studium der Völkerkunde, Religionswissenschaft und Vorgeschichte in Marburg (Humboldt-Stipendiatin). Im SS 1965 Lehrauftrag für außeramerikanische Ethnographie an der Universität Buenos Aires. 1969ff. Angestellte an der Universitätsbibliothek Marburg. 1975 Promotion (Dr. phil.) an der Universität Marburg. 1972-74 und 1978-91 Fachreferentin für Theologie, Religionswissenschaft, Orientalistik, Archäologie und Vorgeschichte an der Universitätsbibliothek Marburg. In dieser Zeit zehn Publikationen mit bibliothekarischen und historisch-kirchengeschichtlichen Themen.

Peter Masson

Peter Masson, geb. 1945 in Bonn. Studium der Ethnologie, Allgemeinen Sprachwissenschaft, Vergleichenden Religionswissenschaft und Vor- und Frühgeschichte an der Universität Bonn (1966-73). 1973 Promotion zu einem Thema der Methodologie und Methodik historischer Ethnographie (diachronische Rekonstruktion von Wertvorstellungen und Normen am Beispiel einer westamazonischen Ethnie). 1973/74 ethnographische, ethnolinguistische und sprachsoziologische Feldforschung im südlichen Andenhochland Ecuadors. 1977 Wissenschaftlicher Mitarbeiter am Völkerkundlichen Seminar der Philipps-Universität Marburg (museale Tätigkeit und Lehrauftrag). 1977-84 Wissenschaftlicher Assistent im Fach Romanistik-Hispanistik an der Universität -GH- Siegen und Lehraufträge (Marburg, Bonn). 1984-85 wissenschaftlicher Angestellter, seit 1985 wissenschaftlicher Rat am Ibero-Amerikanischen Institut Preußischer Kulturbesitz Berlin, seit 1985 Lehrauftrag im Fach Altamerikanistik am Lateinamerika-Institut der Freien Universität Berlin.

Albert Meyers

Albert Meyers, geb. 1943 in Steinborn/Eifel. Studium der Völkerkunde und Altamerikanistik in Göttingen, Wien, Hamburg und Bonn. 1973 Promotion in Bonn über »Die Inka in Ecuador. Untersuchungen anhand ihrer materiellen Hinterlassenschaft«. 1975-83 Geschäftsführer des Universitätsschwerpunktes Lateinamerikaforschung, Universität Bielefeld. Seit 1983 wiss. Angestellter am Seminar für Völkerkunde, Universität Bonn. Spezialgebiete: Inka, indianische Bruderschaften, lateinamerikanische Volksreligiosität, andine Archäologie.

Ina Rösing-Diederich

Ina Rösing-Diederich, geb. 1942. Studium der Psychologie an der FU Berlin, Duke and Harvard University. Promotion Sozialpsychologie Universität Bochum. Ausbildung zur Psychotherapeutin. Habilitation Wissenschaftssoziologie Universität Konstanz. Seit 1986 Professur Universität Ulm. Seit 1991 Leiterin der Abteilung Anthropologie, Universität Ulm. Sechs Monographien zum Andenprojekt. Wissenschaftspreis der Stadt Ulm 1987, Merckle-Forschungspreis 1993, Landesforschungspreis Baden-Württemberg 1993.

Bruno Schlegelberger

Bruno Schlegelberger, geb. 1934. Seit 1954 Mitglied des Jesuitenordens, Studium der Philosophie und Theologie in Frankreich, Deutschland und Spanien. Von 1970-74 Leiter der Studentenseelsorge in Berlin-West, 1974 Berufung auf den Lehrstuhl für Kath. Theologie an der PH Berlin, seit 1980 an der FU Berlin. Forschungen auf dem Gebiet der Moraltheologie und der Theologie der Dritten Welt unter besonderer Berücksichtigung Lateinamerikas.

Juliana Ströbele-Gregor

Juliana Ströbele-Gregor, geb. 1943. Pädagogin, Ethnologin und Altamerikanistin. Lehrtätigkeit bis 1985, Studium der Altamerikanistik und Ethnologie an der Freien Universität Berlin, zahlreiche Aufenthalte in den Anden-Ländern und Zentral-Amerika; Feldforschungen in Bolivien; Promotion 1988 in Berlin. Zur Zeit wissenschaftliche Mitarbeiterin im Fach Altamerikanistik am Lateinamerika-Institut der FU Berlin. Arbeitsschwerpunkte: Soziale Konflikte und politisch-religiöse Bewegungen, insbes. protestantischer Fundamentalismus in Lateinamerika, urbane und rurale Migration in Bolivien; kulturelle und wirtschaftliche Transformationsprozesse sowie soziopolitische Bewegungen innerhalb der »indianischen« Bevölkerung in Bolivien, vor allem der Aymara und der Chiquiatnos. Gegenwärtiges Forschungsprojekt: neue »indianische« Bewegungen in den Andenländern und Guatemala.

Edita Vokral

Edita Vokral, geb. 1960 in Prag. Studium der Ethnologie, Altamerikanistik, Hispanistik, Lateinamerikanistik und Publizistik an den Universitäten Zürich und Berlin. 1984 Magister Artium, Lateinamerika-Institut, FU Berlin. 1988 Dr. phil., Forschungen zur andinen Kultur. Feldaufenhalte in Peru, Bolivien und Ecuador. 1987-90 Lehrbeauftragte an den Universitäten Berlin, Basel und Tübingen. Seit 1990 Arbeit an einem Projekt der FAO, dem »*Centro Nacional de Capacitación Agro-Silvo-Pastoril y de Manejo de Cuenacas Hidrográficas*«.

Indianische Literatur
im Eugen Diederichs Verlag:

Rudolf Peyer
Inkaländer erzählen
Peru, Bolivien, Ecuador
468 Seiten mit 2 Karten, Leinen

Rudolf Peyer
Mexiko erzählt
391 Seiten mit 2 Karten, Leinen

Märchen der Weltliteratur

Märchen der Azteken und Inkaperuaner, Maya und Muisca
343 Seiten, Halbleinen

Märchen aus Mexiko
256 Seiten, Halbleinen

Nordamerikanische Indianermärchen
300 Seiten, Halbleinen

Südamerikanische Indianermärchen
315 Seiten, Halbleinen

EUGEN DIEDERICHS VERLAG

Frank Waters
Das Buch der Hopi
Nach den Berichten der Stammesältesten
aufgezeichnet von
Kacha Hónaw (Weißer Bär)
378 Seiten mit 63 Zeichnungen,
16 Bildtafeln und 1 Karte,
Festeinband

Joseph Medicine Crow
Mein Volk, die Krähen-Indianer
Die Stammesgeschichte der Absarokee
152 Seiten mit Fotos, Strichzeichnungen
und 1 Karte, Leinen

Axel Schulze-Thulin
**Indianer des Westens
Nordamerikas (1870–1900)**
Die Schreyvogel-Sammlung im Linden-
Museum Stuttgart
108 Seiten mit 112 Abbildungen, davon 58
in Farbe, Leinen

EUGEN DIEDERICHS VERLAG

Diederichs Gelbe Reihe

Dennis und Barbara Tedlock
Über den Rand des tiefen Canyon
Lehren indianischer Schamanen
DG 17, 239 Seiten mit 12 Abbildungen und Frontispiz, Paperback

Basil Johnston
Und Manitu erschuf die Welt
Mythen und Visionen der Ojibwa
DG 24, 217 Seiten mit 8 Abbildungen und 1 Karte, Paperback

Christian Rätsch / K'ayum Ma'ax
Ein Kosmos im Regenwald
Mythen und Visionen der Lakandonen-Indianer
DG 48, 319 Seiten mit Abbildungen, Paperback

Chactun – Die Götter der Maya
Quellentexte, Darstellung und Wörterbuch
Hrsg. von Christian Rätsch u.a.
DG 57, 318 Seiten mit 80 Abbildungen, Paperback

Christian Rätsch
Indianische Heilkräuter
Tradition und Anwendung
Ein Pflanzenlexikon
DG 71, 319 Seiten mit 44 Abbildungen, Paperback

Popol Vuh
Das Buch des Rates
Mythos und Geschichte der Maya
Aus dem Quiché übertragen und erläutert von Wolfgang Cordan
DG 18, 228 Seiten mit 20 Abbildungen und 1 Karte, Paperback

EUGEN DIEDERICHS VERLAG